新工科×新商科·现代管理系列

服务管理
数字时代的服务战略与运营

慕银平　主　编
詹欣睿　黄冯凤　副主编

电子工业出版社
Publishing House of Electronics Industry
北京·BEIJING

内 容 简 介

本书系统介绍了数字技术驱动下的服务管理理论与方法。以数字时代为背景，以服务战略与运营为主线，系统深入剖析数字时代服务管理的新特征、新理论和新方法。本书分为四篇，第1篇"服务经济与数字技术"，聚焦服务经济的发展和数字技术的兴起，并展示了服务管理的演进，介绍了数字技术对服务管理的驱动作用；第2篇"数字技术驱动的服务战略与运营"，从服务竞争战略、服务设计、服务接触、服务场景到服务质量管理，为读者提供了全面的数字技术在服务管理战略与运营层面的促进作用，揭示了数字技术如何驱动服务战略与运营的创新与发展；第3篇"数字技术驱动的服务管理实践"，覆盖了服务供应链管理、服务平台管理、服务数字化转型、服务全球化领域，系统介绍了数字技术在服务管理实践应用中的驱动作用；第4篇"服务管理定量分析理论与方法"，系统介绍了服务需求与能力管理、收益管理、服务辅助物品库存管理、服务设计理论与方法、服务质量管理方法等方面的内容，为读者提供了实用的分析方法和决策支持工具。

本书可作为高等院校经管专业本科生、研究生的教学用书，还可作为服务管理从业人员的参考用书。

未经许可，不得以任何方式复制或抄袭本书之部分或全部内容。
版权所有，侵权必究。

图书在版编目（CIP）数据

服务管理：数字时代的服务战略与运营 / 慕银平主编. -- 北京：电子工业出版社，2024. 10. -- ISBN 978-7-121-49005-7

Ⅰ. F719

中国国家版本馆 CIP 数据核字第 2024U1U617 号

责任编辑：王二华
印　　刷：三河市双峰印刷装订有限公司
装　　订：三河市双峰印刷装订有限公司
出版发行：电子工业出版社
　　　　　北京市海淀区万寿路 173 信箱　　邮编：100036
开　　本：787×1092　1/16　印张：25.25　字数：712 千字
版　　次：2024 年 10 月第 1 版
印　　次：2024 年 10 月第 1 次印刷
定　　价：79.00 元

凡所购买电子工业出版社图书有缺损问题，请向购买书店调换。若书店售缺，请与本社发行部联系，联系及邮购电话：（010）88254888，88258888。
质量投诉请发邮件至 zlts@phei.com.cn，盗版侵权举报请发邮件至 dbqq@phei.com.cn。
本书咨询联系方式：wangrh@phei.com.cn。

前 言

党的二十大报告指出:"加快发展数字经济,促进数字经济和实体经济深度融合,打造具有国际竞争力的数字产业集群。"随着数字技术和数字经济的迅猛发展,服务业正在迎来一场深刻的变革。曾经,服务业的崛起让其摆脱了制造业附庸的角色,变为现代社会经济的主角;如今,数字技术的发展让服务业如虎添翼,服务效率大幅提升、服务体验大幅改善,服务业已经成为国民经济的支柱产业。党的二十大报告指出"构建优质高效的服务业新体系,推动现代服务业同先进制造业、现代农业深度融合"。为服务业高质量发展指明了方向。在数字化的浪潮下,加快推动数字技术驱动服务业是服务业高质量发展的重要途径之一。在这一背景下,本书以实践为线索,以问题为导向,全面介绍了数字技术驱动服务管理的新理论、新方法和新实践。

全书共 19 章,分为 4 篇。第 1 篇包含第 1 章到第 4 章,第 2 篇包含第 5 章到第 9 章,第 3 篇包含第 10 章到第 13 章,第 4 篇包含剩余 6 章。

第 1 篇"服务经济与数字技术"。本篇探讨了服务经济与数字技术的发展趋势与紧密联系。首先从服务与服务经济入手,分析了服务经济的发展趋势,特别强调了数字技术对服务经济发展的驱动作用。其次,介绍了数字技术的兴起,包括数字技术的起源、特征和发展趋势,着重介绍了大数据、云计算、物联网、区块链和人工智能等典型数字技术。通过深度剖析服务管理的演进,进一步介绍了从科学管理到敏捷、精益、左移、DevOps 等不同阶段的服务管理实践。最后,通过分析服务的特性、分类及服务运营特征,强调了数字技术对服务管理的驱动作用。本篇引入了大量的实际案例,以帮助读者深入理解服务经济、数字技术和服务管理的发展逻辑与相互关系。

第 2 篇"数字技术驱动的服务战略与运营"。本篇分析了数字技术在服务战略与运营方面的驱动作用。首先,从服务竞争战略的角度,探究了服务愿景、服务竞争环境和服务竞争战略,以及数字技术如何驱动服务竞争战略。其次,介绍了服务设计的起源、界定,服务蓝图,服务设计分类、思维、方法,以及数字技术如何驱动服务设计创新。在服务接触方面,剖析了服务接触的内涵、三元组合等,以及数字技术在服务接触中的应用。通过案例分析,探讨了服务场景的内涵、服务设计的原则,以及数字技术改善和赋能服务场景等内容。最后,介绍了服务质量的概念、测量、实现,服务补救,以及数字技术在促进服务质量提升中的作用。本篇通过多个实际案例,全面展示了数字技术如何驱动服务战略和运营,为读者提供了丰富的案例与翔实的前沿观点。

第 3 篇"数字技术驱动的服务管理实践"。本篇介绍了数字技术在服务管理领域的实践应用,着重介绍了服务供应链管理、服务平台管理、服务数字化转型及服务全球化。首先,阐述了服务供应链的定义、内涵、特点、结构及数字技术(如区块链、物联网、大数据、云计算和人工智能等)对服务供应链的驱动作用。其次,介绍了服务平台的内涵、商业模式、动态定价和治理,重点介绍了资源共享模式、在线撮合模式、众包模式等服务平台的商业模式。服务数字化转型探讨了数字化转型的特征、趋势、影响、新思维（如敏捷思维和平台思维）和新模式（如服务自助化、自动化等），以及数字化转型在服务管理中的实践和所面临的挑战。最后，分析了数字技术对服务全球化趋势的驱动作用，并通过案例阐述了服务全球化战略的分类。本篇通过一系列深入的讨论和实践案例分析，为读者全面了解数字技术在服务管理实践中的关键作用和应用场景奠定了基础。

第 4 篇"服务管理定量分析理论与方法"。首先，介绍了服务需求与能力管理，包括需求管理策略和能力管理策略，分析了顾客诱因变量、需求细分、提供价格激励等典型策略。接下来，探讨了收益管理的起源与界定，介绍了单资源服务、多资源服务和超订等的收益管理策略。其次，阐述了服务业中库存扮演的角色及服务库存系统的特征、相关成本，介绍了经典的服务库存管理理论，如订货量决策、ABC 分类法及易逝品库存管理策略等。再次，介绍了服务设计理论与方法，包括服务设计数据采集方法、数据可视化方法、服务创意设计方法和原型设计方法等，着重强调了用户参与和创新思维在服务设计中的重要作用。最后，介绍了多个服务质量管理方法及服务供应链管理方法。本篇系统介绍了服务管理领域的量化分析理论和实用方法，使读者能够更好地理解和应用这些方法工具来提升服务效能。

为激发读者的阅读兴趣，每章开头（除第 4 篇所含章之外）都以某个公司的例子作为导入案例，以便生动地说明拟讨论主题的管理本质。每一章都设计有本章小结和讨论题，并给出多个实践案例。在第 4 篇的部分章节列出了一些算例，并在讨论题中设计了相应的练习题，以供读者参考和巩固练习。

在当前服务经济和数字技术高速融合发展的背景下，本书是对数字技术驱动服务管理的有益尝试。本书在编写过程中，得到了很多朋友、老师、学生的帮助和支持，在此谨表谢意。本书若有不当和疏漏之处，敬请读者批评指正！

编者

目　录

第 1 篇　服务经济与数字技术

第 1 章　服务经济的发展 ... 2
- 1.1 服务与服务经济 ... 2
  - 1.1.1 服务的含义 ... 3
  - 1.1.2 服务经济的含义 ... 4
- 1.2 服务经济的发展趋势 ... 5
- 1.3 数字技术驱动服务经济 ... 6
  - 1.3.1 数字化服务经济的特征 ... 6
  - 1.3.2 体验经济 ... 7
- 1.4 中国服务经济的发展 ... 9
  - 1.4.1 中国服务经济的发展历程 ... 9
  - 1.4.2 现代服务业的发展历程 ... 11
- 本章小结 ... 13

第 2 章　数字技术的兴起 ... 17
- 2.1 数字技术及其特征 ... 17
  - 2.1.1 数字技术的起源 ... 17
  - 2.1.2 数字技术的特征 ... 18
  - 2.1.3 数字技术发展的三次浪潮 ... 18
- 2.2 典型的数字技术 ... 19
  - 2.2.1 大数据技术 ... 19
  - 2.2.2 云计算技术 ... 21
  - 2.2.3 物联网技术 ... 23
  - 2.2.4 区块链技术 ... 24
  - 2.2.5 人工智能 ... 26
- 本章小结 ... 28

第 3 章　服务管理的演进 ... 33
- 3.1 服务管理的界定 ... 34
- 3.2 服务管理的发展阶段 ... 35
- 3.3 领先的服务管理实践 ... 37
  - 3.3.1 敏捷服务管理 ... 37
  - 3.3.2 精益服务管理 ... 38
  - 3.3.3 左移服务管理 ... 40
  - 3.3.4 DevOps 服务管理 ... 41
  - 3.3.5 SIAM 服务管理 ... 43
  - 3.3.6 客户体验服务管理 ... 44
  - 3.3.7 VeriSM 服务管理 ... 46
  - 3.3.8 持续交付服务管理 ... 47
- 本章小结 ... 49

第 4 章　数字技术与服务管理 ... 54
- 4.1 服务的特性 ... 54
- 4.2 服务与有形产品 ... 55
  - 4.2.1 服务与有形产品的区别 ... 55
  - 4.2.2 服务与有形产品的联系 ... 56
- 4.3 服务的分类 ... 58
  - 4.3.1 战略层面的服务分类 ... 58
  - 4.3.2 运营层面的服务分类 ... 61
  - 4.3.3 技术层面的服务分类 ... 61
- 4.4 服务运营特征 ... 62
  - 4.4.1 顾客参与 ... 62
  - 4.4.2 同步性 ... 63
  - 4.4.3 不可存储性 ... 63
  - 4.4.4 无形性 ... 63
  - 4.4.5 异质性 ... 64
  - 4.4.6 所有权不可转让 ... 64

4.5 数字技术驱动服务管理 65
 4.5.1 大数据驱动服务管理 65
 4.5.2 云计算驱动服务管理 66
 4.5.3 物联网驱动服务管理 67
 4.5.4 区块链驱动服务管理 68
 4.5.5 人工智能驱动服务管理 69
本章小结 70

第2篇 数字技术驱动的服务战略与运营

第5章 服务竞争战略 76
5.1 服务愿景 77
5.2 服务竞争环境 77
5.3 服务竞争战略介绍 78
 5.3.1 成本领先战略 78
 5.3.2 差异化战略 79
 5.3.3 集中化战略 80
5.4 在市场中赢得客户 80
 5.4.1 服务资格标准 80
 5.4.2 服务优胜标准 80
 5.4.3 服务失败标准 81
5.5 数字技术驱动服务竞争战略 81
 5.5.1 成本价值 81
 5.5.2 体验价值 84
 5.5.3 平台价值 85
5.6 数字技术在服务竞争中的促进作用 87
 5.6.1 设置壁垒 87
 5.6.2 创造收入 89
5.7 数字技术在服务竞争中的制约因素 90
 5.7.1 用户信息安全 90
 5.7.2 公平 90
 5.7.3 数据的真实性 90
本章小结 91

第6章 服务设计 98
6.1 服务设计的起源 99

6.2 服务设计的界定 99
 6.2.1 服务包 99
 6.2.2 服务设计的因素 100
6.3 服务蓝图 101
 6.3.1 服务蓝图的架构 101
 6.3.2 服务蓝图的建立 102
6.4 服务设计分类 104
 6.4.1 差异化程度 105
 6.4.2 服务对象 105
 6.4.3 顾客接触类型 106
6.5 服务设计思维 106
 6.5.1 同理心思维 107
 6.5.2 简洁思维 107
 6.5.3 迭代思维 108
 6.5.4 共创思维 109
6.6 服务设计方法 110
 6.6.1 生产线方法 110
 6.6.2 顾客作为共同生产者 112
 6.6.3 顾客接触方式 113
 6.6.4 信息授权 114
6.7 服务设计创新 115
 6.7.1 服务创新的来源 115
 6.7.2 服务创新的模式 115
6.8 数字技术驱动服务设计 116
 6.8.1 数字技术在服务设计中的应用 116
 6.8.2 数字技术在服务设计中面临的挑战 118
本章小结 119

第7章 服务接触 122
7.1 服务接触的内涵 123
7.2 服务接触中的三元组合 124
 7.2.1 服务组织支配的服务接触 124
 7.2.2 与顾客接触的员工支配的服务接触 125
 7.2.3 顾客支配的服务接触 125

7.3 服务组织 125
　　7.3.1 文化 125
　　7.3.2 授权 126
　　7.3.3 控制系统 126
　　7.3.4 顾客关系管理 127
7.4 与顾客接触的员工 127
　　7.4.1 挑选 128
　　7.4.2 培训 128
　　7.4.3 营造良好的道德氛围 129
7.5 顾客 129
　　7.5.1 预期及态度 130
　　7.5.2 作为合作生产者的
　　　　　顾客 130
7.6 触点设计 130
7.7 服务利润链 131
7.8 服务接触中的数字技术 133
　　7.8.1 自助服务 133
　　7.8.2 非接触式服务 134
　　7.8.3 虚拟服务 135
本章小结 135

第8章 服务场景 140

8.1 服务场景的内涵 141
　　8.1.1 服务场景中的行为 141
　　8.1.2 服务场景中的环境
　　　　　要素 142
8.2 服务设施设计 143
　　8.2.1 服务组织的性质和
　　　　　目标 143
　　8.2.2 服务设施设计的原则和
　　　　　方法 143
　　8.2.3 服务设施布局 144
8.3 数字技术改善服务场景 145
　　8.3.1 拓展新型服务场景 145
　　8.3.2 提升场景设计效率 146
　　8.3.3 提升场景运营效率 146
8.4 数字技术赋能典型服务场景 ..147
　　8.4.1 新零售服务场景 147
　　8.4.2 智慧交通服务场景 148

　　8.4.3 智慧教育服务场景 148
　　8.4.4 智慧医疗服务场景 150
本章小结 152

第9章 服务质量管理 155

9.1 服务质量概念界定 156
　　9.1.1 服务质量的特征 156
　　9.1.2 服务质量的维度 157
　　9.1.3 服务质量的构成要素 159
9.2 服务质量测量 160
9.3 服务质量实现 161
　　9.3.1 服务质量成本 161
　　9.3.2 服务过程控制 161
　　9.3.3 无条件服务保证 163
9.4 服务补救 164
　　9.4.1 服务补救的含义 164
　　9.4.2 服务补救的特点 164
　　9.4.3 服务补救的策略 165
9.5 数字技术促进服务质量提升 ..167
　　9.5.1 增强超强感知能力 167
　　9.5.2 提升明智决策能力 168
　　9.5.3 培养快速执行能力 171
本章小结 173

第3篇 数字技术驱动的服务管理实践

第10章 服务供应链管理 178

10.1 服务供应链 179
　　10.1.1 服务供应链的定义 179
　　10.1.2 服务供应链的内涵 180
　　10.1.3 服务供应链的特点 181
　　10.1.4 服务供应链的结构 182
10.2 服务供应链管理介绍 183
　　10.2.1 服务供应链管理的
　　　　　　特点 183
　　10.2.2 服务供应链管理的
　　　　　　内容 183
　　10.2.3 服务供应链管理的
　　　　　　职能 184

10.3 数字技术驱动的服务供应链管理 185
　　10.3.1 大数据驱动的服务供应链管理 185
　　10.3.2 云计算驱动的服务供应链管理 187
　　10.3.3 物联网驱动的服务供应链管理 188
　　10.3.4 区块链驱动的服务供应链管理 190
　　10.3.5 人工智能驱动的服务供应链管理 192
本章小结 194

第 11 章 服务平台管理 197
11.1 服务平台的内涵 198
　　11.1.1 服务平台的构成 198
　　11.1.2 服务平台的特征 198
　　11.1.3 服务平台的价值 199
11.2 服务平台的商业模式 200
　　11.2.1 资源共享模式 200
　　11.2.2 在线撮合模式 201
　　11.2.3 众包模式 203
　　11.2.4 众筹模式 204
　　11.2.5 在线点评模式 206
11.3 服务平台动态定价 207
　　11.3.1 服务平台动态定价策略 207
　　11.3.2 服务平台动态定价与交易公平性 208
　　11.3.3 非价格机制的运用 211
11.4 服务平台的治理 211
　　11.4.1 服务平台生态系统治理 211
　　11.4.2 服务平台竞争关系治理 214
本章小结 221

第 12 章 服务数字化转型 224
12.1 数字化转型 224
　　12.1.1 数字化转型的特征 225
　　12.1.2 服务数字化转型的趋势 226
12.2 数字化转型的影响 226
　　12.2.1 数字化转型对产品和服务的影响 227
　　12.2.2 数字化转型对服务管理的影响 228
12.3 数字化转型的新思维 228
　　12.3.1 敏捷思维 229
　　12.3.2 平台思维 230
12.4 服务数字化转型的新模式 232
　　12.4.1 服务自助化 232
　　12.4.2 服务自动化 233
　　12.4.3 服务一体化 234
　　12.4.4 服务智慧化 234
12.5 服务数字化转型的管理实践 235
　　12.5.1 数字化转型的企业运营 235
　　12.5.2 数字化转型的企业组织 236
　　12.5.3 数字化转型的企业文化 238
12.6 服务数字化转型所面临的挑战 239
本章小结 241

第 13 章 服务全球化 244
13.1 服务全球化的发展趋势 245
13.2 服务全球化战略的分类 246
　　13.2.1 多国扩张 247
　　13.2.2 进口客户 247
　　13.2.3 跟随客户 248
　　13.2.4 分解服务 248
　　13.2.5 超越时空 248
13.3 数字技术驱动服务全球化 249

13.4 数字全球化的企业管理实践 251
本章小结 251

第4篇 服务管理定量分析理论与方法

第14章 服务需求与能力管理 256
14.1 服务需求与能力管理介绍 256
14.2 需求管理策略 257
 14.2.1 管理顾客诱因变量 258
 14.2.2 需求细分 258
 14.2.3 提供价格激励 259
 14.2.4 促进非高峰期的需求 260
 14.2.5 开发互补性服务 260
 14.2.6 预订系统和超额预订 260
14.3 能力管理策略 263
 14.3.1 服务能力界定 263
 14.3.2 工作班次计划 263
 14.3.3 提高顾客参与程度 265
 14.3.4 创造可调整的能力 266
 14.3.5 共享能力 266
 14.3.6 雇用临时工 267
 14.3.7 交叉培训员工 268
本章小结 270

第15章 收益管理 273
15.1 收益管理的起源 273
15.2 收益管理界定 274
15.3 单资源服务收益管理 275
 15.3.1 两价格等级收益管理 275
 15.3.2 多价格等级收益管理 278
 15.3.3 需求关联的收益管理 280
15.4 多资源服务收益管理 282
 15.4.1 虚拟嵌套 283
 15.4.2 静态虚拟嵌套 284
 15.4.3 网络竞标定价 285
 15.4.4 动态虚拟嵌套 287
15.5 超订管理 288
 15.5.1 超订适用对象 289
 15.5.2 超订管理策略 290

本章小结 298

第16章 服务辅助物品库存管理 300
16.1 服务业中库存扮演的角色 300
16.2 服务库存系统的特征 301
16.3 服务库存系统的相关成本 301
16.4 服务库存管理理论 302
 16.4.1 订货量决策 302
 16.4.2 不确定情形下的库存管理策略 306
 16.4.3 需求率随时间变化的库存管理策略 307
 16.4.4 多期库存管理策略 309
 16.4.5 ABC分类法 311
 16.4.6 易逝品库存管理策略 312
 16.4.7 零售折扣模型 314
本章小结 314

第17章 服务设计理论与方法 317
17.1 服务设计数据采集方法 317
 17.1.1 参与式设计方法 317
 17.1.2 非参与式设计方法 319
 17.1.3 共创设计方法 321
17.2 服务设计数据可视化方法 324
 17.2.1 创建研究墙 324
 17.2.2 创建用户画像 325
 17.2.3 创建旅程地图 326
 17.2.4 创建生态地图 327
17.3 服务创意设计方法 328
 17.3.1 创意分解与产生 328
 17.3.2 创意拓展与聚合 333
 17.3.3 创意排序与筛选 336
17.4 服务原型设计方法 339
 17.4.1 通用型方法 339
 17.4.2 面向服务流程与体验的原型设计 342
 17.4.3 面向数字应用与软件的原型设计 344

本章小结 348

第 18 章　服务质量管理方法 349

18.1　服务质量测量模型 349

18.1.1　Gronroos 顾客感知服务质量模型（1982）........ 349

18.1.2　PZB 服务质量差距模型（1985）..................... 351

18.1.3　BDL 顾客感知服务质量综合模型（1990）........ 358

18.1.4　Bolton & Drew 服务质量模型（1991）............... 359

18.1.5　Oliver 感知服务质量模型（1993）..................... 360

18.1.6　Gummesson 4Q 产品/服务质量模型（1993）.... 361

18.1.7　Lovelock 服务质量模型（1994）..................... 362

18.1.8　Liljander & Strandvik 关系质量模型（1995）...... 363

18.2　服务质量控制方法 365

18.2.1　质量功能展开（QFD）..................... 365

18.2.2　神秘顾客方法 365

18.2.3　田口方法 367

18.2.4　波卡纠偏（Poka-Yoke）..................... 368

18.2.5　其他质量控制方法 369

本章小结 373

第 19 章　服务供应链管理方法 374

19.1　传统供应链评价方法 374

19.1.1　供应链企业内部绩效评价 374

19.1.2　供应链企业外部合作绩效评价 375

19.1.3　供应链整体绩效评价 ... 376

19.1.4　供应链评价指标体系 ... 376

19.2　供应链性能评估——SCOR 模型 379

19.2.1　SCOR 模型结构 380

19.2.2　SCOR 模型评价指标 382

19.3　供应链绩效评估——平衡计分卡 383

19.3.1　平衡计分卡体系 383

19.3.2　平衡计分卡评价指标 ... 384

19.4　供应链成熟度评估——DDVN 模型 388

19.4.1　DDVN 模型构建 388

19.4.2　DDVN 模型评价指标 389

19.5　供应链水平评估——标杆管理 390

19.5.1　标杆管理体系建立 390

19.5.2　标杆管理评价指标 391

本章小结 392

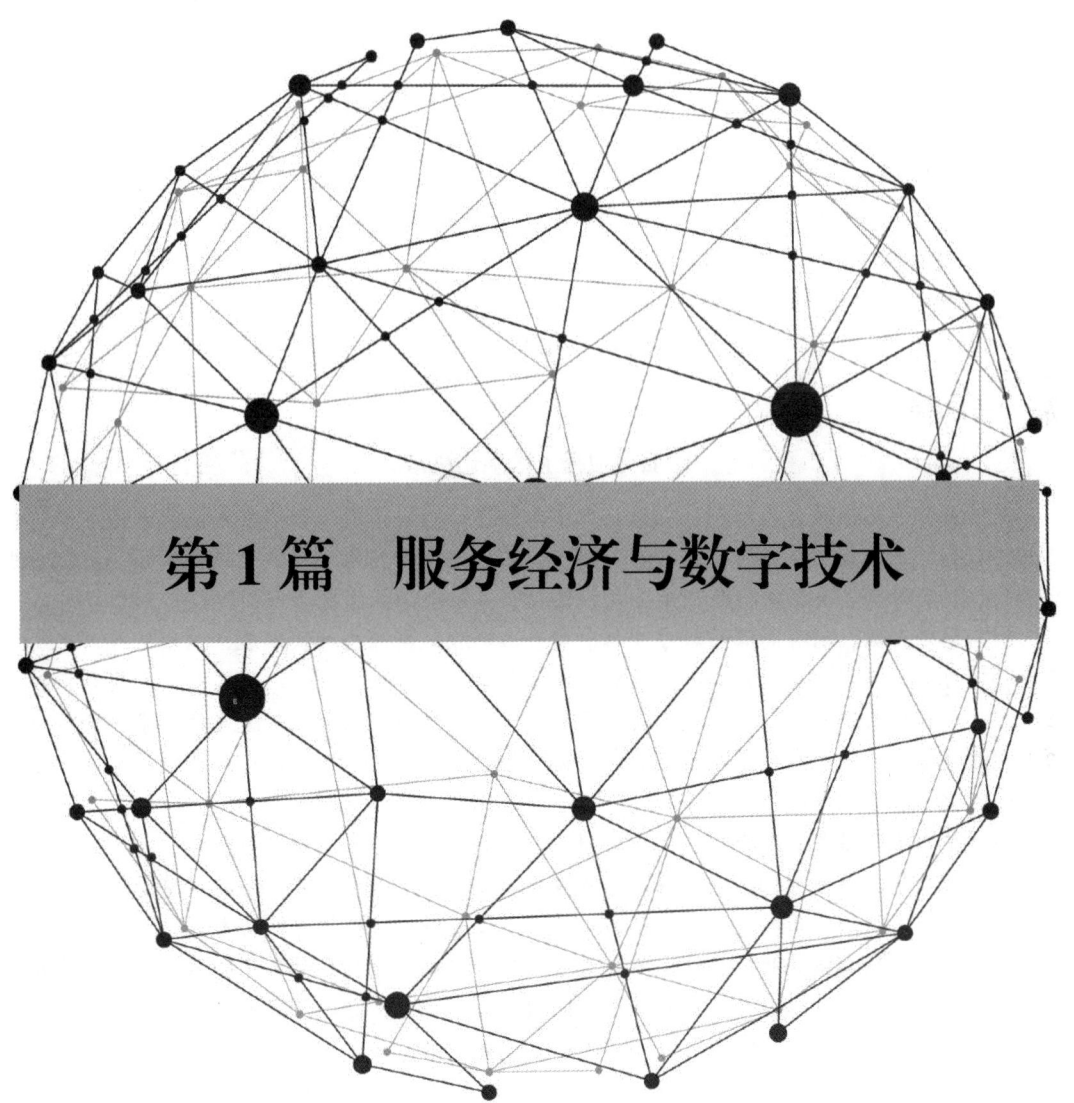

第1篇　服务经济与数字技术

第 1 章

服务经济的发展

▶▶ 学习目标

1. 理解服务经济的含义及层次。
2. 了解服务经济的发展趋势。
3. 掌握数字化服务经济的特征。
4. 熟悉中国服务经济及现代服务业的发展历程。

▶▶ 导入案例

服务业搭上数字化快车

服务业数字化蕴藏巨大红利。在数字经济形态下,数据资源及数字技术成为新的生产要素贯穿于服务经济发展的全流程中,并与劳动、资本、土地等其他生产要素进行融合、重组、迭代和优化,其带来了全新的价值创造方式,驱动服务业全面数字化迈入新阶段。

引领消费升级,培育高品质数字生活。服务业新模式新业态加快发展,远程医疗、在线教育、协同办公、数字娱乐等行业持续火热。餐饮外卖、共享出行等领域的商业模式创新和智能化升级,已经成为服务业数字化发展的主要形式。服务业线下向线上加速发展、服务标准化和工业化程度提升、行业融合互助程度加深、无接触配送全面推广,反映了服务业信息化、品质化、便利化、融合化发展的新趋势。

数字技术丰富服务业新场景。在5G、大数据、人工智能、工业互联网等的支撑下,服务业各领域将以技术变革为契机,创新网络消费方式,提升网络消费体验,不断拓宽新服务场景,丰富线上服务新供给,满足线下服务新需求,成为数字经济发展新的推动力。

数字化转型推动服务业向纵深发展。数字化转型对服务业的拉动作用明显,推动着服务业向纵深发展。数字化赋能服务业,打造一站式数字服务平台,进一步提高服务业数字化水平,满足更多人群、更多领域对数字消费方式的服务需求。

1.1 服务与服务经济

"服务"是一个高频词,应用于人们生活及工作的各个方面。在生活中,人们会遇到大量的服务。如交通服务,包括航空公司、铁路运输部门、汽车运输公司等利用各种运载工具将人们从一个地方运送到另一个地方;餐饮服务,包括各类酒店、餐馆提供各种房间和各种饮食;产品安装、维修服务,包括汽车修理、空调安装、房屋维修等。这些服务伴随着人们生活的每个部分。

从广义上来看，大量的与人打交道的工作都可被称为"服务"。处于服务业一线的工作人员给顾客提供服务；销售人员给顾客提供商品；企业内部的工作人员相互提供服务；财务人员给经理提供财务报表等。如果再将服务细分，各个工作人员所从事的工作都是为流程的下一个环节提供服务，要么是纯粹的服务，要么是在服务过程中使用物品或伴随着商品的交换。

1.1.1 服务的含义

作为学术概念，最早对服务进行关注的是经济学家，但迄今为止还没有一个大家一致认同的表述方法。

从普通意义上来讲，服务的界定更注重一般性。如《辞海》给服务做出的定义如下：

（1）为集体或为别人工作。

（2）服务亦称"劳务"。不以实物形式而以提供劳动的形式满足他人某种需要的活动。

《现代汉语词典》第7版对服务的解释是：为集体（或别人）的利益或为某种事业而工作。

相关组织由于涉及服务领域，对服务也给出了自己的定义。如ISO9001质量管理体系认证标准对服务的定义：为满足消费者的需要，在同消费者接触中提供方的活动或提供方所有的活动结果，通常是无形的。

美国市场营销协会（AMA，1960）认为：服务是用于出售或者是同产品连在一起出售的活动、利益或满足感。

此外，许多学者也给服务下了定义，如：

服务是指直接提供满足（交通运输、房屋租赁等）或者与有形商品或其他服务（如信用卡等）一起提供满足的不可感知活动（Regan，1963）。

服务是指或多或少具有无形特征的一种或系列活动，通常（但并非一定）发生在顾客同服务的提供方及其有形的资源、商品或系统相互作用的过程中，以便解决消费者的有关问题（Gronroos，1990）。

服务是一种涉及某些无形性因素的活动，它包括与顾客或他们拥有财产的相互活动，它不会造成所有权的更换。服务产出可能或不可能与物质产品紧密相连（Payne，1993）。

服务是行为、流程和绩效（Zeithaml和Bitner，1996）。

服务是一种顾客作为共同生产者的、随时间消失的、无形的经历（Fitzsimmons，2001）。

从这些定义中可以看出，服务的实现具有3个基本要素：服务的消费方、提供方及服务接触。服务接触是服务的本质特征，无论服务的提供方和消费方是直接接触还是间接接触，它都是存在的且不可或缺的。如学生在课堂上接受老师的教育是直接接触，而通过网络接受的教育可视为间接接触，但他们都有交互，包括学生提出问题、老师解答问题、老师批改作业、师生及同学之间的各种交流等。下面具体分析这3个基本要素。

（1）服务消费方。

服务消费方确定和提出服务需求，其既是服务流程的起点，又是服务流程的终点。传统服务管理研究的领域主要涉及的是个人消费者，但随着技术的发展和商务模式的演变，服务消费方的范围在逐渐扩大，涉及组织机构甚至是机器（或系统）。如在外包服务中，服务的消费方主要是企业及其他组织机构；而在网络计算领域，一个系统可以向另一个系统提出计算请求，另一个系统接受任务且完成计算后返回结果，其服务的消费方和提供方即机器（或系统）。

（2）服务提供方。

服务提供方提供服务，用以满足服务消费方的需求。服务提供方具有服务所需的资源，通过一定的程序（流程）实施服务。同样，服务提供方可以是个人、组织、机器（或系统）。

（3）服务接触。

服务接触是服务提供方与服务消费方之间通过一定的媒介进行的交互过程。如果是实物的交换或买卖，其接触环节简单明了，即使有一定的交互，也能快速地解决问题。但当对于专业性较强或对服务需求的判断不甚明了时，服务接触就是一个复杂而漫长的过程，如医疗服务、企业咨询等。对于服务管理来说，服务接触是一个非常关键的环节，它涉及至少3个核心问题：对服务需求的理解、服务消费方与服务提供方相互协作并共同完成服务、服务质量及客户满意度的评价等。

1.1.2　服务经济的含义

服务经济是20世纪60年代兴起的一个新概念，于1968年由美国经济学家维克多·R·富克斯（Victor R. Fuchs）提出。他在其经典著作——《服务经济学》中，率先提出美国已经首先进入了"服务经济"社会，同时认为服务经济在所有发达国家都已开始出现。

在Fuchs研究的基础上，服务经济的理论随着实践的发展而不断深化。丹尼尔·贝尔（Daniel Bell）的"后工业社会"、西蒙·史密斯·库兹涅茨（Simon Smith Kuznets）的"工业服务化"等理论都指出了现代社会经济逐渐向服务经济阶段发展的这一突出特征。2006年，瑞典学者简·欧文·詹森（Jan Cwen Jansson）的《服务经济学：发展与政策》对服务经济学的微观基础、服务经济的公共政策等做了系统诠释。

学术上对服务经济没有一个统一的定义，常用的有以下3种定义方法。

（1）规模定义法，即服务业GDP占比达50%以上，且服务业就业占比达50%以上的为服务经济。

（2）对比定义法，即与工业经济、农业经济形成对比，有特殊性质经济形态的为服务经济。

（3）阶段定义法，即农业经济、工业经济以后的经济阶段为服务经济。

综合以上3种定义方法，可将服务经济定义为：以知识、信息和智力要素的生产、扩散与应用为经济增长的主要推动力，以科学技术和人力资本的投入为核心生产方式，以法治和市场经济为制度基础，经济社会的发展主要建立在服务产品的生产和配置基础上的经济形态。

服务经济包括3个层次：第一层次（最高层次）是经济形态，第二层次（产业层次）是产业形态，第三层次（基本层次）是经济活动。这3个层次的内涵有所不同：从基本层次上来看，服务构成了服务经济中的基本经济活动形式；从产业层次上来看，服务业是服务经济产业结构中的主导产业；而从最高层次上来看，服务经济除了活动和产业以服务为核心，还包含一整套适应服务活动和产业发展的制度环境、管理体制、要素市场及公共政策和公共服务体系，是一种完整的经济形态。

具体来看，服务经济的范畴包括以企业为主发挥职能的社会服务（如物流、金融、邮政、电信、旅游、体育、商贸、餐饮、物业、信息、文化等），以及以政府事业单位等为主发挥职能的公共服务（如教育、医疗卫生、人口和社会保障等）。服务在经济中扮演着促进发展的角色，在社会经济活动中居于核心位置。

服务经济是在工业经济高度发达基础上的新发展阶段。在这个阶段，服务经济的地位越来越重要，并且成为国民经济的主导产业。生产方式和消费方式对服务业或服务要素高度依赖，企业越来越将业务中心从产品生产转到提供服务上来，消费者也从以消费物质产品为主转向以消费服务（劳务）为主，服务业成为经济社会的主要形态和特征。更为重要的是，以服务经济为主的社会，决定财富的因素从过去的土地、资本、劳动转为知识、技术、制度和创新。

在服务经济时代，服务成为主要的获利来源和方式。服务经济是以人力资本为基本生产要素所形成的经济结构、增长方式和社会形态。服务经济的增长主要取决于人口数量和教育水平。人力资本成为基本要素，土地和机器的重要性有所下降。

1.2 服务经济的发展趋势

服务业的概念最早源于西方"第三产业"的概念。20世纪30年代，英国经济学家埃伦·费希尔（Allen Fisher）在其所著的《安全与进步的冲突》一书中，最先提出了"第三产业"这一概念，泛指旅游、娱乐、文化、艺术、教育、科学和政府活动等提供非物质性产品的部门，并用于国民经济产业结构的划分，从而形成三次产业的划分法。在我国，服务业就是国际通行的产业划分标准的第三产业，即除农业、工业和建筑业以外的其他行业，其发展水平是衡量生产社会化和经济市场化程度的重要标志。服务业按照服务对象一般可分为3类：一是生产性服务业，指交通运输、批发、信息传输、金融、租赁和商务服务、科研等，具有较高的人力资本和技术知识含量的行业；二是生活（消费）性服务业，指零售、住宿、房地产、文体娱乐、居民服务等，属劳动密集型行业，与居民生活相关；三是公益（公共）性服务业，主要指卫生、教育、水利和公共管理等行业。

随着产业的不断演进，服务经济的发展大致经历了以下3个阶段，并表现出不同的阶段特征。

第一阶段（农业经济时代）：以生活服务业为主。这个阶段的主要任务是同自然界竞争，土地是人们赖以生存和发展的重要资源。这个时期的人们主要以家庭为社交生活单位，低下的生产力和众多的人口造成严重的就业不足（劳动力未被充分利用）。许多人在服务业中寻找机会，但仅限于个人和家庭的范围。

第二阶段（工业经济时代）：以生产性服务业为主。社会的主导是物质产品的生产。能源与机器设备的使用使每小时产量成倍增长并确定了工作的性质。劳动分工法则创造出重复性工作和半熟练工人。时间价值得到了充分体现。生活水准由物质产品的数量来衡量，协调物质产品生产和分销的复杂性造成了大型组织的形成，个人是社会生活的基本单元。

第三阶段（服务经济时代）：以社会服务业为主。工业社会的生活水准是由物质产品的数量来决定的，而后工业社会关心的是生活质量，是由健康、教育和娱乐等方面的服务水准来决定的。各种专业人士成为主导力量，信息成为压倒能源和劳动力的关键资源，生活变成人与人之间交互的活动，规则变得更为复杂。

从生产方式的演变来看，工业经济时代以大机器的使用和能源的消耗为核心生产方式，而服务经济则是以知识的运用和人力资本的投入为核心生产方式。知识与创新等高级生产要素成为推动服务经济发展的核心动力。特别是20世纪80年代以后，信息化和全球化的紧密结合推动服务经济进入了深化发展阶段。信息技术的创新和扩散不仅直接催生了大量新兴服务业，也触发了整个国民经济生产体系的深刻变革。服务业逐渐成为国民经济的绝对主导部门并向其他部门广泛渗透，服务的生产、分配、流通、消费成了整个经济社会的核心内容，并由此带来了经济结构、运作模式等的根本性变革。

1.3 数字技术驱动服务经济

丹尼尔·贝尔在其著作《后工业社会的来临》中提到，在后工业社会，知识是最主要的资源，数据开始成为通用货币。数据越多、体量越大、内容越精确、反馈越及时，所产生的价值和力量就越大。大学成为"国之重器"，研究人员和科学家（包括计算机方面的科学家）发挥着越来越重要的作用。社会地位取决于个人的技术水平和受教育程度，教育成为获取权力的途径。

贝尔认为知识和数据是后工业时代的核心资源。他写道：我所说的信息是指广义层面的数据处理。数据的存储、检索和处理成为支撑一切经济和社会交换活动最为重要的资源。其中包括以下几项内容。

（1）各种历史记录的数据处理：如工资、政府福利（社保信息等）、银行账务等。

（2）各种计划信息的数据处理：如航班预订、生产安排、库存分析、产品组合信息等。

（3）各种人口信息的特征处理：如人口普查数据、市场调研、观点调查、选票数据等。

在后来的论述中，贝尔提出了信息时代的概念，这是一个由专业技术人员组成的全新精英阶层统治的时代。他预测，在这个时代科学家和工程师将会取代资产阶级成为新的统治阶级。

贝尔对信息时代的预见并没有夸大其词。他这样写道：如果说工具技术是人类体力的延伸，那么通信技术作为感受和知识的延伸极大地拓展了人类的意识范围。

贝尔预见到，技术的聚合开创了信息时代。在19世纪到20世纪上半叶，信息传播的主要途径是图书、报纸、期刊；到20世纪下半叶，信息传播的途径变成了收音机、电视机和电报，通过有线或无线方式加密传输信息。正是这些技术的聚合及20世纪下半叶计算机的出现为信息时代的到来点亮了启明灯。

贝尔认为以下5种结构性变化推动了信息时代的到来。

（1）电话和计算机通信聚合为同一媒体。

（2）电子通信取代印刷媒体，使电子银行、电子邮件、电子文件传输及远程电子新闻等服务成为可能。

（3）有线通信极大丰富了电视内容的发展，使千家万户都能便利及时地收看一整套专业频道提供的各种节目内容。

（4）计算机数据库的出现成功聚集了来自全球的知识和信息，使人们可以在家中、图书馆和办公室里实现互动式远程小组研究和即时个人访问。

（5）计算机辅助教育极大丰富了教育系统的内容，使全球用户都能即刻远程访问任何学习资料。

数字技术驱动服务经济已经成为后工业社会服务经济增长的主要驱动方式，这显然对商业和社会具有巨大益处，其影响力堪比一场新的工业革命。这些新技术将会推动经济增长，增强包容性，改善环境并提高人们的生活质量。

1.3.1 数字化服务经济的特征

云计算、大数据、人工智能和物联网等数字技术的聚合推动了数字化对服务经济的引领作用，使得服务经济呈现出独特性和典型性特征。

1. 物联化

数字技术让服务经济运行中的诸多要素实现了互联互通。过去，信息化解决了人与机器之间数据联通的问题。而互联网的普及完成了人与人之间的数据连接。目前正在发生的，以云计算、大数据、智能化、物联网、移动互联、区块链等为代表的数字技术的不断深化，将解决机器与机器之间的数据互联。服务经济也将从消费端，真正向企业端拓展。服务业的成长也由"互联网+"，走向"科技+"、"金融+"、"物流仓储+"和"大数据+"等，前者体现为连接能力和服务广度的扩张，后者体现为整合能力和服务深度的拓展。服务业将成为联结生产端和消费端的中央处理器，并在更高的维度打通行业壁垒，提供一站式、打包式、全过程服务，在产业发展中承担更加主导性的角色。

2. 精益化

在数字经济时代，用户需求呈现出高度易变、不确定、模糊和复杂的特征，用户的期望和需求不断提高，期待并且要求量身定制的体验。大数据、人工智能、云计算等数字技术的兴起及其向各行业的深度渗透，为低成本、高效率地获取用户信息，进行全样本试验，持续改进产品提供了前所未有的技术条件。企业要满足用户不断变化的需求，必须打造一种以用户为导向的数字化业务体验，并和用户保持长期、密切的联系。信息系统要能够将用户实时的、个性化的、碎片化的需求传递给生产端，充裕的计算能力要整合这些需求并优化产业链进行生产，最终实现精准的供需匹配。数字技术还将持续影响商业模式，新业态、新经济的创造及人们的生活方式。

3. 融合化

服务业和制造业不断融合，企业的边界发生了很大的变化，形成了区别于以往的企业成长态势和规律。在广泛的连接中，交易成本大幅下降，企业间以虚拟联盟的组织形式进行着协同；或者随企业某一能力的强大，在内部自建代替在市场获取。在制造业和服务业的范畴内，企业边界逐渐模糊，发展成为制造型服务或服务型制造。无论是制造业延伸出服务，还是服务业向制造端拓展，都在丰富着服务业的发展实践。数字技术支撑下的平台型服务、供应链服务、互联网服务等生产性服务模式，正盘活着制造资源，推动着制造业的发展。在线教育、餐饮外卖、云办公和零售电商等新兴服务业的快速增长，成为拉动经济增长的新动能。服务业和制造业融合，不同服务的跨界和整合趋势将会更加明显。

▶▶ **真实案例**

在新冠疫情的暴发、波及和防控中，企业展现出来的数字技术能力是一个值得关注的方面。在医疗方面，医疗机器人、智能化医疗影像分析和远程医疗得到了广泛使用。在疫情地图中，有覆盖全国的上万个发热门诊，有全球实时动态的病例数量和可视化的疫情显示。在人群追踪和管理方面，有"确诊患者同行程查询"工具，覆盖全国的健康码，可以对人员流动进行精准防范。在生活方面，外卖、网购及线上教育，让人们在家也能够解决温饱和教育问题。这背后是科技、网络和数据的全面支撑。

1.3.2 体验经济

数字经济时代，服务经济正在经历从传统的服务到一种基于体验关系的服务的转型。越来越多的研究显示，顾客在消费时希望获得独特的经历而不只是产品，如果企业只是提供质量好的产品或服务，并不足以让顾客满意。所以，将特定的"价值"融入产品之中，使顾客有一个难忘的体验，而这就产生了体验经济。体验经济可进一步细分为顾客服务体验和商业服务体验。

1．顾客服务体验

顾客服务体验主要是指企业对顾客（B2C）的服务体验。企业用个人的和难忘的方式让顾客参与并与顾客产生联系，从而创造附加价值。当企业在其搭建的舞台上为顾客提供难忘的情景和经历并为此而收取费用时，也就实现了从服务经济到体验经济的转化。

顾客服务体验通常包括 4E，即娱乐（Entertainment）、教育（Education）、美学（Esthetics）和逃避主义（Escapism）。4E 主要包括两个方面：顾客投入（参与）程度和与特殊事件或结果（环境）的关系。在顾客投入（参与）程度方面，包括被动参与与主动参与；在特殊事件或结果（环境）的关系方面，包括吸收与沉溺。因此，顾客服务体验可以分为 4 种类型：娱乐、教育、美学与逃避主义，如图 1-1 所示。

	与特殊事件或结果（环境）的关系	
顾客投入（参与）程度	吸收	沉溺
被动参与	娱乐（电影、直播带货、虚拟偶像）	美学（画展、博物馆、歌剧演出、传统文化"活化"演绎）
主动参与	教育（智慧课堂、在线学习、知识付费、亲子互动体验馆）	逃避主义（滑雪旅行、虚拟现实、匿名社交）

图 1-1　顾客服务体验的 4 种类型

这 4 种体验都能带给顾客难忘的回忆。首先，顾客希望在消费过程中获得知识、增进技巧及能力。而许多体验活动都可以增加顾客的知识及能力。其次，顾客希望在消费过程中获得愉快的感觉。娱乐是最原始的一种体验，通过服务产生娱乐的经历而形成难忘的回忆。再次，美学是顾客对实体环境的诠释。当顾客感受到消费环境中高质量的美时，便会由美的体验而产生幸福感。最后，顾客希望逃避现实中的压力，而通过消费来获得精神及身体上的放松。

数字化顾客体验指的是组织如何将数字化体验集成到产品、服务和交换中，通过全方位/数字渠道、平台和接触点来实现和超越不断变化的客户期望。在数字时代，通过网络社群参与互动、获取平台上的信息、体验场景环境所创造出来的价值水平将会显著提高。

2．商业服务体验

商业服务体验主要是指企业对企业（B2B）的服务，价值源于联产或合作关系。商业服务体验的核心是创造、授权、问题解决及创新地运用信息的体验。商业服务体验有以下 3 个维度。

（1）价值共创。

价值共创是指企业部门的服务对象参与所能带来的良好价值结果，这些结果包括：服务对象参与带来的满意度和忠诚度提升；服务对象通过对产品或服务的使用和体验获得的幸福感；服务对象向企业部门提交意见反馈，从而实现的服务改进与创新；通过服务对象参与营造的良好服务系统生态等。

在价值共创过程中：

- 服务对象（顾客）是服务过程的输入者。
- 服务对象（顾客）是价值创造的合作者。

（2）合作关系。

合作关系是一个社会学术语，是指两个或两个以上独立的成员之间为了实现某个特定的目标或获得一定的效益，形成的一种协调关系。其目的在于通过技术分工、共享信息和资源，达到提高竞争水平、降低学习和运营成本、获得更高收益的结果。

在提升服务体验的过程中，合作关系的价值如下：
- 与顾客的合作关系是服务创新和差异化的源泉。
- 长期稳定的合作关系有助于定制服务以满足顾客的需求。

（3）服务产能。

服务产能是服务体验管理中的难点问题，主要是分析如何用服务企业中有限的人力、物力等资源来应对外界多变的市场需求。

服务产能对提升服务体验的重要作用如下：
- 服务产能需要在保持服务质量的同时满足需求波动。
- 服务质量通常由顾客预期来衡量，而顾客预期与服务产能密切相关。

从服务经济的结构演进上来看，体验经济可能成为服务经济发展的更高级形态，甚至有可能成为服务业之后的经济基础。服务经济的体验化发展也是传统经济向体验经济的转移，体验经济是一种以顾客体验及转化为基础的经济模式。体验就是企业以服务为舞台、以商品为道具，环绕着顾客创造出值得顾客回忆的活动。人的主观感受成为一种经济物品，顾客成为价值创造的主体，通过和技术、人力资本的相互渗透作用，对经济发展和社会形态产生了巨大的推动力。尽管确切地表达出服务经济社会的经济形态还需要时间的检验，但高度关注文化与经济的共生现象，并从技术、制度等层面推动两者的共生，将有效推动服务经济的发展。

1.4 中国服务经济的发展

中国服务领域更新迭代，由最初的以政府配给、基本满足人们生活起居为主，到市场化下的金融、房地产等行业兴起，再到进入WTO（世界贸易组织）后服务贸易快速增长。与此同时，居民消费能力的提升、城镇化的推进、服务改革和开放政策、信息技术的突破式发展、知识密集型及资本密集型产业的提速等诸多因素，催生了服务的内生需求，直接促进服务业结构不断优化升级。

1.4.1 中国服务经济的发展历程

中国服务经济的发展经历了从逐渐放开市场准入到完善市场结构体系，再到产权制度改革的历程。服务业对外开放经历了从20世纪80年代末期的部分领域放开到加入WTO后全面开放的过渡阶段，再到2013年后自贸区战略阶段。中国服务经济的发展一般可划分为5个阶段。

第一阶段：严重抑制阶段（1949—1978年）

受历史因素局限，这一时期服务经济的发展呈现缓慢、曲折的特征。中华人民共和国成立初期，中国全面实施计划经济，为保障国家安全，实现经济增长，采取了优先发展重工业的战略。为完成中国从落后的农业社会向工业社会的转变，进行了大规模工业化建设，工业经济被放在了国民经济发展的首位。在当时的背景下，服务业被看作不创造社会财富的非生产行业，在国民经济发展中处于从属地位，发展受到约束。在此期间，国家政策的震荡、自然灾害等多种因素均对服务业的发展造成了一定的影响。1952—1978 年，服务业增加值占国内生产总值的比重，由 1952 年的 28.6%上升到 1960 年的 32.1%峰值后一路下滑到 1978 年的 23.7%。

第二阶段：起步加速阶段（1979—1990 年）

改革开放后，服务经济步入起步发展的正常轨道，并且增速加快。1978 年后，中国正式进行改革开放，服务业过于落后的状态对人民群众的日常生活造成了不利影响，国家逐渐重视服务业的发展，使其步入起步发展的正常轨道中。原先极度抑制造成的服务业短板，在政策放宽后，服务业的发展迅速变得活跃，其间虽有争议和反复，但服务业在国内生产总值中的占比从 1979 年的 21.4%上升到 1985 年的 28.5%，并首次超过第一产业一路上升到 1990 年的 31.3%，这一时期的服务业名义增速达到了 18.9%，超过经济增速 4 个百分点。

第三阶段：稳定发展阶段（1991—1999 年）

20 世纪 90 年代，中国经济体制改革加快推进，服务经济发展活力迸发，增长趋于稳定。中国进入建立社会主义市场经济体制的新阶段，服务业也迎来了新的发展机遇。同时，自 1978 年改革开放以来居民收入水平稳步上升，居民储蓄不断积累，这直接催生了新型的服务需求，同时也拉高了对白色家电、机电产品的需求。1998 年亚洲金融危机爆发，为扩大内需，中国政府实施积极的财政政策和西部大开发战略，巨量国债拉动了基建和相关基础工业的发展，第二产业占比上升挤占了服务业占比上升空间。

第四阶段：赶超发展阶段（2000—2013 年）

随着中国加入 WTO，经济发展正式步入全球化时代，对中国经济发展及服务业开放具有重大意义。这一时期，服务经济发展迅猛，服务业占比逐渐接近甚至超过第二产业。经过这一阶段服务业的迅速发展，至 2013 年，服务业增加值在国内生产总值中占比超过第二产业，成为国民经济发展的主要贡献产业。

第五阶段：超越发展阶段（2014—2021 年）

党的十八大以来，中国经济发展进入新常态，经济结构不断优化升级，从要素驱动、投资驱动转向创新驱动。这一时期，服务业占比继续提升，自 2014 年起，服务业占国内生产总值的比重继超过第二产业后又超过 50%，在 2020 年达到 54.5%，在国家产业发展、推动经济增长等方面发挥着巨大作用。

纵观上述发展阶段，中国服务业发展迅速，三大产业完成更替，以"二、三、一"为序的结构特征，进入以"三、二、一"为序的阶段，服务业对中国经济的贡献不断增加。更为重要的是，新一代信息技术支撑下的平台型服务、供应链服务、互联网服务已经超出了消费端的服务范围，正逐步走向生产端，盘活着制造资源，推动着中国制造业的进步，也让生产性服务业的内涵和路径更加丰富。如今，全球服务贸易快速增长，以增加值计算的服务贸易占全球贸易的比重超过 40%，中国服务业正在这一趋势中加快走向世界，中国成为全球服务贸易的重要参与者和服务的提供者。

当前，中国经济呈现出了以服务业和制造业并重的发展态势，服务业有了和制造业相互融合、互相支撑的发展机会。与发达国家同阶段情形不同的是，在中国服务业的壮大过程中，新一代信息技术和新的商业模式进行了广泛的参与和渗透，这极大缓解了成本难题。与此同时，中国新兴服务业的强势崛起，在很多领域已经形成与欧美地区并驾齐驱之势。未来，无论是中国制造企业中的服务要素，还是服务业本身都将以一种更加崭新和有活力的面貌，支撑经济的高质量发展，推动中国崛起。

1.4.2 现代服务业的发展历程

现代服务业，是指那些依靠高新技术和现代管理方法、经营方式及组织形式发展起来的，主要为生产者提供中间投入的知识、技术、信息密集型服务，其核心是现代生产者服务，特别是高级生产者服务，如金融服务、商务服务、政务服务、信息技术与网络通信服务、教育培训服务、物流服务，以及一部分被新技术改造的传统服务等。

"现代服务业"的提法最早出现于1997年9月党的十五大报告中。2000年10月的十五届五中全会关于《中共中央关于制定国民经济和社会发展第十个五年计划的建议》中提出"要发展现代服务业，改组改造传统服务业，明显提高服务业增加值占国内生产总值的比重和从业人员占全社会从业人员的比重"。一般认为，现代服务业是在工业化比较发达的阶段产生的，其发展本质是来自社会进步、经济发展、社会分工的专业化需求。根据2012年2月科学技术部发布的《现代服务业科技发展"十二五"专项规划》，现代服务业是指以现代科学技术特别是信息网络技术为主要支撑，建立在新的商业模式、服务方式和管理方法基础上的服务产业。它既包括随着技术发展而产生的新兴服务业，也包括运用现代技术对传统服务业的改造和提升。

1. 现代服务业的产业划分

现代服务业产生的背景包括以下几个方面。

（1）随着工业化的高度发展出现的产业结构的软化现象，服务业在整个经济中的地位大幅提高，服务业的范围不断扩大，内容不断丰富。

（2）随着知识经济的发展，人力资本和知识成为生产中最重要的生产要素，从事与知识劳动有关的工人大量增加，知识密集型服务业快速发展。

（3）随着专业化和社会分工的不断深化，可以把制造业价值创造活动中的一些环节独立出来，如研究开发、设计、后勤供应等，制造业的服务成分不断增加，如技术支持与培训，售后服务等。

（4）信息技术等新技术的发展，催生了对信息技术服务的大量新需求，创造了新的产业和就业岗位，扩展了传统服务业的内容。

（5）信息技术在服务业中大量应用，扩大了服务业的市场，推动了传统服务业的产品和过程创新，传统服务业向新型服务业转变。

（6）随着全球市场的开放，服务贸易在全球贸易中的地位上升，提高服务业的竞争力成为新的关注焦点。

现代服务业伴随着信息技术和知识经济的发展而产生，用现代化的新技术、新业态和新服务方式改造传统服务业，创造需求、引导消费，向社会提供高附加值、高层次、知识型的生产服务和生活服务。现代服务业主要包括以下四大类。

（1）基础服务，包括通信服务和信息服务。

（2）生产和市场服务，包括金融、物流、批发、电子商务、农业支撑及中介和咨询等专业服务。

（3）个人消费服务，包括教育、医疗、住宿、餐饮、娱乐、旅游、房地产、商品零售等服务。

（4）公共服务，包括政府的公共管理、基础教育、公共卫生、医疗及公益性信息等服务。

2. 现代服务业的发展历程

21世纪以来，互联网相关技术开始作用于服务业，不仅催生了一大批新兴服务业态，也改变了几乎所有服务业的运营模式、服务方式，重塑了服务业的价值创造方式。中国现代服务业的发展历程大致可以分为以下几个阶段。

（1）传统服务业态占主导（2003—2006年）。

自2003年起，中国开始步入了电子商务时代，淘宝、京东、当当等依托互联网技术的电子商务平台为顾客提供了新的购物模式选择，开启了中国电子商务新的发展历程。但在这一时期，还是传统服务业态占据主导的阶段，实体服务是主要的服务模式。"掌控终端、实现渠道扁平化"的模式依旧占据主流。

（2）互联网新兴服务业态崛起（2007—2010年）。

这一时期，传统与新兴的服务业都在不断探索发展，零售、金融、餐饮、物流、娱乐、房地产等几乎每一个行业都发生了很大的变化。商超百货等传统零售模式仍是主流商业模式；银行业、房地产行业在金融危机中受创，但同时又受益于中国的城市化进程。与此同时，网购、快递等新兴业态逐渐兴起；团购、视频等早期业态，也在不断探索发展。决定服务新兴业态的基础设施——智能手机，也已经完成了初步的基础构建。

（3）传统业态与新兴业态相互竞争（2011—2014年）。

随着移动互联全面兴盛，互联网新兴业态得到成长与发展，与传统业态的竞争也在不断加剧。零售业中网购成为吸引顾客的新购物方式，并对传统零售业造成了很大的冲击，出现了史上最大的"关店潮"。随着流通领域及物流运输整合的不断自我革新，围绕着商品流转的信息流、物流的协同趋势在不断增强。同时互联网金融由于其高收益率开始变得流行，出行、服装、食品、家政、电视、医疗和教育等传统行业也都面临着来自互联网模式的压力，各种新兴业态开始涌现，几乎所有行业都开始呈现"互联网思维"。

（4）传统业态与新兴业态不断融合（2015—2018年）。

这一阶段，互联网新兴服务业态开始了与传统服务业态相互融合并探索新市场的阶段，新老业态逐渐开始放弃竞争。传统门店依靠其终端优势，和电子商务平台一起，探索出了线上与线下相融合的新零售商业模式，成了集结众多功能的服务终端，并且在直播行业和网红的推动下，探索出一些零售和营销整合的新思路。消费服务空间日渐饱和，生产端的服务也在不断发展。体系健全的众多小微制造企业，在服务平台的赋能中，获得了新的发展机会。在供应链思维的普及和新一代信息技术的广泛应用中，制造业和服务业逐渐相互融合。

（5）服务业分化与协作（2019—2022年）。

2020年的新冠疫情，几乎波及了所有的企业，其中餐饮、旅游、娱乐、航空等服务业受影响最大。在传统服务业经营不景气的环境下，"宅经济""智生活""云办公"等新的生活方式和工作方式开始涌现。在线教育、餐饮外卖、协同办公和零售电子商务等产业发展迅速，并成为人们对经济新增长点的期待。在新冠疫情之下，传统服务和新兴服务业态此消彼长间，有更明显的分化，但一部分行业也出现了从未有过的紧密协作，外卖依托于传统餐饮；在线看展、在线旅游依赖于实体景色本身；直播的前提是有内容可以传播。因此，线上与线下将更加依赖彼此，并将共同探索、不断发展。批发贸易、零售、交通运输三大传统服务企业日渐式微，互联网、金融和供应链等现代服务业快速崛起，产业呈现重大分化。从企业规模到产业、地域分布，服务业欣欣向荣，正遵循着一条持续优化的逻辑。服务业已然成为中国经济发展新的增长点，服务经济时代已经到来。

本章小结

本章介绍了服务及服务经济的含义与定义方式，分析了服务在经济中的作用及服务经济的发展趋势，阐释了数字化服务经济的特征及体验经济的表现形式，论述了中国服务经济及现代服务业的发展历程。

讨论题

1. 服务经济的发展经历了哪几个阶段？每个阶段有何特征？
2. 数字化服务经济有哪些典型特征？并举例说明。
3. 试分析我国服务业未来可能的发展趋势，以及面临的机遇和挑战。

案例分析

案例1-1 宜家：体验经济的践行者

热狗、甜筒、冰激凌，宜家似乎不再是单一的家居买卖场所，而是年轻人打卡、休闲的地方。这个来自瑞典的家居零售品牌，经过了半个世纪的发展，不仅成为全球最大的家居零售商，也牢牢抓住了中国市场，为中国带来了有别于传统家居销售模式的宜家模式。

1956年，宜家在瑞典的第一家店内开设了餐厅，开餐厅的目的很简单——让逛商场的人吃饱。宜家餐厅的产品，特别是爆款产品的打造逻辑，其实都和顾客心理的重要规律有关。举个简单的例子，1元甜筒的背后，其实是峰终定律，它是诺贝尔经济学奖获得者、心理学家丹尼尔·卡尼曼提出的：人对体验的记忆由两个因素决定，高峰时（无论是正向的还是负向的）与结束时的感觉，这就是峰终定律。以小见大，可见宜家的魅力。

1. 宜家模式

"体验经济会超过服务业，是继服务经济之后的下一个经济形态。"美国未来学家阿尔文·托夫勒（Alvin Toffler）曾在《未来的冲击》一书中预言道。具体而言，体验以服务为舞台，以商品为道具，给顾客创造一种难忘经历的活动。这和宜家的体验式营销如出一辙，顾客购买家具不再是为了购物，而是出于情感需要。

从空间设计来看，传统家居市场会将产品分门别类地摆放好供顾客来挑选，而宜家打破零散售卖的方式，使用样板间进行产品的成套销售，通过对房间风格化的成套布置来实现真实性的居家氛围。换句话说，宜家的卖场展示是精心安排的，展示区被分割为若干以样板间为载体的小区域，每一个区域都有不同的主题，表现不同的家居体验。在每个展示区会配备装修工人，阶段性地对展示区重新布展，体现新的主题。宜家家居功能区严格模仿实际生活环境，比如，其背景墙选用住宅的平均高度——两米九，选择普通的墙面背景，不用华丽的图案塑造氛围，倾向于展示小居室的样板间设计，让顾客能够将宜家家居的不同功能主题原样复制到自己家里。

从卖场布局来看，其样板间的呈列顺序大致如下：先是客厅、书房，然后是卧室、厨房，最后是餐厅及儿童房。这一呈现顺序是根据顾客的参观习惯定制的，在引导顾客的同时也能表明两地最短路线，节约时间。

从营销模式上来看，宜家模式最主要也最重要的部分是现场体验。顾客在挑选家具时，可以在沙发上试坐，在地毯上试走，可以检查、抚摸商品表面，感受商品质感。而店员除了顾客主动寻求帮助否则不会打扰顾客，这样便增加了顾客的购物自由度。

从某种程度上来说，顾客的体验感来源于他们对宜家空间的个性化使用，体现在他们对宜家空间的"占领"。顾客可以自如地占领公共空间，就体现在宜家的"空间景点化"，顾客在宜家的参观过程宛如在景点旅游，随处可见躺倒在沙发、床铺间交谈的家庭，这使得一种新的消费方式在不受约束的、缺少监管的空间结构中被体现出来。顾客的参观路径在地面用箭头加以提示，沿途的空间被区隔为销售的超热区、热区和冷区，畅销产品布置在超热区，常规产品和偏冷门的商品则按照二八原则搭配布置在热区，而冷区则摆放小部分的促销产品来提升热度。

从产品设计来看，平板化的产品和包装设计既符合顾客需求，又能够降低仓储和运输成本。"可折叠家具"的概念，是1955年由宜家提出的。顾客可以将家具产品折叠成扁平的标准化的组合箱来运输，并且通过说明书在家自行安装，以此降低成本与价格，宜家在1956年设计出了第一款平板包装产品"罗贝肯边桌"，以此为标志开启了折叠空间的历史。宜家的产品素有在小空间内实现空间拓展的特点，其原因就在于可折叠家具对空间的灵活运用。比如，一款巴斯维金翻板桌，桌面折叠时仅为45厘米宽，完全展开时则拓展至135厘米，桌下还可存放4把折叠椅。

从设计风格来看，宜家的设计具有典型的北欧风格。宜家空间主要有北欧传统、北欧现代、流行传统、流行现代4种风格，多数顾客对这些风格不会有精准的区分，而是笼统地归之于北欧风。但"宜家风格"的认知则在潜移默化间形成了，宜家通过标识、色彩和北欧风情形成品牌独特的"宜家风格"，在众多类似折叠家具品牌中获得了高辨识度和认可度。

2. 本土化策略

宜家模式在中国大受欢迎，与其品牌多年的中国本土化密不可分。留心的人会发现，宜家在中国的营销策略，和在其他国家的营销策略存在较大的差异性：宜家通过增加本地采购来保持低价；商店选址临近市中心且交通便捷处；意识到产品目录名册营销宣传上的效果较低，将样板间的尺寸设计为适合中国家庭居住的面积。

1998年，宜家在上海徐汇区开了中国第一家家居卖场。需要注意的是，2000年前后，中国建材市场已达到几十万家，在这一时期进入中国的宜家，初期既面临激烈的竞争，又不谙中国市场的品牌宣传，这让早期宜家的产品定位及低价策略统统失效。原因很简单，中国经济环境的差异性，让宜家产品价格相对于中国大众不再廉价。宜家发现在短时间内难以扭转高价的品牌形象后，便迅速改变产品定位，定位于追求时尚新鲜的都市"白领"，企图用策略调整来降低损失。事实证明，宜家这条路走对了，其设计中鲜明的北欧风格正符合某些家庭的喜好。

紧接着，面对仓储成本增加的问题，宜家也逐年增加在中国本土的采购量，并在亚洲建立了不少仓储中心和物流中心，以此降低制造和物流成本。通过采购流程的调整，宜家得以连续多年下调中国区的产品销售价格，直到将价格降至原本的定位基准。

与海外不同，中国顾客往往对送货到家服务有着更高的需求。宜家在海外通过平板化的产品设计鼓励顾客自行运输和组装，以此达到降低成本的目的，但中国家居市场始终以送货到家、帮助安装为主。为了适应中国市场，宜家开始进行策略调整：最初不提供送货安装服务的宜家，转变为有偿提供这些服务；接着，又将有偿安装服务转变为更为经济的方案，例如将安装费从50元降低至30元；在促销活动期间，宜家甚至推出了买家具免费送货服务。

3. 宜家的挑战

事实上，宜家眼下也面临着挑战。

其一，仿制品泛滥问题。仿制者会利用宜家体验式营销的特点，在店内测量商品尺寸与式样加以改造甚至原样不动地仿造，通过采购低质原料的方式制作出比宜家定价更低的产品进行出售，使得宜家的产品创意和设计理念失去优势。如何从仿制品中抢回属于自己的市场份额，成了宜家亟须解决的问题。

其二，定位相似问题。一站式的家居购物卖场在中国并非只有宜家一家，以红星美凯龙为代表的大型家居卖场，其产品种类同样丰富，从成年家居用品到婴儿用品，从厨房到卧室，从家庭用品到办公用品，应有尽有。

总之，宜家的体验经济模式还有很长的路要走！

分析题：
1. 宜家模式取得成功的关键因素是什么？
2. 宜家采取的本土化策略及其动机是什么？
3. 宜家未来将何以保持长足的竞争优势？

案例1-2　滴滴出行：服务经济的创新者

随着科技的不断进步和人们对便捷、高效、优质服务需求的不断增加，服务经济也面临着更多的机遇和挑战。在这样的背景下，滴滴出行这个中国最大的出行服务平台应运而生，成了服务经济领域中的创新者之一。

滴滴出行（下称"滴滴"），通过运用移动互联网和大数据等技术手段，为用户提供快车、顺风车、出租车、豪华车、专车等多种出行服务，覆盖全国超过400个城市，为城市出行带来了很大的变化。

1. 商业模式

滴滴的商业模式基于共享经济理念，通过共享车辆资源，为用户提供打车、拼车、专车等多种出行服务。滴滴的核心竞争力在于优质的服务、高效的运营、多元化的产品和全面的安全保障。同时，滴滴的商业模式还带动了其他相关产业的发展。滴滴的商业模式不仅改变了人们的出行方式，而且也提升了人们的生活质量和工作效率。

2. 市场战略

滴滴在发展过程中注重市场战略的制定和落实。在滴滴成立之初，中国的出租车市场由各个城市的出租车企业垄断，市场价格高，服务质量差。滴滴的出现打破了这一格局，其提供了更好的服务和更实惠的价格。同时，滴滴还通过给司机和用户提供优惠券、打车红包等活动来吸引更多的司机和用户加入，扩大了用户规模。

滴滴的市场战略不仅是针对个人用户，还包括企业和政府。滴滴通过与企业合作推出专车、豪华车等服务，满足了企业客户对高端出行服务的需求；与政府合作，提供安全、可靠的政务专车服务，为政府工作提供了便捷的出行方式。滴滴通过对多个市场的覆盖，不断扩大自己的业务范围，提高了自身的竞争力。

3. 技术创新

滴滴的成功还得益于技术的支持。滴滴采用了大数据、人工智能、云计算等先进技术，为用户提供了更加高效、安全、智能的服务。例如，滴滴通过大数据分析，了解用户出行习惯，提供个性化服务；通过人工智能技术，优化调度系统，提高出行效率；通过云计算技术，提高系统稳定性和可靠性，确保用户的出行安全。

同时，滴滴还在技术创新方面不断探索。滴滴在无人驾驶、共享出行、城市交通规划等领域布局，积极推进智慧出行的发展。例如，滴滴已经开始在多个城市试点自动驾驶出租车，为未来的出行提供更多可能。

4. 安全保障

作为一家出行服务平台,安全问题一直是滴滴最关注的方面之一。滴滴在安全方面投入了大量的精力和资源,制定了严格的安全标准和流程。滴滴为司机和用户提供多重安全保障,包括车辆信息审核、驾照审核、行车记录仪安装、实时监控、全程录音等措施,确保出行安全。

此外,滴滴还采用了多项技术手段来提高出行安全。例如,滴滴在 App 中加入了一键报警功能,用户可以通过 App 向滴滴客服发送求救信息;滴滴还开发了智能安全预警系统,可以实时监测司机和用户的行为,对异常情况进行预警和处理。

尽管滴滴在安全方面已经做出了很多努力,但是仍然存在风险。针对这些问题,滴滴采取了一系列措施进行改进,例如加强对司机的审核、加强对用户的身份认证、加强对车辆的审核等。滴滴还成立了安全管理委员会和安全科技委员会,致力于研究和探索安全技术与管理方法,为用户提供更加安全的出行服务。

5. 应对挑战

滴滴也面临着不小的压力和挑战。例如,在滴滴的发展过程中,出现过安全事故,引发了公众对于滴滴安全问题的担忧。此外,滴滴在行业竞争中也面临着"价格战"和"佣金高"等问题,这些问题也引发了公众和政府的关注。

在应对安全问题方面,滴滴采取了一系列措施,例如推出安全驾驶培训计划、优化司机背景审核机制、加强车辆维护保养等,为用户提供更加安全的出行保障。此外,滴滴还联合相关部门和企业推出了多项安全合作计划,例如"警企共建""安全联盟"等,共同打造一个安全、可靠的出行环境。

在应对"价格战"和"佣金高"等问题方面,滴滴采取了一系列措施,例如通过合理定价和积极运营,维护市场价格的稳定性,避免出现恶性竞争。此外,滴滴还通过优化司机补贴机制、降低司机的经营成本等方式,减轻司机的负担,提高司机的收入水平。同时,滴滴还积极探索多元化商业模式,例如推出物流配送等业务,降低其对于出行服务的依赖,减轻对于司机和用户的经济压力,推进出行服务的可持续发展。

总之,滴滴作为服务经济的代表企业,其发展历程展示了一家企业如何通过技术创新、市场战略、安全保障和社会责任等方面的综合优势,实现在服务经济领域的进步和持续发展。

分析题:

1. 滴滴出行取得成功的关键因素有哪些?
2. 相较于传统出行服务,滴滴出行的服务变革体现在哪些方面?
3. 滴滴出行服务可持续发展的机遇和挑战是什么?

第 2 章

数字技术的兴起

> ▶▶ 学习目标
> 1. 理解数字技术的特征。
> 2. 了解数字技术发展的三次浪潮。
> 3. 熟悉各种数字技术在服务领域的应用价值。

> ▶▶ 导入案例
>
> **预知未来的大数据分析**
>
> 2008 年 11 月,贝拉克·侯赛因·奥巴马(Barack Hussein Obama)战胜共和党老牌政客约翰·席德尼·麦凯恩(John Sidney McCain),当选美国第 44 任总统,也成为美国历史上的首位黑人总统。然而,在大选之前 3 个月,有一个人就已经成功预测了奥巴马能够当选,甚至连奥巴马最终会获得的票数也几乎预测中了。
>
> 这个人的名字叫内特·西尔弗(Nate Silver)。西尔弗之所以能够成功预测奥巴马当选总统,是因为他拥有一项尖端的武器——嫁接在互联网基础上的大数据分析。
>
> 西尔弗是世界著名的数据分析师,毕业于芝加哥大学经济学系的他堪称一位数据极客,有过 4 年的毕马威从业经历,离开毕马威之后,他又开始了独立分析师的生涯。
>
> 西尔弗以预测准确而闻名于世。2014 年,西尔弗成功预测了巴西世界杯 14 场淘汰赛中的 13 场结果。在奥巴马的第二任期竞选中,当政治分析家们大多看不准最终的赢家到底是奥巴马还是威拉德·米特·罗姆尼的时候,西尔弗通过精准计算,分析出奥巴马将有 90.9% 的机会赢得多数选票,并预测对了全美 50 个州的所有选票结果。
>
> 在西尔弗的分析体系中,这个世界的所有事物都可以被量化为数字,而这些数字经过整理、归纳和解读,最终会成为一个个数据,对这些数据进行分析后,就能够得到很多关于未来的答案。

2.1 数字技术及其特征

2.1.1 数字技术的起源

英国物理学家开尔文勋爵(Lord Kelvin)曾说:"当你能够量化你谈论的事物,并且能用数字描述它时,你对它就有了深入了解。但你如果不能用数字描述,那么你的头脑根本就没有跃升到科学思考的状态。"开尔文勋爵这种用数字来量化万物的思想在很早以前似乎只是一种想象,但随着科学技术的不断发展,这种想象却一步步成了现实。

量化就是用数字来描述现实事物，在大数据时代的今天，量化概念受到越来越多人的认同，从产业技术到商业模式，任何事物都可以被量化。通过量化手段，很多原本复杂的事物将会变得简单，不容易被理解的内容也会更容易让人接受。随着整个社会数字化程度的不断加深，越来越多的事物开始被量化。在整个量化的过程中，数字技术成了关键，其发展让整个世界都可以被量化。

数字技术的发展历史可以追溯到 17 世纪。1624 年，第一台数值加法器产生；1671 年，第一台乘法与除法器产生；到了 20 世纪 30 年代，贝尔实验室的美国数学家克劳德·艾尔伍德·香农（Claude Elwood Shannon）提出了现在用于数字逻辑设计的现代交换代数。

随着互联网普及程度的不断加深，在数字技术的推动下，人类已经进入了数字化的时代，数字技术从信息领域向人类生活的各个领域全面发展，在社会的各个领域都可以看到数字化带来的影响。

2.1.2　数字技术的特征

数字技术是一项与电子计算机相伴生的科学技术，是指借助一定的设备将各种信息，包括图、文、声、像等，转化为电子计算机能识别的二进制数字"0、1"后进行运算、加工、存储、传送、传播、还原的技术。由于在运算、存储等环节中要借助计算机对信息进行编码、压缩、解码等，因此也被称为数码技术、计算机数字技术、数字控制技术等。

数字技术的特征有以下 5 个。

（1）一般采用二进制。凡元件具有两个稳定状态的都可用来表示二进制，故其基本单元电路简单，对电路中各元件精度要求不太严格，允许元件参数有较大的分散性，只要能区分两种截然不同的状态即可。

（2）抗干扰能力强、精度高。由于数字技术传递加工和处理的是二值信息，不易受外界的干扰，因而抗干扰能力强。另外，可用增加二进制数的数位来提高精度。

（3）数字信号便于长期存储，使大量宝贵的信息资源得以保存。

（4）保密性好。数字技术可以进行加密处理，使一些有价值的信息资源不易被窃取。

（5）通用性强。可以采用标准化的逻辑部件来构成各种各样的数字系统。

2.1.3　数字技术发展的三次浪潮

数字技术的发展逻辑是：变革引起人们生活方式的颠覆，同时伴随着需求的变化，又推进着数字技术的变革。数字技术的发展经历了三次浪潮。

第一次浪潮：信息化

20 世纪 80 年代，个人计算机尚未在工作组得到应用，运算完全是中央式的。那时候的计算机都是大型机，只有极少数管理员能够操作和控制。大型机和小型电脑主要用来从事计算工作。

个人计算机的出现带来了极大的便利。工作者可以自行调整工作安排，更高效地完成任务。除计算之外，工作者还可以在电脑上执行其他任务，如文字处理和图形设计。随着工作组邮件系统的出现，人们的沟通方式出现了变化。数字化计算、电子表格和数据库的出现，使原来人工处理需要耗时数日或数月的工作，变成了在计算机上几秒钟的自动化逻辑运算。

桌面应用程序、电子邮件、图形用户界面操作系统、低成本计算机、调制解调器及笔记本电脑的相继问世，极大地增强了工作人员的生产力。桌面应用程序经过几代的发展变得越来越复杂精良，如桌面出版系统、图像设计系统，以及带有各种公式和算法的高度复杂的多标签电子表格。信息化使人们的工作变得更简单、更准确、自动化程度更高。

第二次浪潮：互联网化

美国高级研究项目局（现更名为美国国防高级研究项目局）成立于 1958 年，由于担心苏联会攻击并摧毁美国长途通信网络，1962 年，高级研究项目局和麻省理工学院科学家约瑟夫·利克莱德建议把（各指挥点的）电脑连接起来（建立内部通信网络），以免在核战争中失去通信功能。这就是后来人们所熟知的阿帕网。1986 年，美国公共网络系统（国家科学基础网）从军用网络中分离出来，和各大学的计算机实现了连通。至此，美国国家科学基础网开始成为互联网的核心，连接了当时刚出现不久的众多互联网服务提供商。在此基础上，又陆续出现了超文本传输协议（HTTP）、万维网、NCSA Mosaic 网络浏览器，以及美国国家科学基础网的商用扩展。互联网诞生了。

互联网一经诞生就对商业、政府、教育等人类生活的各个方面带来了破坏性创新。创新型企业优化了流程，使它们和老字号相比行动更为迅速、发展更为茁壮。自动化人力资源和财务系统的出现，使员工服务和薪资管理变得更加快速便捷。企业开始利用客户关系管理系统更好地与顾客进行互动。

互联网的出现使服务行业的生产效率得到了极大的提升，它既造就了一批成功企业也导致了一些企业的消亡。"零工经济"的兴起使得各种手机程序如雨后春笋般出现，帮助用户租车、租房、旅行等。零售业变成了真正意义上的零摩擦成本，互联网成了全球商品和艺术品的交易中心。只需轻点鼠标即可浏览购买，几乎所有商品都能快递上门，供应链的优化加快了时尚用品的上市速度，客户服务都转移到了线上平台。在企业尝试电子商务和数字化交易的过程中，很多新的品牌诞生了，同时也有很多老的品牌被淘汰。

第三次浪潮：智能化

云计算、大数据、物联网和人工智能等新技术的出现，对当今社会各个行业都有着决定性影响。智能化是推动全新工作方式和思考方式的破坏性进化，这种"破坏性进化"意味着自动化和智能化工具正在改变传统的工作模式，提高工作效率，减少重复性劳动；数据分析和预测模型帮助决策者基于更准确的信息做出决策；企业需要调整组织结构、文化和战略，以适应新技术带来的变化，实现数字化转型。智能化过程不仅涉及技术的更新换代，还包括对人才、流程和管理的全面转型，以实现新型工作方式。企业需要培养员工的新技能，重新设计工作流程，并采用新的管理策略来支持创新和灵活性。智能化的浪潮预示着一个更加智能、互联和自动化的未来，它正在推动着社会进入一个全新的发展阶段。

如今，智能化转型无处不在。仅 2017 年，全球就举行了超过 20 场智能化转型会议，这还不包括各种智能化转型圆桌会议、论坛和展会活动。智能化转型已经成了人人探讨的大众话题，各个企业高管、政府领导、政策人士对此更是倍加关注。

各国政府也在寻求智能化转型和保持竞争力。智能化转型可以帮助政府紧随时代变化，推出更高效的服务并最终推动"智慧城市"的实现。智慧城市围绕一体化基础设施设计，可通过电子运输、电子保健和电子政府等服务更好地解决交通、能源、维护、服务、公共安全和教育等问题。

2.2 典型的数字技术

2.2.1 大数据技术

1. 大数据的起源

1948 年，信息量化的概念由信息理论之父克劳德·艾尔伍德·香农（Claude Elwood Shannon）

在贝尔实验室提出。他提出以二进制比特作为衡量信息容量的单位，一个比特可以是 0 或 1。这一创新是数字化计算机得以实现的前提条件，因为数字化计算机实际上不过是对二进制比特 0 和 1 进行高速调整叠加的机器。如果人们要做减法运算，计算机就加入负数；如果人们要做乘法运算，计算机就多次叠加数值。数字化计算机虽然看起来很复杂，其本质不过是精密的计算器。

二进制系统利用 0 和 1 的组合能够表示任意数字，它构成了计算机科学中用于数据存储和处理的基础。在 20 世纪 60 年代，ASCII 编码系统被设计用来表示字符。它使用 0 和 1 的组合，通过 7 位二进制数定义了 128 个字符。为了表示包括所有语言在内的广泛字符，Unicode 等更全面的编码系统随后被开发出来，它们使用更多的二进制位数以支持更广泛的字符集。如今，通过使用更先进的编码系统，二进制编码几乎可以代表所有的字符和词汇。

随着信息理论的发展，人类开始储存规模越来越大的数据集，甚至专门开发了术语对这些数据集进行描述。信息存储的基本单位是比特，8 个比特组成的数据串被称为一个字节，计算机的存储能力是以字节的倍数形式来体现的。

2．大数据的界定

随着计算机处理能力和存储能力的不断增长，处理和存储大型数据集开始成为可能。数字时代大数据技术最大的不同在于无论这些数据的来源、格式、频率是否结构化，都可以对其进行存储和分析。大数据技术还能整合各个数据集，创建复杂人工智能算法所需的大型数据集。

大数据作为术语首次出现于 1997 年 10 月的一篇文章中，文章的作者是美国航空航天局研究人员迈克尔·考克斯（Michael Cox）和大卫·埃尔斯沃思（David Ellsworth），作者称："视觉化会为计算机系统带来新的挑战。由于需要处理的数据集较大，系统的内存、本地磁盘和远程磁盘性能会受到严重影响。我们把这一现象称为大数据问题。"2013 年，大数据已成为广泛普及的术语。

最早提出"大数据"时代到来的是全球管理咨询公司——麦肯锡公司，该公司称："数据，已经渗透到当今每一个行业和业务职能领域，成为重要的生产因素。人们对于海量数据的挖掘和运用，预示着新一波生产率增长和消费者盈余浪潮的到来。"

在维克托·迈尔·舍恩伯格（Viktor Mayer-Schönberger）和肯尼思·库克耶（Kenneth Cukier）编写的《大数据时代》一书中，大数据指不用随机分析法（抽样调查）这样的捷径，而采用对所有数据进行分析处理。研究机构 Gartner 对大数据给出了这样的定义："大数据"是需要新处理模式才能具有更强的决策力、洞察发现力和流程优化能力来适应海量、高增长率和多样化的信息资产。

3．大数据的特征

麦肯锡公司界定了大数据的特征：一种规模大到在获取、存储、管理、分析方面大大超出了传统数据库软件工具能力范围的数据集合，具有海量的数据规模、快速的数据流转、多样的数据类型和价值密度低四大特征。

归纳起来，大数据的主要特征如下。

容量（Volume）：数据的大小决定所考虑的数据的价值和潜在的信息。

种类（Variety）：数据类型的多样性。

速度（Velocity）：指获得数据的速度。

可变性（Variability）：妨碍处理和有效地管理数据的过程。

真实性（Veracity）：数据的质量。

复杂性（Complexity）：数据量巨大，来源渠道多。

价值（Value）：运用大数据，以较低成本创造高价值。

4．大数据的价值

大数据的价值不在于其掌握庞大的数据信息，而在于其对这些含有意义的数据进行专业化处理。换言之，如果把大数据比作一种产业，那么这种产业实现盈利的关键，在于提高对数据的"加工能力"，通过"加工"实现数据的"增值"。

大数据的价值主要体现在以下几个方面。

（1）为消费者提供产品或服务的企业可以利用大数据进行精准营销。

（2）做"小而美"模式的中小微企业可以利用大数据做服务转型。

（3）在互联网压力之下必须转型的传统企业需要充分利用大数据进行分析。

企业组织利用相关数据和分析可以帮助它们降低成本、提高效率、开发新产品、做出更明智的业务决策等。例如，通过结合大数据和高性能的分析，下面这些对企业有益的情况都可能发生。

（1）及时解析故障、问题和缺陷的根源，每年可能为企业节省数十亿美元。

（2）为成千上万辆的快递车辆规划实时交通路线，躲避拥堵。

（3）分析所有 SKU（库存量单位），以利润最大化为目标来定价和清理库存。

（4）根据客户的购买习惯，为其推送他可能感兴趣的优惠信息。

（5）从大量客户中快速识别出金牌客户。

（6）使用点击流数据分析和数据挖掘来规避欺诈行为。

2.2.2　云计算技术

1．云计算的起源

通过追溯云计算的历史我们发现，1956 年克里斯托弗·斯特雷奇（Christopher Strachey）发表了一篇有关虚拟化的论文，正式提出了"虚拟化"的概念。虚拟化是今天云计算基础架构的核心，是云计算发展的基础。而后随着网络技术的发展，逐渐孕育出了云计算的萌芽。

2006 年 8 月 9 日，Google 首席执行官埃里克·施密特（Eric Schmidt）在搜索引擎大会（SES San Jose 2006）首次提出"云计算"（Cloud Computing）的概念。这是云计算发展史上第一次正式地提出这一概念。2008 年，微软发布其公共云计算平台，由此拉开了微软的云计算大幕，许多大型网络公司纷纷加入云计算的阵列。

2．云计算的界定

云计算是分布式计算的一种，指的是通过网络"云"将巨大的数据计算处理程序分解成无数个小程序，然后，通过由多部服务器组成的系统进行处理和分析这些小程序，得到结果并返回给用户。云计算早期就是简单的分布式计算，解决任务分发，并进行计算结果的合并。因而，云计算又被称为网格计算。通过这项技术，可以在很短的时间内完成对数以万计的数据进行处理的任务，从而达到强大的网络服务。

"云"实质上就是一个网络，从狭义上来讲，云计算就是一种提供资源的网络，使用者可以随时获取"云"上的资源，按需求量使用，并且可以认为它是无限扩展的，只要按使用量付费就可以。"云"就像自来水厂一样，人们可以随时用水，并且不限量，按照自己家的用水量，付费给自来水厂就可以。

从广义上来说，云计算是与信息技术、软件、互联网相关的一种服务，这种计算资源共享池叫作"云"，云计算把许多计算资源集合起来，通过软件实现自动化管理，只需要很少的人参与，就能让资源被快速提供。也就是说，计算能力作为一种商品，可以在互联网上流通，就像水、电、天然气一样，人们可以方便地取用，且其价格较为低廉。

3. 云计算的特征

云计算的优势在于高灵活性、可扩展性和高性价比等，与传统的网络应用模式相比，具有如下特征。

（1）虚拟化技术。虚拟化突破了时间、空间的界限，是云计算最为显著的特征，虚拟化技术包括应用虚拟和资源虚拟两种。物理平台与应用部署的环境在空间上是没有任何联系的，而是通过虚拟平台对相应终端操作完成了数据备份、迁移和扩展等。

（2）动态可扩展。云计算具有高效的运算能力，在原有服务器的基础上增加云计算功能能够使计算速度迅速提高，最终实现动态扩展虚拟化的层次，达到对应用进行扩展的目的。

（3）按需部署。计算机包含了许多应用、程序软件等，不同的应用对应的数据资源库不同，所以用户运行不同的应用需要较强的计算能力对资源进行部署，而云计算平台能够根据用户的需求快速配备计算能力及资源。

（4）灵活性高。虚拟化要素统一放在云系统资源虚拟池中进行管理，云计算的兼容性非常强，不仅可以兼容低配置机器、不同厂商的硬件产品，还能够外设获得更高性能的计算。

（5）可靠性高。倘若服务器出现故障也不会影响计算与应用的正常运行。因为单点服务器出现故障可以通过虚拟化技术将分布在不同物理服务器上的应用进行恢复或利用动态扩展功能部署新的服务器进行计算。

（6）性价比高。将资源放在虚拟资源池中统一管理，在一定程度上优化了物理资源，用户不再需要昂贵、存储空间大的主机，可以选择相对廉价的电脑组成云，一方面减少了费用，另一方面计算性能不逊于大型主机。

4. 云计算的价值

云计算的服务类型可分为3类：基础设施即服务（Infrastructure as a Service，IaaS）、平台即服务（Platform as a Service，PaaS）和软件即服务（Software as a Service，SaaS）。这3类云计算服务的价值如下。

（1）基础设施即服务（IaaS）。它是向云计算提供商的个人或组织提供虚拟化的计算资源，如虚拟机、存储、网络和操作系统。IaaS涵盖了可以从云端根据用户需求提供的硬件基础设施（如计算、存储和网络资源）。云计算提供商负责提供硬件设施，满足用户对其虚拟主机的访问。

（2）平台即服务（PaaS）。它是为开发人员提供通过全球互联网构建应用程序和服务的平台。PaaS为开发、测试和管理软件应用程序提供按需开发环境。平台负责管理底层硬件、操作系统、运行环境、安全性、系统备份，以及数据库等相关需求。

（3）软件即服务（SaaS）。它是通过互联网提供按需软件付费应用程序，云计算提供商托管和管理软件应用程序，允许其用户连接到应用程序并通过全球互联网访问应用程序。SaaS模式对很多企业和组织机构产生了重要影响，可以大幅降低企业和组织的信息技术成本和需求。

从硬件设施的所有权状况来看，云计算的部署模式可分为3种。

- 公共云，指可供所有人使用的硬件设施。此类云由企业或政府拥有、管理和经营。鉴于其无限容量、接近实时的服务弹性、强大的安全性和高可靠性，公共云吸引了众多企业的关注。
- 私有云，指所有权和经营权归某一组织机构的硬件设施。通常是某机构所属的数据中心或数据中心集群以云模式运行，为用户提供专属服务。受限于硬件水平，私有云的服务弹性有限，容量也有限。
- 混合云，指兼具公共云和私有云特征的硬件设施。设施属于动态空间，由公共云计算商在其云端为用户提供动态化可延伸的私有云环境，从而兼具两种云部署的优势。

2.2.3 物联网技术

1. 物联网的起源

物联网概念最早出现于比尔·盖茨（Bill Gates）1995年所著的《未来之路》一书，比尔·盖茨提及物联网概念，只是当时受限于无线网络、硬件及感应设备的发展，并未引起人们的重视。1999年，美国Auto-ID首先提出了"物联网"，主要是建立在物品编码、射频识别技术和互联网基础之上的。中国科学院早在1999年就启动了对物联网（传感网）的研究，并建立了一些适用的传感网。同年，在美国召开的移动计算和网络国际会议提出，"传感网是下个世纪人类面临的又一个发展机遇"。2003年，美国《技术评论》提出传感网络技术将是未来改变人们生活的十大技术之首。

2005年11月17日，在突尼斯举行的信息社会世界峰会（World Summit on the Information Society，WSIS）上，国际电信联盟（International Telecommunication Union，ITU）发布了《ITU互联网报告2005：物联网》，正式提出了"物联网"的概念。报告指出，无所不在的"物联网"通信时代即将来临，世界上所有的物体从轮胎到牙刷、从房屋到纸巾都可以通过互联网主动进行交换。射频识别技术、传感器技术、纳米技术、智能嵌入技术将得到更加广泛的应用。

2. 物联网的界定

物联网是指通过各种信息传感器、射频识别技术、全球定位系统、红外感应器、激光扫描器等各种装置与技术，实时采集任何需要监控、连接、互动的物体或过程，采集其声、光、热、电、力学、化学、生物、位置等各种需要的信息，通过各类可能的网络接入，实现物与物、物与人的泛在连接，实现对物品和过程的智能化感知、识别和管理。物联网是一个基于互联网、传统电信网等的信息承载体，它让所有能够被独立寻址的普通物理对象形成互联互通的网络。物联网是互联网基础上的延伸和扩展的网络，将各种信息传感设备与互联网结合起来而形成的一个巨大网络，实现在任何时间、任何地点，人、机、物的互联互通。

3. 物联网的特征

从通信对象和过程来看，物与物、人与物之间的信息交互是物联网的核心。物联网的特征可概括为以下3个。

（1）整体感知。人们可以利用射频识别、二维码、智能传感器等感知设备获取物体的各类信息。

（2）可靠传输。人们通过对互联网、无线网络的融合，将物体的信息实时、准确地传送，以便实现信息的交流、分享。

（3）智能处理。人们使用各种智能技术，对感知和传送的数据、信息进行分析处理，实现监测与控制的智能化。

4．物联网的价值

物联网已经在企业决策、运营和产品差异化方面带来了新的可能性。物联网可为制造商提供前所未有的可视化能力，帮助其清楚地看到用户使用产品的方式。这样不但可以帮助企业更好地了解用户并生产更好的产品，还能推出新的质保和设备租赁模式。根据预测，互联设备的总数量会从目前的 200 亿个增长到 2025 年的 750 亿个。受此影响，分析人员预测物联网会在 2025 年创造约 11 万亿美元的全球年经济增长量。

物联网将改变人类和物体之间的关系，这必将以深刻的方式改变企业。它会给企业带来 3 个方面的根本性变化，即改变企业决策的方式、执行业务流程的方式，以及改变市场中实现产品差异化的方式。

（1）改变企业决策的方式。算法会成为决策的一部分。对于需要进行每日决策的业务流程来说，这种情况会更为普遍。随着产品使用信息、设备维修数据和环境测量数据的大量反馈，问题会实时得到评估并立刻向操作者提供处理建议。这种决策方式既不依靠简单的经验，也不依靠运营专家的指导。人类专家只有在人工智能系统的判断出现偏差时才被需要。当偏差被纠正之后，系统可从人类干预中学习经验，以便在未来出现类似情况时更好地解决问题。显然，这种决策方式无须大量员工，也不用人类过多干预，其所带来的商业效果也很好。简言之，传感型价值网络可以推动基于事实的、人工智能驱动的预测型决策实现。

（2）改变企业执行业务流程的方式。物联网会带来更快速、更准确和成本更低的决策。操作者不用再依靠个人的直觉经验，也不用凭感觉行事，而是在事实的基础上根据算法推荐展开行动。虽然员工有责任推翻系统做出的判断和推荐，但这种情况通常极少发生。他们无须再关注操作细节，可以更多地关注如何提升企业的战略价值和竞争价值。

（3）改变市场中实现产品差异化的方式。产品个性化定制将全新升级。如今的智能手机已经适应了机主的说话方式和输入方式，未来的智能恒温计可学习住户的温度设定偏好，自动调节温度。在医疗行业，智能血糖检测仪可使用算法自动调整胰岛素泵的给药量，为患者带来福音。

2.2.4 区块链技术

1．区块链的起源

区块链起源于比特币。2008 年 11 月 1 日，一位自称中本聪（Satoshi Nakamoto）的人发表了《比特币：一种点对点的电子现金系统》一文，阐述了基于 P2P 网络技术、加密技术、时间戳技术、区块链技术等的电子现金系统的构架理念，这标志着比特币的诞生。2009 年 1 月 3 日，第一个序号为 0 的创世区块诞生。2009 年 1 月 9 日，出现序号为 1 的区块，并与序号为 0 的创世区块相连形成了链，标志着区块链的诞生。

近年来，作为比特币底层技术之一的区块链技术日益受到重视。2014 年，"区块链 2.0"技术成为一个关于去中心化区块链数据库的术语。对于"区块链 2.0"技术，经济学家们认为它是一种编程语言，可以允许用户写出更精密和智能的协议。"区块链 2.0"技术跳过了交易和价值交换中担任金钱和信息仲裁的中介机构，被用来使人们远离全球化经济，使隐私得到保护，使人们将掌握的信息兑换成货币，并且有能力保证知识产权的所有者得到收益。"区块链 2.0"技术使存储个人的"永久数字 ID 和形象"成为可能，并且为潜在的社会财富分配不平等提供了解决方案。

2. 区块链的界定

区块链从本质上来讲，是一个共享数据库，存储于其中的数据或信息，具有不可伪造、全程留痕、可以追溯、公开透明、集体维护等特征。基于这些特征，区块链技术奠定了坚实的"信任"基础，创造了可靠的"合作"机制，具有广阔的运用前景。

区块链的类型有以下 3 种。

（1）公有区块链（Public Block Chains）：世界上任何个体或团体都可以发起交易，且交易能够获得该区块链的有效确认，任何人都可以参与其共识过程。公有区块链是最早的区块链，也是应用最广泛的区块链，各大比特币系列的虚拟数字货币均基于公有区块链。

（2）行业区块链（Consortium Block Chains）：由某个群体内部指定多个预选的节点为记账人，每个块的生成由所有的预选节点共同决定（预选节点参与共识过程），其他接入节点可以参与交易，但不过问记账过程（本质上还是托管记账，只是变成分布式记账，预选节点的多少，如何决定每个块的记账者成为该区块链的主要风险点），其他任何人可以通过该区块链开放的API（应用程序编程接口）进行限定查询。

（3）私有区块链（Private Block Chains）：仅仅使用区块链的总账技术进行记账，可以是一家公司，也可以是个人，独享该区块链的写入权限，与其他的分布式存储方案没有太大区别。

3. 区块链的特征

区块链的主要特征有以下 5 个。

（1）去中心化。区块链技术不依赖额外的第三方管理机构或硬件设施，没有中心管制，除了自成一体的区块链本身，通过分布式核算和存储，各个节点实现了信息自我验证、传递和管理。去中心化是区块链最突出、最本质的特征。

（2）开放性。区块链技术的基础是开源的，除了交易各方的私有信息被加密，区块链的数据对所有人开放，任何人都可以通过公开的接口查询区块链数据和开发相关应用，因此整个系统信息高度透明。

（3）独立性。基于协商一致的规范和协议（类似于比特币采用的哈希算法等各种数学算法），整个区块链系统不依赖其他第三方，所有节点能够在系统内自动安全地验证、交换数据，不需要任何人为的干预。

（4）安全性。只要不能掌控全部数据节点的 51%，就无法肆意操控修改网络数据，这使区块链本身变得相对安全，避免了主观人为的数据变更。

（5）匿名性。除非有法律规范要求，单从技术上来讲，各区块节点的身份信息不需要公开或验证，信息传递可以匿名进行。

4. 区块链的价值

区块链的设计理念和运作思路有助于推动经济社会相关领域规则体系的重构，改变人与人、人与组织、组织与组织间的合作关系和利益分配机制；同时，区块链技术可以有效解决因操作不当而重复使用同一数字资产的问题。这为数字资产的确权和交易流转提供了解决方案，可以突破制约数字经济发展的数字资产的确权问题，构建适合数字经济发展的新型生产关系。区块链的价值主要包括以下 5 个。

（1）减少交易环节，促进成本降低和效率提高。可以构建基于技术的经济行为自组织机制，取代部分中介机构的业务角色，大大提高数据采集、共识形成、记账对账和价值传递的效率，进一步打通上下游产业链，大大减少不必要的中介机构和中间环节，提高各行业供求的有效对接效率，减轻公众和商业主体的负担和放松管制，促进成本降低和效率提高。

（2）确认数字资产的权利，激发创新活力。在数字经济时代，数据资源变得越来越重要。但由于数据确权、可追溯性和利益共享困难，数据无法实现市场化、高效分配和有序流通，严重制约了数字经济的发展。基于区块链的分布式、防篡改、可追溯性、透明性、多方维护、交叉验证等特点，可以有效地定义数据所有权，跟踪和监督数据流通，合理共享数据收入，消除数据生产要素和其他数字资产以市场为导向的有效分配障碍，推动数字经济朝着更加可信、共享和平衡的方向发展，进一步释放数字经济的创新活力。

（3）缩短信任距离，拓展合作空间。区块链缩短了信任的距离，带来了新的扩展半径。区块链可以在不依赖权威中心和市场环境的情况之下，形成基于密码算法的信任机制，在从未谋面或将永远不会见面的陌生人之间建立信任关系，扩大人类信任半径，让陌生人合作成为可能。特别是在一些市场机制不完善、信用体系缺失的地区和领域，区块链技术的价值更为巨大。区块链技术使陌生主体能够基于技术约束建立生产关系，使陌生环境之下开展业务合作成为可能，并有望刺激一系列新的业务模式和商业模式。

（4）推动互联网革命，加快价值传递。互联网为人们带来巨大便利的同时，也充斥着越来越多的虚假信息，甚至成为各种新型欺诈的"温床"。人们对互联网的依赖性越来越强，对互联网的警惕性越来越高。基于区块链技术，可以构建在技术约束下的新一代可信互联网，解决传统互联网之中陌生人的信任问题，使数字资产在互联网之上高效流通。区块链技术可以有效保护互联网上的数字资产和知识产权，使得人与人之间的资产交易变得非常方便。

（5）加强完整性系统约束，净化市场环境。区块链与实体经济的深度融合，可以创造一个便捷、高效、公平竞争、稳定透明的市场环境。区块链技术的防篡改、可追溯的特征在市场机制不完善、诚信体系不健全的地区和领域的信任机制创新中可以发挥非常重要的作用。区块链可以在没有中介机构和法律法规的情况之下形成自组织和自律机制。区块链技术有利于解决传统中小企业贷款融资和银行风险控制问题，通过记录商品生产、交易、流通的全过程，可以大大减少假冒伪劣等各种市场欺诈行为，解决市场监管难题。

2.2.5 人工智能

1. 人工智能的起源

人工智能最早可以追溯到 20 世纪 50 年代出现的"思考型机器"的概念，其代表性事件是英国计算机科学家和数学家阿兰·麦席森·图灵（Alan Mathison Turing）发表的推测机器能否思考的论文。在论文中，他提出了定义机器思考行为的"图灵测试"。要想通过"图灵测试"，计算机必须表现出和人类毫无差异的行为方式。

"人工智能"这一术语出现于 1955 年。当时在达特茅斯学院担任数学教授的约翰·麦卡锡（John McCarthy）使用这一颇具中性色彩的表达来描述这一刚刚兴起的技术领域。为此，麦卡锡等人建议召开 1956 年夏季研讨会。这次研讨会被视为人工智能作为一个研究领域正式出现的标志。很快，各个高校开始推出相关的研究项目。1963 年，麻省理工学院在国防高级研究计划局的资助下启动 MAC 项目（数学与计算项目）；1963 年，斯坦福大学启动人工智能实验室；1964 年，伯克利大学启动 Genie 项目；1972 年，南加州大学成立信息科学研究院。在前期研究的基础上，20 世纪 60、70 年代，全世界范围内出现了人工智能热潮。然而，人工智能实践者的早期努力在很大程度上是失败的。之所以会失败，一个重要原因是当时的计算能力存在很大局限。另一个问题是当时底层数学概念和技术并没有得到很好的研究和发展。因而，20 世纪 70、80 年代，人工智能进入了寒冬期。

进入 21 世纪后，人工智能在三大推动力的作用下焕发了生机。第一个推动力是摩尔定律的出现，它带来了计算性能突飞猛进的发展。计算机外形尺寸逐步优化（从大型机、小型机、个人计算机、笔记本一直到移动计算设备的出现），以及计算成本稳定下降。

第二个推动力是互联网的高速发展为系统分析提供了海量数据。互联网巨头——谷歌、奈飞和亚马逊等公司积累了数百万甚至数十亿名用户的数据，这些数据来自用户的搜索查询、点击率、购买选择及娱乐喜好等。这些公司需要先进的技术去处理和解释这些海量数据，并利用技术改善其产品或服务。人工智能技术可以直接满足这些企业的需要。

第三个推动力是人工智能领域在 20 世纪 90 年代到 21 世纪初取得的数学概念的突破。其中，机器学习是人工智能领域出现的一项重要突破。AT&T 贝尔实验室的三位科学家（Tin Kam Ho，Corinna Cortes 和 Vladimir Vapnik）为此技术的发展做出了重要贡献，他们使用统计知识成功开发了训练高级算法的新技术。这种新技术，可以用数学方式把复杂的非线性问题转换成线性规划问题，然后利用强大的计算能力解决。

2．人工智能的界定

人工智能是计算机科学的一个分支，它企图了解智能的实质，并生产出一种新的能以人类智能相似的方式做出反应的智能机器，该领域的研究包括机器人、语言识别、图像识别、自然语言处理和专家系统等。人工智能可以对人的意识、思维过程进行模拟。

机器学习是人工智能概念下面的一个范围很广的子集，它强调通过案例和经验（以输入/输出数据集为表现形式）学习算法，而不是像传统算法那样依靠硬编码和预置规则解决问题。机器学习和无限计算能力的出现，使得新一代算法可以解决以前无法想象的问题，例如评估飞机引擎出现故障的风险情况。通过分析所有相关的输入信息（如飞行时间、飞行状态、维修记录、引擎温度、油压等）和大量引擎故障案例，算法不但可以预测引擎是否会出现故障，还能对故障原因进行诊断。完成这些工作无须掌握材料学或热力学知识，唯一需要的是相关的实用数据。

深度学习是机器学习领域的一个子集。传统机器学习方式大多涉及海量的特征建模，需要众多数据专家的参与。这会成为机器学习的发展瓶颈，因为数据专家必须首先对数据进行分类和标记，然后才能对算法进行训练。但是在深度学习中，数据专家无须对重要特征进行预先设定，这一过程也是通过算法来实现的。这无疑是一个很大的进步，因为特征建模虽然可以解决某些人工智能的问题，但它并不是所有人工智能问题可行的解决之道。在很多领域，依靠数据专家确定值得挖掘的数据特征是一项极其困难，或者说无法实现的目标。比方说在图像识别工作中，为自动驾驶技术开发人工智能程序时如何创造算法以识别不同车辆这一问题。车辆所蕴含的数据变量实在太大太广，包括形态、尺寸、颜色、照明、距离、角度等各种各样的可能性。数据专家根本不可能从中抽取出所有特征变量来训练算法。对于此类问题，可采用深度学习中的"神经网络"技术来解决。

3．人工智能的特征

人工智能具有以下 3 个特征。

（1）通过计算和数据，为人类提供服务。

从根本上来说，人工智能系统是以人为本，按照人类设定的程序逻辑或软件算法，通过人类发明的芯片等硬件载体来运行或工作的。其本质体现为计算，通过对数据的采集、加工、处理、分析和挖掘，形成有价值的信息流和知识模型，提供延伸人类能力的服务，实现对人类期望的一些"智能行为"的模拟。

（2）对外界环境进行感知，与人交互互补。

人工智能系统借助传感器等器件对外界环境（包括人类）进行感知，可以像人一样通过听觉、视觉、嗅觉、触觉等接收来自环境的各种信息，对外界输入产生文字、语音、表情、动作（控制执行机构）等必要的反应，甚至影响到环境或人类。借助于按钮、键盘、鼠标、屏幕、手势、体态、表情、力反馈、虚拟现实/增强现实等方式，人与机器间产生交互与互动，使机器设备越来越"理解"人类乃至与人类共同协作、优势互补。人工智能系统能够帮助人类做其不擅长、不喜欢但机器能够完成的工作。

（3）拥有适应和学习特性，可以演化迭代。

人工智能系统具有一定的自适应特性和学习能力，即具有一定的随环境、数据或任务变化而自适应调节参数或更新优化模型的能力。并且，能够在此基础上通过与"云、端、人、物"越来越广泛深入数字化连接扩展，实现机器客体乃至人类主体的演化迭代，以使系统具有适应性、灵活性、扩展性，来应对不断变化的现实环境，使人工智能系统在各行各业产生丰富的应用。

4．人工智能的价值

人工智能将挖掘来自人和物的数字化数据，为人们目前所做的工作提供自动化和辅助技术，探索出全新的工作方式。

（1）提升劳动生产力。

目前，人工智能对经济发展的最大潜在助力是提升产能，包括常规工作自动化、增强员工处理工作的效率及给予员工更大自由完成高附加值的工作。人工智能可以给制造业和运输业等资本密集型行业带来最大限度的产能提升。

（2）消费需求不断增长。

人工智能对产品质量的提升将提振消费需求，引发消费行为的变化。客户将获得更高质量、更个性化的产品或服务，而且能够更好地利用自己的时间。消费的增加会产生更多的数据接触点，从而帮助企业获得更多的数据、得到更深入的洞察、生产更好的产品并带动更多的消费，形成良性循环。

人工智能领域的领先企业将拥有优质客户的消费行为反馈，能更好地捕捉客户偏好，根据客户需求定制产品由此获得更大的市场份额。在此基础上，领先企业能够基于丰富的客户数据进行产品开发。

（3）改变就业机会。

人工智能技术的应用意味着一些工作岗位终将被淘汰，但与此同时，人工智能所带来的产能提升和消费需求的变化，将孵化出新的工作岗位。企业除培养能够熟练运用智能手段的新型工人之外，也需要新的人员来构建、维护、运行和管理这些新兴技术。比如，企业将需要空中交通控制器等工具来控制道路上的自动驾驶车辆；即日达服务和机器人包装与仓储也会为机器人和人类创造更多的协同工作岗位。

本章小结

本章介绍了数字技术的起源和特征，分析了数字技术对人类生活和社会发展产生的巨大影响，列举了几类典型的数字技术，包括大数据、云计算、物联网、区块链、人工智能等，分别从技术的起源、界定、特征和价值等方面进行了系统阐述。

讨论题

1. 请简要叙述数字技术的特征。
2. 请举例说明数字技术发展的三次浪潮给服务经济带来的变化与挑战。
3. 请举例分析各种数字技术赋能服务经济的应用场景。

▶▶ 案例分析

案例 2-1　奈飞：数据中蕴含着巨大的财富

数字时代，数据就是财富，拥有数据的人，只要掌握了开发和应用数据的技巧，就能够用数据做很多事情。

一家创办了 30 年的电影公司必然积累了大量的数据，制作成本、演职人员、取景规划、票房成绩、获奖情况等，这些数据在公司的历史上熠熠生辉，但也仅此而已，它对公司有什么现实意义吗？这个问题很难回答。

但在数字时代，这个问题的答案变得清晰而明朗。将成熟的数字分析技术应用于这些数据上，能够帮助公司捕捉到各种信息，这些信息能够为公司的决策提供参考，为公司未来的规划提供帮助。

2013 年，一部翻拍的电视剧《纸牌屋》风靡全球，在全世界范围内吸引了大量粉丝，它的风靡程度已经超越了观众的年龄界限、性别界限和国家界限。

《纸牌屋》到底有什么地方让人如此着迷？有人认为是影片带有悬疑色彩的叙述方式，有人认为是凯文·史派西（Kevin Spacey）高超的演技，有人认为是题材迎合了大众的口味，还有人认为是编剧过硬的功底。

这些看法都正确，《纸牌屋》成功的关键是它集合了大量的成功元素。那么，这些成功元素又是怎样聚集到一部电视作品中的呢？我们需要注重两个细节。

一个细节是《纸牌屋》是翻拍的电视剧。《纸牌屋》的原始版本是英国广播公司 BBC 拍摄的，也曾经在当时引起关注，但关注度绝没有美国电视剧《纸牌屋》这么强大。

另一个细节是《纸牌屋》完全跨越了不同的观众群。原来的美国电视剧都有明显的观众界限，这种界限或者以年龄来划分，或者以社会阶层来划分，但没有一部美国电视剧可以做到《纸牌屋》这样。

《纸牌屋》是怎么做到这两点的呢？其中的关键就是利用了数字处理技术。《纸牌屋》的制作公司奈飞（Netflix）既不是一个电视台，也不是一家独立的制片公司，而是一家付费订阅视频网站。相较传统的制片厂或电视台，奈飞有一个得天独厚的优势，那就是第一手的市场数据，这些数据包括用户的观影习惯、用户的选择习惯、用户的观影倾向等。例如，当一名会员登录奈飞（因为奈飞是付费网站，所以每名用户都需要成为会员）后，他的一切操作都将被计算机后台记录下来。这些操作包括用户怎样挑选自己喜欢的电影，在看电影的时候会停顿几次，分别停顿多长时间，会快进或回看几次，又分别是哪些片段，哪些视频会让用户看了几分钟之后就关掉，哪些视频会引发用户多次观看，用户多久重看一次喜欢的影片等。这些被记录的操作最终会以数据的形式被汇总，然后奈飞的分析师再通过数字技术对这些数据进行分析，最终得出一些至关重要的信息。

用户对题材、演员和导演的偏好都可以通过复杂的数字处理系统计算出来，因此奈飞才推出了这样一个卖座的产品，迎合市场策划了这样一部翻拍的连续剧。

数据带给奈飞的另一个启示是播出方式的改变。美国电视剧一般都是一周播出一集（也存在短剧一周播两集的情况），美国观众习惯了在每一周的固定时间等来一集电视剧，而美国电视剧的发行商也理所应当地认为这种播放方式是最好的——既吊足了观众的胃口，又不至于让观众等得不耐烦。然而，当奈飞通过数据分析后却发现了不一样的东西。数据显示，越来越多的美国人已经改变了以往的观影习惯，他们不会再选择在每周固定时段守在电视机前等待剧集的播出，而是将剧集"积攒"起来，直到整部电视剧全部播放后再选择一个适宜的时间一起观看。

《纸牌屋》的编剧说道："逐周更新的剧集发布模式就要变得不合时宜了，它是20世纪60、70年代电视节目直播时形成的产物，尽管后来电视剧都是提前制作好一季的内容却仍然遵循每周播出一集的惯例，其实这不过是受当年条件所限。如今人们希望不受束缚，想看就看，想看多少集就看多少集。"如果没有数字分析系统，奈飞也一定会走过去的老路。但在发现了这一切之后，奈飞决定改变播出方式，将全部的《纸牌屋》放到了网站上供用户观看，而这帮助它赢得了用户的好评。

可以说，《纸牌屋》的成功本质上就是数字技术的成功，正是因为使用数字技术搜集和分析了大量的数据，奈飞才能掌握电视剧市场上正在流行的一些线索，进而缔造了《纸牌屋》的传奇。

强大的数据是促使《纸牌屋》开创各种"另类"的保障，在《纸牌屋》的数据库中包含了超过3000万名用户的收视选择、400万条评论和300万次主题搜索，这些数据极具指导意义，因此让《纸牌屋》的创新更加符合市场的需求，更有针对性。

数据绝不是今天才存在的，只不过，在数字技术成熟之前，数据的搜集、整理和分析工作都是非常烦琐的，人们无法深入开展对数据的挖掘。以奈飞为例，超过3000万名用户的收视选择如果靠人工来记录和分析是肯定做不到的，但数字技术成熟之后，一切就都变得不一样了。建立在数字技术基础上，人们可以将很多东西量化为数据，然后对它进行抓取、管理、处理和分析，进而得出更加合理的结论，以此来指导商业行为。

分析题：

1. 你认为《纸牌屋》成功的主要原因是什么？
2. 奈飞是如何利用数字技术来提升用户体验和推出新产品的？
3. 你认为其他行业应如何利用数字技术来提高决策效率？请举例说明。

案例2-2 被数字时代抛弃的商业"巨人"

社会的每一次重大革新在带来无限机会的同时，必然也会让很多传统企业被颠覆，数字技术也不例外。今天，数字技术应用在商业领域，给商业增添了新的活力，让无数创业企业在一夜之间强大了起来，而与此同时，数字技术也颠覆了很多曾经的"巨人"。

博德斯集团破产

2011年，美国第二大连锁书店博德斯集团（Borders）宣布破产，这家曾拥有1000多家书店及超过2万名员工的图书零售"巨无霸"就这样倒下了。

数字技术应用于出版领域，给传统的图书行业带来了颠覆性的改变。据统计，美国图书年平均销售额以每年超过1%的速度下滑，原因就是嫁接在数字技术上的电子书开始占领市场。与纸质图书相比，电子书便捷、实惠，容易携带且存储量巨大，这些优势让很多出版企业转而投身电子书领域。

将数字技术应用在图书出版领域的尝试早在 20 年前就开始了。1994 年，比尔·盖茨向媒体展示一张光盘能够装下的信息，那些信息打印成纸，摞起来比一棵参天的巨树还要高，人必须在直升机的帮助下才能与之一较高低。用数字存储技术存储信息仅仅是数字技术最初始的应用。近些年，随着数字出版更加成熟多样化，硬件设施更加完备，一台亚马逊 kindle 可以承载上千本电子书。在这种情况下，作为传统的零售企业，博德斯集团的利润不断降低，最终资不抵债。

伊士曼柯达倒闭

摄影耗材企业伊士曼柯达公司（Eastman Kodak Company）的倒闭，可以被看作数字技术颠覆传统企业的又一个范例。当数字进入摄影领域时，因循守旧的柯达被淘汰是不可避免的，而尼康、佳能这些能够适应新时代发展的企业逐渐成长为新的巨头。

虽然柯达 1998 年就开始深感传统胶卷业务萎缩之痛，但柯达的决策者们，由于担心胶卷销量受到影响，一直未敢大力发展数字业务。

2000 年之后，全球数码市场连续高速增长，翻了差不多两倍，而全球彩色胶卷的需求开始以每年 10%的速度急速下滑。2002 年，柯达的数字化率只有 25%左右，而竞争对手富士已达到 60%。2004 年，柯达推出 6 款数码相机，但利润率仅为 1%，其 82 亿美元的传统业务的收入则萎缩了 17%。

柯达的没落，不仅是其技术创新的滞后，更是其对用户体验忽视的必然。直到 2003 年，柯达才宣布全面进军数码产业，并于其后陆续出售医疗影像业务及相关专利权。但是，当时佳能、富士等日本品牌已占据"数码影像"的龙头地位，就连韩国三星、中国华旗等企业亦已初具规模。此时，庞然大物——柯达已经丧失了占领"数码影像"龙头地位的先机。

诺基亚失败

2013 年 10 月 22 日下午，诺基亚召开了新品发布会。在发布会上，诺基亚时任 CEO 史蒂芬·埃洛普（Stephen Elop）向媒体展示了诺基亚最新的机型，分别是 Asha 系列的 500、502、503 和 Lumia 系列的 1320、1520。

Asha 系列秉承诺基亚一贯的风格——重视硬件，其产品质量毫无疑问会令用户满意，然而诺基亚却不太重视用户使用体验尤其是智能体验。在诺亚工程师的眼中，数字时代的大众用户似乎仍然拿着诺基亚 1100（诺基亚最畅销款手机，全球销量超过 2 亿台，特点是结实耐用、价格便宜）。Asha 系列在开源上更是极其"孤傲"的，不兼容很多手机应用软件，这无疑会让互联网时代的用户望而却步。

在互联网无限贴近生活的时代，无论是苹果还是谷歌，都十分注重用户网上体验和用户界面的设计，其定位和发展方向都力求与用户的要求贴近。而无论怎么改进，诺基亚的塞班系统都不能从根本上走入这个方向，只能从手机的外观及配置上做出调整。正是由于诺基亚没有紧跟用户需求以设计贴合用户偏好的新产品，而是坚守其赖以成名却已不符合时代发展的旧设计，才导致其在坚守其市场份额的战役中节节败退。

诺基亚失败的根源就是与数字时代脱节。如果将手机操作系统看作灵魂，那么手机的硬件技术就是身体。在数字时代，大众用户需要的是灵魂，但诺基亚丝毫不管大众用户已经成为市场主导这个事实，其结果就是无论做了多少努力，用户也看不到，最终只能被用户抛弃。

传统的"巨人"为什么会被数字时代抛弃呢？这个问题需要从以下几个方面来分析。

首先，数字技术的革新让传统企业无所适从。传统"巨人"意味着雄厚的基础，然而在变革来临时，这种基础反而会成为技术革新的障碍。

数字技术对于商业的革新是深入每一个毛孔的，企业面对这种革新，如何主动接纳，使用新技术是一个自我淘汰的过程。在这个过程中，基础深厚的企业面临的困难更大。如果企业本身没有强大的决心和信念支撑它打一场针对自己的战争，企业很难完成这个艰难的转变。这也是为什么当数字技术来临时，走在最前面的几乎都是科技领域新创企业，而那些传统企业都显得无所适从。

其次，数字技术对于很多行业的影响是颠覆性的，传统企业要做好应对的准备。

以博德斯集团为例，数字时代的到来改变了传统的出版业，就必然要求出版下游产业的图书销售业跟着转变，如果企业拒绝转变，那就只能走入下滑通道。跟行业一起转变并非没有可能，事实上，很多成功的企业都是这么做的。同样是传统的图书营销领域，电子商务网站亚马逊（Amazon）就做得非常好，它不但采用了数字技术，更引领数字技术的研发和应用，走在了时代的前沿。今天，我们看到的亚马逊网站已经成了一个嫁接在成熟数字技术上，全方位服务用户的新型图书服务企业，并获得了无数用户的青睐。行业的转变是看得见、摸得着的，处在某一行业中的企业很容易判断出自己所在的行业在新形势下的趋势。传统企业的难点并不是判断行业的发展趋势，而是如何完成与原来行业的切割。

最后，数字时代意味着企业要让渡主导权，这一点对传统企业来说尤为困难。

传统的商业模式是由企业主导的商业模式，是一种企业负责研发和生产，用户负责购买和使用的模式。然而，数字时代提升了用户的价值，让用户在商业中的话语权空前强大，企业主导的模式被彻底改变。在这样的新形势下，大量企业顿感手足无措，很多强大的企业最终都倒在了与大众争夺主导权上。

分析题：

1. 博德斯集团、伊士曼柯达、诺基亚这些商业"巨人"的失败有哪些共同原因？
2. 数字技术是如何颠覆这些商业"巨人"的？
3. 从这些被数字时代抛弃的商业"巨人"中能获得哪些启示？

第 3 章

服务管理的演进

▶▶ 学习目标

1. 理解服务管理的内涵。
2. 了解服务管理的各个发展阶段。
3. 熟悉服务管理与领先的管理实践的结合。

▶▶ 导入案例

海尔的第四张表：共赢增值表

2020 年 7 月 14 日，海尔共赢增值表研究院正式揭牌成立，这是全球首家聚焦数字时代管理变革的开放型生态平台。以海尔共赢增值表研究院为载体，众多全球管理领域权威专家以共赢增值表为范本，共同推进数字时代的管理创新。海尔的第四张表——共赢增值表与其他财务管理工具的差异主要体现在如下几个方面。

价值定义的差异：从"产品收入"到"生态收入"。人类社会逐渐从工业经济迈向服务经济，如今已经进入体验经济。产品演变为企业价值的道具，而以创造用户为中心的场景体验则成为企业价值的来源。海尔一直以来都以用户为中心，如今关注用户最重视的场景体验，实现从电器到网器再到生态的升级。产品成了海尔提供给用户场景体验的组件。为了满足用户不断迭代的多样化需求，海尔突破家电行业边界，联合生态各方，实现了超越产品收入的生态收入。

价值创造的差异：从"封闭割裂"到"价值统一"。传统企业的价值创造是封闭和割裂的。从原材料进厂到成品出厂，是企业内部封闭的价值创造；产品卖给商场后，生产端的企业价值创造即宣告结束，与用户的关系链条是割裂的，所以创造价值和传递价值是割裂的。随着数字时代的到来，企业边界、行业边界不断被打破，个人作为主体的创新意识不断增强，用户的个性化需求不断涌现。海尔共赢增值表开放地实现了创造价值和传递价值的融合，其背后的支撑则是海尔人单合一模式。在人单合一模式指引下，员工和用户价值合一，员工既了解用户需求，同时创造用户价值。

价值分享的差异：从"零和博弈"到"共创共享"。数字时代，商业正在从一种竞争市场中求生存转到共荣性发展的轨道。企业要为所有的利益相关方服务，包括用户、员工、供应商，以及所在的社区。只有各利益相关方实现了共赢的目标，才能持续地激发生态各方共创的热情和潜力。共赢增值表增加了增值分享指标，是生态圈中各方共创共赢的最直接的体现，包括投资者、利益相关方及创客对于创造价值的分享。生态各方围绕用户共同创造价值、共同分享价值。

3.1 服务管理的界定

尽管很早以前人们就了解服务对社会和经济的作用,但直到20世纪中叶,在西方发达国家服务经济占国内生产总值的比重超过一半时,人们才开始将"服务"纳入研究的视野。早期的研究主要集中于经济领域,从管理的角度研究"服务"要追溯到20世纪70年代。

1. 从科学管理到服务管理

1994年,芬兰学者克里斯蒂安·格朗鲁斯(Christian Gronroos)发表了一篇题为《从科学管理到服务管理:服务竞争时代的管理视角》的论文,详细分析了科学管理的局限性和服务管理的一般特性,其认为服务管理是一种适应目前竞争形势的管理视角或观念,这种视角为面临服务竞争的企业通过了解和管理顾客关系中的服务要素来获得持久的竞争优势提供了指导原则。

长期以来,产品制造业大多奉行泰勒的科学管理理论,以规模经济和成本控制为核心原则,有效提升了企业管理水平,并推动了工业经济的快速增长。然而,对于服务业而言,单纯追求成本削减和规模扩张可能导致服务质量降低,员工士气受损,进而破坏客户关系,最终影响利润。服务业的复杂性和人际互动的特点要求一种新的管理理论和方法,以适应其独特性。随着制造业竞争的加剧,技术和功能的日渐趋同,使得服务因素在制造业中的重要性日益凸显,服务管理和服务竞争已成为企业成功的关键。

作为一般的管理视角,服务管理将企业的外部效率置于重要地位,强调顾客对产品和企业的总的满意度,而不仅仅是企业的内部效率提高、规模经济扩大和成本降低,主要表现为顾客驱动、顾客感知质量导向、长期关系及员工满意的综合管理理念。

2. 服务管理的内涵

服务的一个最基本的特点就是服务的生产与销售是同时进行的。因而,学者们开始对服务的运作管理、人力资源管理及服务质量管理进行了深入的探讨和研究,取得了大量的成果,如W. 厄尔·沙瑟(W. Earl Sasser)所著的《服务运作管理》一书、克里斯蒂安·格朗鲁斯所著的《服务业的战略管理与营销》一书等。这期间,最具突破性的研究成果是对服务质量的定义及对服务质量的评测和管理。格朗鲁斯提出了"顾客感知服务质量"的概念,论证了服务质量是顾客的服务期望与实际服务经历相比较的结果。此后,美国营销学家 A. 帕拉苏拉曼(A. Parasuraman)、瓦拉里·A. 赞瑟姆(Valarie A. Zeithamal)和莱纳德·L. 贝利(Leonard L. Berry)等人创建了一种服务质量差距模型,给出了服务质量测量的方法。

格朗鲁斯认为,服务管理视角意味着管理重点的4个转移。

(1) 从基于产品的效用向顾客关系中的总效用转变。

(2) 从短期交易向长期关系的转变。

(3) 从核心产品质量或产出的技术质量向持续的顾客关系中的全面顾客感知质量的转变。

(4) 从把产品技术质量的生产作为组织关键过程向把开发和管理全面效用和全面质量作为关键过程的转变。

从本质上来看,服务管理具有5个方面的特点:全面管理、重视顾客、系统研究、重视质量、内部发展和促进。

(1) 服务管理是一种全面的管理。它将指导各个管理领域里的决策,而不仅仅只在诸如为顾客服务这单项功能领域内提供管理原理指导。

(2) 服务管理不是靠内部效率优先推动,而是重在顾客驱动或市场导向。

（3）服务管理是一种系统的管理。它强调组织内部协作，尤其强调职能部门间相互协作的重要性，而不是专业化或劳动分工。

（4）质量管理是服务管理的一个组成部分，而不是一个独立的部门。

（5）服务管理不仅只是行政管理的任务，它与企业员工的自身发展密切相关。企业员工在企业内部的发展和强化及企业员工对企业目标与战略的承诺，这两者是获得成功的战略前提。

3.2 服务管理的发展阶段

到目前为止，服务管理的发展经历了服务觉醒、跳出产品模式、跨学科研究、回归本源和服务科学的兴起5个阶段。

第一阶段：服务觉醒

20世纪60年代以后，服务业在社会经济中的地位与日俱增。一些发达国家的服务业占国内生产总值的比重超过60%，部分国家接近80%。改革开放以来，我国的服务业也得到了长足发展。服务业在国民经济中的比重已达到了30%，个别发达地区接近50%。由于"服务是过程而不是物件"，服务产出与实体产品存在本质差异，所以服务业的管理方法应当有别于制造业的管理方法。

随着服务业在社会经济活动中的重要性越来越突出，人们开始希望了解服务的运作、服务的特点及服务的营销等问题。特别是在西方发达国家的政府放松了对服务业管制以后，基于市场竞争的需求，服务企业希望寻求更好的方法来理解和划分它们的顾客。

20世纪70年代，欧美营销学者意识到，传统的以实体产品为中心的营销策略不再适用于服务业。服务业的营销和管理需要考虑到服务的特性。沿用制造业的成本和规模导向的管理策略已被证明在服务业中是不适宜的，这种现象被瑞典学者诺曼和芬兰学者克里斯蒂安·格朗鲁斯定义为"管理陷阱"。因此，服务业要求一种新的理论和方法，以更好地满足客户需求、提升客户体验，并建立长期的客户忠诚度。

理查德·阿维德·约翰逊（Richard Arvid Johnson）和埃尔伍德·斯宾塞·伯法（Elwood Spencer Buffa）分别于1972年和1976年推出了两本探讨服务部门运作的著作《运作管理》，虽然书中涉及服务的内容很少，但作者的视野已经开始关注服务业。这两本著作的意义在于，开始将研究运作管理的注意力从单纯以产品制造为主的工业领域向服务领域转移。

实质性的突破是在1976年，沙瑟在《哈佛商业周刊》上发表了名为"在服务业中平衡供应与需求"的文章，两年之后，由沙瑟等人著的《服务运作管理》一书问世，是第一本直接以服务运作为主要研究对象的专著。研究主要集中在描述和强调商品与服务的区别上，但对服务运作的研究和概念体系的建立，仍然拘泥于传统的工厂式运作，未能突破传统管理的禁锢。

第二阶段：跳出产品模式

1980—1985年期间，人们对服务问题高度热衷和感兴趣，研究工作主要集中在阐明有关概念和性质上，构建有助于理解服务和服务管理特性的概念结构。正如A. 帕拉苏拉曼1985年所写的文章指出的那样，其主要是建立了服务质量的概念模型和对未来研究的影响，这是构建服务管理职能结构非常重要的一步，因为服务质量对各个职能管理领域意义重大，作用突出。

服务研究脱离了完全以产品为基础的研究，开始了主要以服务领域自身特征和内容为研究对象的研究工作，其他学科开始将本学科的研究项目与服务管理相联系，进行跨学科的服务研究。

20世纪80年代以后，美国哈佛大学商学院、凡德彼尔特大学服务研究中心等院校的学者和专家在"服务质量"领域的研究日趋深入。詹姆斯·L. 赫斯克特（James L. Heskett）1994 年在有关研究中，探讨了影响利润的变量及相互关系，建立了"服务利润链"式结构，形象而具体地将变量之间的关系表示了出来。这个结构对研究服务问题和寻找影响服务质量的原因，具有十分重要的作用。

第三阶段：跨学科研究

1985—1995 年期间，已经基本形成了较独立的服务管理研究领域。1989 年，《服务业管理国际学报》（*International Journal of Service Industry Management*）的创刊标志着服务管理的研究进入了一个崭新的时期。1990 年，首届国际服务管理研究大会在法国召开，会议强调了服务管理研究的多学科性，指出服务管理研究涉及的学科包括经济学、管理学、心理学、市场学、组织行为学、社会学等。从此，服务管理踏上了多学科、多角度、多层次的较为科学规范的研究之路，并与服务营销和服务运作相区别，进入了重点进行跨学科性质研究的时代。同时，注重方法研究也是这一时期的一个特点。

具有代表性的是格朗鲁斯发表的一系列论著。如他在 1990 年出版的《服务管理与营销》一书中，将企业的竞争战略划分为以成本、价格、技术和服务为主的 4 种形态，指出目前的市场处于服务竞争阶段，促使企业经营战略转向以"服务"为主导的战略。

第四阶段：回归本源

从 1995 年起，真正实现了向交叉边缘学科本质的回归。服务管理发展的重要工作内容是努力在各个核心学科中重新建立服务的概念构架。罗兰·T. 拉斯特（Roland T. Rust）在主持服务质量回报的研究中阐述了提高服务质量给企业带来的收益及途径和机理，论证了服务质量与企业获利性之间的关系：从广义的服务质量角度来看，高质量可减少返工成本，进而造成高利润；高质量可以提高顾客满意度，达到效率提高、成本降低的目的；高质量可吸引竞争者的顾客，产生高的市场份额和收益。

因为利用现有顾客的口碑宣传吸引新顾客，可以达到增加销售和减少广告费用的目的，所以一些学者认为，持续的服务质量改进不是成本支出，而是对顾客的投资，可以带来更大的收益和利润。

各种理论研究成果主要体现于美国服务管理教授詹姆斯·A. 菲茨西蒙斯（James A. Fitzsimmons）所著的《服务管理》一书。著作从服务业与经济的关系切入，逐步展开，依次论述了服务的内涵与竞争战略、服务性企业的构造、服务作业的管理、迈向世界级服务、服务应用的数量模型等，涵盖了服务管理的所有重要理论，是服务管理作为独立学科研究的奠基之笔。

第五阶段：服务科学的兴起

服务科学，全称为服务科学管理与工程（Service Science Management and Engineering, SSME）。SSME 的概念最早可追溯到 2002 年，IBM Almaden 研究中心与 UC Berkeley 的教授亨利·切萨布鲁夫（Henry Chesbrough）的团队合作从社会工程系统角度研究服务，形成了 SSME 的概念原型。2004 年 12 月，在华盛顿特区召开的国家创新峰会（National Innovation Summit）上，美国竞争力委员会发布了题为《创新美国：在充满挑战和变化的世界中持续繁荣》的国家创新计划报告，其中"服务科学"概念作为 21 世纪美国国家创新战略之一被首次提出。此后，"服务科学"日益受到学界和业界推崇。2005 年 7 月，此研究领域被正式命名为"服务科学管理与工程（SSME）"，仍保留"服务科学"作为简称。此后，IBM Almaden 研究中心与众多高校展开合作，推动对 SSME 的深入研究。在此过程中，SSME 的概念和内涵不断得到丰富，研究对象和技术路线渐渐明晰。2007 年 1 月 26 日，美国运筹学与管理科学学会（INFORMS）成立服务科学部（Section on Service Science），这标志着 SSME 作为未来重要研究领域而受到高度关注。

在 SSME 相关的学术会议上,"什么是服务科学""什么是服务科学的目标"等问题经常作为核心议题被提出。开创性报告《创新美国》及主要倡导者 IBM Almaden 研究中心对 SSME 的表述,具有典型的代表性。

《创新美国》报告认为,服务科学是已有的计算机科学、运筹学、工业工程、数学、管理科学、决策科学、社会科学和法学等诸多领域的交叉。它能在商务和技术的交叉点上促成整个企业的转型、创新。这个新学科致力于解决 21 世纪创新的核心问题,如组织再造、技术创新管理和复杂行为系统仿真等。

IBM Almaden 研究中心负责人吉姆·斯波尔(Jim Spohrer)等给出了另一种定义:SSME 是将科学、管理和工程的原理应用在一个人、组织或系统与另一个人、组织或系统共同完成获利性的特定任务(即服务)中的学科。通过工作共享、风险共担的合作生产关系,提高对生产力、质量、绩效、柔性、增长及知识积累的可预见性。他们认为,SSME 本质上是对服务系统的研究,包括服务系统演进与设计、服务系统交互与价值共创,以及服务系统专业化与协调。

3.3 领先的服务管理实践

3.3.1 敏捷服务管理

1. 敏捷的内涵

为了满足不断变化的业务需求,服务提供者可以尝试着"变得更加敏捷"。敏捷是产品或服务开发的强大工具,能解决许多常见的开发问题,如成本、进度可预测性和范围渐变等。敏捷重组了开发中涉及的活动,以更精益、更聚焦业务的方式实现了相同的目标。敏捷的工作方式,是为了在产品或服务开发工作中快速应对期望的工作方式的变化。首先,程序员和其他职能岗位之间紧密协作可以确保产品或服务交付预想的功能,虽然这可能不是最初要求的功能,但持续的沟通有助于确保需求被清楚地理解;其次,使用小型的、自组织的团队可以确保信息不会丢失的同时快速地交付价值;最后,团队采用"检查和调整"的态度,将不断学习融入他们的工作之中。

频繁地以较小的增量交付产品或服务,意味着需求的变更是可以被欣然接受的,而不是被害怕甚至被拒绝。它们可以很容易地合并,并根据反馈调整解决方案。敏捷的核心是,接受改变是不可避免的,甚至可以把它当作更好地满足客户需求的机会。

2. 敏捷的价值

在数字化转型和快速变化的时代中,敏捷尝试着在短的增量周期中交付成果,减少延期并且快速获得反馈,在响应中改进解决方案。敏捷的主要价值包括以下 6 个方面。

(1)更快地交付。解决方案团队使用固定的时间周期的迭代可以更频繁地提供新功能。如果提前交付可以带来价值,即使没有完全完成,解决方案也可以用于生产使用。

(2)提升利益相关方的参与度。利益相关方参与整个过程,包括一些活动,例如指定功能优先级、冲刺计划会议、评审解决方案和指导解决方案等,这些都是通过直接反馈来完成的。这极大地增加了利益相关方的满意度,并减少了返工。因为能更快、更频繁地交付工作成果,利益相关方就会增加对开发团队高质量交付能力的信任。

(3)可预测的成本和进度。由于冲刺是在可预测的固定时间段内执行的,成本是可预测的,范围限制在每个时间段内可以执行的工作量。利益相关方可以看到每个功能的成本，以及交付的时间。这对于决策功能什么时候可以实现，是否需要增加额外的冲刺具有间接的好处。

（4）关注价值。通过允许利益相关方确定待办事项列表中的功能的优先级，解决方案团队可以更容易地理解什么是重要的，并且能够交付具有更高价值的功能。

（5）适应性。当解决方案团队在每一次冲刺中，专注于交付一组已达成一致的功能集时，就有机会不断地重新排序和更改整个产品待办事项列表，在后续的冲刺中可以计划新的或变更的待办事项列表。这就提供了对变更的适应性，而不是使整个项目脱离正轨。

（6）改进质量。在每次迭代中频繁构建、测试和评审，快速地查找和修复缺陷，尽早识别期望偏差，从而提高质量，同时利益相关方可以更快、更频繁地提供反馈。

3．敏捷与服务管理

敏捷和有效的服务管理之间的关系包括以下 4 个方面。

（1）使用敏捷实践来迭代地构建产品或服务，提供更高的客户满意度，增加客户和供应商之间的透明度。

（2）使用敏捷实践来持续改进服务，在冲刺中维护待改进的事项列表，并实现这些改进。可扩展的敏捷解决方案可让一个团队专注于为服务构建功能和用户场景，而另一个团队则专注于该服务的基础支持设施。

（3）使用敏捷开发实践、进展和"迭代及增量的工作方式"，这样组织就有了足够的管控和架构——通常被称为敏捷服务管理。

（4）使用敏捷的思维方式来创建跨职能团队的服务管理架构，取代孤立的"变更管理""问题管理"团队等。

在中国，越来越多的企业较好地实现了企业的服务敏捷性，比如海底捞在面对十分激烈的外部商业竞争环境时，不仅快速、准确地抓住了消费者的心理，而且在面对市场变化时，它还能做出及时反应，生存并发展壮大，特别是其解决二元冲突的能力和企业层面形成的充分授权与控制（规范化）的能力，充分说明了海底捞具备敏捷的服务组织能力。

▶▶ **真实案例**

某政府部门发布内部网的项目失败了。该内部网项目旨在提供一种通用的方式，方便所有员工进行沟通，并且改善部门内部跨职能沟通的能力。

项目团队封闭开发了 6 个月，很少与该项目的最终用户进行接触。当该项目上线时，用户对其质量、可用性和功能等方面都不满意。该政府部门决定在未来的开发中采用敏捷的方式，包括以下几个方面。

- 更多的透明度和利益相关方的参与。
- 更好的决策，以及在整个项目中改变决策的能力。
- 更优的质量解决方案，听取反馈进行不断改进。
- 更小的风险，让问题及早被发现。

3.3.2　精益服务管理

1．精益的内涵

精益思想起源于精益生产，最初是为丰田汽车制造发明的装配线方法，因此也被称为丰田生产系统（Toyota Production System，TPS）或即时化生产。组织采用精益来减少生产过程中的浪费，并减少这些过程造成的产品缺陷。

精益的目标是将客户的价值最大化，同时尽量减少浪费。简单地说，精益能消耗更少的资源却为客户创造更大的价值。一个理想的精益解决方案（如果是可行的）将会为客户带来更大的价值。

精益是一种持续的思考和运作方式，它并不意味着一次性的战术或成本削减。采用精益实践的组织必须转变领导、运作和工作方式，以创造价值。进行精益转型时，需要考虑以下3个基本问题。

（1）目的：组织将帮助客户解决什么问题，从而实现其目标？
（2）流程：组织将如何审视其价值流和流程以消除浪费和不必要的工作步骤？
（3）人：组织如何确保每个关键价值流和流程的责任、所有权并持续改进？

2．精益的价值

利用精益实践可以减少浪费，从而获得如下价值。
（1）减少因延期造成的计划外劳动，同时减少返工和缺陷。
（2）降低运营成本。
（3）提供优质的产品或服务，以提高客户的满意度。
（4）通过专注于有价值的活动而不是无价值的活动（浪费）与返工，使得员工价值最大化。
（5）可预测的能满足预期目标的服务交付绩效。

精益将5个原则应用于精益转型的每个流程或服务中。

（1）确定价值。从客户角度来确定产品或服务的价值。这些产品或服务能向客户提供哪些价值？服务如何帮助客户获得成果？

（2）绘制价值流图。建立一个产品或服务的生产过程的价值流图，合并或消除那些既不需要也不创造价值的步骤。

（3）创建流动。创建稳定的、可预测的流动，最小化步骤之间的延迟，确保产品或服务顺利地流向客户。

（4）建立拉动。随着流动的引入，可以让客户从相邻的上游活动中主动获取价值。这意味着企业可以通过采取一些对客户很少或几乎没有价值的步骤来消除浪费（以及因此造成的延期）。

（5）持续改进。持续进行过程改进，直至建立"完美"价值并且没有浪费。

3．精益与服务管理

精益服务是在精益生产理念的基础上进行演进推导而来的。将精益理念应用于服务管理，就是通过消除整个组织的浪费来确保产品或服务的不间断流动。它要求企业能够准确把握市场的变化，并且尽量满足客户不同的个性化的需求，同时能够将服务过程中无关紧要的过程省略掉，保证能够以最快的速度产生最好的结果。由此可见，精益思想所包含的各种内涵都可以从精益服务的过程中展现出来，在减少各种成本投入的条件下，尽可能地实现并创造最大的价值，这样也能够使得企业与客户的关系越来越近，从而帮助企业更好地给客户提供符合其需求的各种产品或服务。

精益服务的原则包含以下4点。
（1）价值决定原则。客户对服务的价值拥有决定权。
（2）消除服务资源的浪费原则。在所有的环节中都要清楚价值流的动向，在这些环节中找到能够不产生资源浪费的环节和因素。

（3）服务持续增值原则。不断地进行价值创造，增加价值流，并使其流动起来。

（4）价值流拉动原则。通过客户需求来拉动价值流。

为了实现精益目标，应该对服务过程进行识别，然后研究和评估浪费。我们可以通过以下3种方式来实现。

（1）以价值流图的形式记录正在研究的过程，以确定延误点和低效率。

（2）确定最大的问题并分析根本原因，然后将其消除/减轻/改善。

（3）从常见浪费类型中查找这一流程，找出改进的机会。

在精益工具箱中，有几种工具和技术可用于改善服务流动。所有这些工具都需要持续地管理聚焦、支持和加强。我们可以应用的具体工具和技术如下。

（1）服务系列。识别哪些类型的服务具有相似的流程流动，并随后为每个服务系列定义特定的流程。

（2）前置质量。确保减轻或消除误解和缺陷的任务被识别并放置在流程开始。通过设计一个流程来实施前置，以便尽早完成服务，这可以使人们将更多关注投入在处理更复杂任务的服务中。

（3）识别并消除瓶颈。所有过程至少有一个瓶颈，因此通过识别和消除瓶颈来改进流程。瓶颈通常以在其前面具有异常大量的工单或订单库存为特征。

（4）在每个流程步骤中实施调度。根据排队理论，队列（或此情景下的进程）中的平均等待时间产生于多个服务"在同一队列中等待"。这意味着流程步骤中的大部分工单或请求都会在由调度员管理的未分配的队列中等待。处理工单或请求的调度员应该只能获得他们能力范围内的工单或请求。

3.3.3　左移服务管理

1. 左移的内涵

左移是方案开发和交付的一种方法，利用左移，将开发、构建、运营和支持等活动推到生命周期的更早阶段（在项目时间轴上移动到左边）。左移的目的是通过践行越来越贴近客户的行为从而获得效率的提高。左移是一种需要对人员、流程和技术进行变更的战略，知识管理、自助服务和自动化在其中扮演重要的角色。测试活动是左移的常用示例。测试活动被提前到设计或构建阶段，以便尽早发现缺陷，从而可以更容易地进行补救。

随着左移的应用，传统的开发和运营方式被改变了。通常在后期阶段完成的活动被转移到早期阶段。例如：

- 通过自助服务将支持活动推向客户。
- 将部署和发布活动推进到开发阶段。
- 根据设计规范自动配置资产和组件。
- 将一些测试活动推进到设计阶段，缺陷更容易补救。
- 根据设计规范自动构建解决方案组件。

通过将活动推到左边，客户可以更快地得到服务，同时解决方案可以得到更快的开发，解决方案组件缺陷可以被更早地发现，解决方案变更可以被更迅速地实现。几乎产品或服务开发、交付的任何领域都可以从左移思想和实践中受益。

当实施左移时，人们必须认识到，为设计、测试、部署、支持及其他领域提供支持的系统需要被检查，并在必要时以左移的方式进行改进。除使用的技术之外，人员和流程对支持左移活动也至关重要。

左移的成功依赖于 3 个关键能力。

（1）知识管理。知识需要在组织内部及外部客户层面上共享。

（2）自助服务。当知识管理和自动化最终帮助了客户时，自助服务能力才是提升客户参与度的核心引擎。

（3）自动化。随着自动化能力的应用，组织可以得到的好处不仅仅是提升问题解决和产品供应的速度，还包括因减少对人力的依赖而实现的成本节约。

2．左移的价值

左移是许多先进服务实践的核心。例如，敏捷、精益等都使用了左移的做法。应用左移的价值包括以下 7 个方面。

（1）及早发现和修复缺陷，能够针对方案提出减少风险、成本、时间和影响的简单补救措施。

（2）尽量避免返工，从而使资源被高效利用。

（3）员工可以更专注于服务质量和成果。

（4）增进开发人员、测试人员和运营人员之间的协作。

（5）更快地交付软件的解决方案和软件更改。

（6）通过将解决方案交付变得更有效率、将活动目标更接近客户来完成，降低运营成本，更快地解决问题和提供所请求的服务。

（7）支持成本显著降低。通过尽可能向左移动，在更少的时间内，使用低技能的资源，处理更多的问题。

左移策略也提供了"无形"的价值，具体如下。

（1）支持人员可以集中精力做增值的工作。理想的情况是，使用自助服务和自动化来消除简单而重复的任务。

（2）客户获得更好的体验。快速解决问题并及时提供产品或服务是满足客户期望和需求的关键因素。

我们还可以从使用自动化脚本、工作流自动化和第三方工具/系统编排中获益。此外，人工智能和机器学习往自动化的"动手能力"中加入了"动脑能力"，从而扩展了自动化的能力。

3．左移与服务管理

左移可以应用于服务管理，因为它试图将问题解决方案移至第一线或尽可能接近客户来提高客户或员工满意度和降低成本。此外，其他领域如定义、生产、提供和响应阶段也可以受益。在左移的情况下，服务管理将对正在开发和交付的服务进行新的观察，并持续关注活动如何能够向左移动。客户越容易直接获取服务，如自助服务、自动化或其他方式，他们的满意度通常越高。这样，服务提供者的运营和交付成本越低，同时员工也可以更专注于创新和持续改进。

3.3.4　DevOps 服务管理

1．DevOps 的内涵

DevOps（Development 和 Operations 的组合词）是从 IT 社区发展起来的，是改善研发团队和运维团队之间关系的一种方式。从过往经验来看，相互冲突的优先级造成研发团队尝试尽可能快地发布新功能，而运维团队则为了让实时服务不受干扰而尽力抵制这些新功能。DevOps 强调软件开发人员（Dev）和 IT 运维人员（Ops）的协作，从而可以快速、频繁、安全地构建、测试和发布可靠的解决方案，同时注重产品管理。软件开发人员和 IT 运维人员之间的沟通与协作，其主要目标是更快地发布软件、部署软件更改，并以较少的错误和中断完成所有工作。DevOps 提出了跨职能团队的概念，他们在各个阶段都拥有特定的产品或服务，这让他们有更多的机会去理解工作的成果及改进的方法。

DevOps 在研发团队、质量保证团队和运维团队的协作之间引入了一种创新的方法，不是将工作从一个团队转交到另一个团队，而是一起协同工作，共同发布。通过这种方法，解决方案可以安全地构建、部署和运维。因为 3 个团队共同发布，所以延期的概率是最小的。运维团队还可以专注于提供新的解决方案来支持开发人员，如更快地提供开发环境。

DevOps 的价值观有助于建立一种共同的文化。这些价值观包括文化、自动化、精益、衡量和分享。

（1）文化：DevOps 关乎人的方面，包括沟通、协作和运维行为。它要求员工怀有对 DevOps 实践、原则和文化的转变意愿。此外，组织结构还需要调整，以便克服所有障碍。

（2）自动化：这包含能够自动化测试和部署软件等任务的工具。目标是尽可能多地从 DevOps 价值链中去除人工环节。自动化的好处包括减少错误、更快的操作速度和工作标准的执行。

（3）精益：DevOps 使用精益，耗费更少的资源为客户创造更多的价值。许多精益概念被用于改进流程、引导开发和运维任务的开发工作，这允许更快地部署和增加对变更的适应性。

（4）衡量：DevOps 的衡量是必不可少的，并且是其运维工作的常规部分。衡量结果需要定期评估，并在出现意外偏差时采取行动。

（5）分享：DevOps 促进建立一种浓厚的分享创意和问题的文化，它更好地促进了沟通和协作，提高了 DevOps 团队成员的技能，并且帮助组织不断地改进，防止团队之间的相互指责和误解。

2．DevOps 的价值

DevOps 的一个关键目标是通过敏捷的方式开发解决方案，增加业务价值，从而持续交付产品或服务，以及时满足客户的需求。DevOps 试图打破由长期的延期、大规模部署和频繁出现的错误这 3 点组成的循环，这些都是传统的 IT 开发和部署工作所造成的。DevOps 的价值主要包括以下 6 个方面。

（1）更短的开发周期。从工程代码到可执行的产品代码实现更短的时间跨度。

（2）更短的发布周期。快速且频繁地将代码发布到生产环境中，这样可以更快地推出解决方案和产品，并且在竞争中领先。

（3）减少失败。DevOps 使用敏捷来构建简短的、迭代的解决方案和产品，从而更容易发现代码缺陷。

（4）减少部署失败。通过让研发团队与运维团队协同工作，使得移交和部署问题的数量大大减少，这就减少了通常在部署时发生的操作混乱。

（5）提升创新。通过一种高度信任和跨团队共享的文化氛围，可以使团队成员自由地尝试并不断改进他们的产品或服务。这将带来更加创新的解决方案，并培养数字化转型的机会。

（6）更低的运维成本。优化的工作流和更短的发布周期，会带来更少的缺陷和更快的部署，可以减少人力投入，并降低总体运维成本。

3. DevOps 与服务管理

DevOps 可以通过左移来提升服务管理实践，使它们更精益，并自动化服务管理任务和活动，它引入了效率（通常是通过自动化），从而为服务管理活动创建了更有效的流程。

一般来说，服务管理可以从应用 DevOps 的概念和方法中获益。运维团队的一个普遍意愿是将他们的运维需求和对研发团队的疑虑集成在一起。很多时候，运维团队的关注点是在部署之前详细地检查清单，如已完成的用户验收测试、分配的网络容量、已配置的服务器、交付给目标站点的未安装的设备、电力升级、楼层清理和安装人员准备就绪等。尽管这些都很重要，但是研发团队可能会沉浸于设计、构建、测试或其他任务，在部署之前，将这些未执行的清单看作干扰，造成了研发团队与运维团队的不配合，并导致许多 DevOps 的失败，因此我们知道简单地把这些团队放在一起是行不通的。

研发团队与运维团队需要集成所有活动，这样就可以将整个应用程序生命周期一起完成。研发团队和运维团队必须一起设计、构建、测试和部署到实时生产环境中。DevOps 的实践、原则和工具被用作提供特定的操作，并尽可能地使用精益和自动化的方法来完成这些工作。

▶▶ **真实案例**

一家金融机构采用了 DevOps，以便更快地向客户提供新的产品或服务。该机构创建了一个由 T 型专业人员组成的多技能团队，更快地交付了解决方案，减少了问题。他们发现了一些原本没有预料到的好处，比如团队文化与士气的改变等。这些包括：

- 员工们更快乐，士气也提高了，因为他们觉得自身"有用"并且更有效率。
- 员工们越来越渴望向其他团队成员学习，并分享他们自己的知识。
- 员工们觉得他们有更多的时间去创新，因为他们并不总是在匆忙地解决问题。

3.3.5 SIAM 服务管理

1. SIAM 的内涵

SIAM，即服务集成和管理（Service Integration and Management），定义了一套原则、实践和方法，用于管理、集成、治理和协调多个服务提供者的服务交付。SIAM 对于一个客户和多个供应商的传统多源生态系统的关注程度不同，它提供治理、管理、集成、保障和协调，确保客户组织从服务提供者处获得最大价值。

SIAM 引入了一个服务集成商的概念，提供一个单一的、公正的联系点，通过该单一联系点来管理服务的使用、绩效和交付。在服务提供者和客户之间，通过"客户的声音"来协调他们的关系，承担管理服务提供者的责任，使客户能够专注于他们的核心业务。

SIAM 包括以下 3 层。

（1）客户组织（包括所保留的能力）。
（2）服务集成商。
（3）服务提供者。

SIAM 与其他（多）供应商管理方法的主要区别在于服务集成商的引入。服务集成商层关注落实一个有效的跨服务提供者组织，确保所有服务提供者为端到端服务做出贡献。它提供对所有服务提供者的运营管理，并与客户组织有直接的关系。服务集成商层可以由一个或多个组织提供，包括客户组织。如果服务集成商层由多个组织提供，那么它仍然作为一个单一逻辑服务集成商，服务集成商可以包括多个小组或多个团队。

2. SIAM 的价值

SIAM 最常用于 IT 服务，随着其成熟度的提高，SIAM 越来越多地应用于非 IT 服务和数字化转型项目。随着服务提供者数量的增加，服务整合和管理的价值也在增加。SIAM 的主要价值表现在以下 6 个方面。

（1）单点集成。在多个服务提供者中拥有单一来源的合同管理、交付和执行的能力。

（2）供应商集成。使组织能够快速构建在多元服务交付环境中交付、管理和治理服务的能力。

（3）缩短上市时间。利用服务代理功能，快速整合和集成服务，以支持商业服务和产品。

（4）提高需求的响应速度。通过利用与供应商、专家及其他专业服务代理建立的合作关系，扩大可以快速获得的额外服务。

（5）降低服务成本。增加供应商之间的竞争压力，从而降低服务成本，提高交付质量。

（6）聚焦于战略。允许客户组织专注于客户和核心业务功能。

3. SIAM 和服务管理

SIAM 以许多服务管理流程和实践为基础。采用 SIAM，可以让组织受益于使用多个供应商，当它们的需求发生变化时，也很容易增加和减少供应商。即便使用了服务集成商，客户组织仍然需要对绩效进行管理、衡量和报告。因此，客户组织需要考虑以下 5 个方面的内容。

（1）完全理解期望外包的内容，以及期望的收益。
（2）是否具备成功谈判合同的技能。
（3）市场上是否有服务提供者满足其需求。
（4）是否能够管理供应商的绩效，并理解这样做的目的。
（5）需求在未来如何改变。

服务集成商和供应商需要考虑以下 3 个方面的问题。

（1）合同是否可行（服务集成商是否可以维持所需服务的财务成本）？是否存在商业冲突？服务集成商有可能必须与其他提供商或其他集成商合作，它们是直接竞争对手，但现在必须密切合作（如有可能在知识共享方面发生冲突）。客户组织与服务集成商是否具有良好的文化匹配？

（2）它们是否能够提供服务所需的技能和资源？

（3）组织、服务和交付策略在未来如何改变？

3.3.6 客户体验服务管理

1. 客户体验的内涵

客户体验或消费者体验是指产品或服务的消费者与其生产组织之间的关系。客户体验回答的问题如："与这个组织合作容易吗？""对于消费者来说，事情是变简单了还是变困难了？"客户体验是其对他们所得到的品牌或产品的所有互动的总和，包括感知和情感，他们对产品的印象及如何被对待的感受，对他们未来的关系、忠诚度和消费有很大的影响。

尽管客户体验的评价可能不是最终决定因素，但是对于一个组织或服务的潜在客户来说，客户体验对购买决策的影响越来越大，尤其是在糟糕的体验被发布出来后。负面的评论或不满会对供应者组织造成直接的不良影响，如销量下降、股票下跌和客户流失。客户反馈不仅关系到产品或服务，还关系到组织对事件、问题或投诉的响应能力。

良好的客户体验将实现以下 4 个方面的目标。
(1) 提高客户的信任度、忠诚度、保留率和推荐率。
(2) 提高品牌价值、销售额和市场份额。
(3) 改善财务业绩。
(4) 成为一个关键的竞争优势。

客户体验不仅仅是一种理性的体验（例如，手机的应答速度、运行时间、速度和便利性或配送）。超过 50% 的客户体验是关于客户在潜意识里的感受。换句话说，客户体验不仅仅是"什么"，还包括"如何"。

组织的所有能力都需要认识到客户体验的重要性，尽管它们可能并不是直接与客户打交道。但是对于组织来说，每个能力都需要了解它们的活动、服务和产品对最终客户的潜在影响。员工对工作环境的期望已经被融入客户体验驱动的管理中，尤其被关注的是那些能持续为更多的客户体验做出贡献的内部能力领域。

客户体验包括设计和应对客户的互动，满足或超出客户的预期。目标是满足客户的需求，这样可以为其带来良好的体验，不仅仅是针对产品或服务，还包括提供者组织。

2．客户体验的价值

客户体验非常重要，客户的体验越好，他们就会回购更多的产品或服务。通过技术的力量，客户可以在众多竞争者之间做出选择。提供良好的客户体验可以促进销售，增强组织的竞争优势。客户体验越好，客户愿意为产品或服务付出的费用就越高。对客户/用户体验的重点关注会给服务提供者带来很大的价值，包括以下 8 个方面。
(1) 客户留存率更高。
(2) 拥有更多信赖提供者品牌的忠诚客户。
(3) 增加产品或服务的市场份额。
(4) 客户愿意重复购买相同或新的服务。
(5) 减少客户投诉。
(6) 增加推荐和重复购买。
(7) 提高竞争力和市场份额。
(8) 提高客户满意度。

3．客户体验与服务管理

服务管理组织需要了解客户体验是什么，为什么它们重要，以及传统的服务交付操作需要如何改变，同时考虑到客户体验的消费化和不断增长的力量。客户体验和客户满意度是两种不同的东西。客户体验是通过许多事务或交互建立起来的，而客户的满意度通常是基于一个单独的快照（一个问题被解决或解答的良好程度）。服务、服务交付和支持需要满足或远超客户的期望。但这些预期在继续上升，因为企业为争取商业和客户消费都把客户体验作为一种重要武器。

在评估客户/用户体验实践时，需要考虑许多服务管理的因素，其中包括以下 3 个方面。
(1) 如果不衡量他们的产品或服务体验，服务提供者无法真正理解他们是否满足了客户的期望。
(2) 不好的员工体验会对员工的能力产生负面影响，从而很难使他们有效地履行自己的职责，达不到预期的商业效果。对员工的流动率、生产力和士气都有影响。
(3) 服务提供者必须不断地寻找能够帮助他们改善客户体验的"关键时刻"。

▶▶ **真实案例**

随着移动互联网的普及，旅行 App 已成为现代旅行规划不可或缺的工具，为用户获取旅行目的地相关信息提供了更便捷、灵活的方式。用户的手机上充斥着各式各样的旅行 App，它们为不同阶段和需求的旅行提供了多样化的服务。

在长途旅行规划中，人们倾向于使用去哪儿或携程等旅行 App，以便事先了解并比较机票的价格和优惠信息。这些应用程序不仅提供广泛的选择，还允许用户根据自己的预算和偏好找到最经济实惠的机票组合，使旅行计划更加经济高效。

而在短途旅行规划中，12306、高德地图等 App 成了大家不可或缺的帮手。通过这些应用，用户可以方便地查找车票信息、了解实时路况，以及规划最为省时的出行路线。这种实时信息的获取不仅提高了出行效率，还减轻了旅途中的不确定性。

当旅行者渴望体验目的地的本地风土人情和美食文化时，生活服务 App 如美团、大众点评等成了其不可或缺的辅助工具。通过这些应用，他们可以轻松地查找当地的美食、娱乐场所，获取其他用户的评价和建议，以确保获得最佳的用户体验。

3.3.7 VeriSM 服务管理

1. VeriSM 的内涵

要成为一个高效的服务提供组织，服务管理不能再局限于单个部门，比如 IT 或客户服务部门。它应该触及组织的各个层面。VeriSM 方法采取为每个组织量身定制的方式，帮助整个组织将组织的所有能力项，包括 IT 能力、市场能力、财务能力和客户服务能力等，整合起来共同交付服务价值。

VeriSM 的解释如下。
- V：Value-driven（价值驱动），聚焦于为客户和利益相关方创造和提供价值。
- E：Evolving（持续演进），在快速变化的市场中，组织必须适应和持续演进。
- R：Responsive（及时响应），对新兴技术和市场趋势的敏捷适应，推动基于业务场景的定制化方法。
- I：Integrated（集成整合），打破部门间的壁垒，确保流程和信息在整个组织中无缝流动。
- S：Service（服务），提供高质量的产品或服务，强调服务如何与产品一起提供综合的价值。
- M：Management（管理），有效的管理，并利用新兴技术来提高管理效率和效果。

为了支持价值交付，VeriSM 定义了几个关键领域。
- 治理：领导和控制组织活动的基础支撑系统。
- 客户：对产品或服务提出需求，体验产品或服务并提供反馈，进一步参与验证/总结/改善活动。
- 服务管理原则：基于组织管理原则，为交付的产品或服务提供保证，如有效解决质量和风险问题。
- 管理网格：定义组织如何将自身的资源、环境和新兴技术与不同的管理实践相结合，以创造和交付产品或服务。
- 定义：为满足约定的需求构建一个（产品或服务）解决方案。
- 生产：通过创建解决方案（建设、测试、部署）确保成果可以满足客户的需求。

- 提供：新的/改进的解决方案的可用性。
- 响应：在客户遇到性能问题、突发事件、疑问或有任何其他要求时，能够及时给予支持。

在 VeriSM 内，管理和服务管理原则是稳定的要素，只有在组织变化时才会改变。管理网格是灵活可变的，可以根据产品或服务的需要进行调整。

2．VeriSM 的价值

VeriSM 的价值包括以下 7 个方面。

（1）一致与合规性：确保组织内的所有流程和操作都遵循既定的标准和法规要求，有助于避免法律风险并建立客户信任。

（2）连贯性：保持流程和决策的连贯性有助于维护组织的稳定性和可预测性，这对于建立强大的品牌形象和客户关系至关重要。

（3）优化的流程和资源：通过精益管理和持续演进的方法，组织可以提高效率，减少浪费，确保资源得到最有效的利用。

（4）减少冗余和重复：消除流程中的冗余步骤和重复工作可以降低成本，提高生产力，并提升员工的工作满意度。

（5）决策优化：基于数据和分析的决策过程可以提高决策的质量和速度，从而更快地响应市场变化。

（6）降低成本：通过优化流程和资源，减少冗余，组织可以显著降低运营成本，提高财务绩效。

（7）提升价值：最终目标是通过上述所有措施，组织能够提供更多的价值给客户，这可能体现在更高的服务质量、更好的客户体验或更具创新性的解决方案上。

3．VeriSM 与服务管理

在当今的商业环境里，无论规模大小，以及无论是从事公共事业还是私营业务，每个组织都是服务提供商。即使出售产品的公司（如零售商），也需要为这些产品的成功使用提供相应的服务（如客户服务、运输和退货等）。良好的服务将为客户带来良好的体验。不论组织是否靠盈利驱动，服务的价值都要在服务过程中去交付。为了获得成功，所有的组织都必须采用一种整体的服务管理方法来满足客户的需要。

VeriSM 是基于各种管理实践的综合选择来帮助服务组织不断演进其运营模式的。VeriSM 提供了灵活和可定制化的使用策略，而非"一刀切"的推行方法。这显然非常必要，因为所有的组织都不相同，如规模、客户类型或文化等。VeriSM 不会把组织系于某一种单独的管理方式，它能够让运营模式根据需要进行变化。

VeriSM 帮助企业确定服务管理的原则。这些原则涉及所有的产品或服务，包括安全、质量、成本和风险等在内的各个领域。服务管理原则是在组织层面上定义并在组织内部全面沟通，作为所有的产品或服务的开发和运营指引的。

3.3.8 持续交付服务管理

1．持续交付的内涵

持续交付是通过开发团队把软件持续地集成来实现的，并建立可执行文件，在这些可执行文件上运行自动测试以检测问题。这些可执行文件被放到不断成熟的类生产环境中以确保软件能在生产系统中运行。持续交付提供了一种可以快速部署、支持敏捷和 DevOps 实践的框架。持续交付可以降低软件开发风险，展示软件开发进度，更快地获得反馈。当一个组织在如下情形时就是遵循了持续交付的模式。

（1）软件在整个生命周期都是可部署的。
（2）团队认为可部署化的优先级高于开发新的功能。
（3）当系统在开发变化中，任何人都可以得到快速、自动化的反馈，直到系统的生产交付就绪。
（4）具备在任何需要的环境里"一键式"部署任何软件版本的条件。

持续交付意味着一个组织如果愿意，可以进行频繁的软件部署。当软件在测试环境被测试好后，因为各种各样的原因也可以选择不进行部署。比如客户可能更倾向于比较慢的发行版本。已经准备好的代码可以合并起来，在商量好的时间间隔里进行一次大的变更发布。

类似于生产环境的自动化测试确保代码和环境按照设计的方式运行，并且始终处于可部署状态。为了确保持续交付的成功，组织需要监测整个部署渠道。在理想情况下，这将是自动化的。监控需要包括所有环境，从开发、测试、类生产等，直到生产环境。尽早发现问题可以减少修复成本，并且也可以减少对最终客户的影响。

2．持续交付的价值

作为加强敏捷、精益、左移和 DevOps 实践的基础，持续交付提供了很多价值，包括以下 5 个方面。

（1）通过把测试和部署活动左移来支持渐进实践的原则。
（2）更快的版本开发生命周期。
（3）支持独立开发者团队把时间和精力最大化地放在软件开发活动上，把时间和精力最小化地花费在集成和测试上。
（4）在开发生命周期中更早找到集成错误，这样更容易补救和节省成本。
（5）支持敏捷实践，进行短小增量的开发，并解决如何有效地测试和部署这些增量的问题。

3．持续交付与服务管理

持续交付可以对多种 VeriSM 里的活动产生影响，包括变更控制和定义环节的活动。持续交付将影响变更控制、发布、部署过程和工具。组织将不得不考虑如何运营变更控制，包括自动化和集成一个平滑的测试和部署服务。

（1）变更控制。变更依然需要有日志和记录，然而因为审批、影响分析和批准会议所造成的延误，将通过持续交付里的自动化而大大减少或消除。集成和测试过程的自动化意味着在没有人工干预或讨论的情况下可以识别出故障，减少与人工检查更改相关的错误。
（2）测试和部署。与组建测试团队和安排测试不同，测试将一直都在进行并且被自动化。变更应该可以随时被引入，自动化测试后，如果成功就继续进行下一步，如果失败就停止。
（3）发布管理。软件解决方案的传统发布实践依然有效，但是会被自动化。持续交付支持代码库、版本控制并使用分支和主线来支持不同的开发小组。自动持续集成的基础是将服务引入持续测试和交付的环境中。

VeriSM 中定义环节的活动也需要被集成为持续交付的一部分。当开发者们关注产品时，其他的流程或服务需要一并提供支持。

（1）可用性管理。确保合适的冗余和备份方案包含在已经部署的解决方案中。
（2）容量管理。确保合适的容量管理机制来支持业务的数量。

（3）业务连续性。确保业务恢复计划不因新服务的提交和部署而妥协。
（4）安全。确保合适的安全机制不因服务变更而妥协。
（5）外部供应商。确保供应商的需求和任何自动集成的服务及系统到位。
（6）服务台和支持人员。确保知识和信息的适当流动来保障对客户的有效支持和响应。

本章小结

本章首先对服务管理进行了界定，描述了科学管理与服务管理的关系，介绍了服务管理的内涵；其次分析了服务管理经历的 5 个阶段，系统论述了服务管理的发展过程；最后介绍了几种先进的管理实践，如敏捷、精益、左移、DevOps、SIAM、客户体验、VeriSM、持续交付，分析了这些管理实践在服务管理中的应用及其价值。

讨论题

1. 服务管理的内涵如何界定？
2. 服务管理在各个发展阶段的特征有哪些？
3. 领先的管理实践与服务管理深入结合的要点体现在哪些方面？

▶▶ 案例分析

案例 3-1　IBM："硬件制造商"的服务演进

很长一段时间，IBM 一直以"硬件制造商"的形象来给自己定位。但进入 20 世纪 90 年代后，随着 IBM 传统的硬件支柱产品进入衰退期，IBM 陷入了前所未有的困境。仅 20 世纪 90 年代的最初三年，IBM 就亏损了 160 亿美元，并在 1993 年单年亏损高达 81 亿美元，公司濒临破产边缘。同年 4 月 1 日，郭士纳出任 IBM 公司 CEO，在他的率领下，IBM 开始了一场从制造商到服务商的转变。

文化改变，是根本的改变

"IBM 之道"——"尊重个人、竭诚服务、一流主义"是 IBM 从创始人沃森父子以来一直强调的文化理念。而在 20 世纪 90 年代初，持续的成功使 IBM 的企业文化出现了偏误，IBM 成了昂贵和傲慢的代名词；"一流主义"也使 IBM 演变为以自我为中心。IBM 的转型首先对企业文化进行了再造。第一，IBM 确立了"服务用户、方便用户、以用户为导向"的服务宗旨，建立了 360°客户服务理念。第二，树立了合作共赢的观念，强调与竞争对手和上下游厂商的合作。第三，改变了业绩文化。郭士纳明确提出，IBM 优秀员工应当从 3 个方面来衡量，这就是 IBM 的 PBC 考核系统（Personal Business Commitment）。第一是 Win，力争制胜。胜利是第一位的，无论过程多艰辛，到达目的地最重要。第二是 Executive，执行力。不要追求完美，快速而有效地做事是所有成功的前提。执行本身反映了员工的素质，因为执行构成了非常重要的过程监控。第三是 Team，团队精神。在 IBM，员工必须学会以一个完整的 IBM 而不是一个人或一个部门采取行动，必须在全公司范围内合作。

兼容大度，强调纵横合作

（1）加强横向合作，谋求双赢局面。

经历了 20 世纪 90 年代初的失败后，IBM 一改以"老大"自居的傲气，在必要情况下与同业合作,利用它们现成的技术,或将自己的技术向同业出售。一个典型例子是,1999年,IBM与戴尔公司签署了一份战略性的、价值达160亿美元的技术合约。根据此合约,戴尔将向IBM购买有关存储器、网络及显示器等技术,时间跨度为7年。两家公司还宣布,今后将互相交换他们的最新技术。

(2) 加强纵向合作,转向OEM模式。

1998年年底,IBM将其苦心经营多年的IGN产品卖给AT&T。IBM则专注于自身的核心业务——信息技术服务,为全球500强企业中的大部分企业进行信息系统数据管理服务。IBM还专门成立了技术集团,寻求市场的新增长机会。其中最突出的一点是:采取开放合作的OEM代工模式,向其他厂商供应中间产品。通过OEM代工模式,IBM不仅降低了成本,而且控制了价值链上关键的技术环节。

(3) 开放产品标准,力争上下左右兼容。

以前IBM曾经试图强迫其客户服从它的内部体系,而现在则承诺它的几乎所有产品都将遵循公用标准并使用开放式软件。在软件开发标准方面,IBM一改过去封闭自守的风格,采取开放的姿态,其软件不再受限于自身的硬件平台,在各大商家的产品平台上均可运行。IBM目前的战略是,将互联网服务器作为主要的工作平台,使所有的IBM系统与其他网络的计算系统无缝地融合在一起。

"以客户为中心",持续技术创新

IBM在研究和开发领域的长期投入使得IBM一直以来在专利方面都处于领先地位。但由于IBM一直是闭门研究,研发成果与市场需求脱钩,因而不能将它丰富的知识产权资源转化成具有竞争力的产品。如今,IBM坚持"以市场为导向,以客户为中心"的技术创新,研究部门不仅仅要把研究开发构想引入生产领域,更重要的是要先了解市场的需求,然后确定研究的项目。研究部门要求研究人员以更多的时间同产品开发人员乃至客户接触,了解他们的实际要求,采取让研究人员与客户直接交流、注意倾听客户声音的方式。

服务创新,走差异化服务道路

(1) 重视对中小企业的服务。

长期以来,IBM主要面向大企业客户,但是购买IT产品数量最多的是中小企业,而且中小企业由于技术力量单薄,往往比大企业更需要计算机服务。20世纪90年代以来,IBM加强了对中小企业的服务,并提出了具体的服务项目,包括各项专业服务卡系列、应急卡、为小企业举办网上培训与咨询学习班等。

(2) 量化服务。

作为一种无形的劳务形式,由于计算机服务可以不附加在有形产品上,决定计算机服务与其他有形产品相比具有难以量化性。因此,如何确保服务质量,将成为计算机服务商迫切需要解决的问题。IBM设计了"客户满意度"这一指标来量化虚的服务。IBM将客户的满意度分为3个等级:一是基本要求,二是符合期望,三是超越期望。为了确保对客户需求的快速反应,IBM要求服务工程师在规定时间内到达客户那里,修理完毕必须向公司汇报,这样就形成了量化管理。

(3) 崭新的服务模式。

IBM从根本上改变了服务业的经营模式,不仅大大超越了单纯出售和维修产品的范畴,而且参与企业客户的经营,提供信息技术应用方案,乃至经营战略方面的咨询。郭士纳主张IBM应同企业客户结成"战略伙伴关系",从大政方针上协助客户。为了贯彻新的服务业方针,IBM经常采用"请进来、派出去"的方针:主动邀请一些大企业家参加"战略论坛会",派出技术专家与其他公司在各个领域开展科研合作。

（4）完善的远程服务系统。

IBM建立了一套极为有效的远程服务系统。当客户发现设备出现问题后可以向客户服务中心或IBM的任意一个服务中心拨打免费电话，并向那里的技术人员叙述自己的问题，技术人员会迅速从中心数据库寻找同类型设备在别的地方出现过的类似或完全相同的问题，然后弄清楚以前是如何诊断和处理这类问题的，这就大大缩短了客户需要探索、等待的时间。

（5）全方位的整体服务。

IBM的服务是由多方面构成的整体服务。具体来看，IBM的服务内容涵盖了从行业战略层面的商务战略咨询和托管服务，到企业管理层的电子交易、电子协同、客户关系管理、供应链管理、企业资源规划、商务信息咨询等的全方位服务，还包括IT系统的设计、实现和后期的维护服务。

（6）零距离的客户服务。

IBM的客户能就近得到服务。典型的事例就是IBM的销售人员和服务人员在同一座大楼内办公，公司极力强调这两支队伍之间的日常对话。贯穿于整个组织中的是销售、服务和培训的紧密配合，并尽可能接近客户。IBM还设有遍布全国的应用技术推广中心。这个中心举办研究班、产品论证会和商业系统规划课程等活动。在这里，IBM公司的专家负责培训当地客户正确运用他们的决策数据，使他们能最大限度地利用他们的设备。

到目前为止，不论是从企业经营状况，还是从外界形象来看，IBM均已从硬件制造商成功转型为"为客户解决问题"的信息技术服务公司。IBM的服务转型并不是为适应市场的短期要求而采取的权宜之计，而是一种从经营理念到企业结构上的根本性转变，这种转变使IBM能够自如地预见并把握机会，而且使它能够抵御外部市场波动的打击，保持企业竞争力。

分析题：

1. IBM为支持服务战略转型，做了哪些方面的工作？
2. IBM的服务战略转型采用了哪些领先的服务管理实践？
3. 你认为IBM的服务转型战略能否进行推广？并说明原因。

案例 3-2　海底捞的服务模式演进

海底捞的服务模式演进经历了4个不同阶段，具体呈现出不同的特征。

阶段 1：权力集中在CEO，整合能力强，授权与控制能力弱

1994—1998年，在企业求生存的内外部环境压力下，隐含的矛盾是在创业初期企业为了赢利（成本控制），将有限的资源向顾客和员工进行分配的冲突，CEO化解了必须同时关注顾客与员工需求的矛盾。为满足顾客需求，海底捞致力于提供优质的服务和提高产品品质。比如，开业之初，他们不懂火锅，生意冷清。但张勇很快就懂得了"顾客需要一桌一桌抓"的道理。张勇很清楚地记得，"当时有一家人住在海底捞楼上，他们每天走到楼下往里一看，'哦，还是没人'，然后就走到边上的另一家火锅店。"于是，张勇设法打听到这家男主人的名字，每天都在楼梯口等他，并重复"魏大哥好"。"终于有一天魏大哥进来了。我很激动，但是吃完了他说我的火锅味道不好。他说别人家有一种香辣酱，要我们研究出来。我说火锅没有祖传香辣酱，他肯定是买到了味道好的香辣酱。最后我终于买到了并让我太太给魏大哥送了过去，让他品尝一下是不是他说的那款香辣酱，当时他非常感动。这桌顾客在未来非常长一段时间都是我的忠实顾客"，张勇说。

为满足员工需求，CEO尽力提供家人般关怀并尽力解决员工的经济困难。比如，张勇曾经在年关帮助新员工杨小丽还家里 800 元的债务。从此，杨小丽就把海底捞当家了，"谁要损害公司利益，我敢跟谁拼命！"张勇因此多了一名虎将。

对待员工，张勇有自己的看法："我不心疼钱，因为你的心胸决定了你对金钱的态度。有了很高的心胸，我就会把它看成一种资源，投下去。当时我有一个理想，一定要把分店开到北京，一定要走远。"因为 CEO 张勇在经营中逐渐悟出，为了取得财务绩效，需要为每一个顾客提供优质的服务。

在这一阶段，企业服务模式体现在：财务业绩快速增长，CEO 形成了"快速感知—响应"顾客和员工需求的能力，并且 CEO 还从顾客和员工的建议中改善服务和产品品质，具有了运用顾客和员工资源的能力。

阶段 2：高层授权给经理（中层），规范化提升，整合能力减弱

1999—2005 年，在企业裂变的环境压力下，高层、经理同时具有了解决企业内部矛盾的能力，促进了员工"快速感知—响应"顾客。

高层（包括副总经理、CEO）采取直营模式复制企业，形成了对门店经理充分授权与规范化的能力。授权主要体现在充分授权经理经营权；规范化主要体现在行为导向的考核，即建立了真正公平公正的过程考核体系。"优秀店长的产生不与其所管理门店的绩效（如营业额等）成正比（营业额与选址有很大关系），而是关注员工激情、顾客满意度、后备干部的培养等。即便经营利润始终是公司最高的某个店的店长，也很可能由于在以上三方面出了漏洞而被免职"，张勇说。

而经理（包括门店经理、小区经理、大区经理）也在高层的充分授权下，复制了前期 CEO 关注顾客和员工模式。经理还从师带徒、轮岗培训及人性化的薪酬、福利制度等各方面的完善上满足员工需求，尊重与善待员工。经理提升了同时关注顾客与员工的能力。

经理还在采购这一关键岗位有着授权与控制员工行为的能力，主要通过充分授权和大幅提高工资，并采取各种措施杜绝回扣现象。比如，经理杨小丽就懂得如何授权与控制采购。海底捞的原材料采购极为复杂，蔬菜、海鲜、肉类、副食不仅种类繁多、价格多变，而且都是个体供货。如何买到质量好、价格适中的原材料是杨小丽最难解决的问题。杨小丽将优秀服务员晋升为采购员时，大幅提高他们的工资，并明确告诉他们："公司会用各种方法经常调查你是否吃回扣；一旦发现，无论回扣多少，立即辞退、没有任何补偿。"

在这一阶段，企业陆续在西安、郑州、北京、成都、上海等地的经营中取得了成功。企业服务模式体现在：企业复制能力广泛实施，经理具有了"快速感知—响应"顾客和员工资源的能力，高层授权与规范化充分发挥了经理的能动性。

阶段 3：企业对经理、员工（底层）授权，软硬件投资使企业整合能力增强且更规范化

2006—2009 年，在企业规范化运营与发展的环境压力下，高层、经理、员工同时具有化解企业内部二元矛盾的能力，促进企业"快速感知—响应"顾客需求。

高层有着对经理、员工充分授权与规范化的能力。授权与规范化主要体现在：软硬件投资建立集成平台，规范企业管理、控制产品品质与成本；企业复制的授权与规范化，调动 A 级门店拓店积极性。软硬件投资方面的具体做法是：一是完善了物流配送体系，实现了标准化和程序化，制定了完善的食品安全监管体系，对原材料的采购源头进行控制，对整个加工环节进行监控把关，并引进了整套现代化清洗、加工、检验和冷冻设备，以保障原料和底料的品质安全。二是运用 ERP（企业资源计划）系统改善管理流程，统一配送信息降低了门店运营成本，动态盘点信息有效规范了库存管理，规范的人员轮换工作流程推进了员工能力快速复制。

经理也在高层的充分授权下，复制前期同时关注顾客与员工方面的能力，这促进了企业拓店，并对所有员工授权与规范化。授权主要体现在普通员工都有为顾客免单的权力；规范化主要体现在 IC 卡的使用，即员工免单后需要记录免单信息，并向门店经理说明原因，以杜绝免单权力滥用行为。

员工需要同时提升服务与产品品质，隐含的矛盾是员工有限的精力需要同时向提升服务与产品品质分配，员工需要具有解决这两方面冲突的能力。海底捞的主要做法是高层和经理给员工充分授权，这使员工的主动性和积极性得到充分发挥，完善了服务流程，菜品品质也不断提升。

在这一阶段，企业不断复制优秀店面的能力，在全国各大中城市的经营均取得了成功。企业服务模式体现在：员工具有了"快速感知—响应"顾客需求的能力，经理迅速复制企业，高层能够规范企业运营、降低成本。

阶段4：企业进一步对经理、员工授权，各种精英平台使整合能力进一步提升且更加规范化

2010 年至今，在同行模仿与扩张导致人力资源匮乏的内外部环境压力下，企业高层、门店经理、员工充分利用精英平台的集成与扩散机制，同时具有化解企业内部二元矛盾的能力，并促进企业服务模式的发展。

高层从两个方面来提升服务能力。一是在全员学习和创新方面授权与规范化，进一步加强高层推动组织结构由层级向扁平化的变革，并推动企业构建精英平台，如教练组、海底捞大学和自发的学习型组织。由企业内外部精英提供培训和指导，金点子排行榜定期引导全员创新并经过试点后推广。二是在业务拓展上，高层具有了同时关注店面与外卖经营的能力，化解了企业资源的二元矛盾。在外卖经营中的呼叫中心软硬件系统投资完全采用租用模式，免去了软硬件的资金投入和维护投入。

门店经理在店面经营上利用精英平台获得帮助、解决难题，不断学习和创新，复制了优秀经理同时关注顾客与员工的能力。同时，有能力的资深门店经理不仅积极参与教练组、学习型组织等精英平台，还为其他门店经理解决难题，充当"指导+考核"式的咨询角色。

员工提升了同时关注服务与产品品质的能力。员工利用精英平台提升自身能力，如参与店面里"充电器"学习组织，向有经验的员工学习。有能力的员工还向精英平台提供创新和专业服务，如为金点子排行榜提供创新，为海底捞大学学员培训专业知识等。同时，在充分授权和倡导双手改变命运的过程中，员工感受到了尊重、成功与希望，为顾客提供了优质的服务和高品质产品，实现了自身价值。海底捞设有创意委员会，将收集的创意进行筛选，好的创意经过试点后在全国推广。企业还定期举行员工创意大赛，如顾客熟悉的拉面表演即是员工宋晓东在创意大赛上模仿功夫表演后得到推广的。

在这一阶段，企业服务模式体现在：组织结构由层级向扁平化变革，形成员工学习与创新快速集成与扩散机制。

海底捞有 4 个不同阶段的服务模式，即外部环境变化促使企业在授权与控制及整合能力两个维度演进，在此过程中企业不同层级人员解决企业内部矛盾的能力得以提升，从而促进了企业服务模式的转化。

分析题：
1. 海底捞在各个发展阶段的服务管理模式是怎样的？
2. 结合案例简要论述海底捞是如何更新服务管理模式的？
3. 海底捞在服务模式管理过程中采用了哪些领先的服务管理实践？
4. 若将数字技术运用到海底捞的服务模式升级中，你认为应该如何实现？

第 4 章

数字技术与服务管理

▶▶ 学习目标

1. 理解服务与有形产品的区别和联系。
2. 了解服务运营的特征。
3. 理解数字技术如何驱动服务管理。

▶▶ 导入案例

数字技术带来的服务管理创新

云计算、大数据、人工智能和物联网技术的聚合推动了数字化转型。善于利用这些技术并成功转型成为充满活力的动态数字化的企业将会繁荣发展。反之,无法实现转型的企业将变得无足轻重甚至无法生存。这听起来很吓人,但事实就是这样的。

2000 年,雅虎在互联网世界的地位如日中天,在互联网泡沫顶峰时期,市值一度高达 1250 亿美元。后来,雅虎有机会收购谷歌,但最后因为价格问题没有达成交易。雅虎认为支付 30 亿美元来收购谷歌这样的公司实在太浪费了。2008 年,微软曾尝试以 450 亿美元的价格恶意收购雅虎,结果被雅虎成功抵制。2016 年,Verizon 公司以 48 亿美元的价格完成了对雅虎的收购。

雅虎开始走下坡路的迹象十分明显,消费者互联网正变得高度移动化和社交化,基于图片和视频的互动趋势越来越强。雅虎没有觉察到这种趋势,结果被收购肢解。

1998 年,拉里·佩奇(Larry Page)和谢尔盖·布林(Sergey Brin)在斯坦福大学的宿舍里开发了谷歌在线搜索引擎,他们找到了当时如日中天的雅虎,希望能将这项技术卖给雅虎,但由于雅虎自视过高,价格没谈好。

谷歌搜索引擎以其快速、简洁的搜索方式,很快被人们接受。2004 年谷歌在美国上市,2006 年谷歌以 16.5 亿美元的价格收购了视频网站 YouTube,为自己吸引了大量的用户。2007 年 11 月 5 日,谷歌基于 Linux 平台开发了一款手机操作系统,安卓就此诞生了。

4.1 服务的特性

服务的特性直到 20 世纪 70 年代才被重视,并由此对服务营销、服务产品创新及服务运营管理进行了深入的研究。由服务的定义可知服务是指通过使用一定的设备(工具)、知识(技能)和方法(手段)来满足客户需求的一系列活动。服务蕴含的特性有以下几种。

- 服务是一种行为或过程。

- 服务的产生是由需求开始的。
- 服务的结果是满足需求。
- 服务需要消耗一定的资源。
- 服务过程中可使用其他的工具或伴随商品的交换。
- 服务双方有一定的交互。
- 服务传递可以通过一定的媒介。
- 服务交换可通过市场来完成。

在信息技术飞速发展的今天,实现服务的方式和方法与以往相比,有了巨大的改进,知识密集型服务占据了较大的市场份额,对提高服务生产率的要求也越来越高,如大街上的自动售货机、银行的自动柜员机、电子银行转账等。通过自助服务来提高服务效率是服务的一种发展趋势。

4.2 服务与有形产品

4.2.1 服务与有形产品的区别

对于服务管理来说,服务与有形产品的区别是研究的起点。

表 4-1 所示总结了服务与有形产品的区别。这里所谈到的"产品"特指那些以生产和销售有形商品为主要目的的经营活动,而"服务"则指不涉及物质商品交换的纯粹服务过程。

表 4-1 服务与有形产品的区别

存在区别的方面	服 务	有形产品
存在形式	一种行为或过程	一种物品
表现形式	形式相异	同类产品具有相似的形状
生产与消费形式	生产、销售与消费同时发生	生产、销售与消费不同时发生
价值属性	核心价值在买卖双方接触中产生或体现	核心价值在工厂里被创造出来
顾客参与	顾客需要参与生产过程	顾客一般不参与生产过程
存储	不可以存储	可以存储
所有权	无所有权转让	所有权可以转让

表中给出的区别主要是从存在形式、表现形式、生产与消费形式、价值属性等方面来分析的。其中对核心价值的分析说明了服务中服务接触的重要性及员工与客户交互的必要性。一般情况下,产品价值属于静态属性,服务价值属于动态属性。

此外,产品和服务在以下几个方面的表现也不尽相同。

(1) 质量控制标准。

对于有形产品来说,其质量有客观标准可供执行,如国家标准、行业标准或企业标准。而服务质量不仅取决于员工的技能,还取决于顾客的态度和参与程度,主观性强,无法制定统一的标准。另外,有形产品在一个与消费隔离的车间里生产,生产过程与质量可以被有效控制和管理。不合格的产品被销毁或返工,只有合格的产品才能被输送到市场进行销售。对服务而言,由于其生产与消费是同时进行的,服务质量出现问题后无法撤销只能补救,且企业对服务过程无法有效控制,对员工自身的素质依赖性较强。

（2）顾客评价。

对于有形产品，顾客可以对其功能的多少、性能指标、操作的便利性及耐用性等方面进行评价，评价的原则较为一致。而对服务的评价则涉及多种因素，特别是涉及顾客的主观因素较多，不易对服务做出有效的评价。因此，对于服务的提供者来说，除了满足基本的需求，还要做好对顾客需求的充分理解。通常来说，对顾客性情和喜好的了解及让顾客积极参与配合是获得好评的主要方法。

（3）分销渠道。

有形产品的销售可以通过地区代理实现分销，而服务的生产与消费的同时性使得服务的销售无法利用中介。服务提供者只能将服务场地建立在直接与顾客接触的地方。但随着信息技术的发展，互联网拉近了服务提供者与顾客之间的距离，特别是能够转化为数字化信息的服务，服务双方已经突破了时空的限制，构造了一个虚拟的市场环境。

（4）规模效益。

标准化和流水线生产是有形产品实现规模效益的基础。一般而言，服务的需求具有差异性，服务的标准化程度较低，不能大规模产出，因此生产率低下，效益不高。如何在满足顾客需求的基础上提高生产率，是服务企业必须考虑的问题。

（5）专利保护。

专利保护主要针对的是有形的产品，对原理上、工艺上和外观上的创新都可以作为专利进行保护，但对于服务没有相应的专利保护。这对于服务创新来说是一种挑战。因此，对于服务企业来说，新服务设计出来后应尽快地占领市场，在竞争对手模仿之前就创立好的品牌并树立好的形象是成功的关键。

（6）服务定价。

在一个充分竞争的市场中，有形产品的价格由市场决定，同类产品的价格差异很小。由于服务的差异性及对专业技能的要求，造成服务价格有较大的弹性空间。如理发服务的价格，从几元、几十元到几百元不等，不同的理发师给出了差异极大的价格标准。在知识密集型服务业中（如咨询服务），价格差异更为普遍。

（7）退货或转售。

顾客在购买有形产品不满意后可以退换、赠送或转售他人。而服务由顾客亲自消费，不能储存、不能转让也不能退换，顾客对服务不满意时只能采取补救措施，通过某种方式让顾客获得补偿。服务的这种特点，使服务型企业更加注重员工的素质及员工对企业的满意度，只有员工满意，才有顾客的满意。

4.2.2 服务与有形产品的联系

4.2.1 节介绍了服务与有形产品的区别。事实上，由于有形产品和服务最终都是为了满足人们的需求，只是在满足的过程中有的是纯粹的行为，而有的必须伴随有形的物品，或者反过来说，有的是提供有形物品，有的必须伴随相关服务。

图 4-1 所示给出了从有形产品到服务的连续统一体，中间部分表示既有服务，也有有形产品；越靠近右端，服务的成分越多；越靠近左端，有形产品的成分越多。

服务有时也称为产品，如金融公司推出的理财项目、保险公司的保单、旅游公司开发的旅游项目等。服务产品与有形产品相比，许多地方是相通的，其相同点主要有以下几个。

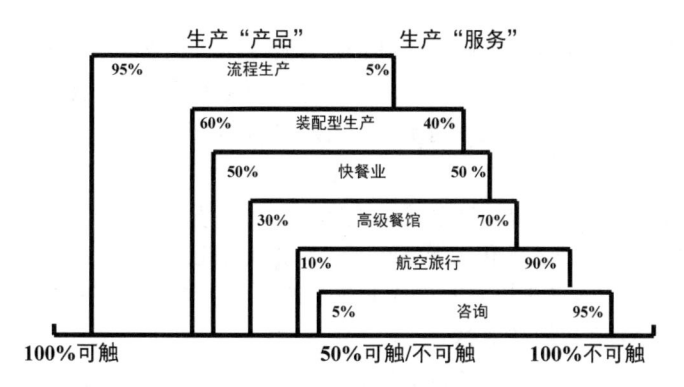

```
        生产"产品"              生产"服务"
     95%    流程生产      5%
        60%  装配型生产   40%
         50%   快餐业    50%
          30%  高级餐馆  70%
           10%  航空旅行 90%
             5%   咨询   95%
    100%可触     50%可触/不可触    100%不可触
```

图 4-1 有形产品与服务的连续统一体

（1）最终目标一致。

服务与有形产品都是以满足人们的需求为首要目的而开发设计和生产的。服务能够直接满足人们的需求，如干洗店服务；而有形产品大多需要自己的劳动或其他的辅助功能才能满足人们的需求，如洗衣机需要人们自己操作、汽车需要人们自己驾驶、电视机需要有电台的节目传送、手机需要有无线通信服务提供商等。

（2）具有使用价值和交换价值。

使用价值说明其所具有的功能性，无论是有形产品还是服务，都具有一定的功能，可以达到或实现一定的目的。对于有形产品而言，其使用价值是很明显的，如汽车能载人、载货，完成将人或物从一个地方运送至另一个地方的任务；服务也一样，如公共交通同样能将人或物从一个地方运送至另一个地方，达到相同的目的。交换价值是指可以在市场上自由交易。它们都是产品，可以在市场上进行买卖。有形产品交易的是产品本身，而服务交易的是结果。

（3）遵循一般的市场规律。

服务和有形产品都是产品，只是属性不同。除了上述的自由交换，产品的设计、开发和营销，市场的垄断和竞争等，都遵循一般的市场规律。但由于其本质属性有别，某些方面会有差异，比如服务的无形性会造成其无法实现专利保护、服务的不可存储性会造成其生产和销售的同时进行等。

服务和有形产品在某些时候能明确区分，如洗衣店和洗衣机，但有时界限又很模糊，如电力公司的电力系统，人们购买的是有形产品还是服务？类似的还有供热系统等。事实上，许多服务都是伴随有形产品的，而有形产品则是实现服务的某种载体，如交通工具、教学设备、医疗器械等。

在产品经济占主流的时代，服务往往作为产品营销的一种手段和方式，如购买汽车送两年（或 3 万千米里程）的免费维修，购买空调免费送货及安装，购买眼镜终身免费清洗等。当服务成为主流经济形态时，产品则变成了一种促销手段，如在中国电信购买两年的宽带上网服务赠送一部 ADSL 调制解调器，安装固定电话送电话机等。在形式上不管谁是主谁是辅，都说明了服务和有形产品的关联性。

▶▶ 真实案例

陈微在自己居住的小区附近投资近 4 万元，经营了一家普通的干洗店。为了吸引更多的顾客前来享受洗衣服务，她采取了一系列措施。这些措施不仅为洗衣店建立了良好的信誉，还使得洗衣店在两年的时间里获得了 50 多万元的利润。

措施一：改名。陈微将洗衣店命名为"女友洗衣坊"，希望自己的洗衣店能够成为那些单身男士的"女朋友"。

措施二：降价。在对小区居民的收入进行估算后，她将洗衣价格大幅下调，如原来一套西服干洗需 30 元，现降为 10 元/套，水洗只需 5 元/套，使洗衣价格在居民可以接受的范围之内。

措施三：采用会员制、包月制。用更低的价格吸引部分稳定消费的人群，最优惠的套餐是顾客每月只需 100 元，就可以享受不限件数的干洗服务。

措施四：异业联盟。与周边的服装店、美容美发店等协商，达成联盟经营，凡是在一家联盟商铺消费的顾客，在其他联盟商铺消费时可以享受 8 折优惠。

措施五：在其他小区建立"收集点"。在其他小区的店铺建立收集点可以有效扩大消费群体，既方便顾客，也能增加自己的营业额。

措施六：附加服务。根据顾客的需求增加"修改""熨烫"等业务，满足不同顾客的需求。

措施七：市场细分。陈微将洗衣店的业务分为三档：高档为西服和风衣等服饰的洗涤需求；中档为单身"白领"所穿衣物的洗涤需求；低档为一般服装的洗涤需求。其中，中档为洗衣店的主要收入。

除了按照顾客要求洗净衣物，洗衣店所具备的竞争优势包括贴心的服务、更低的价格、方便的收集渠道及扩展服务，所有这些都为顾客创造了价值，同时经营者也得到了相应的回报。

4.3　服务的分类

服务管理适用于所有服务组织。例如，医院的管理者可以从餐馆和旅馆业得到一些启发。专业性服务，如咨询、法律和医疗等，有其特殊性，因为专业人员接受的训练是提供具体的临床服务（以医疗为例），但缺乏业务管理知识。因此，专业性服务企业为许多大学毕业生提供了具有吸引力的就业机会。

服务分类有助于更有条理地讨论服务管理，打破行业障碍，互相取长补短。类似于商业银行为顾客提供自动柜员机服务从而减少排队时间；物流配送企业也发展了自助快递柜服务，通过使用自助快递柜，顾客可以利用自己的空闲时间自助取货，提高了整个配送体系的配送效率。对于专业性服务企业而言，制定咨询日程类似于规划法庭辩护或为心脏手术准备医疗团队。

4.3.1　战略层面的服务分类

由于服务企业的多样化及在顾客关系方面的差异，对服务战略进行一般性的讨论非常复杂。然而，为了避免服务经理的"近视症"，即认为一个行业中的概念不能运用于另一行业，超越行业界限进行战略性的考察是十分必要的。克里斯托弗·H. 洛夫洛克（Christopher H. Lovelock）对服务所做的分类，为超越行业界限认识战略要素提供了有用的方法。

1. 根据服务活动的性质进行分类

服务活动可分为两个层次：第一个层次是谁或什么是服务的直接接受者，区分为人和物；第二个层次是服务活动的性质，区分为有形服务活动和无形服务活动。这样可得出 4 种可能的类型。

（1）作用于顾客的有形服务活动，如客运、健康护理、美容健身、餐饮等。

（2）作用于顾客财产的有形服务活动，如货运、洗衣、维修修理、宠物服务等。

（3）作用于顾客思想的无形服务活动，如教育、娱乐、广播、信息服务等。

（4）作用于顾客财产的无形服务活动，如会计、金融服务、法律服务等。

这种分类有助于人们反思传统的服务传递方式。例如，在服务过程中，顾客是否需要亲临现场？顾客亲临现场只是为了开始或终止交易吗？如果顾客必须在场，那么，他们必须亲赴服务场所并成为整个过程的一部分，或者服务提供者上门服务（如急救服务）。这对于设施设计和员工的交互作用有重要启示，因为顾客的印象将影响他们对服务的感知。另外，这种分类有助于分析服务设施位置的影响和营业时间的便利性。创造性地思考服务的性质有助于识别更方便的传递方式，甚至创造出可以替代服务的产品。例如，录像带和 CD 就是替代亲临现场的便利产品，同时也可以对事件进行永久保存。

▶▶ **真实案例**

1. 作用于顾客的有形服务活动

共享单车行业充分体现了有形服务活动的实际应用。通过共享单车服务，顾客得以在城市中便捷地租借自行车，实现短途出行的灵活性。这一服务不仅直接满足了顾客对于快速、环保出行的需求，而且在实体单车的运营和使用中体现了有形服务的核心特点。

2. 作用于顾客财产的有形服务活动

随着电商的崛起，物流服务变得比以往任何时候都更为关键。物流公司通过提供多层次的服务，如货物运输、仓储管理及订单处理等，直接作用于顾客的财产，使得产品从产地到消费者手中的无缝流通变得更为高效。物流行业的昌盛发展充分彰显了有形服务活动在满足现代社会需求中的不可或缺性。

3. 作用于顾客思想的无形服务活动

随着信息技术和移动互联网的不断发展普及，线上教育行业蓬勃发展，生动地展示了无形服务活动在满足现代学习需求方面的重要性。通过各类在线学习平台，顾客得以享受灵活多样的教育服务，这是一种无形的服务活动，直接作用于顾客的思想。

4. 作用于顾客财产的无形服务活动

近年来，金融科技领域的迅猛发展鲜明地呈现了无形服务活动在满足现代金融需求方面的显著影响。通过手机银行、支付宝等服务，顾客不仅能够方便地进行在线金融交易，如转账、投资等，而且这种无形的服务活动直接影响和管理着顾客的财产。

2．根据顾客关系进行分类

服务企业有机会与顾客建立长期的关系，因为顾客直接与服务提供者发生交互行为，而且经常是人际交互。相反，制造企业由于通常使用了由经销商、批发商/零售商构成的分销渠道而与最终顾客隔离。服务组织与顾客之间的关系类型可以分为会员关系和非正式关系，而服务传递的性质可以分为持续传递和间断交易。由此可以将服务分为以下 4 种类型。

（1）持续传递的会员关系，如保险、电力、银行等服务。

（2）持续传递的非正式关系，如广播电台、灯塔、公共高速公路等服务。

（3）间断交易的会员关系，如长途电话、批发俱乐部、航空公司会员等服务。

（4）间断交易的非正式关系，如付费高速公路、电影院、餐馆等服务。

对于服务组织来说，了解顾客是一个重要的竞争优势。拥有一个包括顾客姓名、地址和服务要求的数据库，使得确立目标市场和给予每个顾客特别的关注有了依据。顾客从会员资格中受益，因为固定费用的便利性，并且他们知道，自己作为重要客人时会不时地得到额外的好处（如航空公司对频繁乘坐飞机的旅客的奖励等）。

3．根据定制程度和判断程度进行分类

由于服务的生产与消费同时进行，顾客常常是过程的参与者，因此，存在定制服务来满足顾客需求的机会。服务定制程度可能高或低，服务人员为满足顾客需求行使的判断程度也可能高或低，因此可以根据"定制程度"和"判断程度"这两个维度将服务分为4种类型。

（1）高定制与高判断，如外科手术、出租车服务、特色餐饮等。
（2）高定制与低判断，如电话服务、宾馆服务、银行零售服务等。
（3）低定制与高判断，如教育大课、预防性健康计划、家庭餐馆等。
（4）低定制与低判断，如公共交通、电影院、体育比赛等。

例如，传统的电影院只有一个银幕，因此属于低定制与低判断类型。但是，许多新的电影院建有多个银幕，可满足不同层次的需要。在快餐业，汉堡王（Burger King）的广告语是"用你自己的方式享用"，具有某种程度的定制。在一个特定行业中，不同的企业可能占据不同的分类，如多种类型的餐饮店。更多地定制及允许服务人员行使判断的战略选择对改进服务传递系统有重要意义。

4．根据需求和供给的性质进行分类

服务能力的时效性对服务管理者提出了挑战，因为他们无法为未来的销售生产和储存服务。即便如此，需求和供给失衡的程度在各服务行业间存在很大差异。

为确定每种情况下最恰当的战略，需考虑下列问题。
（1）需求波动的性质如何？它是否具有可预测的周期性（如快餐店每日的用餐需求）？
（2）是什么原因造成了需求的波动？如果这些原因属于顾客习惯或偏好，市场营销是否可以改变这些因素？
（3）改变服务能力或供给水平存在哪些机会？在高峰时段能否雇用临时工？

考虑需求随时间波动程度大小及供给受限程度，同样可以将服务分为4种类型。
（1）需求随时间波动程度大且最高需求通常能被满足而没有较大延迟，包含的服务类型有电力、电话、火警等。
（2）需求随时间波动程度大且最高需求经常超过能力，如客运、宾馆和汽车旅馆等。
（3）需求随时间波动程度小且最高需求通常能被满足而没有较大延迟，如保险、银行、法律服务等。
（4）需求随时间波动程度小且最高需求经常超过能力，如快餐馆、电影院、加油站等。

5．根据服务传递方式进行分类

服务传递方式可以从地理因素和与顾客交互作用的程度两个方面进行分析，由此可将服务分为6种类型。

（1）服务从单一场所获得且顾客去服务场所，如剧院、理发店等。
（2）服务从单一场所获得且上门服务，如保洁服务、出租车等。
（3）服务从单一场所获得且远程交易，如信用卡公司、地方电视台等。
（4）服务从多个场所获得且顾客去服务场所，如公共汽车、快餐连锁店等。
（5）服务从多个场所获得且上门服务，如邮政快递、维修等。
（6）服务从多个场所获得且远程交易，如国家电视网络、电话公司等。

在多场所服务中，保证服务的质量和一致性非常重要。随着信息技术的发展，远距离交易变得越来越普遍，因为它们向顾客提供了方便和高效的服务传递。例如，互联网的广泛使用使

得企业可以将它们的服务定制化，同时也减少了顾客与服务人员面对面交流的机会。

4.3.2 运营层面的服务分类

为了从运营层面阐明服务普遍存在的管理问题，罗杰·W.施米诺（Roger W. Schmenner）教授设计了服务流程矩阵。该矩阵根据影响服务传递过程的两个主要维度对服务进行了分类。垂直维度衡量劳动力密集程度，即劳动力成本与资本成本的比率。因此，资本密集型服务，如航空公司和医院，在厂房和设备上的投资大大高于其劳动力支出；劳动密集型服务，如学校和法律服务业，劳动力消耗则高于资本需求。

水平维度衡量与顾客之间的相互作用及定制程度。定制是指顾客个人影响要传递的服务性质的能力。若服务是标准化而不是定制化的，顾客与服务提供者之间就不需要过多交互。例如，顾客在麦当劳就餐，定制程度低，且顾客与服务提供者之间发生的交互很少。相反，医生与病人必须在诊断与治疗阶段充分交互才能取得令人满意的结果。病人也希望自己被当作个性化的人来对待，希望得到与自己的需要相符的治疗。然而需要指出的是，高度定制所需的交互给服务传递过程的管理带来了潜在的问题。

为反映具体服务的性质，服务流程矩阵的4个象限被赋予了不同的名称："服务工厂"提供标准化服务，具有较高的资本投资，更像是一家流水线生产厂；"服务作坊"则允许有较多的服务定制，但是需要在高资本环境下经营；"大众化服务"的顾客在劳动力密集的环境中得到无差别的服务；但那些寻求"专业性服务"的顾客则会得到经过特殊训练的专家为其提供的个性化服务。

任何一个服务组织的管理人员，不管是管理服务工厂、服务作坊、大众化服务，还是管理专业性服务，都面临着同样的挑战。高资本需求的服务（即劳动力少），如航空公司和医院，要保持竞争力就必须密切关注技术发展。高资本投资也要求管理人员要合理安排需求，以便充分利用设备。劳动力密集服务企业的经理，如医疗和法律咨询，必须将注意力集中到人事方面。定制程度影响着控制服务质量的能力，同时也影响顾客对服务的感知。

4.3.3 技术层面的服务分类

由于数字技术的快速发展和逐步应用，服务业也发生了巨大的变化，产生了许多新的服务业态，包括新零售、共享交通、电子商务等，对应的现代管理模式也被应用于新服务业态管理过程中。根据数字技术应用程度和现代管理模式运用程度两个维度，可以将服务分为4种类型，如图4-2所示。

		数字技术应用程度	
		低	高
现代管理模式运用程度	高	餐饮连锁、酒店连锁等	共享交通、新零售、数字娱乐等
	低	农业服务、教育、医疗、旅游等	通信服务、物流运输等

图4-2 基于数字技术的服务分类

（1）高数字技术应用程度和高现代管理模式运用程度，如共享交通、新零售、数字娱乐等。

（2）高数字技术应用程度和低现代管理模式运用程度，如通信服务、物流运输等。

（3）低数字技术应用程度和高现代管理模式运用程度，如餐饮连锁、酒店连锁等。

（4）低数字技术应用程度和低现代管理模式运用程度，如农业服务、教育、医疗、旅游等。

4.4 服务运营特征

服务的独特特征给服务管理带来了一定的挑战。比如，对于服务来说，投入是顾客本身，资源是服务经理可以调用的辅助物品、劳动力和资本。因此，服务系统的运转有赖于系统与作为服务过程参与者的顾客的交互。另外，由于顾客通常是凭自己的判断上门接受服务，而且他们对服务系统有着独特的需求，因此，将服务能力与需求相匹配是一个挑战。

4.4.1 顾客参与

顾客作为参与者出现在服务过程中，这要求服务经理必须重视设施的设计：这在传统的制造业中是没有的。汽车是否是在燥热、肮脏、嘈杂的工厂环境中制造出来的，购买者并不注意这一点，因为他们首先看到的是放在经销商的环境优雅的样品陈列室中的成品。顾客的参与要求企业必须注意服务设施的物质环境，这一点对工厂来说并不重要。对于顾客来说，服务是发生在服务设施环境（前台作业区）中的体验。如果服务设施的设计符合顾客的需要，就可以提高服务质量。对内部装饰、陈设、布局、噪声及颜色的关注能够影响顾客对服务的感知。可以比较一下自己在一个老式汽车站候车室和在机场候机厅的感觉。当然，旅客是不许进入机场后台作业区的（如行李区），那里类似于工厂的环境。然而，有些创新的服务企业已开放了它们的后台作业区，以便公众监督和提高服务的可信度（如一些餐厅采用开放式厨房；在一些汽车修理厂，你可以在等候区从窗户看到他们的工作情况）。

在提供服务时，值得重视的一点是，顾客在服务过程中可以发挥积极的作用。一些例子可以说明，顾客的知识、经验、动机乃至诚实都会直接影响服务的效果。如超市和折扣商店的盛行表明，顾客在零售过程中愿意扮演主动的角色；病人叙述病情的准确性在很大程度上影响医生的诊断和治疗效果；教学效果在很大程度上取决于学生自身的努力和参与。快餐店的经验很好地说明了这种战略，其成功地减少了服务人员的数量。顾客不仅要根据有限的菜单自己点菜，而且要在饭后自己清理桌子。很自然，顾客要的是快捷的服务和便宜的食物，这一点补偿了他们付出的劳动；而服务提供者则在很多方面获得了收益：首先，需要管理的人员减少，如福利支出等也相应减少；其次，顾客在需要时付出的劳动，使得服务能力直接随需求的变化而变化，而不是完全受制于员工的人数。

然而，将顾客从服务过程中排除出去也成为一种普遍的做法。例如零售信贷，银行鼓励顾客使用电话或计算机交易、直接储蓄和自动支付，顾客无须亲自跑到银行。而且，商业互联网的出现给"逛商场"赋予了新的含义。

4.4.2 同步性

服务的生产和消费同时进行，因而服务不能被存储，这是服务运营的显著特征。服务无法被存储，使得服务业不能像制造业那样，依靠存货来缓冲或适应需求变化。产/成品库存成为制造商自然的系统分界线，将内部计划的实施和控制与外部环境分隔开来。因此，生产设备可以按最有效的、稳定的产出水平运作。工厂是封闭系统，库存把生产系统与顾客需求分离开来；服务是开放系统，要受到传递系统中的需求变化的全面影响。

在制造过程中，存货还可以用来分离生产工序；对服务业来说，这种分离是通过顾客等候来实现的。库存控制是制造业中的主要问题；而在服务运营中，与之对应的问题是等候或"排队"。服务能力选择、设施使用率及空余时间的利用等都与顾客等候时间有关。

服务生产与消费的同时进行也减少了许多干预质量控制的机会。有形产品可以在出售前检测，而服务则必须依靠其他指标来保证服务质量。

4.4.3 不可存储性

服务是易逝性商品。例如，飞机上的空座位及医院或旅馆里的空房间，或是牙医在一天里有 1 小时没有病人。在每种情况下，都发生了机会损失。由于服务不能被存储，如不使用将会永远失去。服务能力的充分利用成为一大管理挑战，因为顾客需求变化大，而利用库存适应需求的波动是不可行的。

顾客对服务的需求在短期内表现出周期性变化，高峰期和低谷期差别很大。人们在中午 12 点到 1 点之间吃午餐的习惯给餐馆造成很大压力，餐馆必须容纳中午蜂拥而至的人群。由于大部分人们每天上午 9 点上班，下午 5 点下班，在这之前和之后的一段时间，对交通服务的需求激增，无论是公交车上还是地铁上，都难免出现人多的现象，造成拥挤。而在一天中的其他时间段，出行人数并不太多，公共交通利用率不高，这就造成公共交通服务运营成本较高。

▶▶ **真实案例**

中国国家铁路集团会为旅客提供候补购票服务选项，旅客可以选择此服务并等待，如果有旅客选择退票，则售票系统就会把退回的票返售给候补购票的旅客，以实现运输能力利用最大化。

4.4.4 无形性

服务主要是观点和概念，因此，服务的创新没有专利。为了从新的服务中获取效益，企业必须快速扩张，阻止其他竞争者。特许经营是保护市场和建立品牌的工具。母公司通过特许经营将新观点售给当地企业，这样不仅可以保持控制和降低风险，而且可以减少资本投资。

服务的无形性也给顾客带来了问题。在购买有形产品时，顾客可以在购买前观察、触摸和测试产品；而对于服务，顾客必须依赖服务企业的声誉。政府要介入很多服务领域以确保服务水准。通过登记注册、签发执照和管制，政府可以向顾客承诺，某些服务企业的培训和服务测试水准达到特定标准。例如，公共建设计划必须经过注册职业工程师的认证，医生必须有执照才能行医，电信公司通常是受管制的公用事业单位。然而，在努力"保护"顾客的过程中，政府可能会设置准入障碍，减少竞争，抑制革新。

4.4.5 异质性

服务的无形性和顾客参与服务传递系统相结合就造成了提供给每个顾客的服务各不相同。然而，服务中顾客与员工之间的交互也为员工获得更为全面的工作经验提供了可能。在服务业，工作活动通常指向人而不指向物。当然也有例外，如信息处理（如通信）或客户财产管理（如经纪人业务）。在与顾客接触较少的服务业，由于信息技术的引入，劳动密集程度大大降低了。由于排除了相对程式化的非人力工作，将个人的注意力集中于余下的工作部分，即便自动化的引入也可以加强服务的个性化。同时，关注个性化也为服务的异质性创造了机会。然而，除非顾客能感觉到显著的质量变化，否则质量的微小波动并不是问题。顾客都希望被平等对待，希望得到与别人一样的服务。标准的制定和以适当的方式进行员工培训，是保证服务一致性的关键。

顾客与员工的直接接触对于服务（行业）关系有着重要意义。除了顾客抱怨，要监控每位员工的产出是不现实的。汽车工人通过破坏生产线上的产品来发泄对公司的不满。据推测，最后的质检将保证那些被破坏的汽车在出厂前都得到修复。服务企业的员工一旦对企业产生不满，就会给企业带来无法弥补的损失，因为他们是企业与顾客唯一的接触媒介。因此，服务经理必须像了解员工的表现那样了解他们的态度。万豪连锁旅店的创始人 J. 威拉德·马里奥特（J. Willard Marriott）曾说过："在服务业，没有满意的员工，就不会有满意的顾客。"

▶▶ **真实案例**

海底捞的总部领导曾对各店长说："一定要关心每一位员工。你可以不用他，但是不能不爱他，不能不关心他。"海底捞不仅把客户服务好，还把员工当作客户一样来服务。比如新员工到店以后不仅会受到店长、大堂经理、后堂经理及实习店长、实习经理们轮流接待，店长会亲自通知新员工下班，还会亲自摆桌子摆碗筷，亲自给新员工打饭。

4.4.6 所有权不可转让

从市场营销的角度来看，服务与有形产品不同，不涉及所有权的转让。如果顾客在购买服务时没有获得所有权，那么他们购买的是什么？一种观点认为，顾客可以在一段时间内获得资源的使用权或租赁资源，比如在酒店房间过夜或乘坐飞机上的一个座位。服务行业通过分配资源的使用权，在顾客之间共享资源。顾客不购买资源，而是在特定的时间内使用资源，无论是使用人力（如律师咨询）、技术（如蜂窝网络），还是使用现实资源（如主题公园）。注意，在每个例子中，顾客通常与其他顾客同时共享服务提供者的资源。

在顾客之间共享资源给管理带来了挑战。在货物租赁的情况下，方便地取走和交回租赁地点是必不可少的。例如，旅客在机场可以找到租车服务。不过，维护租赁商品并在顾客租赁的间隙将商品恢复到可接受的状态是一项必要且持续的活动。在场地和空间租赁方面，顾客可以参与规模经济中来，这种经济来源于与许多顾客共享一个更大的空间，同时享受一定程度的分离和隐私。对于航空公司来说，商务舱的超大座位和腿部空间部分是相对较高票价的体现。对于任何共享的设施，维护服务是在顾客使用后进行的一项例行活动（如在航空公司航班降落后收垃圾，在酒店客人离开后换床品）。排队管理和人群控制是对实物设施管理者的一个挑战，这些实物设施被大量的顾客共享。因此，持续的可用性是必不可少的，但是由于使用取决于每天和每周的时间，因此服务的定价必须具有创造性和灵活性。

4.5 数字技术驱动服务管理

数字技术变革的快速步伐及其对组织流程、产品和服务的影响具有重大的意义。一些组织将利用数字技术的优势来取得更大的成功。有效率和有效益地利用数字技术使服务提供者能够及时地响应不断变化的需求和要求。

4.5.1 大数据驱动服务管理

随着网络和信息技术的不断普及，人类产生的数据量正在呈指数级增长。"大数据"开始向各行业渗透辐射，颠覆了很多特别是传统行业的管理和运营思维。大数据在服务行业释放出的巨大价值吸引着诸多服务行业人士的兴趣和关注。大数据在服务行业有如下创新性运用。

（1）大数据有助于精确服务行业的市场定位。成功的品牌离不开精准的市场定位，一个成功的市场定位，能够使一个企业的品牌加倍快速成长，而基于大数据的市场数据分析和调研是企业进行品牌定位的第一步。服务行业需要架构大数据战略，拓宽服务行业调研数据的广度和深度，从大数据中了解服务行业市场构成、细分市场特征、顾客需求和竞争者状况等众多因素，在科学系统地收集、管理、分析信息数据的基础上，提出更好的解决方案和建议，保证企业品牌市场定位独具个性化，提高企业品牌市场定位的行业接受度。

（2）大数据助力精准市场营销。在服务市场营销中，无论是产品、渠道、价格还是顾客，每一项都与数据的采集和分析息息相关，而以下两个方面又是服务行业市场营销的重中之重。一是通过获取数据并加以统计分析来充分了解市场信息，掌握竞争者的商情和动态，知晓产品在竞争中所处的市场地位；二是企业通过积累和挖掘服务行业顾客信息，有助于分析顾客的消费行为和价值取向，以便更好地为顾客服务和发展忠诚顾客。

（3）大数据支撑服务行业收益管理。收益管理作为实现收益最大化的一门理论学科，近年来受到服务行业人士的普遍关注和推广运用。收益管理意在把合适的产品或服务，在合适的时间，以合适的价格，通过合适的销售渠道，出售给合适的顾客，最终实现企业收益最大化的目标。要达到收益管理的目标，需求预测、细分市场和敏感度分析是此项工作的 3 个重要环节，而推进这 3 个环节的基础就是大数据分析。需求预测、细分市场和敏感度分析对数据的需求量很大，而传统的数据分析大多采集企业自身的历史数据来进行预测和分析，容易忽视服务行业信息数据，因此难免使预测结果存在偏差。企业在实施收益管理过程中如果能在自有数据的基础上，依靠一些自动化信息采集工具收集更多的服务行业数据，了解更多的服务行业市场信息，这将会对制定科学的收益管理策略起到推进作用。

（4）大数据创新服务行业需求开发。随着论坛、博客、微博、微信、电商平台、点评网等平台在电脑端和移动端的创新和发展，公众分享信息变得更加便捷自由，而公众分享信息的主动性促使了"网络评论"这一新型舆论形式的发展。在微博、微信、点评网等平台随处可见网友对使用某款产品优/缺点的点评、功能需求点评、质量好坏点评、外形美观度点评、款式样式点评等信息，这些都构成了产品需求大数据。作为服务行业，如果对评论数据进行收集，建立数据库，利用分词、聚类、情感分析等了解顾客的消费行为、价值取向、评论中体现的新消费需求和企业产品质量等信息，以此来改进和创新产品，量化产品价值，制定合理的价格及提高服务质量，将会获取更大的收益。

▶▶ **真实案例**

滴滴会根据用户的出行需求，为用户选择一位最优的司机接驾。在之后的行程中，滴滴还会对司机进行路径规划，找到最优的路线，用最安全、最便捷的方式，把用户送到目的地。为了完成这样一单服务，背后需要大数据的支持，包括如何进行路径规划，如何预估到达时间等。当需求比较急切的时候，还需要为用户提供拼车服务，把多个不同的用户拼在一起。系统会不断学习，根据司机的行驶轨迹去挖掘，针对当前的路况、当前的时间，以及用户的偏好等，优化路径。路径规划需要现实世界中的路况数据，这一数据也是瞬时变化的。如何准确体现现实世界中路况分分秒秒发生的变化，也需要用到滴滴平台上大量的轨迹数据进行分析。

4.5.2　云计算驱动服务管理

云计算技术使服务业具备了强大的信息处理能力，同时可以有效地解决行业资金短缺、缺乏专业技术人才、安全等一系列问题。云计算对服务管理的影响主要体现在以下3个方面。

（1）云计算模式能极大地降低服务企业信息系统建设的成本。对于企业来说，投资建设计算中心成本较大，并且难以与它们的信息系统的快速成长和服务多元化要求相匹配。云计算的提出，颠覆了老式概念，使终端设备的需求最小化。在云计算的网络中，服务企业可以从这个网络中存储、获得各种资料和信息，而终端仅仅需要能够运行浏览器和网络的基本设备就可以实现这些功能。

（2）云计算可以提高服务管理效率和服务水平。用户不用花精力去开发相应的软件或提供相应的平台，只需支付少量的费用就能实现现代化的信息管理，将更多的精力用在企业的实质管理和服务客户上，从而增强了企业的内部管理，提高了企业的服务水平。

（3）云计算提高了服务资源的利用效率。与云计算模式中众多企业共用相应的基础架构，由云计算提供更强大的管理机制，可以实现网络虚拟环境的最大化资源共享和协同工作，从而大大提高了服务企业的竞争力。

▶▶ **真实案例**

"双11"购物狂欢节，是指每年11月11日的网络促销日，源于淘宝商城（天猫）2009年11月11日举办的网络促销活动。"双11"已成为中国电子商务行业的年度盛事，并且逐渐影响到国际电子商务行业。为应对海量的计算任务，技术团队构建了阿里云系统。

天猫、淘宝、支付宝的大数据处理，都是基于阿里云计算的大数据处理平台来完成的，为天猫"双11"的商品个性化推荐提供了技术支持。

应对交易峰值是一项艰巨的任务，弹性计算是关键技术之一。2018年"双11"期间，阿里云新增调用的弹性计算能力累计超过1000万核，相当于10座大型数据中心，创造了"脉冲计算"的新纪录。

"双11"对商家来讲是一年中最重要的时刻，每个店铺的交易量会翻五到十倍，应对"双11"需要大量资金。但是，对于小微企业而言，通过传统渠道获取金融服务非常困难。阿里小微金服产品落户阿里云之后，帮助淘宝创造了一个新的贷款审核模式。每天从淘宝和支付宝把交易额、用户评价等相关的商业指标收集起来，把这些数据输入大数据处理平台中，通过金融模型和分析团队，得出每个卖家的信用额度，判断申请贷款的发放额度。小微商家可以在网站上申请贷款额度和还款时间。大数据处理平台省去人工审核环节，一切交给数据来完成，极大地降低了成本。

4.5.3 物联网驱动服务管理

物联网不仅适用于工业，也非常适用于服务行业，在服务行业其面临的最主要的挑战是不断变化的顾客期望。今天的顾客期望快速、一致的服务，在2021年的一项调查中，近70%的受访者认为快速发货是在线购买的决定性因素。"快速"越来越意味着即时，预计到2027年，当日送达市场将以超过20%的速度增长。物联网在家居、医疗健康、教育、金融、旅游等与生活息息相关的服务领域，从服务范围、服务方式到服务质量等方面都有极大的改进，大大提高了人们的生活质量。物联网对服务管理的影响主要体现在以下几个方面。

（1）使用物联网解决方案进行服务跟踪。物联网在解决服务挑战方面可以提供很多帮助，包括预测性维护、资产跟踪和高级流程自动化。但物联网给服务行业带来的关键优势来自一种能力：服务跟踪。服务行业的早期采用者已经在实施物联网解决方案，以减少等待时间，提高运营效率，从而创造更好的顾客体验。

（2）物联网能够使组织提供更快、更高效、更精确和更主动的服务。从技术支持的角度来看，当现场资产和设备收集到的数据可以提供有价值的信息时，服务商能提供的主动型服务也会显著增多，其中不仅包括如何使用设备，还包括设备何时工作、何时可能出现故障，以及如何进行维修。物联网将帮助服务商为顾客提供前所未有的优质服务。在不远的将来，服务商为顾客提供零故障保证不再是幻想。

（3）物联网技术能够解决服务非标准化难题。由于在服务的过程中，顾客与服务提供者需要互动，而人的灵活性较高，标准化流程很难实现。同时，人的判断标准尺度不同，一些检测标准很难通过人为操作来实现。物联网的感知技术可以解决测量的标准化难题。例如，利用人工智能技术可以替代酒店服务员，物联网技术与人工智能结合，可以解决服务的非标准化问题。

（4）物联网技术能够解决服务非连续性问题。大多数服务行业是离散的，没有规模效应。物联网技术可以打破业务界限，提升服务行业的非连续性。比如在物流行业，典型的非连续性难题是返程车空载问题。将一件货物从 A 地运到 B 地，传统的方法就是车辆从 A 地行驶到 B 地，然后从 B 地空驶回 A 地。物联网技术让车、货的信息能够共享，既然有货物从 A 地运到 B 地的需求，也会有货物从 B 地运到 A 地的需求，基于物联网的信息中心，可以匹配运单与运力，提升业务的连续性。

（5）物联网技术能够解决服务非转移性问题。一般服务具有地域性特征，需要顾客、服务提供者一起实现服务。比如设备的维修，就需要设备维修人员到现场去提供服务。物联网技术可以解决服务的非转移性。比如西安陕鼓动力股份有限公司（下称"陕鼓"）的旋转设备远程监控系统，将陕鼓安装的设备信息远程传递到陕鼓的系统中，通过大屏幕显示各个设备的状况。当设备出现故障时，诊断专家就可以把故障原因、如何排除故障的信息传递给当地的维护人员（或者是甲方的维护团队），实现远距离维护，提升维护效率。

▶▶ **真实案例**

星云联动物联网公司针对风电行业的运维服务提供物联网解决方案，对客户管理的风机效能进行分析，建立了一套风机效能评价方法，进一步通过效能分析发现风机异常，达到对于风电设备的远程监控，降低运营成本。服务方案主要包括以下几个方面。

- 生产数据实时采集。
- 地理信息检测和远程操控。
- 数据存储和查询。
- 决策与分析。
- 报警与事件管理。
- 风力发电设备管理。
- 用户权限管理。

4.5.4 区块链驱动服务管理

区块链最重要的是解决了中介信用问题。区块链具有两大核心特点：一是数据难以篡改，二是去中心化。基于这两个特点，区块链所记录的信息更加真实可靠，可以解决服务管理中人们互不信任的问题。

区块链技术对服务管理的影响主要体现在以下几个方面。

（1）去掉中介环节，降低交易成本。在过去，两个互不认识和信任的人要达成协作是很困难的，必须依靠第三方。比如支付行为，在过去任何一种转账，必须依托银行或支付宝这样的机构。但是通过区块链技术，可以实现在没有任何中介机构参与的情况下，完成双方互信的交易行为。这是区块链的重大突破。将区块链技术应用在金融行业中，能够省去第三方中介环节，实现点对点的直接对接，从而在大大降低成本的同时，快速完成交易过程。

（2）增加服务过程的透明性和可追溯性。区块链技术允许信息被安全地、不可篡改地记录在分布式账本上，并且可以实现全链条范围内的实时监控和数据共享。以食品、药品行业为例，在食品、药品供应链中，区块链技术可以记录生产、运输、储存、销售等每一个环节的相关信息，确保食品、药品从生产到顾客手中的全过程可追溯。如果发现某一批次的食品或药品存在质量问题，可以通过区块链技术快速确定受影响的食品或药品，并采取相应的措施，减少食品或药品安全事故的发生。

（3）提升服务过程的智能化和自动化。区块链技术可以通过可编程的智能合约（Smart Contract）来提升服务过程的智能化和自动化。智能合约可以自动执行预定条件和规则，并且无须第三方参与就能够完成交易和执行任务。首先，智能合约可以被用来创建和管理各种服务和业务流程。例如，智能合约可以管理供应链中的物流和支付流程。在卖家发货后，智能合约可以自动将货款从买家账户转移到卖家账户；如果货物没有按时到达，则智能合约可以自动将货款退回给买家账户。另外，智能合约还可以用于电子合同签署和管理。当两个或多个参与者在区块链上签署同一份智能合约时，合约将会保存在区块链上，并且可以自动执行，无须人为干预。例如，当一份保险合同中的某项条件得到满足时，智能合约可以自动将赔偿金额转移到受益人账户上。

▶▶ **真实案例**

沃尔玛和 IBM 公布了 2018 年在美国和中国推出的食品溯源区块链项目的最新消息。该试点项目由沃尔玛、IBM 和学术合作伙伴共同开发，旨在利用区块链技术对供应链中的产品，如美国的芒果和中国的猪肉进行跟踪。

据沃尔玛透露，到目前为止，该试点项目的成果令人满意。美国和中国的早期试验表明，区块链技术可以成功地对食品从供应商到零售商，以及最终顾客之间的流通过程进行追踪。产品的产地、批号、生产厂家和处理数据、到期日期和运输细节等详细信息都可以在区块链网络上进行查询。

此外，该系统可以通过供应链跟踪产品的原始来源，从而将找出被污染食品的过程从几天或几周缩短到几秒钟。通过帮助零售商更好地管理商店易腐品的保质期，区块链在减少食品浪费方面也能够发挥作用。沃尔玛表示，区块链技术可通过供应链优化减少美国 30%~40%的食物浪费。

4.5.5　人工智能驱动服务管理

以人工智能等为代表的新一代信息技术的快速发展，使得服务业态及其商业模式不断推陈出新，进一步推动了服务的网络化、智慧化、平台化、知识化。人工智能已经在很多方面影响甚至塑造了人们的生活。谷歌是最早大规模应用人工智能的企业之一，这一技术在其所有业务领域中都发挥着重要作用。人工智能极大地推动了谷歌的核心业务——搜索引擎的发展。广告费用是谷歌最重要的收入来源，这项业务也是通过复杂的人工智能算法推动的。谷歌语音助手使用人工智能和自然语言处理（NLP）技术为用户提供了复杂的语音式互动和控制服务。其他面向用户的企业也开发了类似的产品。奈飞公司使用人工智能向用户提供影片推荐服务，亚马逊使用人工智能在其电商平台上向用户提供产品推荐、定价管理和促销服务。还有很多公司，如美洲银行和达美乐比萨，使用人工智能型聊天机器人处理客服和电商等业务。实际上，任何类型的组织机构，包括 B2C、B2B 和政府部门，很快都会在其业务流程中大量应用人工智能。由此产生的经济价值非常可观。根据麦肯锡公司的预测，2030 年人工智能将会为全球 GDP 带来 13 万亿美元的增长。

人工智能对服务管理的影响主要有以下几点。

（1）优化人力。使用人工智能提高人类的效率是推动生产力发展的关键。人工智能可以帮助企业不断优化资源和流程，组建员工和机器人结合的最佳团队来提高服务质量和可靠性。人工智能显而易见的作用是通过自动化来取代人工操作。计算机视觉技术的进步使得人工智能能以更灵活的方式对环境的变化做出反应。例如，装有摄像头的物流机器人可以通过训练来识别空的货架空间。人工智能客服也是人工智能优化人力的一个典型案例。

（2）辅助预测。在大数据环境下，人工智能技术可以创造价值的重点领域是预测。人工智能允许企业提供更好的供应链预测和设计更好的产品。传统的预测系统可能无法利用来自各方的大量数据。许多供应链领导者已经开始意识到机器学习的重要性，它可以用来增加预测精度和优化库存。机器学习方法不仅依赖历史销售数据和供应链的配置，也依赖于诸如广告活动、价格和本地变量（如实时天气预报数据）等。

（3）动态定价。服务业智能化的另一个价值所在是利用正确的信息准确定价，并达到期望的目标。在数据足够丰富的情况下，企业可以使用人工智能动态定价产品或服务。从海量的历史产品销售数据中推算出价格、促销等因素对产品销量的真实影响，构建多因素的量价关系模型，用来刻画产品的量价关系；基于给定的商业约束和商业目标，通过量价关系函数，构建优化决策模型做最优价格与促销手段的决策。

（4）个性化定制。人工智能可以增强用户体验，创造新的价值来源。人工智能的飞速发展，使得机器能够在很大程度上模拟人的功能，实现批量化的个性化服务。零售行业的个性化服务已是众人皆知，而在医疗和教育方面，基于人工智能的个性服务具有巨大的优势。已经有公司使用人工智能技术定制化个人治疗：Mindmaze 公司使用人工智能优化卒中患者的健康；Ginger.io 公司利用人工智能计算每个患者的新陈代谢时间周期等因素，推荐用药的最佳时间；

初创公司Turbine使用人工智能设计个性化的癌症治疗方案。

▶▶ 真实案例

支付宝的智能风控系统是一项重要的创新，通过多年的探索和实践，已经成功应用了人工智能技术，为用户提供了更加智能、个性化的风险控制服务。

事前：账户风险分级

支付宝智能风控系统的事前阶段主要通过对账户风险的分级来进行风险控制。这一阶段的核心是基于用户的历史交易数据，通过人工智能技术进行个性化的验证，将账户分为不同的风险等级。这种分级可以更加准确地反映用户的风险承受能力和历史行为特征，为后续的风险控制提供有力的基础。

具体而言，支付宝的人工智能系统通过分析用户的交易频率、金额、地点等多维度数据，构建用户的交易画像。这种个性化的画像有助于系统更准确地识别异常行为，及时发现潜在风险。例如，如果一个账户在短时间内发生了大额交易，与其历史交易模式不符，系统就可能会对其风险等级进行调整，提高账户的安全性。

事中：新产品风险评审与监控

在支付宝推出新产品时，智能风控系统也会介入其中，进行风险评审及监控策略方案的评审。这一阶段旨在确保新产品在推出后能够安全可靠地为用户提供服务，并防范潜在的风险。

通过人工智能技术，支付宝可以更加迅速、准确地对新产品进行风险评估。系统可以分析新产品的交易模式、用户参与情况、交易金额等数据，预测潜在的风险点，并根据预测结果进行及时的调整和优化。这使得支付宝能够在产品推出初期就具备相对全面的风险认知，提高了新产品的上线安全性。

事后：审核

事后阶段是支付宝智能风控系统的最后一道防线。当出现风险事件时，系统会自动进行审核，对相关交易进行深入分析，从而判断其是否存在异常或风险。这一阶段的核心是通过人工智能技术对历史交易数据和用户行为进行深度学习，识别异常模式，及时发现和应对潜在的风险。

人工智能在审核阶段的应用主要体现在以下几个方面。

异常模式识别：通过对大量历史数据的学习，系统可以识别出用户正常的交易模式，一旦发现与之不符的行为，即判定为异常，触发风险控制机制。

实时监控：智能风控系统能够实时监控用户的交易行为，对突发的风险事件进行实时响应。这种实时性的监控有效地提高了系统对异常交易的敏感度。

大数据分析：通过对大数据的分析，系统可以发现一些潜在的风险规律，为今后的风险控制提供经验和参考。

支付宝的智能风控系统取得了显著的成果。据统计，80%左右的风险事件在事前的智能风控环节得到了解决，从而有效保障了用户的资金安全。

本章小结

本章首先从服务的特性入手，给出了服务与有形产品的区别与联系。其次，从战略层面、运营层面和技术层面分别对服务进行了分类，以对服务有更为清晰的认知。再次，介绍了服务运营特征，分别从顾客参与、同步性、不可存储性、无形性、异质性、所有权不可转让等方面对服务运营特征进行了阐述。最后，介绍了几类数字技术与服务管理的结合，阐明了数字技术对服务管理的驱动作用。

讨论题

1. 列举生活中的实例说明服务与有形产品的区别与联系。
2. 数字技术给服务运营带来了哪些机遇与挑战？结合实例进行分析。
3. 结合实践分析数字技术驱动服务管理的内在逻辑。

▶▶ 案例分析

案例4-1 智慧化的西部机场集团服务

西部机场集团是全国第二大（仅次于首都机场集团）跨省区运作的大型机场集团，负责西北地区23个成员机场的建设和运营管理，其中干线机场3个（西安咸阳国际机场、银川河东国际机场、西宁曹家堡国际机场），支线机场15个，通用机场5个。2019年，西安咸阳国际机场旅客吞吐量达到4739.3万人次，位居全国第七位，货邮吞吐量增速全国第一。

但是，由于机场的信息系统是在过去几十年中陆陆续续建立起来的，而且在传统的架构下，系统各自独立，数据的完整性、通用性都存在很大的问题，仅能维持日常的运行管理，缺少延展的可能性。

这些问题和挑战，促使西部机场集团开始重新审视自己的IT架构，并启动了信息化变革的相关项目。2018年，西部机场集团和阿里云达成合作，共同探索机场信息系统的转型升级方向。双方最终认可，机场服务的终极对象是旅客。只有服务好旅客，才能让航空公司和机场都受益；有了优质的旅客服务基础，才谈得上高价值的非航业务发展。因此，机场信息系统的转型升级目标，应该是切实提升服务旅客的能力和效率，让旅客在机场全周期场景中获得更佳的体验感。

基于这种认识，西部机场集团做出了这样的预判："随着旅客出行需求日趋多样化和个性化，线上化和自助服务将逐步取代传统人工服务，如何快速感知、触达、响应用户是机场在互联网环境实现智慧服务的核心能力。"西部机场集团将自己的智慧机场总体目标确定为："全面实现互联化、可视化、智能化、协同化、个性化和精细化。"

在确定核心目标和落脚点之后，阿里云协助西部机场集团，做了如下设计。

首先是在IT架构的云化升级和业务中台化、全链条在线化方面做了初步的探索。西部机场在集团层面构建了旅客服务云，聚合线上旅客出行、生产运行和员工服务等3类50余项业务应用，并使用中台架构贯通各业务领域，实现旅客服务链路的全连接。在组织架构方面，还在集团层面成立了数据服务中心作为基础保障。这一举措，解决了原来系统之间、部门之间、机场之间的"信息孤岛"问题，筑实了数字化转型的底座。除了将基础设施"云"化，西部机场集团还在"端"的层面推陈出新，优化旅客体验。在这方面，西部机场集团推出了"西部机场畅想旅行"公众号和旅客服务小程序，方便旅客在移动端轻松地实现值机、中转、航班提醒、延误赔付等；上线了全国民航机场首家云端智能客服应用，基于底层数据的打通，叠加AI技术对关键词的学习和抓取，使一些通用性问题可以转交给机器人来回答，有效回复率达到60%以上，大大降低了人工客服的工作压力；同时，西部机场集团也利用人脸识别技术，实现无纸化通关，减少旅客换票持票的麻烦，便于机场管理和降低运营成本。

此外，西部机场集团还实现了对商铺的数字化管理。由于对旅客的流量、驻留区域、驻留时间有了一个更精确的统计，西部机场集团在铺位布局、品牌选择、定价等方面也就可以更准确地进行规划，这就对机场的非航业务形成了很好的推动。

西部机场集团的数字化实践，产生了如下实际效果。

从外部评价来看，效果是显著的。2019年3月28日，国际航空运输协会（IATA）向银川河东国际机场颁发了"白金机场"认证证书。这是国际航空运输协会大力倡导的"便捷旅行"项目的最高级别认证，标志着银川河东国际机场的信息化水平迈上新台阶。

从客观数据来看，成绩可圈可点。在2019年中国3000万级以上机场准点率排名中，西安咸阳国际机场以81.31%的准点率位居全国第一，这一成绩与其IT架构云化和数据拉通有着直接的关系。

从旅客感知来看，西部机场集团的智慧化服务极大提升了旅客的便捷度。以无纸化通关为例，由于值机线上化率提升，高峰时段旅客值机排队时长由15分钟缩短至8分钟，有效缓解了值机柜台的压力，旅客出行更加便捷，服务品质显著提升；在安检环节，旅客以往过安检口通关需要30秒，而人脸识别只需要约6秒，大大提高了通关效率；在登机环节，部分机场使用"双向人脸识别"闸机，旅客只需"刷脸"，自助闸机便可开门放行，与传统扫描登机牌登机方式相比，登机时间缩短近50%。

除了更为便捷，旅客体验也获得提升。譬如，很多机场在催促晚到旅客登机时，往往会采用喇叭广播的方式，这种非特定传播的方式虽然能够形成全域覆盖，但不利于隐私保护，旅客的体验感相对较差。而西部机场集团在IT升级的过程中，由于数据全域打通，就可以通过机器自动定向呼叫，向旅客拨打语音电话，提醒其尽快登机，在提高服务效率的同时，也呵护了旅客的隐私。

当然，从行业整体来看，无论是西部机场集团，还是其他大中型机场集团，其数字化转型还远没有到达终点。不过，从西部机场集团的实践来看，围绕服务旅客这个本质，充分发挥数字技术在机场全流程管理、旅客全周期服务上的作用，能够极大地提升行业的效率与价值。

分析题：

1. 数字技术是如何推动西部机场集团的智慧化转型的？
2. 西部机场集团在智慧化转型中获得了哪些收益？
3. 结合西部机场集团的例子，谈谈你对数字技术驱动服务管理的认知。

案例4-2　京东亚洲一号：技术驱动的仓储服务管理

京东亚洲一号可以说是电商仓储领域建筑规模最大、自动化程度较高的现代化运营中心，一般设有立体库区、多层阁楼拣货区、生产作业区和出货分拣区等不同功能区。根据其自动化程度的不同，亚洲一号可以划分为高度自动化项目、适度自动化项目、普通园区3种类型。

亚洲一号是京东的第一座具备较高自动化水平的运营中心，这个位于上海嘉定区的物流仓库已达到世界先进水平，是国内最大、最先进的电商物流中心之一。在硬件方面，亚洲一号拥有自动化立体仓库，自动分拣机等先进设备；在软件方面，仓库管理、控制、分拣和配送信息系统等均由京东公司开发并拥有自主知识产权，整个系统均由京东公司总集成，目前90%以上的操作已实现自动化。

亚洲一号智能物流中心是大数据、物联网、5G的最佳应用场景，是集立体化存储、拣选、包装、输送、分拣为一体的现代化物流基础设施，单个中心处理能力在数十万乃至百万量级，通过集中式、规模化的处理降低成本和提升效率，是传统仓库运营效率的3倍以上。根据各地区的特点，京东物流可以根据实际情况进行统筹规划和布局，有针对性地解决大、中、小件订单不均衡，场景复杂的难题，实现物流综合处理能力的有机匹配和全面提升。

面向各种场景的供应链一体化服务能力，是京东物流的核心竞争力。而亚洲一号是供应链一体化服务的基石。通过智能供应链布局，京东物流不仅在持续推动全行业降本增效，也正在改变着消费者的时空观念、消费形态和生活方式。

亚洲一号收货入库、分拣出库的主流程与普通仓库并没有太大的区别，主要差异在于其应用机器设备、算法规划之后，改变了操作细节，提升了运作效率，从而减少了人力的投入数量。

亚洲一号收到货物之后，借用 AS/RS 系统（自动存取系统）实现高效入库，并存放到立体库区；收到订单后，由机器设备拣选出相应货物，并经由传送带运送到生产作业区进行复核打包，实现货到人的拣选，最大化降低人员投入，提高分拣效率。在打包区甚至可能使用打包机器人实现自动打包，打包好的包裹通过自动化的输送系统从出货分拣区流出，被装上货车。同时利用多种设备、策略控制，实现主动补货、背靠背补货、拆零补货等多种补货操作。

为了最大化地发挥系统及设备的效用，京东亚洲一号在库内操作中采取了以下几种作业策略。

（1）分区混编作业策略。不再采用普通库房的定员定岗方式，而是采用混编作业新型运营模式，固定区域内多任务调度，减少人员跑动的距离。

（2）基于容器/托盘的流向管理策略。扫描容器或托盘即可知道任务的流向，无须人工分派任务，并实现任务的一键领取，任务自动分配，任务找人而不是人找任务，操作人员只需按要求完成接收到的指令即可。

（3）一件一包裹策略。大件、小件和中件商品库内不合流，避免订单库内合流造成不必要的积压，同时缩减订单复核等待时间，提高生产效率。

（4）采用多种补货策略。当拣选位低于安全量时自动触发紧急移库，空托盘转移后自动触发补货指令，实现全自动主动补货，另外还有背靠背补货、拆零补货等。

分析题：

1. 京东亚洲一号是怎样使用数字技术实现供应链一体化服务能力的？
2. 相较于传统的仓储服务，数字技术驱动下的京东亚洲一号在服务运营方面实现了哪些提升？
3. 结合案例，探讨还有哪些数字技术可用于改进京东亚洲一号的服务效率。

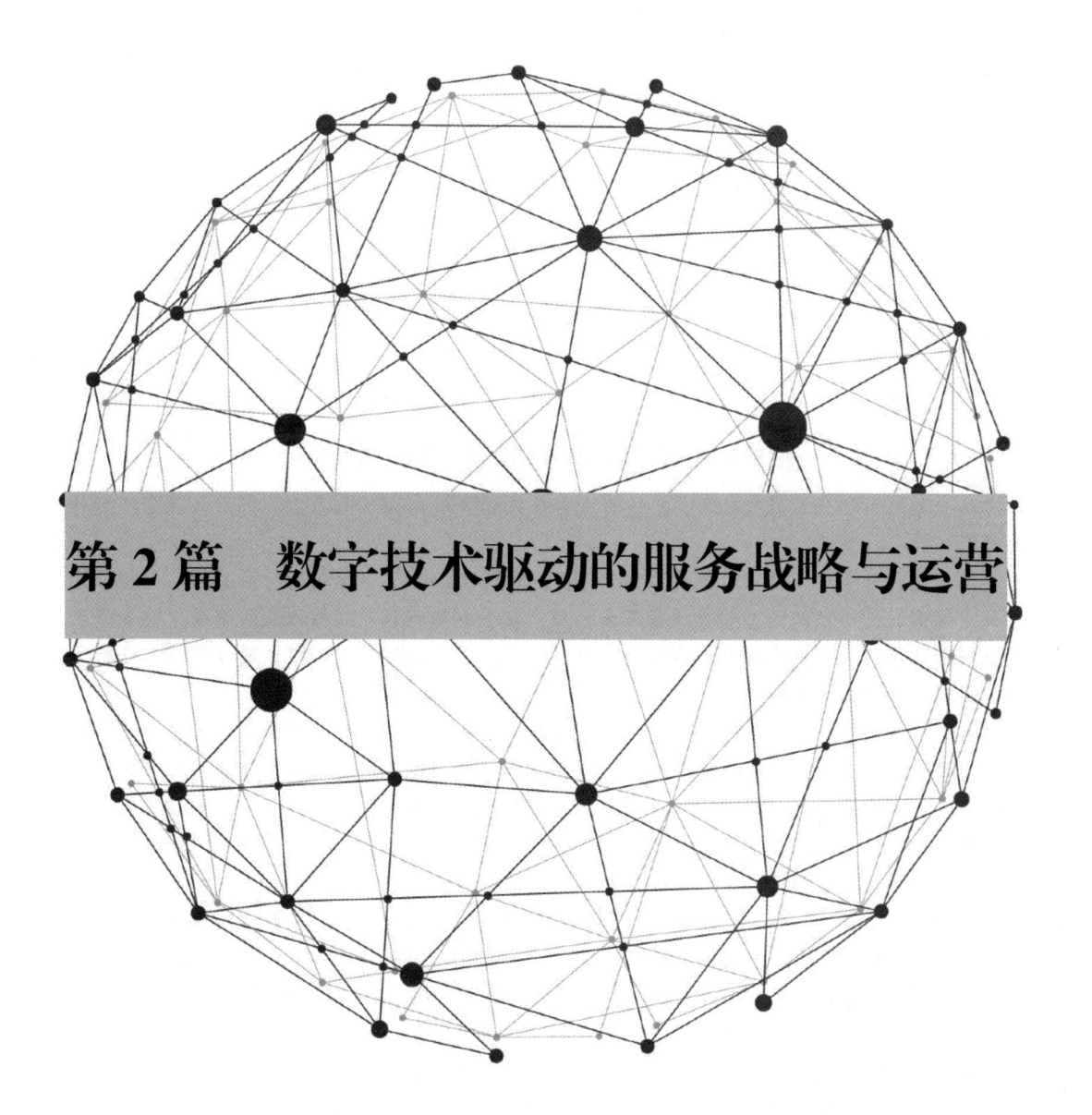

第 2 篇　数字技术驱动的服务战略与运营

第 5 章

服务竞争战略

▶▶ 学习目标

1. 熟悉 3 种典型的服务竞争战略。
2. 理解数字技术驱动服务竞争战略的价值所在。
3. 了解数字技术在服务竞争战略中的促进作用与制约因素。

▶▶ 导入案例

抖音电商战略：从兴趣电商到全域兴趣电商

从兴趣电商到全域兴趣电商，抖音的"货架电商梦"，彻底公之于众。那什么是全域兴趣电商呢？

简单说，传统电商是"人找货"，而兴趣电商是"货找人"，消费者对商品的"兴趣"是潜在的、隐形的，对商品的渴望并没有那么强烈，但受到短视频、直播形式的刺激，就会产生购买欲望和购买行为。全域兴趣电商则是既有"货找人"，也有"人找货"，通过将这二者打通联动，实现"1+1>2"的效果。

2021 年 4 月，抖音明确"兴趣电商"定位；8 月，抖音小店升级为商城，通过开启货架场景，邀请品牌入驻，向淘宝正面开战。这一年，抖音电商迎来爆发式增长，据抖音官方数据，2021 年，抖音电商商品交易总额同比增长 320%，售出超 100 亿件商品。2022 年"双 11"期间，一方面淘宝"疯狂挖人"，另一方面抖音"疯狂抢货"，抖音、淘宝这对昔日牵手合作的伙伴，如今"互相杀入对方腹地"。

据测算，自 2020 年抖音成立电商部到 2022 年年底，短短两年多的时间，抖音电商的商品交易总额已经破万亿元；而淘宝实现这一目标，用了 10 年。艾媒咨询数据显示，2021 年，中国直播电商行业的总规模达到 12 012 亿元，预计到 2025 年规模将达到 21 373 亿元，而全域兴趣电商的兴起，很有可能进一步打破直播电商的天花板。

全域兴趣电商覆盖了用户全场景、全链路的购物需求，既包括了兴趣的激发，也包括了兴趣的承接；既包括了在内容推荐场景里的"货找人"，也覆盖了用户主动场景里的"人找货"。兴趣被内容激发，可以促进短期转化；兴趣也会延伸，有持续性，用户的兴趣被更多的场景自然承接。兴趣在哪里，场域就延伸到哪里。短视频和直播，是用户潜在兴趣的激发与转化场景。用户在短视频深度"种草"，通过直播高效成交，而商城和搜索，则是用户已有兴趣的承接转化场景，在这里，用户可以找到固定的购物路径并形成习惯，实现需求的精准匹配和复购。

5.1 服务愿景

服务是一种商品,既然是商品就会有许多构成要素,人们可以利用这些要素勾画出战略性服务的概念,而且这些要素必须能保证提供稳定的服务,实现预期的战略目标。"服务"这一概念作为沟通员工和客户之间的桥梁,表明了预期将提供或获得的服务。

服务战略的结构要素如下。

传递系统:将服务从后台传递到前台并提供给顾客的系统。它决定了将服务传递给顾客的地点、时间和方式。其包括硬件要素和软件要素,前者主要指服务设施、布局、技术和设备等,后者主要指服务传递流程、员工培训及对服务中员工和顾客的作用的描述。

设施设计:规模、美学、布局。

地点:顾客的人口统计特征、单一或多个场所、竞争、场所特征。

能力规划:管理排队、服务人员数量、平均接待量及最高接待量。

服务战略的管理要素如下。

服务接触:服务文化、激励、挑选和培训、员工授权。

质量:评测、监督、方法、期望与感知、服务担保。

能力与需求管理:调整需求和控制供给的战略、队伍管理。

信息:竞争资源、数据收集。

5.2 服务竞争环境

服务已经成为企业参与竞争的法宝。服务企业想要在竞争中占据优势就需要准确把握服务竞争环境,主要包括以下几个方面。

准入退出障碍。 服务的进入障碍往往较低,在许多情况下,服务业的创新都没有专利保护,所以很容易被其他企业所模仿。退出壁垒是指现有企业在市场前景不好、企业业绩不佳时意欲退出该产业(市场),但由于各种因素的阻挠,资源不能顺利转移出去。退出壁垒有两种,即破产时的退出(被动或强制)和向其他产业转移(主动或自觉)时的退出。从行业利润的角度来看,最好的情况是进入壁垒较高而退出壁垒较低,在这种情况下,新进入者将受到限制,而在本行业经营不成功的企业会离开本行业。反之,进入壁垒低而退出壁垒高是最不利的情况,在这种情况下,当某行业的吸引力较大时,众多企业纷纷进入该行业;当该行业不景气时,过剩的生产能力仍然留在该行业,企业之间竞争激烈,相当多的企业会因竞争不力而陷入困境。例如,在电力、邮电、煤气等提供公共产品的产业中,各国政府都制定了相应的政策和法规来限制企业的退出。

规模化。 由于服务的生产和消费同时进行,不可储存,顾客必须亲自到达服务场所或需要与服务人员接触才能完成服务,所以限制了市场的范围,造成了服务的经营规模较小。而在数字技术环境下,人们可以通过网络平台与服务人员交流并且完成交易,从而可以扩大市场规模。

替代化。 产品的创新可能会成为服务的替代品。因此,服务企业不仅要关注其他的服务竞争者,也需要预计到那些有可能使这些企业经营的服务过时的潜在的创新产品,并且随着数字技术的不断提高,这种可能性会越来越高。

顾客忠诚。 现有企业凭借着自身个性化的服务会获得一批忠诚的顾客,从而在自己与其他企业之间建立起壁垒。例如，智能设备企业会开发出独特的操作系统与功能，将自身的产品与其他企业的产品区别开来，从而排除了其他的竞争者。

5.3 服务竞争战略介绍

20 世纪 90 年代末以来，在美国著名战略学家迈克尔·波特提出的成本领先战略、差异化战略和集中化战略的指引下，企业几乎都采取了价格战、功能战、广告战、促销战、服务战、品类战来建立自己的竞争优势，以此来打败竞争对手。下面简要分析这几种战略。

5.3.1 成本领先战略

成本领先战略（也称低成本战略）也许是 3 种通用战略中最清楚明了的。在这种战略的指导下，企业往往成为所在产业中实行低成本生产的厂家。企业经营范围广泛，为多个产业部门服务甚至可能开展属于其他有关产业的业务。成本优势的来源因产业结构的不同而有所不同，可以包括追求规模经济、专利技术、原材料的优惠待遇和其他因素。

成本领先并不等同于价格最低。如果企业陷入价格最低，而成本并不低的境地，换来的只能是把自己推入无休止的价格战。因为一旦降价，竞争对手也会随之降价，而且由于比自己的成本更低，因此竞争对手具有更多的降价空间，能够支撑更长时间的价格战。

成本领先战略通常具有如下实现模式。

1. 低要素成本模式

生产要素包括土地、资金和人力资源，每个国家都可以根据"资源禀赋论"，利用自身丰裕的资源优势参与国际竞争。低要素成本模式是最常规、最普遍的低价格商业模式，绝大多数企业都在运用这种模式。

2. 低经营成本模式

组织通过低成本运营，实现持续的低成本：①始终保持成本领先（适应性）；②始终保持利润最大化（充分性、目的性）；③始终保持投资收益最大化（有效性）。拼多多通过简化供应链，极大地降低了供给侧商家的仓储、运输成本，从而大大降低了产品价格。

3. 低渠道成本模式

渠道成本是指企业为该渠道付出的代价，包括直接用于支付渠道的成本和与渠道间接相关的成本（如渠道管理成本、渠道服务成本等）。由于消费市场细分化和个性化的发展，市场需求的多样性大大增加，传统的营销方式因此遇到了挑战，企业之间的竞争开始转向提高运营效率和满足客户需求的竞争，这样就促使企业更加重视分销渠道。渠道成本控制作为企业渠道运营管理过程中非常重要的环节越来越受到企业的重视。传统零售商虽然可以利用大量门店接触潜在顾客，但是门店租金是一项大的开支，而且可以接触的顾客范围有限。每个店面又要雇用员工，人力成本也是一项很大的开支。互联网公司可以利用"鼠标"代替大部分的"水泥"，用网站而非门店与顾客接触沟通，所以具有无可比拟的成本优势。亚马逊用 IT 理念重整图书业，携程重整旅游业，阿里巴巴改造传统国际贸易产业，它们都取得了不俗的业绩。新兴的互联网公司利用IT技术大幅降低了渠道成本。

4．低传播成本模式

传播成本是指与推广活动有关的各项费用支出。传播成本直接影响企业的利润，因此，企业不仅要控制销售额和市场占有率，同时要控制传播成本。传统的传播媒介包含广播、电视、杂志、户外大屏等展示性强的媒体平台，传统的传播媒介的特点是传播内容单一，传播范围具有较强的地域性，成本往往也较高。而新媒体的传播方式具有双向性和互动性的特点，且互动形式多样化。通过新媒体传播的信息，每个人都可以对信息进行评论、转发等，信息发布方通过新媒体平台可以及时高效且以丰富的形式与对方沟通。双方的互动性有利于企业及时了解市场动向和顾客需求，以便及时调整市场策略，成本也更低。

5．辅助收入补贴模式

辅助收入是指企业销售不属于本企业主要产品的产品或服务所产生的收入。在许多情况下，这些额外的产品或服务与主要产品有一定的关系，正因如此，其才能够销售给已经是企业客户的顾客。具有产生辅助收入的能力有助于提高相关业务的财务稳定性，并且通常可以产生额外的资金，这些资金有助于促进企业发展。

5.3.2 差异化战略

差异化战略又称别具一格战略，是指为使企业的产品、服务、形象等与其他企业有明显差异，以获得竞争优势而采取的战略。创造差异化有许多方式，包括广泛的研究、产品设计、高质量的材料或周到的顾客服务等，实现差异化将意味着以成本为代价。差异化通常是在顾客愿意为因差异化而产生的高成本买单的情况下实现的。

差异化战略通常具有如下实现模式。

1．使无形产品有形化

本质上，服务本身通常是无形的，顾客购买后没有能留下产生记忆的实体。为了使顾客能回忆起曾经所享受过的服务，企业应该把无形的产品有形化。360安全管家通过安全检测，快速评定电脑系统状况，最后对电脑的安全等级进行打分，让顾客直观地感受到服务。

2．将标准产品定制化

在标准产品销售过程中，通常会遇到部分顾客提出标准产品以外的需求，一般情况下企业都会采用在标准产品的基础上进行定制化开发。将定制化的产品代替原本的标准产品，利用这种模式，企业花费很少的成本就能使顾客获得加倍的满足感。

3．降低感知风险

缺乏服务购买信息会使顾客产生风险感。由于对服务缺乏了解和信任，顾客会寻求那些愿意花时间解释其所做工作、设施清洁有序并提供服务担保的服务企业。当信赖关系建立起来之后，顾客常常会觉得多花点儿钱也是值得的。淘宝推出的"先用后付"，降低了顾客的感知风险，打消了顾客的疑虑，大大提高了顾客的购买意愿。

4．重视员工培训

对全体员工的发展和培训进行投资，这种模式所带来的服务质量的提高是竞争对手难以模仿的竞争优势。海底捞有一套完整的员工培训流程，这使得其员工能够提供最优质的服务，也使得海底捞成为国内服务企业的标杆。

5.3.3 集中化战略

集中化战略即聚焦战略，是指把经营战略的重点放在一个特定的目标市场上，为特定的地区或特定的顾客提供特殊的产品或服务。换句话说，集中化战略是指企业集中使用资源来增加某种产品的销售额和市场占有率。该战略的前提是：企业业务的专一化，能以更高的效率和更好的效果为某一细分市场服务，从而超越在较广阔范围内竞争的对手们。这样可以避免大而弱的分散投资局面，容易形成企业的核心竞争力。

5.4 在市场中赢得客户

服务作为企业价值链上最靠近客户的一环，对提高客户的满意度、培养客户的忠诚度至关重要。通过服务环节，企业的产品或服务得以增值，进而实现客户的价值最大化，最终形成企业自身的核心竞争力。客户根据个人需求及对企业的服务质量的预期选择服务提供者，而企业要做的就是努力达到客户的心理预期及市场标准，在市场中赢得客户。

5.4.1 服务资格标准

服务企业想要在市场中占据有利地位，就需要在行业规定的每一项标准中都达到一定的水平。服务资格标准包含3项：质量、安全性、可得性。

▶▶ 真实案例

从支付宝成立第一天起，安全和用户保护就是公司的生命线。2005年，网络购物在中国刚刚兴起时，支付宝就率先推出了"你敢付我敢赔"的承诺。随着移动支付的兴起和普及，后又将其升级为"你敢扫我敢赔"，线下商家收钱码被调换或用户线下扫码被盗所导致的损失都将获得全额赔付。目前，支付宝的交易损失率不到千万分之五，远低于国际领先支付机构交易损失率千分之二的水平。此外，支付宝还联合保险公司推出了账户安全险百万赔付保障服务和被盗全赔承诺组成双保险兜底机制，目前账户安全险已覆盖了超过4亿名用户。

5.4.2 服务优胜标准

服务优胜标准是指客户用来选择服务提供者的要素，如价格、便利及声誉。但是服务优胜标准会因为客户在选择服务时的需求不同而不同。例如，当病人需要去医院接受治疗时，那么医生的声誉也许对他来说是重要的；而当客户很饿时，他可能最关心的就是食物的便利性了。

▶▶ **真实案例**

饿了么是国内领先的本地生活平台，目前外卖订单持续快速增长，这对平台的数据基础设施提出了越来越高的要求：一方面，外卖业务具有明显的每日峰值，午饭和晚饭时间订单大量集中；另一方面，当恶劣天气等突发状况到来时，如何应对激增的订单，一直是不小的难题。目前，饿了么通过快速扩容、CDN（Content Delivery Network，是建立并覆盖在承载网之上，由分布在不同区域的边缘节点服务器群组成的分布式网络）加速等高技术手段，可以支持1亿人同时在线点单。饿了么借助阿里云的AI算力和技术，优化算法，帮助骑手动态规划最优路线，保证外卖最快送达。另外，云视频、云语音和IoT等云产品进一步提升了商家、用户的互动体验。

5.4.3 服务失败标准

如果企业所提供的服务未达到客户的心理预期，客户就会产生不满，企业可能会永远失去这位客户。客户对服务不满意的原因多种多样，可靠性、个性化及服务速度等因素常常成为评判服务失败的标准之一。例如，物流公司未能及时送达客户的包裹或在运送途中将客户的包裹损坏就会导致服务失败。

▶▶ **真实案例**

随着新零售的发展，无人超市一度非常火爆，一年不到，超过200家无人超市落地，无人零售货架高达2.5万个。然而，不到两年时间，无人超市就陷入关店、裁员和资金链断裂的困境。究其原因，一方面，无人超市行业在技术方面仍处于探索期，在人流密集时，容易出现识别不准确的问题；另一方面，货架杂乱、热销商品缺货、商品积压等现象广泛存在，很难给用户提供优质的服务。另外，当用户在购物过程中有疑问，想咨询商品的摆放位置、使用说明时，也无人解答。无人超市设置了很多人工智能识别环节，进门难出门也难，用户学习成本很高。虽然无人超市效率高了、成本低了，但是用户体验降低了，无法满足用户的实际需求，所以失败也不足为奇。

5.5 数字技术驱动服务竞争战略

数字技术能够催生新的商业模式，让企业能够以前所未有的方式为客户创造新的价值。下面将深入探讨数字技术创造3种客户价值的形式，以及企业针对每种客户价值采取的主要竞争战略。

5.5.1 成本价值

成本价值可能是数字技术驱动的竞争战略表现得最为显著的方面。也就是说，数字技术会降低终端客户获取产品或服务所需付出的成本。产品和服务的虚拟化（或"非物质化"）是数字技术降低成本的一个重要手段。显而易见，如果企业不需要制作实物产品，那么它的成本自然也会随之降低。

此外，许多数字技术驱动企业会借助分析来创造或利用信息优势优化运营，以此提升成本价值。通过建立这种信息优势，企业可以让客户"以更少的付出获得更多的回报"，就像利用优惠券、奖品或折扣让终端客户享受实惠一样。最后，数字技术驱动企业往往会对员工管理、供应链和其他业务环节采用非常规方法（如利用云技术、分析和众包等途径），以此改善运营，从而进一步降低成本并提高竞争力。

创造成本价值的方法大致可以概括为下面 5 种模式。

免费/超低成本模式： 此模式以免费或接近免费的价格、以极低的利润向客户提供产品或服务，而这些产品或服务过去需要客户以全价或市场支配价格才能购买。此模式的使用者通常为那些采用"免费增值"定价模式的竞争者，这些竞争者免费提供基础产品或服务，但客户需要付费来购买产品或服务的高级版本或专门版本。例如，在线存储提供商 Dropbox 和流媒体音乐服务商 Spotify 就是众所周知的例子。除此之外，此模式的使用者还包括那些以极微薄的利润甚至不计利润地提供产品或服务的企业。亚马逊和 Jet.com 均属于此类企业，它们以消除或大幅削减利润为竞争手段，为客户创造成本价值。

▶▶ 真实案例

地图是人们现实生活中经常使用的应用软件。人们不管是出差，还是出去旅游，常常会用到地图。高德地图作为中国领先的数字地图内容、导航和位置服务解决方案提供商，本身所提供的地图服务却是免费的。其盈利模式主要包含以下几种。

第一，为本地生活服务商提供基于位置服务，获取服务费用。高德公司提供数据以按期收取服务费或授权费，并且根据订单的完成数量收取一定利润的分成，以获得稳定现金流。例如，高德在地图板块增添了"打车"业务，与滴滴、曹操等打车业务合作，获取服务费用及分成。此外还有酒店、餐饮等，高德地图被阿里巴巴收购后，其还作为 O2O 业务场景重要的流量入口。

第二，通过搜索项目获得广告费用。高德地图采用关键词搜索竞价排名的方式，使竞价高的商家获得更多关注并收取费用。另外，高德地图在某些项目中划出一部分作为广告区域，由商家竞价获得投放权进而收取服务费用。同时，高德地图建立大数据库对搜索数据进行深度挖掘，为商家进行广告定点投放、精准市场营销提供数据支持，获得相应的咨询费。

第三，面向地图标示商家的增值服务。在海量用户基数下为商家提供不同层次的特殊标示服务，打开某地区地图时，该商家将会有突出的展示，依据地图展示层次收取相应费用。

第四，互联网位置服务。高德地图将处理好的测绘数据或基于位置的定位导航技术提供给其他与位置相结合的企业。例如，高德与苹果合作提供中国地图服务，同时也与新浪、阿里巴巴、腾讯、京东等在基础地图服务上展开合作。此外，高德还向赶集网、搜房网等 12 万家网站和第三方开发者提供地图 API 服务。

买家集中模式： 此模式将人或时间作为分摊成本的手段，还可以通过"团购"或数量折扣来创造经济利益。例如，Fon 自诩为世界上最大的 Wi-Fi（无线局域网）网络，用户只需成为 Fon 的会员，即可通过该公司大约 2000 万个热点连接上网。这种竞争战略对那些同样提供 Wi-Fi 服务的现有电信公司构成了威胁，因为它们的一部分用户会改用数字化商业模式来进行合作，实现成本分摊。社交团购网站 Groupon 代表了另一种通过集中用户降低成本的形式。参加某项团购的人数越多，最终价格就越低。

▶▶ 真实案例

社区团购是真实居住在社区内的居民团体的一种团购形式的消费行为。它通过招募团长，创建公司控群的小区业主微信群；团长在群内发布和推广团购商品，消费者通过小程序下单；次日公司根据订单量配送至小区团长处，消费者到团长处提货，团长根据销售额获得佣金，本质上是一种创新的渠道。

社区团购主要以低价销售生鲜和日用品等品类，发轫于下沉市场而在更多地区拓展。相较于传统商超、农贸市场或生鲜电商，社区团购无须雇用专门的销售人员和门店，具备更低的成本优势。同时，由于消费者集中采购使得采购成本大幅度降低，最终带来了低价格。

价格透明模式：第一次电子商务浪潮中涌现的许多企业都使用了这种模式，其中不仅包括以 Priceline（在线旅游和 KAYAK 的母公司）为代表的企业，还包括以 Shopzilla 和 NexTag 为代表的各种对比购物工具。它们为买家提高了价格透明度，使买家能够从产品和服务提供商那里享受到更优惠的让利商品。这些网站还可以在多个市场之间比较差价。例如，手表或首饰等奢侈品在不同市场的定价往往会有所不同。而许多使用该模式的企业使这些差价变得透明，让客户能够以最低价购得这些商品。

▶▶ **真实案例**

慢慢买是中国目前最大的网购比价平台，集合了所有主流网购商城，如天猫商城、京东商城、卓越亚马逊、库巴网、国美在线、易迅网、苏宁易购、新七天、新蛋网、一号店、当当网、红孩儿商城等，这里提供最新商品的报价信息、促销信息及抢购信息。其目的是给人们提供最及时、最准确、最安全可靠的网购商品价格信息，为客户节省更多的比价时间，在商品降价的第一时间告知客户，确保客户买到真正的最低价的商品。

逆向竞拍模式：此模式对商业规则反其道而行，要求卖家通过竞价来赢得买家。逆向竞拍把难题丢给了卖家，它们既要尽最大可能合理报价，又要确保不会因此而流失买家，不使其投向另一个更具价格优势的卖家的怀抱。

▶▶ **真实案例**

随着数字化时代的到来，逆向竞拍模式作为一种创新的商业模式在供应链和金融领域蓬勃发展。LendingTree 和 SAP Ariba 作为典型代表，以线上贷款和软件信息技术服务为主业，成功应用逆向竞拍模式，为客户创造成本价值的同时也给供应商带来了价格压力。这两家公司不仅在业务模式上具有相似之处，而且在竞价过程的优化上也采用了先进的软件算法，使得竞争过程更为激烈，价格压力进一步增加。

LendingTree 是一家在线贷款平台，致力于为个人和企业提供最优贷款方案。其逆向竞拍模式基于对借款者需求的匹配，通过数字平台将多个贷款供应商纳入竞争中。借款者通过填写简单的贷款申请表，LendingTree 将这些信息提供给多家贷款公司，让它们通过逆向竞拍的方式竞争客户。

SAP Ariba 是一家采购和供应链管理软件服务提供商。该公司的逆向竞拍模式主要应用于采购领域，通过数字平台连接采购方和供应商。采购方发布采购需求，供应商则通过逆向竞拍来争取订单。SAP Ariba 的软件算法能够优化竞价过程，提高效率和降低成本。

基于消费的定价模式：此模式彻底改变了客户购买产品和服务的付费机制。通过将固定费率机制转变为按使用量付费的模式，服务提供商允许客户根据自己的实际需求做出选择，从而提供了更大的灵活性和成本效益。例如，按里程付费的保险（如 Metromile），以及通过订阅模式购买的基于云的软件应用（如思科网讯）。在一些情况下，客户可以将归于资本投资性质的购买商品经费挪为营业支出下的购买服务经费，从而提高财务灵活性和可预测性，并获得更高的成本价值。

▶▶ **真实案例**

LiquidSpace、ShareDesk 和 PivotDesk 等办公场地共享平台可使企业按小时、按天或按月出租闲置的办公空间。这给快速发展的组织和需要定期聚集到某个物理位置工作的虚拟团队带来了福音。受益于基于消费的定价模式，企业可以仅在需要使用办公空间时支付相关费用。鉴于办公场所的平均利用率只有45%~50%，这种商业模式的优势十分显著。

5.5.2 体验价值

体验价值涉及为客户提供更多便利条件、使用场景或控制权等，是许多具有颠覆性的企业迅速崛起的决定性因素。与成本价值一样，体验价值也会随着产品数字化程度的增加而增加，因为以前不可分割的实物产品现在可以恰当地按客户需求分割，然后立即传送到对应的设备或位置。企业通过拆分现有企业的产品或服务，让客户能够凭自己的意愿选择对他们来说有价值的产品或服务（并支付相应的费用），同时舍弃他们不需要的"捆绑"元素——正是这些元素抬高了商品的价格。这些"拆分者"也对诸如大型金融机构等提供捆绑式服务的现有企业造成了冲击。借助虚拟化技术，利基市场参与者可以通过数字渠道，以更高的个性化程度和更低的成本（甚至是免费）提供这些服务。数字技术提升体验价值的方法大致可以概括为如下几种模式。

客户做主模式： 此模式的核心是去中间化，即去掉那些在交易中没有附加价值或仅能提供有限价值却仍然作为中介收取不菲"佣金"的中间商。没有了这些中间商，客户就能根据自己的意愿选择购买什么和不购买什么，而且通常购买价格会更低。绕过中间商（直销）、DIY 及让客户"掌握主动权"是数字技术驱动的核心要素。例如，PayPal 开创了新的汇款和支付方式，绕过了长期以来由银行和信用卡公司完全支配的传统支付方式及提取费用方式。

▶▶ **真实案例**

奈飞是用户做主模式的典型例子。奈飞会员不必为了数百个几乎不看的频道而购买昂贵的有线电视套餐，他们只需支付一笔极低的月费，即可获得观看大量电视节目和电影的权利。奈飞利用数字化商业模式，将电视节目从中间商（有线电视公司）的束缚中解脱出来，让用户拥有更大的自主性和控制权，并能更方便地收看节目。

定制模式： 此模式按照客户的独特偏好提供定制体验，以此为客户带来体验价值。这些价值可能来自定制产品或服务本身，也可能来自情景化的服务（例如，提供商以智能方式解读客户的位置和特定需求，并据此打造最具价值的体验）。对零售业的研究表明，主流购物者越来越期待享受比普通个性化服务更进一步的"超高相关度"体验。比如商家能够主动认出客户并表示欢迎，或者在客户的搜索结果中列出"其他相似客户查看过的"商品。全渠道创新，即让客户能够在自己选择的渠道中享受无差别的体验，属于定制模式的范畴。

▶▶ **真实案例**

尚品宅配凭借数字技术优势洞察并解决用户需求，通过大数据研究、软件技术迭代升级，快速推陈出新，不断解决家居行业痛点及用户痛点，让年轻人拥有属于自己风格的定制化家居生活。

设计环节，尚品宅配借助 AI 云技术对现有的三大数据库（户型库、产品库、方案库）进行全新升级，AI 软件可以实现一分钟输出 3 套专业级别的效果图，大幅提升了设计效率和方案质量，让设计师转型为顾问型服务人员，为用户提供更高效、更具个性化的高品质设计服务。

制造环节，尚品宅配自主研发的基于云计算、人工智能的智能生产平台，用数据打通了家居定制服务的销售、生产、物流环节，解决了个性化定制与大规模生产之间的天然矛盾。生产效率大幅度提升，智能制造工厂日产能最高可达50万件；材料利用率最高可达93%，有效减少了资源浪费。

交付环节，尚品宅配自主研发家装行业适用的BIM（Building Information Modeling，指那些以三维图形为主，与物件导向、建筑学有关的电脑辅助设计模型）系统，提前模拟装修的全过程（包括虚拟装修设计、材料成本核算、施工模拟、指导施工、施工验收等），并可视化呈现。该系统可提前发现及规避在装修中可能存在的施工问题，输出精准的材料订单、全套施工图纸、调度指令、5G施工模型，有效规避出错、提高效率、降低成本。

即时送达模式：此模式改变了产品和服务的配送方式，让时间不再成为影响客户购买的因素。无论是快速交付实物产品，还是即时提供数字产品，这种商业模式让客户无须等待即可获得想要的价值。

▶▶ **真实案例**

乐购作为零售市场最具创新力的企业之一，近年来引入了大量体验创新。以它的"点击取货"配送方法为例，通过"百货点击取货"服务，用户可以在线订购商品，然后选择合适的时间和合适的地点去取货。其为用户提供的取货点超过350个，包括乐购门店、火车站和当地企业。这样，乐购不仅缩短了配送时间，而且减少了用户的等待时间，从而避免了因时间问题使用户产生不满情绪。

化繁为简模式：此模式的宗旨在于将有形的业务流程转变为数字化业务流程，运用技术手段为客户排除阻碍并提供便利，从而让客户顺利达到目的。

▶▶ **真实案例**

Intuit的子公司Mint可将不同金融机构的用户数据汇聚到一个工具中，这样一来，用户就能在一个统一的门户中查看自己的支出、余额、预算和目标，而不必从各个银行、贷款人和投资经理人那里收集信息，手动汇总自身财务的"实际状况"。

自动化模式：此模式利用数字技术手段自动完成任务或安排他人完成任务，并以此提供体验价值。

▶▶ **真实案例**

Wealthfront是一项自动化投资服务，由于使用了高级分析技术，它能够根据几个简单问题的答案选择正确的投资组合和资产分配。Wealthfront还能在不同类别的资产之间自动平衡投资，根据投资者的目标和风险评级保持理想的平衡。它还能提供自动"税损收割"服务，确保投资者能在资产价值下降时变现或"收割"亏损，从而减少总纳税额。鉴于在Wealthfront提供体验价值的领域中存在着大量缺乏专业知识的用户，自动化不仅可以节省时间，还能让用户避免从事自己不擅长的活动。

5.5.3 平台价值

平台价值是数字技术独有的竞争战略。平台价值对竞争效应具有颠覆性的影响，因为它引入了呈指数级变化的元素。平台可以制造网络效应，在这种情况下，客户数量或客户类型将会左右平台所能实现的价值。网络效应是一个大包容的概念，涉及点对点交互、相互依存、病毒模式、游戏化和反馈循环。简而言之，当网络的参与者（或"节点"）以一种能够实现"整体效能大于各部分效能之和"的方式连接在一起时，就会产生简单的网络效应。因此，平台代表一种更高层次的客户优势，具有放大价值的固有特征。

平台一旦具有网络化性质，就会让平台变得比独立的竞争性创新更难撼动。平台优势会产生"赢家通吃"效应，为支配平台的所有者带来压倒性的收益。这种思维正是许多最有活力且最具颠覆性的数字化商业模式的基础，其中包括脸书、谷歌、iTunes（苹果公司开发的免费数字媒体播放应用程序）、推特和优步等，它们的商业模式都应用了这种逻辑。平台价值的来源有5种主要的模式。

生态系统模式：在这种模式中，企业（或企业联合体）提供标准化的工具包、组件、环境或"沙盒"供他人使用。客户使用后能为他们自身创造价值，特别是货币价值。

▶▶ **真实案例**

Docker是一种开放源码技术，能够让开发人员使用"容器"进行构建、运行、测试和部署等。借助容器，开发人员就能可靠地将软件从一个计算环境（例如笔记本电脑或云端）移植到另一个计算环境。2014年前6个月，Docker的下载量只有300万次，但到2014年12月已高达1亿次。这种形势催生了一个生态系统：主要技术供应商和开发人员都积极支持技术的开发，以及技术与他们自身产品的整合。

众包模式：此模式将群策群力作为竞争手段，并通过多种途径造福于平台客户。它通过让客户执行扩充平台的工作来降低成本（事实上这对客户和平台所有者双方都有益处）。

▶▶ **真实案例**

Kaggle和Innocentive通过众包模式将专业知识引入竞争性环境，为解决根深蒂固的业务问题提供了新的途径。Kaggle的核心特点在于游戏化的竞赛环境。平台发布各种数据科学问题，并设定奖金池作为激励，吸引大量的数据科学家参与。这种竞赛机制不仅使问题得到了迅速而创新的解决，还促使参与者不断提升技能水平，形成了一个高度互动的社区。与Kaggle类似，Innocentive的成功在于其发起了多样性的创新挑战。企业可以将自己的科技问题发布到平台上，并设定奖金，邀请专业人才参与解决。这种方式为企业带来了更多元的解决方案，从而有助于破解那些看似无解的难题。

社区模式：此模式追求的是网络效应所带来的效率和规模效益，它们可以转化为积极的商业影响。这种模式通常是以内容传播的形式出现的，适用于很多情况，只要客户价值与传播效率或传播效果有一定的对应，就能实现。

▶▶ **真实案例**

闲鱼交易中诞生的社区"鱼塘"，满足了年轻人的兴趣生活。在闲鱼，处理闲置物品，就是展示和分享自己的兴趣爱好与私人生活。通过一个个"鱼塘"，一件件商品背后的真实故事、生活片段、人生轨迹，让用户建立了比"交易"更为重要的"分享""共鸣"等情感纽带，大家既能买到想要的东西，又能找到兴趣相投的人。闲鱼数据显示，闲鱼60%的闲置物品发布在由真实的邻居所组成的社区"鱼塘"里。同时，"鱼塘"内用户的平均粉丝数，是未加入"鱼塘"用户的30倍。"鱼塘"内闲置物品的平均交易时间，比"鱼塘"外缩短1/3。

数字化市场模式：此模式已成为许多数字竞争战略中普遍存在的特征，其前提是在个体与群体之间建立联系，促使他们互利互惠。这种市场多"边"互利的概念是平台价值的核心。它不仅是指竞争者本身提供的价值，还包括在竞争者的促进下创造的价值。数字化市场模式包括平台提供商为某种产品或服务"开拓市场"，并为买卖双方创造交易场所。

▶▶ 真实案例

Etsy 使用数字化市场模式为手工制品和复古物品、艺术品、工艺品、珠宝和服装等特色商品打造了交易平台。Etsy 上的商家通常是家庭企业和手工艺者，他们能以 Etsy 为纽带，接触到传统零售渠道无法接触到的买家。同时，买家也可以接触到他们在其他情况下不可能（或至少是不方便）浏览和购买的商品。在这里，价值就以接触机会、多样化选择和交易效率等形式显现出来。该公司公布的年报显示，2022 年商品销售总额达 133 亿美元，收入超过 25 亿美元，拥有活跃买家用户数 8900 万个，拥有来自全世界 26 个国家/地区的卖家 540 万个。

数据协调者模式：此模式利用物联网和大数据分析创造新的机会来实现创新和创造价值，包括基于位置的服务、远程监控和预测性维护、情景感知营销服务和视频分析。

▶▶ 真实案例

美国农业设备制造商 John Deere 就是一家采用数据协调者模式追求智能农业愿景的企业。农户可以在其推出的在线门户网站上访问诸如机器传感器上收集的数据、第三方财务、天气数据等各类数据信息。这些信息不但可以用来优化耕作，比如决定种植时间和地点之类的问题，还可以用于预测性维修，让农户能在车辆和设备零部件发生故障前进行更换。John Deere 甚至还将数据协调者角色延伸到自己公司以外的领域，推出 Deere 开放数据平台。这一平台既可以供农户之间相互交换数据，也可以供开发新的创新农业应用的第三方开发商交换数据。

5.6 数字技术在服务竞争中的促进作用

从服务管理的角度来看，数字技术有助于企业制定竞争战略。数字技术在支持服务企业竞争战略方面所起的作用有设置壁垒和创造收入。

5.6.1 设置壁垒

服务行业的进入障碍比较低，利用数字技术有助于服务企业设置进入障碍，如即时信息系统、会员制度等。

1. 即时信息系统

信息是管理过程中的一项极为重要的资源，管理工作的成败取决于能否做出有效的决策，而决策的正确与否在很大程度上取决于信息的质量。因此，能否有效地管理信息成为企业的首要问题，管理信息系统在强调管理、强调信息的现代社会中越来越得到普及。管理信息由信息的采集、传递、存储、加工、维护和使用 6 个方面组成。完善的管理信息系统具有以下 4 个标准：确定的信息需求、信息的可采集与可加工、可以通过程序为管理人员提供信息、可以对信息进行管理。

▶▶ **真实案例**

1号店将供应商平台、结算系统、WMS（仓储管理系统）、TMS（运输管理系统）、数据分析系统及客服系统集成于自主开发的1号店服务平台，从而实现数据的统一管理。

1号店将顾客过去的购买、搜索、收藏，甚至商品浏览的路径信息全部记录下来。以这些记录作为顾客行为模型，用顾客行为模型去预测顾客会有什么样的需求。同时为顾客开展个性化的服务，提醒顾客购买自己喜欢的商品。

在1号店总部大厦的监控中心，数十台显示器整齐地排列在一面墙壁上，它们如同1号店的仪表盘，实时显示1号店的数据。比如，首页和每个频道的浏览量、实时订单分布地图、订单趋势图、商品销售排行榜及用户搜索关键词等。1号店每时每刻的运营状况都能在上面体现。

在物品分拣方面，通过波次分配和路径优化，1号店的拣货效率得到了很大的提高。1号店提供的数据显示：一个1号店仓库拣货员在上海单个面积约为3万平方米毗邻的4个仓库里，从约30万件商品中拣出16.7件产品（16.7件是1号店平均每单的数量），需要的时间不超过80秒。

1号店内部还有一套比价系统，能够全天候、全渠道监控价格，只要有其他渠道价格低于1号店的，该商品会直接下调价格，以此来保证低价。

归功于该即时信息系统，1号店的成本持续下降，效率不断提高，周转率也在增长，通过在平台上共享数据、共享服务，也提升了顾客的体验及自身的核心竞争力。

2. 会员制度

会员制度是一种人与人或组织与组织之间进行沟通的媒介，它由某个组织发起并在该组织的管理运作下，吸引用户自愿加入，目的是定期与会员联系，为他们提供具有较高感知价值的利益包。一般情况下，会员制组织是企业、机构及非营利性组织维系其用户的结果。它会通过提供一系列的利益来吸引用户自愿加入，这一系列的利益被称为客户忠诚度计划，而加入会员制组织的用户被称为会员。会员制组织与会员之间的关系通过会员卡来体现，会员卡是会员进行消费时享受优惠政策或特殊待遇的"身份证"。

▶▶ **真实案例**

2015年10月，京东推出PLUS付费会员体系，成为本土电商平台中第一个"吃螃蟹"的企业。目前，京东平台的会员体系有两条主轴。

一是与购物行为相关的京享值体系。京享值的数值与用户的消费、活跃度、信用分等京东平台的留存成正比关系。通过达到不同的京享值，用户可以获得的特权包括闪电退款、上门换新、以换代修等购物增值服务，也包括京享礼包等第三方权益。在京享值体系内，只要用户买得多就能享受高京享值带来的会员服务。

二是付费的PLUS会员。刚性年费，按照"铜牌、银牌、金牌、钻石"等不同用户等级提供购买折扣。年费的增值服务，包含10倍购物返京豆、全年360元运费券大礼包、爱奇艺VIP会员、免费上门退换货等。

另外，京东还联合其他平台推出联合会员。联合会员通过超高的性价比和服务体验能持续保证用户的黏性。例如，京东与爱奇艺达成会员权益互通，京东能获得自爱奇艺引流而来的会员，让新用户逐渐适应并习惯在京东平台购物。

5.6.2 创造收入

数字技术在帮助企业创造收入方面也起到了竞争性作用,下面将重点讨论两个方面:数据库资产和生产力提高。

1. 数据库资产

一家企业所拥有的数据库是企业中具有战略意义的隐蔽资产。装备和维护一个大型的数据库本身就是竞争者进入的障碍,更重要的是企业能从该数据库中挖掘出用户购买习惯的组合及分析开发出新的服务。

▶▶ **真实案例**

中国工商银行是最先利用银行数据库中客户详细资料信息的商业银行,通过数据挖掘、大数据分析等现代信息技术手段,对客户信息进行全面采集、高度集成、深度挖掘等,建立精准营销管理系统集合,从而形成"以客户为中心"的精准营销管理体系。这改变了过去"撒网式""跑楼式"的营销方法,大幅提升了营销成功率。"信息孤岛"被打破,客户需求被深度挖掘,针对不同目标客户的特征提供更加个性化的服务支持和营销设计,实现了"一对一客户关系管理"。这种充分利用银行数据库中的目标客户信息,精确计算每位客户的盈利率的方式,有利于银行识别、保护最佳客户,剔除最差客户,争夺竞争银行的优质客户,从而实现银行的最大盈利。

在互联网金融产品营销方面,数据库营销为融e购、工银e支付、工银e投资、账户外汇等互联网金融产品推广提供精准营销信息服务,推送的目标客户中成功登录融e购平台的客户占总登录客户的 72.23%,成功交易客户占全部交易客户的 88.62%。目标客户累计成交金额及消费综合积分占比分别达到 64.84%和 97.78%,充分体现了数据库营销的有效性。

2. 生产力提高

信息的收集与分析的新发展增强了企业多地点服务管理的能力。现有的数字技术可以通过比较陈列货物每日利用货架空间的销售数据来管理库存空间。现有的信息技术可以将各个单位的销售数据收集起来后分析谁是最有效的生产者,并且将这些信息与其他单位进行共享,从而提高整个企业的服务效率和库存水平,进而提高整体的生产力。

▶▶ **真实案例**

京东运用智能分拣中心系统使整个分拣流程更为简洁、顺畅,分拣效率大幅度提升。京东智能分拣中心是一套全智能化、机械化操作的平台,它拥有独立的场院管理系统及 AGV (Automated Guided Vehicle,装备有电磁或光学等自动导引的装置)操作台,其完善的远程实时监控体系有效地实现了整个业务操作流程的可视化。智能分拣机和龙门架的引入实现了智能收货和发货,脱离了人工操作,让分拣环节更加自动化和智能化,保证了包裹分拣正确率达到 99%,促进了包裹的高速运转;自动称重设备有助于快速、精确地对包裹进行称重,并准确计算物流费用;视觉扫描仪可以实现漏扫描包裹影像照片的调取,通过人工补码方式完成系统数据录入,实现扫描率达 100%;智能分拣柜采用立体分拣结构,结合 LED 灯光完成包裹实物分拣和系统数据同步流转;工位管理系统能够实现对员工的智能排班和岗位管理,有效地提升了运营效率;智能看板和远程视频,对分拣场地的实时流程把控,有效提升了集团或区域对现场的管控力度;AGV 机器人自动沿规定的导引路径行驶,将包裹自动移载到特定的位置,极大地节省了人力和运输时间。

5.7 数字技术在服务竞争中的制约因素

前面所提到的是数字技术的有利点,但是数字技术并不只有好处,一些企业在使用数字技术来制定战略时,有时会产生用户信息安全、侵犯隐私权、公平等社会性问题,如果没有强有力的监管手段,最终就有可能伤害到用户。

5.7.1 用户信息安全

传统意义上,个人信息是指个人不愿向外透露或由于种种原因不想让他人知道的信息。在数字化时代里,个人信息的界定更为复杂,它包括生物体征信息、社会成员和社会文化信息等。相较于以往,这种界定将网络个人信息的识别度提高,能够更好地适应网络化、信息化时代,具有现实意义。互联网或连接到互联网的设备本身可能成为犯罪的目标,类似于黑客攻击使网站或系统瘫痪的情况。在移动互联网已经成为人们生活的一部分的时候,保护用户信息安全成了企业的主要责任。

▶▶ **真实案例**

2014年,脸书的27万个用户下载了脸书平台上一款个性分析测试的应用软件,随后该应用软件开发者将这些用户及其脸书好友共计5000万人的数据卖给了剑桥分析公司。用户信息泄露的消息传出后,美国和英国的监管机构都表示对脸书公司和剑桥分析公司展开调查。脸书创始人扎克伯格在一份声明中承认,公司在此事上"犯了错误",他承诺将采取一系列措施来应对相关问题。

5.7.2 公平

大数据运用得当,能为很多行业赋能,成为解决棘手问题的一剂良方,可一旦使用不当,其独特力量造成的困扰也难以化解。随着互联网信息技术的发展,用户数据被大量收集,商家对数据的处理、运用能力发生了很大变化,差异化定价不再困难。另外,平台不(必须)遵守适用于常规公司的规则或许可,也容易造成平台和常规公司之间的不公平竞争。

▶▶ **真实案例**

打车软件平台是否会利用已有的用户特征大数据提供差异化服务、定价并进行价格歧视呢?数据分析表明,这类情况是真实存在的。2020年,复旦大学研究团队对"打车出行"进行调研。研究结果显示,平台会收集用户的数据并进行差别定价,如根据手机型号定价,手机越好,价格越贵。以滴滴出行和苹果手机为例,在滴滴的"一键呼叫"中勾选经济型两档车辆和舒适型车辆进行测试,结果显示苹果手机用户更容易被舒适型车辆(专车、优享)接单,这一比例是非苹果用户的3倍。与此同时,苹果手机用户在打车的时候要比非苹果手机用户打车享受的优惠更少。

5.7.3 数据的真实性

大数据能令决策更准确、更明智,但前提是数据必须准确、真实。一旦数据不准确、不真实,得到的决策就不可能科学,得出的结论往往有偏差,甚至错误。在这种情况下,不仅不能解决问题,反而增加了问题的复杂度与不确定性,让人很难看清问题的本质所在。

真实案例

Business Insider（美国一家关注 IT 和创业的重量级博客媒体）对网络购物评价进行了研究，发现了旨在通过刷好评来推动销售的"亚文化"现象。一些卖家采取并非光明磊落的策略，包括分享折扣代码、向购物者发送免费的产品来换取好评。对于此种行为，亚马逊发布了通知：禁止亚马逊平台卖家刷单。自 2017 年年底开始，亚马逊为保持网站上商品评论的真实性进行了不懈努力，一方面处罚刷单卖家，另一方面限制为其刷单的买家账号，同时降低可能是虚假评论的评论权重。亚马逊称，评论对卖家提高业绩确实重要，但更期望确保所有产品的评论是基于准确而且完整的销售过程。

本章小结

本章首先介绍了服务愿景及服务竞争环境，描述了 3 种典型的竞争战略：成本领先战略、差异化战略和集中化战略。其次，分析了作为竞争标准的服务资格标准、服务优胜标准和服务失败标准。再次，阐述了在数字技术驱动下的新型服务竞争战略，包括支持这些战略所具备的模式。最后，讨论了数字技术在服务竞争中的促进作用，如设置壁垒和创造收入，并讨论了数字技术在服务竞争中的制约因素，如用户信息安全、公平和数据的真实性。

讨论题

1. 举例实践中常见的服务类型，分析其主要使用的服务竞争战略。
2. 结合实践中的典型服务类型，分析数字技术在其竞争战略中所起的关键性作用。
3. 列举一家典型的服务企业，分析数字技术能够带来的促进作用和可能存在的障碍。

案例分析

案例 5-1　Costco 的成功之道

Costco 是美国会员制仓储批发俱乐部的首创者。在全球范围内，Costco 的会员总量超过 1.06 亿人——其中 5810 万人是付费会员。作为一个传统的零售商，Costco 明显有一种"魔力"，能不断地吸引顾客前来购物。那么 Costco 为何如此受欢迎？它的秘诀又是什么呢？

1. 定位较高收入的消费群体

在 Costco 成立的时候，那时的普遍看法是只有社会底层才购买折扣商品。因此 Costco 的使命就是要形成一个高端商品低价销售的细分市场，来改变这一传统的看法。Costco 将自己的顾客锁定为消费观念成熟的城市居民。Costco 的董事长杰夫·布罗特曼（Jeff Brotman）认为就是要吸引社区里最富裕的小生意人，这些人舍得在生意上花钱，只要商品质量有保证、价格好，相信他们也愿意为自己花钱。可以说 Costco 从成立的那一天起就将自己定位于吸引较高收入的消费群体。

这样的定位错开了与山姆会员店（定位为一般大众消费）的正面交锋，也减少了 Costco 与其他的折扣店、杂货店及便利店的竞争，这使得 Costco 二十年来没有经历太激烈的竞争从而保持了较高的盈利率。另外正是因为高收入人群的巨大消费能力和受经济波动影响较小的特点，Costco 的单店销售额多年来一直保持了 6% 左右的高速增长，而这一数据远远高出定位于吸引大众群体的山姆会员店。还有这一定位带来的是，固定的、人数不太多的会员，因此Costco能集中精力，更有针对性地为这部分人群做好服务，提高顾客的购买价值。

2. 最低的价格+最好的商品

Costco公司的使命就是要将最好的商品以最低的价格提供给顾客。

在商品方面，Costco以提供最高品质的全国品牌和地区性品牌，100%的满意保证和低于传统的批发商或零售渠道的价格而著称。Costco的原则是让会员以低价格买到基本的生活用品，将节约下来的钱用来买那些昂贵的奢侈品以炫耀自己。正因如此，Costco在很多会员心中成了一个让人激动的购物去处。在Costco的门店里，既有很便宜的生活用品，也有昂贵的奢侈品。通常，奢侈品的超值的价格让很多顾客难以抗拒。

最低的价格和最好的商品必须让顾客感觉到才是成功的。Costco总能让顾客在价格上找到可比点，在Costco的门店里总会提供几款在别的超市里很容易碰到的商品，并定以低价，这样顾客在Costco购物的时候能很容易进行比较，这可以加深顾客对Costco高价值的印象，感受到真正的价格实惠，从而感受到Costco为他们提供的购物价值。

3. 低成本运营

Costco的利润率很低，因此必然要削减成本。Costco关注它所花费的每一分钱，无论是企业管理费用，还是广告/促销费用，尽力减少无效率的工作。

首先做的是减少库存单元。一家Costco仓储店大约有3800到4000个库存单元，而一家典型的超级市场有30 000个，一个折扣百货店有40 000到60 000个。由于Costco的库存单元少，顾客就可在每个单元上花较长时间去寻找更有价值的商品。较少的库存单元意味着较少的商品重复和较少的品种。这样货架空间使用效率高，库存周转更快，存货搬运成本更低，同时减少了挑选，简化了购买。Costco的库存周转率是每年15次，大大超过了竞争对手。另外是大包装，大包装降低了单位服务成本，节省了劳动和管理费用。

有限数量的商品和低成本的运营，使得Costco在低利润的情况下仍有良好的财务回报，多年来的增长率都保持在10%左右。

4. 忠实的团队

Costco的成功与其良好的员工团队是分不开的，Costco的员工也因为Costco而在零售行业中得到了很高的评价。

在华尔街看来，Costco支付了"零售业内最高的小时工资，提供了最好的福利"，这严重影响了Costco的利润率。但是Costco高层的看法恰恰与其相反，他们认为高工资产生高生产率和低员工变更率。"通过这种方式，我们得到了更好的员工。"首席财务执行官理查德·加兰蒂（Richard Galanti）说，"一个长期的员工，受到更好激励会成为更具有服务导向的员工。"事实上，Costco每个员工产生的效率比其他所有的竞争对手的员工产生的效率都高，如Costco平均每个员工创造的利润为13 647美元，而山姆会员店只有11 039美元。

另外，Costco的管理风格很灵活，尊重员工，对员工授权。一位专业的分析人员称赞说，在零售业中，Costco可能采用了最分权的管理方式。

高工资和良好的管理，造就了Costco忠实的团队。Costco的员工流动率只有零售业平均水平（64%）的三分之一，约为20%。

5. 忠诚的会员

能让顾客"省五分是五分"的原则和理论是Costco运行的动力。会员的会费在Costco的利润中起着重要的作用。全年的总会费只占到总销售额的2%，却占到总利润的54%左右。所以

Costco 非常注重培养忠诚的会员，这样可以保持会员数量的稳定。

在 Costco 有 3 种会员，金星会员和商业会员每年的会费为 55 美元，执行会员每年的会费为 110 美元。尽管加入 Costco 并成为会员并非难事，但高昂的会费使很多临时购物者望而却步。那些付了费的会员则不得不进入仓储店购物，以求物有所值。

会费是 Costco 与会员之间的一种承诺。为了使会员觉得物超所值，Costco 总会赋予优质商品最好的价值。Costco 深知与顾客结盟的重要性，因此显示出一种近乎疯狂的、忠于顾客的许诺，如 1.5 美元的热狗＋苏打水的组合价格 20 年都没有变过。

Costco 非常注重与会员的关系，会员的抱怨和建议都记录在案，并及时解决。这些资料还被用来指导制定销售策略。如果某些品牌的商品引起了会员的广泛争议和抱怨，公司首先确认该品牌商品质量前后是否存在差别，然后改变策略，并与供应商建立长久的合作。

Costco 也非常重视会员对其的信任，当某公司试图从其处买走会员名录时，Costco 拒绝了。事实上 Costco 的会员重复申请率非常高，达到了 84.5%，商业会员甚至达到了 97%，会员相信 Costco 会为其提供最好的价值。

另外 Costco 非常注重对会员的开发，通过对会员名录的研究来提供其他的一些附加服务来更好地满足会员，如后来的执行会员就是新开发的一种会员。

由于会费的不同，不同的会员所享受的待遇也是不一样的。例如执行会员可以享受汽车保险、房屋保险、抵押服务、房地产服务、长途电话服务、账单和表格印制、信用处理、健康保险等很多项服务。通过这种歧视性的技术，Costco 能使其会员对自己所交的会费有一种物超所值的感觉。事实上大多数会员都感到很满意。

Costco 也非常注意将低级别的会员发展成高级别的会员。Costco 吸引老会员和新会员的一种方法便是试用。让一些顾客对一些新的服务项目进行试用，从而让他们自己决定是否进行购买和加入。但是 Costco 从来没有想过从这些业务中赚钱，他们所想的只是赚取会费，因此 Costco 在合作伙伴上也是精心挑选的，做到为会员提供最好的价值。

6. 创新

Costco 一直在努力创新。所有人都能贡献想法，无论是新鲜食品、加油站、一小时感光实验室或药店，想法都来源于管理层和员工。

Costco 从 1986 年开始销售新鲜肉类和农产品，从 1995 年开始推出自有品牌的产品线 Kirkland Signature，从 1995 年开始销售汽油。它还拥有很多其他的创新，包括药品添加剂、光学一小时成像实验室、新鲜肉、制造和烘烤部门等。

Costco 通过将金融、房产等引入会员服务项目中来，极大地提高了会员的满意度，这也是 Costco 的重要创新之一。

正是基于正确的竞争战略，才保证了 Costco 成为目前美国最大的连锁会员制仓储量贩店。

分析题：

1. Costco 经营战略取得成功的关键是什么？有哪些可供借鉴和推广的模式？
2. 数字技术在 Costco 经营过程中是怎样撬动顾客价值的？你认为还有哪些可以改进的地方？
3. Costco 在实施中国本土化的过程中遇到了许多困难，如果你是 Costco 的经理，你会怎样进行优化和改进？

案例 5-2　Salesforce：SaaS 巨头诞生记

客户关系管理（Customer Relationship Management，CRM）软件市场是当今世界上最大、增

长速度最快的软件市场之一。全球公司每年在这方面的花费超过 400 亿美元，基本上所有公司都有一个 CRM 软件。

CRM 是所有客户数据和交互的真实来源。通过它，你可以知道你的销售人员承诺了哪些功能及何时承诺的？你从每个客户那里获得了多少收入？或者在过去的一年中，哪个销售人员的销售额最高？你的 CRM 是你了解公司商业模式的关键。

Salesforce 是这个行业最受欢迎的 CRM，市值达 1800 多亿美元，占据 CRM 20%的市场，在财富 500 强公司中，83%的公司在使用它。Salesforce 公司的雇员超过 3 万人，公司办公大楼是旧金山市最高的摩天大厦。

围绕 Salesforce 建立了一个商业生态，Salesforce 每赚 1 美元，它的生态就会产生 4 美元的收益。成千上万的开发者为 Salesforce 平台开发 App，Salesforce 开发本身已经形成了一个有利益的市场。让我们一起来看看 Salesforce 的成长之路。

1. "软件终结者"马克·贝尼奥夫

Salesforce 的创始人是俄罗斯裔美国人马克·贝尼奥夫（Marc Benioff）。贝尼奥夫在美国是一个具有传奇色彩的人物。他创立 Salesforce 之前是 Oracle（甲骨文）的高级副总裁，当时 27 岁，是 Oracle 历史上最年轻的高级副总裁。1998 年秋，在甲骨文的一次内部讨论会中，贝尼奥夫听到了网络服务取代软件包的可能性，凭着对软件产业的了解，他立刻发现这个模式有着足够的破坏力，足以颠覆现有的软件产业。这个模式的核心概念就是：使用者不需要在自己的计算机上装任何软件，只要连上网络，就可以通过浏览器使用各类软件的功能。贝尼奥夫当即意识到，"投入这个模式，才有机会翻身做软件产业的老大"。于是，他离开了 Oracle，并在 1999 年成立了 Salesforce，当时他 37 岁，开始对云计算和软件即服务（SaaS）业务模式进行探索，此后贝尼奥夫被誉为"软件终结者"。

2. 打造差异化的市场定位

Salesforce 的目标是企业用户，要使他们把庞大的数据转移到网络上，就要付出转换成本。更重要的是，说服企业把公司数据放在一家陌生公司的服务器上并非易事。贝尼奥夫意识到，要争取到用户，必须提供强大的诱因并展现可靠、可信赖的形象。

（1）品牌更是一种情感属性。

品牌对于公司来说是最重要的资产。一家公司可能无法长期保持硬实力优势，比如某公司在发展速度、产品价格、产品质量等方面优于竞争对手，但是任何优秀的竞争对手都有可能复制这家公司的工作，甚至这家公司有可能会被竞争对手反超。一家公司唯一能长期拥有的就是个性。

比如，Salesforce 将"NO SOFTWARE"作为公司的理念。通过始终如一地传递一种关注未来、开拓进取的态度，创造了一种专属于公司的个性。在某种程度上，它超越了逻辑属性，更像是一种情感依赖，这是任何竞争对手都无法窃取的宝贵财富。

（2）让员工成为营销团队的关键人物。

Salesforce 把每一位员工都培养成了一名合格的营销代表。每位员工都需要了解本公司的定位和使命，用一句话简单将其总结出来，然后分享给咨询和愿意倾听的人。为了做到这一点，必须给员工做培训，Salesforce 的公关公司制作了一张双面卡片，上面用一句话说明了公司是做什么的，同时还标注了 Salesforce 提供的核心服务、最新客户及合作伙伴。

在 Salesforce 的市场营销培训中还有一个不同寻常的特色，那就是让大家受到"基于角色"的培训，这意味着 Salesforce 的首席信息官和销售经理可能会从不同角度掌握解决问题的不同方案，这种精心协调的最终结果是，每位员工都能在这场复杂的营销活动中向外界精准地传递信息。

通过这些方式，从开发人员到工程师再到质保人员，把每一位员工都培养成了一名合格的营销代表，每个人都成了营销组织不可或缺的一部分。此外，随着公司的发展，所有面向用户的员工都要知道如何宣传自己的产品和服务，面对质疑时如何做出正确的反驳与辩护，这样会让他们更加自信。

所以从某种程度来看，让员工成为营销团队的关键人物是企业营销成功与否的关键因素之一。

（3）战术决定战略。

如果你只有一个想法，我们可以称其为战术；如果你有一整套想法及不同的执行方式，我们就可以称其为战略了。Salesforce 的每一位员工都会在工作中不断进行头脑风暴，探究如何利用竞争对手的活动为公司谋利。

有一次希柏公司正在圣迭戈开会，负责活动的高级副总裁雇用了一群人力车夫，让他们等候在圣迭戈会议中心外，同时免费提供甜甜圈和印有"醒醒吧，希柏公司"这句话的马克杯，而 Salesforce 在给希柏公司的客户提供宣传资料时在上面摘录了一些有关 Salesforce 最新的新闻报道，客户在乘坐人力车时，有专人为其介绍 Salesforce。

这一系列连环招甚至让希柏公司的忠实用户对 Salesforce 产生了浓厚兴趣，就连汤姆希柏本人也接受了 Salesforce 提供的咖啡，后来在希柏公司"欧洲用户周"期间，Salesforce 再次利用这一理念策划了一次活动，把人们的注意力从两家公司之间的竞争转移到 Salesforce 身上，将 Salesforce 和希柏公司关联在一起。

为了乘胜追击，在希柏公司发布其财报的同一天，Salesforce 召开了新闻发布会，发布了与 Salesforce 的新功能、新用户相关的信息。精心策划这些活动的目的就是想让大家一提到希柏公司就会想起 Salesforce。

虽然在事实上，Salesforce 还只是大象背上的一只蚂蚁，但通过采取一些非同寻常的策略，小蚂蚁也可以让大象跳脚，在出其不意的情况下，也可以形成战略上的成功。

（4）积极主动与媒体做朋友。

Salesforce 从不把媒体当作需要防范的人，相反，会把媒体当作朋友。Salesforce 很重视与媒体专业人士的对话，因为他们时刻观察着这个世界，并思考着未来。同时，Salesforce 也认为与记者的关系是决定营销战略成功与否的关键。

在 Salesforce 有这样一个原则，尽量保持公司与热点新闻的相关度，比如与记者共同探讨行业发展方向议题，当然，不是干等着记者们打电话，而是采取积极主动的态度。维护好与记者的关系，给 Salesforce 带来了许多对外发表言论的机会，比如，当发生了某些新闻事件时，记者们就会立刻联系 Salesforce，把 Salesforce 的评论与观点作为他们报道可引用的资源。

对管理者而言，十分有必要了解所在行业正在发生的事，并利用这些机会进行恰当的宣传，这也可以避免在采访时遇到措手不及的情况。

所以，与媒体关系的好坏在一定程度上决定了企业营销战略能否成功。

（5）比喻是精准解释服务的方法。

比喻是精准解释服务并有效对外宣传的最简单的一种方法。对管理者而言，需要很长时间去思考对记者说的话，以及应该如何回答问题。但实际上，利用简单的比喻来解释正在做的事，反而能够确保想表述的信息能够被真正理解并有效地传达给对方。比如"Salesforce 其实就是亚马逊遇到了希柏软件系统""AppExchange 是企业软件版的 eBay"等。

比喻也是有诀窍的，首先，把产品和一些大家都能理解的、当前火爆的东西结合起来描述；其次，在使用这些比喻之前务必先"测试"一下，看看大家能否理解，比如找几个客户、分析师或行业内人士，看看他们是否能理解其中的要义，以确保这个比喻可以奏效。

打一个恰当的比喻通常要花一些时间去准备，却是非常值得的。在萌芽阶段，Salesforce 就通过上述这些让人过目不忘的市场定位开始建立用户及行业对 Salesforce 的认知。

3．打造 SaaS 产品家族

取得初步成功之后的 Salesforce，已不满足于在线 CRM 服务，而是在向 SaaS 综合服务商发展。

- 销售云：Salesforce 家族中最受欢迎的产品，主要用来推动客户增长、寻找新的销售线索并达成交易。
- 服务云：可以帮助企业通过各种渠道（例如电子邮件、在线聊天、呼叫中心）提供更个性化的售后支持。
- 营销云：一个营销自动化的云平台，可让企业通过不同的渠道和设备为用户定制个性化的数字化旅程。
- 电商云：一个电子商务平台，可帮助企业品牌更快地发展并将更多的潜在用户转化为用户。
- 社区云：使企业可以为与其业务生态系统相关的每个群体建立一个在线社区，这些群体既可以是用户、员工和合作伙伴，也可以是求职者、代理商、供应商和零售网点。
- 分析云：可以处理任何来源的任何数据。它的 3 个主要功能包括数据可视化和移动界面、实时数据查看，以及将本地的大规模数据高速集成到 Salesforce 云平台。
- 集成云：Salesforce 的 MuleSoft Any.point 平台可帮助企业用户连接任何系统，包括 Salesforce。在收购 MuleSoft 之后，Salesforce 把它添加至自身的集成云，帮助企业能够方便地打通用户的各个触点，形成无缝的用户体验。

4．形成完整生态链

在 Dreamforce 的大会上，Salesforce 用一张图向人们展示了目前拥有的所有产品和服务，它们共同构成了完整的 Salesforce 生态链。

第一层是九大应用，包括销售云（Sales Cloud）、服务云（Service Cloud）、营销云（Marketing Cloud）、社区云（Community Cloud）、分析云（Analytics Cloud）、应用开发平台（App Platform）、商务云（Commerce Cloud）、物联网云（IoT Cloud）、团队协作平台（Quip）。

第二层是开发者平台，包括 Lighting、AppExchange、Force Heroku 平台。Lighting 可以帮助用户以最快捷的方式，构建可扩展的安全互联应用程序，包含很多工具和组件。AppExchange 是企业应用商店，它可以用来发布在 Force 上开发的应用和 Lighting 组件。Force 和 Heroku 同样是应用程序的构建平台，不过两者适合的领域不同：开发面向使用 Salesforce 用户的 App，或者是需要和 Salesforce 集成的应用，使用 Force 比较合适；而如果是面向其他 C 端用户，那么使用 Heroku 会更好，它的技术和框架更具普适性。

第三层是人工智能平台，即 Einstein 平台，拥有预测分析、机器学习、深度学习、自然语言处理和生成等能力。

第四层是数据服务，它可以帮助用户获取 IoT Event（物联网事件）、CRM Date（客户关系管理数据）、E-mail、Calendar & Social Date（邮件、日历和社交数据）当中成千上万条的数据。Thunder 可以理解为 IoT Cloud（物联网云）的引擎。据 Salesforce 称，这是最具拓展性的事件处理引擎，可以从周围互相连接的环境中获取和编排大量的事件，帮助企业用户了解一些以前看不见的用户行为和数据，允许任何人在任何设备上采取更主动、个性化的行动去接近他们的用户。

分析题：

1．你认为 Salesforce 取得商业成功的主要原因有哪些？

2．举例说明 Salesforce 利用了哪些数字技术帮助用户解决具体问题。

3．假设你是 Salesforce 的经理，要让 Salesforce 更好地在中国发展，你认为应该从哪些方面入手进行服务竞争战略设计？

第 6 章

服务设计

▶▶ 学习目标

1. 了解服务设计的核心概念界定。
2. 理解服务设计思维的方式和服务设计的方法。
3. 熟悉数字技术在服务设计中的应用。

▶▶ 导入案例

百视达和奈飞的服务设计

百视达（Blockbuster）和奈飞（Netflix）两家公司提供的服务完全相同：出租录像带供客户在家里播放。百视达的服务设计部门很卖力：把一家出租录像带的夫妻店装修成灯火通明、适合家庭的标准商店模式，店铺打造得像沃尔登书店和道尔顿书店等连锁书店一样，展架上摆满时下热门的电影录像带。这个设计条理清晰、构思巧妙，使百视达辉煌了一段时间。

但是，百视达的服务设计存在着固有的缺陷，这些缺陷就是疏远了客户，耗费了资金。

- 因为客户只能租近期上架的电影录像带，所以公司就必须大量购买热门电影录像带，尽量避免库存不足的情况。
- 当一部电影淡出大众的视线后，所有的库存几乎都变得毫无价值。
- 为了及时把录像带收回，租给下一个客户，百视达需要对延迟返回录像带的客户加收滞纳金。这些费用占其收入的 10% 以上，但每收一美元滞纳金都会降低客户的满意度。
- 公司扩大到 5000 多家零售店，每家新店都会增加固定成本，收益递减现象不可避免地出现了。

如果把百视达比作沃尔登书店的话，那么奈飞好比是亚马逊。在使用宽带媒体流之前，奈飞实行邮购制。奈飞创建了一个订阅模型，客户可以观看所有影片，当客户返回看完的电影录像带时，下一卷电影录像带就会发货，因此奈飞奖励快速返回电影录像带的客户，而不是惩罚延迟返回电影录像带的客户。此外，它设计的"推荐引擎"可以根据客户以往的观影选择来向客户推荐电影录像带，这样奈飞就可以分流对热门电影录像带的需求。如此一来，不仅减少了囤货，而且创建了一种机制，通过该机制，奈飞可以直接了解每个客户。相比之下，百视达只能了解客户的整体偏好。

此外，奈飞可以在全国范围内管理库存和后台功能，享受规模经济，以消除收益递减带来的弊端。奈飞利用邮政服务，不用支付租金，不用购买固定设备。所有这些差异都是奈飞服务设计选择的结果，这样奈飞就可以制定战略选择，寻求合适的方法来发挥设计工具的作用，改进其业务。

百视达在其最鼎盛时（2004 年）拥有 6 万名雇员，收入高达 59 亿美元，市值达到 50 亿美元。然而仅仅 6 年之后，它就宣告破产了。而截至 2022 年 4 月，奈飞公司的市值已超过 1500 亿美元。

6.1 服务设计的起源

"设计"一词来源于拉丁语"designare"，意思是"标出来"。设计的理念随着 18 世纪及 19 世纪的工业革命进入了商业领域。在此之前，产品是在制造过程中由个体工匠或由师傅、熟练工和学徒组成的小工作室设计的。随着大规模生产的推行，出于实际需要，设计环节和制造环节分离开来。产品的尺寸、形状、外观、材料规格及生产流程必须事先标明，工具和零件要装配好，工人要经过培训，确保每件产品都与前一件下线产品相同。

但服务行业与制造业完全不同。银行、零售业及其他服务行业具有独特的管理方式，通过与制造业类比的方式去理解或管理这些企业显然行不通。然而，工具、框架及在工业设计和管理上积累的经验法则可以提供帮助。

服务设计在这种背景下应运而生：由于服务越来越重要，人们意识到不可以用管理生产的方法来管理服务。同时，服务开发与科技的发展密不可分。服务设计在早期，还只是设计服务。然而，随着移动技术的发展，人工智能、大数据和云计算的积累，让用户的需求有了随时随地被满足的可能性，服务设计才真正有了用武之地。

6.2 服务设计的界定

6.2.1 服务包

1. 服务包的构成

服务包，即顾客价值包。一般认为，服务包是指服务提供者在某个环境下提供给顾客的一系列产品、服务和体验的总和。詹姆斯·A. 菲茨西蒙斯（James A. Fitzsimmons）在《服务管理：运营、战略和信息技术》一书中提出，从顾客消费的心理感受和服务实施的角度来看，企业要给顾客提供令人满意的服务，不仅要考虑信息、显性服务和隐性服务，还要考虑服务设施所依托的载体，也就是支持性设施和辅助物品，这 5 个部分结合起来就构成了服务包的概念。

（1）支持性设施，是指在提供服务前必须具备的物质资源。支持性设施一般是指服务发生的物质场所，例如高尔夫球场、航空公司的停机坪和飞机，其通常都是一次性投入、多次使用，并且分期折旧的固定资产。

（2）辅助物品，一般指顾客购买和消费的物质产品，或是顾客自备的物品，是服务依托的载体，例如高尔夫球棒、替换的汽车零件等。辅助物品一般都是顾客需经常购买的易耗品。

（3）信息，可以从顾客或服务提供者处获取的数据，用以支持高效和定制的服务。

（4）显性服务，那些顾客用感官可以察觉到的和构成服务基本或本质特性的服务，例如酒店房间的装饰、采光、床铺的整洁程度等。

（5）隐性服务，是指顾客能够模糊感到服务带来的精神上的收获，或服务的非本质特性。例如贷款办公室的保密性、协会主席职位带来的荣誉等。

2．服务包的设计

服务包的设计是指服务企业根据市场竞争特征及自身资源现状，为实现一系列服务产品优化组合而进行构思和设想的活动过程。服务包设计的优劣直接影响服务质量和服务运营效益。企业在服务设计之初，可以采用服务包工具将服务拆解为支持性设施、辅助物品、信息、显性服务及隐性服务五大方面，根据对每个方面的设计来综合提升企业最终提供的服务质量。

6.2.2　服务设计的因素

服务设计必须精心规划，确保能够持续不断地提供服务，以达成既定的战略服务目标。服务设计因素相当于一份详细蓝图，它向顾客和员工清晰展示了所期望的服务特性和应达到的服务标准。这些设计因素包括以下几个方面。

（1）结构性因素。

传递系统：前台和后台、自动化、顾客参与。

设施设计：尺寸、艺术性、布局。

地点：顾客人数统计、单一或多样化地点、竞争、地点特征。

能力设计：顾客等候管理、服务者人数、调节一般需求和需求高峰。

（2）管理性因素。

服务情境：服务文化、激励、选择和培训、对员工的授权。

质量：评估、监控、方法、期望与感知、服务保证。

能力和需求管理：调整需求和控制供应的战略、等候管理。

信息：竞争性资源、数据收集。

下面利用星巴克的案例来说明服务设计中的每个因素对战略使命达成的贡献。

星巴克成立于1971年，以开设咖啡连锁店闻名世界，目前已经在全球开设了25 000家咖啡店，是一家传统的零售餐饮企业。星巴克15年来的数字化发展之路成了人们津津乐道的事情。

星巴克在实现数字化门店服务战略中的结构性因素表现如下。

传递系统。星巴克使用机器学习等工具来产生运营洞察力，为其前、后台提供支持。例如，如何快速高效地完成顾客的订单，无论订单是来自移动应用程序的在线订单，还是顾客在商店排队等待，或者是顾客通过店中放置的自助下单机器所下的订单。

设施设计。在设施上有意图地进行设计，充满咖啡元素，比如使用的道具、店员的服饰及商品用材的设计，体现星巴克的整体性。通过橱窗设计场景的吸引力，橱窗内的人是窗外人眼中的风景，橱窗外行走的人是窗内人眼中的风景。并且设置基于物联网的咖啡机、烤箱、Wi-Fi热点、实时客流等，实现实时的门店运营数据洞察。

地点。星巴克门店一般位于核心商业区、高端写字楼区、交通枢纽等。星巴克选定商圈后会测算有效客流，确定主要流动线，选择顾客聚集点附近作为门店选址，因为人群习惯在聚集点驻足逗留。在星巴克，极少有人会谈及咖啡，人们更看重的是座位、氛围、周边人群及环境景色。因此，星巴克会在选址的交通、车位、环境、橱窗和招牌设置上做大量研究。

能力设计。星巴克的顾客现在可以从他们的移动应用程序或智能音箱产品来实现基于语音的订购服务。这两种方法都允许顾客在不与人交谈的情况下订购与支付，然后可以在附近的商店提取他们的订单产品,减少其等候时间。

星巴克服务设计中的管理性因素同样支持其提供高质量的服务战略。

服务情境。星巴克企业内部从来不称呼"店员"或"员工",而是称呼"伙伴",就是想让每个人之间彼此尊重。这种人性文化,使得咖啡师们不会故作热情。

质量。星巴克尽可能将咖啡制作过程中的重要节点展示出来,顾客可以看到咖啡制作的整个过程,对服务质量的感知程度也相应提高了。星巴克还通过增强现实体验提升感知质量与服务保障:在星巴克上海旗舰体验店中,为了帮助顾客创造个性化的体验之旅,数字化应用平台创建了一个完整的数字化菜单,并通过增强现实技术,为顾客直观地分享咖啡的细节、制作方法及其他不容错过的独特在线和离线体验。完成每一个步骤,顾客都会解开一个虚拟徽章,一旦获得所有徽章,顾客将收到一个定制的咖啡过滤器以纪念这一时刻。这是由星巴克设计,并采用了先进的增强现实技术为顾客提供的独一无二的数字化体验。

能力和需求管理。星巴克通过扩展移动应用程序在门店之外的使用,为顾客提供快捷的产品预定和递送服务。多样化、不受空间和环境限制的支付方式,使用区块链技术扩展星巴克 STARS 顾客忠诚计划解决方案等都保证了星巴克能力的充分利用。

信息。星巴克通过智能门店技术(如 IP 照相机、传感器、Wi-Fi 标签和移动技术等)的组合,使门店成为获取顾客行为洞察的源泉。为了更好地了解顾客,星巴克整合所有形式的顾客数据并找到真实的、具备可操作性的数据,以便预测未来顾客的喜好和需求。

6.3 服务蓝图

根据服务概念中包含的主观想法来开发新的服务,需要付出昂贵的代价甚至经历失败的教训才能将想法变成现实。例如,在设计一座大楼时,人们把建筑图纸称为蓝图,这是因为这种图纸是用蓝线特别绘制的。这些蓝图展示了产品的样图和制造过程中的一些具体规范。同样,设计者可以以类似的方式设计服务交付系统,重点在于显示员工和支持服务之间的交互的顾客处理流程。

6.3.1 服务蓝图的架构

服务蓝图能够帮助设计者视觉化地呈现服务是如何被执行与运作的。服务蓝图关注用户在每个服务互动触点所经历的事情与感受,其更注重服务中的各个要素有没有被正确地设计和整合在一起,以便描述整体的体验流程。服务蓝图的基本架构如图 6-1 所示。

- 实体触点:服务触点的实体表征。
- 用户活动:用户在购买、消费和评价服务过程中采取的一系列活动步骤。
- 前台:能被用户看见的和直接接触到的服务活动/界面。
- 后台:用户看不到的支持前台与用户互动的后台行为活动。
- 支持系统:涵盖在传递服务过程中支持员工的各种内、外部服务步骤。

用户在前台经历的每个阶段,都能对应服务的触点,也能对应组织后台的活动。不同的组织创建的服务蓝图会侧重不同的风格,这个过程往往涉及跨部门整合,最后将服务用图表形式系统体现。

服务蓝图是一种服务设计策略,运用系统的蓝图推动服务创新,通常用来分析现有的服务,检验各个触点之间的配合,从而提升服务质量和效率。

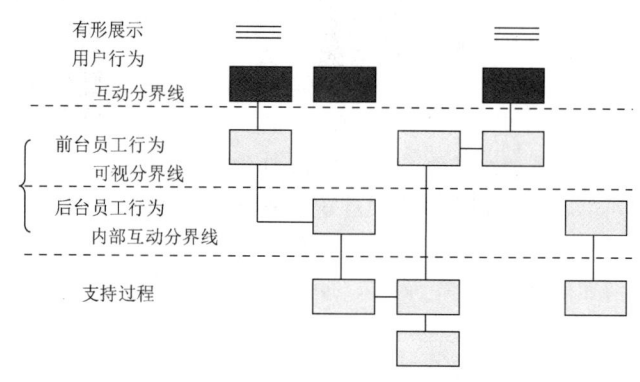

图 6-1　服务蓝图的基本架构

6.3.2　服务蓝图的建立

（1）根据项目特性勾勒出框架表。先画好互动分界线、可视分界线和内部互动分界线，以虚线画分界线。互动分界线表示用户与前台服务提供者的互动。可视分界线以上代表用户可以直接接触的部分；可视分界线以下是用户看不到、无法直接接触的部分；内部互动分界线代表服务前台与组织后台的协作配合关系。

（2）在互动分界线以上，按用户活动的时间顺序来描绘一系列的用户活动：注意（用户最初了解的服务接触点）—加入（登录或注册阶段）—使用（服务的常用阶段）—发展（用户对服务扩展进行使用）—离开（结束使用服务，可以是阶段性或永久性的）。

（3）在互动分界线与可视分界线之间，描述前台各阶段的互动。对应每个用户的活动轨迹，可以添加不同的服务提供方，并创建与用户产生直接互动所必需的行为，可以用实线箭头连接表示互动关系。

（4）在可视分界线以下，描述后台各阶段的互动。对应前台服务提供方的服务流程，组织后台的不同角色需要配合的行为，同样可以用实线箭头连接表示互动关系。

（5）回到基本架构的最上端，对应用户活动标注服务接触点，如接待吧台、网站平台、印刷物料等。细节到全局需要反复思考。例如，界面触点是什么样子的？员工接待是怎样的标准？如何与服务保持整体上的一致性？

（6）制作数字化的服务蓝图、视觉化的数字档案，方便团队更新与共享。

用户与环境（社会、技术等）的不断变化必然造成服务是动态的，蓝图在服务实施过程中需要被不断检视与迭代。

前台、后台与服务对象间的互动可能会超出预期，往往需要作为服务提供者的各个部门一起协作完成，甚至需要邀请用户共同参与。

服务蓝图是一个有用的管理工具，用于评估服务流程并建议可能的用户体验改进。从实体证据开始，可能会询问证据是否与用户的期望一致（例如网站是否易于导航）；是否可以消除的用户行为（例如同一网站上的机票和渡轮销售）或自助服务（例如离开停车场）；对于前台联系人是否需要不同的人际交往能力。后台联系人的问题涉及适当的人员配置，以避免在台上造成不必要的延误。失败点会引起对意外事件的预先计划的需求。

总体来说，服务蓝图是对服务交付系统的准确定义，它使得管理者在进行任何实际的承诺之前，都能对书面的服务定义进行检验。服务蓝图也能够通过辨别潜在的失败点和突出机遇来方便解决问题和产生创造性思维。

不同类型服务的服务蓝图在侧重点上会有所差异。比如图 6-2、图 6-3 和图 6-4 分别为酒店、快递行业及共享汽车的服务蓝图。从这几幅图中可以清楚地看到酒店的服务蓝图侧重于前台服务，这与酒店密切地接触用户需求密不可分；而快递行业的服务蓝图则侧重于后台服务，庞大的物流体系与人员支持着前台行为；共享汽车的服务蓝图最重要的是其信息支持系统的设计。

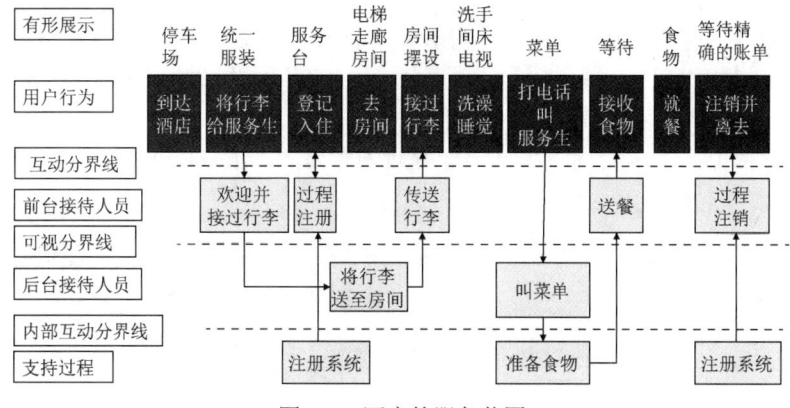

图 6-2　酒店的服务蓝图

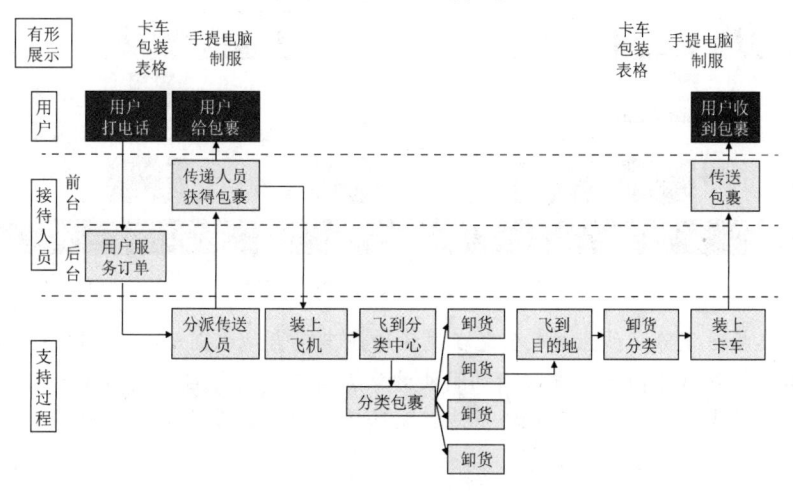

图 6-3　快递行业的服务蓝图

图 6-4　共享汽车的服务蓝图

▶▶ **真实案例**

腾讯滨海大厦建筑面积约为 35 万平方米，作为腾讯的全球总部基地。滨海大厦拥有地下 3

层 3 个种类的停车场,如何解决停车场的停车困难,并优化工作效率成为一项新的挑战。

第一,通过服务蓝图梳理关键问题。

通过服务蓝图梳理现有停车场服务,发现当前服务基于传统的人工登记巡检方式,造成员工停车体验不佳,同时当前服务需要大量的人力资源支持,效率非常低下。

第二,构思解决方法。

针对上述问题,尝试采取预约制,并增加前端非人工触点,优化员工停车体验,最大化降低人力资源成本。

第三,设计并形成解决方案。

从新服务蓝图(见图 6-5)中可以看到,通过新增触点,很好地解决了之前发现的问题。

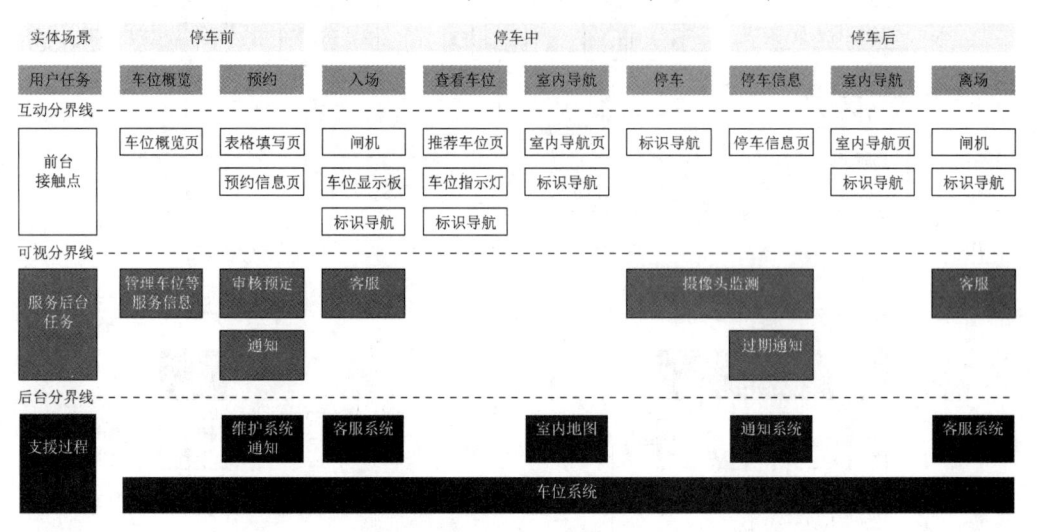

图 6-5 智能停车场服务蓝图

最终的停车场方案除了线上预约,也在现场增设车牌自动识别闸机、车位感应及检测设备、停车位智能告示板等线下触点。通过新的解决方案,员工可进行自助预约停车,过期车辆自动发送离场通知,最大限度地优化了人力资源,提高了效率,提升了用户体验。

6.4 服务设计分类

服务设计可以根据服务差异化程度、服务活动指向的客体、顾客参与程度等进行分类。如表 6-1 所示,服务可以分为低差异性服务(如标准服务)和高差异性服务(如定制服务)。在这两类服务中,服务的客体可以是货物、信息和人。顾客参与程度可以是无顾客参与、间接参与和直接参与(可进一步分为自助服务和顾客与服务人员互动)。

表 6-1 服务设计的分类

顾客接触程度	低差异性服务(标准服务)			高差异性服务(定制服务)		
	产品加工	处理信息或图像	人员处理	产品加工	处理信息或图像	人员处理
无顾客参与	干洗、自动贩卖机	检查流程、信用卡结账	—	汽车修理、定制鞋/服装、珠宝	程序设计、建筑设计	—

续表

顾客接触程度		低差异性服务（标准服务）			高差异性服务（定制服务）		
		产品加工	处理信息或图像	人员处理	产品加工	处理信息或图像	人员处理
间接参与		—	网上购物、网上查询账户余额	—	3D打印医疗器械	由空中交通管制员监督着陆、在电视拍卖会上竞标	—
直接参与	没有服务人员与顾客互动（自助服务）	经营自动售货机、组装预制家具	从自动柜员机提取现金、在照相馆拍照	操作电梯、乘自动扶梯	自助拿取食物、包装货物	记录诊所的病史、在数据库中搜索信息	驾驶出租车、使用健身俱乐部设施
	服务人员与顾客互动	在餐厅用餐、洗车	做演讲、处理日常银行交易	提供公共交通、提供大规模疫苗接种	家具地毯清洁、园林绿化服务	肖像画、辅导	剪发、整容手术

6.4.1 差异化程度

根据差异化程度可以将服务设计分为标准服务（低差异性服务）和定制服务（高差异性服务）。标准服务是通过范围狭窄的集中服务来获得高销售量的。这是常规服务，工作人员有较低的技能即可。由于服务性质的简单重复性，自动化更多地用来代替人力（如使用售货机、自动洗车等）。减少服务人员的判断是实现稳定的服务质量的一种方法。对定制服务来说，完成工作需要较多的灵活性和判断力。另外，在顾客和服务人员之间需要进行更多的信息沟通。此类服务过程无固定模式可循，且未被严格界定，因此需要高水平的技巧和分析技能（如咨询服务、景观美化等）。为了使顾客满意，服务人员应被授予一定的自主性和决断力（即服务人员应被授权）。

6.4.2 服务对象

当产品被处理时，一定要分清楚它是属于顾客的，还是由服务公司提供的（如辅助产品）。例如干洗或汽车修理，服务作用的客体是属于顾客的，因此工作人员一定要注意不要让衣物或汽车有任何损坏。在另外一些服务中，服务企业（如餐馆）提供辅助产品，并将其作为服务包的重要组成部分。因此，企业必须考虑这些辅助产品适当的库存和质量，如麦当劳餐厅对食品原料购买的关注。

所有服务系统都会处理信息（即接收和处理数据）。在某些情形下，这是后台活动，例如银行的支票处理。对于其他服务，信息通过电子方式间接传达，如网上查账。在这些情形下，工作人员可能会在电脑前花上若干小时来进行例行的工作，这时激励也就成了一种挑战。然而，存在诸如咨询之类的服务，顾客与工作人员需要直接接触以进行信息的交流。对于那些高技能的工作人员，处理非常规问题的挑战以获得工作满意度是非常重要的。

工作人员处理过程涉及实体形态的变化（如理发或手术）或地理位置的变化（如乘车及租用小汽车）。由于这类服务的"高接触性"，工作人员不但要掌握技术方面的技巧，还要掌握人际沟通方面的技巧。对于服务设施设计和选址也应注意，顾客应适当参与服务系统的构建。

6.4.3 顾客接触类型

顾客参与服务交付系统可以有 3 种基本的方式。第一，在服务创造的过程中，顾客实际参与并与服务提供者直接互动。在这种情况下，顾客会对服务环境有彻底的了解。第二，顾客在家中或办公室通过电子媒介间接参与。第三，服务在完全没有顾客参与的条件下完成。社区团购是这 3 种方式都存在的例子。例如，顾客通过社区团购平台购买商品，提货的时候需要与团长直接接触，货款的支付可以通过线上交易平台完成，而货品的供应则由平台人员与供应商配合完成。

直接顾客参与又可分为两类：与服务人员无互动（如自助服务）和与服务人员有互动。自助服务很有吸引力，因为顾客要在必要的时候提供必要的劳动。许多能够节约成本的技术在服务中的应用，如自动柜员机，取决于那部分愿意使用这种设备的顾客。当顾客愿意与服务人员直接互动时，上面所讨论的人员处理过程（即人际关系技巧的培训和设施的定位、布局、设计）对于保证服务成功十分重要。顾客亲自出现在服务过程中会造成许多新的管理问题的出现（如管理等候以避免产生消极影响）。

具有间接顾客联系或没有顾客联系的服务不需要受到顾客参与服务系统所引起的问题的约束。由于顾客与服务交付系统分离，因此可以采用制造业的方法。关于现场位置、设施设计、工作安排和员工培训的决策都可以通过有效的方式来实现。实际上，没有顾客参与和产品处理的组合通常可以被看成制造活动。例如，干洗是加工过程，汽车修理是作坊。

这种服务分类提供了一种解决组织服务系统中遇到的各种设计问题的方法，并帮助大家理解服务设计和管理。服务分类也为服务过程提供了战略定位图，并能为服务系统的设计与再设计提供帮助。

6.5 服务设计思维

互动设计基金会对设计思维的定义：设计思维是一种设计方法论，一种以解决方案为基础的问题解决方式。它在应对复杂问题、未能准确定义的问题或未知问题方面极其有效。设计思维在产品设计师和其他创意专家已经流行了一段时间，如今它被应用到更多的领域。

▶▶ **真实案例**

美国银行的"保持变革"（Keep the Change）项目提供了一个关于设计思维的典范。2004 年，美国银行雇用了一家设计公司来帮助其识别创新性的概念，从而鼓励婴儿潮时代出生的女性开设更多的银行账户。这个团队的成员做了大量的研究，包括追踪他们的目标用户以了解她们的习惯和行为。最后，他们偶然得出了两个根本性的观点：第一，婴儿潮时代出生的女性存钱很困难，在多数情况下这是因为她们根本没有存钱的习惯；第二，她们似乎喜欢凑整交易，因为这样对她们来说更容易计算。基于这两个观点，美国银行于 2005 年年底发起了"存零钱"项目。这个创意非常简单。持有美国银行借记卡的用户可以在美国银行单独设置一个储蓄账户，每发生一笔消费交易，银行就会根据消费额匹配一个金额自动存入储蓄账户并冻结 3 个月，每年银行会将消费总额的 5%作为奖励返还给用户（总额不超过 250 美元）。例如，当用户消费一杯 1.50 美元的咖啡时，银行就会直接扣除 2.00 美元，多出的 0.50 美元存入"存零钱"储蓄账户。到 2010 年，这一创意已经为美国银行赢得了 1000 万个新用户，并帮助银行用户储蓄了 18 亿美元。

6.5.1 同理心思维

让用户满意的能力始于用户体验。这就意味着要了解用户遇到了什么挑战，他们需要解决什么问题，以及他们正在努力实现什么目标。因此，同理心思维是设计用户满意服务的第一步。目标是了解用户的目的，然后设计一个符合需求的用户体验。

▶▶ **真实案例**

财捷集团（Intuit）创始人斯科特·库克（Scott Cook）和哈佛商学院教授克莱顿·M. 克里斯坦森（Clayton M. Christensen）讲过一个关于一家快餐公司的故事，这家快餐公司曾投入重金研究人们对奶昔的口味偏好、价格点等，但这番努力毫无用处。事实证明，人们购买奶昔时不太在意奶昔的口味，他们只是图方便，只是想在开车通勤时找点东西打发时间，让自己舒服和充实。认识到了这一点，该公司重新设计了奶昔的销售方式（购买更便捷），重新调整了配方（让奶昔可以吃得更久），结果，奶昔销量猛增。

通过实地调查，真正去观察用户的行为，是同理心的关键。同理心是一个非常强大的工具，它可以帮助你了解用户最在意什么。然而，当站在用户的立场想问题时，不要用你的直觉来代替对用户的直接观察。冲浪航空公司的杰夫·波特（Jeff Porter）说："我们认为，对大多数会员来说，很多事情都很重要，但我怀疑，这些事情实际上并不重要。"例如，飞机上的 Wi-Fi（无线局域网）。对波特来说，Wi-Fi 似乎是必要的，但他惊讶地发现，对于这件事，大家的态度几乎一分为二。同理心思维可以帮助企业设计用户想要的体验，还能帮助企业理解用户自己不知道或无法表达的需求和目的。

▶▶ **真实案例**

Continuum（美国一家设计公司）的一个团队与一家家居安保公司合作，展示了进行实地调查的好处。Continuum 负责人托比·博托夫（Toby Bottov）回忆说，当他们和这家家居安保公司一同拜访用户时，得知这家家居安保公司的某个核心产品正朝着错误的方向发展。博托夫说："我们发现了人们想要从家居安保系统中获取的东西，那就是简化生活，而不是什么超级强大而又复杂的东西。"也就是说，公司一直在追求卓越的技术，却牺牲了用户真正想要的体验。Continuum 的研究不仅帮助这家家居安保公司重新设计了系统的功能，还重新设计了系统的外观和用户界面，新系统赢得了用户的好评。

6.5.2 简洁思维

简洁思维为服务设计提供了最佳方式，可以帮企业寻找、发现并消除需要企业和用户付出努力的场合，从而提升了用户的满意度。下面几种方法可以同时提高服务效率和简洁度。

（1）**消除接触点**。消除用户服务过程中非常复杂或令人生厌的阶段。航空旅行中最糟糕的部分往往不是飞行过程，而是机场，冲浪航空几乎完全消除了这一障碍。几乎任何公司都可以在这里或那里消除或简化接触点。比如航空公司设置隔开的值机柜台、特殊休息室，这样精英用户就减少了等待的烦恼。排队购买商品是一个典型的接触点的例子，在大多数情况下，无论是买方还是卖方都无法从排队中获取价值。不管是苹果直营店还是诺德斯特龙折扣店，都为店员配备了手机或其他手持结算设备,这样用户可以立即结账或不用排很长的队,从而消除或减轻了排队带来的负面影响。

(2)通过重新调整操作实现并行处理。有时可以按不同的顺序来做事,这样就不会忙乱,也不用等待。忙乱和等待会让买卖双方都感到很沮丧。

(3)模块化和集成化。不必要的复杂性会浪费服务商和用户的资源。美国邮政服务的包裹运输服务,费率统一,高效而又简洁。用户知道他们要花多少钱,包裹不用称重,也不用贴标签,可以节省用户和工作人员的时间和精力。

▶▶ **真实案例**

ThedaCare医疗社区的医师服务部负责初级保健,每年服务的患者约有45万人。通常,来检查的患者都需要进行血液检测或其他实验室检测。医院重新安排了患者的就医程序,患者到达指定诊室就可以抽血检测,不用等医生,这样做的目的是让患者在看病结束前就可以拿到检测结果。内科服务的首席运营官珍妮·雷德曼·谢尔解释说:"我们希望实验室的工作能够调整一下,这样当医生和患者谈话时,他们就可以讨论实验室的化验结果,以及在药品、剂量、专家等方面需要做什么样的调整。"这样一来,医患互动效果更好,患者遵循医生指示的可能性更大,而且还减少了诊所和患者的后续付出。这样,在拿到测试结果后,医生就不用再打电话找患者或担心联系不上患者了。因为ThedaCare医疗社区有自己的实验室,能够完成这项工作,不会让患者久等。事实上,重新设计临床护理服务的效果就是缩短了就诊时间,提升了患者体验。

6.5.3 迭代思维

随着信息时代不同领域的交叉融合,源于计算机领域的"迭代"算法概念已然逐步演化为一种思维模式。迭代思维就是"快和重复","快"是必然要求,"重复"是表现形式,而迭代的关键在于升华、积累及总结,是量变到质变再到量变的过程。迭代思维的两个层面:一是"微",即由小处着眼的微创新;另一个是"快",强调及时乃至实时地把握用户需求。可以将迭代思维的内涵界定为以快速响应为根基,从最简化可行的原始方案出发,通过不断反馈与经验总结优化,累积由快速迭代产生的微创新,渐进式实现量变到质变的变革式服务能力提升。迭代过程的4个步骤,即探索、创造、再思考、实施,是构造复杂的设计流程的一个基本方法。

比如1995年7月,亚马逊发布的第一个购物网站没有任何巧妙的设计,也没有采用什么智能算法,除图书类别和下订单功能之外没有任何其他功能列表。企业内部运营也同样简单,员工手动挑选书籍、打包,然后送去邮局。然而,这种做法使亚马逊能够最大化地利用现有有利条件,摒弃那些无用的资源,并稳步朝着创始人杰夫·贝佐斯(Jeff Bezos)提出的愿景(成为"出售任何货物的商店")迈进。

但是在数字化发展过程中,项目越大越难落实执行,亚马逊开始用迭代思维指导数字化转型。无论是在第一阶段还是在更高阶段,避免陷入困窘和失败的一个关键原则是,把项目拆分成多个小型的、可迭代实施的项目组合,从而使数字化转型风险降到最低。

▶▶ **真实案例**

2013年10月1日,对于负责建设联邦门户网站及落实《平价医疗法案》(Affordable Care Act,ACA)(下称《法案》)的项目领导层而言,这一天意义重大。这一《法案》更流行的叫法是《奥巴马医改法案》。网站正式运营后,在医疗保险和医疗补助服务中心(Centers for Medicare and Medicaid Services，CMS）团队及其承建商的监控之下，最初的用户登录情况非常好。平台的访问量比预期高很多，这对一直担心登记注册人数不足的白宫来说是一个好消息。然而，联邦公共网关接口（CGI Federal，网站承建商之一）办公室的气氛却异常凝重。IT 技术专家发现，随着用户在创建账号时不断遇到迟滞问题，平台开始出现崩溃的迹象。没过多久，网站就完全崩溃了。这种情况对于刚刚启用的联邦门户网站而言是一个不祥之兆，虽然由奥巴马总统签字批准的《法案》最终顺利通过，却受到技术能力不足带来的负面影响。

事实上，这个网站出现的问题更像是一个准则错误而不是一个技术问题。不幸的是，它却被简单描述成一个 IT 项目的技术失误，这种错误判断在企业中非常普遍。联邦门户网站项目非常宏大也很复杂，完全有理由采用迭代式开发的方法，通过这种方法可以把一个大爆炸式的风险分解成许多小型的项目。在 IT 服务行业，这一技术被称作敏捷型开发。尽管这种技术被用于医疗法案门户网站的开发，但是主要的交付模式依旧采用被称为"瀑布式"的开发模式。在瀑布式开发模式下，项目整体发布后还需要经过相当长时间的补充设计和开发。

6.5.4 共创思维

新时代的服务设计，不再只是听用户描述，帮用户实现他头脑中的意向，而是和用户、用户的用户一起共创，让他人成为主体，一起打破旧有的共识，创造新的可能，这样才能更打动用户。服务价值链的每一个环节都可以建立用户资本：就像你的用户可以和你共创一样，你也可以与已有或可能成为用户的公司共创。

阿兰·乔治·雷富礼（Alan George Lafley）曾两次担任宝洁公司首席执行官，他非常支持共创的力量，不仅为宝洁公司吸引了数百名设计师，还为整个公司传授了设计思想。最终，宝洁公司的创新成果开始走出实验室，走进用户的家中，而且宝洁公司与外部的研究人员建立了联系。宝洁公司称这种模式为"联发"。在一个项目中，宝洁公司雇用了 Continuum（Continuum 是美国一家设计公司，总部设在波士顿）的一个团队，该团队观察人们在家里做家务的情形，他们发现，人们在洗抹布和清洁地板上所用的时间一样多。了解到了这一点，宝洁公司开发了非常成功的家庭清洁系列产品 Swiffer。

1. 共创：和用户一起设计

在以用户为中心的时代，用户是真正的核心。与用户一起设计就是共创。让用户参与设计，发挥用户的创造力，共同探索用户内心的需求。共创，是从日常运营到创新的一个加速通道，它可以打造更多可能。这些"可能"有时候会是颠覆式创新，有时候只是微创新，当然也有可能是一个错误。但共创中的错误无疑能促使项目尽快失败，早点儿失败或许可以获取宝贵的经验。

▶▶ **真实案例**

可口可乐曾遭遇过一个难题，就是很难突破自身的一些定位，而当它的广告代理商做营销简报又创意殆尽之时，公司决定尝试线上社区，号召网友提出创意。通过这种共创的形式，可口可乐在一家国际创意社区收集到数千条来自社区成员的新创意，而这些创意为未来的营销活动提供了大量的内容。

这对可口可乐自身来说是双赢的局面。即使最终不能获得可以直接使用的内容，仍旧可以获得大量新鲜的观点，而这些可以帮助其优化自身的想法。所以可口可乐开始在国际上开展这个活动，在拉丁美洲、亚洲和北美洲都开放，并获得了来自以上地区的大量有价值的反馈。

2. 共创：不是一群人拍脑袋

共创需要跨背景的人，用系统的流程，辅以专业的工具方法才能完成。其中，正确地输入内容又决定了共创结果的有效性，同时需要一个积极、高效的创新领导力引导。

共创不仅是改善用户体验的有力工具，也是战略的一部分。让用户成为合作伙伴，一起来创建更有价值、营利性更强的企业。用户资本不只是良性循环，更是一个螺旋式结构。随着和用户之间关系的不断深入，双方的价值也在持续增加；随着用户的期望越来越高，满足用户期望的能力也会有所提升。

共创最大的好处就是，利用和用户的共同兴趣、共同需求、共有知识和技能，升华彼此的互动。这对用户而言是一种愉悦的体验，而对企业本身而言则是一种有意义的盈利方式。

▶▶ 真实案例

对于在线造型机构 Stitch Fix 来说，客户资本是其商业模式的关键组成部分。创始人卡特里娜·莱克（Katrina Lake）和她的造型师为自己设计的个性化的造型而深感自豪，价格由客户自由选择，每次交易收取 20 美元的造型费。Stitch Fix 依赖客户的持续反馈来为其提供量身定制的体验。莱克说："女士们总是告诉我们，'我去一家商店试穿了 20 条牛仔裤，但就是找不到合身的，Stitch Fix 给我送来一条，就很合身。你们 Stitch Fix 一定是有魔法的'。"

这个魔法来自精工细作与客户共创的结合。每个客户在开始加入 Stitch Fix 时都填写过详细的风格介绍；将数据输入到算法，然后通过设计师个人的提炼给出解释。根据客户的介绍，选出一位与客户"兼容"的设计师进行配对。"你的"造型师发给你一个图示便条，就造型中如何穿戴/配饰给出建议，而且还包括与先前造型相关的建议。

造型效果的优劣取决于客户是否愿意分享信息，不只是在刚开始时分享信息，而是在整个过程中都要分享。客户需要对每一次造型中的每一项内容给出反馈，不管他们最终是否选择保留该项内容。莱克说："如果没有算法，很难想象造型师能达成效果，或者说仅靠算法无法达成效果，必须将二者结合，效果才可以显现出来。"

如果莱克和她的造型师工作思路正确，而且客户的反馈也非常实用，那么造型师每一次做出的造型都会比上一次更加完美，买卖双方都会因此受益。

6.6 服务设计方法

服务系统可以通过多种方法进行设计。一种方法是企业可以通过生产线方法提供常规服务。通过这种方法，企业在受控环境中提供服务，以确保质量和操作效率。另一种方法是企业鼓励用户积极参与流程，允许用户在服务过程中发挥积极作用可以为用户和提供者带来许多好处。居于两者之间的方法将服务划分为高用户参与和低用户参与两种操作方法。这样，在低用户参与的条件下，服务过程的设计可以以技术为核心，与用户分开来考虑。信息技术的进步推动了信息赋权方法的发展。这几种方法也可以被结合起来使用。例如，银行将支票处理过程与用户隔离，使用自动柜员机，同时还提供个性化的理财服务。

6.6.1 生产线方法

人们倾向于将服务理解为个体行为，即一个人直接为他人提供服务。然而，这种理解具有很大的局限性，可能会阻碍服务系统设计的创新。事实上，高技术的服务交付系统有时能够带来更大的效益。与服务系统相比，制造系统的设计更加注重对生产过程的精确控制。在制造业中，产出量直接受到机器速度和自动化程度的影响。每项工作都有明确的任务和职责，为了提高生产效率，制造业会使用特殊的工具和设备。服务企业若能借鉴制造业的这种生产流程管理方式，通过引入高效的技术和设备来优化服务流程，便有可能获得成本领先的竞争优势。

▶▶ 真实案例

回转寿司是将生产线方法应用到服务设计的典范。回转寿司，以回转带为特色，是大众化寿司中的一种。因其价格低廉、环境轻松随意，深受顾客的欢迎。

回转寿司的价格通常根据盘子颜色分为数种，用餐完毕后，服务员根据盘子数量进行结算。如果回转带上没有顾客想要的寿司、饮料等，可以点选后由寿司厨师另行制作。即便回转带上有自己想要的寿司，亦可要求其专门制作。顾客的席位既有面向回转带、高度与柜台相当的座席，也有略低于回转带，设置有餐桌、沙发的包厢。那些顾客多以家庭为单位的寿司店里包厢的比例相对较高。有些回转寿司店里，回转带上除寿司之外，还有其他日式小吃、纸包饮料、水果、甜点、汤等。

回转寿司有4个显著优点。①节省人力资源。由于没有桌前服务，自然节省了不少人力。②节省顾客的用餐时间。回转带上的食物应有尽有，可随到随吃，没有漫长的点菜尤其是等菜过程，大大节约了顾客的时间。即便回转带上没有自己想要吃的某种食物，也可在吃其他食物的过程中要求厨师专门制作。③不用面临服务员在旁边长时间等待顾客点菜的尴尬。迎宾人员只需把顾客安排至合适的座位即可，不用在旁侍立等待顾客点餐。④计费方式简便。顾客买单时，服务员只需根据盘子颜色即可快速计算出餐费。

下列一些特征是这种方法成功的关键所在。

1. 个人有限的自主权

标准化和质量（被定义为规格上的一致性）是生产线的优势所在。对于标准化的常规服务，服务行为的一致性受到用户的关注。例如，消音器替换和害虫控制等专业服务，广告中宣传在任何一个特许经营店都能获得同样高质量的服务。因此，用户便希望在任意一个特许经营店都能获得相同质量的服务（如巨无霸汉堡彼此一致），就像同一厂家生产的产品是无差异的一样。然而，如果需要更多的个性化服务，对员工的授权就变得十分必要。

2. 劳动分工

生产线方法将总工作分解成简单的任务组。这种分工使得员工可以发展专门化的劳动技能（即并不是每一位麦当劳员工都需要成为厨师）。另外，开展劳动分工的同时实行按劳取酬。例如，考虑一种医疗概念，病人要经过一系列诊断病情的固定医学检查，这些检查是由医师使用复杂的设备完成的，但因为整个过程被分成了多个日常工作，所以不需要专家医师也是可以完成这些检查的。

3. 技术替代人力

自动化系统已经成为制造业发展的关键驱动力，它通过设备取代人力提高了生产效率和质量。同样，服务行业也可以从这种自动化趋势中获益。例如，自动柜员机的使用已经广泛被接受，它替代了部分银行柜员的工作，为顾客提供了更快捷、更便捷的服务。然而，服务行业中的技术应用不仅仅局限于自动化设备。"软"技术，如创新的设计和流程改进，同样能够在服务中发挥重要作用。例如，在飞机厨房中放置镜子，这个简单的装置不仅有助于乘务员保持整洁的外观，还有助于提升飞机上的乘务员的服务形象和态度，从而增强乘客的飞行体验。此外，技术工具的应用也可以使服务更加个性化和专业。例如，保险代理人员使用随身携带的笔记本电脑可以根据客户的具体情况提供定制化的建议，更清晰地展示保险计划的现金价值和累积效益。

4．服务标准化

在麦当劳，有限的菜单保证了快速的汉堡包供应。有限的服务选择为公司创造了预测和提前准备的机会；服务成了一个由定义明确的常规任务和有序的顾客流组成的过程。由于过程比较易于控制，标准化也能够帮助公司提供一致的服务质量。特许服务能够从标准化中获益，来建成一个全国性组织，从而克服需求被局限于服务场所周围地区的问题。

6.6.2　顾客作为共同生产者

对于大多数服务系统而言，当顾客出现时，服务才能开始。顾客并不是被动的旁观者，当需要的时候，顾客也可以转化成积极的劳动力，这样就有可能通过将某些服务活动转移给顾客而提高生产率（即将顾客变成共同生产者）。此外，顾客参与也可以提高服务定制的程度。如果一家公司把目标集中在那些愿意进行自我服务的人群，那么，让顾客参与服务过程便能以某种程度的定制来支持成本领先竞争战略。例如，ZOMAKE 定制平台开放设计环节，用户可以上传自己的设计或创意，确定商品种类，然后交由平台印刻，降低了成本，提高了效率。

按照顾客参与的程度，可以绘制一个从自助服务到完全依赖服务提供者的服务交付系统连续图谱。

1．自助服务模式

以顾客劳动来代替个性化的服务劳动是减少经营成本的一个方法。自助服务模式非常适合那些愿意用一些劳动来换取更低价格的顾客。顾客成为服务的共同生产者，他们从自己的劳动中获益。有趣的是，一部分顾客实际上很欣赏这种自助服务。当生产过程中的某种 DIY 元素能够创造顾客感知价值的时候，自助服务模式也是很适用的，例如顾客自主设计文化衫、DIY 杯子。为了能够成功地应用自助服务模式，服务提供者需要站在顾客的立场上仔细分析该模式的潜力。

▶▶ **真实案例**

自助服务模式在酒店行业得到了广泛应用。2018 年 5 月，深圳乐易住无人智慧酒店正式开门营业，通过感知互联和智能响应，即通过自助人脸识别、雷达传感器、门锁、显示屏、监控等设备，及时采集信息，再配合运营管理系统，完成以前需要人工操作的工作，比如刷脸办理入住、人体活动感应控制灯光音量、手机退房等。此外，该酒店客房门锁无须刷房卡，房客通过手机输入密码或手机滑动指示开锁，创新性地将手机解锁方式应用到酒店开门场景中。打开房门的一刻：电视、灯光、窗帘等自动开启，空调调节到合适的温度等。此外，酒店还设置 24 小时在线客服，为房客提供自助行李寄存服务。自助化服务贯穿整个住宿过程。

2．理顺服务需求

服务能力随时间消逝。例如，对诊所而言，衡量服务能力的标准是会诊时间而不是医生数目的多少。这种方法强调：如果没有顾客的需求，就会造成服务提供者服务能力的永久损失。

然而，服务需求明显地随时间变化，一天中随小时变化（如餐馆），一周中随日期变化（如剧院），一年中随季节变化（如滑雪胜地）。如果能够理顺服务需求变化，就可以降低所需的服务能力，并更加充分和统一地使用服务能力，最终使服务生产率得以提高。

要实施理顺服务需求的策略，顾客必须被动地作为共同生产者参与进来，调整他们的需求时间以与可获得的服务相匹配。要达到这种目的，典型的方式是预约或预订（如微信小程序线上排号等待就餐），以减少顾客的等待时间，也可在服务需求低谷期通过价格刺激来吸引顾客消费（例如，在晚上9点以后降低电话费，在滑雪胜地每周中期对各种门票和缆车费打折）。

3．顾客生成内容

互联网已经开启了与顾客合作生产的新机遇——所产生的内容能为其他人所用。例如，很多人想在网络上了解一些常识的时候都会想到去看百度百科，而百度百科是由广大的百度用户群体进行创建和编辑的。如果看到有些百度百科词条有错误或不够完善，自己也可以进行修改，待后台工作人员审核后即可通过。另一个例子是自媒体，如微博、社交网络、博客、虚拟社区等网络媒体平台。自媒体环境中的顾客创造是顾客利用具备的知识、资源和技能在自媒体中制作、上传、再创造各种形式内容的行为和过程，顾客在创造过程中和过程完成以后获得了社会联系、社会认同及娱乐创造等体验价值。

6.6.3　顾客接触方式

产品的制造在受控环境中进行，流程设计完全专注于在没有顾客参与的情况下连续有效地把输入转换为产品。通过库存，生产企业可以将生产过程与顾客需求的变化分离开来，由此可以按照满负荷能力编制生产计划。

服务管理者在设计流程时，如何实现高效率的服务生产？一种有效的方法是将服务流程区分为高接触和低接触两个层面。在低接触层面，可以借鉴制造业的生产管理概念和自动化技术，类似于工厂的后台操作运作模式，以实现流程的标准化和自动化。这种分类方法的优势在于，它允许服务同时实现个性化和规模经济。在高接触层面，顾客能够体验到定制化和个性化的服务；而在低接触层面，通过批量处理和自动化，可以实现成本效益和操作效率。成功实施这种方法的关键在于两个方面：首先，需要准确评估服务生产过程中顾客接触的必要程度，以确定哪些环节可以实行自动化，哪些环节需要保持个性化服务；其次，要有能力在低接触作业中识别并分离出核心技术，确保自动化流程不会损害服务质量。

1．顾客接触程度

顾客接触是指顾客亲自出现在服务系统中。顾客接触程度可以用顾客出现在服务活动中的时间与服务总时间的百分比表示。在高接触的服务中，顾客通过直接接触服务过程而决定了需求的时机和服务的性质。服务感知质量在很大程度上由顾客的感知决定。而在低接触系统中，顾客因不在过程中直接出现而不会对生产过程产生直接影响。即使在高接触系统中，企业也有可能将一些像工厂一样运作的部门封闭起来，不让顾客接触。例如，公共运输系统的维修和医院的洗衣房都是一个服务系统中类似工厂的部分。

2．高接触和低接触操作的分离

当服务系统分为高接触和低接触后，可以单独设计每个区域以实现更高的服务效率。显然，高接触需要员工具有良好的人际交往能力。在这些活动中，服务的水平和任务是不确定的，因为顾客决定了服务的需求并在一定程度上决定了服务本身。然而，低接触作业可以与高接触作业在实体上完全分离。不过，其中仍有沟通的需要，以便跨越可视分界线来跟踪顾客订单及财产的发展与变化情况。分离的优势在于，这些后台操作可以像工厂一样安排，以高效使用生产能力。航空公司在其运营中有效地利用了这一方法。地勤人员和机组人员着装统一，并就如何为乘客提供更好的服务接受培训。行李处理人员很少被见到，而飞机的维修保养在一个很远的地方进行，像工厂一样运转。

3. 销售机会和服务交付选择

销售机会是对销售增加的可能性的测量，也是通过与每位顾客接触来增加收入的可能性的测量。面对面的顾客定制服务需要由接受过专业培训的员工来提供，但是开发忠诚顾客关系的机会是巨大的（如财产计划）。然而，一个网站可以以极低的成本接触到很多潜在的顾客，但是由于顾客的耐心及网站的质量等问题，销售机会是有限的，甚至使用电子扫描技术的自主结算服务都被指出减少了销售机会。由此必须在销售机会和服务交付效率之间进行权衡。

6.6.4 信息授权

现代信息技术可以帮助人们进行农业活动，如播种、收获和运输谷物。此外，它还涉及处理、包装谷物，并确保其被顺利送至市场和消费者的餐桌。在家庭和市场之间，信息技术甚至控制着交通信号灯，以优化物流过程。

1. 员工授权

IT 最早应用于保存记录。一家企业可能已经建立了包括顾客姓名和地址等内容的数据库，也可能建立了包含提供产品或服务的供应商姓名和地址的数据库。利用这些各式各样的数据库，企业能较容易地使相关人员感到满意。虽然可以更快、更精确地保存记录，但是秘书仍旧只是录入数据，采购员仍旧只是订购货物和服务，一线服务人员、生产人员依旧如常。高层决策者有责任将这些工作综合起来。

然而，关系数据库的发展改变了一切。关系数据库或集成数据库意味着任何人都可以使用来自各个方面的信息。服务人员可以从库存中申请必要的物资，甚至可以在不必通过采购办公室的情况下发出替换库存的订单。员工授权的时代已经到来。

当然，计算机是维护这些数据库的关键。这些机器是一种功能强大的记录姓名与数字的工具。但是，当它们开始彼此"对话"时，便出现了新的革命。现在，员工可以通过计算机接口互相影响，甚至可与其他公司的员工实时联系。例如，当航空公司的航班取消时，它的代理商不仅可以通过终端将滞留的顾客安排到本公司的其他航班上，还可以将其安排给其他航空公司。代理商和顾客不必再为一个座位急匆匆地从一个柜台跑到另一个柜台。

2. 顾客授权

顾客也可以直接由 IT 授权。将全世界联系在一起的互联网是一个强有力的工具。顾客不再完全依赖本地服务提供商，有医疗需求的人可以在世界各地寻找答案，人们可以在世界各地购物。

IT 使顾客以其他的方式积极地参与服务过程。例如，顾客可进入顺丰快递公司的微信小程序，然后输入由该公司承运的包裹清单号码，就可以查到包裹现在确切的位置。如果包裹已被签收，还可以知道谁取走了包裹。大家现在可以在网上预订旅行航线，得到有关目的地的信息，由此扩大旅游的范围。

人们的日常生活越来越受到 IT 的影响，并且这种影响将以日或周而不是以年来衡量。目前，在许多超市中，顾客可以通过自己给选中的产品称重及贴上标签来加快结账速度。除了称重和定价自选的产品，顾客还可以自行扫描所选的产品，然后扫描自己的信用卡完成支付。

6.7 服务设计创新

6.7.1 服务创新的来源

1987 年，法国学者 Jon Sundbo 和 Faïz Gallouj 在服务创新模式研究中，提出了服务创新受到制度、技术、服务专业性、管理与社会 5 种轨道力量的推动，他们把"轨道"描述为"一种在社会系统中扩散的思想和逻辑"。制度轨道描述了管制和政策机构变革的一般趋势；技术轨道指影响服务产品和生产过程的新的技术方式；服务专业性轨道表示在不同的服务专业领域中存在的方法、一般知识和行为准则；管理轨道是一般管理思想或新的组织方式；社会轨道反映了社会规则、公约和惯例的发展演变。

推动服务设计创新原始创意产生的源泉分为内部来源和外部来源两部分。服务创新内部来源包括一线生产人员、售后服务人员、市场营销人员、专职研发人员和各级管理人员，他们负责捕捉新服务创意信息、产生新服务创意，他们的信息捕捉意识、信息搜集能力直接决定着企业服务创新原始创意的质量。员工及管理者的创新意识、企业内部对创新的激励与奖惩制度、企业创新氛围等是推动服务设计创新的内部因素，可以激发更多的人思考创新问题，产生创新思维。

服务创新外部来源包括消费者、合作者、竞争者及可以激发创意的各种信息载体，如交易博览会、书籍报刊等可以激发创新者的创新灵感，构成企业服务创新原始创意产生的来源。企业要持续创新，就必须创造条件，激发这些创新主体不断地捕捉创新信息。作为企业创新的其他来源的信息通信技术、企业竞争环境、创新文化环境、科技发展环境、竞争对手、专业咨询机构等是服务设计创新的外部智力和压力驱动源，促使或帮助企业不断创新。

企业研发部门、各级管理者尤其是高层管理者是决定企业能否创新的内部驱动源，重大的服务创新离不开企业家精神，往往与公司最高管理者的直接提出和推动有关。另外，高层管理者对企业创新资源的支配能力最终决定着服务创新的层级，高层管理者可以通过授权的方式使下级人员有更多的创造新服务和提供新服务的能力，更容易激发他们的创新积极性。

6.7.2 服务创新的模式

服务创新模式分为渐进性创新和根本性创新，如图 6-6 所示。渐进性创新包括服务范围延伸、服务提升及风格变化 3 类。服务范围延伸指的是增加现有服务项目，添加新菜单项、新路线和新课程，比如新加坡航空公司为头等舱旅客提供的特别休息室。服务提升指的是当下服务的功能变化，比如达美航空公司用类似于自动柜员机的机器分配食品。风格变化是所有"新服务"中最常见的，这些是可见的变化形式，对顾客的感知、情绪和态度产生影响。样式更改不会从根本上改变服务，只会改变其外观。比如洛杉矶的葬礼之家 Calvary Mortuary，现在提供简短的仪式庆祝生命结束，而不是哀悼死亡，包括全方位服务的花店，以及更多粉彩、更明亮的墙壁、更多的窗户和灯光设施。

根本性创新包括主要创新、开始业务创新及目前市场上的新服务。主要创新指的是市场的新服务尚未确定。这些创新通常由信息和基于计算机的技术驱动，比如中国银行网上银行于 2002 年 9 月推出。开始业务创新指市场上已经有企业提供的新服务，比如盒马鲜生等新零售平台推出线上下单、线下配送到家的服务。目前市场上的新服务指为组织的现有顾客提供的新服务（尽管这些服务可能已经由其他企业提供），比如小米手机做家电等小米生态一体化服务。

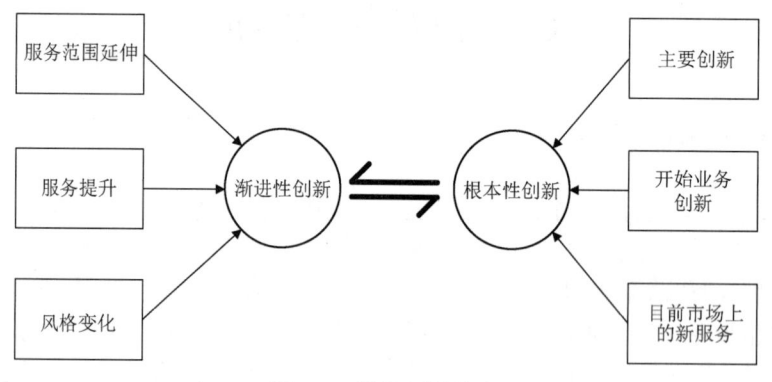

图 6-6　服务创新模式

6.8　数字技术驱动服务设计

6.8.1　数字技术在服务设计中的应用

1. 利用数字技术建立服务触点

通过场景化建立触点，是企业数字化布局的基础。越来越多的品牌在数字化转型的过程中，开始搭建全渠道策略。如果把渠道想象成点，那么通过多元场景所设置的渠道在一定的程度上可以被理解为布点，这里所说的点，就是客户和品牌接触的触点。如图 6-7 所示，如果从纵向客户的全生命周期来看，一个客户从最开始发现品牌，去探索相应的品牌或与产品相关的信息，到真正购买、使用，再到参与与分享并同这个品牌进行二次互动，经历了完整的接触周期。其中，每一个不同的阶段都会有相应的渠道承载它所对应的业务目标，通过不同的平台渠道或自建渠道的方式，建立客户和品牌接触的点。

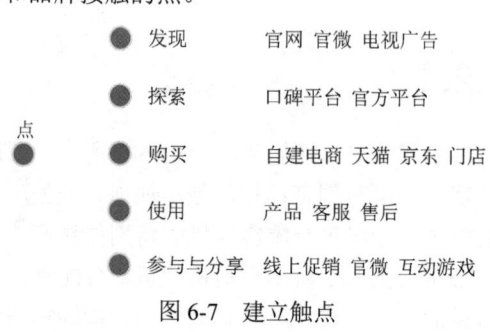

点
- 发现　　官网 官微 电视广告
- 探索　　口碑平台 官方平台
- 购买　　自建电商 天猫 京东 门店
- 使用　　产品 客服 售后
- 参与与分享　线上促销 官微 互动游戏

图 6-7　建立触点

▶▶ **真实案例**

星巴克正在利用数字技术以不同的方式和它的顾客建立接触点。那些恰到好处的场景下所设计的服务触点，产生了非常理想的客户转化效果。

早晨将一杯咖啡作为一天的开始，是很多上班族比较习惯的一种生活方式，但是早上通常时间很紧而排队买咖啡的人非常多，特别是对于具有拖延症想要在床上多睡 5 分钟的人群来说，早晨排队买咖啡是一件很痛苦的事。星巴克在北美推出移动下单结账的服务让这些想多睡 5 分钟的"白领"提前通过手机下单再到店去取，从而建立起时间和空间的关联性，让这些目标群体自然而然想到可以用这样的服务解决他们生活中的问题。

咖啡馆已经变成试图营造轻松氛围的开会首选地点，无论是日常的沟通还是商务约见，开会喝咖啡似乎已经成为一种自然而然的生活方式。基于这样的场景，星巴克推出了一项服务，客户可以在 Outlook 上面发起一个星巴克会议，仿佛咖啡馆就是会议室，还可以直接将附近的咖啡馆作为约见的地点，甚至可以给参会的对象送一张星巴克的礼品卡。

2．利用数字技术连通服务体验

场景化串联触点，是企业数字化布局的关键。基础的触点建立后，企业需要考虑如何通过各渠道的合力帮助客户进行转换，增加客户黏性和忠诚度。由于信息透明度和高服务成本造成了一定的价格压力，因此虽然数字渠道的布局带来了流量和增长，但是越来越难通过这些渠道实现盈利。特别是越来越多的渠道所提供的服务开始变得同质化，获客的成本也在不断增加。同时，在同一品牌下，靠单一渠道获客越来越困难，如何通过各个渠道之间的联动提高转化率，将成为企业数字化发展的关键。

如图 6-8 所示，从客户全生命周期视角来分析，客户从最开始的探索和购买，直接进入了分享，这不仅拓宽了和客户互动的广度，同时通过数字渠道的建立充分分析和挖掘了客户行为，而客户也从这样的跨渠道行为中获得了无缝体验。

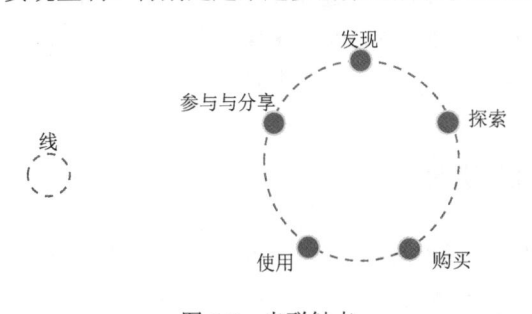

图 6-8　串联触点

▶▶ **真实案例**

Burberry 推出 BurberryJump 活动，具体操作是在门店安装一个摄像头，客户在门店购物之后可以在摄像头前录制一段从地面跳起来的视频；商家会把所有录制的视频和一些名人跳起来的视频剪辑在一起，通过后期处理发布到线上，同客户进行二次互动，把客户线下购物的行为及相应的记录移植到线上，将客户单纯的门店渠道行为通过互联网上的营销渠道实现触点和触点之间的穿越。

3．利用数字优势建立新的商业模式

利用数字优势建立新的商业模式，扩展品牌多元面，是企业数字化的核心竞争力。如图 6-9 所示，通过客户全生命周期中不同关键触点的连接，会有越来越复杂和多样的内生态形成，并推动组织和结

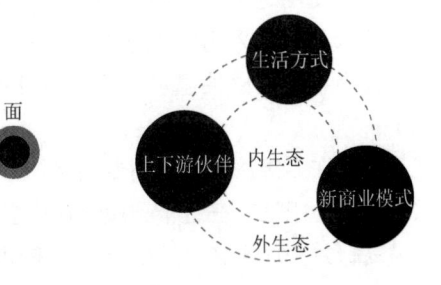

图 6-9　扩展多元面

构不断融合和联结。而在相对应的外部环境中，也有越来越多的外部生态需要建立，这些外生态包括：通过数字化拓展非传统的业务并进行上下游伙伴的重组；同其他同类生活方式品牌的异业合作等。

▶▶ 真实案例

Burberry 通过数字化建立了原来并不存在的新商业模式，作为最早提出"即秀即买"概念的品牌，这一模式几乎颠覆了奢侈品类行业的运作模式。

几乎所有的新品都会在秀场结束以后的 5~6 个月才在门店开始销售，同时秀场款和门店销售的品类也是有差异的。无法立即购买的原因是，秀场本身也是一场订货会，企业在拿到订单之后，才会有相应的供货商及生产方等合作伙伴介入进来做相应的生产、渠道和推广。

而 Burberry 则完全建立了新的游戏规则，即在秀场现场，通过 Twitter、Apple TV 等收看在线直播的同时就可以直接购买，完全打破了传统意义上奢侈品销售的方式，甚至改变了它跟自身的供应商和上下游合作伙伴的合作管理方式。

为了增加品牌在英伦音乐上的属性标签，Burberry 同时还推出了一些其他的音乐周边产品，包括和英国一个传统音响品牌 B&W 合作，将音响作为终端产品进行品牌营销，同时通过线上渠道支持英伦风格的独立音乐人，建立相应的内容策略。

Burberry 各个渠道最终通向的是购物车，不仅跨数字渠道的购物车已被打通，而且购物车的数据也会和线下销售连通。这意味着无论消费者从任何一个渠道进来，只要添加相应的产品进入购物车，所有的渠道都已经知道消费者的行为，甚至线下门店的销售人员也知道消费者之前在线上的行为，从而便于面对面地向消费者推荐相应的产品并协助其做决定。

6.8.2 数字技术在服务设计中面临的挑战

对服务而言，顾客直接参与服务传递，因而"服务过程就是产品"。因此，技术创新的成败，特别是对于服务前台而言，取决于顾客的认可程度。对顾客产生影响的不仅仅是企业缺乏个人化关怀，顾客也需要学习新技能（例如，学习如何操作自动售货机或自动加油泵），或者他们不得不放弃某些利益（例如，因为使用电子资金转账而接受货币浮动损失）。当利用数字技术改变服务传递系统时，企业应当充分考虑顾客在接受服务过程中的积极合作和参与程度。

新技术同样也影响作为内部顾客的企业员工，他们需要接受再培训。后台支持部门不直接对顾客造成影响，它的革新将衍生出其他的问题。例如，银行使用的磁性墨水字符识别设备，这一技术革新使后台的票据交换过程更有效率，但不会对顾客产生影响。但是，只有当所有银行都使用这种印章识别技术时，其全部的效率才能充分地发挥出来。如果银行之间没有这种技术共识，采用手工分类核查的银行将限制这种技术发挥其应有的效率。当所有银行都同意采用相同的磁性墨水字符识别设备进行核查时，毫无疑问支票交换核查过程就变得更高效了。

由于许多想法不能受到专利保护，在服务业领域的创新动机受到了限制。一个例子是自助零售服务的想法，在这个领域存在许多技术和管理发展的潜力，但是因为创新可以被竞争对手轻易复制并快速实施，所以创新的希望渺茫。

本章小结

本章首先从服务设计的起源展开，对服务设计的内涵与因素进行了界定，并对服务蓝图的架构与建立过程展开了介绍；接着对服务设计分类的维度进行阐述，进一步讨论了服务设计思维的方式，以及服务设计的各种方法；最后对数字技术驱动服务设计的应用展开了分析。

讨论题

1. 尝试画出一家常见外卖餐饮店的服务蓝图。
2. 举出你最近使用过的服务所用到的服务设计思维。
3. 如果由你来开设一家服务企业，你会怎样进行服务设计？会在哪些方面进行优化创新，以及使用哪些可能的数字技术？

▶▶ 案例分析

案例6-1　沃比帕克眼镜店的服务设计

沃比帕克公司成立于2010年，是由宾夕法尼亚大学沃顿商学院的4名学生创办的，2015年成为一家独角兽企业，公司估值超过10亿美元。沃比帕克最初是一个处方眼镜的网上销售商，它成功地实现了客户体验的帽子戏法。

- 成为一个时髦品牌、城市"千禧一代"的宠儿。
- 构建了颠覆性的低价商业模式（95美元一副，不到其他商家眼镜价格的一半）。
- 实现了良好的社会效益（客户每购买一副眼镜，公司就会通过"买一送一"项目向有需要的人送出一副眼镜）。

创始人的意图是在网上开始，并一直在网上销售产品。联合首席执行官尼尔·布卢门撒尔（Neil Blumenthal）表示："我们想要卖的眼镜品牌没人听说过，也没有人在互联网上买过眼镜，而且我们开出的价格只是人们过去买眼镜花费的一小部分，因此自然会引起怀疑。"沃比帕克以各种可能的方式与怀疑展开了斗争：当然，首先有必要的许可证，同时还拥有简洁的设计、方便的用户界面，采用免费送货/退货策略，每个订单他们都会发5个样品眼镜给客户试用，运费由公司承担。这种方式迅速火爆起来，公司的库存很快耗尽。公司发起的在家试戴项目有2万多名客户在排队等候，因此创始人开始邀请附近的客户到他们的公寓来试戴眼镜。沃比帕克有了真正的办公室以后，一些空间被开辟出来用作陈列室。客户可以到陈列室来看看，试戴一下眼镜，然后用展厅中的电脑在网络上下单。"来办公室的人太多了，真是太疯狂了。"布卢门撒尔回忆说，"所以我们开了一家快闪店。后来我们买了一辆黄色旧校车，把它变成了一个移动商店，并且还去了15个不同的城市。"

人们如何从沃比帕克购买眼镜呢？该公司的另一位联合首席执行官戴夫·吉尔博亚（Dave Gilboa）说："比如有人在杂志的文章中读到了沃比帕克公司的情况，这些人就会立刻在手机上打开我们的网站浏览几副眼镜，等他们回到办公桌工作时，会多花一点儿时间在网站上阅读我们的信息。然后，他们就会走进商店，试戴几副眼镜。他们想听听丈夫或妻子的意见，所以我们的零售顾问会拍下他们戴着眼镜的照片，这些眼镜就是他们正在关注的那些，然后给他们发一封电子邮件。他们回家和他们信任的人商量（通常还包括脸书和照片墙上的朋友），然后他们就准备结账了。"吉尔博亚说，这种情况非常典型，绝大多数客户都有多个接触点。

公司的创始人意识到，沃比帕克公司的核心是直接面向客户的服务模式，而不是在线销售这种方式。由于没有中间商，沃比帕克可以提供高质量的产品，价格只是竞争对手的一半，而这些经济模式在实体店和网店同样适用。"我们的客户不会觉得他们是通过不同的渠道与我们接触的，只会觉得是在与沃比帕克眼镜店接触，而不会在意究竟是在网上、手机上还是在零售店。"吉尔博亚说。

这些不停转换的接触方式带来了一个意想不到的快乐的副产品，那就是口碑：一般来讲，沃比帕克公司的客户会戴上他们想买的眼镜，然后问5个人他们戴着眼镜看起来怎样。此外，由于是一个靠技术支持的品牌，沃比帕克公司从一开始就构建了强大而灵活的IT系统。该公司已经找到了许多方法来强化公司的形象，这些方法既聪明，又适合公司的品牌。公司开始开设零售店时，还增加了照相亭，鼓励人们拍摄并发送自己试戴眼镜的照片。尽管几乎所有的客户都有智能手机，但照相亭强化了公司的形象，即眼镜本身及购买眼镜都是很有趣的。

这种模式也要承担重要的义务，即售后服务。沃比帕克公司规定要在6秒钟内接听电话，接听的人应该是有权采取行动的现场人员。布卢门撒尔说："许许多多的公司认为，客户服务是一个花钱的地方，应该外包，应该尽可能缩小。"沃比帕克公司却将客户服务设计为其品牌战略的核心部分，将其视为一种建立长期关系的方式，甚至是一种获得新客户的方式。

分析题：

1. 沃比帕克眼镜销售服务体现了哪些服务设计思维？
2. 沃比帕克眼镜店是如何通过服务设计实现良好的客户体验的？
3. 数字经济时代，你认为沃比帕克眼镜店的服务设计可以有哪些创新？

案例6-2 亚朵酒店的服务蓝图设计

服务蓝图是帮助企业发现弱点的宝藏地图，可以快速了解用户界面中可能出现的问题。服务蓝图展示了大局并提供了依赖关系的映射，从而允许企业从根本上发现组织中存在的弱点、漏洞。同样，服务蓝图的可视化信息揭示了潜在的改进和消除冗余的方法，有助于系统优化。

亚朵酒店的服务设计将服务蓝图用到了极致。成立于2013年的亚朵酒店是近几年酒店行业的当家花旦，享有酒店界的IP收割机之名，不仅有"亚朵吴"酒店，还有知乎酒店、网易严选酒店、网易云音乐酒店、腾讯云酒店、腾讯QQ酒店，还有在星座界圈粉无数的同道大叔酒店。甚至让一些人欲罢不能的开心消消乐，也被亚朵酒店相中，合作了消消乐主题酒店。

传统酒店经营房间，而亚朵酒店经营人。亚朵酒店降低地毯、大堂装修这类开支成本，在床、床垫、枕头上花更多的钱，选更好的品质。进门奉茶、出门热水。亚朵酒店会根据季节的不同及酒店所在区域的不同配置不同的养生茶，春天提供的是百合茶，夏天提供的是秋梨茶，冬天提供的是红枣枸杞茶等。宵夜能供应到凌晨两点，早餐是凌晨五点开始供应。亚朵酒店的早餐也会根据地域不同供应不同的早餐。重庆的亚朵酒店有小面，西安的亚朵酒店有biangbiang面，东北的亚朵酒店有肉包子……当你离开酒店的时候，亚朵酒店会为你提供一瓶水叫别有甘泉。这一系列的沉浸式体验受到了客户的连连称赞。

亚朵酒店的服务蓝图设计重点在前台，围绕客户第一次入住亚朵酒店，到他再次入住亚朵酒店的整个过程，设计了不同场景下的服务体验。前台共有十二个端口，也就是亚朵酒店服务的十二个节点。亚朵酒店的这十二个节点都不一样，资源配置与角色工作，都是基于这十二个节点来完成的。

第一个节点，预定。

第二个节点，走进大堂的第一面。

第三个节点，到房间的第一眼。
第四个节点，向酒店咨询服务的第一刻。
第五个节点，吃早餐的那一刻。
第六个节点，在酒店等人或等车，需要有个地方待一下的那一刻。
第七个节点，中午或晚上想吃饭的那一刻。
第八个节点，离店的那一刻。
第九个节点，离店之后，点评的那一刻。
第十个节点，第二次想起亚朵酒店的那一刻。
第十一个节点，跟朋友推荐和介绍的那一刻。
第十二个节点，第二次预订亚朵酒店的那一刻。

亚朵酒店在设计服务蓝图的时候，采取了"与其更好，不如不同"的策略。

支撑亚朵酒店策略定位离不开其强大的中后台。在亚朵酒店，如果你这次掀开的是床的左边，下次再入住时，服务员就会帮你把左边的被角折好，反之亦然。这不是一件简单的事。这需要客房部把每次打扫房间的数据做一个梳理登记。但是，该收集什么数据、怎么收集，都不是客房部的传统所长。这些需要专门的部门设计客户数据收集框架，邀请客户研究专家配合HR部门给客房部做培训。收集到数据之后，由谁通过什么方式输入到什么平台，又涉及跨部门的协作。等到下次客户再来，系统如何自动提示客房部客户的房间使用习惯，并促使客房部按照最初的预设帮客户铺好床，又需要额外的鼓励和考评体系。光这一项服务，已经把客房部、HR部、IT部、市场部乃至外部专家团队全部包含。不仅需要集体无缝配合才能保证客房部准确有效执行，更需要在早期就让不同部门的人参与进来，一起共创，达成共识，并提出合理的解决方案，这样才能最终实现这么一项细微而贴心的服务。

可以说，离开了中后台，将无法支持前台服务。亚朵的绝大部分体验都是经过精心设计的，这样才能让客户有一个始终如一的完整而完美的体验，而这些以客户为中心的跨部门协作，用蓝图可以梳理得更加清晰。通过蓝图跨部门的工作可以可视化，进而实现无缝协作。

分析题：

1．请根据案例材料画出亚朵酒店的服务蓝图。
2．根据服务蓝图，分析亚朵酒店的服务设计是如何将多部门有效连接并提高服务效率的。
3．亚朵酒店是如何运用数字技术实现服务设计创新的？

第 7 章

服务接触

▶▶ 学习目标

1. 了解服务接触的内涵。
2. 掌握服务接触中的三元组合。
3. 了解服务接触中触点的特征。
4. 理解服务利润链的逻辑关系。
5. 了解服务接触中数字技术的应用。

▶▶ 导入案例

星巴克烘焙工坊的服务接触

2017年12月6日,星巴克亚洲首家全沉浸式咖啡体验门店——星巴克臻选上海烘焙工坊正式开业。上海烘焙工坊是星巴克继西雅图臻选烘焙工坊落成三年后全球第二家臻选烘焙工坊。

当顾客推开上海烘焙工坊圆形剧院式建筑的大门,步入这座面积达2787平方米的"咖啡奇幻乐园"后,首先映入眼帘的是一座约两层楼高的巨型铜罐,罐身装饰有1000多个中国传统印章和篆刻图案,手工镌刻着星巴克和咖啡的故事。烘焙师在工作台上将来自世界各地的生豆麻袋割开倒入生豆生产线后进行烘焙加工,店内的天花板上的"咖啡交响管"像过山车一样的通道,从烘焙区延伸到零售区,将铜罐里的熟豆输送倒入熟豆储存罐里,顾客可以在铜罐旁的指示牌上看到当天的臻选咖啡豆品种。咖啡豆在输送过程当中,碰撞到管道发出的声音宛如管弦乐。

一楼主吧台全长27米,是星巴克门店历史上最大的吧台,主要提供7种咖啡冲泡方式,包括虹吸、真空过滤冲煮、精准自控冲煮、冷萃、意式浓缩、雅致手冲和气致冷萃,星巴克最高等级的咖啡师也会坐镇门店为顾客冲泡咖啡。顾客还可驻足感受包括提供多种煮制方式的3个吧台在内的多个工坊景点,可以在3D打印而成的茶瓦纳(Teavana)吧台探索特调茶饮,可以在首次亮相亚洲的焙意之(Princi)吧台享受意大利纯手工美食,也可以静静欣赏由10 000个六边形组成的木制天顶——其设计灵感来源于意式浓缩咖啡机的增压手柄等。

同时,上海烘焙工坊依托场景识别技术和星巴克设计,为顾客呈现线上与线下无缝衔接的数字体验。在这里,顾客只需手机连接店内Wi-Fi或扫描二维码,登录上海烘焙工坊的手机版网页"线上工坊",通过AR扫描功能,便可轻松开启这一沉浸式体验之旅,探索星巴克"从一颗咖啡生豆到一杯香醇咖啡"的故事。为了让顾客的探索之旅更个性化,"线上工坊"平台还提供在线菜单查询功能,并通过AR技术直观展现工坊每一处细节,如咖啡吧台、冲煮器具和其他细节打卡指定工坊景点,即可获得虚拟徽章,并解锁工坊定制款拍照工具,以徽章点缀工坊精彩瞬间,并在社交媒体与亲友分享。

7.1 服务接触的内涵

服务接触指的是顾客与服务直接互动的过程。服务接触是顾客与服务系统之间互动的"真实瞬间",是影响顾客服务感知的直接来源。服务质量在很大程度上取决于顾客感知,而顾客感知又以服务接触能力为基础。迈克尔·R. 所罗门(Michael R. Solomon)等认为,服务接触是指在服务情境中,供应者与接收者之间的面对面互动。也就是顾客与服务传递系统之间的互动,包括前线员工、顾客、实体环境及其他有形因素等对象,对服务差异、品质控制、传送系统等层面有相当大的影响,因此互动会影响顾客对服务质量认知的评价。

相比"服务结果","服务过程"的接触更能影响顾客满意或质量感知。A. 帕拉苏拉曼(A. Parasuraman)认为,服务的"功能性品质"比"技术性品质"更重要,因为技术性是指传送给顾客的是什么,而功能性是指服务是如何传递给顾客的,通常可以凭肉眼观察得到,如员工态度、员工行为、员工间关系及服务人员的外表等,有些顾客就会倾向根据这些形成对服务质量的判断。因此,服务者往往会设法提升服务的功能性品质,增加顾客接触的良好印象,提升顾客的服务感知。顾客对于服务的感受,是在与服务提供者接触的瞬间所形成的。由于服务接触过程涉及较多的顾客参与和互动,增加了服务提供时的不确定性和运作管理上的难度与复杂性,任一接触环节应对不当,都可能会引起顾客的不满。因此,对服务接触过程的服务质量进行监控、测评和改进,已经成为各类服务运作和质量管理的重点与难点。

按照顾客与服务接触程度的不同,服务可以被分为高接触服务和低接触服务。高接触服务需要顾客亲自访问服务设施,在整个服务传递过程中,顾客需积极地参与服务组织和服务人员的工作。低接触服务指顾客与服务提供者之间即使存在实体接触,其频率也很低,其接触通常通过电子和实体分销渠道远程实现。

根据顾客参与程度,可以把服务过程大体分为两部分:后台服务支持过程和前台服务接触过程。后台服务支持过程涉及那些基本不与顾客直接接触的活动,这些活动为前台服务提供必要的支持和准备,如库存管理、设备维护、数据处理等。这些后台活动虽然对顾客不可见,但对确保服务质量和效率至关重要。前台服务接触过程是影响顾客服务质量感知的主要来源,顾客对服务质量问题的抱怨和不满主要集中在服务接触环节。参照服务蓝图的组成,将服务接触过程划分为3个区域(见图7-1):服务接触区域、内部支持区域和外部协调区域。企业需要通过对服务接触及服务接触能力进行深入分析,明确服务接触的内涵、属性、特点和作用,探明服务接触对顾客感知服务质量的影响关系,确定关键接触点,指出服务改进重点,以达到控制服务质量波动、提高服务运作管理能力、提升顾客满意的目的。

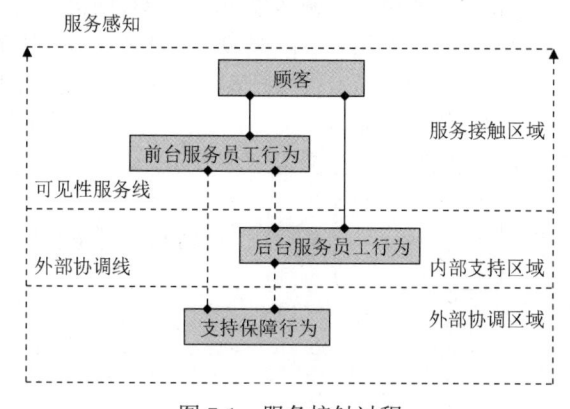

图 7-1 服务接触过程

7.2 服务接触中的三元组合

服务的独有特征之一是顾客主动参与服务生产过程。每一个关键时刻都涉及顾客和服务提供者之间的互动,双方在服务组织所设计的环境中扮演不同的角色。图 7-2 所示描述了服务接触中的三元组合,反映了 3 个要素中的两两关系,并提出了冲突的可能来源。

一个以利润为目标的服务组织,其管理人员为了维持边际利润和保持竞争力,会尽可能地提高服务交付的效率。而非营利性组织可能以其工作效果来代替效率,但是,它的工作仍需控制在预算之内。为了控制服务交付过程,管理人员常常会利用规定或程序来限制直接与顾客接触的员工在服务顾客时的自主权和判断。这些相同的规定或程序也限制了为顾客提供的服务,造成服务缺乏针对性,从而造成顾客不满。最后,员工和顾客都试图对互动过程实施可感知的控制。员工希望通过控制顾客的行为使其工作易于管理并轻松自如,而顾客希望控制服务接触的进程来获得更多的利益。

理想的情况是,服务接触中的 3 个要素协同合作,从而创造出更大的利益。然而,真实的情况往往不是那么尽善尽美,常常是其中一个要素为了自身的利益而控制了整个服务接触的进程。下面分别分析服务组织、与顾客接触的员工和顾客各自在服务接触进程中所起的支配作用及其所引发的冲突。

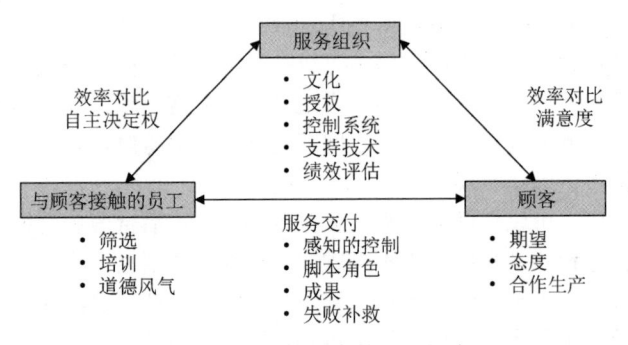

图 7-2 服务接触中的三元组合

7.2.1 服务组织支配的服务接触

出于提高效率或实施成本领先战略的考虑,组织可能通过建立一系列严格的操作规程使服务系统标准化,结果却严重地限制了员工与顾客接触时所拥有的自主权。顾客只能从仅有的几种标准化的服务中选择,而不存在个性化服务。例如,必胜客加盟式服务公司就是以组织主导服务接触的成功案例。其部分成功原因乃是告知顾客不要在服务中期待哪些东西,一切依规定办理,从而缺乏顾客个性化问题的解决能力。又如,网约车通过一套标准化服务接触对司机进行控制,由司机为乘客提供标准化服务(见图 7-3)。

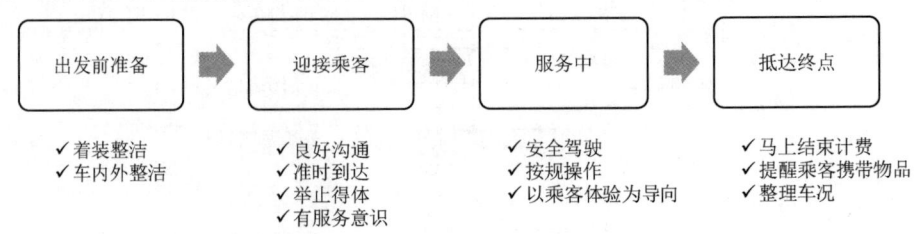

图 7-3 网约车的标准化服务接触

服务组织支配的服务接触的成功主要是告诉顾客不提供什么样的服务。然而，顾客在与员工接触中所感受到的大部分不愉快或被视为"官僚作风"的情况，主要是因为与顾客接触的员工缺乏自主权，无法满足顾客的特殊需求。这些组织中的员工虽然同情顾客的处境，但是必须执行"规定"，因而员工的工作满意度也随之降低。

7.2.2 与顾客接触的员工支配的服务接触

一般来讲，服务人员大多希望降低其服务接触的范围，从而减少在满足顾客需求中所承受的压力。如果与顾客接触的员工拥有足够的自主权，他们将能够更好地控制与顾客的互动。由于服务提供者具有一定的专业知识，因而顾客可能非常信赖他们的判断力。医生和患者之间的关系很好地说明了这种员工支配的服务接触的不足，甚至不能被称为"顾客"的患者处于对接触过程毫无控制的从属位置。不仅如此，作为一个联合组织，处于上述情形下的医院，往往受制于那些虽不关心效率却对医院有诸多要求的医生。

7.2.3 顾客支配的服务接触

极端的标准化服务和定制服务代表了顾客对服务接触控制的机会。对于标准化服务来说，自助服务是使顾客可以完全控制外界提供的有限服务的选择。例如，在一个装有信用卡读取机的自助加油站，顾客不需要和任何人接触就可自己完成对爱车加油的工作。这种高效的服务方式在提供很少"服务"的情况下就能够使顾客感到非常满意。然而，类似于在一个犯罪案件中法律辩护这样的定制化服务，不仅要调动组织的所有资源，还要花费很高的成本。

满意和有效的服务接触应该保证三方需求的平衡。当接触顾客的员工接受适当的培训，并在服务交付过程中有效沟通顾客的期望和角色时，组织可以在满足经济效率需求的同时，确保服务的高效性。

7.3 服务组织

服务组织为服务接触提供了具体的场景。顾客与接触顾客的员工间的互动发生在组织文化背景及其实体环境中。

7.3.1 文化

文化是组织成员共同遵循的信仰或共同拥有的理想，它生成了有力的约束组织中个体或群体行为的准则。文化是一种使组织区别于其他组织的传统和信仰，它赋予组织构架以活力。组织文化是能够产生凝聚力并赋予组织鲜明个性的共有的导向系统。

服务企业的创始人或高级管理者需要创造一种文化或氛围，以指导企业员工的决策和行为准则。当管理层通过持续一致的沟通传达组织的价值理念时，这些理念可以赋予与顾客接触的员工很大的自主权，因为员工的判断基于共同的价值观。这些价值观通常通过讲述关于员工如何为公司和顾客的利益而勇于承担个人风险的故事或传说来传递。联邦快递公司就是以"绝对隔夜送达"为座右铭，公司内流传着许多关于员工为维护服务保障而展现卓越表现的故事。例如，联邦快递的一位取货司机在遇到邮箱不能打开的情况时，他不会将其置于大街上不理或是等待别人来修理，而是尽力把整个邮箱放到他的车上，运送到公司，把所有的邮件取出来以保证第二天邮件能按时送达。组织受益于共享的价值观念，因为与顾客接触的员工可以基于这些价值观自主决策，而不需要依赖传统的监督机制。

▶▶ 真实案例

服务大师（Sevice Master）公司是一家营利性很好的服务企业，该公司为医院及其他单位提供保洁服务。服务大师公司的创始人玛丽昂·E.韦德（Marion E. Wade），一位虔诚的浸礼会教友。该公司称自己严格遵循宗教信仰原则。在服务大师总部自助餐厅的墙上，赫然写着"欢乐的感觉从早晨开始"。

迪士尼公司在选择语言上展示了公司的价值取向，特别是在其主题公园中。公司使用"表演"术语而非"人事"，将员工称为"剧组演员"，无论他们是在"前台"还是在"后台"，都被要求以"演出"的方式进行工作，这为员工注入了恰当的思维方式。

7.3.2 授权

授权是通过无条件地信任员工的内在动力去评价、选择和执行具有创意的决定。授权能让每一个人有机会去产生影响，而这种影响是不能给予或被带走的。

目前出现了一种新型的服务组织，其结构可大致描述成倒"T"形。在这种组织中，管理层大幅缩减，因为与顾客接触的员工可以得到培训、激励和计算机信息系统的及时支持，凭借这些因素，他们可以在服务交付的地点管理服务接触。

▶▶ 真实案例

万豪酒店（Marriott）和海底捞都在采用服务授权模式。这些公司的高管都深信人们希望做好工作，如果给予机会，员工会做得更好。因此，他们采取了如下行动。

- 在人力方面的投资等同于甚至多于在机器上的投资。
- 使用技术来支持与顾客接触的员工而非监督或更换他们。
- 认为对那些与顾客接触的员工的招聘及培训对公司的成功至关重要。
- 在所有层次上把员工的表现与报酬挂钩。

在这些公司中，大量削减后的中层管理者不再扮演传统的管理者的角色，取而代之的是，中层管理者成为一线或与顾客接触的员工的辅助人员。更为重要的是，在计算机信息系统方面的投资十分必要，它具有向一线人员提供解决所遭遇问题的能力，从而确保服务质量。

7.3.3 控制系统

表 7-1 所示描述了 4 种组织控制系统，并以此来鼓励对那些具有创造性的员工进行授权。信仰系统会因为清晰的组织文化而变得相对容易；限制系统在没有创造消极思想的环境下限制了员工的自主决断权限（如员工决策不能造成组织承担超过 1000 美元的负债），而这种消极思维环境常常产生于常规操作流程中；判断系统规定了可测量的实现目标（如准时完成的绩效达到 90%）；互动系统最适合于咨询公司等"知识产业"，这是因为此类公司的生存完全取决于员

工能否向顾客提供创新的解决方案。

表 7-1 员工授权的组织控制系统

控制系统	信仰	限制	判断	互动
目　标	贡献	顺从	实现	创造
雇员挑战	对目标不明确	压力或诱惑	缺乏聚焦	缺乏机遇并惧怕冒险
管理挑战	核心价值和使命的沟通	明确并执行规则	建立并支持清晰的目标	关键绩效变量
关键问题	识别核心价值	规避的风险	关键绩效变量	战略模糊

被授权的与顾客接触的员工必须受到激励并得到充分的信息，同时具有竞争力和承担责任的能力，也必须受过良好的教育。一线的工作人员应当展示良好的能力，如承担责任的能力、自我管理的能力及应对顾客压力的能力。

7.3.4　顾客关系管理

通过研发顾客管理系统，商业机构可以更好地管理顾客及销售行为的关系。作为信息工业的专有名词——顾客关系管理（CRM）集合了方法论、计算机软件及互联网，以此来帮助企业进行系统化管理。例如，企业可以通过建立顾客行为数据库，便于企业管理层、销售团队、服务提供方，甚至顾客自身进行购物行为、消费需求、历史数据的回顾与匹配。概括地讲，CRM的目标是发现、吸引并获取新用户、维系存量用户、唤醒沉睡用户，同时降低相关市场费用。CRM 具备以下能力。

（1）帮助市场部门确认优质顾客，有针对性地开展市场活动，以便为销售团队提供更多的销售机会。

（2）确保形成个性化的顾客关系，这有助于提升顾客满意度，并通过提供高质量的服务来实现利润最大化。

（3）获取顾客信息有助于相关团队更好地了解顾客行为及需求，进而在企业内部、外部及合作伙伴之间构建有效的顾客关系网络。

（4）通过整合多元化信息，支持提升销售管理水平和增强销售业绩，同时监控社交媒体，便于及时解决可能出现的顾客投诉。

7.4　与顾客接触的员工

理想的情况是，与顾客直接接触的员工应该具备灵活性和对顾客含糊言辞的宽容，能够根据情景监督并调整自己的行为。此外，他们应具备设身处地为顾客着想等个人品质。确实，一线服务工作有其独特的特点和挑战。对于一些人来说，这种工作可能会使其感到枯燥和重复，但对另一些人来说，它提供了接触和联系不同人群的机会。那些具备必要的人际技能和善于与人沟通的员工可能更倾向于从事高接触频率的工作岗位，因为他们能够更好地处理和满足顾客的需求，同时建立更好的顾客关系。

7.4.1 挑选

还没有一种完全可靠的测评人的服务导向的方法，不过，大量的面试技巧被证实是有用的。抽象提问、情景小品、角色扮演等都可用于评估潜在的一线员工。

抽象提问可以用来评估申请人将当前的服务情形与以往的经验信息相联系的能力。抽象提问可以用来解释一个人的适应意愿。有效的员工通常会注意他们个人生活和工作中的细节。他们能够考虑周围发生的事件，并能够理解这些事件的意义。这种能力使他们更有可能在工作中学到更多东西，因为他们能够从日常的观察和经验中吸取教训，并将其应用到工作中去改进和提升自己的表现。

情景小品要求求职者回答有关特定情景的问题。情景小品方式的面试确实能够提供一个平台，帮助面试者评估求职者是否具备"以他人的立场思考"的能力。尽管求职者可能展示出良好的沟通能力，但这并不总能清楚地显示出他们是否真正渴望为顾客提供服务，或者是否能够深刻理解他人的本质。

角色扮演要求求职者参与一个模拟的情景中，并且面试者要表现出这种服务环境是真实的。角色扮演在招聘的最终阶段确实是一种常见的面试技术，通常需要机构内部的员工作为情景中的"演员"参与其中。这种方法为面试者提供了观察求职者在压力下表现的机会，同时也让面试者能够根据情景的发展来调整和深入探讨。

7.4.2 培训

大多数《培训手册》及《员工手册》（下称《手册》）用于解释与顾客接触的员工在工作中需要使用的技术或技巧。例如，这些《手册》上经常详细地说明如何填写顾客报告，如何使用现金收款机，如何穿着得体及加强安全要求，但是缺少如何以快乐及微笑服务等与顾客互动的技巧的简单说明。

与顾客接触的员工所面临的挑战可分为两类：不现实的顾客期望和服务失败，如表7-2所示。

表7-2 与顾客接触的员工所面临的挑战

不现实的顾客期望	服务失败
1. 不合理的要求	1. 不可得的服务
2. 侮辱或敌对态度	2. 行动迟缓
3. 不恰当的行为	3. 不可接受的服务
4. 不曾预料的要求	—
5. 与政策相悖的要求	—

1．不现实的顾客期望

大约75%的所报告的沟通困难不是由技术服务失灵引起的，这些困难的出现源于顾客不现实的期望即服务交付系统不能满足的期望。不现实的顾客期望可分为以下5种类型。

（1）不合理的要求。顾客要求在不合适的时间给予关注，这不属于企业提供的服务范围。

（2）侮辱或敌对态度。顾客用粗暴的语言及行为对待员工。

（3）不恰当的行为。顾客喝醉或行为不恰当。

（4）不曾预料的要求。对于有医疗需求或语言障碍的顾客给予特别的关注。

（5）与政策相悖的要求。由于安全规定、法律或公司政策等原因而无法满足的要求。

2．服务失败

服务交付系统中的失败增加了与顾客接触员工的沟通负担，但在服务补救中也给员工提供了展现服务创新和灵活性的独特机会。服务失败分为3种情况。

（1）不可得的服务。正常情况下可提供的服务而当前不能提供。

（2）行动迟缓。服务出奇迟缓，造成大量顾客等候。

（3）不可接受的服务。未达到可接受标准的服务。

由于不可避免地存在与顾客沟通的困难，因此公司要求员工接受培训并提高人际技能，以防止将不好的情形变得更糟。公司应开发出必要的项目来培训员工在特定情景下的反应，帮助员工预测他们可能遇到的沟通类型，提高反应技能，并制定决策规则以辅助员工选择特定情景下适当的反应。受过良好培训的员工能够以专业的方式控制服务情景，最终提高顾客满意度并减少服务提供者的压力和挫折感。

7.4.3 营造良好的道德氛围

那些没有被密切监督的与顾客接触的员工的工作，经常是被放在一个可能需要同时对多个相互矛盾的要求妥协的道德标准下进行的。表7-3所示说明了员工如何通过做不道德的行为来掩盖他们的错误、增加公司收入（例如通过不正当的交叉销售）或满足苛刻的顾客。为了防止不道德的机会主义造成的消极后果，并建立信任和诚信的文化，管理者必须有一种在员工中灌输道德观念的方法。

表7-3 在接触顾客的环境中不道德行为的例子

服务本质的错误描述	操纵顾客	一般的诚实和正直
当到处都不能吸烟时，承诺一个无烟室	放弃担保预定	不公平或粗鲁地对待顾客
使用手段引诱顾客购买高价商品	做不必要的服务	对顾客的需求不予回应
创建一个虚假的服务需要	账单中加入隐性费用	未能遵循公司规定的政策
服务提供者提供失实的凭证	掩盖顾客财产的损坏	窃取顾客信用卡信息
夸大提供特殊服务的好处	使其难以使用顾客保证	与第三方分享顾客信息

查尔斯·H. 施韦普克（Charles H. Schwepker）和迈克尔·D. 哈特兰（Michael D. Hartline）主张的正式控制（道德准则的执行和违反道德的处罚）和非正式控制（伦理的讨论、道德准则的内化和道德氛围）是提升伦理道德的重心，它会影响对服务质量的承诺和工作满意度。正式控制需要给认为可接受的行为设置一个边界。社会和文化风气通过非正式控制确保员工个人或在工作组内能监督和规范自己的道德行为。

7.5 顾客

每次购买服务对顾客都很重要，但是，同样的交易对于服务提供者而言通常是例行公事。在自助加油站购买汽油或在汽车餐厅购买汉堡包和薯条通常很少牵扯到情感，但是，去国外度假或寻求医疗服务的顾客则完全不同，他们会扮演很个性化和戏剧性的角色。遗憾的是，对于疲倦的员工，他们由于在短时间内接待了很多顾客，要保持相应的情感投入是非常困难的。

7.5.1 预期及态度

顾客购买服务的动机与购买产品的动机类似，他们的预期左右着他们的购买态度。格雷戈里·斯通（Gregory Stone）提出了一个理论，即将购买产品的顾客分为四类。结合服务的特点做适当修正，可将这种分类用于服务产品顾客的划分。

（1）经济型顾客。这类顾客想从投入的时间、努力和资金中得到最大的价值。这类顾客往往比较挑剔，他们对价值的追求将检验服务企业在市场中的竞争力。这类顾客的减少提供了潜在竞争威胁的早期信号。

（2）道德型顾客。这类顾客觉得有道德上的义务光顾社会责任感强的企业。那些在社区服务方面具有良好声誉的企业可以拥有这类忠实的顾客。例如，麦当劳公司面向住院治疗儿童的计划帮助麦当劳树立了良好的形象。

（3）个性化顾客。这类顾客在服务体验中需要人际的满足感，诸如认可和交谈。在家庭式餐馆中，通常直呼顾客的名字可以迎来大批的邻里顾客。在许多其他类型的企业中，如果一线员工运用巧妙，计算机化的顾客档案也可以给顾客留下类似的个性化经历。

（4）方便型顾客。这类顾客对选购过程中的服务不感兴趣，而方便是吸引他们的重要因素。方便型顾客常常愿意为个性化的服务或无争端服务额外付费。亚马逊尊享（Prime）服务的成功证实了这一观点。

7.5.2 作为合作生产者的顾客

在服务接触中，服务提供者和顾客都在服务交易中扮演着重要的角色。社会规定了顾客应承担的特定任务，如在银行中兑换现金支票所需的程序。在一些餐馆中，就餐者可能要承担各种生产性角色。例如，在餐厅就餐时，顾客自己取食物并放到自己的餐桌上，用餐后将自己的餐桌清理干净。顾客在参与服务交付过程中，承担部分服务人员的角色。这种角色是由社会习俗规定的或由特殊的服务设计所暗含的。

顾客学到了各种脚本，这些脚本可用于各种服务接触，遵从这些脚本，顾客和服务提供者皆能预测各自的行为。这样，每位参与者在服务接触中都有某种程度的控制。因此，每一位参与者都希望在服务接触中有一些可感知的控制元素。如果顾客滥用他们的脚本就会产生问题。例如，在一家快餐店就完餐，顾客应该清理他的桌子，但是如果顾客不遵循脚本，那么员工就一定要做。

当新技术被引入以取代人力服务接触时，确实可能需要顾客花费一些时间来学习新的脚本或操作流程。曾经是一个"无意识的"日常服务接触，现在需要顾客花费一些精力来学习一个新的角色。例如，在超市和家庭装修店推出自动扫描结账机时，需要一名服务员在附近帮助顾客学会使用这款新的机器。当顾客学会他们的新脚本并渐渐认可缩短结账队列时，专职的服务员可能就不再需要了，而且自动扫描结账机投资的全部收益将会实现。

7.6 触点设计

顾客通过五感感知到品牌，而品牌则通过触点向顾客传达自己的理念。触点就是品牌在服务的各个环节中与顾客的接触点。比如实体的有户外广告、门店招牌、服务员、墙面装修、灯光、门店氛围、桌子大小高矮设计、桌椅排布、绿植摆放、各种软装装饰等,数字的有网站、App、宣传视频等,还有人际交互方面,服务员的服务流程和态度、顾客间的交互等,这都是顾客和品牌的触点。

不同类型的触点会有不同的特点。

(1) 物理触点,如实体菜单、家具、门店、产品等,它们可以通过固定标准去衡量和统一,维护难度低,但变更和替换的成本较高。有的物理触点是可以随顾客进入其他场景的,是品牌在门店之外继续施加影响力的媒介。

(2) 数字触点种类丰富,从简单的背景音乐,到 App、H5,再到更复杂的 AR、VR、AI,有很多可能性。由于其无实物,数字触点的体验感受和评判标准并不容易统一。数字触点的迭代相对简单,成本也相对物理触点低。

(3) 人际触点比前两者更灵活,能动性更强。企业需要针对人际触点制定固定的标准,却无法完全保证实施水平。

从顾客角度来看,人际触点代表了品牌的价值观,对于树立品牌形象非常重要。越来越多的品牌在尝试建设智慧门店,用新技术给顾客带来便捷和科技感的同时,改善了人际触点无法标准化的问题。但是人际触点所带给顾客的"被重视"的感觉,是数字触点与物理触点无法给予的。

三类触点各有利弊。好的物理触点设计能够打动顾客,但是,通过语言和文字向他人分享好的物理体验是非常困难的。数字触点可以不受空间和时间限制,提供不间断的内容和体验,但是没有针对性的设计难以产生共鸣。门店所提供的好的人际触点所带来的感受,在传播中很容易产生共情和共鸣。

7.7 服务利润链

服务利润链提出了一系列相关因素之间的关系,如获利性、顾客忠诚度、员工满意度、能力和生产率,如图 7-4 所示。利润和回报的增长来自忠诚的顾客,顾客忠诚又源于顾客满意,而顾客满意受感知服务价值的影响。服务价值是由那些满意的、尽职的、有能力的、生产性的员工创造的。满意的和忠诚的员工来源于挑选和培训,但是需要提高信息技术和支持其他工作场所的投资,允许员工在服务过程中有决策的自由度。

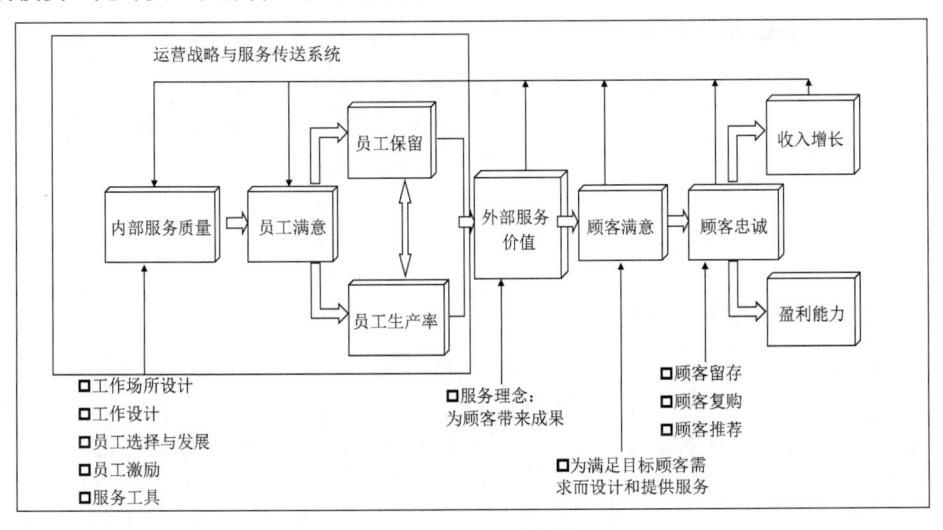

图 7-4 服务利润链

服务利润链的逻辑关系体现如下。

1．内部服务质量驱动员工满意

内部服务质量描述了员工的工作环境，它包括员工的挑选和开发、奖酬和认可、对服务信息的获得、技术和工作设计。例如，联合服务汽车协会（United Services Automobile Association，USAA）（2015年《财富》全球最受赞赏50家公司之一）是一家面向军官的金融服务公司，电话服务代表得到了一套复杂先进的信息系统的支持。当一位顾客拥有会员号码后，该系统就能在显示器上显示顾客完整的信息档案。该公司拥有专门用于培训的教室，得到最新技术发展水平的相关工作培训是每位员工所预期的工作经历的一部分。

2．员工满意度影响员工保留率及生产率

在大多数服务企业中，员工跳槽的真正成本是生产率的损失和顾客满意度的降低。在个性化的服务企业中，低员工流动率是与高顾客满意度密切相关的。例如，证券公司中失去一位有价值的经纪人的损失可以用顶替他的人与顾客建立关系期间所损失的佣金来衡量。员工的满意度对生产率也有影响。西南航空公司一直是利润较高的航空公司，部分原因是该公司拥有较高的员工保留率，它低于5%的员工流动率在该行业是较低的。

3．员工保留率和生产率影响服务价值

尽管西南航空公司不指定座位、不提供餐饭、不与其他航线共用预订系统，但是顾客对该公司的评价仍很高。顾客看中的是频繁的离港班次、准时服务、友好的员工及低票价。该公司可以实行低票价的部分原因是，训练有素、灵活性强的员工可以执行几种类型的工作，并能够在15分钟以内转向另一架次的班机。

4．服务价值影响顾客满意度

对于顾客来说，服务价值可以通过比较获得服务所付出的总成本与得到的总利益来衡量。前进保险公司（Progressive Insurance），是一家灾害保险公司，通过让保单持有者毫不费力的快速办理手续和赔付为顾客创造价值。例如，一旦出现保险事故，该公司的理赔员迅速飞抵事故现场，马上办理赔偿，提供支持性服务，减少了法律费用，实际上让受损方得到了更多实惠。

5．顾客满意度影响顾客忠诚度

施乐等公司对其顾客进行过一次调查，使用的是5分制，评分机制的1~5分分别代表从"非常不满意"到"非常满意"。调查发现，评价为"非常满意"的顾客再次购买施乐产品或服务的可能性是评价为"满意"的顾客的6倍。该公司称这些"非常满意"的顾客为"传道者"，因为他们会转变那些不接受公司产品或服务的人的看法。另一极端为"恐怖分子"，这些对产品"非常不满意"的顾客会产生不好的口碑。

6．顾客忠诚度影响获利性与成长

美国经济学家弗雷德里克·F.赖克尔德（Frederick F. Reichheld）和W.厄尔·萨瑟（W. Earl Sasser Jr）曾经对许多行业进行了长时间的观察分析。他们发现顾客忠诚度在决定利润方面比市场份额更加重要。当顾客忠诚度上升5个百分点时，利润上升的幅度将达到25%~85%。因此，市场份额的质量可根据顾客忠诚度来衡量，应得到与市场份额的数量一样的关注。

▶▶ **真实案例**

星巴克创始人霍华德·舒尔茨首先考虑的是人。他特别强调将员工放在第一位。因为最先感知企业产品和文化的是员工。如何让员工产生归属感，纳入企业统一的价值体系中，这是企业最难解决的问题。星巴克从人的基本生存需求出发，把员工称为"伙伴"，成为美国第一家为临时工提供全面医疗保险的企业、第一家给临时工股票期权的企业。值得注意的是，很多企业也能满足员工发展的"马斯洛需求"，但员工并没有如企业所愿迸发出巨大的热情和持续发展的动力。原因何在？有哪些关键因素决定着服务利润链？

因素一：员工的心与企业家的心交集有多大？自1991年开始，霍华德·舒尔茨不顾董事会的反对，面向全体员工推行"咖啡豆股票"计划，让每个员工都成为公司的合伙人。他这样说服董事会：如果能把每一个员工都结合到一个整体中来，他们就会以CEO的态度来对待公司。投资者的股份比例也许相对缩小了，但他们名下的股值肯定会增长得更快。而事实也的确如此。

因素二：机会公平。在星巴克，每个人都是别人的支持者和教练，而不是训导者。这意味着只要有能力，人人都能获得快速发展的机会。

因素三：用善念感染员工，建立价值认同。星巴克一直从商业机制的角度保证公益事业的永续发展，有业务的地方就有公益。从咖啡豆采购开始，他们采用溢价收购以支持当地咖啡农的可持续发展，如发展教育、改善医疗，使他们不用因为生计问题离乡离土，进而持续提供优质的咖啡豆。公司也会组织员工去咖啡产地看咖啡农的生产，让员工亲身体会道德采购对咖啡农、对企业的重要意义。

因素四：让员工成为顾客反馈环中的一员。星巴克是办公室和家之外的"第三空间"。许多人在这里工作、开会、商务会见。顾客的所思所想，一线服务员最清楚，任何给予顾客的真诚帮助都能收获真诚的微笑。服务的本质是以心换心，由顾客处收获的评价和笑容会勉励员工，形成一个集体情绪与情感升维。

7.8 服务接触中的数字技术

7.8.1 自助服务

服务已经从互动性（服务人员）逐渐转型为能够随时随地提供便利服务的电子化时代。这种变化的发展轨迹，与工农业经济变革过程中机器取代人力的过程极为相似。表7-4展示了自助服务技术的演变。

表7-4 自助服务技术的演变

行业名称	涉及的人工角色	机器支持	互联网参与环节
银行业	柜台出纳	自动柜员机	线上办理银行业务
便利店	结算柜员	自助结算机	线上下单/提货
航空公司	代理人员	自助业务台	打印登机牌
餐厅	等位引导员	自助点餐机	线上下单/取餐
电影院	售票员	自助取票机	按观影次数付费
书店	引导台的工作人员	库存核查终端	线上购物
教育	老师	电脑培训课程	远距离教学

自助服务的目标是那些没有附加价值或有提升附加价值空间的交易类型，这是因为通过引入自助服务可以大幅度降低人工成本。例如，二十多年前银行大规模引入自动柜员机，降低了银行柜台出纳的人工成本，并为顾客提供了随时随地使用银行服务的便利性。零售商通过为读码器增加全新的近距离无线通信技术（NFC），可以识别顾客存储在智能移动硬件中的信用卡信息，进行移动支付。这项技术帮助零售商保存顾客的购物行为信息，提供了向顾客推送更多促销信息的渠道。由于享受到了此服务带来的便利性，顾客更愿意增加消费频率（如星巴克提供的个人口味化的拿铁咖啡），降低等待服务时间，进而提高了服务效率。

从定义上来看，诸如健康服务、消防等高端定制化服务无法全面实现自助服务，但是部分的引入还是有可能的。举例来说，患者可以在家使用血压仪测量血压，并把血压信息自动传送至医生办公室内的自助信息接收器上。

自助服务的大力发展对社会有着深远的影响。低收入、缺乏技术性、低附加价值的服务类岗位将会消失。新的服务业岗位将会更加倾向技术含量高（如健康维护）、智能化（如专业服务）及富有创造力（如娱乐业）的岗位。茶饮店如喜茶 GO 店为了减少顾客与服务业的面对面，采用了智能取茶柜，让顾客自行取茶。顾客利用微信小程序下单、支付，当茶饮品制作完成后，只需根据手机收到的提示，前往智能取茶柜就能取出所购的茶饮品，全程不需要跟任何人进行面对面的交流。在收银环节，不少超市纷纷推出了"自助收银"，顾客只需刷手机或刷脸就能完成支付结算。顾客在选好货物后，推着购物车来到自助结算机前，将货物的标签对准机器扫描仪，机器就能记录和结算，在全部货物过机扫码后，顾客就能用手机微信或支付宝支付，相当快捷。

7.8.2 非接触式服务

所谓"非接触式"就是指人和人，以及人和具体的实物保持一定的距离，不发生直接接触。近年来，"非接触式"服务不断涌现，机器人承接了消毒清洁、送药送餐、诊疗辅助等"一线工作"，无人零售、机器人送货、在线娱乐、在线教育等也成为大众居家必备之选。这些"非接触式"服务的变革，不仅催生了新的经济模式——"非接触式经济"，如在线办公、在线医疗等，还带来了新的产业机遇。

随着互联网基础设施建设和应用环境更加成熟，高新技术拓宽应用场景，促进产品或服务更便捷、社会治理更高效。以 5G、人工智能、数据中心等为核心的数字基建是数字经济创新发展的基础。随着数字基建的提速，无接触应用场景将会继续优化和不断拓展。目前，"非接触式"服务越来越智能化，也越来越需要数字技术加以支撑。

▶▶ **真实案例**

兴业银行借助云计算、分布式账本等技术打造"福建省金融服务云平台"，为企业提供全流程的线上服务。该云平台能够智能匹配企业自主发起的融资需求，用户除可登录该平台网站实现业务"网上办"之外，还可以通过微信公众号"福建金融"上的"金服云"模块实现业务"掌上办、马上办"。截至 2020 年 3 月底，该云平台新增注册用户数达 19 879 户，发布融资需求达 3117 笔、金额达 178.69 亿元，解决融资需求达 291 笔、金额达 80.07 亿元。此外，兴业银行还通过该平台设立"抗疫专区"，依托工商、税务、电力、海关等政府部门和公共事业单位近 4400 项涉企大数据，为防疫保障重点企业和复工复产企业提供抗疫融资需求精准服务。

7.8.3 虚拟服务

数字技术如 AR、VR、AI 和大数据等的广泛应用,将真实世界的信息和虚拟世界的信息"无缝"集成,将原本在现实世界的一定时间、空间范围内很难体验到的实体信息(如视觉信息、声音、味道、触觉等),通过电脑等科学技术,模拟仿真后再叠加,将虚拟的信息应用到真实世界,被人类感官所感知,从而达到超越现实的感官体验。AR 技术可以广泛应用到教育、远程医疗诊断、电视播放、建筑、设计、制造和工程管理等各个领域,产品上的应用可以通过增强现实看到产品信息和相关内容。VR 技术通过多种传感器设备,让用户根据自身的感觉,使用人的自然技能对虚拟世界中的物体进行考察和操作,参与其中的事件,并同时提供视觉、听觉、触觉等直观而又真实的实时感知,让参与者沉浸其中。在电脑模拟的虚拟空间中,VR 技术让用户的视觉、听觉、触觉等感官信息得到扩张和延伸,从而体验从来未经历过的感受。

▶▶ **真实案例**

VR 选车。从 2015 年年底开始,奥迪的用户坐在汽车销售店里就可以戴上 Oculus Rift 设备为自己的爱车选购配置,他们可以浏览奥迪旗下所有系列的所有车型。戴上 Oculus Rift 设备之后,用户的汽车配置选购体验将会大大增强。VR 技术可以模拟人坐在车里的真实场景,并且可以进行多种个性化的设置,例如内饰皮革、颜色、装饰及车载娱乐系统。并且,用户头戴 Oculus Rift 设备环顾四周,眼前的显示器就会展示车内的相应部分。与此同时,一些虚拟的驾驶场景也被整合到设备中,例如各种不同的天气状况、路况等。

VR 模拟驾驶。丰田和 Oculus 联手推出了一款面向用户的虚拟现实驾驶模拟器"TeenDrive 365"。用户只需要坐在驾驶舱内,戴上 VR 头盔,即可进入"真实驾驶时刻"。虽然现实路况会更加复杂,但通过在静止的真车上模拟各种交通场景,这套系统有望帮助用户安全地锻炼出一些必要的驾驶技能。为了让模拟更加逼真,系统甚至还加入了类似的短信和无线电噪声干扰,以便考验他们专注驾驶而不分心。在音频方面,RealSpace 3D 音频可以让用户感受到"真实"的声音方向及深度。

AR 汽车说明书。很多人买完车不看说明书全凭感觉用车,他们不知道该留意哪些问题、如何排除简单的故障等,就算去翻说明书也会因为书太厚而放弃。而利用 AR 技术可以取代纸质说明书,将说明书以三维的方式展示出来,不仅能提高用户的阅读兴趣,更能帮助用户快速了解和解决问题。AR 汽车说明书,可为用户提供更加直观的指导与建议。

AR 车辆维修。维修工利用相关的 AR 设备或 App,就可以看到需要维修的部位、需要使用的工具及需要的维修操作。检查油量、发动机冷却液液位、电池状况,补充机油、更换电池,这些问题在 App 上都能显示。维修工只要将摄像机对准车辆,手机屏幕上就会显示有关部件的名称及相关信息。维修工点击想了解的部分,它还会显示维护或是维修的信息,甚至能通过动画来教人们操作。

本章小结

本章首先从服务接触的内涵入手,对服务接触的三元组合,即服务组织、与顾客接触的员工及顾客,还有它们的相互关系展开了分析。在此基础上,分别对服务接触三元组合中各构成影响服务接触的关键要素进行了分析。其次对服务触点的类型及各自的利弊进行了介绍,并对服务利润链及其逻辑关系展开了讨论。最后,结合相关案例讨论了数字技术在服务接触中的应用。

讨论题

1. 列举服务企业的例子，并分析其服务接触过程中的三元组合。
2. 分析服务的三元组合是如何影响服务接触的。
3. 列举实例，并分析如何使用数字技术对其服务接触进行改进。

▶▶ 案例分析

案例7-1 星巴克烘焙工坊的触点和线索设计

星巴克烘焙工坊的触点设计主要从物理触点、人际触点和数字触点3个方面凸显出企业的品牌、文化及引发与顾客的互动，从而增强用户的体验感。

物理触点重点突出品牌价值。星巴克烘焙工坊从中国文化中汲取元素用于室内设计。这种"因地制宜"的策略，并不会削弱星巴克自身的特色，反而使得不同的旗舰店在有相似本质的同时，具有足够的个性，提供独特体验。此外，星巴克烘焙工坊将过去顾客接触不到的咖啡烘焙过程展示出来，呼应体验的内核。除了这些共通的体验，不同的门店探索攻略手册又引导出差异化的旅程。

人际触点传播品牌文化。每一个重要场景都设置了服务人员这一人际触点，从入场引导，到负责收银的服务人员。星巴克布置了充分数量的服务人员以确保覆盖面。服务人员也不再是被动地等待顾客提出要求，而是主动提供服务，如主动配合拍照的服务人员、介绍咖啡知识的咖啡师。他们各有职责，同时也承担着回答顾客提出的问题、传播信息的工作，让品牌的文化透过人与人的交互而被感知。

数字触点引发深度互动。星巴克烘焙工坊将移动端互动延伸到了非常普及的淘宝与支付宝App上，扩大了接触面。AR体验打破了虚拟与现实之间的壁垒，让获取咖啡知识的过程更加鲜活，鼓励顾客探索。通过星巴克"线上工坊"，顾客可以在家中学习咖啡知识，也可以订购在店内烘焙好的臻选咖啡豆。要真正培育咖啡文化，让顾客由衷喜欢咖啡，就要让他们去实践。整个线上部分是对线下实体的补充和延展。

在任何一个产品形态或服务系统里，要呈现理想的整体效果，这三类接触点必须相互配合才能打造出好的顾客体验。而当触点之间相互串联，就会形成一条条的线索，深化顾客对品牌的感知。星巴克烘焙工坊的三类触点，形成了这样的线索。

物理线索。烘焙工坊的物理空间顶部有5条细长的铜制管道，经由正门—咖啡烘焙展示—天顶咖啡运输管—咖啡罐—主吧台—咖啡图书馆—茶瓦纳—冷萃冰滴塔—长吧台，贯穿了整个两层楼的物理空间，并涵盖了咖啡制作过程中重要的节点。这条囊括了咖啡设备、制作、展示的所有重要物理触点的线索，被称为"咖啡交响乐"，它向顾客诠释了星巴克的咖啡文件及专业性。

每个小时，刚刚烘焙好的咖啡豆借助气流在管道中摩擦碰撞，演奏出美妙的声响，最终落入一楼长吧台透明的储豆罐中。当顾客亲耳听到，并亲眼看到新鲜烘焙的咖啡豆落入储豆罐后，怎能忍住不在现场来一杯咖啡或打包带走一杯咖啡呢？

数字线索。烘焙工坊的数字线索有两大目的：第一，引导顾客在信息繁杂的物理空间内进行探索。比如，在进入门店时，服务人员就会提示顾客扫码体验数字部分，淘宝账号也会有提醒。稍加探索，你就会发现烘焙工坊在"AR体验"中设置了很多场景和地图探索方式，用AR技术可以辨识物理空间内的一些专业咖啡设备，观看动画，了解这些设备的用途及使用方法，部分器具还可以直接在线购买。第二，补充线下服务的细节。在烘焙工坊内，顾客可以通过淘宝在线浏览商品，下单购买，通知取餐，最后开具发票。在客流量较大的线下门店，这些自助式的服务对线下的服务无疑是很好的补充。整个数字线索内的各个触点，都能够导流到线上传播与分享，促进社群的活跃与扩大。

角色线索。烘焙工坊将顾客分为4种角色：游客、发现者、挑战者、探索者，对应不同程度的参与方式、不同的观赏线路。有针对性的趣味点，让顾客依照兴趣主动探索，选择套餐和寻找套餐商品的过程便是顾客定制产品或服务的过程。顾客在这个过程中定制了属于自己的记忆点，更容易触发其参与分享与社群传播。

"自由行"的顾客，则可以在攻略地图的引导下自由逛店，选择感兴趣的地方深入探索。顾客在店内漫游的过程，同样也是定制自己旅程的过程。烘焙工坊在人际触点方面着重于顾客群体之间的互动，把顾客变成游客再变成主动探索的人，最后成为主动分享的传播者。

通过触点的连接形成线索，通过线索引发品牌和顾客之间的深度互动，不同线索相互作用和配合。物理线索和角色线索是实体的、显性的，无论是初次接触咖啡文化的顾客，还是深度爱好者，都能参与其中。数字线索，带领顾客从线下进入线上，是星巴克咖啡文化社群的能量场，诞生、存在于内容分享与传播中。

在构建数字线索时，烘焙工坊更多考虑真正有意愿、有兴趣分享小众化内容的特定顾客，为他们提供自我表达与分享的平台，因为这群人才是真正愿意分享并传播咖啡文化的人。不同线索最终形成一个整体。物理线索和角色线索能够转化潜在顾客，吸引目标顾客。顾客社群组成的数字线索中，顾客之间的交流，以及包含在其中的相互认同，是保持品牌黏性的基础。

整体性的服务接触设计不仅能为顾客提供出色的体验，还能为长远策略布局打下基础——让品牌深入顾客心中，这是其背后的意义。

分析题：

1. 星巴克烘焙工坊是如何将不同类型的服务触点结合使用以增强顾客体验感的？
2. 星巴克烘焙工坊是如何通过不同的线索来吸引和留存顾客的？
3. 星巴克烘焙工坊是如何通过服务接触设计来实现其策略布局的？

案例7-2 达美乐用十种交互触点覆盖生活多种场景

1960年，美国密歇根大学学生Tom Monaghan和哥哥James Monaghan在密歇根州，以500美元租下了一家名为"Domi Nick's"的比萨店，给它起名为"Domino's Pizza"，由此宣告达美乐比萨的成立。Domino's，字面翻译是"骨牌"。达美乐创始人Mr. Monaghan最初的构想是在自己家乡经营两三家比萨店就满足了，因此选了骨牌的一点和二点作为商店的标志。

没想到，一不小心就在全球90个国家和地区拥有了超过18 300家门店，成为全美第二大比萨连锁店。2020年全球最具价值500大品牌，达美乐排名第368位。2020福布斯全球企业2000强榜，达美乐名列第1693位。

作为和谷歌同年上市的全球企业，达美乐股票回报率高达27倍，谷歌则是16倍。2010年至今，达美乐股价涨了20多倍，同期亚马逊也只是翻了5倍多。尽管和谷歌、亚马逊这些科技巨头比较并不太合适，但达美乐无论是做营销还是尝试新技术，一直走在数字化前沿。

达美乐通过数字化渗透到人们生活的方方面面，提出"随时随地"达美乐，使得你想吃什么的时候或不知道吃什么的时候，都能用最简单的办法获取到相应的渠道，下单买比萨。

"达美乐决心为顾客提供无处不在的服务，"达美乐市场副总监对福布斯宣称，"我们通过技术把移动服务能力嵌入智能手表、电视、汽车等生活设备中，满足顾客在任何场景中的订餐需求。"假如你正忙着追剧、看球赛或正在跟小伙伴玩游戏，直接对着Google Home或Amazon

Echo 说出你想吃的比萨，等着比萨上门就好。

如果你不愿意研究菜单，打开 Zero Click 这款 App 发呆 10 秒，系统就会根据你的个人偏好直接"再来一单"。当你不方便打字的时候，发一个表情就可以直接搞定。

诸如此类，达美乐为顾客提供了 10 个渠道解决方案，覆盖各种生活场景，多种交互触点让订餐变得极其容易、随手可得。

例如，很多年轻人喜欢在外面和朋友一起观看球赛，啤酒、美食似乎和观看球赛是天然搭配，达美乐把订购比萨这件事情做到了电视广告上，让你和朋友在观看球赛的过程中可以直接进行订购。

很多人喜欢在晚餐不知道吃什么的时候选择吃比萨，下班回家之前似乎是一个非常好的决策点，所以在你开车回家的时候，可以通过车载语音来订购比萨。

当你在网站上浏览信息时，可以通过手机去订购比萨，可以直接在 Twitter、脸书上面@达美乐，发一个表情就可以订购比萨。

如果你实在懒得不想出门，就想待在家里，那么就可以用 Echo（亚马逊于 2017 年推出的一款电子设备），通过语音传输的方式订购比萨。

或者，用你的 Apple Watch 直接订购比萨……

这一切，目的是降低用户订购比萨的渠道成本。

2007 年，当竞争对手们还在使用电话接单的时候，达美乐已经推出电脑端和移动端订餐方式，要知道那年 iPhone 才面市，安卓手机则是还有一年多的时间才面市。

不仅如此，达美乐相继推出 Pizza 追踪器、Siri 语音订餐等一系列产品，充分利用数字产品提升顾客在订餐场景中的体验。

首先是获客场景，达美乐推出了"比萨大亨"——一个以社交传播为核心的服务平台，顾客可以在线上随意组合 40 多种食材，定制属于自己的比萨，而达美乐则负责烹饪，顾客在选定的门店取餐便可即时品尝自己的创意比萨。

此外，达美乐还在 Twitter、脸书上开展"世界味道"的评比活动，鼓励顾客分享私房菜单，系统会将收集到的创意菜单面向大众公开售卖，月售量或年售量最多的菜单设计者会赢得相应的奖金。

虽然目前达美乐超过一半的收入来自它的各类数字订餐平台，但数据显示，仍然有 50%～60% 的顾客选择到店堂食或自行打包带走，而非选择外送服务。

因此，达美乐改变了"追踪食物位置"的固有想法，在订餐 App 中增加了定位功能，通过顾客授权获取订餐顾客的实时位置，计算到店时间，提前 4 分钟开始烘烤，保证每个比萨都是"新鲜出炉"。

达美乐推出了一款 App 叫作达美乐 Hero，顾客可以通过游戏化的方式，在线定制一款属于自己的个性化比萨，同时真正成为达美乐的厨师。

这个想法缘起于达美乐版图高速扩张，各个门店都出现了厨师短缺的问题，同时，即使招募了厨师也需要一段时间的培训才可以上岗。因此，达美乐想到用游戏 App 进行招募，如果你玩游戏的分数足够高，达美乐会立即通过 App 发一个面试邀请通知，通过情景化的植入，解决了达美乐很多门店厨师短缺的问题。

达美乐最为突出的是利用数字化完全改变了自己的盈利方式，传统卖比萨的门店都是靠零售，但是达美乐把在线定制比萨这件事情开放给线上分销商。

这些分销商就是所谓的"网红"，他们定制自己的"黑暗料理"，通过直播进行叫卖，所获得的收益与平台进行分成。这个想法直接帮助很多自由职业者通过卖比萨获得了非常不错的收益。

数字创新的回报不仅体现在股票数字上，全场景覆盖的服务大幅拉近了顾客和品牌交互的频率及情感连接，扩展了品牌认知度和曝光率，很难说有多少顾客仅仅因为"比萨饼"本身关注这个品牌，进而决定消费。另外，达美乐发力高价值业务场景，真正以顾客为核心，针对细分的生活场景定制体验方案，为顾客创造便捷、贴心、有趣的订餐体验。凭借服务策略创新——"全场景覆盖布局+高价值场景深耕"，达美乐完成了"以产品为核心的产品品牌"向"以体验为核心的服务品牌"转型的品牌力升级。

　　你是否现在才知道，达美乐是一家真正的高科技公司，只不过恰好在卖比萨。

分析题：

1. 简述达美乐在不同发展阶段的服务触点设计。
2. 达美乐如何通过数字技术提升顾客在订餐场景中的体验？
3. 达美乐如何通过服务接触设计来吸引和留存顾客？

第 8 章

服务场景

▶▶ 学习目标

1. 了解服务场景的内涵。
2. 掌握服务设施设计的目标、原则与方法。
3. 理解数字技术在改善服务场景中的应用。

▶▶ 导入案例

新版手机淘宝的服务场景打造

2018年8月,新版手机淘宝正式诞生,从运营价格、商品升级为运营内容、粉丝和品牌。新版手机淘宝除了栏目变得更加清爽,"猜你喜欢"这个广受喜爱的板块位置大大提前,一下跃至首页第二屏;新增的"我的频道"板块可以帮助消费者方便地管理自己喜爱的市场,将心仪的特色行业收藏在首页,达成私人定制效果;被简化为导读栏形式的各类行业大大降低了消费者的浏览成本。打开新版手机淘宝的首页,消费者会发现固定栏目的数量大大减少,只需要下拉一次页面,首页的固定栏目就已展示完毕,接下来直接进入"猜你喜欢"板块。

"猜你喜欢"板块的进化,堪称本次升级的重中之重,除了位置大大靠前,推荐机制也做了全方位创新。新版手机淘宝全面升级了推荐算法,借助精细化运营的力量,把"消费行为"这个单一的判断维度,丰富、拓展成一个个消费场景。这些涵盖了人生阶段、消费需求、兴趣偏好等因素的一个个消费场景进行的推荐会更精准、更人性化、效率也更高,这将是淘宝真正实现"以人为中心"的算法技术的最重要一步。

目前,"猜你喜欢"板块的推荐机制已形成了超10 000个精细的消费场景,与淘宝超10亿个的海量商品库形成有效互补,能精准满足消费者在不同阶段的多元化消费需求。对消费者来说,更加"简单"的新版手机淘宝,带来了更智能、更丰富的消费体验,也标志着淘宝已经从一个交易平台蜕变为全方位的互联网生活平台。

此外,新版手机淘宝不仅让消费者"逛淘宝"变得更加丰富、简单而智能,也给商家们带来了全新的机遇。新版手机淘宝中"猜你喜欢"板块的推荐内容得到了极大的丰富,在商品之外,增加了频道化的运营机制,打通横向市场、泛内容主题、榜单、权益、新品、大促等多个子板块,形成了多维度、智能化的丰富信息流。

新增的频道化运营方式,是淘宝在原来场景化推荐基础上优化整合后全新推出的,既有"iFashion"这样的导购内容频道,也有像"天猫小黑盒"这样基于场景组织的横向市场,还有来自阿里巴巴生态的甚至是生态之外第三方制作的娱乐、游戏、消费应用和工具。除了"猜你喜欢"这个板块,消费者还能通过首页、搜索栏、微淘、商品详情页面等多个位置接触到这些新的运营频道。而"泛内容"板块则是淘宝在内容化战略的进一步探索,除了官方活动,消费者所熟知的淘宝直播、短视频、买家秀等内容都通过"泛内容"板块,以"千人千面"的方式精准推荐给消费者。

8.1 服务场景的内涵

现实经济活动会形成丰富多样的服务场景,包含人们日常生活的方方面面,例如餐厅用餐、商场购物、医院看病和政务大厅办理事务等。"场景"实质上是产品的一部分,如果从字面上对"场景"二字进行拆分理解,"场"通常是指时间和空间,"景"则是包含情景和互动两层含义。服务场景有助于员工和顾客交流,帮助顾客形成服务经历并影响他们对服务的满意度评价,因此服务场景必须结合服务目标并带给顾客一致的形象和感受。

在数字经济背景下,传统意义上的"场景"被完全突破,显示出更加多元化的特征。数字技术让"场"在 7×24 小时全天候运行或提供服务,既可以在线下也可以在虚拟空间进行,其空间可以实现无限大;而从"景"的层面来看,数字技术既可以让情景现实化也可以让情景虚拟化,数字技术下的交互方式更是多种多样的,吸引力和服务效率大大提升。点外卖、网上购物、超市自助收银结算、App 缴纳电费等,对于顾客来说已经是轻车熟路的数字生活,这些生活中的服务场景不仅包含有形环境和社交环境,还包括网络设备及移动互联网等网络环境。网络环境是数字经济时代服务场景中的重要组成部分(见图 8-1)。

图 8-1 盒马鲜生超市自助结算服务场景

8.1.1 服务场景中的行为

一个构思巧妙的服务场景可以同时吸引员工和顾客,物理环境会引起情绪反应进而影响行为,因此服务场景的打造就可以有益地塑造参与者的行为以支持组织目标。

服务场景模型简述为"刺激-有机体-反应",环境要素作为刺激因素,影响顾客和员工对刺激做出的反应,有机体的反应可以分为"愉快与不愉快、唤醒与不唤醒、支配与顺从"3 种基本情感状态,这 3 种情感状态作为反应调节器影响着服务场景中顾客及员工的行为。服务场景构架图如图 8-2 所示。

反应调节器有助于解释服务为什么以异质性为特征,因为服务随提供者和服务对象的不同而有所不同,甚至是同一服务提供者在不同时间提供的服务也会有所差别。员工对服务环境的反应也将受到其自身情绪状态的影响,有时员工希望能够同顾客进行交谈,其他时候员工则乐于尽量减少谈话；安静的图书馆内，顾客会保持安静来适应环境的氛围，而那些乐于寻找刺激的顾客更可能青睐于吵闹的餐厅、欢快的游乐园等场所。

| 环境要素 | 整体环境 | 心理调节者 | 内部回应 | 行为 |

环境条件
- 温度
- 空气质量
- 噪声
- 音乐
- 气味

空间/功能
- 布局
- 设备
- 家具

标识、符号和人工制品
- 标牌
- 个人制品
- 装饰风格

→ 感知的服务场景 →

认知
- 信仰
- 分类
- 象征意义

情绪
- 心情
- 态度

生理
- 疼痛
- 舒适
- 运动
- 身体健康

→ 员工的反应

→ 顾客的反应

接近
- 隶属关系
- 探索
- 延长在职时间
- 做出承诺

逃避

顾客和员工之间的社交互动

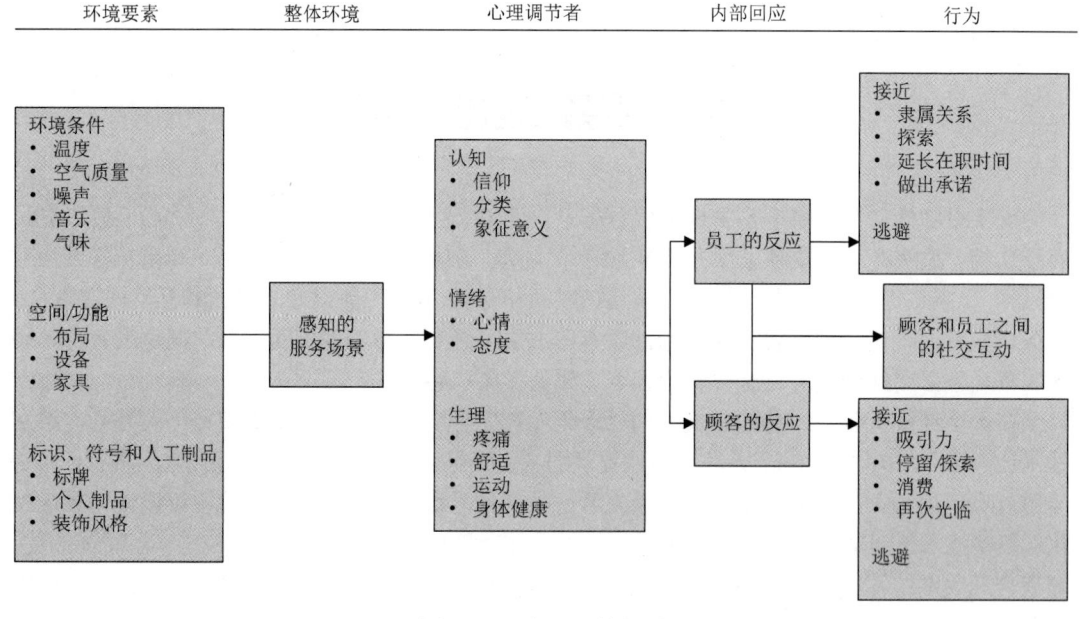

接近
- 吸引力
- 停留/探索
- 消费
- 再次光临

逃避

图 8-2　服务场景构架图

8.1.2　服务场景中的环境要素

有形环境包括企业控制的、能够增强员工和顾客行为及服务感知的所有客观要素，在服务概念的支持方面承担着一系列的战略任务。服务场景中的有形环境是组织提供服务的一种可视化表现，给人们传递着关于服务的潜在使用、相关质量和目标市场细分等信息。有形环境可以拆分成以下几个关键要素。

（1）环境条件。

环境条件主要指环境的背景，例如空气质量、温度、灯光、噪声、音乐和气味等，这些都会影响顾客的感觉。贝蒂尔·霍特（Bertil Hulten）在《感官营销》一书中指出，比起其他营销手段的大排场，气味营销更能对消费者产生潜移默化的影响。Abercrombie & Fitch 作为第一批把气味作为其品牌文化的重要组成部分的品牌之一，为了得到更好的嗅觉体验，利用轨道照明供电，在通风系统中加入香氛精油，使气味更均匀地扩散在店铺内。

（2）内部空间布局与功能。

内部空间布局与功能主要包括建筑、大小、形状、颜色、布局、风格、附件、设备、陈设、舒适等。装修和设施布局及它们之间的关系共同构成了服务传递的可视化和功能化的场景。场景既可以表现出有序和效率，也可以表现出混乱和不确定。例如宜家卖场的"人流动线设计"，既能引导和方便顾客购物，延长顾客停留时间，激发顾客的购买欲，又能快速提高项目营业额及人气，几乎令顾客无法错过任何一个角落。

（3）标识、符号和人工制品。

有形环境中的标识、符号和人工制品都以清楚或含蓄的信号说明行为可接受的标准，通常用来引导、约束或规范顾客的行为准则。例如动车车厢禁止吸烟的黄色标牌，餐厅里白色的餐桌布、柔和的灯光、菜品的图片展示等都暗示着高档次的服务。

8.2 服务设施设计

设施和布局会直接影响到服务运营。良好的设施和布局可以吸引顾客，使他们感到方便、快捷、舒适和安全。例如海底捞门店中设有儿童游玩区域，更容易吸引带小孩的顾客前来就餐；相反，不恰当的设施和布局将会影响组织，甚至可能会遭到顾客的不满和投诉。服务设施和布局应该服务于组织的性质和目标，同时遵循一定的设计原则和方法。

8.2.1 服务组织的性质和目标

组织核心服务的性质和目标决定其设计的参数。例如，消防站必须有足够的空间安置消防车辆、值班人员和维护设备，学校应当配备一定数量的教学楼、办公楼、食堂和寝室，最好还应当有操场和体育馆。除此之外，设施设计还能对定义服务做出进一步的贡献，它可以形成对企业或品牌直接的认同，例如各种奢侈品品牌店铺的装潢显示出品牌的风格和品位。

8.2.2 服务设施设计的原则和方法

服务类型不同，所展示的服务设施设计也大相径庭。与顾客接触、互动较少的服务由于涉及的因素、空间和设施都有限，其设计可以简单化，尤其是自我服务或远端服务，因为没有员工与顾客的交流，例如自动售货亭就是在一个简单的结构中提供服务的，类似的服务设施设计应该相对直接一些。员工与顾客高接触的服务场景则可能很复杂，要涉及很多因素和很多形式，诸如环境条件、空间布局与功能、标识、符号、人工制品等，因此设施设计需要考虑诸多因素。以下是服务设施设计的原则和方法。

（1）与企业形象定位相一致原则。

企业形象定位是服务企业根据市场的竞争情况和本企业的条件，确定企业在目标市场中的竞争地位，通过各种营销手段吸引顾客注意，以促使顾客在思想与行为（特别是消费思想与行为）上产生有利于企业发展的倾向性。准确的企业形象定位决定着企业未来的形象塑造方向，同时也决定着企业未来的发展方向与目标。服务设施的设计是服务企业使服务有形化、差异化的一种强有力的手段，向目标市场有力地传达了可靠的信息，从而促进企业形象的传播。

（2）优化服务流程原则。

服务设施的设计应该有助于减少顾客感知的时间、精力等成本的耗费。伴随日益增大的竞争压力、不断升高的机会成本、顾客导向时代的到来，如今顾客对于服务便利的需求比以往任何时候都强烈，服务消费的不便利已成为促使顾客转换服务的重要理由。

（3）选址的可得性和空间需要原则。

用于服务设施的土地资源通常受到成本、规划要求及实际面积等诸多限制，尤其是在发达城市中心，土地资源紧缺，建筑物只能向高处扩展，为了有效利用相对较小的空间，组织必须在设计中表现出巨大的创造性和灵活性，例如各种大型超市通常位于商场负一层来扩大商品排列位置。

(4) 弹性原则。

服务需求的适应能力在很大程度上取决于当初设计时的弹性,弹性也可以被称为"为未来而设计",为未来增长做准备。在设计之初应该关注的问题有:怎样设计才能满足当前服务的未来扩展?怎样设计才能适用于未来新的不同的服务?

(5) 安全性原则。

服务设施设计需要考虑安全性。例如游泳池,在设计上就要考虑避免发生安全事件,另外为防止意外事故发生,还必须具备一些必要的设备进行救援,如救生圈、安全钩等;地铁站入口处设置的自助式行李物品安检设备等。

(6) 美学原则。

服务设施设计要符合美学原则,设计时要考虑目标市场顾客的审美心理与审美习惯,给人以美感,获得美的享受,在形式、内容与功能上紧密结合,让人产生一种回味无穷的美的感受与体会,从而给顾客留下深刻的印象。有形环境的任何方面,比如器具的布置、灯光、颜色、设备、标志、员工服装和原料等,都尽可能和谐完美,创造出某种美的意境与氛围。

(7) 文化性原则。

深入挖掘和广泛培养文化底蕴,对服务产品进行深度和广度上的文化加工,给顾客提供一种与众不同的文化体验与熏陶,能够给服务经济带来广阔博大的空间。服务设施设计在内涵和外延上的文化性拓展和丰富是一个系统工程,不仅改变了服务产品的内涵和层次结构,而且改变了产品的核心。服务企业从建设开始就要注重文化的营造,从设计、建设、装修到管理经营,服务都注入了独特的文化内涵,渲染文化氛围,塑造文化形象,形成鲜明个性,从而给服务灌注"文化灵魂",带来独特的魅力与竞争力,增加服务的附加值,这已成为现代服务经营的一大趋势。

8.2.3 服务设施布局

服务设施布局是指根据服务提供的特性和要求,在时间、成本、技术允许的前提下,确定完成某一服务功能所需的各功能要素(包括工作站、员工、设备、工具、顾客等)在服务场景空间内的具体位置和数量分配,并明确不同位置间的相对关系。企业工作的重点不同,对设施配置的方针政策也略有不同,服务设施布局的好坏直接关系到服务效率、服务成本和顾客服务体验的高低。常见的两种服务设施布局方式有产品导向布局和过程导向布局。

(1) 产品导向布局。

产品导向布局,也称作装配线布局,在服务业中是指以固定步骤向大批顾客逐一提供标准化服务的场所设施布局方式,其目的是使大量产品或服务迅速通过系统。产品导向布局要求顾客在服务点按顺序流动,在每一个服务点上花费的时间相似,避免出现瓶颈现象,整个服务过程被分解为一系列标准化作业,由专门的人员和设备完成,适用于标准化程度较高的服务过程。这种布局方式多见于自助餐厅、政务办事大厅等,如图 8-3 所示。

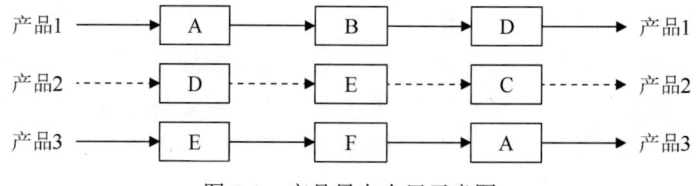

产品1 → A → B → D → 产品1
产品2 ⇢ D ⇢ E ⇢ C ⇢ 产品2
产品3 → E → F → A → 产品3

图 8-3 产品导向布局示意图

（2）过程导向布局。

当服务企业面对的顾客需求各异，但都遵循某一个完整的过程时，则可以采用过程导向布局方式。诸如医院、法律事务所、保险公司和旅行社等服务企业的设施布局大多采用过程导向布局。过程导向布局必须在个性化服务和工作效率之间寻求平衡，在整个服务过程中，如果个性化程度较高，对服务的要求也就较高，而如果要提高工作效率，往往就会以牺牲顾客的舒适和便利为代价。例如拥有不同功能的医院建筑群，满足顾客的特殊服务以实现个性化需求，每个人的需求都不一样，但是他们都要经过一套固定的程序，如挂号、登记、化验、就诊、取药、缴费等。图 8-4 分别展示了以病人为中心和以服务效率为中心的两种医院不同过程导向布局图。

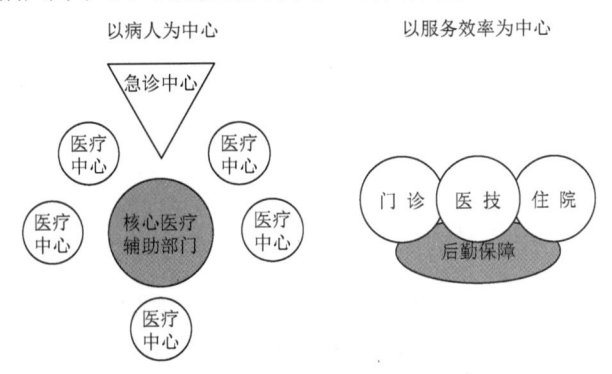

图 8-4 两种医院不同过程导向布局图

8.3 数字技术改善服务场景

随着数字技术的快速发展，服务场景的内涵与外延均突破了传统意义上以时间、空间为维度的"场"及以互动、激活消费者的"景"的方式。数字化为服务企业带来了更高的运营效率、更快的市场响应水平和更大的价值创造。数字技术一方面从源头上提升了服务场景的设计效率，运用大数据、人工智能、5G、物联网等技术解决了运算效率问题；另一方面，技术的运用极大提升了服务场景的运营效率。

8.3.1 拓展新型服务场景

数字化时代消费者的行为特征发生了根本性的变化。消费者不再只基于产品上的物质性，甚至也不基于技术中的功能性，而基于能给自己带来体验的精神层面。消费结构正在逐渐从物质消费、必需品消费、发展消费向舒适消费、健康消费、快乐消费延伸和拓展，数字技术则凸显了重要作用。无人餐厅、VR 体验馆、光影互动馆、减压体验馆、胶囊酒店、汉服体验、脱口秀俱乐部，逾百种普通生活新样态在各行各业释放出新动能，供应端与需求端之间通过数字平台构建了线上数字桥梁，造就了"指尖消费"与"宅经济"的异军突起，许多便捷、创新的服务场景应运而生。

具体地，以消费者多样生活需求和诉求为原点，以数字平台为载体，利用线上对接高效率匹配需求和供给，让新服务、新商业落地到生活服务场景当中，通过新生态、新模式满足消费者的新价值需求，为消费者的生活提供服务基础。无人零售、机器人餐厅、智慧微菜场、智能盒子等数字化服务广泛渗透消费者出行、购物、娱乐、社交等多个服务场景，使得消费者的生活方式更加便捷化、消费范围更加多样化。

数字平台降低了服务搜寻成本、提高了搜寻效率。通过增进买卖双方之间的匹配拓展了服务消费的时间和半径，减少了服务供需匹配时间而增加了便利性和交易成功率，帮助消费者定位线下不易被发现的服务。通过数字平台的推荐，消费者在服务选择上有了更大的选择空间和更高的效率。通过平台带来的消费者快速匹配，使得地理位置对商家的限制逐渐减弱，在选址上有了更大的选择空间。

▶▶ **真实案例**

美团等生活服务平台，作为供需的连接桥梁，承载了各类新的服务场景。逾百种生活新样态发展兴起，涉及餐饮娱乐、文化旅游、体育健康、养老助老等各色各样的生活领域。如360沉浸剧本杀、插画手作馆、宠物私教减肥班、植发养发、共享录音棚等，新的生活服务从0到1逐渐涌现和发展。

8.3.2　提升场景设计效率

数字化浪潮方兴未艾，以人工智能、云计算、大数据为代表的数字技术日新月异。随着前沿数字科技的不断涌现，对于服务场景设计方面也产生了一系列影响，尤其是"数字孪生"技术的提出与发展，使得未来系统规划设计的效率和精度大幅提升。由于数字技术的支持，打破了传统设计的低效率与不可逆性，数字化通过实现各种技术的"连接"、各种技术创新方式的组合，在虚拟世界中重建现实世界，不仅缩短了设计制作时间，同时还提升了设计质量，提高了各个细节的精美程度和设计效率。

▶▶ **真实案例**

在城市设计阶段，通过"建筑信息模型+地理信息系统+物联网"等技术构建的时空一体化云平台，以可视化的辅助设计模型系统，实现对地理信息、建筑设计、基础设施、区域能源等数据集成，各专业可以在统一的设计平台模拟，并通过对水文地理、土地信息、气候环境、建设项目、市政工程等城市数据的集成计算，实现针对城市发展、市政、交通、公共服务等关键决策领域资源的智能动态设计。协助城市管理者更直观与全面地对比城市设计方案。

同时，通过在城市设计阶段积累大量数据资产，构建城市的"数字底盘"，叠加、集成、融合城市和园区的地理信息数据、区域能源数据、生态环境数据及水、电、交通、综合管廊设施运行状况数据，形成城市的全要素"数据中台"，赋能智慧交通、智慧能源、智慧应急和智慧管廊建设，提升城市的运营效率，创新智慧物业、数字社区、智慧停车场、智慧楼宇等应用场景。

8.3.3　提升场景运营效率

数字技术不仅创造了新的服务场景，同时极大地改善了传统服务行业低效率的问题。随着服务业的数字化水平不断提升，数字技术赋能服务业高质量发展，通过服务产品的智能化、满足消费者个性化需求及服务的在线化等新业态、新模式，提升服务质量和效率，激发服务业的新活力。数字技术可以构建一个更加直接高效的网络，服务的供应方和需求方之间通过数字平台即可实现高效链接，打破了传统企业与企业之间、人与人之间及人与物之间的平面连接所产生的接点多、效率低的问题。

▶▶ **真实案例**

手机预订、人脸认证、制卡，30 秒不到，房卡到手。目前，华住集团已在旗下约 5000 家酒店中上线"30 秒入住，0 秒退房"服务，并通过数字化改造重塑了前台接待、客房服务、采购等流程，从而降低了运营成本，提升了运营效率和服务质量。在 IT 系统数字化赋能下，华住集团的人房比已达到 0.17，为全行业最低，并且还有继续降低的可能性。持续的数字技术投入给华住集团带来了丰厚的回报。

8.4 数字技术赋能典型服务场景

数字技术的出现和发展不断推动服务体验的变革。传统的城市交通、教育、医疗等服务场景正在逐步融入数字技术，注入新的数字元素，使它们变得更加智慧和高效。数字技术催生出新零售、智慧交通、智慧教育、智慧医疗等新型服务场景。

8.4.1 新零售服务场景

区别于传统零售，新零售将传统商业三要素"货—场—人"的顺序调整为"人—货—场"，以消费者为主体，运用大数据、人工智能等先进技术，对产品的生产、流通与销售过程进行升级改造，重塑业态结构与生态圈，并对线上服务、线下体验及现代物流进行深度融合，极大程度地提高了服务的效率，帮助消费者从"我是谁"匹配到"我想要什么"。

这种数字化重塑的影响映射在消费端和卖家，是产品选择的丰富及线上体验的深度优化，打破了传统零售行业的"信息茧房"。消费者足不出户，在线上就能获取更多并且理论上无限的产品信息。供给端的效率也在提升，突破了线下空间的限制，沉浸式的线上场景体验也能促使更多直接转化在线上发生，并缩短消费端决策路径，进而提升转化率。

新零售的本质依然是"人、货、场"的连接关系，数字技术引发的变革在于通过"货、场"两大要素的数字化，在数据维度和视觉维度实现了线上渠道的产品数字化重塑，从而使得产品、工艺、流通、服务等环节得以实现数字化同步，以此来重塑零售服务场景。随着数字技术的不断发展和更新，由此带来的服务场景变化将是革命性的，这对零售行业来说意义重大。

▶▶ **真实案例**

传统线下家居零售领域受制于场地空间、运营成本等商业因素，一直存在产品展示不足、无法满足消费者多样化需求的问题，而线上则难以实现消费者沉浸感体验，以至于不得不采用一种线上导流、线下转化的"半融合"方式。事实证明这样的不充分融合造成的结果是，家居线上购买的转化率及客单价仍然偏低，且跨平台交易存在很大的流失率，商家成本不降反增。家居产业一直囿于有限的"场"，未能实现更高的"人、货"连接效率。

2020 年 5 月 28 日，天猫宣布在"6.18"期间首次将数字技术应用于家居行业，通过数字技术，以往做不了的产品展示可以通过技术来实现。例如，通过数字化 3D 实景复刻技术，可以将上海宝山的宜家店铺线下 3000 平方米的实体店，完全复制到线上。这种技术使得消费者可以通过虚拟展厅的方式进行"云逛街"，以更真实的方式体验购物环境。

数据统计显示，3D"云逛街"上线 3 天，超过了 500 万人次体验。"6.18"当天，宜家在一个半小时内创下新的单日成交最高纪录。"6.18""云逛街"期间，3D样板间里的转化率是普通产品的2~3倍，消费者停留时长增加了50%。同时，消费者也可以直接在手机淘宝内实现对沙发、茶几、地毯等家居产品DIY式的自由搭配，和设计师一起完成方案，这样的二次创作不但增加了消费者的参与感，更能提前预览这些家具放在家中的真实效果。

8.4.2 智慧交通服务场景

随着城市化进程的提速、汽车数量的增长，城市拥堵问题日益严重，与此相伴的是增多的交通事故、噪声污染和空气污染，对城市承载能力与社会运行效率造成了严峻影响。同时，随着人们对交通优化的需求越来越高，智慧交通的市场空间巨大。

智慧交通系统将先进的信息技术、数据通信技术、传感器技术、电子控制技术及计算机技术等有效地综合运用于整个交通运输管理体系，使人、车、路能够紧密配合，从而建立起一种大范围、全方位发挥作用的，实时、准确、高效的综合运输和管理系统，其目标在于充分保障交通安全、发挥交通基础设施效能，在提升交通系统运行效率和管理水平，缓解交通拥堵的情况下减少空气污染，为通畅公众出行和可持续经济发展服务，提升交通管理及出行服务的信息化、智慧化、社会化、人性化水平。

智慧交通系统服务场景包括机场、车站客流疏导系统、城市交通智能调度系统、高速公路智能调度系统、运营车辆调度管理系统、机动车自动控制系统、车联网系统等。智慧交通系统通过人、车、路的和谐、密切配合提高了交通运输效率、缓解了交通阻塞、提高了路网通过能力、减少了交通事故、降低了能源消耗、减轻了环境污染。

▶▶ **真实案例**

2021年7月，上海第一条无人收费智能管理道路停车场试点启用，在浦东新区张杨路南侧路段，道路停车泊位已全部漆画成蓝底白字，通过"视频监管、自动计时、人工巡查、自动缴费"4个环节，改变了原先人工计时收费模式。先离场、后缴费，之所以能实现无人管理，关键就在于车牌号码、入/离场时间等信息被采集后，会上传至上海停车信息平台。如车主未及时支付停车费，其停车欠费记录将同步至全市道路停车收费终端。

不仅停车可以变得智慧，传统的驾驶也在发生改变。随着上海地铁18、15号线的列车车头驾驶室被拆除，上海地铁正式迈入无人驾驶时代。乘客站在15号线列车的车头，透过车窗可望见狭长的隧道在眼前飞驰而过。

不仅地铁可以实现无人驾驶，上海的出租、公交也在变得更"聪明"。2021年8月，上海临港环湖一路智慧公交项目获得上海市首张智能网联商用车载人示范应用牌照，实现从"道路测试"到"示范运营"的突破。目前，上海全市累计开放615条1289.83千米智能网联汽车测试道路。未来，上海将重点考虑在智能出租、智能公交、智能物流、无人零售、无人配送、观光接驳、无人清扫7个应用场景探索示范应用智慧交通模式。

8.4.3 智慧教育服务场景

随着大数据、云计算和人工智能等技术的发展，教育行业正不断朝"智慧教育"方向发展，促进教育的生态环境、运作模式、教学方法发生深层次变革。智慧教育是依托物联网、云计算、无线通信等新一代信息技术所打造的数字化、网络化、多媒体化、物联化、智能化、感知化、泛在化的新型教育形态和教育模式，其基本特征是开放、共享、交互、协作、泛在，用信息技术改变传统模式。

在数字技术的推动下，VR/AR与教育结合呈现出全新的教学体验。VR技术可通过自然的交互方式，将抽象的学习内容可视化、形象化，为学生提供传统教材无法实现的沉浸式学习体验，提升学生获取知识的主动性，实现更高的知识保留度。根据不同的学科，VR技术发挥着不同的作用，主要有立体物体的展示、立体空间的展示、展品的介绍、虚拟空间的营造与构建、虚拟场景的构造等方面的应用，极大地提升了学生的学习兴趣及对知识的吸收速度，为师生提供了互动化、个性化、沉浸式课堂教学体验。

另外，作为智慧教育"最后一公里"的关键环节，以学生为中心的多种形式的课堂互动教学，能更好地激发学生的学习兴趣，提升教师的教学质量，促进有质量的教育目标实现。例如实时双向音视频互动教学，支持数据与内容多媒体交互的互动课堂，支持在线学习的名师讲堂，包括微课、MOOC、翻转课堂等多种创新的在线学习模式。同时对教师进行评测也可通过远程互动的方式进行，评测教师通过网络远程观看教师授课，多点远程互动教学，教学场景自动跟踪、识别和切换，主讲教室画面能够自动在教室全景、教师特写、板书特写、学生特写、学生全景、电脑课件之间切换等。

作为智慧教育的大脑，基于大数据和人工智能，对课堂、学习、运动和教学等行为进行智能分析和可视管理，更好地指导和促进智慧教学。人工智能智慧教学系统通过摄像头收集视频数据，还通过人工智能技术统计课堂情感占比，识别情感典型学生，分析学生情感变化，将统计后的数据通过可视化的形式形象地展示出来，教师可以看出自己授课内容对学生的吸引力，并且关注到每个学生的学习状态，从而调整教学进度和授课方式，提高教学实效。同时在课堂考勤、学生学业诊断、输出多维度教学报告、学生个人成长档案和智能排课等方面也能发挥巨大的作用，提高教师的日常工作效率。

在校园智能管理方面，智慧教育服务平台为学校教师、学生和家长提供智慧管理服务、交流平台及教学空间。通过云平台，将监控数据本地存储分发，有效提升业务质量，保证视频的私密性。搭载人工智能视频分析的边缘服务器，面向智能安防、视频监控、人脸识别、行为分析等业务场景，利用5G网络低时延，提升应急事件反应速度，在门禁监控系统、多媒体设备管理系统、智能机房/网络管理系统、实验室管理系统、停车管理系统、公共照明管理系统等方面发挥了重要作用。

▶▶ **真实案例**

为助推教育智慧化及优质教育内容共享，华为教育协同各方力量，共建智慧教育新场景。

一方面，华为教育通过聚合教育合作伙伴，引入更多的优质教育资源，打造丰富多元的内容体系，满足全年龄段用户的学习需求。目前，华为教育端已上线23万章节课程、涵盖1180个教育IP，服务超3500万名用户。同时，华为教育通过与高校、机构和服务厂商合作，并开放平台生态能力、技术能力，帮助开发者高效接入，共同探索教育内容的智能化加工与教学实践新方式。

另一方面，华为教育通过连通华为终端设备和生态产品进一步实现场景化学习，以智慧教育终端辅以学习配件组合的形式，满足用户学习场景、网课场景等需求。不仅为合作伙伴提供了更丰富的分发渠道，也为用户带来了全场景多终端的智慧学习体验。

另外，作为智慧教育平台，华为教育在不断提高自身平台能力的同时，开放技术服务，为教育开发者提供专业的服务支持，共同打造优质教育内容，便捷接入高效分发。华为教育为合作伙伴开放 Course Kit、EDU Kit、Classroom Kit 3 个技术底座，帮助内容和服务的快速接入和上传，助力打造有竞争力的内容和服务，并实现多终端无缝衔接的学习体验，提供便捷的互动直播课堂技术支持。

8.4.4 智慧医疗服务场景

在 5G、人工智能等新兴技术的推动下，数字化、网络化、智能化的设施和解决方案与医疗场景快速结合，智慧医疗逐渐进入消费者的生活。与传统医疗模式不同，智慧医疗具有数据密集型等特点，通过"用户友好"的交互方式，大数据分析和人工智能，可以辅助医生进行病变检测，提高诊断准确率与效率，在提升医疗服务水平、缓解医疗资源紧张等方面发挥了重要作用。智慧医疗为医院改善医疗服务、提升患者就医体验提供了新的思路。

常见的智慧医疗服务场景包含智能医疗监护、智能医疗用品管理，以及智能医疗服务等方面。

（1）智能医疗监护。

智能医疗监护包括移动生命体征监测、医疗设备及人员的实时定位和特殊人群行为识别及跌倒检测服务等。将移动、微型化的电子诊断仪器，如电子血压仪、电子血糖仪等植入被监护者体内或穿戴在被监护者身上，持续记录各种生理指标，并通过内嵌在设备中的通信模块以无线方式及时将信息传输给医务人员或家人。移动生命体征监测可以不受时间和地点的约束，既方便了被监护者，还可以弥补医疗资源的不足，缓解医疗资源分布不平衡的问题。另外，在医疗服务过程中，对于医务人员、患者、医疗设备的实时定位可以最大限度地简化工作流程，提高医院的服务质量和管理水平，可以方便医院对特殊病人（如精神病人、智障患者等）的监护和管理，可以对紧急情况进行及时处理。行为识别系统是用于计量被监护者走路或跑步的距离，从而计算运动所消耗的能量，对被监护者的日常饮食提供建议，保持其能量平衡和身体健康。跌倒检测系统是针对一些患者，特别是高血压患者等容易发生意外摔倒的人群设计的一种系统。其主要功能是通过感应器或其他技术手段实时监测被监护者的身体姿势和活动状态，一旦检测到摔倒事件，系统会立即触发警报，以便及时采取紧急救援措施。

（2）智能医疗用品管理。

药品 RFID 防伪电子标签识别技术在药品防伪方面的应用非常广泛。生产商为生产的每一批药品甚至每一个药瓶都配置唯一的序列号，即产品电子代码，通过 RFID 标签存储药品序列号及其他相关信息，并将 RFID 标签粘贴在每一批（瓶）药品上。在整个流通环节，所有可能涉及药品的生产商、批发商、零售商和用户等都可以利用 RFID 读卡器读取药品的序列号和其他信息，还可以根据药品序列号检查药品的真伪。

基于 RFID 防伪电子标签识别技术也让血液管理实现了血液从献血者到用血者之间的全程跟踪与管理。献血者进行献血登记和体检，合格后血液被采集，每一袋合格的血液上都贴上 RFID 标签，同时将血液基本信息和献血者基本信息存入管理数据库。血液出入库时，可以通过 RFID 读卡器查询血液的基本信息，并将血液的出/入库时间、存放地点和工作人员等相关信息记录到数据库中。在血库中，工作人员可以对库存进行盘点，查询血袋的存放位置，并记录血液的存放环境信息。在医院或患者使用血液时，可以读取血液和献血者的基本信息，还可以通过 RFID 标签从数据库中查询血液的整个运输和管理流程。

随着医学技术的发展，植入性医疗器械在临床医疗中的运用越来越广泛。这类医疗器械被种植、埋藏、固定于机体受损或病变部位，以支持、修复或替代机体功能，包括心脏起搏器、人工心脏瓣膜、人工关节、人工晶体等。植入性医疗器械属于高风险特殊商品，其质量的可靠性、功能的有效性直接关系到接受植入治疗患者的身体健康和生命安全。智能识别技术在器械管理方面也发挥着重要作用，为每个医疗器械配置一个智能标签来存储器械的相关信息，医务人员可以通过网络技术与后台数据库进行通信，读取或存入器械的管理信息，实现器械的定位、跟踪、监管和使用情况分析。

运用识别技术，医疗垃圾监控系统实现了对医疗垃圾装车、运输、中转、焚烧整个流程的监控。当医疗垃圾车到医疗垃圾房收取医疗废物时，系统的视频就开始监控收取过程；医疗垃圾被装入周转桶，贴上 RFID 标签并称重，标签信息和重量信息实时上传到监控系统；医疗垃圾装车时，垃圾车开锁并将开锁信息汇报到监控系统；在运输过程中，通过 GPS 实时将车辆位置进行上报；在垃圾中转中心，将垃圾车的到达时间和医疗垃圾的分配时间上报；焚烧中心将上传垃圾车的到达时间，并对垃圾的接收过程进行视频监控，焚烧完毕后将对医疗垃圾周转桶的重量进行比对，并将信息上传到监控系统，实现医疗垃圾的闭环管理。

（3）智能医疗服务。

在智能医疗服务方面，移动门诊输液系统实现了门诊输液管理的流程化和智能化，可以提高医院的管理水平和医务人员的工作效率，改善患者身份与药物的核对流程，方便护士在输液服务过程中有效应答患者的呼叫，改善门诊输液室环境，并为医务人员的工作考核提供依据。护士利用扫描枪对患者处方上的条码进行扫描，根据条码到医疗信息系统中提取患者的基本信息、医嘱和药物信息等，打印患者佩戴的条码和输液袋上的条码。输液时，护士利用移动终端对患者条码和输液袋条码进行扫描和比对，并将信息传输到医疗信息系统进行核对，以确认患者信息和剂量执行情况。该系统使用双联标签来保证患者身份与药物匹配，减少医疗差错。同时分配患者座位号，在输液过程中实现全程核对，保证用药安全。

患者佩戴的智能标签可记录患者的姓名、年龄、性别、药物过敏等信息，护士在护理过程中通过便携式终端读取患者佩戴的标签信息，并通过无线网络从医疗信息系统服务器中查询患者的相关信息和医嘱，如患者生理指标、护理情况、服药情况、体温测量次数等。护士可以通过便携式终端记录医嘱的具体执行信息，包括患者生命体征、用药情况、治疗情况等，并将信息传输到医疗信息系统，对患者的护理信息进行更新。

智慧药柜，用于提醒患者按时、准确服药。患者从医院拿回药品后，为每个药盒或药包配置一个专属的智能标签，标签中记录了药品的用法、用量和服用时间。当医务人员把药品放入智慧药柜时，药柜就会记下这些信息。当患者需要服药时，药柜就会发出语音通知，同时屏幕上还会显示出药品的名称及用量等。患者的手腕上戴有智能身份识别标签，如果系统发现患者的资料与所取药品的资料不符合，会马上警示患者拿错了药。如果患者在服药提醒后超过设定时限没有服药，则系统会自动发送消息通知医护人员或其家属。

▶▶ **真实案例**

百度开发的临床辅助决策系统，包含辅助问诊、辅助诊断、治疗方案推荐、相似病历推荐、医嘱质控、病历内涵质控、医学知识查询七大板块，系统通过深度学习海量教材、临床指南、药典及三甲医院优质病历，使多种常见疾病的最优知识库及专家的经验得以复制、沉淀。同时，医学自然语言处理、数据标注、知识图谱等人工智能技术应用在某些特定病种领域，可以辅助医生完成疾病筛查、诊治。大幅提高医疗机构、医生的工作效率，同时让更多的优质医疗资源深入基层，助力分级诊疗。

同时，百度智慧医疗携手浪潮健康，联合开展人工智能、云计算、大数据、物联网等前沿技术在医疗健康领域的应用落地。双方推出小度爱健康智能音箱家庭版，为社区居民提供视频问诊、语音呼叫家庭医生、用药提醒、监测数据实时共享等服务，为签约患者提供7×24小时的高效随访服务。小度爱健康智能音箱家庭版在为慢性病、常见病人群提供智能化的健康管理服务的同时，为家庭医生提供跨时间、跨空间的有效管理方式。

本章小结

本章首先从服务场景中的行为和环境要素两个方面展开，阐述服务场景的内涵。其次介绍了服务场景中设施设计的性质、目标、原则和方法，以及数字技术如何改善服务场景。最后，对新零售、智慧交通、智慧教育和智慧医疗等数字技术赋能下的新型服务场景进行了介绍。

讨论题

1. 选择一项服务并描绘其服务场景所涉及的行为和环境要素。
2. 选择一项数字技术赋能的新型服务场景，分析其服务设施布局方式。
3. 分析数字技术可以从哪些方面对服务场景进行改善和优化？

▶▶ 案例分析

案例8-1 上海打造的数字化社区

如果说过去一些智能设备带来的还只是新奇的体验，那么现在，这些数字化的应用场景正深度融入上海市民的日常生活，尤其是越来越多的老人开始实实在在地享受数字化生活带来的便利与美好。

曹杨新村街道梅岭园小区门口，新安装的"智慧一键叫车屏"引来不少居民点赞，点击屏幕中央的"刷脸叫车"，系统完成脸部识别后，自动搜索匹配距离最近的待运车辆，不一会儿车牌号码、驾驶员信息及预计抵达时间一一显示在屏幕上。街道还与"申程出行"共建白名单，为社区内的高龄、独居、残障人士开辟绿色通道，确保他们的打车需求得到优先响应。

除了能"刷脸"叫车，老人吃饭也能"刷脸"支付。位于曹杨新村街道武宁片区社区的食堂是名副其实的"网红"食堂，餐品可口、干净卫生，还有能自助结算的智慧餐盘，只要将装有芯片的餐盘放在结算台上，就能自动显示菜品总价，年满60周岁以上的老人，还可将人脸信息与敬老卡互相绑定，用餐"刷脸"支付即可。智慧餐盘除了大大提升用餐结算的效率，还能统计点单量，让社区食堂越来越了解老人的口味，厨师们越来越清楚哪些菜是老人的"心头好"，哪些菜还可以改进。

独居老人叶红对家里的新科技赞不绝口。这款由曹杨新村街道定制的"曹杨精灵"对老人"有求必应"，需要寻求帮助，对着"曹杨精灵"呼叫社区，即可与居委会人员实时通话；想了解社区最新动态，念出关键词就能听到新闻语音播报；每天早上对着音箱"打卡"，居委会就能同步知晓老人健康状况，做到重点关注、精准走访。"声控操作简单易学，老人每天打卡报平安，后台自动统计数据，一旦发现某位老人连续多日未打卡，居委会人员就会有的放矢开展走访工作，既不过分打扰老人的日常生活，又为社区工作增能减负。"金梅园居民区居委会人员说。

普陀区"为老服务热线"升级为"一键通"应急呼叫。区民政局为辖区内的高龄独居老人安装一键呼叫设备，老人可以通过设备向呼叫中心一键提出紧急呼救、信息查询、生活服务需求,呼叫中心7×24小时在线。对于家中没有电话线,或是不愿意安装智能设备的老人,由呼叫中心定期主动关爱,并将区级数据库中的老人信息下沉到街镇社区,通过社区智能音响等设备,让老人信息在社区中与居委会实现"最后100米"间的高效流通。

田林街道,不少老人家中安装了一块智慧屏,只要点击"一键",就能连通"家庭管家"。"家庭管家"将根据老人"一键"发来的需求,派单通知对应的社工、志愿者、第三方服务商,并且追踪满意度反馈,街道城运中心监管"家庭管家"整个接单派单服务过程。

北新泾街道乐爱家的"小白屋"充斥着最前沿的人工智能技术,比如它推出的"智慧助残综合服务系统线上平台",通过大数据分析,为社区残障人士精准画像,发现其隐性需求,推送政策与服务,让数字化具有更多的人情味。

分析题:
1. 结合案例材料,分析社区服务场景中涉及的行为和环境要素。
2. 分析数字技术为居民的社区服务场景带来了怎样的变化。
3. 分析数字技术在改善社区服务中起到了哪些促进作用。

案例8-2 万科幸福家养老社区的智慧养老场景设计

万科幸福家养老社区是由万科倾力打造的位于城市中心地带的高端养老、护理机构。这里既接受老人的日托、全托、病后看护理疗,还接收老人在家的居家看护,提供健康、医疗、康复、膳食、家政和跑腿等各种服务。三餐都是由专业的万科营养配餐中心提供的,在一个专门的区域进行分餐、配餐之后送到每一位老人手上。每天的菜单摆放在洗手池旁边,由此培养老人饭前洗手、饭后漱口的好习惯。每个房间都配有卫生间,但考虑到安全问题,洗澡必须到公共浴室,全部都有单独的隔间,实行预约制,会有专人陪护,如果有需求,甚至可以由工作人员帮助老人洗澡。

入住万科幸福家养老社区的老人,社区都会为其配备一个智能手环,这个智能手环具有三大主要功能,其最主要的功能就是将老人的各类信息与看护人员及老人的子女进行联通共享,可以让老人的子女在第一时间了解父母的最新情况。老人戴上智能手环,首先可以实现的是每天的血压、血糖等测量数据实时上传数据库,并与老人子女的手机连接,让其第一时间得到信息;与此同时,老人还可以通过智能手环上的按键呼叫看护人员,看护人员第一时间可以定位到呼叫老人并提供帮助,而每次发生呼叫,老人的子女也能够在自己的手机上得到通知,包括居家看护老人,也可以通过这个手环呼叫看护人员上门服务。

万科幸福家养老社区的智能化和人性化设计具体体现在如下几个方面。

(1)智能化关怀产品设计。

智能化关怀产品主要指专为老人日常生活智能化管理而开发的系统,包含各种感应器和探测器,安防监控及其他辅助设备。万科幸福家养老社区结合自身运营需要和特点,使用了两种智能化关怀产品。

- 床头应急呼救系统:当老人遇到紧急情况时,能够方便触按床头紧急呼救按钮,每层设置护士站,工作台处的机器与户内报警按钮联动。
- 老人行动感知探测器:老人如厕次数会比较频繁,在卫生间发生跌倒等危险的概率会大大增加,因此,在卫生间门口设计了人体感知探测器,依照设定的探测器感觉间隔时间,鉴别屋内老人在卫生间内发生意外而不能够行动的情况,系统会自动收集信息发送到护士站,方便护理人员及时进行检查,消除危险情况。

（2）厨房设施设计。

选择更为安全的电磁灶作为加热工具，让老人远离燃气厨房的不测危险；地面采用釉面防滑地砖；在厨房吊柜下方增加日光灯管照明，使操作台面更光明，方便使用；柜门拉手选型及安装合理，拉手造型圆滑，尺寸合适，便于抓握。

（3）浴室设计。

扶手设置在老人使用比较频繁的地方，如马桶、淋浴间等，水平与垂直扶手相结合；在合适的位置设置紧急报警按钮装置，防范老人在卫生间不慎跌倒而不能够获得及时营救的情况发生。淋浴间水龙头安装在合适高度且方便调节水温；地面采用防水防滑铺装材料；卫生间门选择开关顺畅的推拉门，门增加阻尼回弹功能，防范夹伤、碰撞等危险；使用扳手式坐便器，并具备智能洁身器，坐便器旁边设置扶手。

（4）居室和家具设计。

老人起居室南向部署，为使老人能够获得充足的日照，方便老人种花植草；床和写字桌等家具边角有特别圆角处理，防范老人磕碰受伤；衣柜抽屉设计成半开放式，便于记忆力不好的老人找到物品。餐桌设计成四角圆弧，也是防范直角可能带来的磕碰伤害，而将四边做成内凹圆弧形，使老人坐下后双手能够搭在桌面上，坐得更牢固，也防范老人打盹时滑倒；家具上的软包布进行了防火防水处理，坐垫海绵也做到加厚加硬。

（5）公共地域设计。

走廊宽度考虑了轮椅与行人并行的经过尺度；墙面设连续扶手，且为圆形，方便扶握；窗户最大开启角度为12°～20°；地面采用防滑材料，即使遇水也能够起到防滑效果；电梯设两部，其中一部为担架电梯，电梯与地面无高差，方便轮椅出入；电梯厅设置休息椅，方便老人等待电梯时休息或放置随手物品。

分析题：

1. 结合案例材料，选择养老社区日常中的1～2个服务场景，并分析服务场景中包含的行为和环境要素。
2. 分析智能技术在服务场景改善中发挥的具体作用。
3. 结合案例材料，说明服务场景设计的"智慧"主要体现在哪些方面。

第 9 章

服务质量管理

▶▶ 学习目标

1. 了解服务质量的特征、维度和构成要素。
2. 掌握服务质量的测量模型和实现。
3. 理解服务补救的含义和特点并掌握服务补救的一般策略。
4. 了解数字技术驱动服务质量提升的作用机理。

▶▶ 导入案例

未来酒店运用数字技术提升服务质量

在酒店服务行业内，消费者感性诉求在逐渐提升，在理性考虑产品性价比的同时，也更加注重个人消费体验。未来，酒店将依托大数据为消费者精准推送定制化服务。以阿里巴巴旗下"菲住布渴"酒店为例，了解未来酒店运用数字技术提升服务质量的方式。

入住前，手机在线选房号，线上360°全场景参观酒店；不需要现场排队，手机直接刷脸进入，通过小程序或自助机办理入住手续；通过电梯找到房间，只能按选中的房间楼层，保证个人隐私；刷脸开门，三秒即可。

入住中，每一家酒店都配有天猫精灵私人专属管家服务；酒店提供机器人服务员，以满足顾客的需求；空调加了过滤器，过滤有害物质；配有智能高效洗衣房，操作方便，安全性高。

入住后，自助式一站服务，自助机完成退房手续；通过自助机或线上自动化结账及数据沉淀，利用大数据记住消费者个人喜好，为下次入住做准备，再次提供私人定制化高品质服务。

从整个入住的流程可以直观感受到未来酒店为酒店行业发展提供了一条新的思路，相较于传统酒店，未来酒店旨在通过数字化运营让整个酒店行业快速从信息化管理时代进入数字化管理时代。

- 在管理方式方面。传统酒店依托的是信息化管理。以前消费者住酒店，考虑到方方面面，会提前预订，在手机上看性价比、地理位置、评价用户晒照、看环境、看酒店口碑，入住退房要到前台办理手续。人员流动性大，品质不稳定。未来酒店是数字化业务中台，服务稳定且效率、品质高。
- 在安全系数方面。传统酒店人员出入复杂，运营数据存在于本地服务器。未来酒店采用物联网无人智能设备管理，云端储存，保障入住和数据安全。
- 在运营效率方面。传统酒店依靠人为管理，培训成本高。未来酒店是智能服务中枢，细颗粒度规划经营与分析，决策高效。
- 在客户经营方面。传统酒店的客户端与后台管理数据无法打通，获客成本高，且难以进行精细化运营。未来酒店采用数字化管理，通过数据沉淀，制定精准的客户经营策略。

9.1 服务质量概念界定

1982年，克里斯蒂安·格朗鲁斯（Christian Gronroos）首次提出顾客感知服务质量（Customer Perceived Service Quality）的概念，认为服务质量是一个主观范畴，它取决于顾客对服务质量的期望（即期望的服务质量）同其实际感知的服务水平（即体验的服务质量）的对比，强调管理者应该从顾客的角度来理解服务质量的构成。

也就是说，从企业管理的角度来看，服务质量是顾客服务的成果，是一种"以顾客为导向"的质量。它反映在每次遇到服务时，顾客从过去的经验、口碑和市场沟通中形成对服务的期望。一般而言，顾客会将感知服务与预期服务进行比较，如果感知服务与预期服务不匹配，顾客会感到失望；当顾客觉得接受的服务等于或超过他们的预期时，就会出现顾客满意。

达瑞尔·威科夫（Daryl Wyckoff）将服务质量定义为：满足顾客需求的优质程度。换句话说，服务质量是测量一件产品或一种体验满足人们的需求、解决人们的问题或为其增加附加值的尺度。这个定义是以服务质量所创造的价值量为基准的。当服务满足顾客需求、解决了顾客的问题，或者在服务的同时为产品创造了附加价值的时候，那么就可以说"服务质量好""服务质量高"。

从上面两个方面的定义可以看出，对服务质量的概念缺乏统一的界定，从某种程度上反映了在衡量顾客满意度和确定服务质量标准方面的困难。在服务业，所有关于服务质量的定义，都认为顾客在评价企业组织的服务质量时应当处于中心地位。对服务企业而言，服务质量是在服务过程中进行的，每一次顾客接触都是一个使顾客满意或不满意的机会。

9.1.1 服务质量的特征

无论是有形产品的生产企业还是服务企业，服务质量都是企业在竞争中制胜的法宝。服务质量的内涵与有形产品质量的内涵有所区别，顾客对服务质量的评价不仅要考虑服务的结果，而且要涉及服务的过程。

有形产品的特性固化在物质实体上，服务特性分解在接触过程中。服务与有形产品的区别使服务特性无法像有形产品特性那样固化在一个物质实体上面，而是分解为许多无法集中控制的有形或无形的特性。

有形产品质量由物质实体的固有特性所决定，因为有形产品是过程的结果而不是过程，顾客只有在有形产品生产过程结束之后才有可能评价其质量；而服务既是过程的结果也是过程本身，服务质量是由顾客在接触过程中不断产生的主观感受所决定的，服务质量的形成过程和评价过程的同步性，就是服务质量与有形产品质量的根本区别。

根据对服务质量特征的归纳和梳理，可以总结为以下几个方面。

（1）服务质量具有主观性。服务质量是顾客感知的质量，服务质量不能由管理者来决定，相反，它必须建立在顾客的需求、向往和期望的基础之上，具有极强的主观性，同一位顾客在不同时间对服务质量的感知也是不同的。

（2）服务质量具有差异性。服务提供和消费过程都涉及"人"的作用因素，包括顾客、服务人员、管理人员等。人是复杂的个体，存在差异性和多变性，因此在不同的时间、不同的服务提供者所提供的服务是不同的，即使同一个服务提供者，其在不同时间提供的服务质量也会存在差异；不同的顾客，乃至同一顾客在不同的时间对服务质量的感知也会存在差异。此外，顾客的素质如文化素养、审美观点、兴趣爱好、价值取向、情绪等，直接影响他们对服务的需求和评价，而同一位顾客的口味还会改变和提高，因而服务质量也应随之改变和提高。

（3）服务质量具有过程性。服务质量是在服务提供者与服务接受者的互动过程中形成的。与有形产品不同，在绝大多数情况下，服务的生产和消费是无法分割的，服务具有生产与消费的同时性，服务质量就是在服务生产和服务消费的互动过程之中形成的，如果没有顾客的紧密配合、响应，或者顾客无法清晰地表达服务要求，那么服务过程就将失败，服务质量也将降低。因此，互动性是服务质量和有形产品质量一个非常重要的区别。因为服务质量是一种互动质量，所以，服务过程在服务质量形成中起着异常重要的作用。当然，服务结果是顾客购买服务的根本目的所在，如果没有服务结果，或者服务结果很差，那么，再好的服务过程也无法弥补。同样，即使服务结果很好，但服务传递过程很糟，最后形成的顾客感知服务质量也可能很低。服务结果质量与服务过程质量是相辅相成、不可或缺的，无论忽视结果或忽视过程，在服务质量管理中都是不可取的。

（4）服务质量具有整体性。服务质量的形成需要服务机构全体成员的参与和协调，服务质量的提高也离不开内部管理和支持系统。服务质量是在服务接触中和顾客与企业员工互动关系中形成的，众多员工都会参与服务生产过程。与顾客接触的一线员工的良好服务质量，离不开其他支持性员工从各个方面对他们的支持与帮助，因此，支持性员工对顾客感知服务质量的形成也具有间接作用。

9.1.2 服务质量的维度

1985 年美国市场营销学家 A. 帕拉苏拉曼（A. Parasuraman）、瓦拉里·A. 赞瑟姆（Valarie A. Zeithaml）和莱纳德·L. 贝利（Leonard L. Berry）团队提出了顾客感知服务质量的 10 个维度，在 1988 年将 10 个维度缩减为 5 个，分别是有形性、可靠性、响应性、保证性和移情性，即 SERVQUAL 模型中的服务质量维度。顾客一般会从有形性、可靠性、响应性、保证性和移情性 5 个方面将预期的服务和接受到的服务进行比较，最终形成自己对服务质量的判断。

（1）有形性（Tangibility）。

有形性指服务过程中能够被顾客感知的实体部分，包括有形的工具、设备、人员和书面材料等。

为了让顾客可以直观感受到服务消费，企业可以对服务进行"有形化"包装。服务有形化的内容包括以下几个方面。

① 服务产品有形化。通过服务设施等硬件技术，如自动对讲、自动洗车、自动售货、自动取款等技术来实现服务自动化和规范化，保证服务行业的前后一致和服务质量的始终如一；通过能显示服务的某种证据，如各种票券、牌卡等代表顾客可能得到的服务利益，区分服务质量，变无形服务为有形服务，增强顾客对服务的感知能力。

② 服务环境有形化。服务环境是企业提供服务和顾客享受服务的具体场所和气氛，它虽不构成服务产品的核心内容，但它能给企业带来"先入为主"的效应，是服务产品存在的不可缺少的条件。

③ 服务提供者"有形化"。服务提供者是指直接与顾客接触的企业员工，其所具备的服务素质和性格、言行及与顾客接触的方式、方法、态度等会直接影响服务传递的实现。为了保证服务传递的有效性，企业应对员工进行服务培训，让他们了解企业所提供的服务内容和要求，同时让他们掌握进行服务的必备技术和技巧，以保证其所提供的服务与企业的服务目标相一致。

为了达到服务有形化的目的，企业可以采用以下方式。

① 具体化：将服务内容具体地呈现出来，让顾客很容易就知道购买该服务所能得到的利益。例如，美国有名的嘉年华邮轮公司（Carnival Cruise Lines）就常常在广告中展现顾客通过跳舞、餐宴或拜访奇特地点所带来的无比刺激与快乐。

② 发挥联想效应：让服务与有形的物体、人或动物一起出现。当顾客看到时，就会联想到该服务的优点。例如，保险公司宣传照中的大树、大伞、巨大磐石，都使人联想到保险公司的可靠与保障。

③ 有形展示：以实际的服装、物体、装潢、包装等来传递服务本身的品质。例如，航空公司飞机上服务人员的制服传递着管理制度化的信息，同时也对顾客暗示"飞行安全"；麦当劳、肯德基等速食业的服务人员身着制服以传递其干净、值得信赖的信息。

④ 提供书面证据：以实际的数字资料来证实公司服务内容的优越性与值得信赖。例如，美国西北航空公司经常在广告中借由比较各航空公司的延误抵达时间，而凸显其因较少延误而为顾客节省宝贵时间。

（2）可靠性（Reliability）。

可靠性是指企业准确可靠执行所承诺服务的能力。顾客认可的可靠性是最重要的质量指标，它与核心服务密切相关。许多以优质服务著称的服务企业，正是通过强化可靠性来建立自己的声誉。可靠性要求尽可能避免服务过程中的失误，如果企业在向顾客提供服务的过程中，因某种原因而出现错误的话，不仅会给企业造成直接的经济损失，而且更重要的是会损害企业的形象，使企业失去潜在的顾客，而这种损失是无法估计的。例如，亚马逊注重顾客的体验，承诺提供最低的价格、最快捷的交货，并提供完全可信赖的服务，以至于顾客不需要联系任何企业员工。为履行上述承诺，亚马逊采取了折扣价格策略、外包物流、提高发货速度、质量管理、售后服务等措施。如果一个企业给顾客的服务承诺无法实现，那么顾客就会失望甚至流失。相反，企业履行承诺，满足顾客的期望，那么顾客就会得到满足进而再次与企业合作。

（3）响应性（Responsiveness）。

响应性主要指反应能力，即企业随时准备为顾客提供快捷、有效的服务。对顾客的各项要求，企业能否给予及时满足将表明企业的服务导向，即是否把顾客利益放在第一位。服务传递的效率是企业服务质量的一个重要反映，顾客往往非常重视等候服务时间的长短，并将其作为衡量服务质量好坏的一个重要标准。因此，企业尽可能缩短让顾客等待的时间，提高服务传递的效率。例如，美国佛罗里达州丽日酒店的一位男青年请求酒店的服务员在傍晚的时候在海边帮其准备一张沙滩椅用于向女友求婚。然而，当晚上这名男青年带着女友来到海滩的时候，忽然发现，他和服务员约定好的地方，不仅放着两把洁净的沙滩椅、一张桌子，桌子上面还摆着蜡烛和香槟，而身着燕尾服的服务员正站在旁边待命。响应性主要体现在对顾客获得帮助、询问答案及对问题产生注意前等待时间的衡量上，也包括为顾客提供其所需要服务的柔性和能力。

（4）保证性（Assurance）。

保证性是指员工所具有的知识、礼节及表达出自信与可信的能力。当服务对顾客而言存在高风险或顾客自己没有能力评价服务时，保证性显得非常重要。例如，在进行法律咨询时，顾客会从律师回答其问题时显示出的自信心、对法律条文的熟悉程度、回答相关问题的反应速度等方面判断律师的专业能力，从而评价他的服务质量。

（5）移情性（Empathy）。

移情性是指关心并为顾客提供个性服务。其目的在于，通过个性化服务使每个顾客感到自己是唯一的和特殊的。有的服务型企业在进行服务时，会针对不同顾客的偏好进行服务内容的调整，这正是移情性的表现。例如，饭店洗手间备有牙膏、牙刷，甚至护肤品；再比如顾客点菜太多，服务员会提醒其适量点菜等，这些都反映了服务的移情性。

9.1.3 服务质量的构成要素

服务质量既是服务本身的特性与特征的总和，也是顾客感知的反映，因而服务质量既由服务的技术质量、功能质量、形象质量和真实瞬间构成，也由感知质量与预期质量的差距所体现。

（1）技术质量，也被称为结果质量，是指顾客在服务过程结束后的"所得"，技术质量牵涉到的主要是技术方面的有形内容。技术质量指服务结果的质量，表明顾客在服务中得到了什么，包括交易的安全性、准确性、效率及各项费用情况等。

例如，顾客去餐厅品尝到了一顿美味可口的菜肴、去便利店买到了一杯香浓的奶茶，这里的"菜肴""奶茶"就是顾客最终得到的结果。顾客会根据服务结果评估服务质量。结果质量是顾客接受服务的整个过程的一个重要组成部分。

顾客对服务结果的评估通常是比较客观的，因为对服务结果的评价往往可以应用一些技术指标。也可以说，技术质量就指服务本身的质量标准、环境条件、网点设置、服务设备及服务项目、服务时间等是否适应和方便顾客需要。例如，宾馆为旅客提供的床位大小；餐厅为顾客提供的食品是否干净、卫生；五星级酒店是否有游泳池、桑拿等完备的设施；导游是否引领游客游玩了合同中包含的景点等。

优良的技术质量可以说是优质服务的必要条件。获得了它，顾客对企业的服务不一定满意，但如果没有获得它，顾客对企业的服务肯定不满意。

（2）功能质量，也被称为过程质量，是指在服务推广的过程中顾客所感受到的服务人员在履行职责时的行为、态度、穿着、仪表等给顾客带来的利益和享受。功能质量完全取决于顾客的主观感受，难以进行客观的评价。

服务具有同时性，服务过程与消费过程往往同时发生。在大多数情况下，顾客必须到现场接受服务，服务过程就是顾客同服务人员和企业打交道的过程。企业服务人员如何提供服务，必然会影响到顾客对服务质量的看法。服务过程的质量不仅与服务时间、服务地点，以及服务人员的仪态仪表、服务态度、服务方法、服务程序、服务行为方式有关，而且与顾客的个性特点、态度、受教育程度、行为方式等因素有关。此外，顾客对服务质量的看法也会受到其他顾客的消费行为的影响。

顾客对功能质量的评估是一种比较主观的判断，不同的顾客对同一服务的功能质量的看法可能不同。顾客接受服务的方式及其在服务生产和服务消费过程中的体验，都会对顾客所感知的服务质量产生影响。例如，酒店前台接待员服务态度的好坏、顾客排队等候时间的长短、使用自动柜员机的便利程度、餐厅服务人员的行为举止等，都会影响顾客对服务质量的评价。

服务消费是过程消费，不是结果消费。顾客往往把消费过程看成服务质量的重要组成部分。在顾客已经获得优良的结果质量的前提下，如果顾客对过程质量也很满意，顾客会觉得企业提供的服务质量很好；但是如果顾客对过程质量不满意，即使企业为顾客提供了满意的服务结果，顾客也可能会觉得企业提供的总体服务质量不好。

在市场竞争日趋激烈的今天，同类企业为顾客提供的服务结果趋同。例如只要银行账户里有资金，顾客无论到哪家银行，都能够从柜台或自动柜员机上取到现金。不管是南方航空公司的航班还是中国国际航空公司的航班，都能够在 3 小时内把顾客从广州的白云机场送达北京的首都国际机场。顾客往往很难仅仅从服务结果上来判定两家同类型企业服务质量的高低，企业也很难依靠服务结果与竞争对手区分开来。而影响顾客对服务过程质量评估的许多要素，如服务地点、服务时间、服务人员的态度、服务方式、服务程序等都难以模仿，它们正是顾客判定服务质量高低的重要依据，也是企业建立自身服务特色、获取竞争优势的关键所在。

（3）形象质量，是指服务企业在社会公众心目中形成的总体印象。它包括企业的整体形象和企业所在地区的形象两个层次。

企业形象通过视觉识别、理念识别、行为识别等系统、多层次地体现。顾客可从企业的资源、组织结构、市场运作、企业行为方式等多个侧面认识企业形象。企业形象质量是顾客感知服务质量的过滤器。如果企业拥有良好的形象质量，些许的失误会赢得顾客的谅解；如果失误频繁发生，则必然会破坏企业形象；倘若企业形象不佳，则企业任何细微的失误都会给顾客造成很坏的印象。

（4）真实瞬间，是指服务过程中顾客与企业进行服务接触的过程。这个过程发生在一个特定的时间和地点，这是企业向顾客展示自己服务质量的时机。

真实瞬间是服务质量展示的有限时机。一旦时机过去，服务交易结束，企业也就无法改变顾客对服务质量的感知；如果在这一瞬间服务质量出了问题也无法补救。真实瞬间是服务质量构成的特殊因素，这是有形产品质量所不包含的因素。

9.2 服务质量测量

要提高服务质量，企业管理人员首先必须了解本企业当前的服务质量水平，明确本企业服务系统中的优点和缺点，找出服务质量管理工作中存在的问题，从而采取有针对性的改进措施来提高顾客感知服务质量。本章主要介绍基于对顾客感知服务质量的理解所创建的顾客感知服务质量 SERVQUAL 模型，来进一步揭示服务质量的内涵、服务质量的决定要素和服务质量的度量方法（更多关于服务质量测量模型介绍参见 18.1）。

SERVQUAL 模型（Service Quality）是一种服务质量评价体系，最早出现在 1988 年 A. 帕拉苏拉曼、瓦拉里·A. 赞瑟姆和莱纳德·L. 贝利合著的文章中。该模型基于全面质量管理（Total Quality Management，TQM）理论，其核心是顾客感知服务水平与期望之间的差异。该模型将服务质量分为 5 个层面：有形性、可靠性、响应性、保障性和移情性，每个层面细分为多个问题。顾客通过问卷对期望值、实际感受值和最低可接受值进行评分，从而确定 22 个具体因素来描述服务质量。最终通过综合计算得出服务质量分数，即 SERVQUAL 分数=顾客实际感受服务质量分值-顾客期望服务质量分值。

SERVQUAL 问卷调查表具体内容由两部分构成，第一部分包含 22 个小项，记录了顾客对特定服务行业中优秀企业的期望；第二部分也包括 22 个小项，度量顾客对被评价企业的感受，同一受访者需要回答问卷调查表两个部分的问题，以便分别测评顾客期望服务质量分值（E）和顾客实际感受服务质量分值（P），根据受访者的回答，把这两个部分中得到的结果进行比较就会得到 5 个维度的每一个差距分值，差距越小，服务质量的评价就越高。

因此，SERVQUAL 模型是一个包含 44 个问题的量表，它从 5 个方面来度量顾客的期望和感受。一般采用李克特五点量表来回答，1 表示非常不同意，5 表示非常同意，然后把这两个部分中得到的结果进行比较。该模型用公式可表示为 $SQ = \sum_{1}^{22}(P_i - E_i)$，其中 SQ 表示 SERVQUAL

模型中所要了解的服务质量差距分值，P_i 表示第 i 个问题的顾客实际感受服务质量分值，E_i 表示第 i 个问题的顾客期望服务质量分值，SERVQUAL 模型框架图如图 9-1 所示。

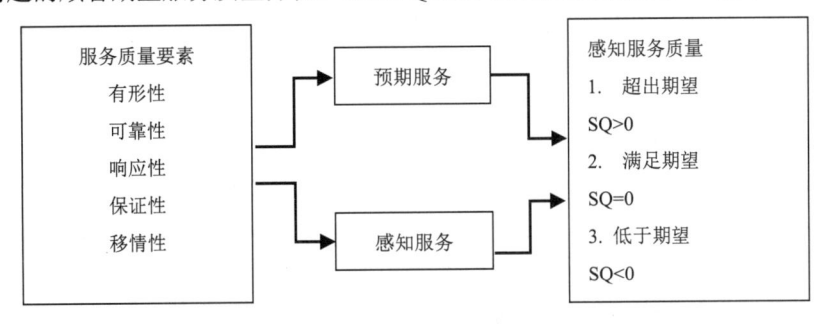

图 9-1 SERVQUAL 模型框架图

就调查问卷中某一因素而言，当 $P_i>E_i$ 时，表明被调查企业提供服务的顾客感受质量大于顾客的期望，顾客表现为对该项服务满意；当 $P_i=E_i$ 时，企业提供服务的顾客感受质量与期望相符，顾客表现为基本满意；当 $P_i<E_i$ 时，企业提供服务的顾客感受质量小于期望，顾客表现为不满意。这样企业服务项目的服务质量好坏便一目了然，企业可以通过这种差距很好地对服务质量进行管理，集中资源改进 $P_i<E_i$ 的服务项目，尤其是有显著负向差异的服务项目。

9.3 服务质量实现

服务质量实现依赖于企业的服务质量管理，是通过企业经营运作而实现的。企业在提供高服务质量时需要对质量成本、服务过程进行管理和控制。

9.3.1 服务质量成本

所谓服务质量成本是指为了防止出现错误及产生错误而引起的一切费用。假定你要给你的顾客提供一种优质的产品或服务，质量成本是指你因为不能第一次便做好而产生的所有有关成本。

质量成本通常包括 3 个方面：预防成本（Prevention Cost）、鉴定成本（Appraisal Cost）及失效成本（Failure Cost），而失效成本又可分为内部成本（Internal Cost）和外部成本（External Cost）。

质量成本是根据制造企业生产的有形产品质量问题而提出来的。与有形产品不同的是，服务企业为顾客提供的服务主要是一种消费的经历或体验，顾客在消费和接受服务的过程之前难以判断服务质量高低。生产出的产品出现质量问题可以被退回、更换或修理，但由于服务生产和消费的不可分割性，想象一下，一个没有得到良好服务的顾客将会有什么反应？对于低劣的服务质量，顾客可能会选择投诉，情况严重时甚至会诉诸法律，面对此类情况企业将会付出高昂的代价和成本。

9.3.2 服务过程控制

服务过程是服务提供的实际程序、机制和作业流，即服务的提供运作系统。简单来说，服务过程就是指一个产品或服务交付给顾客的程序、任务、日程、结构、活动和日常工作。服务过程广泛存在于企业日常运营活动之中,总体来说,服务过程有以下几个方面的特点。

(1) 服务过程的质量普遍低于制造过程的质量。

(2) 服务类产品是无形的,完成每一个过程的时间无法确定。

(3) 服务过程的目标是动态的。

(4) 服务过程的工作流程是不断演变的。

(5) 服务过程缺少数量标准。

影响服务过程质量的因素有服务人员、服务设施、服务方法、服务环境和服务时限等。对服务过程的控制将从控制影响服务过程质量的因素入手,即对服务人员的控制、对服务设施的控制、对服务方法的控制、对服务环境的控制及对服务时限的控制等。

将服务过程按照服务的复杂程度和服务差异程度的高低进行分类,可划分出如下4种不同类型的服务过程(见图9-2),针对这4种不同的服务过程采取不同的控制方法,例如生产线法、顾客合作法及顾客接触法等。

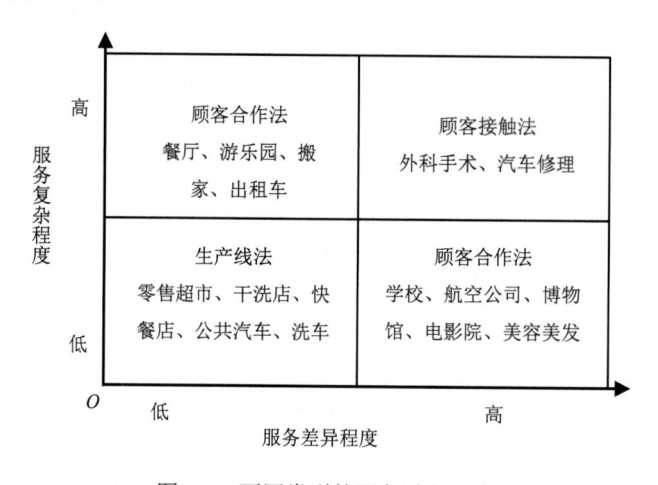

图9-2 不同类型的服务过程分类

(1) 生产线法。

生产线法适用于服务差异程度低、操作简单的服务过程。例如,麦当劳等提供快餐的餐厅,洗车或零售超市等服务。

该服务过程控制方法的特点在于运用先进技术设备和流水作业方式,仔细策划和设计每一个生产环节和细节,各个岗位明确分工负责,用技术代替人力从而提高生产效率,扩大生产规模,通过提供标准化的服务来获得成本领先优势。

(2) 顾客合作法。

服务和消费往往同时发生,通常是当顾客出现时服务才开始,顾客不应总是被动的服务接受者,有些场合顾客可以或愿意一起为服务付出劳动,如自选商场、自助餐馆、体育保健场所等,以提高服务定制程度,缓解供需不匹配等问题。

运用该方法对服务过程进行控制时需要特别注意,顾客预约、准备资料、恰当表达的技巧都会影响服务过程的沟通和效率,进而影响顾客感知和满意度。

(3) 顾客接触法。

顾客接触法适用于控制复杂程度和差异程度都较高的服务过程,这一类型的服务没有固定模式,服务提供者需要根据顾客的需求进行个性化的定制。

该方法的关键是识别服务过程中供需双方的接触程度及在低接触活动中可以分离的核心流

程，包括认识顾客接触程度、高接触与低接触的区别和界定核心流程等。

▶▶ 真实案例

海底捞的服务过程控制标准如下。

1. 岗位描述
- 欢迎顾客时目光要注视对方，让顾客看到热情的笑容。
- 员工以友善的话语表示欢迎，不要使用重复机械的问候语。
- 客人入座后5秒内必须有服务员接待。
- 对待老人、小孩、残疾人应该提供特需服务。

2. 岗位职责

（1）发毛巾人员。
- 给顾客发毛巾时要面带微笑，热情大方，保证热毛巾的用量和质量。
- 顾客入座后两分钟内递给其热毛巾，并称呼先生或女士等，发毛巾要分清主次，动作要规范。
- 每桌每位顾客换毛巾次数不低于4次，顾客无特殊要求不得高于6次，不需要则不必勉强。
- 满足顾客的合理要求。

（2）传菜员。
- 站岗之前准备好足够的干净托盘（50个）、托盘布（50块），并且保持托盘干净，脏了及时更换。
- 每个托盘的物品无挤压和摞叠。
- 传菜生做到"6不端"：标准量不符不端、颜色不纯不端、形状不符合要求不端、不熟不热不端、卫生不合要求不端、菜品不点缀不端。
- 传菜生在传菜过程中应热情礼貌地招呼顾客，满足顾客合理要求。
- 及时回收用后的餐具，必须做到来回不走空路。

（3）收台人员。
- 首先在收台前检查顾客有无遗失物品。
- 一个餐桌收台时间为2~3分钟。
- 在收台当中要对顾客礼貌微笑或点头并运用敬语问候。
- 收台过程中取下锅圈减少噪声，保护餐具，随时准备用毛巾擦凳子。
- 餐桌表面干净，无油渍及杂物，凳子无水渍，协助服务员恢复台面。

9.3.3 无条件服务保证

服务保证也称服务承诺，表现为服务组织就自身服务质量做出的一些承诺，如旅馆的24小时热水供应、商店的包退包换等。为提升质量承诺的可信度与完善性，一些明智的服务组织又为此提供了一项附加性补偿承诺，即承诺在组织的服务质量达不到所承诺的标准与水平时，组织愿为此对顾客进行赔偿。

哈佛大学教授克里斯托弗·哈特（Christopher Hart）在《哈佛商业评论》发表《无条件服务保证的力量》一文，指出"也许需要一些代价，无条件的服务承诺更能创造出吸引顾客的效果，以及远超过同业的经营绩效"。他主张组织必须提供无条件的服务承诺，而不是一般企业"有条件"的服务承诺。服务保证具有显著的市场需求，特别重要的是，通过设定质量目标，服务保证能为一个行业重新定义服务的含义。服务保证具备以下 5 个重要特征。

（1）顾客满意是无条件的。例如淘宝商家承诺 7 天无理由退货。

（2）容易理解和沟通。顾客可以非常明确地知道他们能从无条件保证中获得什么，例如一些餐厅承诺等待时长超过 30 分钟就免费送一份菜。

（3）有意义。对顾客而言，金钱上和服务上的保证是重要的和有意义的。

（4）容易实行。保证对于顾客来说是没有额外负担的，不应为实施保证而要求顾客填写表格等额外的事务。

（5）容易调用。最好的保证是当场解决问题。

9.4 服务补救

9.4.1 服务补救的含义

服务补救是服务企业在对顾客提供服务出现失败和错误的情况下，对顾客的不满和抱怨当即做出的补救性反应。其目的是通过这种反应，重新建立顾客满意和顾客忠诚。

在提供服务的过程中，即使最优秀的企业也不可避免地会出现服务失败。一方面是由于服务具有差异性，即服务产品的构成成分及其质量水平经常变化，很难界定。在大多数情况下，服务过程毫无担保和保证可言，服务产品的质量通常没有统一的标准可以衡量，服务质量具有不确定性；另一方面服务具有不可分离性，即生产者生产服务的过程就是顾客消费服务的过程，顾客有且只有加入生产服务的过程后才能消费到服务。由此，企业服务的失败和错误是很难对顾客隐藏和掩盖的。

此外，有的服务失败是由企业自身问题造成的，例如由于员工的疏忽将一间空房同时租给两位顾客；而有的服务失败，则是由不可控因素或顾客自身原因造成的，如飞机因恶劣天气而晚点或因寄信人将地址写错而造成的投递错误，这些是不可避免的。

顾客对企业提供的服务具有较高期望值，服务失败会使顾客产生不满和抱怨，虽然他们可将不满归咎于不同对象，如企业或他们自己，但企业必须抱有"顾客始终正确"的观念，对顾客的不满和抱怨当即做出反应——服务补救。"当即"是指服务补救具有现场性和快速性；现场性是指企业必须在服务失败出现的现场，就地进行服务补救；快速性是指企业要尽可能快地进行服务补救，避免由服务失败造成的不良影响扩散和升级。

服务补救也可定义为企业在第一次服务失败后，为留住顾客而立即做出的带有补救性质的第二次服务。第二次服务可以与第一次服务同质，即第二次服务是第一次服务的重复，当然也可与第一次服务异质，即第二次服务是第一次服务的延伸或转变。如零售企业无条件地为对产品质量表示不满的顾客所做出的换货服务（同质服务）或退货服务（异质服务）。

9.4.2 服务补救的特点

根据对服务补救的解读，我们可以得出以下关于服务补救的特点。

（1）实时性。

服务补救必须是在服务失败出现的现场。如果等到服务过程结束，那么服务补救的成本会急剧上升，补救的效果也会大打折扣。

（2）主动性。

服务补救要求服务提供者主动地去发现服务失败并及时地采取措施解决失败，这种前瞻性的管理模式，无疑更有利于提高顾客满意度和忠诚度水平。

（3）全过程和全员性。

服务补救是一项全过程、全员性质的管理工作。一般来说，服务补救具有鲜明的现场性，服务企业授权一线员工在服务失败发生的现场及时采取补救措施，而不是等专门的人员来处理顾客的抱怨。

9.4.3 服务补救的策略

服务失败有时无法避免，服务失败给顾客造成的损失和不良印象需要得到及时处理，因此服务失败后的服务补救则显得尤为重要，而实行服务补救过程中的策略也相当重要。

（1）跟踪并预期补救良机。

企业需要建立一个跟踪并识别服务失败的系统，使其成为挽救和保持顾客与企业关系的良机。有效的服务补救策略需要企业通过听取顾客意见来确定企业服务失败之所在，即不仅被动地听取顾客的抱怨，还要主动地查找那些潜在的服务失败。市场调查是一项比较有效的方法，诸如通过收集顾客批评、听取顾客抱怨、开通投诉热线等来知晓顾客投诉，有效的服务担保和意见箱也可以使企业发觉系统中不易觉察的问题。

（2）建立让顾客发出不满的渠道。

顾客抱怨是获得市场信息的重要途径，使企业能最快、最直接、最准确、最低成本了解市场信息。因此，企业应建立一套接受顾客抱怨的管理信息系统，告诉顾客如何投诉，使他们知道该跟谁讲，过程是什么，涉及什么等。如果餐厅采取一些措施让顾客知道不满应向谁诉说，既鼓励和方便不满意的顾客进行投诉，又给餐厅一个改正的机会，还避免了不满意顾客在社会上的负面宣传。

（3）授权员工，确立服务补救安全边界。

一般顾客首先将不满向身边的服务人员诉说，因此服务补救管理工作必须侧重一线员工，使每一位员工明白应该善于发现顾客的不满，积极解决顾客的投诉。企业要使员工明确在服务补救中承担的角色、责任与权力，特别是解决好授权问题，良好的授权能够改善员工的工作态度，使他们不需要向上级请示或向其他部门求助，根据顾客的不同情况与要求灵活处理，大大提高反应速度，从而增加顾客的满意度。

（4）道歉、争取理解是服务补救的起点。

服务补救开始于向顾客道歉，这是解决服务失败的浅层策略。当顾客感到不满时，应有人向其道歉。虽然一些服务失败是由服务的异质性特点所决定的，服务失败的风险是服务企业固有的特征。但当顾客不满、抱怨时，服务人员要真诚地道歉，争取他们的谅解，及时与他们沟通相关信息。道歉、解释既是对顾客的一种尊重，也是重新赢得顾客信任的过程。

（5）紧急行动解决问题是服务补救的核心。

顾客抱怨的目的是希望问题得到解决，道歉、解释并不是顾客最终所期望的。一旦发现服务失败，服务人员必须在失败发生的同时迅速解决失败，否则，没有得到妥善解决的服务失败会很快扩大并升级。在某些情形下，还需要员工能在问题出现之前预见到问题即将发生并予以杜绝。例如，当某航班因恶劣天气而推迟降落时，服务人员应预见到乘客们会感到饥饿，特别是儿童，服务人员会向饥饿的乘客们说："非常感激您的配合与耐心，我们正努力安全降落，机上有充足的食物，如果你们同意，我们将先给儿童准备晚餐。"乘客们点头赞同服务人员的建议，因为他们知道，饥饿、哭喊的儿童会使境况变得更糟。服务人员预见到了问题的发生，在它扩大之前，就杜绝了问题的发生。

（6）从补救中吸取经验教训。

服务补救不只是弥补服务裂缝、寻找与顾客联系的良机，它还是一种极有价值但常被忽略或未被充分利用的具有诊断性的能够帮助企业提高服务质量的信息资源。通过对服务补救整个过程的跟踪，管理者可发现服务系统中一系列亟待解决的问题，并及时修正服务系统中的某些环节，进而使"服务补救"现象不再发生。

▶▶ 真实案例

小尧是刚毕业的大学生，被分配到某酒店房务中心工作，酒店这样做是为了让他从基层开始锻炼。就在他到房务中心上班的第二天，轮到他值夜班。接班没多久，电话铃响了，小尧接起电话：

"您好，房务中心，请讲！"

"明天早晨5点30分叫醒。"电话里传来一位中年男子沙哑的声音。

"5点30分叫醒是吗？好的，没问题！"

小尧知道，叫醒虽然是总机的事，但一站式服务理念和首问负责制要求自己先接受客人的要求，然后立即转告总机，于是他毫不犹豫地答应了。

当小尧接通总机电话后，才突然想起来，刚才竟忘了问清客人的房号！再看一下电话机，把他吓出一身冷汗，这部电话机根本就没有号码显示屏！小尧顿时心慌，立即将此事向总机说明，总机告称也无法查到房号，于是小尧的领班马上报告值班经理。值班经理考虑到这时已是半夜，不好逐个房间查询。再根据客人要求一大早叫醒情况看，估计是明早赶飞机或火车的客人。现在只好把希望寄托在客人也许自己会将手机设置了闹钟，否则，只有等待投诉了。

早晨7点30分，一位睡眼惺忪的客人来到总台，投诉说酒店未按他的要求提供叫醒服务，使他误了飞机，其神态沮丧而气愤。早已在此等候的大堂经理立即上前将这位客人请到大堂咖啡厅。

原来，该客人是从郊县先到省城过夜，准备一大早赶往机场，与一家旅行社组织的一个旅游团成员汇合后乘飞机出外旅游，没想到他在要求酒店提供叫醒服务时，以为服务员可以从电话号码显示屏上知道自己的房号，就省略未报。

酒店方面立即与这家旅行社联系商量弥补办法，该旅行社答应让这位客人可以加入第二天的另一个旅游团，不过今天这位客人在旅游目的地的客房定金270元要由客人负责。

接下来酒店的处理结果是，为客人支付这笔定金，同时免费让客人在本酒店再住一夜，而且免去客人昨晚的房费。这样算下来，因为一次叫醒失误，导致酒店共损失790元。

本案得出的教训和应采取的改进措施如下。

一是所有"新手"上岗，都应当有"老员工"或领班带班一段时间，关注他们的工作情况，包括哪怕接一次电话的全部过程。比如与客人对话是否得体完整、是否复述、是否记录等。必要时要做好"补位"工作。

二是所有接受客人服务来电的电话机都必须有来电显示屏，并有记忆功能。这样既利于提高效率、方便客人，也可防止类似事件发生。

因此，总结教训，采取相应的改进措施，比如换上有来电显示的电话机，"新手"由领班带班一段时间，防患于未然才是根本。

9.5 数字技术促进服务质量提升

数字技术的兴起，促进了服务业的蓬勃发展。利用数字技术改进服务质量，提升客户体验成为服务业发展的主流方向。

对于服务企业来说，利用数字技术培养超强感知能力、明智决策能力和快速执行能力，是企业利用数字技术改进服务质量的最佳方法。首先是对于客户及客户对于服务的体验有超强的感知能力，全方位了解客户的需求和客户对于服务质量的评价，做到有针对性地收集信息；其次，明智决策能力能够帮助企业利用收集到的客户信息及服务质量信息做出快速的决策，为服务企业提升服务质量的改进指明方向和道路；最后，快速的执行能力保证企业立即去做，改进决策只有立即执行才有可能使得服务质量得到真正的改进和提升。

9.5.1 增强超强感知能力

超强感知能力要求企业能察觉与自身相关的数字化趋势和不断变化的竞争态势，对于服务企业来说就是把握客户服务需求和提升客户服务感知两个方面，收集有关客户、客户体验和客户对服务质量的反馈等重要见解，并且对于未来客户想要的服务有超强的预见能力。

（1）把握客户服务需求：利用大数据进行用户画像。

将把握客户需求作为服务企业改进自身服务质量的突破口。在数字时代，多维度且全面的数据为企业带来了更多层次的客户信息。对于企业而言，依托大数据平台，围绕客户统计信息、消费心理特性、消费需求、消费行为模式、交易记录、信用等因素形成的精准用户画像，借助用户画像来了解客户，找到目标客户，最后触达客户。在售前精准营销、售中个性化推荐、售后交叉营销等方面，能为客户带来量身打造的消费体验。

▶▶ **真实案例**

今日头条想解决的是客户的"痛点"。传统客户端是把信息推给客户，而智能推荐引擎是通过观察客户、理解客户，机器感知判断每个人的阅读行为。简单地说，今日头条的智能推荐引擎的功能是理解内容和内容的关系，理解客户和客户的关系，匹配客户和内容的关系。比如一个男性，平台发现他经常会读一些经济类的文章，他喜欢体育，体育里面又喜欢NBA，系统就会把相关文章推给他。"90后"女性可能喜欢看娱乐内容，系统也会推给她相关内容，从而实现千人千面。

在后台，今日头条不仅掌握客户的基本信息，比如性别、年龄、设备，还知道他喜欢信息的分类。与之相适应的是充满细节的文章画像，一篇文章要知道它的属性、分类和关键词，比如一篇文章是对阿森纳足球队进行的报道，今日头条就会把文章推给系统识别的阿森纳客户。用户画像会根据客户的每一次阅读和场景迁移进行多维调整。

（2）提升客户服务感知：数字技术让服务更贴心。

现在的客户关注的不仅是产品或服务，更关注服务过程中获得的良好的服务体验，技术手段的助力能够让服务企业为客户提供更加贴心的个性化服务，提升客户服务感知和企业自身服务质量。

过去服务企业关注"提供什么服务",而现在"如何提供服务"变得同样重要,客户体验已逐步取代产品成为新的核心战场。大数据、智能终端、区块链、社交软件等新技术,把客户的时间和行为变得越来越碎片化,客户与企业之间接触的渠道和方式越来越多元,这让客户行为的随机性大大增加。在过往"以客户为中心"的实践中企业多习惯于从自身视角出发,关注某一特定的客户触点,很容易造成客户体验的割裂,甚至导致"1+1<1"的效果。要真正形成"以客户为中心"的业务逻辑,只有以纯粹的客户视角,去感受客户在每个环节的交互体验,才能准确抓住客户需求,提升客户服务感知,并将其作为企业组织架构设计、产品设计、流程设计的起点。

▶▶ **真实案例**

"互联网+旅游"发展如火如荼,越来越多的景区开展智慧化升级建设,数字化服务让人们出游更加便捷舒适。例如,海南三亚首座智慧旅游厕所在天涯海角游览区投入使用。气温、湿度、环境质量、如厕人数、剩余厕位量等数据信息实时显示在门口的电子屏上,让游客如厕时也能感受到科技带来的服务提升。智慧旅游厕所通过安装厕位状态感应器、看板、超声波传感器、空气质量探测器、显示屏等硬件设备,向游客清晰展示厕所构造、使用情况、环境卫生等信息。

9.5.2 提升明智决策能力

明智决策能力,顾名思义,就是指企业运用获得的信息做出明智决策的能力,数字时代需要进行决策的情况比以往任何时候都更多,而且每一个决策都伴随着更高的风险。

决策既包括主管企业的高管所做出的战略决策,也包括从事本职工作的员工所做出的日常决策。在数字时代,企业在这两种类型的决策上都不能出错。最重要的是,企业需要制定出色的战略决策和日常决策才能提供客户需要的价值;如果没有及时的战略决策,机会便稍纵即逝;如果没有明智的日常决策,战胜竞争对手、打入全新市场也将变得更加困难。在数字技术时代,数据和算法具有无法比拟的效率优势。以亚马逊为例,其日常管理和战略决策,以及日常运营都可以由数据统计和算法来完成,从而释放出大量的宏观决策精力和战略能力,让管理者的目光聚焦于长远的战略意义和更加重要的方向性思考。数字技术使企业能在问题识别、方案生成、信息收集、结果预测和行动反馈等决策步骤中得到全方位的帮助,能够显著提升企业决策的能力。

然而,如何拥有明智决策能力是最令企业感到棘手的难题,为了解决这一难题,企业必须将重点放在两个方面:包容性决策和增强型决策。

(1)包容性决策。

包容性决策,源于不同个体和团队之间协作的共同智慧,可以确保企业在做出决策时考虑不同的观点和相关的专业知识。包容性决策不需要一致同意,也不需要高管屈服于员工而放弃决策控制权。但是,如果企业经常考虑不同的观点,就不太可能因为高管目光短浅而犯错,借助新兴的数字技术和商业模式,员工可以合力推动包容性的决策。

很多时候,企业因为员工在企业中的职位(初级管理人员和普通员工)、组织结构(各自为政的决策)、地理位置或其他特性(基于宗教、性别、种族、年龄、残疾或其他因素的有意识或无意识的歧视),将具有关键技能和重要观点的个人排除在决策体系之外。此外,企业通常也不会让合作伙伴和供应商参与决策过程,即使它们的参与对决策的实施至关重要。

包容性决策并非旨在为自身利益而协作,也不是仅仅为了提高多元化。包容性决策的宗旨是挑选最有能力评估替代方案、提供专家意见并代表重要利益相关方和观点的人群,还要利用集体的智慧。

充分挖掘员工的专业知识和最佳创意可以促成创新。因为每个员工都是受到独一无二的教育、拥有不同经验和技能组合的综合体,所以多元化对于发现趋势和提出问题解决建议有着至关重要的作用。多元化(无论是因性别、种族、宗教、文化、年龄还是其他因素而形成的多元化)对明智决策能力同样重要,多元化的员工队伍拥有巨大的潜在价值。但是,除非是在一个能让他们有效分享创意和观点的环境中将这些个体的力量团结起来,否则他们的价值将无法实现。

企业实施包容性决策的步骤如下。

① 找到合理的员工构成。

包容性决策取决于企业高管能否找到做出明智决策所需的合适员工或团队。当拥有宝贵的知识或经验的员工属于公司其他部门时,当今的大多数高管都不会为了制定决策而在部门外部寻求帮助。这对企业来说有两个方面的坏处:首先,这种决定带来成功的可能性不大;其次,它没有充分利用企业精心积累并为其付出报酬的专业知识。

▶▶ **真实案例**

Ranktab 等初创企业开发的可视化协作决策平台有助于解决找到合理人员构成的问题。这个协作平台可以帮助高管们找到那些有助于他们做出明智决策的员工或团队。正如 Ranktab 的联合创始人兼首席执行官弗朗西斯科·鲁伊斯(Francisco Ruiz)所说:"我们正在努力研发人工智能,以便在任何组织或人群中预知哪些人能成为最佳搭档。我们能够直观地看到哪些人在决策的过程中没有起作用,因为他们总是什么都赞同;我们也能清楚地知道哪些人基本上什么事情都反对,但那也并不是件坏事。"

② 无缝协作和实时协作。

一旦确定了小组成员,优秀的企业就会部署新的协作平台,使所有参与者都能无缝地进行思想交流。

▶▶ **真实案例**

Slack(聊天组群)和思科 Spark(思科视频会议系统)等新型协作平台用基于会议室的在线聊天功能取代邮件通信,并集成了文档共享、视频通话和其他功能。个人可以创建会议室或协作空间,并在其中通过文本、语音或视频进行沟通,发布可搜索内容,维护历史沟通记录。这种新方法将企业的知识从一个个电子邮件收件箱和硬盘中解放出来,让所有团队成员都可以沟通并获得可交付成果。它还避开了传统的沟通和报告体系,提供更高的透明度并促进论功行赏的评价体系。团队参与者可以直接查阅其他成员的贡献;也就是说,无须"筛选"即可呈给高级管理层。最后,集成同步和异步通信,通过这些工具还扩大了在协作团队中工作的人数。新成员可以加入团队并迅速赶上进度。

③ 正确的群体智慧。

包容性决策中最后一个关键步骤是获得群体智慧并利用它推动明智的决策,新工具能为决策过程带来秩序和包容性。

有专家指出,随着数据的数量和多样性的攀升,企业正面临着信息超载的问题。此外,由于诸如协作数据、健康监测和办公家具中的传感器等新数据源的出现,企业还面临着劳动力相关数据激增的问题。特别是对非结构化数据而言,容易使用的分析技术非常缺乏。因此,企业在部署数字化技术来提高明智决策能力时,必须牢记最终结果。领导者应该考虑他们希望在特定职能部门中或特定方面实现的业务成果,深入了解其涉及的整个过程,然后回过头来确定产生这些结果所需的数据源和分析技术。

▶▶ **真实案例**

Ranktab 使用一些算法，通过多标准投票提高包容性决策的质量。该工具可帮助用户了解小组中其他人对不同选择的评价，讨论决策，并以图形格式查看一致同意的决定。

④ 消除无意识的偏见。

为了发挥优势，企业必须放下对理想候选人外貌、声音和行为的偏见。在招聘方面，企业很难消除无意识的偏见，尽管人们没有意识到这种偏见，但人们的决策仍然受其影响。调查研究发现，人们往往偏爱那些与自己外貌相似、与自己来自相似背景并且有相似兴趣的人。数字技术正在成为消除人才管理中无意识偏见的一种解决办法。

▶▶ **真实案例**

Unitive 创造了一个数字化平台，将基于心理学研究的分析融入企业的招聘工作流程，让明智决策成为业务流程的有机组成部分。例如，该软件的简历审查功能首先评估招聘公司在潜在应聘者中寻找哪些特征。只有在此之后，它才会向招聘公司提供有关应聘者的客观信息，并将这些信息与应聘者的姓名、受教育背景和业余爱好等非相关信息区分开，因为这些全都是可能影响无意识偏见的因素。这种由分析推动的方法与一起浏览应聘者的简历和特性后做出有关人选是否适合的主观决定的常规过程形成鲜明对比，通过将分析和明智决策过程直接融入招聘工作流程，该软件杜绝了无意识偏见出现的可能性。

如果企业的高管能够利用员工的专业知识和建议，就可以做出结合相关知识、经验、定量数据和相反观点的明智决策。包容性决策可以帮助企业最大限度地利用员工及扩大的企业生态系统中合作伙伴和承包商的专业知识和不同观点，做出更明智的决策。企业可以借助协作获悉更多员工的想法，并在合适的时间和恰当的方面将它们包括到决策过程中，让它们发挥最大的影响。

（2）增强型决策。

增强型决策重视数据和分析的提供方式和提供对象。这种增强必须包括确保数据和分析适合决策者的职位和工作流程，无论决策者是执行委员会成员还是一线员工都不例外。基于对业务规则的应用分析，还可以实现决策的完全自动化。这种情况是通过分析而非个体的决定来增强企业的整体决策的。有时，系统使用机器学习技术和各种算法自主制定的决定才是最明智的决策。

企业必须将数据和分析纳入决策过程中来"增强"决策能力。预测分析、人工智能和数据可视化方面的进步使决策者能够在做出战略决策之前真正预见未来，或未来的多种可能。企业也可以通过量化替代方案来减少人为错误和按命令做出的决策。

另外，在理想情况下，企业应将包容性决策与增强型决策相结合，让合适的人选能够做出战略决策和日常决策。下面，列举数字技术下企业实现增强型决策的步骤。

① 借鉴过去的经验克服困难。

由数据驱动的明智决策来决定是否继续交易，有助于企业避免风险评估时的人为错误，以及企业高管出于观点、关系或其他因素而促成交易的影响，许多企业都开发了由技术推动的决策功能供内部使用，并将其转化为能够赢利的服务。

② 泛在分析。

泛在分析可以帮助员工更好、更快地进行决策，提高个人绩效和企业业绩。近年来，精密的分析和决策工具激增，但这些决策往往集中在两个主要群体手中：企业高管和专业分析师。在大型企业中，人数不多的专业分析师分析庞大的企业数据库中的数据，只能提供有限的洞察力，对这些决策的影响也是有限的；一线员工（如在现场工作的员工、担任面客职位的员工和普通岗位上的员工）每天做出的单独决定总计达数百万个，只有当所有员工无论级别或所处地点如何都具备进行决策和执行任务的最佳信息时,才能实现分析的真正价值。另外,让员工参与决策有助于保持其敬业度,并且可以将他们的精力导向对企业更为积极有利的一面,而不会让他们感觉被忽视和低估。

▶▶ **真实案例**

　　作为全球快消品企业,宝洁公司的产品远销180多个国家和地区,从尿布到洗涤剂,公司旗下有70多个品牌。如此广泛的经营范围就需要宝洁公司能够掌握各个商业环境的精确数据,保证这些数据的分析和呈现能够有助于加快决策过程。

　　宝洁公司建立了50多个互联会议空间,公司在这些沉浸式会议室的墙上配备了大屏幕,用于显示可视化的一系列业务数据,例如公司业绩、预测和竞争情报。公司高管和管理人员定期在这些会议室碰面,监督可用于进行战略决策的实时业务指标,该系统可提供对数百TB数据的访问,免除了手动收集和聚合数据的过程。

　　宝洁公司使用了分析模型,让公司高管能够深入了解业务的不同部分。例如,宝洁公司有一个分析模型,该模型可以帮助公司衡量其最大的40个产品类别的性能,并使用"热图"数据可视化技术按地理位置查看市场份额。这些会议室可用作整个公司的"单一真实信息来源":无论公司高管人在何处,都可以根据实际业务情况做出决策。最重要的是,公司高管可以使用这些数据创建"如果……怎么办"场景,预测潜在业务战略的结果。

　　该公司还看到了向基层管理人员和员工提供分析功能的价值,决策支持控制系统为超过5万名员工提供定制的分析功能,让他们了解适用于其业务部门的关键性能指标。

　　当决策兼具包容性和增强型时,意味着正确的人群参与其中,决策基于最佳可用数据和分析,并且决策者根据职位和职能遍布组织各处,如此一来企业就有足够的能力做出快速且一贯明智的决策。

　　企业应该看到,在某些情况下,分析有助于使各项举措变得更有包容性,而包容性正是增强型决策成功的关键。当然,如何配合使用包容性决策和增强型决策,如何平衡自动化决策与涉及人为判断的决策,企业要视具体情况而定。但想要取得成功,企业必须尽可能确保决策过程包含这两个要素。

9.5.3　培养快速执行能力

　　在数字化业务能力较强的企业中,无论是执行工作的方式,还是执行工作的人员或工具,都发生了极大的变化。这些企业能够不断感知内部环境的变化做出分析,并采取相应的行动,这就是快速执行能力。

　　快速执行能力即企业快速高效地实施既定计划的能力,这是一种将明智决策转化为行动的反应能力。要获得快速执行能力,企业必须从"资源"和"流程"两条战线双管齐下,重塑工作方式,其中,"资源"是指组织可以支配的人力、财力和技术资本,"流程"是用于实现组织目标的一系列结构化活动。企业要想在资源和流程两个方面来培养快速执行能力,必须具备以下条件。

　　(1)机动人才。

　　人力资源职能正在发生与云计算和其他按需服务类似的演变。借助所谓的"人才云"方法,企业可以更快速、更准确地组建团队,并决定哪些人力资源值得长期投资,哪些可以通过非传统雇用方式获取。简而言之,企业现在可以决定哪些工作应该保留在内部,哪些工作应该通过动态寻求外部支持来完成。

就本质来说，"人才云"代表着由几乎无限多元化的人才组成的生态系统。一方面，它打造了一个崭新的渠道，让企业能够获得自身缺乏（或仅在短期内需要）的专业知识和技能；另一方面，它催生了一系列应用，让企业能够更快速、更轻松地寻觅、吸引、管理并释放人才。企业要建立机动的人才渠道，就要建立相应的机制，以确保自己能够接触到正确的人才来源并吸引具备所需技能的候选人。

目前，市场上陆续涌现出许多数字化平台，这些平台可以帮助企业快速有效地从稀有人才库中招聘人才。

▶▶ **真实案例**

总部位于波士顿的初创企业 Drafted 推出了一款手机应用平台，企业可以利用该平台向"推举"或推荐朋友应聘空缺职位的用户提供奖金（最高 1.5 万美元）。Drafted 在构建人才渠道方面独辟蹊径，活用了应聘者的社交圈和同行推荐方法。不仅如此，Drafted 将手机作为平台，这对企业所要吸引的精通技术的应聘者而言再合适不过了。

另外，为了应对简历过多的问题，一些企业开始改变招聘方法，将数据和分析技术运用到搜索面试对象的过程中，使海量的应聘者数据为自己所用。除了传统的简历数据，企业还可以通过领英和脸书等网站获取各种现成的社交数据。不过，发生变化的不仅限于数据的数量，寻找最佳人选的算法也在迅速进步，企业现在可以通过许多方式来"捕捉"潜在员工。

▶▶ **真实案例**

Entelo 和 TalentBin 等初创企业通过平台将领英、Quora（一家问答网站）和 GitHub 等社交网站上的数据收集到数据库中，让企业能够从数百万名候选人中搜索合适的人选。更重要的是，这些服务不仅能帮助企业寻找候选人，还能帮助企业通过预测性分析，按性别、族裔或服役经历筛选人才。借助这种数据驱动的招聘方法，企业可以有效地确定最佳人选，并最大限度地提高候选人接受工作的概率。

除了招募人才，大型企业的一项艰巨的任务就是，如何跨部门跨区域找出合适的员工，实现价值最大化，如果组织没有意识到员工的真正价值，或者不了解如何更有效地运用员工的知识，员工的才干就容易被"埋没"。企业应首先确定现有员工是否具备实现成功所需的最关键的能力。简而言之，企业应该寻找方法进行"人才审计"，在内部寻找合适的员工，然后将具备适当技能的员工调动到能让这些技能发挥最大作用的团队中或职位上。

随着团队构建的重要性日益显著，强调机动人才管理并能在组织内部提升人才价值的智能人才分配工具和方法将拥有巨大的应用前景。通过做到知人善用，企业不仅可以提高行动速度，还能提高行动效率，而且随着速度的提高，质量也会有所提高。

（2）动态流程。

现有企业的业务流程死板、迟缓、缺乏变通的现象已经深入人心，相比之下，动态流程则兼具智能和快速的特点，而且能随时调整。这种流程可以根据实际环境灵活定制，以便帮助企业创造最大价值。动态流程包括快速实现和快速干预两个要素。下面将逐一分析这两个要素及其如何有助于提高行动的速度和效果。

① 快速实现。

快速实现是指在市场营销、客户支持、商业交往、应用开发和渠道等各种创造价值的活动中加速引入新的组织能力。

快速实现并非直接沿袭传统做法，将"幕后"工作或需要成本的工作外包给提供业务支持的外部供应商。相反，无论是供应链、销售、研发、人力资源还是服务，这些职能都可以成为企业及其价值创造过程的核心。

快速实现从客户价值出发，目标明确地培养有助于提高客户价值的组织能力，快速实现策略可以帮助企业以模块化方式获得虚拟化的组织能力，从而提高自身的行动速度，敏捷地打造创新市场的新型客户价值。需要特别指出的是，在建立组织能力时，企业需要结合使用内部资源和外部支持来提供体验价值。

② 快速干预。

快速干预就是通过迅速采取行动来把握机遇或排除威胁，包括抓住销售机会、优化运营和防止事故。

快速干预可以通过机器学习和自动化来实现，也可以在数字技术的支持下通过人为行动来实现。从这个角度来说，动态流程不一定意味着用机器取代人力，也可以通过干预来增强和优化由人执行的工作。

对组织来说，快速执行的含义不仅限于创新层面，而且包括在运营层面"做出行动"，通过加快日常业务活动来创造更大的客户价值。除了加快原型制作或缩短企业应用的部署时间等特定活动，企业还需要以足够迅速的动作在日常运营层面抓住机遇，例如每一次与客户的互动、供应链服务中的突发事件，或者其他稍纵即逝的机会。

快速执行能力对于提高运营效率至关重要，可以在数字化战略中发挥巨大的作用，特别是在成本控制和体验质量日益重要的竞争战略中，另外快速干预对加速创新有着不可替代的作用。

▶ **真实案例**

腾讯利用内部竞争来刺激新产品或新服务的开发，事实上，微信平台最初就是通过内部竞争开发出来的，位于不同地点的两个产品团队同时收到内容相同的新平台开发指示，并对此展开竞争。两个月后，获胜的团队开发出一款用于文本信息传送和群组聊天的新移动平台，该平台最终发展成微信。

腾讯还率先推出新的快速迭代模式，帮助其快速发布并改进在线服务。腾讯遵循"发布—测试—改进"的模式，向其用户群发布有部分新功能的平台。在发布后的几个小时内，腾讯会观察新服务的使用状况，并收集用户关于服务改进和附加功能的建议。通过这种方式，腾讯可以在几周内完成产品或服务的发布与改进，比传统的"Beta 测试"周期短得多。

本章小结

本章首先从服务质量的特征、维度及构成要素对服务质量进行概念界定；其次对服务质量的测量模型及服务质量实现进行阐述，并对服务补救的含义、特点及补救策略展开分析；最后，针对数字技术对服务质量的提升作用，分别从感知能力、决策能力、执行能力 3 个方面对数字技术驱动服务质量提升进行了系统分析。

讨论题

1. 选择一种服务类型，并给出可行的测量其服务质量的方法。
2. 基于你选择的服务类型，分析其服务质量提升的实现条件。
3. 列举你认为利用数字技术提高服务质量的例子，并阐述数字技术在提升服务质量过程中的促进作用。

案例分析

案例 9-1　麦当劳的服务质量管理

麦当劳所从事的快餐业属于服务性强、劳动密集型产业。到目前为止，麦当劳连锁店已遍及全球一百多个国家和地区，是名副其实的国际品牌。它的成功主要归功于先进的服务质量管理理念和管理方法。

麦当劳的经营哲学是 QSCV，它是 Quality、Service、Cleanliness 及 Value 四个英文单词的首字母，意为"品质上乘、服务周到、地方清洁、价格合理"。总体来看，可以从服务质量和产品质量两个方面给顾客提供保障。

在服务质量方面，麦当劳要求每个经理人员首先要懂人际学，善于接待顾客；新招的员工也必须事先经过严格训练，合格后才能上岗服务。在卫生方面也有严格的标准，如男工作人员不留长发，女工作人员要戴发网，器具全用不锈钢制品，顾客一走马上清理桌面，凡丢落在地面的纸片等应马上捡起来。如此的要求可以使顾客感到舒适和安心。

在产品质量方面，麦当劳提供相同口味和质量的食品。在世界范围内，每一个店铺的产品和服务都是一致的，如在巴黎麦当劳店里吃的汉堡与在北京麦当劳店里吃的汉堡其口味是一样的。麦当劳有一本厚达数百页的《麦当劳手册》，保证运营的标准化。

麦当劳规定在制作规格工艺上应达到如下的要求。

（1）肉饼。所用牛肉为 100%的纯牛肉，没有任何添加剂。牛肉经机器切制成肉饼，每块肉饼重 0.1 磅（约 45 克），一磅牛肉必须出 10 块肉饼，直径为 3.875 英寸，厚度为 0.222 英寸。肉饼成分由 83%的肩肉和 17%的上等五花肉组成，脂肪含量为 17%～20.5%。

（2）面包。小圆面包的标准直径为 3.5 英寸，烤制时添加的糖含量要稍高，这样，才能使其提早转变为棕色。操作员工不得在面包上按任何指坑，否则必须丢弃不用。

（3）汉堡包类。如一种带有莴苣和西红柿的汉堡包，制作前的标准重量为 0.25 磅，又称 1/4 磅汉堡包；所有汉堡包中的洋葱丝含量是 0.016 磅；厨师制作汉堡包时必须按规定动作翻个儿，而不能随意让它翻个儿；麦香鱼的制作时间为 3 分 45 秒，误差仅为 5 秒；巨无霸上的芝麻必须是 178 粒；任何一项牛肉食品，都必须经过 40 多项质量控制检查方能出售。

在成品存放保管上，麦当劳坚持不卖品质不达标的东西。主要食品一旦出炉或制成，炸薯条超过 7 分钟、汉堡包超过 10 分钟、咖啡超过 30 分钟、苹果派或菠萝派（均为一种油炸甜馅饼）超过 90 分钟而未售出，尽管它们并没有腐烂变质，都必须扔掉，以保证这些食品味道的鲜美和纯正。可口可乐、雪碧、芬达等专用饮料，温度控制在 4℃，热红茶则必须控制在 40℃以上时再销售，软包装鲜牛奶、咖啡等都有严格的温度控制。

麦当劳炸薯条用的是智能炸锅，能够及时、准确地反映出炸薯条时油锅中热油温度与薯条本身温度的理想差值，并自动鸣声警告，从而使员工准确测定炸薯条的最佳品质。该设备的使用，完全消除了麦当劳对其上万家快餐连锁店炸薯条品质不一致的担心。后来这一方法也被推广应用到麦香鱼、麦香鸡等汉堡包的制作方面，同样效果明显。

在麦当劳，任何品种的汉堡包，基本上都经历了改进、再改进的多次反复过程。如普通牛肉汉堡包，早期的牛肉用料是碎牛肉，后来改为肩肉和五花肉的混制品；早期为鲜肉，后改为冻肉等。再如麦香鱼汉堡包，上市前，麦当劳足足花了半年的时间进行研究和实验。头 3 个月，麦当劳专攻鱼肉用料，一方面自己开发，另一方面邀请供应商参与。经过多次择优汰劣，从比目鱼和鳕鱼之间遴选了后者，后来根据市场试销情况的变化，最终采用的是一种大西洋白鱼。后 3 个月，麦当劳则为鱼肉应当如何烹制，如油煎多久、肉厚多少、佐料之调配及鱼肉表层裹用哪种面粉等进行了研究。

麦当劳在提高质量所进行的每一次改革、每一项实验，都使其产品及服务质量更上一层楼，不断改进每项产品，也为其严格操作标准化做出了最佳的诠释，并保证了其产品的销量及利润。

分析题：

1. 麦当劳如何进行严格的服务质量管理？
2. 麦当劳的经营哲学体现了服务质量管理的哪些维度？
3. 数字时代你认为有哪些方式可以提升麦当劳的服务质量？

案例分析

案例9-2　里昂比恩服饰和诺德斯特龙百货店的退货政策

每个零售商都会遇到退货问题。什么样的退货可以接受呢？大多数零售商都制定了非常相似的规则。但有两个零售商将退货转化成了卖点：那就是里昂比恩服饰和诺德斯特龙百货店。

退货就意味着某些环节出了问题。对于在线订购，可能是客户或公司的失误，或因为收到的商品不如页面图片中的商品好而感到失望。如某奶奶在一家店里给孙子买了礼物，邮寄到孙子那里，可能尺寸不对，或者礼物完全不对。退货很复杂，孙子也可能不想让其奶奶知道。客户可能想把从网上买的东西退回商店，或者至少办一张可以放心使用的会员卡。店里可能开具收据，也可能不开具收据。有多种可能性，但几乎可以肯定的一点是：客户不太高兴，需要帮助。

诺德斯特龙百货店的肯·沃泽尔说："人们对我们的退货政策给予了很大的信任，但我们并没有退货政策。我们拥有的是一种理念，那就是赋予一线员工自由裁量权。"首先要认识到客户的情绪状态（某种程度的焦虑），而且，这个理念有一个简单的基础：如果你知道你要接受退货，就让退货这件事成为一种愉快的体验。如果你明知谈话将如何结束，那为什么还要让没带收据的客户焦急等待呢？肯·沃泽尔强调："我们想要和客户建立一种关系。"

鉴于此，你会设计什么样的退货流程？诺德斯特龙百货店的在线退货流程简单易行（而且通常是免费的），但它更喜欢客户将商品退回商店，即使（或者特别是）在线购买的商品。为什么？因为这样做促进了商店和客户之间的联系。如果客户感到焦虑或非常生气，销售人员会以友好的态度让他们平心静气。现在，诺德斯特龙百货店网站上60%多的退货服务都是在实体店完成的，其低价海淘商品70%多的退货都是在实体店完成的。

里昂比恩服饰的退货流程与诺德斯特龙百货店的退货流程有些类似：他们会把客户交给公司的一位相关员工。网站解释说："当你通过电话、聊天工具或电子邮件联系我们时，你将与缅因州的一位友好客户代表建立联系。为什么？因为对我们来说，缅因州不仅仅是一个地址，也是我们的一部分。那里有你在其他地方找不到的服务。"

将渠道内和跨渠道的价值最大化，这是选择这些服务的基础。它们为什么会起作用呢？第一，因为公司内部人士（接电话的人或柜台上的人）比客户更熟悉公司的体系。他们会节省客户的时间，而且可能比客户自己来做效率更高。第二，因为工作人员可以积极地帮助客户解决问题，不必等到客户陷入困境再来纠正问题，这样可以缓解公司和客户的关系。第三，因为这些机会可以促成新的交易或达成新的销售，因此可以促进公司与客户关系的发展。

分析题：

1. 退货政策对于服务质量的实现起到了怎样的作用？
2. 里昂比恩服饰和诺德斯特龙百货店是如何利用服务补救来提高服务质量的？
3. 数字技术在提升里昂比恩服饰和诺德斯特龙百货店服务质量的过程中可以发挥怎样的作用？

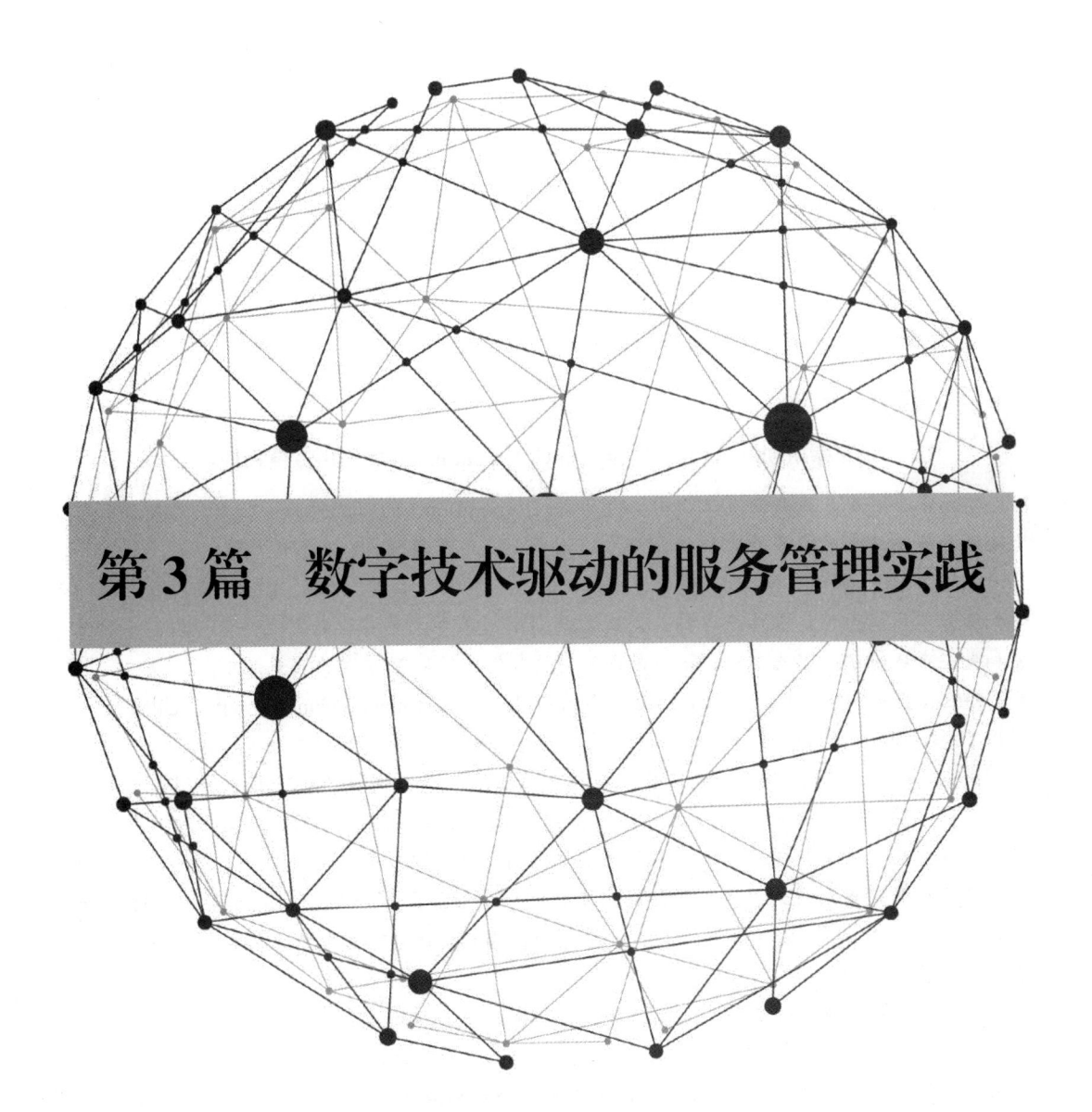

第 3 篇　数字技术驱动的服务管理实践

第 10 章

服务供应链管理

▶▶ 学习目标

1. 理解服务供应链的定义与内涵。
2. 熟悉服务供应链的特点与结构。
3. 了解数字技术在服务供应链管理中的应用。

▶▶ 导入案例

克莱斯勒汽车公司（Chrysler Corporation）的服务供应链管理

Mopar 公司是克莱斯勒汽车公司（Chrysler Corporation）的零配件服务公司，在美国和加拿大地区开展汽车售后服务的零配件分销。Mopar 公司年销售额 40 亿美元，有 3000 个供应商、30 个分销中心和每天来自 4400 个北美经销商的 225 000 个订单。然而，售后零配件销售极难预测，顾客不愿意为替换零件而等待，因此零售商不得不寻求可替代的零配件资源以避免顾客不满和失去市场份额。因此，Mopar 公司投入到服务供应链管理方案的实施之中。

Mopar 公司构建了供应链绩效管理（Supply Chain Performance Management，SCPM）系统，利用 IT 技术和创新的管理分析方法对供应链运作过程进行多角度、多方式的综合评估，通过预测未来需求、库存和与预先确定的目标相关的供应链绩效关键指标来甄别出绩效例外。用户利用该系统探究问题的潜在根本原因，找到个别的或相互关联的可选方案。理解了问题和可选方案之后，系统用户就可以采取解决问题的行动了。仅在第一年，Mopar 公司就将其决策周期从几个月缩短到几天，减少了运输成本，补货率增加了一个百分点，还节约了 1500 万美元的存货。实际上，在实施变革计划后的十天内，Mopar 公司就在可避免的订单库存方面节约了数百万美元。

SCPM 系统使用户能够甄别出绩效例外，理解问题和可选方案，对具有高度影响力的问题和计划采取行动，并不断确认与目标和结果相关的行动及其正确性。通过采用这一系统，Mopar 公司提高了反馈率和客户服务能力、削减了库存和采购成本、提高了生产和分销资产的利用率。SCPM 系统今天不仅仅用于供应链，还用于扩展的供应链及企业管理的所有方面。例如，SCPM 系统被用于管理内外部供应链绩效，如供应网络；其也被应用于企业的其他功能性领域，如产品开发、产品生命周期管理、财务管理、售后服务支持、销售和市场、客户关系管理，甚至是战略规划。

10.1 服务供应链

10.1.1 服务供应链的定义

随着企业竞争的日益加剧,特别是管理活动的流程化、网络化发展,服务主导型供应链(服务供应链)得到了广泛的发展。研究表明,在当今企业的供应链管理实践中,服务性活动本身产生的绩效已经占到了整个供应链管理收益的24%、利润的45%。服务性活动本身所创造的价值,已逐渐超越了产品制造供应链所创造的价值。然而,长期以来理论上对服务供应链有多种不同的理解,大体可以分为以下几类。

第一类将服务供应链理解为供应链中与服务相关联的环节和活动,在此基础上寻找到兼顾最优服务和最低成本的方式来经营服务供应链。根据德克·德瓦特(Dirk Dewart)和史蒂夫·肯珀(Steve Kemper)在2004年给出的定义,服务供应链是为了支持企业产品的售后服务而涉及的物料计划、移动和修理的全部过程和活动。

第二类将服务供应链理解为与制造业或制造部门的供应链相对应的服务业或服务部门的供应链,并对比两者的相同点和不同点,以期找到适用服务业的供应链管理方式。丽莎·M.埃拉姆(Lisa M. Ellram)等人在《理解和管理服务供应链》一文中对比制造部门的供应链管理,强调了服务部门的供应链管理的重要性,并系统阐述了两部门在供应链管理方面的异同,在此基础上构建了适用服务部门的服务供应链模型。

第三类对服务供应链的认识则从全新的角度解释了服务与企业供应或经营之间的有机关系。这类定义对服务供应链的界定有着不同的学科背景,例如在市场营销领域这种模式被称为服务主导型逻辑(Service Dominate Logic)。服务主导型逻辑指的是参与者利用各种操作性资源与其他参与者一起提供服务的过程,并通过这一过程来获取新的互补性服务。与此同时,这一过程有时会涉及产品和制造活动,但是此时的产品和制造活动只是服务传递的媒介物。在经济学领域,这种模式被称为生产性服务(Producer Services)。1966年,美国经济学家哈里·格林菲尔德(Harry Greenfield)在研究服务业及其分类时,最早提出了生产性服务的概念。生产性服务是指为其他商品生产企业和服务供应企业提供中间投入的服务,是生产企业财富形成过程的中介,生产性服务企业服务的对象是生产者,而不是消费者。在运营管理领域,这种运营模式被称为服务化(Servitization)或服务生产(Service Manufacturing)。桑德拉·范德米尔(Sandra Vandermerwe)和胡安·拉达(Juan Rada)在1988年提出了"服务化"的概念,之后很多学者不断扩展了这一概念在生产运营管理中的应用,它指的是将服务有效地与生产制造进行结合,从而创造出一种新型的具有竞争力的运行模式。

可以看出,第一类定义与传统的产品制造供应链从本质上来讲并没有差异,它将服务看作产品制造过程中的一种要素或者说服务与制造是供应链运作的两面,服务是产品制造供应链活动的补充;第二类定义认为服务供应链是一种纯粹的,不包含任何物质性生产和运营活动的过程。显然,这两类定义对服务供应链的认识都有局限性,因为这两类定义一方面没有看到服务在供应链运行中的能动性,另一方面没有看到服务与制造产品之间的融合与互补性。

本书结合第三类定义中各学科对服务经营模式的理解,将其理解为以服务为主导的集成供应链。即当客户向一个服务集成商提出服务请求后,它立刻响应客户请求,向客户提供基于整合操作性资源和被操作性资源的系统集成化服务,并且在需要的时候分解客户服务请求,向其他服务提供者分解外包部分的服务性活动。这样从客户的服务请求出发,通过处于不同服务地位的服务提供者对客户请求逐级分解,由不同的服务提供者彼此合作,构成一种供应关系,同时服务集成商对各种服务要素、环节进行整合和全程管理（见图 10-1）。

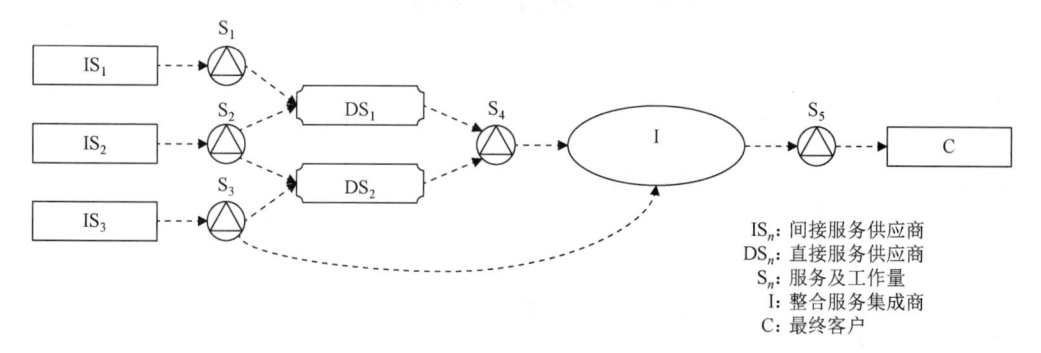

图 10-1 服务供应链概念图

IS_n：间接服务供应商
DS_n：直接服务供应商
S_n：服务及工作量
I：整合服务集成商
C：最终客户

服务供应链的界定有 3 个关键点。其一，服务供应链指的并不是产品制造供应链中的服务环节，也不仅限于服务业，或单纯的服务业供应链，而取决于供应链是否从供需之间的互动和共同价值形成出发，以资源整合和服务集成为主导而构建的。从一定意义上来讲，服务供应链延续了现代供应链管理中"以客户为中心"的理念，用服务拉动整条供应链的管理和运作，以期通过服务的整合满足客户多样化的需求。其二，整合服务集成商是对整条服务供应链的构建和管理为主导，通过对客户需求的预测和客户关系管理，把握需求的变动和更新，不断开发和寻求新的价值增长点。其三，服务集成商通过对供应商绩效的评价和供应商关系管理，整合间接服务供应商和直接服务供应商的资源及能力，基于基本的产品和服务，创造增值服务，向客户提供完善的服务，从而构建以服务为节点的实体和信息流通网络。

10.1.2 服务供应链的内涵

由服务供应链的定义可以得出服务供应链具有以下内涵。

（1）产生背景是服务企业在自身不能够独立完成服务运作的情况下，需要从其他企业中采购相应的服务以完成运作，因此，服务供应链本质上是基于能力合作的供应链。这里的能力合作可能是由于服务集成商本身能力不足，也可能是服务集成商本身并不具备这种能力而需要向功能型服务提供商购买这种服务能力。

（2）服务供应链成员之间是一种紧密的、长期的合作关系，并不是一旦完成目标或达到目标就解体，不是虚拟企业，而是强调长期的合作，强调基于相互信任的能力互补，各个企业之间都有明确的长期分工。

（3）服务供应链由来自若干法律上独立的服务企业，根据其所拥有的不同核心能力而一起工作，通常其工作方式是团队式的，各成员的核心能力是互补的。

（4）服务供应链不是简单的联盟问题。服务供应链不仅应考虑到服务集成商和功能型服务提供商之间的联盟合作问题，还应考虑服务提供商、服务集成商和客户三者之间的供应链优化协调问题，如能力协调、服务质量协调、关系协调等。另外，联盟的企业之间所从事的业务本质上是相同的，而在服务供应链中，各个功能型服务提供商之间所提供的服务内容是不同的。例如，在物流服务供应链中，运输服务提供商提供的是运输服务，仓储服务提供商提供的是仓储服务，两者从事的服务内容是不一样的。

（5）服务供应链不是简单的服务外包。服务供应链的核心任务是采购服务，它是在供应链全局优化的情况下服务产品从最初的供应商转移到最后的客户的过程，是一个多级服务的过程。

（6）服务供应链的形成使得服务集成商集中精力专注于优质的客户服务体系建设，有利于专业型服务企业集中精力发展自己的专业职能。

10.1.3 服务供应链的特点

服务供应链与以往的产品制造供应链有诸多不同，其特点与产品制造供应链的特点形成了鲜明的对比，其差异如表 10-1 所示。

表 10-1 产品制造供应链与服务供应链的差异

视 角	产品制造供应链	服务供应链
交易的单元	物质和产品	服务
价值实现的方式	由一方单方面实现	由双方共同实现
客户在供应链中的角色	被动的产品接受者	协同生产者
供应链运作的宗旨	客户满意	客户成功
组织方式	序贯、链式	链式、辐射、星座式
资源整合的类型	被操作性资源	操作性资源

（1）从交易的单元来看，在服务供应链活动中，各参与者交易、交往的基础是服务。因此，虽然在服务供应链中也会存在大量的物质产品生产和制造活动，但这些活动只是价值创造和实现的手段，价值实现的真正来源仍然是服务及差别化的服务体系。

（2）从价值实现的方式和客户在供应链中的角色来看，与产品制造供应链单方面创造价值不同，服务供应链是供应方与客户的协同价值创造。因此，在服务供应链运作中，不存在某一阶段是推动式还是拉动式，而自始至终都是交互式，从最初产品的概念形成、设计、功能评价、生产、分销、维护等全过程，都是供应方与客户不断沟通、协调及决策的结果。

（3）从供应链运作的宗旨来看，服务供应链运行的宗旨不再是使"客户满意"，而是帮助"客户成功"。这两者的差异表现在，当企业提出使"客户满意"时，其假定是客户存在既定的需求期望，企业采用各种经营管理行为将这种期望得以实现，甚至有所超越；而"客户成功"则有所不同，经营活动的起点不是客户既定的期望，而是致力于与客户建立起长期的战略伙伴关系，以多层次、全过程、全方位的技能、知识和智慧支持客户的长远发展，从而推动、深化客户的事业，或者说服务提供商在实现自我持续发展的同时，也帮助客户建立了新的运营模式，拓展了客户发展的空间。

（4）从组织方式上来看，服务供应链不仅是序贯式的链状组织结构，更是以辐射式和星座式为特点的组织网络。一方面，整个供应链是一个开放的、动态的目标系统（过程），不仅要考虑其静态结构和联系，还要考虑其动态的因素，以及和外部的交流。所以，企业必须不断跨越技术和市场来寻找和发掘机遇。企业必须同时寻找它们所在商业生态环境中从核心到外围的关键资源、能力和知识，必须包含潜在的合作方，即积极参与创新活动中的客户、供应商、互补者等。这种以企业主体为中心，联合外围相互关联的企业、大学和研究机构、政府、金融机构等与价值网络创造相关的模式是一种辐射式组织方式。另一方面，服务供应链作为一个复杂自适应系统，应从系统观角度来全面考虑创新中的各要素。产业创新系统根植于一系列紧密相连的主要创新源，这些创新源通过动态的技术、服务转移和反馈机制，带动其他相关的创新，从整体上提升产业层次，促进产业发展。产业创新系统效应的概念表明一系列的产业被联结成一个网络结构，这个网络结构是以动态的、强大的技术、经济联系相互依赖、相互补足为基础的。这种以产业为基础细分层次并协同各业务创新的价值网络是一种星座式供应链组织方式。

（5）从资源整合的类型上来看，服务供应链整合的资源更多的是操作性资源，即隐形的才能、知识等要素，它与产品制造供应链不同的是，后者以被操作性资源为主，辅之以操作性资源，而服务供应链以操作性资源为主，被操作性资源涵盖在操作性资源中，但不是价值产生的主要根源。

10.1.4　服务供应链的结构

根据服务供应链的定义，其结构可以简单归纳为图 10-2 所示的模型。在服务供应链中，主要有两类企业主体，分别是服务集成商和功能型服务提供商。功能型服务提供商由于功能单一或地域局限，而被服务集成商在构建服务网络的时候集成，成为服务集成商的提供商，利用自身的能力为其提供专业的服务。服务集成商和服务提供商各具优势，双方优势互补，形成稳定的服务供应链两级结构。

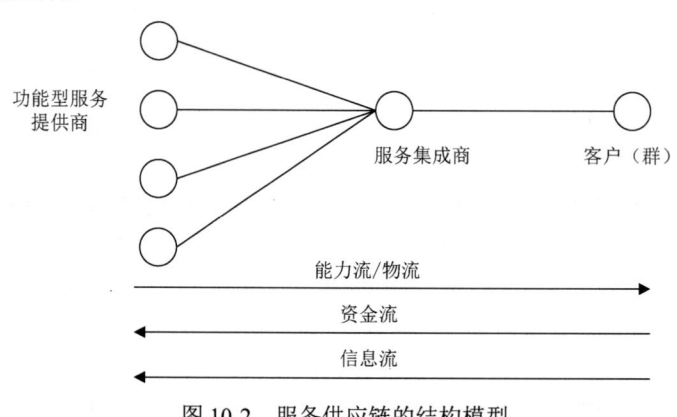

图 10-2　服务供应链的结构模型

从服务供应链的结构模型可以看出，服务供应链是一个网状结构，通常来说，服务供应链具有以下特征。

（1）面向客户需求。

服务供应链提供的服务产品通常具有客户参与性，因此，服务供应链的形成、存在、重构都是基于客户的需求而发生的，并且在服务供应链的运作过程中，客户的需求是服务供应链"四流"运作的源泉。

（2）动态性。

由于客户需求的多变性，同时服务产品的客户参与性的特点，使得服务供应链随着客户需求的变化而变化，相应地，所需要的功能型服务提供商也会发生变化，需要动态更新。

（3）网络性。

由于功能型服务提供商通常不仅给某一个集成商提供服务，也可能给多个集成商提供服务，因此，众多的服务供应链形成的网络状交叉结构增加了协调管理的难度。

10.2 服务供应链管理介绍

10.2.1 服务供应链管理的特点

服务供应链管理与传统的服务管理有着明显的区别，主要体现在以下几个方面。

（1）服务供应链管理不是单一的服务企业的服务生产管理，而是从供应链角度，将功能型服务提供商、服务集成商等看作一个整体。它涵盖了服务能力的采购、服务生产与运作、服务销售等职能领域，包含了从功能型服务提供商到服务集成商再到客户的需求设计、能力提供、质量控制和绩效反馈等内容。

（2）集成化是服务供应链管理最关键的思想和方法，而不仅仅是节点企业、技术方法等资源的简单拼凑。以旅游服务供应链为例，旅游服务集成商（如携程旅行网）不仅可以提供机票预订、酒店预订、度假服务产品预订等服务，而且从供应链整体的角度，对各个区域的酒店房间、各大航空公司的机票、各个景区的景点门票等进行了集成，通过能力集成、业务集成、关系集成和激励机制集成，最大限度地向客户提供一体化服务。

（3）能力合作关系更为重要。从某种意义上来说，服务供应链是一种基于服务能力合作的供应链，服务供应链管理强调通过能力的合作与匹配，还通过服务集成商与功能型服务提供商进行合作关系的恰当定位，完成服务生产与运作。传统的服务管理在调节服务能力时，更多地强调利用企业服务能力本身的弹性来增加能力弹性，利用增加人员和改进设施来扩大服务能力等手段，所强调的管理范围是基于企业内部的。而服务供应链强调的管理范围是能力关系上的。

（4）服务供应链管理的层次比传统服务管理的层次更高。通常来说，服务供应链管理属于战略层面，而传统服务管理属于战术层面和操作层面。因此，服务供应链考虑的是整个供应链的市场绩效和运作效率，而不仅是单一企业层面的服务管理。

10.2.2 服务供应链管理的内容

从服务供应链管理的内容来看，大致包括以下几个方面。

（1）服务供应链设计。优秀的服务供应链对服务绩效将起到重要作用，而服务供应链的设计作为服务供应链运营管理的前期重要工作，它兼有产品供应链的共性和异性，成为服务供应链管理的重要内容。

（2）服务供应链合作伙伴选择。由于服务供应链中功能型服务提供商通常利用自己的能力直接完成客户所需要的服务，因此服务集成商如何选择合作伙伴并维持与合作伙伴的关系是服务供应链管理的重要内容。

（3）服务供应链信息技术支撑体系。技术进步造就了现代服务业的高效发展。现代服务业日益成为密集使用信息技术成果的行业。构建合适的信息技术支撑平台，促进服务供应链的迅速发展成为服务供应链管理的重要内容之一。

（4）服务供应链流程管理。在服务供应链环境下，服务集成商的服务流程不再是单一的服务生产运作，而是需要与其他功能型服务提供商一起协调运作，以此来完成服务提供。因此，如何构建最佳的服务供应链运作流程，给客户提供满意的服务是服务供应链管理中非常重要的问题。

（5）服务供应链质量控制。由于服务产品具有一定的无形性，对服务供应链中服务协议和服务质量水平的控制，尤其是在非对称信息条件下对服务供应链的质量监督和质量控制是服务供应链管理的核心部分。

（6）服务供应链评价。由于服务供应链评价中人的主观因素影响较大，服务供应链绩效评价指标体系和测度成为被重点关注的内容。

（7）服务供应链能力协调。服务供应链中服务能力的传递、控制与执行也是重要的管理内容。

10.2.3 服务供应链管理的职能

服务供应链管理的主要职能是计划（供应链运作的价值管理）、组织（供应链协同生产管理）、协调（供应链知识管理）及控制（供应链绩效和风险管理）。在服务供应链管理的计划职能中，其管理的核心不是原来的供应、生产、分销计划，而是价值的管理，如同斯蒂芬·L. 瓦尔戈（Stephen L. Vargo）和罗伯特·F. 勒斯克（Robert F. Lusch）在2004年的文章中指出的，"企业只能提出价值假定"，价值不是嵌入在产品中的，而是在客户与供应商的产品服务互动中产生的。因此，如何管理价值产生的过程是服务供应链管理一个很重要的因素。

协同生产管理是服务供应链管理职能的另一个方面。协同生产在于实现使用中的价值，然而协同生产是一个复杂的过程。丹尼尔·J. 福林特（Daniel J. Flint）和约翰·T. 门泽尔（John T. Mentzer）认为协同生产的组织有协同经营和协同设计两个方面。协同经营是指客户通过直接反馈（如满意度调查、直接向供应商反映问题等）和间接反馈（减少、取消或增加订单等），影响了服务提供商对产品和服务的制定与修正。例如，服务提供商为了实现价值创造，需要深入、及时地从客户那里获取信息，与此同时，客户为了实现期望的价值，希望服务提供商及时、全面地对其期望做出反应，在这种状况下，整个经营过程是通过双方的协同来进行的。而协同设计则更为深入，即客户不仅参与供应链经营的过程，而且能渗透到服务供应链的最初设计阶段，以构造供应链的运行系统和整个价值体系。客户可以是协同经营者，但不一定是协同设计者，正因如此，作为服务提供商就需要合理地组织协同经营与协同设计，即确定在整个价值链环节中哪些活动需要与客户互动经营，而哪些环节需要客户更为深入地参与设计的过程，哪些客户只是需要参与经营，而哪些客户需要共同设计与运营，这些都是协同生产管理的要点。

有效的价值链协调管理需要有全球市场、供应链多参与者及各类流程的知识。作为服务供应链运作的主导者，需要知晓不同国家、地域及文化背景下客户期望、需求水平及其他各类资源的知识，同时也需要了解服务供应链各参与主体的文化、战略、流程和运作情况，而在流程知识方面，服务提供者需要了解不同功能和企业之间流程整合的关键要素，这些都是服务供应链的关键职能要素。

服务供应链管理职能要素还有很重要的一点是供应链的风险管理和绩效管理。服务供应链将不同资源及不同知识背景的企业整合成为一个复杂的网络，以实现客户价值，这种高度复杂的供应链体系在产生巨大价值的同时，也面临着可能存在的各种风险，诸如由于环境变化导致的供应链结构的变化，或者客户价值诉求的改变等。因此，服务供应链就需要一个健全的风险管理机制，这种风险管理机制既包括对供应链服务要素的整合管理，供应链结构及关系的管理，也包括建立健全完善的绩效衡量与管理体系。

10.3 数字技术驱动的服务供应链管理

10.3.1 大数据驱动的服务供应链管理

大数据驱动的服务供应链管理是指供应链中的节点企业摒弃传统的管理思想和观念，通过信息技术对所有供应链成员的采购、生产、销售、财务等业务数据进行整合，构建以强大模型与算法库为支撑的自主性决策执行模式，业务上形成一套"数据—信息—知识—智慧"的闭环数据驱动管理模式，提升产品全生命周期、全业务过程、全价值链等环节的综合创新能力，从而以一个有机整体的形式参与市场竞争，满足市场对生产管理过程提出的高质量、高柔性和低成本的要求。

大数据对于服务供应链的重要性已经得到了理论界和实践界的广泛认同，大数据对供应链的价值包括增强及时性、增强敏捷性、提升透明性等。

（1）大数据增强了服务供应链的及时性。

大数据能及时感知真实的世界在发生什么，也就是在第一时间获得、掌握商业正在进行的过程、发生的信息，或者可能发生的状况。这一目标的实现需要在供应链全过程运用传感技术、RFID 物联网技术手段捕捉信息和数据，并且这些技术的运用和获取的信息应当覆盖供应链全过程各类组织，以保证信息不是片段的、分割的。

（2）大数据增强了服务供应链的敏捷性。

通过大数据、云计算、物联网、移动互联网等新一代信息技术的应用，形成数据的全面、透彻、及时的智能感知能力，实现对数据的精准洞察；将数据作为一种新的生产要素深度融入并驱动战略管理、创新研发、产品实现、运营管控、价值链管理等业务活动过程，实现各业务活动数据共享和自动化巡航；增强对于经营环境与市场需求变化的自适应能力，在信息经济时代高效、优质地满足各类用户个性化、多样化、定制化的需求。

（3）大数据提升了服务供应链的透明性。

供应链管理规范业务流程通常为"客户需求—企业采购—生产—财务—客户"，在每个业务关键环节采集统一标准的客户、采购、库存、质量、检验、提供方、生产等重要信息，所有数据来源于供应链业务链条上产生的客观历史数据，通过大数据管理，建立相关静态数据及动态数据的规范性，保证数出一源，信息采集全面且及时，克服主观分析的片面性。

▶▶ **真实案例**

京东金融是运用大数据开展供应链金融的典型代表，业务主要包括两个方面：银行放贷，即将有融资需求的供应商推荐给合作银行；自有资金放贷，即使用京东自有资金为供应商提供贷款。京东推出了一系列的金融产品，代表性的有"京保贝""京东白条""京小贷""云仓京融"等。

1. 供应链金融起步：银行放贷

2012 年 11 月，京东开始涉足供应链金融服务，通过与银行合作，为京东的合作供应商提供融资支持，解决供应商的资金难题，主要融资方式有订单融资、入库单融资、应收账款融资、委托贷款融资等。截至 2012 年年底，累计融资 15 亿美元，获得超过 50 亿元人民币的授信业务。在这种融资模式下，京东商城负责完成供应商与银行之间的授信工作，银行负责发放授信资金。

2. 针对自营平台卖家:"京保贝"

2013年12月,京东基于其在零售平台上的供应链优势,首次推出针对其自营供应链的金融产品——"京保贝"。"京保贝"是将授信企业与贷款方合二为一,由京东使用自有资金来提供全部的融资资金,但服务对象仅针对自营平台的卖家。

"京保贝"是在原有的供应链金融服务基础上,借助大数据进行的升级,从供应商提出申请到贷款资金到账,整个审批过程均可以直接在线上系统中自动进行,不再需要传统的人工判断、审核。京东可依据以往的交易记录等大数据进行授信,供应商无须提供担保和抵押。供应商只需在第一次申请融资服务时与京东签订协议,并按照要求提供融资申请书等相关材料。当供应商再次申请时,相关材料可以直接从系统中调取,方便快捷。供应商在客户端进行申请,需求信息会从京东的零售业务系统自动传递到保理业务系统。保理业务系统可以通过ERP系统了解供应商以往的交易数据及信用状况,在此基础上为融资额度的核定提供参考。当融资申请金额在一定范围内时,根据相应的风险控制模型,线上系统会自动判断是否同意融资申请及确定融资金额,京东的网银系统会完成资金的发放工作。

3. 针对消费者:"京东白条"

"京东白条"于2014年年初面世,是针对下游消费者个人推出的信贷,以京东会员的信用为依据,给消费者提供周转资金。消费者在购买商品时,有延期付款或分期付款两种不同的付款方式,最大信用额度为15 000元。在"京东白条"专区,消费者按照要求填写姓名、身份证号码、银行卡号等个人信息,提交白条申请材料之后,京东会通过大数据和云计算技术,对消费者在京东平台上产生的大量消费记录、退货信息、购物评价等消费行为数据进行分析和风险评级,以此作为授信依据,确定每个消费者的信用额度,申请和授信过程可在1分钟内在线完成。

4. 针对开放平台商家:"京小贷"

"京小贷"是京东于2014年10月推出的一项金融服务,服务对象是开放平台商家。通过对京东平台拥有的大量高质量、真实可信的商家信息进行分析,京东为开放平台商家提供融资服务,满足商家的融资需求。

"京小贷"立足于信用的基础之上,申请的商家无须进行抵押,自主选择贷款,随借随还。在京东金融平台上,商家使用自己的账号进行登录,可以在线查看贷款资格。自主申请及自动审批均在线上进行,方便快捷,商家申请成功后,融资资金会立即到账,无缝衔接商家在京东的支付和结算等环节。

5. 针对动产融资:"云仓京融"

2015年9月,京东联手中国邮政,推出"云仓京融"项目。京东电子商务平台存储了大量的商品SKU(库存量单位),其中包括商品的现时价格、历史价格、价格的波动情况及其他电子商务平台的商品售价信息等。依据大数据和云计算技术对海量数据进行分析、处理,"云仓京融"能够预测在质押期间质押物的价格变化趋势,从而自动评估商品的价值和质押率,解决了在传统动产融资中常见的质押物价值难以确定的难题,给有融资需求的消费者提供了更为方便快捷的服务。

"云仓京融"可以实现与仓储的WMS无缝衔接,直接获取所需的仓储及销售数据。另外,只要与京东合作的仓储企业按照京东的监控系统发出指令,即可实现京东对质押物的监管,解决了监管效率低、风险大的难题。

10.3.2　云计算驱动的服务供应链管理

供应链的本质就是各种不同类型的商业伙伴提供各自的资源和流程以更有效地满足客户需求。随着供应链的全球化运营，在供应链中建立和组织起统一的中央信息系统已经成为业内共识。基于云平台，供应链管理的组织合作、硬件投资、客户服务等变得更加容易，为节点企业的竞争合作提供了技术保障。正如 ERP 系统将企业自身的生产运作透明化一样，基于云计算的供应链系统可以减少噪声。在供应链内部简化并提高数据处理的效率，使得供应链的流程能见度大大提高。

根据云技术的特点，基于云计算的供应链管理具备以下优势。

1. 低成本

云技术继承了互联网的最大优点，即共享性。基于云计算的供应链系统可以共享信息、共享软件、共享资源，这符合供应链运作的基本原则。在此情形下，企业可以减少硬件投资规模，既避免了大量资金盲目投资的风险，又降低了设备的折旧损失，减少了企业软件系统的维护成本。因此，目前的云技术应用基本上采用服务租赁的模式，最常见的是 SaaS。例如，平台上的供应链企业再也不用像原来那样建设自身的信息系统，购买昂贵的服务器和软件系统。那些高成本的设备设施，企业都可以从云计算服务提供商那里租用，不用操心软/硬件的升级，也不用聘请高水平的工程师，这些都由云计算服务提供商来解决，大大降低了企业的使用成本和风险。

2. 高效率

云计算使供应链协调过程中产生的大量数据信息得到了高效率的处理，数据的挖掘和精练形成高附加值的企业知识并及时辅助管理者进行决策。同时在云平台上，人员沟通效率高、供应链流程较为透明，供应链节点企业可以投入更多的精力集中于核心业务的处理，从而提高了客户满意度。

3. 商业模式创新

基于云的供应链系统按照需求即时为客户提供所需服务，这本质上是一种商业模式、管理模式的创新，因为客户需要的是能够满足其效用的产品或服务功能，而不是产品实体本身。因此，云计算的效用提供模式代表了未来竞争发展的方向，在成本和收益上都有提升的空间。

▶▶ **真实案例**

百果园是一家集水果采购、种植支持、采后保鲜、物流仓储、标准分级、营销拓展、品牌运营、门店零售、信息科技、金融资本、科研教育于一体的大型连锁企业。百果园目前在 80 多个城市拥有 4000 多家门店，随着百果园门店的快速拓展，各配送中心配发车辆的数量不断增加，管理难度随之提高，存在以下问题亟待解决：配发时效关系到门店端的销售，运输成本则占了配送中心将近一半的费用，完全依靠各配送中心的调度人为进行控制，造成调度岗位不易替换，一旦调度岗位人员调整，会在一段时间内对门店的配送时效和配送中心的运输成本造成较大的影响。运输车辆在途过程的监控也是百果园亟须突破的地方。另外，大量城配司机的对账及与承运商结算费用耗时费力。

于是，百果园引入云计算系统——科箭运输管理 TMS 云，为百果园提供了高效、便捷的运输管理解决方案，连接仓库、门店、承运商和司机等用户，基于统一的数据标准，实现订单、计划、执行、监控、跟踪、签收、回单、运费结算和 KPI 评价的全方位操作协同。

该云系统基于大数据、云计算，优化了百果园供应链管理的各个路径，支持多种场景的运输计划，满足27个配送中心，4000多家门店的运输业务的管理，业务包括干线运输、门店配送、退货业务等。

通过该云计算系统，百果园的服务供应链得到了优化。

第一，数据集成。TMS与ERP、OMS（订单管理系统）、WMS、供应商平台等系统的打通，使业务部门能够借助系统实现订单的自动拆并、车辆配送线路的优化，在减少运输成本的同时缩短订单的响应时间。

第二，运输透明。加强对司机、车辆、货物的监控和管理（司机签到、运费结算、在途温湿度记录、行车路线、车辆定位、订单状态等），将数据可视化、透明化。解决国内运输市场多级转包、换车的跟踪难题。

第三，降本增效。借助专业的运输管理工具，为配送中心提供方便快捷的计划调度工具，同时可以管理供应商到货的时间，减少无谓的等待时间。

第四，运输计划及运费结算。自动化大幅降低管理成本，原来各仓调度需要和2000多位司机手工对账，和100多家承运商对账结费，现在都可以通过TMS云批量自动结算，大幅减轻了调度与财务团队的压力，提升了效率，节省了人工成本。

10.3.3 物联网驱动的服务供应链管理

物联网利用局部网络或互联网等通信技术把传感器、控制器、机器、人员和物等通过新的方式联在一起，形成人与物、物与物相联，实现信息化、远程管理控制和智能化的网络。物联网技术用于服务供应链有六大益处。

1. 通过物联网资产跟踪改善库存

库存系统旨在帮助企业跟踪他们的产品，如果这些系统依赖人工输入和人工计数来更新库存数量，那么效率就非常低。物联网通过在包装上附着小型RFID或蓝牙跟踪器，可以为供应链中的每一件物品提供实时位置信息，从而将资产跟踪提升到一个新的水平。通过向仓库管理软件输入实时跟踪数据，物联网资产跟踪、帮助公司关注库存水平，防止短缺，并避免由盗窃造成的损失。

2. 提高供应链透明度

供应链透明度已成为企业日益关注的问题，因为客户正在做出更环保的选择，并希望知道他们的产品来自哪里。2015年的一项研究发现，如果公司致力于环境保护并保持透明的供应链，则66%的客户愿意为其产品支付更多费用。供应链透明度不仅有利于吸引具有生态意识的客户，而且物联网支持的透明供应链有助于防止整个供应链的中断。

3. 冷链运输的实时温度跟踪

冷链运输是食品、饮料、药品和化学品供应链中不可或缺的一部分。每个产品在运输和储存过程中都需要保持在一定的温度下。对于药品等物品，温度变化可能会毁掉整批货物。将物联网技术应用到冷链运输中可以在运输和储存过程中提供实时温度跟踪，如果卡车或仓库的内部温度发生任何变化，系统就会提醒货物所有者或企业主管。

4. 避免停机的预测性维护

大多数供应链都有既定的维护计划，按照严格的时间表让设备停机，以便检查和修理，防止出现故障。研究发现，只有18%的设备故障是由于老化造成的，其余都是随机发生的，因此供应链所有者需要采用一种新策略来确保不会发生此类情况。物联网消除了对预防性维护的大部分需求。物联网传感器跟踪每台设备的健康状况，并将数据反馈回管理软件，管理软件反过来会在某些设备需要维护时提醒企业主管和维护团队，从而防止出现代价高昂的停机事件和设备故障。

5. 提高车队管理质量

物联网可以帮助企业提高车队管理质量。为车队配备物联网传感器可以跟踪车辆维护水平，并在出现问题或需要稍做调整时及时提醒。物联网传感器还可以跟踪车辆燃油效率甚至驾驶员行为，从而确保驾驶员在驾驶车辆时的安全。

6. 提升"最后一公里"交付效率

"最后一公里"交付是最具挑战性的，因为它们占用了太多时间。自从电子商务出现以来，企业一直在寻找解决这个问题的方法，而物联网可为其提供完美的解决方案。利用实时交通分析，GPS和物联网可以推荐经过优化的路线，以减少燃料浪费和交通拥堵时间。仓库中采用的资产跟踪技术也可以促进消费者的包裹跟踪，以简化"最后一公里"交付。

▶▶ **真实案例**

感知科技与平安银行开展的基于物联网的供应链金融，将质押与物联网相结合，开展对汽车经销商的供应链融资，既帮助汽车厂家拓展了市场，又帮助汽车经销商解决了资金问题，同时通过汽车合格证及基于物联网的监管防范了可能的潜在风险。

具体而言，其基本业务流程如图10-3所示。

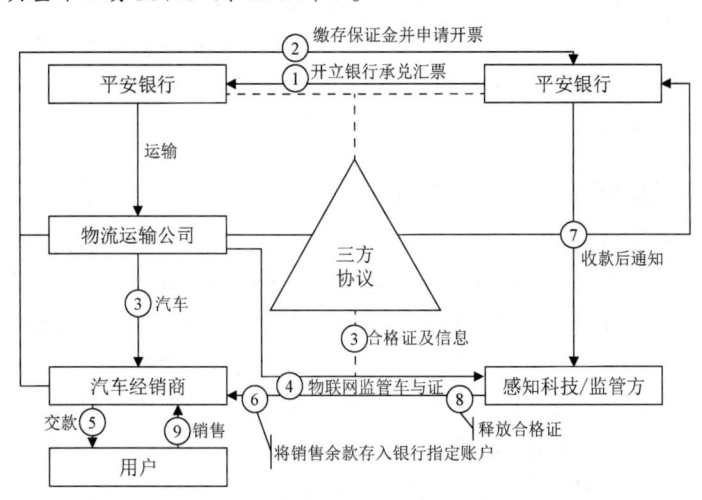

图10-3 感知科技与平安银行的汽车质押融资供应链

首先，汽车厂家、平安银行与感知科技或其他监管方签订三方协议，并且由汽车厂家向平安银行推介支持的经销商，之后由经销商缴存保证金并申请开票，定向采购汽车厂家的产品，银行向合作汽车厂家开立银行承兑汇票。

其次，汽车厂家通过物流运输公司向汽车经销商运输产品，与此同时将所有待售车辆的合格证及相关信息传递给银行和感知科技或其他监管方。据此感知科技利用物联网（车押卫士）监管待售产品，确保货证匹配。

最后，当汽车经销商收到用户货款，并存入银行指定账户后，通知感知科技，后者解除产品监控并释放合格证，最终完成产品销售。

需要指出的是，这种基于物联网的汽车金融与原来的质押模式最大的差异在于实时监管与合格证的匹配管理，单纯运用合格证会产生诸多的机会主义和道德风险（诸如伪造多个合格证、擅自出货等），而运用物联网实现全程可视化管理，加上实时预警，就大大降低了可能的潜在风险。

10.3.4　区块链驱动的服务供应链管理

区块链创建了由分布式计算网络构建而成的不可变更的数字总账，网络中每个节点皆可以有完整的账本备份，通过链式结构永远记录参与者的全部交易行为，数据通过全网共识，一旦写入区块链后，就会成为历史不可篡改的事实。区块链通过共识机制、分布式账本、点对点传输和加密算法等多项基础技术，向用户提供一套可靠的共享信息方式和永不失效的信任体系，可以代替交易中的第三方来创建信任，降低交易成本，加速交易进程。区块链作为创建信任、提升效率、降低风险的工具，可适用于任何需要多方构建信任、共同协作的应用场景。

供应链管理是产品从原材料变成终端消费者手中成品的结构和流程，涵盖产品物料获取、加工制造、库存管理、运输管理、产品销售、质量控制的整体过程，串联供应商、制造商、分销商、零售商、用户，涉及一系列实物和金融交易的复杂功能网链结构。在供应链链条上，信息流、物流、资金流完美协调，这是所有供应链管理者希望达成的最高境界。但在现实中极难实现，究其原因，传统供应链由"链主"驱动的中心化管理模式及上下游主体分散造成信任的缺失，使大规模协同变得困难。没有信任，供应链的上下游无法充分共享和交互信息，信息流变得扭曲失真，并难以避免人为的错误、损失、损毁、盗窃、诈骗等诸多风险；没有信任，供应链上多区域、长时间跨度、多主体参与的物权转移需要核对大量的单证，使物流变得效率低下；没有信任，供应链资金流呈现出不均衡性，供应链上的账期被拉长，资金流断裂，严重制约供应链整体经济效益的提升。

区块链技术的日臻成熟，为服务供应链解决上述痛点提供了可能。

1. 提升供应链信息流的安全和透明性

供应链天然具有交易数据碎片化、交易节点多样化、交易网络复杂化的显著特点，产品生产、流通、交付等信息的采集、存储和整合是端到端的供应链管理的核心命题。由于缺乏信息透明度，使得供应链链条上某环节出现的人为错误和非法活动都极难被查验和举证。区块链技术可通过构建分布式共享的联盟链，在供应链联盟企业间提供更加高效的信息共享机制，使上下游各节点之间构建完整且流畅的信息流，从而快速建立信任。由于数据不可篡改，信息的不对称性大大降低，数据可以在供应链的上下游之间无损流动，企业之间的沟通成本也随之降低，解决了信息失真扭曲的问题，供应链的运行效率大幅提升。

2. 加速物流效率

区块链的不可篡改性和它为共享账本提供的透明性，以及多方访问能力，可用于跟踪供应链中产品所有权的变化，极大提升了供应链物流的交互效率和准确性。其时间戳特性可有效解决体系内各参与主体的行为属性纠纷，实现轻松举证与追责，从行业整体角度提升协作性和效率。物流通常跨越多个环节和数百个地理位置，货物的运输、交付、入库/出库等活动的信息缺乏透明度，使得整个链条的物权跟踪非常困难。区块链具有解决上述问题的潜力。作为一个透明的共享账本，它将为客户和联盟成员提供简单有效的工具，以追踪产品在到达最终目的地之前的整个过程，并提供传统数据库无法实现的可问责性，物权交易信息加盖时间戳后被写入区块链，没有员工能掩盖一个数据库的错误更改，或将其归咎于另一方。更进一步来讲，在支持代币的联盟链中，甚至可以实现物权和代币的低成本双向流动，并实时记录金融交易和物权资产的归属。

3. 促进资金流融通

区块链通过安全可靠算法构建联盟"共识机制"，使得链间企业的运营参考的是一套协商确定的流程和标准，这就使得企业的信用流动变得容易，颠覆了传统模式下需要通过传统金融机构、花费巨额中介成本的供应链金融业务。在联盟链模式下，交易各方基于体系内共识，基于各环节单据和凭证即可实现核心企业信用背书，通过平台信用担保可直接贯通供应链上下游。平台记录数字资产所有权的转移并输出统一凭证，多方参与共同产生凭证的签发，并完整记录凭证所有权转移，无须将第三方作为信用中介即可实现信用流转，从而极大降低整体供应链的融资成本，提升效率。另外，通过防篡改、不可伪造的真实交易信息的沉淀，联盟链上的企业逐渐积累有价值的征信数据，进一步降低中小微企业的融资成本。

4. 有效解决物品溯源防伪问题

区块链所具有的数据不可篡改和时间戳的存在性证明等特质可以很好地支持产品的溯源防伪。企业可以利用区块链技术和物联网技术，打通品牌商、物流、政府、检测机构的防伪溯源联盟和全程追溯信息链条，实时整合产品原材料的采买过程、生产过程、流通过程、营销过程，实现精细到一物一码的全流程正品追溯。借助区块链技术，品牌方负责原产地及生产信息的真实性认证，政府和检测机构负责资质和检测信息的真实性认证，物流方负责产品运输、出入库和配送信息的真实性认证，最终消费者可以得到整个联盟链信用所构建的产品全流程真实信息。每一条信息都拥有特定的区块链 ID（身份证），并且得到主体的数字签名和时间戳，各个节点组成完整的端到端全流程追溯信息，且区块链的数据签名和加密技术让全链路信息实现了防篡改、标准统一和高效率交换，实现产品的质量可视与正品保障，极大提升用户信任，更加有效地保证消费者的权益。区块链在整个链条中构建基于产品质量的品牌信任效应，有利于整个产业的良性发展。

▶▶ **真实案例**

平安银行利用区块链技术优势，积极探索信任背书、智能合约、多层次信用传递和多主体合作的融资新模式，构建基于区块链技术的供应链智能融资新体系，建成国内首个壹企链平台，其基本融资流程如图 10-4 所示。

壹企链以供应链体系为核心，运用区块链技术，以线上平台共识层、真实交易识别为手段，实现中小微企业融资识别与验证。借助区块链技术真实记录企业交易信息、授信额度、资金运用情况，实现资金流的可溯源和"唯一性"。

壹企链平台供应链融资具有良好的应用价值：一是在一定程度上解决了信任问题，区块链共识算法使链上数据自带时间戳，即使数据被篡改仍会留有痕迹，区块链特有的零知识认证技术打破了传统信贷模式，避免了多方信息不对称；二是合理防范履约风险，壹企链平台在智能合约的基础上打造了智能交易系统，通过区块链技术高效连接各方，验证交易信息，确保资金闭环；三是实现了多层级信用传递，以"福金 All-Link 系统"为例，利用壹账通区块链技术为福田汽车打造了可分割的"福金通数字凭证",实现了福田汽车供应链全覆盖融资体系。

壹企链现已覆盖金融机构 800 余家,中小微企业节点将近 17 000 个,交易额达 12 万亿元。

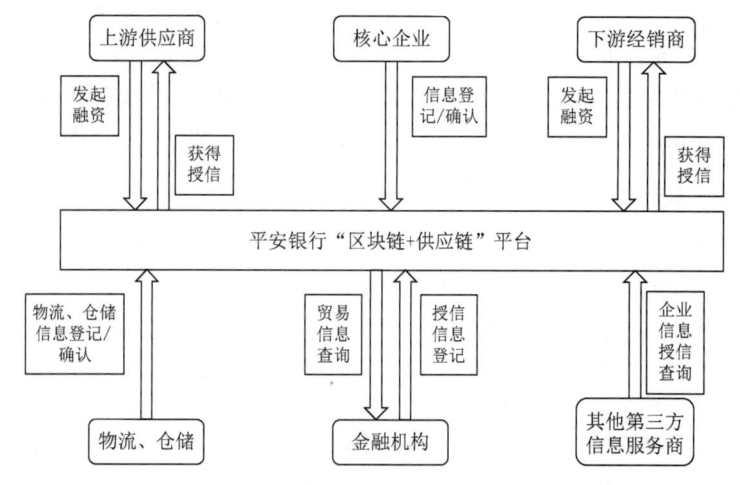

图 10-4　平安银行壹企链平台基本融资流程

10.3.5　人工智能驱动的服务供应链管理

"人工智能"这一术语通常用于描述模仿人类或与人类或思维相关的"认知"功能的机器(或计算机)。人工智能将重构生产、分配、交换、消费等经济活动各环节。Crisp Research AG 公司于 2016 年对 IT 决策者进行了一项研究,发现物流行业是其中已经积极使用机器学习流程的企业数量最多的行业之一。许多企业已从人工智能投资中受益。可以产生收益的领域包括研发、产品创新、供应链运营和客户服务等。

以下是人工智能影响服务供应链的几种方式。

1. 人工智能能够增强需求预测

企业通过处理大量的数据(如由传感器产生的数据)以描绘现实世界,然后做出正确的决定。例如当库存落后于需求时,企业可能会遭受损失。人工智能的预测能力有助于网络规划和预测需求。这使销售商变得更加积极主动。物流公司通过了解期望值,可以调整车辆数量并将其引导到预计最大需求的位置,这会降低运营成本。

2. 人工智能提高了生产力

通过自动计算可以得出更好的解决方案,人工智能极大地提高了供应链的运营效率。为了找出影响供应链绩效的因素和问题,人工智能结合了强化学习、无监督学习和监督学习等不同技术的能力。将人工智能应用于供应链管理,可以对其进行绩效分析,找出影响同一领域的新因素。

3. 聊天机器人正在重新定义客户支持

根据埃森哲公司的调查,80%的客户服务都可以由机器人来处理。人工智能可以使客户和物流供应商之间的关系更具个性化。佩格公司表示,38%的客户认为人工智能可以增强客户服务。

4. 智能仓库管理

在未来几年内，大面积的仓库管理将会完全实现自动化。人工智能技术越来越成为不可或缺的组成部分，尤其是在短期和中期预测方面。智能仓库是一个完全自动化的设施，其中大部分工作是通过自动化或软件来完成的。在此过程中，烦琐的任务得以简化，其操作变得更具成本效益。

5. 自动驾驶汽车

自动驾驶汽车是人工智能提供给供应链的一个重要产品。拥有无人驾驶卡车可能需要一段时间，但是物流行业现在正在利用高科技驾驶来提高效率和安全性。在辅助制动、车道辅助和高速公路自动驾驶方面，预计该行业将发生重大变化。为了达到更低的油耗，更好的驾驶系统正在推出，它的作用是将多辆卡车聚集在一起形成编队。物流公司通过计算机控制这样的编队。

6. 遗传算法正在缩短交货时间并降低成本

在供应链中，每一英里（1英里≈1.609千米）和每一分钟都很重要。企业可以使用基于遗传算法的路线规划器来规划交付的最佳路线。

7. 机器人技术

任何关于人工智能的讨论都离不开机器人，它们已经嵌入供应链。有些仓库的操作原理已不再为人类观察者所理解，因为它们是由人工智能管理的。它们的共同特征通常是采用机器人处理，尤其是自动导引车（AGV）。

8. 财务异常检测

供应链通常依赖大量的第三方运营其业务的核心功能，这些第三方包括公共航空公司、分包人员、特许航空公司和其他第三方供应商。这给会计团队带来了更大的负担，会计团队成员每年要处理来自数千家供应商或合作伙伴的数百万张发票。在这里，诸如自然语言处理之类的人工智能技术可以从企业收到的非结构化发票形式中提取关键信息，例如账单金额、账户信息、日期、地址和相关方等，从而提高处理效率。

▶▶ **真实案例**

随着人工智能技术的发展，物流仓储行业也在发生翻天覆地的变化，正在从劳动密集型向高科技型转变。机器人智能仓储系统不仅可以高效率地完成高强度的拣选工作，而且让原本枯燥的工作平添了许多乐趣。

位于天津市武清区的科捷智慧旗舰仓通过使用基于仓储机器人的智能仓储系统，实现了收货入库、货物上架、补货下架、补货上架、制单合单、订单分拣、复核、质检包装、交接出货一体化运作，大幅度节约了人力，提高了仓储管理效率。

发车区工作人员将工作任务分配给机器人，机器人搬出货架按照科学规划的路线行进至货物储存点。货物储存点的分拣工人通过电子显示屏显示的商品明细将货物分拣后放在机器人货架上，机器人再将货物转移到"播种墙"，工作人员从机器人货架上取货进行商品标签扫描确认后，将货物放在"播种墙"的货篮里。每个货篮便是一个买家。下一步，工作人员将打包好的货物分配到快递环节，通过快递公司将货物送到买家的手中。整个过程，机器人自动做到了路线优化，通过传感器避免了交通拥堵或碰撞。

人工智能的应用完成了多种人机交互配合的方案：实现了高效能和高弹性的功能设计，推动了仓储自动化领域内应用智能仓储机器人进行散件分拣创新模式的信息化和自动化的发展。与传统的仓储自动化系统相比，机器人智能仓储系统更加灵活，更具柔性和灵活性。该系统可以针对客户的仓储特性及商品特性进行定制化设计，并且可实现多种方案相结合定制灵活的拣选策略。如此一来，物流作业效率得到了极大的提升。特别是在促销日等订单高峰期，这种灵活的拣选策略可以大大缓解拣货压力，真正解决物流仓储的痛点。

机器人智能仓储系统可与仓储运营商的 WMS 无缝对接，实现订单的高效准确拣选和快速响应。相比传统人工仓储，可减少 60%~70% 的拣货人力，人均拣货效率提高 2~3 倍。

本章小结

本章首先对服务供应链的概念进行了介绍，包括服务供应链的三类定义、内涵，及其特点、结构。其次，针对服务供应链管理区别于传统服务管理的特点、内容和职能进行了分析。最后，探讨了数字时代典型的智能技术，如区块链、物联网、大数据、云计算和人工智能等驱动的服务供应链管理新模式。

讨论题

1. 列举生活中常见的产品供应链和服务供应链，并讨论其特点。
2. 结合实例，分析产品供应链和服务供应链管理的区别与联系。
3. 列举由数字技术驱动的服务供应链类型，分析数字技术给服务供应链带来的新变化。

▶▶ 案例分析

案例 10-1　区块链驱动的食品服务供应链

随着消费需求的不断变化，消费者对于食品安全的关注度越来越高，他们希望能够参与食品供应链管理过程，让供应链中的每个环节都可以呈现在眼前。从技术特点方面来看，区块链技术具有去中心化、公开透明、不可篡改等优点，可以补齐食品供应链管理的种种短板。把区块链技术与食品供应链管理相结合，不但可以有效提升整个食品供应链的透明度，更能提升食品供应链的管理效率。下面以生鲜肉品供应链为例，分析区块链技术如何驱动食品服务供应链。

在畜禽养殖环节，畜禽幼崽在入栏前就要进行独立体检，其每一条信息都将被记录，并且由负责繁育的工作人员用自己的私钥在区块链中录入这些重要信息，工作人员还将由自己的私钥产生的数字签名附加在数据信息的末端制作成区块链的初始链。这些数据再被制作成数字芯片放入耳标、脚环中终身钉扣在畜禽身体上。在畜禽入栏时，交接的饲养员通过自己的手持标签阅读器扫描耳标、脚环完成交接，并且产生新区块，进入养殖场后每只禽畜的一举一动、日常生活全都被传感器记录下来。区块链技术在生鲜肉品供应链管理畜禽培育这个环节的应用，可以很及时、准确地进行数据记录，并且这些数据一旦生成就无法被篡改。这也很好地消除了传统生鲜肉品生产管理责任不明、透明度低的弊端。

在畜禽屠宰加工环节，当生长周期结束畜禽出栏时，代表着养殖环节的结束。这时需要对畜禽进行细致、彻底的检验检疫，所采集的数据有生鲜肉品中的兽药残余情况，以及畜禽的健康状况，如有没有疾病、是否存在缺陷等。同时，畜禽的体重及肉品中的脂肪含量也将作为一个主要数据被记录。工作人员使用标签阅读器扫描耳标、脚环,然后系统写入检验检疫采集的数据,这些数据由负责检验检疫的工作人员的密钥进行数字签名附在区块链中。区块链在这个环节的运用很好地弥补了传统的检验检疫只会在合格的生鲜肉品上面加盖合格印章的短板,可以让这些详细的数据跟着区块链一层一层传递。

生鲜肉品入库标志着生鲜肉品供应链进入仓储环节,并且与仓库中的传感器进行绑定。仓库中安装的传感器会记录仓库中的温度、湿度及细菌含量情况,实时监控仓储环境。这些数据会被自动写入区块链,并使用仓储环节的私钥进行数字签名。生鲜肉品通常需要采用冷链物流进行运输,这样可以最大限度地保鲜,保证生鲜肉品品质。肉品出库时会自动与仓库传感器解绑,生成区块。在进入冷链物流车厢时自动与车厢内安装的传感器进行绑定,记录传感器所采集的数据。这些数据主要包含车厢内的温度及温度变化情况,还有湿度、细菌含量等。这些数据被写入区块链,同样会有车厢传感器的私钥对其进行数字签名并附在末端。

在销售环节生鲜肉品进入销售部门,生鲜肉品会与物流车厢内的传感器自行解除绑定,解除绑定时之前的所有信息被录入区块链数据库及根源链。这时一个关键环节就是为每个根源链制作自己的二维码,它就像一个身份证,记录着畜禽从出生到出栏、屠宰、运输的每个环节的所有详细数据。在消费环节,消费者在购买生鲜肉品时可以通过专属的手机软件扫描这个二维码,这时所有相关数据就会呈现在消费者眼前,生鲜肉品的所有详细信息一目了然,这可以帮助消费者全面了解该生鲜肉品的具体品质。

分析题:
1. 食品服务供应链相较于其他产品供应链有什么独特特征?
2. 区块链技术是如何在食品供应链的各个环节中发挥作用的?
3. 结合案例,谈一谈你对数字技术驱动服务供应链的体会。

案例 10-2　S 市地铁服务供应链管理战略规划

S 市地铁建设始于 1990 年年初,经过十几年的发展,截至 2016 年年底,该市拥有地铁运营线路 15 条、线路总长 617 千米、车站 367 座(含 1 条磁浮线,29 千米,2 座车站),形成了覆盖中心区域、连接市郊新城、贯通重要枢纽的地铁网络,运营规模位居世界第一。S 市地铁集团主要的业务包括建设、运营、维护和客户服务四大板块。从供应链职能角度来看,每一板块都有各自的采购、供应商管理、生产、交付、配送等职能单元。

S 市地铁服务供应链采用的是以地铁服务供应商、S 地铁集团和客户为核心的三级链式结构。地铁服务供应商是为地铁的建设运营和维护提供各项所需物资和服务的商家。按提供的服务产品的品种分类,地铁服务供应商包括产品供应商和服务供应商。产品供应商分为专用设备供应商和备件备品供应商;服务供应商分为维修服务供应商、运营现场服务供应商和技术支持服务供应商。按服务的对象分类,地铁服务供应商可以分为为建设、运营、维护、客户服务等提供支持的供应商,这些供应商为各部门提供生产所需要的物料、货物、设备维护、工程、服务等。

S 市地铁的客户有 3 种类别,包括政府类客户、票务客户和非票务客户。政府客户分为本市政府及非本市政府。票务客户即乘坐地铁的乘客,也是地铁服务供应链的主要客户,其又分为普通客户和残障人士。非票务客户是指对非票务业务有需求的客户,非票务业务作为票务服务的延伸,主要分为传媒广告、便民商业、信息通信三大类。

为提升集团发展的可持续竞争力,S 市地铁集团于 2017 年 6 月至 2018 年 3 月对地铁各个业务板块的现状、问题进行了系统的梳理,并对各业务板块之间接口和支撑体系的发展现状进行了彻底分析。因为板块之间具有复杂的工作连接及利益关系，所以只有准确识别与分析业务板块之间的接口现状及问题，才能在此基础上进行接口协调工作的推进，构建精益地铁服务供应链。通过分析，S市地铁集团总结出了S市地铁服务供应链发展过程中存在的一些主要问题，包括供应链管理意识缺乏、供应链接口尚未有序衔接、供应商数据化管理有待提高、信息化开发及管理不完善、尚未建立供应链关键绩效评价指标体系及专业供应链管理人才紧缺等。并总结出S市地铁供应链管理面临的形势与挑战，分别是超大规模网络运行，安全运行要求日益提高；地铁全链条运作成本增加，可持续发展问题突出；供应链业务单元日益庞大，供应链风险管控难度加大；智慧化发展趋势对地铁供应链管理提出更加严格的要求。

针对S市地铁服务供应链发展过程中存在的问题和面临的挑战，S市地铁集团对地铁的服务供应链发展战略进行了重新规划。其以"提升乘客体验"为中心，以"服务智慧化"为主线，利用物联网、大数据、移动互联网等信息技术，率先建成包括实时客流发布系统、乘客信息系统等在内的"1+N"智能地铁服务系统，基本实现Wi-Fi全覆盖，全方位推进地铁建设、网络运营、设备维护、信息发布、企业管理智慧化，实现精准服务。具体策略如下。

S市地铁集团作为服务集成商，要协调好内部各部门之间的事务，首先开展供应链业务板块整合工程，包括对S市地铁集团内部的采购板块进行整合优化，对核心业务进行整合试点，同时整合优势板块，构建供销业务群，整合优化集团重点接口工程，并建立相关制度及数据评估体系。另外，开展供应链业务集中管控体系建设工程，构建一体化供应管理的组织框架，进行自上而下的管理，由集团领导及各部门负责人进行战略方向决策，最大限度降低由部门各自为政带来的低效工作与相关风险。

在与上游供应商进行协调方面，首先开展供应商深度合作开发工程，具体包括：供应商分类和产品认证工程、供应商评估工程、战略伙伴供应商优化工程、供应商全面绩效管理、供应商早期介入工程。其次，实行行业供应链联盟工程，进行地铁物资采购服务输出、开展专业地铁供应链服务咨询，对供应商进行差异化管理并推广优秀的供应商，实现与上游供应商之间的深度融合与协作，构建地铁供应链服务合作网络，形成行业供应链联盟。

在与下游客户沟通与联动方面，首先，S市地铁集团精准分析不同类型客户的需求，在此基础上构建跨部门、跨企业的客户信息沟通平台，实现供应链可视化信息平台建设，整合形成基础大数据平台。S市地铁集团从以下几个方面进行了建设：供应链可视化单元基础数据识别与分析工程；业务单元整合集成工程；平台数据共享和业务融合；基于BIM技术的地铁建设数字化平台，同时充分考虑基于移动应用的作业手段给地铁运营带来的影响，建立以"地铁云"为中心的运营业务信息化业务架构。其次，S市地铁集团把该平台应用到企业的运营管理中，形成面向决策者的可视化信息系统。最后，为实现可持续发展，S市地铁集团构建了符合供应链集成的组织结构和协调机制，制定了面向未来的可持续采购策略，推进了供应商合作与开发战略，建立了基于供应链网格化管理的物资运营与维护制度，实施了地铁供应链管理与服务输出，全面加强了对供应链风险的控制，最终，以"地铁云"为中心，构建S市地铁供应链生态圈。

分析题：

1. S市地铁服务供应链管理有何独特的特点？
2. S市地铁服务供应链是如何实现内部及外部的供应链协调的？
3. S市地铁服务供应链使用了哪些数字技术？各类数字技术的优势如何体现？

第 11 章

服务平台管理

▶▶ 学习目标

1. 理解服务平台的内涵。
2. 熟悉常见的服务平台商业模式。
3. 了解服务平台的动态定价策略。
4. 理解服务平台的治理机制。

▶▶ 导入案例

SAP Ariba 的平台化之路

SAP Ariba 于 1996 年在美国加利福尼亚成立,旨在利用互联网来简化、提升采购过程。近年来,SAP Ariba 致力于向云端转型,打造了一个公有云平台,这个平台为企业提供了业务管理所需要的一切要素,可以支持所有的 B2B 商务需求,包括电子采购、电子结账及运营资本管理,涵盖了从采购寻源、确立订单到付款的完整流程。通过简单地集成和扩展当前的后台系统到云端,用户可以通过一个单一的用户界面来管理和优化企业的所有交易关系。交易与合作几乎是立即实现,并且具有更高的准确性和可见性。SAP Ariba 的采购云平台具有以下几点优势。

第一,SAP Ariba 拥有强大的数据能力。一方面,SAP Ariba 拥有非常大的用户规模,几乎每一分钟都有新的企业加入 SAP Ariba 商业平台。另一方面,为了更好地服务企业,SAP Ariba 在全球建立了 11 个数据中心,拥有强大的数据处理能力。

第二,SAP Ariba 虽然是一个公有云平台,但有着非常多的功能设计。SAP Ariba 是一个开放式平台,通过使用开放式 API,SAP Ariba 的用户可以根据自己特定的需求来选择,把不同的模块叠加在一起,实现解决方案的定制化。企业不需要外聘实施团队对 SAP Ariba 进行二次开发,就能开启系统中嵌入的很多应用,SAP Ariba 有很强的灵活性。同时,SAP Ariba 非常重视用户提供的反馈信息,会和他们经常沟通,了解他们的新需求,根据这些需求增加新的功能,保持较快的功能更新。

通过化繁为简和为采购商、供应商提供所需的工具,SAP Ariba 的解决方案支持企业通过单一平台管理从寻源到结算的所有事务。在区块链、人工智能、机器学习、大数据等全新科技的推动下,SAP Ariba 提升系统功能,使采购部门变得比以往更简单、更智慧且更具战略意义。

如今 SAP Ariba 服务于来自全球 190 个国家和地区的 250 多万家采购商和供应商,提供了一个端到端的自动化系统,该系统不仅能降低流程的复杂性,还能让采购商和供应商在统一系统中集中管理从缔约到付款的所有流程。SAP Ariba 致力于帮助企业发掘新合作机会、开展交易协作和发展业务关系。借助其解决方案,采购商能够高效管理整个采购流程,同时有效控制采购支出，找到新的省钱之道，并打造健康的供应链；供应商则能够与高利润客户建立联系，高效拓展现有关系，同时简化销售周期，加强对整个周期的现金管控。

11.1 服务平台的内涵

"平台"早已是商业和经济中常用的词语，2004年经济学领域给了平台一个初步的定义：平台是允许多个最终用户交易的双边（多边）市场。而随着互联网技术的推广，平台被更普遍地认为是促进生产者和消费者进行价值互动的结构。平台可以被看作一个市场，其中包含两种角色：提供商（生产者）和客户（消费者），这也是平台通常被称为双边市场的原因。其中提供商和客户进行信息、商品或服务、金钱的交换。

11.1.1 服务平台的构成

服务平台参与主体及其生存环境是共生关系。"共生"一词源于希腊语，是指不同种属按某种物质联系而生活在一起。根据共生的概念，平台的构成要素包括共生单元、共生环境和共生模式，这三者构成了平台共生的三要素。

（1）共生单元。共生单元是构成服务平台生态系统的基本单元，包括平台企业和参与企业等。平台企业负责提供平台及监管，参与企业是平台的服务对象，包括零售商、分销商、生产商、供应商、采购商，它们是形成共生系统的基本物质条件。平台企业通过平台机制设计、监管提供、数据挖掘等与平台进行能量和信息交换。参与平台交易的中小企业通过平台进行整个商务活动，交易过程中产生的能量与发生的联系，也成为推动平台共生系统发展的原动力。

（2）共生环境。共生环境是指对共生单元所处的，并且对参与主体活动起支撑辅助作用的各种力量。计算机及信息技术的进步、经济发展、相关的政策法规的制定、社会文化和意识形态的状况等共同构成了服务平台生态系统的共生环境。

（3）共生模式。共生模式可以从平台共生的行为模式和组织模式两个方面进行分析。共生行为模式侧重揭示共生系统的各单元之间相互作用的行为类别，共生组织模式侧重反映共生单元之间相互作用的组织方式。从行为方式来看，共生模式可分为寄生关系、偏利共生关系和互惠共生关系；从组织程度来看，共生模式可分为点共生、间歇共生、连续共生和一体化共生等多种情形。

共生三要素相互作用的媒介被称为共生界面，它是共生单元之间物质、信息和能量传导的媒介、通道或载体，是共生关系形成和发展的基础。共生界面集中体现了共生单元相互作用的机理，是共生模式形成的内在动因，它往往由一组共生介质组成，不同的介质具有不同的媒介功能。共生界面是内生的，即共生界面的选择不是由构成共生关系以外的其他单元（如政府）和环境决定的，而是由共生单元的性质决定的，或由同类共生单元协商确定的。

11.1.2 服务平台的特征

服务平台的特征通常包括用户匹配、数字化和价值创造等。

（1）用户匹配。

用户匹配是服务平台的首要目标，是指平台利用信息技术，在一定匹配规则的基础上精准地连接相应的提供商和客户，以保证提供商和客户之间的核心交互。例如，箱满路等货运服务平台的目标是根据货主的需求，成功匹配相应的物流服务提供商；哈啰单车的目标是匹配具有出行需求的客户与共享车辆；网易云课堂等教育服务平台的目标是匹配具有知识需求的客户与相应的课程。理想匹配需要的数据各不相同，可以是静态信息（身份、性别、国籍等），也可以是动态信息（位置、不断变化的用户偏好等）。平台获得的信息越多，收集、组织、分类、解析数据的算法设计得越好，提供商和客户之间就越能得到有效的匹配。

（2）数字化。

数字化是服务平台运作的根基，是指运用计算机技术将生活中的图像、声音等其他类型的信息转化为计算机语言的过程。在服务平台中，数字化技术是平台识别客户需求、实现供需匹配和业务改进的基础。例如，货拉拉结合海量数据为货主、商户、司机做精准画像，进行智能优选匹配，优化运输各环节，并对这些数据进行深度挖掘分析，优化整个配送产业链的运转；哈啰单车为每辆单车安装了多模卫星导航芯片和物联网通信芯片，同时还能使海量大数据实时、无缝地传输至云端并进行挖掘分析。

（3）价值创造。

价值创造是服务平台的利润来源，是指更改资源的利用方式，创造新的价值。一方面，相比于传统企业，平台的运营模式在供应和销售方面具有无与伦比的边际经济效益。例如，当希尔顿这样的连锁酒店想要扩展业务时，它们需要通过建造更多的客房，雇用成千上万名的员工。但与之相反的是，爱彼迎在扩展业务时花费的边际成本微乎其微，因为其在网络列表上多添加一间房的成本微乎其微。另一方面，网络效应使得平台能够迅速扩大规模并且实现盈利。网络效应通过创建自我强化的反馈回路来吸引用户，在积极的反馈回路中，供应商提供更多的价值会吸引更多的客户，而更多的客户反过来会吸引更多的供应商，从而使得平台只需投入较少的努力发展用户基础就可以实现盈利。

11.1.3　服务平台的价值

服务平台的存在，不仅体现在参与主体之间的物质、信息和能量的变换方面，更重要的是由于服务平台的存在，平台企业和参与企业会在合作过程中获得进一步的发展，如产生新的效益、扩大企业规模、提高产品市场占有率等。服务平台的价值可以归纳为以下 4 点。

（1）交易或价值的实现。

服务平台的发展给企业带来了新的商机，平台聚集了不同经营模式的企业，从生产加工企业、经销批发企业、招商代理企业到商业服务企业，这些不同类型的企业涵盖了供应链上各个环节的企业。以 B2B 电商平台为例，企业可以通过电商平台发布产品供给或采购信息、与有意向的企业进行在线洽谈、实现网上支付，完成电子化的交易过程。交易平台为交易各方提供安全的交易环境，整合各种信息资源以促进买卖双方的交易、提供专业的在线洽谈、支付工具，并以此收取服务费或交易佣金等，实现平台的价值创造。

（2）交易成本的降低。

平台的开放性与虚拟性使之突破了时空的局限，将不同地域、产业链中上下游企业聚集在平台上。参与企业通过平台能获得更多有价值的商机，降低了交易成本。交易双方通过平台进行询价、议价及达成意向，并完成支付环节，整个交易过程的成本大大降低。而平台使用者的聚集使得平台开发的成本得到分摊，参与企业数量的增加，也降低了平台企业服务新增客户的边际成本。

(3) 流程优化或业务深化。

随着参与企业规模与范围的扩大，以及服务应用的推进，企业信息能力得到加强，也从最初的进行电子化的交易，拓展交易渠道的最初需求，向更深层的应用需求转变。有些企业需要利用服务平台渠道，优化自身业务流程，将企业管理运作融入平台之中，进行线上与线下的融合。有些企业希望得到大数据基础上的更有针对性的市场策略与交易行情分析。这些需求会推动平台企业进行自身的业务深化和拓展。

(4) 增强品牌营销效应。

服务平台带给参与企业一个低成本的营销渠道，服务平台的知名度，对参与其中的企业来说就是一种品牌营销宣传，增加了参与企业的知名度和信任度，起到了一定的营销效果。而参与企业的聚集，特别是一些"明星"企业、"龙头"企业的参与，对平台企业来说，也会带来正向的营销效果，增加平台的品牌影响力。

11.2　服务平台的商业模式

服务平台的商业模式可以分为资源共享模式、在线撮合模式、众包模式、众筹模式和在线点评模式等。基于用户群体的不同，各个模式又可细分为 B2B、B2C 和 C2C 资源共享平台模式。

11.2.1　资源共享模式

资源共享模式是指参与资源共享的主体，通过协调各种机制使资源有效流动，以满足需求方对资源稀缺性的追求，实现资源共享管理的平台化和各个参与方"共赢"的一种模式。对平台而言能降低运营成本，对用户而言能实现供需按需匹配，以及将未充分利用的资源货币化。

(1) B2B 资源共享平台。

B2B 资源共享平台，可以理解为企业之间共享各种资源的平台，所共享的资源主要集中在信息、知识和渠道等方面，也有部分平台提供人才、设备、服务等的共享，并提供一些企业之间进行交易的功能模块。

▶▶ **真实案例**

环球资源是一家多渠道 B2B 媒体公司，致力于促进大中华地区的对外贸易。公司的核心业务是通过一系列英文媒体，包括环球资源网站、印刷及电子杂志、采购资讯报告、买家专场采购会、贸易展览会等形式促进亚洲各国的出口贸易。一方面，超过 1000 万家注册买家和用户，其中包括 97 家来自全球的百强零售商，使用环球资源提供的服务了解供应商及产品的资料，帮助他们在复杂的供应市场进行高效采购。另一方面，供应商借助环球资源提供的整合出口推广服务，提升公司形象、获得销售查询、赢得来自 200 多个国家及地区的买家订单。

(2) B2C 资源共享平台。

B2C 资源共享平台，即企业与个体用户之间共享各种资源的平台。拥有服务产品所有权的企业通过资源共享平台向消费者提供服务产品的按需服务。其主要特征是企业或平台拥有自己的服务资源（服务产品），不依赖服务资源个体提供。并且，企业或平台可以进行服务资源组织、配置与优化设计，拥有服务定价权。针对 B2C 共享服务，企业或平台提供具体的产品或服务，其与消费者直接发生租赁交易行为。

▶▶ **真实案例**

TaskRabbit 是一个能够帮助企业找到可靠的临时劳动力，以完成各种任务和日常工作的 B2C 资源共享平台。企业和个人用户可以通过平台发布任务需求，注册的任务接受者可以浏览并接受这些任务，按照约定的报酬完成任务，TaskRabbit 为人们提供了灵活的就业机会，用户可以根据自己的时间和能力选择任务，同时也为企业提供了方便和高效的雇佣渠道，通过查看任务接受者的评价和背景信息，从而选择合适的服务提供者。它已经扩展到多个国家和城市，成为企业和个人寻找临时劳动力的主要平台之一。

（3）C2C 资源共享平台。

共享经济的新兴文化，以及快速发展的移动技术，催生了众多 C2C 在线平台，消费者现在可以通过与其他用户共享他们未充分利用的资源来获利。一些现有的 C2C 在线平台促进了住宅、汽车、船只、家具和设备的共享。

▶▶ **真实案例**

知乎是各行各业的精英用户分享彼此的专业知识、经验和见解的网络问答社区。知乎 Live 是知乎推出的实时语音问答产品，主讲人通过语音或视频以直播等互动形式对某个主题分享知识、经验或见解，听众可以实时提问并获得解答，便捷且高效地进行交流。知乎 Live 邀请专业人士围绕具体主题进行直播讲座，讲座时间集中，现场提问和解答为用户带来了效率价值；倡导"通过学习发现新的世界"；很多问题回答的内容与方式颇具娱乐性。参与活动的主要成员有 Live 主讲人、私家课讲师与付费答主（设计知识产品与内容、参与 Live 直播、开发与录制课程、回答付费问题等）、知乎平台（设定标准、审核、讲座与课程的发布和组织等）、知识消费者（参与直播、购买课程、提问、打赏与作者互动等）、出版社、出版公司（提供版权书籍或电子书籍等）。

11.2.2 在线撮合模式

在线撮合模式是指将搜索、互动和建立个人或业务关系的用户聚集在一起的一种模式。与其他模式的平台相比，在线撮合平台的参与度更高，因为用户群体需要在进行任何匹配之前建立某种形式的关系（如交流、讨论、采访、测试等）。另外，每个用户不仅要选择另一个用户，而且还要被选择。因此，撮合平台的设计通常遵循与其他类型平台设计截然不同的方式。

（1）B2B 撮合平台。

企业与企业之间的交易，意味着在多方交易中，存在一个中间人，该中间人汇总多方信息，然后匹配该信息以满足多方需求。例如，在多方交易中，市场运营商或经纪人根据市场规则匹配买卖交易。

▶▶ **真实案例**

快塑网是一个化工橡塑交易电商平台，通过搭建网络与电子商务平台，对橡塑大宗商品率先实现了挂牌、网上商城、委托买卖等多种模式的交易。

早在 2013 年的时候，快塑网的两个创始人从橡塑行业的转变看到了机会——原本的橡塑市场供不应求，供应商占强势地位。但他们看到这种市场情况或许在两年时间内发生转变，因为更多的装置设备投产等因素，橡塑行业会出现明显的供过于求的趋势，市场转变为以销售为导向，在此情况下，撮合买卖双方交易的电商平台可能拥有机会。基于此，快塑网的两个创始人开始由原来行业内的经销商转变为行业服务平台的领跑者,即搭建一个电商平台(快塑网)。

快塑网提供撮合服务,让卖方实时更新价格与库存(平台也会有交易员实时跟踪变动的橡塑材料价格),让买方来提需求,然后对报价进行搜索。它不仅提供平台让买卖双方自行对接,而且更深入地参与交易环节,通过服务促成双方交易,提高交易效率。

在盈利模式上,快塑网并不从高买低卖中赚取差价,它想让买卖双方都能以最合理的价格进行交易,目前对买卖双方完全免费,未来希望通过向买卖双方提供物流、供应链金融及各类营销服务来收费。

(2) B2C撮合平台。

B2C撮合平台充分利用信息技术、移动通信技术,以及在线平台实现服务的去中介化,通过互联网技术提高信息检索能力和匹配效率,同时减少因信息不对称造成的问题。

▶▶ 真实案例

箱满路管理平台(下称"箱满路")是一个典型的B2C交易撮合平台,它以客户需求为导向,通过有效整合、组织、协调物流资源,将传统集装箱物流业务与现代物流技术、大数据应用等相融合,并注入现代电子商务理念。

箱满路可以为客户提供常规业务与增值业务。常规业务的功能性服务提供商为车队,主要是外运及社会运力。箱满路可以解决车队货源采购不足,空载率高,账期没保障,经营有压力,对司机无管理、无考核等问题。客户为货主,箱满路可为客户高效匹配车队,解决传统运输操作烦琐、人为干预占比大、传统运输动态不清、传统运输服务标准不能衡量等问题。服务完成后,客户可在线上完成与箱满路的资金交易。在信息交换方面,箱满路广泛采用移动互联、卫星定位、地理信息、射频识别等技术,客户在下单后可实现全程可视化。箱满路平台采用独有的智能匹配算法,梳理海量的进出口单据,并自动进行进转出匹配。此外,平台的增值业务则包括集中采购、金融保险和集中维保等服务。

(3) C2C撮合平台。

C2C撮合平台是平台提供资源信息发布和获取渠道,撮合客户与客户进行产品、服务及信息交易,比如典型的瓜子二手车、闲鱼等平台。在买卖双方中需要加入平台作为第三方担保产品的质量和提供售后服务;同时还需要有第三方物流负责产品的运送工作;此外还需要有银行或信用卡机构为资金流通提供支持和服务等。

▶▶ 真实案例

网约车的出现为市民提供了便利的出行方式,其中滴滴就属于C2C撮合平台。自2012年推出在线叫车服务后,滴滴3年内覆盖中国600多个城市,用户接近3亿人;2015年1月,滴滴宣布完成143亿个订单,成为仅次于淘宝的全球第二大交易平台;同年6月,全平台日订单数突破1500万个。滴滴的优点如下。

第一,滴滴解决了车辆资源信息不对称问题:过去乘客只能在路边或指定地点招手拦车。

第二,解决了打车需求信息不对称问题:过去车辆只能依靠司机的经验来搜寻乘客。

第三,解决了车辆行驶路线信息不对称问题:过去乘客得忍耐司机"理由充分"的绕路行驶。

第四,解决了车辆与司机状况信息不对称问题:过去乘客对"黑车"在某些时段(一般是深夜)望而却步。

第五,降低了社会车辆使用成本:私家车的利用率得到大幅提升。

11.2.3 众包模式

众包模式即企业利用互联网将工作分配出去、发现创意或解决技术问题的一种模式。

（1）B2B 众包平台。

B2B 众包平台即在企业间打通问题解决和解决问题渠道的平台。在众包模式下，涉及的角色除了发包方和接包方，通常还涉及一个十分重要的参与角色，即众包平台。众包平台通过设计规则来提升运营效率。

▶▶ **真实案例**

InnoCentive（创新中心）网站最早是美国医药制造商礼来公司的子公司，创立于 2001 年，现在已经成为化学和生物领域（实际已经超越了这两个领域）的科技研发供求衔接的网络平台。凡是有科研咨询需求的公司（主要是大公司），除要向创新中心交付一定的会费以外，还要为每个解决方案支付 1 万至 10 万美元的费用。

在 InnoCentive 网站上活跃的是两类人。其中一方为"求解者"（Seeker），他们把自己公司的研发难题放到网站上，等待网络上的高手来解决。这些"求解者"公司张贴的每项挑战都包括详细说明和相关要求、截止日期，以及为最佳解决方案提供的奖金额。张贴挑战的"求解者"公司的名称将得到完全保密，并且有安全保障。

另外一方为"解题者"（Solver），目前有来自美国、欧洲、俄罗斯、中国、印度和阿根廷等国家和地区的 165 000 位科学家和技术人员参加难题破解。世界各地的科学家都有资格在该网站注册为"解题者"。"解题者"可以查看和评估挑战，递交解题方案，网站也保证"解题者"的信息和答案的安全性。"求解者"审阅所有的答案，并只把奖金发给最符合其要求和被其公司视为最好的解决方案的"解题者"。奖金额从 5000 美元到 10 万美元不等。所有获奖者的名单和个人简历也都在网站上公开。

InnoCentive 组织构思、理论和还原实践竞赛，"求解者"可以在其中引出创新想法、理论解决方案和经过验证的原型。许多拥有自己内部研发部门的公司，如 IBM、惠普、宝洁和辉瑞，越来越多地转向众包平台来解决各种问题。

（2）B2C 众包平台。

在 B2C 众包平台上，企业将任务分派给专业人士，而不需要雇用全职或兼职人员。B2C 众包平台服务于自由职业市场，主要集中在设计、编程、撰稿、翻译、速记等自由职业盛行的领域，买方主要是中小企业。例如，创业公司将建设网站、设计公司 Logo 的任务分别外包给程序员、设计师等。

▶▶ **真实案例**

LiveOps 是一个虚拟的按需代理网络平台，提供虚拟呼叫中心服务，可以在高流量期间进行扩展。LiveOps 会根据代理商的技能、受教育程度和行业工作经验来考虑地域限制。LiveOps 通过以下方式帮助企业实现服务体验。①大规模的灵活性：其网络可以无缝地适应需求，无论是一天中的某个时段还是季节性的高峰；②质量保障：其代理的行业背景和更深入的技能为客户提供更好的体验；③控制成本：停止把钱浪费在闲置的代理上。当客户需要的时候，LiveOps 的付费代理已经准备好了。此外，LiveOps 跳出传统呼叫中心的思维模式。LiveOps 的 2 万家国内代理商的网络不受营业时间和地理位置的限制，所以可以找到最合格的服务人才和服务时间。这在一定程度上体现了灵活性，从而改变了客户服务体验。

（3）C2C 众包平台。

线下 C2C 众包源远流长，买火车票或挂号找人代排队即是日常生活中的案例，由于信息传递的问题，线下 C2C 众包基本上只能在熟人间或特定场景（如火车站、医院等）实现。移动互联网（实时的信息发布、查看与沟通）的出现极大地降低了信息传递的成本，出现线上 C2C 众包平台。C2C 众包平台面向的需求主要有 3 类：一是时间成本较高的人；二是人手不够的情况，如搬家、打扫卫生等；三是一些日常生活中稍微有些技术门槛的服务，如修理下水管、修理电脑等。C2C 众包平台合理地解决了劳动力的充分利用问题。

▶▶ **真实案例**

快应是广州爱特安为旗下的一款校园"任务/活动"响应器，主要提供 C2C 众包服务，同时可承载校园社交、商家对接等服务。

快应的学生用户具有"快应人"和"发起者"双重身份。如用户 A 需要帮忙取快递，附近的用户 B 就会收到任务的推送，若用户 B 选择接任务，就可以通过快应快速联系到用户 A，告知对方这个任务能接。在执行任务的过程中，用户 A 能实时查看用户 B 的位置。用户 B 将快递送到用户 A 手上后，若率先点击完成任务则需要用户 A 告知的快应码，这才算是完成一次任务记录并获得赏金（若用户 A 率先点击则不用快应码）。与此同时，用户也可以发布"任务/活动"，基于 LBS 地理定位系统，快应将任务信息钉在相应的地点，地点周围的人能得到此条消息的推送，而范围外的人则需要手动查看任务。

为了保证质量，快应采用实名制的运营手段，只有通过身份证和学生证验证的"快应人"才能接受任务。快应设有虚拟的应币，盈利模式主要为从发起任务方的赏金中抽取佣金，未来会考虑与企业、商家进行更深入的合作。

11.2.4 众筹模式

在众筹平台上，资金寻求者可以从大量资金提供者那里募集小额资金，为一个项目提供资金，这个项目可以是像音乐专辑这样的艺术项目，也可以是像智能手表初创公司这样的商业项目。众筹可以采取慈善（捐赠）、债务（换取利息）、股权（换取公司股份）、奖励（换取未来产品）等 B2C 众筹形式；或者以 C2C 的形式，比如点对点（P2P）借贷以换取利息。发起众筹活动的人决定了筹资目标、承诺价格和筹资类型。资助目标是活动成功所需的资金水平；承诺价格是如果活动成功，提供者将从寻求者那里获得奖励的贡献水平。就资金类型而言，寻求者可以进行固定资金或灵活资金活动。在固定资金的情况下，如果活动成功，寻求者将获得捐款，每个提供者将从寻求者那里获得最终产品（奖励）。如果活动失败，捐款将返还给提供者。在灵活资金活动的资助模式下，无论活动是否成功，寻求者都可以保留捐赠的资金。因此，如果活动失败，捐赠的资金可能不会被退还给提供者。

众筹平台代表寻求者（也称为企业家或项目创造者）活动，通过向寻求者介绍大量对众筹活动感兴趣的注册提供者，从提供者（也可称为捐赠者或支持者）那里筹集资金。作为回报，它向寻求者收取一定的佣金。例如，Kickstarter 通过 14.5 万个成功的活动帮助寻求者筹集了超过 37 亿美元的资金，并通过对每个成功活动收取 5%的佣金来实现其服务的货币化。与此同时，众筹平台根据主题（如电影、游戏和音乐等）和迄今为止的成功（如融资目标达到的百分比等）对活动进行分类，降低了提供者的搜索成本。此外，众筹平台通过以下方式减少了提供者的不确定性：①保留捐款，直到活动成功后才将其发放给寻求者，否则，如果活动失败，寻求者可能不愿意将捐款退还给提供者；②要求寻求者分享完成产品的原型和其他相关信息，并包括一个预计的交付日期。

（1）B2B 众筹平台。

B2B 众筹平台面对的寻求者和提供者均是企业或组织，即众筹平台寻求企业在平台上发布众筹信息，提供者在平台上寻找感兴趣的项目并提供资金或方案，此后按照约定获得收益，同时平台在其中获取相应的佣金和服务费。

▶▶ **真实案例**

Seedrs 是一家专注于股权众筹的 B2B 众筹平台，它的目标是通过在线股权众筹来改变创业公司的融资方式，为创业者提供更多的融资渠道，并为投资者提供投资初创企业的机会。

创业企业在平台上注册和提交融资需求，需要提供关于公司背景、商业计划、估值和筹资目标等详细信息，以吸引潜在的投资者。注册的企业和个人投资者可以浏览 Seedrs 平台上的不同项目，了解项目的详细信息，查看其他投资者对项目的评价和评论。投资者可以选择投资他们感兴趣的项目，并根据他们的投资额获得相应的股权份额。Seedrs 使用专门的法律机构来处理投资者的股权，并确保透明度和合规性。一旦创业企业达到或超过设定的筹资目标，他们将使用筹集到的资金来支持公司的发展和增长。随着公司的增值，投资者有机会获得投资回报，例如股权增值、分红或将来的退出机会。

Seedrs 的成功对创业融资和投资领域产生了重要影响。一方面，它为创业企业提供了一种新的融资渠道，帮助他们筹集资金来支持业务发展和增长。相比传统的融资方式，股权众筹为创业者提供了更广泛的机会，吸引了更多的投资者参与。另一方面，它为投资者提供了投资初创企业的机会，让他们更加广泛地参与创新和成长潜力巨大的企业的发展。投资者可以根据自己的兴趣和投资偏好选择投资项目，并获得股权回报。通过构建信任和透明的环境，Seedrs 降低了投资者和创业者的搜寻成本，增加了二者的联系，推动了创业活动的增长和持续创新的可能。

（2）B2C 众筹平台。

B2C 众筹平台是企业到个人的众筹模式，指利用在线平台进行众筹贸易活动，即在网上将众筹信息流、众筹资金流、商流和部分的物流完整地进行连接。

▶▶ **真实案例**

Kickstarter 于 2009 年 4 月在美国纽约成立，是一个专为具有创意方案的企业筹资的众筹平台。

Kickstarter 通过在线平台面对公众募集小额资金，让有创造力的人有可能获得他们所需要的资金。Kickstarter 平台的运作方式相对比较简单而有效：该平台的用户一方是有创意渴望进行创作和创造的企业，另一方则是愿意为这些企业提供资金的人，任何人都可以向某个项目捐赠指定数目的资金，平台收取很低的佣金。

Kickstarter 平台的创意性活动包括音乐、网页设计、平面设计、动画及所有有能力创造并影响他人的活动。

（3）C2C 众筹平台。

C2C 众筹平台面对的寻求者和提供者均是个人，即寻求者在平台上发布众筹信息，提供者在平台上寻找感兴趣的项目并提供资金或方案，此后按照约定获得收益。

▶▶ **真实案例**

LendingClub 创立于 2006 年，主营业务是为市场提供 P2P 贷款的平台中介服务，通过连接借款人和投资者，提供一种新的借贷和投资方式。一方面，LendingClub 为借款人提供了一种非传统的借贷方式，尤其是那些无法通过传统银行渠道获得贷款的人。借款人可以通过平台获得低利率贷款，并改善他们的财务状况。另一方面，LendingClub 为投资者提供了一种新的投资债权的机会，使他们能够通过为借款人提供贷款来获得回报，通过选择不同的贷款项目来分散风险并获得稳定的收益。LendingClub 利用了技术创新和自动化流程来简化借贷和投资过程，为借款人和投资者提供了更高效、便捷和透明的服务，推动了金融科技的发展和创新。2014 年 12 月，LengdingClub 在纽约证券交易所上市，成为当年最大的科技股 IPO。截至 2022 年，LendingClub 年营收达到 11.9 亿美元，它的成功对借贷和投资领域产生了重要影响。

个人借款人可以在 LendingClub 上注册账户并提交贷款申请，提供个人信息、财务状况、还款能力和借款目的等详细资料以供平台和投资者浏览。在收到借款人的贷款申请后，平台首先会对借款人的信用记录、收入情况和债务负担等信用信息进行全面的评估，基于这些评估结果，平台会决定是否批准贷款申请，并确定贷款金额和利率。已注册的投资者可以浏览平台上的贷款列表，了解借款人的背景和贷款详情，并根据自己的投资偏好选择投资特定的贷款项目。一旦贷款项目获得投资者的资金，平台会将资金发放给借款人。借款人根据约定的还款计划每月偿还贷款本金和利息，而投资者则获得相应的回报。可以看到，平台负责管理整个贷款过程，包括资金清算、还款收取和账户管理等。同时，平台还提供自动投资工具和投资组合分散功能，帮助投资者管理他们的投资组合。

11.2.5　在线点评模式

在线点评平台是不同消费者群体对特定产品或服务发表评论的在线渠道，是潜在消费者做出知情购买决策的在线渠道。在线点评平台往往是专业化的，如大众点评、Yelp 专注于本地商业评论，而 TripAdvisor 专注于酒店、餐厅和航空公司的评论。评论平台"拉"大量买家提交他们的评论（例如，大众点评上的餐厅评论），而不提供任何金钱补偿。通过在网上发布他们的评论，消费者创造了"利他主义"的价值，如推广一家提供良好服务的公司以帮助其他消费者，当其他消费者欣赏他人的评论时感觉良好，会舍弃提供糟糕服务的公司。虽然在评论平台上发布的评论是主观的，难以验证，但在线点评作为一种口碑的形式，可以影响消费者的感知和购买决定。消费者从其他消费者的在线点评中寻找信息，以降低购买风险（如高价、低质量等）。

（1）B2B 在线点评平台。

B2B 在线点评平台面对的评论者和被评论者均属于企业、组织或品牌等，即具有信息或经验的企业、组织或品牌在在线点评平台上对被评论企业、组织或品牌的服务、产品等做出评价，以提供信息给其他企业、组织或品牌参考。

（2）B2C 在线点评平台。

B2C 在线点评平台是不同消费者群体对特定产品或服务发表评论的平台，为潜在消费者做出知情购买决策提供依据。

（3）C2C 在线点评平台。

C2C 在线点评平台是不同消费者群体对特定个人服务者（如医生、护士等）的服务质量、服务方式、服务内容等发表评论的平台，为未来潜在消费者提供更多的信息。

▶▶ **真实案例**

Yelp 是美国著名商户点评网站，创立于 2004 年，囊括各地餐馆、购物中心、酒店、旅游等领域的商户，消费者可以在 Yelp 网站中给商户打分、提交评论、交流购物体验等。

在 Yelp 网站中搜索一家餐厅或旅馆，大家就能看到对它的简要介绍及点评者的点评，点评者还会给出多少星级的评价，通常点评者都是亲身体验过该商户服务的消费者。

11.3 服务平台动态定价

服务平台可以利用联机分析和云计算实现计算集群，并通过聚类、K 值等数据处理手段过滤无效信息，再对数以万亿计的数据量和数据模型进行不同的分析。通过对数据的分析，平台能够根据市场需求和供应能力，将服务以不同的价格适时销售给不同的消费者或不同的细分市场，最优化平台的利益，实现利润最大化。

▶▶ **真实案例**

网约车平台通过用户所在区域内打车需要和车辆的实时比例（需求/供给），计算出运能的紧缺程度，再结合用户订单自身的属性，得出该订单的成交概率。如果订单的成交概率过低，系统就会根据历史数据和当下情况计算出一个建议的价格，作为标准车费之外的溢价，通过这个溢价来调节供需矛盾。

动态定价的高效性主要体现在以下两点。

一是在供不应求时，通过溢价来减少或转换需求并增加供给。在高峰时段或周围服务商较少等情况下，通过加价来激励更多的潜在的服务提供者参与提供服务，从而缓解区域和时段性的供需不平衡压力。

二是将有限的供给配给最紧迫的需求。动态定价机制可以通过调节服务价格，来获得消费者的需求紧迫性信息，需求越紧迫消费者往往就越愿意支付更高的价格。如此一来，有限的供给便配给到了最需要被满足的需求端。

11.3.1 服务平台动态定价策略

服务平台的动态定价策略主要有以下几种。

1. 基于时间的动态定价策略

基于时间的动态定价策略是根据时间段对购买人群进行分类，再实施差异化定价。比如，同一部电影在黄金时间的价格比午夜的价格高；酒店服务行业在周末和节假日的价格要普遍高于平时的价格。其实施的关键在于区分用户在不同时间段愿意支付的价格水平。

如果平台能精准地预测未来需求的变动情况，并且该产品或服务的供给缺乏足够的弹性，那么高峰负荷定价不失为一种很好的定价方法。通过对不同时段的需求收取不同的费用，能实现收益的最大化。航空旅游业在淡、旺季实行的价格策略正是基于人们出行的数量变化进行的调整。

如果产品贬值速度快，需求较难确定，那么平台最好采用清理定价的策略。我们经常看到，新款受欢迎的电子产品在刚上市时价格最高，以实现利润最大化，随着时间的推移消费者对产品追捧热度下滑到一定程度后，再逐渐降价销售。如淘宝的"天天特卖"，通过设立专门的商品区，减少库存积压，加快资金回笼速度。

2. 基于市场细分的动态定价策略

基于市场细分的动态定价策略通过分析消费者的具体消费行为、消费心理和消费习惯等信息，将不同类型的客户加以区分，开发有差异的产品和服务，并根据产品和服务的不同进行区别定价。平台利用大数据技术，采用检索相关网页、语义分析及用户画像刻画等方法，将目标消费者锁定，进行有针对性的市场营销，实现动态定价。

▶▶ **真实案例**

京东根据用户购买商品的种类、付款金额等历史购物信息和个人基本信息等划分不同的用户群，并根据用户群的不同提供不同的优惠券。用户在得到这些优惠券之后，是否使用及怎么使用都能让京东对用户特征进行更精细化的描述，进而提供更有效的优惠券。比如，同样是一张需要凑单才能使用的优惠券，用户 A 的消费习惯是尽可能凑齐商品来获取优惠，那么京东在激励用户 A 消费的时候，就可以多提供此类有凑单限制的优惠券；而用户 B 觉得使用此优惠券特别麻烦，于是很少使用这种优惠券，而且用户 B 每次消费金额相对较大，那么京东就可以给他提供有金额限制的优惠券。

3. 基于搜索优化的动态定价策略

用户每次在平台登录、搜索和浏览相关产品或服务时，都会在系统中留下记录，并形成数据信息。基于搜索优化的动态定价策略就是通过分析用户的搜索行为、历史购买记录和个人信息等，更好地了解每名用户的具体需求，进而提供合适的产品和可接受的价格。有了大数据技术，实现这一功能几乎不会给平台增加太多的成本，同时又可以大范围地将产品以合适的价格推送给合适的用户，实现最大范围的推送覆盖。

▶▶ **真实案例**

在亚马逊平台上，个人账户中存在着"我的浏览记录""我的心愿单""我的订单"等信息，在购买页面还有"经常一起购买的商品""购买此商品的顾客也同时购买了……""查找其他相似商品"等内容。当用户登录亚马逊账号时，平台会根据用户的消费记录和历史浏览情况，判断用户的兴趣所在，从而有针对性地推荐商品。亚马逊利用 20 亿名用户在该平台的行为所产生的大数据信息，预测分析 140 万台服务器上 10 亿 GB 的数据来促进销量的增长。

11.3.2 服务平台动态定价与交易公平性

动态定价的效率之一主要体现在其价格机制筛选出了"紧迫性"的需求。然而，这种筛选机制却违背了交易的公平性，从而使得动态定价自身背上了不道德之嫌。

1. 动态定价压缩了消费者剩余

大数据算法技术发展到高级阶段，动态定价不仅实现了供需匹配的因"地"和因"时"制宜，还能实现因"人"制宜。换句话说，平台在了解了消费者的个人习惯和消费能力等之后，拥有更大的优势去制定既能使交易达成，又对平台更有利的成交价格。

在交易中，拥有私人信息意味着享有其对应的信息租金，掌握信息的交易方拥有潜在利得；信息是权力的来源，实际有效的权力掌握在信息优势者的手中，而非那些具有法定正式控制权的人（所有者），因为后者可能会遵从前者的建议。平台根据其掌握的消费者的私人信息，因"人"实施动态定价，这意味着平台成为拥有实际有效权力的一方，它们制定出消费者可以接受的、较高的价位。

许多消费者在进行交易时，他们本该享有的信息价值往往被平台在无形中获取，尽管交易依然可以达成，但消费者剩余一再被压缩，这在一定程度上违背了交易的公平性。

▶▶ **真实案例**

大数据技术大大降低了网约车平台搜寻、分析消费者私人信息的成本，它们可以根据每个人每次乘车的数据刻画出精准的消费者人物画像，比如通过分析消费者打车起止点和时间判断乘车是否为刚需，根据打赏行为、加价后拒绝等情况了解其消费水平和支付意愿，而这些在大数据技术和平台黏性形成之前都属于消费者的私人信息。如今，平台和司机不仅掌握旅途的成本信息（消费者不一定有），还使得消费者"非自愿"披露了自我的私人信息，从而造成在交易中平台处在完全的信息优势一方。

对于网约车交易而言，平台获取了大量消费者的私人信息，相当于掌握了他们的效用函数和预算约束，从而得到对应的需求函数，这意味着平台有能力根据每个消费者所愿意支付的最高价格实现"动态定价"。与之相对，在单次交易中，处于信息劣势的消费者丧失了凭借原有私人信息而本该享有的议价能力，消费者更可能遵从平台建议的定价（因为平台针对单个消费者的定价虽然比统一定价高，但也在其支付意愿之内）——平台的信息优势使其得以在定价中拥有实际有效的权力，平台每一单生意的最终定价，都能无限接近消费者的需求价格；平台几乎可以获得每个消费者的全部消费者剩余。

2. 动态定价利用紧迫性挟持消费者

虽然价格高低可以自动筛选出紧迫性需求，但动态定价的价格决策由数据决定，不能简单适用于某些应急/无支付能力等特殊性需求，且动态定价的局部均衡性加剧了特殊需求定价的不公平，造成出现利用紧迫性来挟持消费者的情况。

算法依赖数据，通过宏观的总供给和总需求数据来确定一个加价倍率，考虑的是彼时、彼地、彼种商品服务的供给和需求量等工具性的、数据可视的影响因素，是一个供给方和需求方都无法调整的价格，运用到急迫程度/支付能力低等特殊需求时，极容易发生意外。

在现实中，每个具体的需求和供给都是有人情温度的。比如在某些紧急情况下，需求价格弹性非常缺乏，一种需求不能快速地转换成其他需求，钱的重要性也远远低于服务本身的重要性。

▶▶ **真实案例**

2017年6月伦敦遭遇恐怖袭击期间，人们来不及通过骑自行车等方式逃避灾难，而优步（某打车软件）却在当地自动大幅加价，对本就惊恐不已的市民而言，造成了极大的不便。

某些场景下消费者对乘车服务尤其急需，但支付能力有限或未必够得上动态定价后的数额，下雨天、生病急需送医院等，都可能遇见临时没带/缺少足额货币的情况。所有这些特殊的、紧迫的、弱势的需求，不能由价格来简单衡量。单一的供需大数据也无力将其反映出来，而如果给予供需双方一个互动的渠道，比如可选择性地固定加价，让双方有迅速协商的余地，那么面对这些特殊需求，供给者愿意提供服务的价格未必需要动态加价那么高，只要供给者的生产成本能得到补偿甚至不需要被满足，交易也能够达成。

服务平台动态定价仅仅依靠价格手段，供需双方事前无法沟通，且价格决策权只取决于供需数据，缺失了供给者和需求者互动决策这一层，使得在特殊情况下，达成交易几乎不可能。抹杀了交易中协商的社会价值，平台动态定价便显得不近人情。

另外，动态定价是一个局部均衡价格，加剧了特殊弱势需求的不公平性。精细化的系统算法能够在每个消费者表现出或无奈或犹豫的一念之间，调整和提供数次不同的动态加价参数，这说明算法所得出的价格是由局部供求均衡决定的结果。然而这个局部均衡溢价倍率，却要乘上该消费者此次请求的各项参数，这又使得上述特殊性需求定价的不公平性加剧。

3. 动态定价消耗了消费者的情感价值

动态定价虽称"动态"，实际上仍是静态思维，其"动态"只考虑了某个时点/区域、一次性交易中的最优配置，忽略了平台的交易是一个长期性的重复多次的过程。

心理学的证据表明，人不仅有自利偏好，还有公平动机偏好，人的行为依赖对他人动机的判断。如果认为对方的行为是善意的，那么就"投桃报李"；相反，如果认为自己受到恶意的行为对待，那么就"以牙还牙"，哪怕会损害自己的利益。消费者在消费过程中，不仅关心物品或服务本身所产生的效应，也在意消费的过程中是不是得到了公平的对待。

在一项服务活动开展过程中，具有"公平动机"的消费者，在仅考虑原有物质效用的均衡基础上，会额外受到"善意函数"的影响。如果大数据所定的价格偏离了消费者公平感知的范围，就会让消费者认为自己受到了不公正的对待，会对"加价"这种违背价格黏性公平感知的、非善意行为产生不满，从而采取防卫或报复行为泄愤，即便多付出成本也在所不惜。比如投诉，向外界传播平台恶劣行为的言论，或者注销账户，拒绝该平台今后提供的服务。另外，有些紧急需求迫使消费者不得已接受动态定价，其因"非善意涨价"行为而减少服务效用，最终可能会通过给差评、对平台发表不满言论、卸载或离开平台来实现平衡。

动态定价的博弈结果，消耗了消费者的情感价值，降低了企业的品牌和口碑价值，增加了消费者转投其他平台的概率；消费者的流失进一步减少了服务提供者的生意，达到一定程度后服务提供者也会选择离开；服务提供者的流失进一步加剧供给的不足，而这造成算法的加价幅度更大，从而形成了"加价—消费者体验差—提供者受损流失—再加价"的恶性循环。

▶▶ 真实案例

数据显示，在网约车动态加价期间，乘客的恶意拒单率大大上升。试想，一个辛辛苦苦刚下班的、非有生死攸关乘车需求的乘客，看到滴滴的动态"加价倍率 N 倍"，多数乘客的第一反应还是被"宰"了，反过来也可能不惮以"最大的恶意"揣度、报复司机和平台，这些乘客往往选择在平台派单后、司机快接到乘客时取消行程，司机则成了最直接的受害者。

根据网约车平台现行对司机的管理制度，司机的收益与司机的级别紧密相关，而司机级别直接受到乘客评级的影响。乘客的差评意味着司机接单优先权和提成率的下降，部分拥有好车的司机甚至从"专车级别"被降级为"快车级别"。姑且不论诸如社会地位、个人尊严等隐性资本的损耗，司机自己的劳动收入提成被剥削，连同自有车辆的资本收入也一并被剥削。当司机所得的动态溢价收入难以弥补提成减少的损益，再加上被剥削感在心理上不断被放大，哪怕动态加价分给司机，其实也起了政策制定者意料之外的反作用。

经历了 2017 年春节涨价带来的抗议舆论之后，滴滴进行危机公关，宣布限制涨价的幅度，涨幅最高为 3 成，加价的具体金额不超过 58 元。

11.3.3 非价格机制的运用

采取单一的动态定价手段来调节供需矛盾,虽简单快捷却未必长效,它具有很大的局限性。根据诺贝尔经济学奖获得者埃尔文·罗斯(Alvin Roth)的观点,相对于采取单一制定价格的模式,"设计市场"要关键得多。设计合理的交易机制,综合运用价格激励和非价格手段,如结合热点区位标注和潮汐定价、运用积分制激励提供者来调度区域性的服务供给能力,以及运用信用分免单、声誉反馈机制、排队机制固定加价相结合等措施引导和回馈需求;兼顾快速增加、调度区域间的能力,以及消费者的消费体验、公平感,同时保障在线交易的效率和公平,经营在线市场良好的声誉口碑和交易环境,才是有效的策略。

对于高峰热点区域的供给能力的调度,可采取热点区位标注显示与服务提供者绩效挂钩的方式。利用大数据实时检测区域的供需情况,并在平台显示高峰热点区位;与此同时,增加提供者在热点区域的工作量的回报率。热点区位的运能调度,还可结合潮汐定价机制,合理利用该时段、该区域需求产生的正外部性,动态性地创造需求来增加供给,促进资源更有效地配置。

尤其值得注意的一点在于引入排队机制,其与动态定价互为补充,以解决高峰期供不应求的问题。从表面上来看,这只是以等待的时间成本代替加价的经济成本,实质上"先到先得"尊重了社会习俗和人心的公平感知。排队机制在整个人类经济社会发展过程中,都扮演了十分重要的角色。丹尼尔·卡内曼(Daniel Kahneman)在 1986 年的研究中指出,尽管临时性大涨价会造成消费者的公平感失衡,排队却不会。由于对产品/服务的评价(消费效用)受支付能力的制约,故消费的效用和社会福利并不能简单地由支付意愿来刻画,而每个人的等待时间成本都不一样,因此"时间"是一个比"价格"更能公平地衡量消费者福利的指标。透明的"排队叫号"方式,为那些对产品/服务评价高,但预算约束相对有限的消费者,提供了另一种达成交易、满足消费效用的途径。

当然,排队叫号并不能区分需求的紧迫性,因而可以结合排队与价格手段,共同配置稀缺期的供给资源。在排队机制的基础上,加入紧急通道,比如支付固定额度的加价,可以实现插队使用服务,这样某些紧迫性的需求也能被有效覆盖,兼顾了效率与公平。但是,对紧急通道的"固定加价"数额应谨慎斟酌,过低会造成过多人插队,排队机制被破坏;而过高也可能形同虚设,或者有杀鸡取卵之嫌。

11.4 服务平台的治理

11.4.1 服务平台生态系统治理

平台模式实现了产品/服务销售的去中心化和去渠道化,降低了顾客的搜寻成本和企业的销售成本,极大发挥了网络效应的作用,大幅度扩展了企业的顾客群。据统计,目前全球最大的 100 家企业中有 60 家企业的主要收入来源于平台模式,其中就包括苹果、思科、花旗、微软、谷歌、UPS、淘宝、百度及腾讯等著名公司。在平台模式中,平台并不是简单的渠道提供者或需求匹配中介,而是一个平台"生态圈"构建者,它需要基于平台商业模式的特征,设计完善的平台规范与运作机制,恰当管理平台企业与平台参与企业之间的关系,有效促进多方群体间的互动,最大限度地撮合交易,以实现多方共赢的平台目标和整体平台"生态圈"的良性发展。

平台生态系统是基于利益相关者的开放式组织形态，需要特定的治理模式。平台生态系统治理被视为协调生态系统的蓝图，能塑造和影响生态系统的发展，由提供自主权、创造激励和确保整体性3个维度构成。平台生态系统的治理对象是平台利益相关者，旨在设计一套特定的制度，决定谁可以参与生态系统，如何分配价值，如何解决冲突。

平台生态系统的发展源于平台为特定利益相关者创造特定价值。这要求在平台构建之前必须有清晰的平台用户价值主张，即明确共生关键群体的痛点所在和价值共创模式，并据此绘制利益相关者图谱，厘清不同利益相关者的诉求并制定相应满足方案。利益相关者的联系是平台生态系统发展的基础，而利益相关者的互动才能促进平台生态系统的快速发展，尤其是共生关键群体的互动，造成平台网络效应的产生，吸引更多的共生群体参与互动，一旦共生群体达到临界数量，多类利益相关者将涌入平台并互动，由此构成良性循环与强劲发展的平台生态系统。

平台生态系统的发展需要平台吸引力与资源集结力共同作用。平台吸引力源于精妙的平台设计，一旦启动能够吸引相关群体自发参与。平台资源集结力是平台运营商集结有利于平台发展所需要相关资源的特定能力束，是支撑平台生态系统发展的核心能力。除了把重要的利益相关者拉上平台，还要过滤及清除有损于平台生态系统发展的利益相关者，塑造出健康的平台生态系统，这也是资源集结力的核心功能之一。

平台生态系统发展依赖利益相关者共创价值与共同演化。平台需要倡导"价值共创、风险共担、收益共享"的合作理念，理解并包容利益相关者的共同利益，规划好相关者利益与潜在生态系统的协调方式、贡献模式及它们可能相互影响的途径，制定价值共创行动方案并实施。平台既要鼓励利益相关者共生与竞争，维持平台生态系统的多样化及平衡，也要引发利益相关者共同演化机制，共同促进平台生态系统的健康发展。

1. 平台供应商治理

平台交易模式呈现出以下两个显著特点。

（1）平台企业与平台供应商之间的交易流程同质性强。平台企业大多不直接向顾客销售产品/服务，其盈利主要来自供应商与顾客交易产生的销售分成或广告商支付的广告费用。对平台企业来说，平台上的不同产品/服务不存在替代或相互排斥的问题，其利益与供应商高度一致。因此，平台企业与不同的供应商合作时，倾向于采用公正、透明、一致的交易政策及实行通用的利润分配方式以增加内容提供商对自己的信任和支持，进而吸引更多的供应商加入平台，提高平台产品/服务的完备性及市场竞争力。

（2）平台交易中技术使用广泛。平台模式是一种技术密集型模式，无论是平台自身的运作，还是平台与参与者之间的互动，不同参与者彼此之间的互动及平台参与者与顾客的互动都是通过标准化的技术流程来实现的。

受这两个显著特点影响，平台模式下平台企业与供应商企业之间的关系治理具体表现为以下两点。

（1）传统交易性治理机制与关系性治理机制在平台交易模式下的使用程度在减少，发挥治理作用的力度及内在机制在改变。

由于一致的交易流程与标准化的技术界面难以改变，平台企业与平台供应商在合作实际发生后的人际互动减少，个人关系产生的基础和包含的内容更多来自合作关系确立前期双方个体人员通过社会往来、业务治谈培养起来的私人关系与友谊。个人关系也主要通过在标准化的合作流程执行之前帮助相关企业获得更多的信息、提高合作企业对自身的认可和资源支持，而非在合作过程中改变标准化的合作流程或对遇到的冲突问题灵活处理来影响双方的组织间关系。

▶▶ 真实案例

经过十几年的积累，腾讯开发了上亿个用户群体，凭借腾讯自身的力量已经无法满足海量用户多元化和日新月异的个性需求，腾讯迫切需要利用平台的形式整合更多内容提供商的力量为自己的用户服务。

经过分析，腾讯发现，开发者最关心的是如何快速接入腾讯开发平台，并高效调用丰富的API接口（应用交互界面）让应用在平台上有效运行。为此，腾讯各业务线快速达成共识，将各种内部能力和功能进行整合与重新配置，统一接入腾讯开放平台门户，并提供一体化的接入流程，从最初的13个API接口开始，目前已开发出超过1000个API接口，包括用户信息类、关系链类、应用推广类、支付类、营销类、丰富能力类、基础支持类等，涵盖QQ空间、朋友圈、腾讯微博等各大平台API接口。

有了标准能力接口的支持，无论哪个内容提供商希望通过腾讯平台发布应用，都应先按照规定的流程提出申请，在审查通过后按照标准化的流程与特定模块的API接口对接。这一开放平台的运作方式大大简化了内容提供商的应用在腾讯的上线流程。

在这一平台模式下，基于高度同质化的合作流程和高度标准化的技术接口，腾讯开放平台不再需要与内容提供商签订详细的纸质合约，而是采用电子合约的形式。在合约的内容上，主要阐述双方的免责条款，以及有关应用产品内容的健康性、合法性要求，涉及交易流程细节的条款非常少。这是因为，如果内容提供商不按照标准化的上线流程、不使用特定的技术手段将无法调用腾讯开放平台上的各种API接口，更无法完成上线活动。因此，即使这些交易细节不注明在合约当中，内容提供商也会主动遵守。在这种情况下，契约更多的是以通过认定双方的责任范围及违反相关法律法规的后果承担为威慑来引导交易关系，而不是通过对交易行为和流程细节的实时监督与协调来管理交易关系。

（2）在平台模式下，一些更符合平台交易特征的新型治理机制开始涌现并表现出良好的治理效果。

更符合平台交易特征的治理机制的技术使用和流程标准化开始对平台企业与平台供应商之间的关系发挥治理作用。技术使用设定了合作的基准，降低了人为因素对交易关系的影响力度，一切未使用特定技术手段、未达到特定技术的要求、未通过特定技术开设权限的活动都无法与平台对接，也无法调用平台上的API资源，从而无法完成后续活动。流程一致性规定了交易步骤的顺序和标准，步骤遗漏或步骤未达标准都将无法进入下一个环节并最终完成交易。因此，两者都对平台供应商的行为有一定的约束作用。

▶▶ 真实案例

中国移动应用商城为中国移动近10亿名用户提供手机应用、数字商品及中国移动自有业务等服务。面对大的内容提供商群体，中国移动也采取了分类管理的方法，按与内容提供商合作关系的紧密程度，将内容提供商划分为3类：普通型合作伙伴、半紧密型合作伙伴及紧密型合作伙伴。3类合作伙伴分别适用不同的合作流程和附加服务：普通型合作伙伴级别最低，可享受到的应用商城上的服务、资源支持及营销推广力度最低；紧密型合作伙伴级别最高，可享受到的应用商城上的服务与资源支持最多，而且中国移动还会为这类合作伙伴的产品销售进行推广活动。在与不同的内容提供商合作时，中国移动并不需要与每个内容提供商逐一签订细致的契约，只需在内容提供商级别确定后，通过技术手段开放相应权限，遵循相应一致化的合作流程开展合作即可。

2. 平台顾客参与治理

对平台而言，顾客成为平台不可或缺的外部资源，能够在一定程度上替代服务提供者的劳动，加快平台的响应速度，使服务效率和服务能力更高。平台也会因为顾客的劳动而减少成本，提供更符合顾客要求的服务，从而赢得正面的口碑。但顾客在参与平台的正常运作中，有时会打乱平台原有的工作流程，顾客的能力及动机存在差异，也可能会为平台的经营带来不确定性，产生麻烦。

基于此，平台需要对顾客参与进行治理。

（1）建立顾客系列连带信任机制。

在虚拟网络环境下，信任成为顾客参与行为不可或缺的因素。平台若要减少顾客的感知风险，增强顾客信任，就要建立全面的、相互影响的、相互促进的连带信任机制，加大平台的宣传和信息公开力度，完善并公开平台的规章制度及激励措施，建立顾客信任，使顾客安心、放心地将心得、体会、感想甚至对改善服务的建议及解决方案在平台中展示出来。平台还要通过提升服务质量，实现顾客对产品、平台、服务、其他顾客等相关体一系列的连带信任。

（2）建立完善的顾客自我教育机制。

顾客的自信对顾客参与行为有显著的正向推动作用。因此，使顾客坚信他们具有与其他顾客及平台专业人员一起进行新产品及服务开发的能力，能够增加顾客参与平台服务创新的可能性。平台要增强顾客的自我效能，为顾客提供一定的培训学习机会，提升他们的专业知识和技能水平，为他们自觉参与平台服务创新活动扫除专业知识和技能方面的障碍。

（3）关注顾客动态以加强与顾客互动。

顾客在平台中发表言论，不管是积极的还是消极的，都期望能够得到平台员工的官方回应，使顾客感受到重视和心理上的满足。对于积极的言论，官方回复会强化顾客的正向情感，会激励顾客继续充当正向口碑的传播者及继续参与服务创新的开发者；对于消极的言论，官方迅速回复可以对服务失败进行及时补救，防止消极情绪蔓延，通过补救行为挽回公司形象。不管是正向的还是负向的言论，抑或处理过程中的任何一个环节，都会对顾客的满意度有所影响。另外，时刻关注顾客动态，能够第一时间发掘顾客的需求，发掘更贴近顾客的创新点。

11.4.2 服务平台竞争关系治理

1. 平台竞争策略

（1）价格竞争策略。

在双边网络效应的作用下，平台对于某一用户群体的价值，在很大程度上取决于通过平台连接的另一方用户的数量。平台对网络两侧的用户需求匹配得越好，价值就越大。平台必须为每一边制定收费标准，同时考虑这个标准对两侧用户的增长和支付意愿的影响。为了尽快把平台搭建起来，平台企业往往会对参与方进行补贴，从而产生平台之间的价格竞争。

▶▶ **真实案例**

曾经的滴滴打车和快的打车为了争夺市场份额将价格战演绎到了极致。2012年，快的打车、滴滴打车相继上线。由于双方平台提供的服务趋于同质化，难以通过服务品质差异吸引用户，于是平台推出优厚的补贴政策，用"烧钱"的方式笼络司机和乘客。

价格战进行得如火如荼，滴滴打车表现出了强于对手的执行力：密集推出线下广告的同时，持续加大补贴力度。2013年第二季度，北京市场几乎被滴滴打车全数拿下，随后滴滴打车在上海也宣布订单过万。为了抢夺市场，快的只能跟进，继续加大补贴力度，价格战愈演愈烈。仅滴滴打车一家在2014年给司机及乘客的补贴就高达数十亿元。

价格战最激烈的时候，平台给司机和乘客的补贴之高到了令人咋舌的地步：乘客使用滴滴打车的平均花费，只相当于普通出租车的一半；而算上各种完成规定任务的奖励，网约车司机每月收入可高达2万~3万元。很多有富余车辆的人，索性雇司机，加入网约车平台以获得补贴。

（2）合围与跨界竞争策略。

多边市场的平台企业经常会共同竞争相互交叉的用户群体，这时候平台企业就会面临其他平台的合围。

▶▶ **真实案例**

众所周知，新浪做门户网站要早于腾讯，也正因为下手早，一提到门户网站大多数人便立即想到新浪。但随着互联网时代的进一步发展，在门户网站方面，新浪在网络流量上已经被后来居上的腾讯超越。

以社交起家的腾讯很早便建立起了庞大的用户群体，从QQ到微信，腾讯凭借不断优化的技术体验抓住人们对社交的刚性需求，同时将业务扩展至游戏、视频、支付等多个领域。其中在支付方面，微信支付足以和阿里巴巴的支付宝分庭抗礼。腾讯视频也从多角度吸引了大量用户，比如，斥巨资买下NBA（美国职业篮球联赛）的独家转播权，此举就为其吸引了无数篮球爱好者。而腾讯的游戏平台在带来了可观游戏收入的同时，也积累了大量的用户流量基础。腾讯就是利用了其早已建立的类型庞大的多边平台，在这些相互交叉的用户群体的基础上，充分发挥用户群体基数大的优势，将流量引向自身的门户网站，从而对门户网站的"老大哥"新浪起到了合围的效果。

多边市场的服务范围具有极强的延展性，当平台企业发展到一定规模的时候，就可以尝试提供更多的服务，这种新服务的出现对其他平台企业来讲就是跨界竞争。跨界竞争，顾名思义，就是将自身的业务板块向自身所处行业以外延伸、扩展，自然就会与新行业中的老企业竞争，它们从过去互不相干的关系甚至是合作的关系转变为相互竞争的关系。

▶▶ **真实案例**

平安集团是中国第一家股份制保险企业，至今已发展成为融保险、银行、投资三大主营业务为一体、核心金融与互联网金融业务并行发展的个人金融生活服务集团之一，甚至现在开始跨界开展二手车交易、医疗及二手房交易等业务。

平安好医生是平安集团旗下的互联网业务板块的重要成员，是其在医疗行业的跨界发展，成立于2014年。平安好医生为用户提供实时咨询和健康管理服务，包括一对一家庭医生服务、三甲名医的专业咨询和额外门诊加号等。

平安好车是平安集团旗下的全资子公司，成立于2013年，它以"帮卖二手车"为切入点，主要为广大车主提供二手车资讯、车辆检测、车辆帮卖、车险、车贷等服务。2016年，平安好车和平安产险进行了业务整合。

平安好房作为平安集团旗下的重要成员之一，成立于2014年。平安好房依托平安强大的保险、银行、投资等综合金融业务支持，致力于将金融与互联网融入房地产全产业链之中，推出全新的互联网金融房产营销模式。

（3）利基策略。

"利基"这里是指通常被大企业所忽略的一些细分市场。在利基策略下，平台企业会选择那些强大竞争对手并不是很感兴趣的领域，集中力量后成为领先者，在逐渐扩大规模的同时建立各种壁垒，逐渐形成持久的竞争优势。

▶▶ 真实案例

唯品会专注于名品特卖，成功把奥特莱斯这一传统经营模式在线化。对厂商而言，存在处理过季或滞销产品的诉求；而很多消费者则对名牌商品充满了向往，但高昂的价格往往令他们望而却步。唯品会针对市场上存在的这种不均衡，致力于消除名品厂商和消费者之间的交易摩擦。

唯品会的快速发展，其核心要素在于"利基"发力，使其在淘宝、京东等电商巨头的强力挤压之下仍能占据一席之地，堪称运用利基策略的成功范例。

（4）结盟竞争策略。

市场经济是竞争经济，也是合作经济或协作经济。竞争与协作是不可分割的。没有竞争就没有活力，但没有合作、协作，竞争也就无从谈起。开拓合作竞争或协作竞争的新路子，越来越成为平台企业开拓市场的一种需要，一条值得探索的新路子。

▶▶ 真实案例

2014年3月，腾讯以2.14亿美元入股京东。腾讯收购2.5亿股京东普通股，占京东上市前在外流通普通股的5%，成为京东重要的股东和战略合作伙伴。除了资本市场上的合作，腾讯与京东在业务上也开展了深度融合。腾讯向京东提供微信和手机QQ客户端的一级入口位置及其他主要平台的支持，京东把微信支付作为最主要的在线结算方式，为微信支付提供可靠的应用场景。截至2016年8月17日，腾讯持有京东股票的比例从2014年5月的17.6%升至21.25%，成为京东第一大股东。

从表面上来看，腾讯已从它的非专业领域中退出。实际上，它通过一系列的资本和股权运作，与京东结成了牢固的联盟关系：一方面摆脱了其在电商领域发展缓慢的窘境，为分享电商市场的盛宴打下基础；另一方面，借助京东的平台优势，为腾讯旗下包括微信支付在内的互联网金融事业提供强有力的支撑。

实际上，不只是与京东的战略合作，腾讯先后投资滴滴出行、大众点评等"互联网+生活服务"的行业龙头，这一系列的动作都有一个共同出发点——通过结盟，该模式帮助微信支付获得了稳固的支付场景，让微信支付成为大量用户的支付习惯和商家必然使用的支付工具。

（5）单归属与多归属竞争策略。

单归属（Single-homing）和多归属（Multi-homing）可以用来形容平台的属性，比如用户是只能连接到一个平台还是有更多的平台连接选择。如果属于前者，则是单归属，例如微信在2016年推出的"小程序"就是单归属，手机用户若想体验"即用即走"的App功能，只能通过微信"小程序"；而如果属于后者，则是多归属，例如现在网络上的各种C2C或B2C平台，消费者如果想网购商品，既可选择淘宝、当当，也可选择京东、拼多多等。现实中，平台企业为了追求最大化的收益，会根据不同情况采用不同的竞争策略。

① 单归属竞争策略——锁定。

平台采用单归属竞争策略的主要目的是在一定程度上降低自身所面对的竞争程度。单归属竞争策略的核心是锁定（Lockin），它通过将双边（或多边）市场的"边"以利益诱导等方式将用户限制在本平台，使其不能转换至其他类似的平台，或者转换的成本很高，最终达到扩大市场份额或增加收益的目的。该策略在网约车市场和视频播放市场都有广泛的应用。

▶▶ **真实案例**

在打车软件问世之初，为了吸引乘客和司机，建立完善的双边平台，滴滴采用双边都补贴的形式，希望一开始就能锁定乘客和司机。然而由于那时整个网约车市场中的各平台都在以各种形式给乘客或司机发放补贴，所以此策略最终除增加了整个双边市场所连接的需求之外，在与其他平台竞争中并无明显优势。但是，为了打造竞争优势，滴滴根据自身特点和情况使用了单归属竞争策略。

滴滴平台以司机作为主要的锁定对象，其方式是通过累计拉单数来奖励司机，在滴滴平台上拉的订单越多，分成也将越高，这样司机一旦使用了滴滴平台，那么以后也会更倾向于使用它接单，如此便形成一个"在滴滴的接单数越多越使用滴滴，越使用滴滴则在滴滴的接单数越多"的良性循环，结果就将司机锁定在了自己的平台，使其几乎不再使用其他平台。

除了网约车行业，类似的单归属竞争策略也被应用于视频播放市场，腾讯视频的会员制度就体现了这一点。

▶▶ **真实案例**

2015年年初，腾讯公司同NBA签订了一份为期5年的合作协议，腾讯视频获得了中国大陆地区NBA独家的网络播放权。在获得独家播放权的初期，即NBA的2015—2016赛季，球迷还可以通过腾讯视频免费观看很多场比赛的直播和录播，并且腾讯视频把包括解说在内的播放内容都运作得很专业。渐渐地，尽管还有其他非正规渠道，但很多球迷观众慢慢养成了通过腾讯视频观看NBA比赛的习惯。

然而一年后，球迷们渐渐发现2016—2017赛季虽然每天依然会有一或两场非热门球队的比赛可以免费观看，但很多场比赛必须是购买了"腾讯体育会员"的观众才能观看，包括比赛的直播和录播。而且"腾讯体育会员"只能限定观看一支NBA球队的比赛，如果希望获得看任意一支球队比赛的权利，就要购买"腾讯体育高级会员"才行。价格上，腾讯体育会员可选择1个月30元、3个月72元或12个月264元来支付，腾讯体育高级会员可选择1个月88元、3个月198元或12个月720元来支付，两种会员在其他月份享受阶梯折扣，可按月也可按年来付费。

腾讯视频的这种典型的单归属竞争策略，就是通过前期提供更好的观看体验来达到锁定观众的目的，而后根据锁定的结果最大化自身的收益。

可以看出，不管是滴滴的补贴还是腾讯视频会员制度，都先通过各种方式吸引目标受众，建立平台的双边或多边联系，在这个基础上使目标受众产生习惯上的依赖，将其"锁定"在该平台，实现单归属竞争策略。

② 多归属竞争策略。

在现实生活中，不仅会看到平台使用单归属竞争策略，也会看到有的平台采用多归属竞争策略，此时消费者可以较为轻松地在各个相互竞争的平台间进行转换。不同于单归属竞争策略的"锁定"，多归属竞争策略的核心是兼容（Compatibility）。它是指企业有策略地降低平台间的转换成本，使平台的受众可以较为轻松地与其他平台构建联系。多归属竞争策略的最终目的与单归属竞争策略相同，都是取得市场优势地位，只不过它是通过丰富自己的业务类型而达到目的的。

▶▶ **真实案例**

神州专车是神州租车2015年1月28日推出的为高端商务出行人群提供优质服务的产品，在全国60个城市同步推出。与传统的出租车不同，神州专车定位于中高端群体，主打中高端商务用车服务市场。在上线之初，神州专车全部使用神州租车自有的租赁车辆，并和专业化的驾驶员服务公司进行合作。但是，随着出行领域的竞争越发激烈，神州专车的策略也发生了一些改变。2016年9月22日，神州专车正式发布"U+开放平台"战略，宣布向符合条件的全国车主免费开放流量、技术和品牌资源，并且承诺永不抽成。用户在使用神州专车App叫车时，可自由选择神州专车自有车辆或增选"U+开放平台"车辆，相比较滴滴、优步、易到的C2C模式，神州专车过去的B2C自营模式虽然对用车体验有很强的把控，但较高的成本也限制了平台进一步的市场扩张。而神州专车宣布进军C2C就是一种多归属竞争策略，它让司机有了更多的平台选择，有利于加快其市场扩张。

在电商平台，也同样存在着这样的现象，如京东平台上B2C和C2C模式的共同发展，就很好地利用了多归属竞争策略的优势。

复杂的现实社会使得企业会根据自身的情况和环境的变化而采取不同的竞争策略，多归属竞争策略无疑帮助了神州和京东在各自的市场中取得了有利地位，但除了以上所说的单归属竞争策略和多归属竞争策略，还有一种策略，那就是单归属与多归属竞争策略的结合。

③ 单归属与多归属竞争策略的结合。

单归属竞争策略与多归属竞争策略的最终目的都是使企业获得有利的市场地位，而有时候将二者结合的策略更能吸引消费者，并建立平台的竞争优势。

▶▶ 真实案例

亚马逊的Prime会员制度是电商巨头的市场发展战略中重要的一步，也是单归属与多归属竞争策略相结合的典范。亚马逊推出了亚马逊Prime会员服务，在顾客选择购买会员资格并在平台上消费后，在一定程度上就会被"锁定"到该平台而不太愿意转换至其他平台消费，这就是平台的单归属竞争策略。而同时，也有大量的顾客没有购买会员，也就相应地没有被"锁定"，他们转换平台的成本会相对较低，这可以被视为一种多归属竞争策略，从平台的角度看就是单归属与多归属竞争策略的结合。

2. 平台竞争均衡

（1）赢者通吃。

赢者通吃，即"垄断者平台"（Monopoly Platform），由于多边市场存在明显的规模报酬递增，所以多边市场竞争的最终结果可能是一家独大。一般来说，如果满足以下一个或几个条件，就可能出现一家独大的局面。

条件一：多边市场参与者中至少有一方存在多平台栖居成本（Multi-homing-costs）或用户转移成本较高的情况。决定用户转移成本的核心因素是用户的"沉浸深度"，即用户对平台的依赖程度。沉浸深度越深，用户转移成本越高，反之亦然。

条件二：平台存在较大的网络效应且为正。网络效应包括同侧网络效应（Same-side Network Effects）和交叉网络效应，分别表征用户从某一产品或服务中获得的价值在何种程度上取决于同侧参与者或对手方的数量。

交叉网络效应一般为正。例如，在滴滴出行上约车的乘客，总是希望司机（快车或专车司机）的数量尽量多些。司机多了，约车的成功率就高了，对车型的选择余地也就大了。换句话说，在网约车平台上，乘客的满意度和司机的数量是正相关的，这就是典型的正向交叉网络效应。

同侧网络效应可以为正也可以为负。使用微软办公软件的用户不断增多，会吸引更多的用户使用它，这就是正的同侧网络效应。与此相反，在人才市场上，无论是求职者还是招聘单位都不希望各自同样需求的市场参与者过多,以免增加自己所面临的竞争压力,这就是负的同侧网络效应。

当某个类型的平台具有显著的正网络效应(同侧或异侧)时,平台竞争者中占据先机的一方,容易建立起"用户规模较大——吸引新的用户——用户规模更大"的正反馈机制,从而不断强化优势地位,最终的均衡结果往往是"一家独大"。从 C2C 领域的淘宝,到 B2C 领域的京东,再到即时通信领域的微信,都是正网络效应造成"赢者通吃"的典型案例。

条件三:用户不存在对某种特殊需求的强烈偏好。如果某类用户拥有与其他大多数用户不同的需求,而且这种需求在主流平台得不到满足时,就有可能催生其他规模相对较小的、专门针对小众需求的平台。反之,如果用户都拥有基本一致的偏好和需求(允许存在拥有与大多数用户不同需求的群体,但其特殊需求差异性较小,且偏好并不强烈),这时候就更有可能出现一家独大的局面。

(2)寡头垄断。

寡头垄断,即在均衡状态下市场上同时存在多个平台。根据主流的平台市场理论,寡头垄断包括竞争性平台和竞争性瓶颈等情形。其中,竞争性平台指的是市场上同时存在多个平台,但两侧参与者均只能选择其中一个平台。例如,电信运营商就可以被视为竞争性平台,它的两侧分别是手机用户和服务提供商,手机用户为了方便往往只用一个手机或主要使用一个手机,服务提供商则与运营商之间存在绑定协议。竞争性瓶颈指的是市场上同时存在多个平台,两侧参与者可同时参与不同的平台。如网约车市场,在经历了开始阶段的竞争后,形成了滴滴出行、神州专车等几家寡头垄断的格局;平台两侧的参与者——司机、乘客均可同时选择多个不同的平台。很多网约车司机面前都摆着两三部手机,分别在不同的网约车平台上接单;而乘客也往往安装了好几个网约车软件,并在需要用车时,先比较不同平台的优惠力度、即时价格再做出选择。从现实情况来看,平台经济中竞争性瓶颈所描述的情形往往更具有普遍性。

下面重点考虑在竞争性瓶颈情形下,容易形成"寡头垄断"格局的主要条件。

条件一:参与者的"多平台栖居成本"低——如网约车平台,对于司机来说可能只是多购置一部廉价的智能手机,对乘客而言则更是简单到只需多安装几个软件。与此相对地,司机可以有效避免空等或空驶,"多平台栖居收益"十分可观——显著增加业务量,而乘客则能够优中选优,降低出行成本。

条件二:平台间存在显著差异,可分别满足不同偏好用户群体的需求,某些平台的特质或比较优势具有不可替代性,从而防止出现一家独大的局面。正如霍特林模型(Hotelling Model)所描述的,寡头之间的差异程度将最终决定它们的市场份额。

▶ 真实案例

虽然市场上有多个网约车平台,但它们在用户定位、运营模式等方面存在显著差异,聚焦不同种类的用户需求。其中滴滴出行作为共享型网约车平台,以服务门类全响应迅速著称;而专业型网约车平台首汽约车,则主要面向相对高端的公务、商务用户。

2016 年 7 月,国务院办公厅印发《关于深化改革推进出租汽车行业健康发展的指导意见》,要求规范网约车发展,明确网约车合法地位。此后,北京、上海等地陆续出台网约车新政,"京人京牌""沪人沪牌"的硬性约束,让此前采取宽松司机资质审核机制的滴滴出行面临巨大的挑战。2017 年 2 月 8 日,中央电视台《新闻联播》节目报道了"北京向首汽约车颁发网络预约出租汽车经营许可证",这更是让首汽约车有了与滴滴出行在北京市场上分庭抗礼的底气。

平台特质和政策环境的影响,使得网约车寡头之间形成了互不侵犯、和谐相处的差异化经营空间。

（3）互利共赢。

在经济全球化和互联网信息化的背景下，每家平台企业各自为政的传统格局正在被打破，平台与顾客、平台与供应商、平台与其他利益相关群体的相互作用和相互影响日益密切。平台企业正在经历从孤立生产向合作经营，从独立发展向互联合作的大转变时期。生存环境及竞争焦点的转变，迫使平台企业竞争方式发生根本变化，竞合关系成为企业竞争新模式。"为竞争而合作，靠合作来竞争"的竞争理念成为当前平台竞争的新理念。很多同行业平台变成了"一家子"，例如，滴滴出行与优步、京东商城与腾讯商城、大众点评与美团等。

在市场的不断变化中，平台企业间的关系发生了根本性变化。平台企业不得不重新审视企业竞争战略，不再将对抗性竞争作为企业关系的首要选择，而以一种冷静克制的态度来对待竞争者，寻求一种彼此相容的竞争局面，实现与竞争者共存的差异化格局。一般来说，容易形成"互利共赢"竞争格局的条件主要有以下两个。

条件一：平台单靠自身力量难以维持长久的竞争优势。平台企业渐渐体会到自身的生产和发展离不开与之相关的所有群体。为了实现目标，平台企业不仅需要与供应商、消费者建立良好的合作关系，而且需要与竞争对手进行有效的互补与合作。迈克尔·波特在《竞争优势》中对此也有论述，现代市场竞争应改变过去那种"你死我活"的竞争观念，重新建立一种既竞争又合作的观念。他还指出，未来企业的竞争优势将在很大程度上取决于企业与竞争对手的合作。

条件二：平台企业难以通过单打独斗开拓新市场。随着互联网、物联网、大数据、云计算及人工智能的发展，商业模式和商业环境也已截然不同。技术的发展使得不同行业和不同企业间的联系和交集越来越多，形成合作的基础，也使得很多新模式得以落地。所有资源因为技术而发展，因为需求而聚合。无论一家企业做得有多大、口碑有多好，想要开拓一个新的领域都需要付出大量的研发、推广和时间成本来换取一个不确定的市场份额。市场竞争经过了长期的博弈本身已经趋于稳定，平台企业通过单独努力来开拓市场变得越来越困难。

▶▶ 真实案例

微信平台已经积累了大量的用户，且拥有大量的用户交易数据和行为数据。据中国互联网络信息中心（CNNIC）公布的《第38次全国互联网发展状况统计报告》，微信已经成为人们社交、购物、企业运营推广的重要工具。据《2016年微信用户数据报告》，微信拥有7亿个月活跃用户、56万个企业用户和1000万个微信官方公众号；有94%的用户每天使用微信，61%的微信用户每天打开微信超过10次，36%的用户每天打开微信超过30次，使用频率相较2015年有了很大的提升，用户黏性进一步增强。

鉴于微信在社交领域的地位，对于一些平台而言，另行自建社交网络不仅耗时长，而且成本高昂，在这种情况下引入第三方社交关系链成为不二选择。

2014年5月，京东集团宣布其在微信平台的购物一级入口启动上线，微信用户可通过购物一级入口购买来自京东的商品，以实现更佳的移动购物体验。同年11月27日，京东微店也正式开通了微信一级入口。微信一级入口的开通，使得京东可以借用微信的海量用户和流量。即使不是京东用户的消费者也可以直接通过微信入口购买京东商城的产品，这使得京东扩展了新用户，提高了潜在交易量，在移动电商领域的发展占据了极大的优势。

同样借助微信引流的还有58同城旗下的闲置物品转让平台——转转。2017年1月11日，转转宣布将接入微信社交关系链，以确保用户身份的真实性。转转作为全新的C2C闲置交易平台，主打"真实个人闲置交易"，接入微信社交关系链一方面确保了用户身份的真实性，另一方面用户通过微信账号可以直接登录转转，降低了用户的转换成本，也为转转带来了很多新的用户，并且每个用户还可以利用自己的社交关系链为转转带来新的用户。除此之外，卖家在转转上发布可供出售的商品后，可一键分享到朋友圈，此时朋友圈里的好友可以通过扫描二维码直接购买其发布的闲置商品，便利了买卖双方的联系从而有利于交易关系的建立。反过来，转转将微信支付作为唯一的支付方式，有利于微信支付成交额的增加。这种模式成功搭建起了社交关系与交易关系的桥梁，并且逐渐解决了原先掣肘于信任度、支付、物流等的交易难题。

本章小结

本章首先从服务平台的构成、特征两个方面介绍了服务平台的内涵，并描述了服务平台的价值。接着，介绍了服务平台最常见的 5 种商业模式，包括资源共享模式、在线撮合模式、众包模式、众筹模式和在线点评模式。然后，介绍了动态定价策略和非价格机制的运用，对服务平台的定价展开讨论。最后，针对服务平台的治理，分析了在服务平台环境下的生态系统治理和竞争关系治理。

讨论题

1. 简述服务平台模式相较于传统商业模式的优势。
2. 举例分析资源共享平台、在线撮合平台、众包平台、众筹平台和在线点评平台的商业模式。
3. 列举既存在竞争又存在合作的服务平台模式，并简要论述企业是如何治理这种平台关系的。

▶▶ 案例分析

案例 11-1　批批网：直播+服装 B2B 平台

服装行业是典型的"大行业、小生意"。以中国 14 亿人口计算，每年购买服装的总额超过了 2 万亿次，但上下游两端都极为分散。在下游，因服装天然的个性化和非标性，在供应链末端存在大量长尾的服装零售商。而上游的批发市场同样体量庞大，根据国家统计局提供的数据，2016 年全国规模以上的服装批发市场超过 340 个，服装批发摊位超过 40 万个，服装批发的年交易额超过 5700 亿元，2012—2016 年交易规模复合增长率为 4.2%。这类批发市场，是二三线城市的服装品牌和街边精品店的主流供货渠道，主要提供现货批发和 ODM 贴牌两种服务模式。

同时，传统服装批发链条冗长，受地理空间限制，零售店往往只能在省内的批发市场进货，相比广州、杭州等一手货源加价 30%左右。进货不但浪费时间和精力，并且非常容易出现撞款的问题。

批批网是一家服装 B2B 交易平台，为服装批发商和零售商提供双边交易市场，它是国内首家将视频直播和服装 B2B 结合的交易平台。

B2B 电商被视为解决流通效率低下的有效解决方案。但是服装 B2B 已经有了近 20 个年头，仍然无法代替线下批发市场，也未曾诞生一个服装 B2B "淘宝"。除了产品自身的非标属性，最为缺少的还是保障性的交易体验。而直播能比网络图片更真实地表现面料材质、版型工艺等，批批网选用这一形式正是对提升采购体验的尝试。批批网通过 KOL 直播带货的方式，减少"货不对板"问题的同时增强了与店主的互动性，更接近现场采购的效果。

批批网于 2016 年首次将视频直播与服装 B2B 平台结合，相比传统的静态图文，直播形式互动性强，更接近现场采购体验，大幅提升了交易转化率。据批批网数据，2016 年单场直播突破了 15 万元的交易额，2018 年创造了单场 42 万次的交易记录。发展至今，批批网上每天会有数百场直播，24 小时不间断。

截至目前，批批网平台整体的在线 SKU 超过 20 万个，单日交易额接近 300 万元，2018 年整体交易规模比 2017 年增长了 5 倍，采购商复购用户占到 70%以上。

目前，批批网除了为有直播能力的批发商提供直播平台，还培养了数百名直属平台的直播达人，形成了"批发商——达人——采购商"的三方协作平台。批批网目前已吸引了大量原本在诸如四季青、十三行等商圈的传统服装批发商入驻，并通过视频直播的方式，直接面向全国各地的服装零售商提供在线批发服务。

从 2017 年 9 月开始，批批网实现单月盈利，进入 2018 年后，实现全面盈利。批批网拥有成熟的平台型电商的广告体系和销售策略，并借鉴了淘宝的商业模式。批批网从 2017 年开始启动广告销售业务，将直播、品牌广告、搜索等流量产品销售给入驻的商户，并提供运营指导服务，形成了自己完整的运营模式。

批批网创始人丛锡兴称，未来批批网仍将坚持平台模式的打法，为行业客户提供交易、数据、金融等信息化服务，围绕服装批量交易的各种业态进行创新。而服装行业规模足够大，存在着 SKU 更新速度快、高度分散的特点，流通过程存在着巨大的效率提升空间。作为典型的非标品品类，批批网采用的"商家入驻开店+直播"模式能够让买家低成本买到一线批发市场商家的优质货源，大幅度提高了买家和卖家整体的匹配效率。

分析题：

1. 简述直播+服装 B2B 平台的特征和商业模式。
2. 直播+服装 B2B 平台如何利用生态系统管理供应商和顾客？
3. 直播+服装 B2B 平台的服务治理模式还有哪些可以优化的方向？

案例 11-2　找钢网：钢铁行业的"异类"

2017 年，在中国企业 500 强的榜单中，出现了一个区别于传统巨头的"异类"，那就是仅仅成立 5 年的找钢网，作为产业互联的代表，首次跻身榜单。这一年，找钢网实现了盈利，B2B 电商在大宗原材料领域的跑通，给互联网在产业领域的应用打了一针"强心剂"，这让找钢网快速进入了大众视野。

找钢网的创立和发展，还要从 2012 年那场波及广泛的钢贸危机说起。彼时，过剩的上游、混乱的渠道、浮动的人心，钢材难卖成了普遍难题，需求终端想要找到高性价比的钢材也并不容易。在这样的背景下，找钢网成立，在这场危机旋涡的中心——上海，免费做起了撮合交易。

2012 年年初成立的找钢网，是国内成立的钢铁全产业链电商平台。经过快速发展，现已成为国内产业互联网企业。除上海总部之外，已形成了辐射全国的营销服务网络。同时，围绕"一带一路"倡议及国际化业务布局，找钢网已在韩国、越南、泰国、阿联酋、缅甸及坦桑尼亚等国设立海外公司。

传统钢材交易的环节是：钢厂—大代理商—中间商—零售商—终端用户。通常，钢厂和大代理商之间有着长期稳定的合作，以找钢网薄弱的创业资金，难以撼动这种强关系。相比之下，钢铁零售商和中间商之间关系较弱，找钢网找到的切入点就是先汇集这些零售商小买家，再以此吸引大卖家进入平台。超出人们认知的是，即使钢铁这样的大宗原材料，大型终端采购也只有 30%左右，其余 70%是依靠零售商小买家，具有明显的长尾特质。显然，找钢网切入的是一个巨大的市场。

对零售商来说，购买钢材需要经过比价、议价、询价、锁货等 13 个环节，而且钢铁的销售信息高度分散，库存量、报价表实时变动，且格式各异，有 Word、Excel、TXT 等各种版本。这是零售商的痛点。此时，大规模信息的数据化处理已经不是技术难题，找钢网很快开发出便捷的比价系统，并将烦琐的购买环节简化到 3 个——提交需求、提交订单、付款。提高了交易速度的零售小订单，又被聚拢起来和中间商、大代理商乃至钢厂议价。

由于找货快、比价快、议价能力强，找钢网的撮合交易量迅猛攀升，很快在上海地区形成了提高供需两端交易效率的正向循环。找钢网作为一个散户集成平台切入钢铁流通环节，在局部地区实现了将钢铁销售中多年的批发制转变成了零售制。

到这一步，找钢网还难以出类拔萃，充其量只是将阿里巴巴和慧聪网早年间都做过的 B2B 信息平台模式，在钢贸领域进行了深度应用。当时的市场上，以撮合交易活跃的平台也并非找钢网一家。更重要的是，消费互联网中的经典打法——免费汇聚流量，而后"收割"，在产业中并不适用。C 端消费者往往因个人喜好或冲动产生购买行为，具有非理性的特点。而 B 端企业作为购买主体，往往基于真实需求，而且采购流程更加复杂。B 端企业相对理性，对服务能力要求更高。找钢网需要深度参与钢材交易的过程，以深入的服务，增强上下游的黏性。

找钢网开始与仓储商合作，与钢厂"保价代销"，与大型贸易商"联营"，做起了钢材领域的"京东+天猫"。电商平台的搭建，让找钢网的交易量呈现几何级的攀升。掌控仓储，更是极大地提高了流通运转的效率。

实际上，一个购买行为的真实发生也确实不仅仅是线上交易。一般而言，一个终端小买家购买到钢材，需要和贸易商完成讨价还价、结算，在小工厂完成简单的钢材加工，和仓储商、物流商对接运输，可能还需要和金融机构、小贷公司解决资金问题。仓储、加工、物流运输、融资等需求显而易见地存在，这些需求又因为"量小"难以获得有质量的服务，痛点更加突出。

于是，完成信息流和商流变革的找钢网，开始向物流和资金流服务深耕。找钢网从交易环节，转向了集成交易、物流、仓储、加工及供应链金融的一体化服务，这对于零售商小买家具有很大的吸引力。通过"交易"做大规模的找钢网，在之后环节的服务中具备了显著的规模效应。更为重要的是，在整合协同这些"量小、种类繁多的"长尾小买家需求的过程中，可以实现范围经济。这些才是真正的竞争力。而找钢网上所沉淀的钢铁交易大数据和终端需求大数据，为上游提供 SaaS、为钢厂改进优化产品提供了重要依据。找钢网下一步也将向科技公司转型，赋能合作伙伴。

至此，找钢网以互联网的打法，从信息流的打通开始，完成了钢材这样一个大宗商品从线上到线下的整个交易闭环。

分析题：

1. 找钢网属于哪种类型的服务平台？简述其商业模式。
2. 找钢网的平台治理有哪些难点？应该如何解决？
3. 在数字经济时代，找钢网应如何优化其平台治理模式？

第 12 章

服务数字化转型

▶▶ 学习目标

1. 了解数字化转型的特征和趋势。
2. 理解服务数字化转型的新模式。
3. 熟悉服务数字化转型的管理实践。
4. 明确服务数字化转型所面临的挑战。

▶▶ 导入案例

星巴克打造的"第四空间"

2012 年,星巴克的首位首席数据官(Chief Data Officer,CDO)由亚当·布洛特曼(Adam Brotman)出任,他掌管着一个 110 人左右的团队,负责星巴克整个核心的数字业务,包括全球数字营销、网站、移动终端、社交媒体、星巴克卡片(Starbucks Card)、顾客忠诚计划、电子商务、Wi-Fi、星巴克数字网络,以及新兴的店内数字与娱乐技术。在这个职位创建之前,星巴克的全球数字营销、星巴克卡片业务、顾客忠诚计划是 3 个独立运营的部门。其实,这三者是一回事,当明确了数字化战略的愿景,把三者结合起来时,彼此之间就产生了新的惊喜。

亚当·布洛特曼积极推动了星巴克的数字化应用,极力打造"第四空间"。"第四空间"的理念是:星巴克希望你不在门店的时候,它也能够通过某种形式将它的生活方式提供给你。"我们正在拥抱不同的创新数字平台、社交网络及社交平台,这是我们和消费者360°全方位交流的渠道。"星巴克中国区市场及产品副总裁韩梅蕊(Marie Han Silloway)如是说道。

通过数字技术,星巴克可以随时随地掌握当地目标消费者的口味及对于品牌的反馈。通过星巴克 App 加入更多的用户参与与互动,在线上还原更多的咖啡社交场景,开启以咖啡为原点的兴趣社交场,建设一个生机勃勃的数字咖啡社区,产生更多的人文联结,践行每人、每杯、每个社区。

目前,星巴克在脸书、Twitter、Pinterest 等社交媒体上是最受欢迎的食品公司。在全球,星巴克 Twitter 拥有超过 1180 万名粉丝,脸书拥有超过 3500 万名粉丝。在中国,星巴克的"第四空间"指的是通过手机 App、微博和微信为主的各类社交媒体和消费者连接的平台。星巴克微博拥有超过 170 万名粉丝,微信拥有超过 200 万名粉丝。

12.1 数字化转型

数字化转型,源自云计算、大数据、物联网和人工智能等新技术的交叉,对当今社会各个行业都有着决定性影响。有人把它描述为数字技术力量在组织机构所有领域的全面应用，有人认为它是用数字技术和先进分析手段提升经济价值、企业敏捷度和行动力的重要方式。数字化转型有很多不同的表达名称，其中最为人们所熟悉的是"第四次工业革命"。前几次工业革命的标志是创新技术（分别是蒸汽机、电力、计算机）的大规模采用和在生态系统中的广泛分布。如今人类正在接近一个类似的引爆点，即云计算、大数据、物联网和人工智能的聚合正在推动网络效应的形成，催生指数级的巨大变革。也有人把数字化转型称为"第二次机器时代"。麻省理工学院教授埃里克·布林约尔松（Erik Brynjolfsson）和安德鲁·麦卡菲（Andrew McAfee）认为这次机器时代的核心之处在于，长久以来习惯于按照指令工作的计算机如今可以自主学习了。计算机被大量用于分析预测模型，未来必将对整个世界产生深远的影响。放眼当下，计算机可以用来诊断病情、驾驶车辆、分析供应链故障、照顾老人、与人类对话，可以说没有计算机做不到的。在数字化转型时代，人类将掌握思维力量。

12.1.1 数字化转型的特征

数字化转型为组织机构带来的好处包括更快的内部沟通、更好的决策、更顺畅的供应链管理、更多的收入、更出色的顾客服务，以及更高的顾客满意度。企业要想实现数字化转型，就必须先弄清数字化转型的本质。总体来说，数字化转型包括以下3个特征。

（1）特征一：连接。

即时性连接体验帮助人们更便捷地获得价值感，也因此推动了互联网的商业模式快速迭代与倍速增长。今天的人们已经习惯于通过在线连接获取一切，如电影、音乐、出行等，人们不再为拥有这些东西而付出，反而更希望可以通过连接获得这一切，因为后者更为便捷、成本更低、价值感受更高。数字化以"连接"带来的时效、成本、价值明显超越"拥有"带来的获得感。

（2）特征二：共生。

数字化通过连接和运用各种技术，将现实世界重构为数字世界，所以现实世界与数字世界融合是数字化转型的第二个本质特征。数字化正将现实世界重构为数字世界，这种重构不是单纯的复制，更包含数字世界对现实世界的再创造，这意味着数字世界通过数字技术与现实世界相连接、深度互动与学习、融为一体，共生并创造出全新的价值。

（3）特征三：即时。

数字化技术是关于连接选择的问题，选择与谁连接，以及何时连接。道格拉斯·洛西科夫（Douglas Rushkoff）的观点认为，"数字化时间轴不是从一个时刻过渡到另一个时刻，而是从一个选择跳到另一个选择，停留在每一个命令行里，就像数字时钟上的数字一样，直到做出下一个选择，新的现实就会出现在眼前"。数字化将过去与未来压缩到当下，使复杂性和维度更加交织。这种变革不仅仅是时间上的变化，而是时间本身价值理念的改变。这意味着竞争优势的保持时间变得更短，这种现象不仅限于科技领域，而是在所有行业中普遍存在。

数字化转型的3个本质特征"连接""共生""即时"，可被用于区分工业时代与数字化时代，是二者在根本上的不同之处。在工业时代，企业的资源和能力是实现战略的关键要素，企业通过一系列努力获取资源、提升能力，构建核心竞争力。在数字化时代，通过"连接"与"共生"，企业的资源和能力不再受限于企业自身，而有了很多企业外部的可能性，所以企业核心竞争力的关键是理解"即时"的价值和意义，寻求更大范围的资源与能力的聚合，因此"连接"成为这个时代企业实现战略的关键要素。

12.1.2 服务数字化转型的趋势

数字化不仅改变了大众的生活和工作，也对服务企业产生了深远的影响。数字化对产业的深度渗透使得企业只有不断数字化才能生存下来。数字化已经不是锦上添花，而是事关企业生存的大事：要么主动数字化，要么被淘汰出局。

在各种变化面前，唯有创新永不会变，因此企业必须不断创新才能生存下来。目前，企业的数字化转型主要呈现以下特点。

1. 数字化转型从被动到主动、从片段到连续、从垂直到协同

全球产业信息基础和环境大幅加强，海量数据源源不断地持续产生，进一步推动劳动、技术、资本、市场等要素互联互通，带动数字化转型呈现三大转变趋势。一是从被动转变为主动，将数字化从用于提高生产效率的被动工具，转变为创新发展模式、强化发展质量的主动战略。二是从片段型转变为连续型，将数字化从对局部生产经营环节的参数进行获取或分析，转变为对全局流程及架构进行诠释、重构及优化。三是从垂直分离转变为协同集成，将数字化从聚焦于单一环节、行业和领域，转变为对产业生态体系的全面映射。

2. 数字化转型呈现平台化、共享化新特征

数字化转型加速推动产业链各环节及不同产业链的跨界融合，实现了组织架构和商业模式的变革重塑，构建起核心优势独具特色、运作体系完善的各大平台，将企业之间的竞争重点从产品和供应链层面推向生态层面，对数字化转型底层技术、标准和专利掌控权的争夺更为激烈。同时，数字化转型的快速推进为供需实时计算匹配提供了坚实基础，并通过高频泛在的在线社交，以及渐趋完善的信用评价体系，为部分产业提供了未有效配置资源的低成本共享渠道，弱化"所有权"而强调"使用权"，促使共享经济快速兴起。

3. 数字化转型重塑开放协同的创新体系

数字化转型直接带动了技术开源化和组织方式去中心化，知识传播壁垒开始显著消除，创新研发成本持续大幅降低，创造发明速度明显加快，群体性、链条化、跨领域创新成果屡见不鲜，颠覆性、革命性创新与迭代式、渐进式创新相并行。产业创新主体、机制、流程和模式发生重大变革，不再受到既定的组织边界束缚，资源运作方式和成果转化方式更多地依托网络在线展开，跨地域、多元化、高效率的众筹、众包、众创模式不断涌现，凸显出高度协同的创新特征。

4. 数字化转型引导消费者技能和素养升级

数字化转型的快速推进带来新兴的数字化产品、应用和服务大量涌现，这对消费者在获取、理解、处理和利用数字化资源方面提出了更高的要求。符合消费者根本需求，具备完整商业模式，持续迭代完善的各类数字化新兴产物，已开始有效引导消费者数字化技能和素养的提升及更新，更好地发掘数字化价值和享受数字化便利，逐步培育、形成及发展起新兴的数字消费群体和数字消费市场。

12.2 数字化转型的影响

虽然我们现在无法准确预言数字化转型影响的方式和领域，但可以确定这场变革的规模是

极其宏大的。在某些领域，它会威胁到一些产品、企业甚至整个行业的生存，如百科全书、电话黄页、旅行社、地方性报纸和书店。数码相机的出现直接导致胶卷和摄影公司被无情淘汰；出租车行业正在面对滴滴和优步等共享出行服务的挑战；综合商场和零售店正在被兴起的电子商务取代。

在另外一些领域，数字化转型催生出新的附属市场。以爱彼迎为例，这家公司刚成立时很多人认为它会彻底颠覆酒店行业，因为旅行者更愿意选择私宅而不是千篇一律的酒店房间。但事实表明，酒店业务并没有出现下滑，仍然是一片红火。同时，爱彼迎的业务也实现了强劲增长。实际上，爱彼迎的影响体现在其他方面，它使社区内可用民房的数量出现了下降，从而潜在地推高了房屋的租赁价格。换句话说，爱彼迎表面上是在和酒店竞争，实际上却是在和房间租客竞争。对此，记者德里克·汤普森（Derek Thompson）这样写道：这难道是爱彼迎的本意吗？恐怕不是。但是这样的结果不可避免地出现了。可以说，这是一个值得思考的数字化转型案例。爱彼迎从事的是转型酒店业务，很多人都没有预测到这种转型造成的结果，无论这个结果是好还是坏。

12.2.1 数字化转型对产品和服务的影响

产品和服务作为创造价值的部分，可以说是商业模式的核心板块，企业的经营活动都是围绕产品和服务展开的。产品和服务是企业与用户沟通的载体，也是企业运营管理的抓手，更是企业综合能力的体现，包括消费者洞察、产品创新能力、建立系统的能力、与用户互动的能力，属于牵一发而动全身。

因为这个道理，企业在制定了数字化转型战略之后，首先要考虑的是产品和服务的数字化。在有些行业，数字化可能会造成产品和服务形态的变化，比如媒体、教育和娱乐，它们完全颠覆了产品和服务的载体。在另一些行业，产品和服务的设计与生产方式可能会发生很大的变化，比如用户会参与设计，做用户分析时也要从身份标签转变为行为标签，这些对企业能力也提出了新的要求。

1. 产品和服务正在融合

产品和服务的界限正在变得越来越模糊。比如餐饮行业就是一个产品和服务并重的行业，顾客去餐厅吃饭，不只是为了享受美味佳肴，也是为了体验用餐服务。还有很多做产品的企业也越来越强调服务的重要性，比如做生日蛋糕的企业还提供现场展示的服务，给顾客提供额外的价值，这叫作产品服务化。还有一些本来就是做服务的企业，越来越强调服务的标准化，甚至也会单独销售产品，这叫服务产品化。产品和服务的边界模糊了，两者逐渐融合为一体。不管是产品还是服务，核心价值都是真正满足用户的某种需求。

2. 让用户参与产品的设计

以前企业做产品，往往是先做市场调研，或者研究市面上的畅销产品，针对假定的目标用户去设计产品，然后把产品生产出来，最后做大规模的分销。在这个过程中，企业主导了产品的设计和研发。用户参与度非常有限，对产品设计的影响比较小。

随着数字技术的普及，用户对产品设计的参与度越来越高，甚至产品的功能设计需求就是由用户提出来的。用户参与产品的设计会获得很大的成就感，且很可能在未来成为品牌的传播者。随着产业互联网的深化，一些传统行业的产品设计也会变得更加开放，用户的参与度会更高，对品牌的忠诚度也会更高。当用户参与了一个产品的设计，他们对这个产品的感情则是一个纯粹的用户无法理解的,这也是未来用户和生产者会出现合流的趋势:由目标用户定义产品的特点,企业和他们共创产品,用户同时也会成为品牌的传播者。

3. 用行为标签代替身份标签

以前企业做产品开发,喜欢做"用户画像",这些用户画像往往由一个个身份标签组成,比如性别、年龄、学历、居住地、收入和爱好。通过这些身份标签,就可以综合判断目标用户是什么样子的,即住在一、二线城市还是住在县城或农村,然后根据这些标签推送相应的产品。

数字化时代,身份标签正在让位于行为标签。用户在互联网上每一次点击都会留下相应的记录和行为标签。用户在使用互联网时,购买任何一件产品,浏览任何一条新闻,都可能因此被贴一个小标签,随着用户的浏览和购买行为越来越多,这些标签就会越来越多。当被贴上几百个这样的小标签时,人工智能就能够用这些小标签逐渐地合成个人形象,它就会成为世界上最了解你的"人",甚至超过你自己。

▶▶ **真实案例**

随着人工智能的快速迭代及物联网技术的不断成熟,对于当下的零售企业而言,不仅要满足用户的需求,更要挖掘用户背后的需求,通过自身的创新来创造用户的需求。盒马鲜生等新零售商提供的半小时达配送服务,就从过去简单的物流配送做到精准配送,通过线上、线下场景搭建实现极致体验,全方位提升用户的需求。除此之外,在采购上,盒马鲜生还把优质的技术研发、供应链、会员、营销、物流配送等环节的优势进行打通,做到整体的集成和融合。

12.2.2 数字化转型对服务管理的影响

数字化转型的发展不仅引发了生产方式的转变,也深刻改变了企业的业务体系和价值模式。企业可以利用新一代信息技术的赋能作用,通过数字化转型实现价值体系优化、创新、重构,不断提升存量业务,在实现效率提升、成本降低、质量提高的同时,不断获取日益个性化、动态化的价值和新的增量空间,实现新的高质量发展。价值效益是企业开展业务活动所创造且可度量的经济和社会价值及效益,它既是企业数字化转型的出发点,也是数字化转型的落脚点。明确企业数字化转型价值效益"有哪些",有助于企业建立将价值效益要求贯穿数字化转型全过程的方法机制,稳定有效获取数字化转型成效,实现可持续创新发展。

数字化转型必然造成管理模式和方法的转变。用透明可评估的绩效评估模型,来代替简单粗暴的经验和目标主义。高效流程和自动化数据信息流转,也让企业更加扁平化。企业的管理者可以更快地掌握到全局数据,提高管理效能。企业的管理不再需要依靠人和人之间的强关联来进行,通过数字化框架形成一整套数据工作流转。无论是在自上而下,还是在自下而上的管理对接中,员工之间大部分的工作都可以通过自动化的方式完成汇报和交接。企业的管理者是推动数字化变革的第一责任人,必须把数字战略作为变革方向,推进变革和协调管理。

12.3 数字化转型的新思维

要想企业数字化转型成功并且让企业走得更远,企业的管理者就必须具备更加动态的战略思维。正在实施数字化转型的企业大都会认识到,这是一个逐步递推、快速迭代的复杂系统工程,绝不只是对新技术的应用。数字化转型的重点,是战略思维的转变。思维方式要升级,从更高的角度来解决问题。

下面列举几种在数字化转型中极为重要的新思维。

12.3.1 敏捷思维

在数字化时代，敏捷性成为组织生死存亡的关键，尤其是科层制大企业，如果不能快速试错、快速迭代，很容易被新的商业模式或新的技术颠覆。敏捷是指快速变化和良好的协调能力。敏捷型组织变化快速、灵活和健壮，能够快速应对意外的挑战、事件和机会。敏捷思维的核心理念是：价值驱动、小步快跑、欢迎变化。其强调"交付—反馈"循环，通过构建动机、情感与价值观的学习张力，帮助组织人员投入聚焦问题、知识建构、新知共创、敏捷迭代与萃取复制的学习闭环中，不断与外界（客户/用户）进行交互并获取反馈，使得产品本身始终与客户/用户需求相一致，最终创造人才发展、组织成长、绩效推进与组织变革的直接成果。

敏捷思维与传统的思维模式的区别主要包括以下几个方面。

1. 快速失败

快速失败，即试错，是解决问题、获得知识常用的方法，也就是根据已有经验，采取系统或随机的方式，去尝试各种可能正确的答案。试错的目的是做对，只是如果错了，就要能够承担得起，要把可能的风险和收益进行事前评估，做出最优的选择。试错是一种市场的验证，经验的迭代，最佳的商业策略就是通过快速的试错来接近正确的答案。

2. 迎接挑战

随着全球的格局变化、不确定性对于企业的数字化有巨大的挑战，越是挑战大的时候，越要反过来看看时代提供了什么机遇。传统的思维模式总是尽量避免挑战，追求较为稳定的状态，但在数字化浪潮下，危机的背后也许就是全新的机会，所以企业要勇于迎接挑战。

3. 持续改进

一直成功的企业都有一个共同的特点：不断打破原有的稳态并做出改进。这就是"持续改进"的定义。传统的思维模式总是抗拒改进或改变，维持一种稳态，但是稳态的特点，是只看表面现象就给出解决措施，且措施的数量和密度与问题的出现成正比，于是企业在稳态中消耗越来越多的资源。竞争力强的企业，在管理上绝不会让稳态轻易形成，也绝不会仅从表面现象得出各种措施。他们的做法是：从寻找根因出发，给出解决问题的办法，打破稳态。

▶▶ **真实案例**

互联网、数字化和智能技术的进步给传统餐饮企业带来了巨大的冲击。早在 2014 年之前，百胜中国就开始研究数字化转型，推动自助点餐、提升外送能力、打造 App，为数字化生态系统打造雏形。在企业创新和数字化转型的过程中，为了帮助业务实现和达到未来的目标及打造组织的核心战略能力。百胜中国制定了新的愿景："领跑未来的驱动者（An Enabler of a Future-ready Yum China）"，聚焦打造企业的创新文化和创新能力，并将数字化作为重要的增长引擎，持续领跑餐饮行业，这成了百胜中国打造敏捷、创新、高效组织的关键。

为了灵活支持多元化的业务需求，百胜中国始终保持创新的勇气，敢于挑战现有的流程和框架，在商业模式、产品、顾客体验、数字化等方面不断尝试新的举措。创新是百胜中国制胜的关键能力，也是员工需要打造的关键能力。公司从"培育创新原型—规模化创新方案—敏捷执行创新结果"3个步骤来推动创新,同时鼓励员工"持续学习—勇于打破固有认知—不断升级知识架构",小步快跑,边做边学,将创新融入日常工作中。

通过日常的创新积累,百胜中国得以在市场变化中快速抓住商机,迅速推出解决方案,比如新冠疫情期间率先推出无接触配送服务,在"地摊经济"大环境下快速推出肯德基和必胜客早餐车。

12.3.2 平台思维

平台是给存在相互影响和依赖的双边或多边群体提供一个空间(或系统),保障不同群体在这个空间中的利益,其与传统IT系统最大的差异是访问空间(或系统)的群体之间构建起了网络效应。平台化思维的本质就是赋能和利他,其核心思想是升维与微粒化。

1. 升维

在平台化管理之中,升维意指管理者站在更高的维度去看待和思考商业社会发展的宏观趋势,不断打破原有认知,从而实现思维的自我突破,从企业文化、经营模式、组织结构、数据智能等多方面对企业进行全面升级。例如,在工业时代,企业的发展速度基本呈现线性;而在数字时代,平台化企业的发展速度则呈现指数级。其根本原因在于工业时代的企业都是二维的,观察到的战略发展蓝图都是局限于平面的。而平台化企业具备生态圈的全局观察,使得其有能力站在更高的维度去看企业的机会与生存关键,通过数据建模分析出企业不同时期的不同选择最终会带来什么样的结果,从而选择更好的路径,通过网络效应达到几何倍数增长,最终实现飞跃式增长。

(1)领导者思维升维。

平台化管理是一种管理机制与心态的创新型升维。平台化管理思维的升维与物理学和哲学的升维一样,不仅让领导者可以看到低维空间里的全局,还可以融合低维度里正、反矛盾对立的事物或观点,化竞争为合作,化矛盾为统合。平台化企业不再停留在原来的维度,而是在更高的维度去看各个战略选择的过去、现在和未来,帮助领导者做出更好的决策。思考的维度越高,领导者看到的战略路径就越多,看到的时间轴也就越远。

思维的升维还包括重新审视与竞争对手的关系。企业从行业内的竞争正在逐渐过渡到供应链和生态圈体系内的较量。企业在生态价值链中的地位越高,在演化中获取竞争优势的可能性就越大。互联互通是推动商业世界向更复杂的商业体系演变的重要力量,互联网的虚拟世界与现实结合更加紧密,使企业的经营方式发生了根本的变化。随着商业环境越趋于互联互通,商业信息越趋于透明化,未来企业考量的不再是企业自身的绝对利益,而是通过开放平台的方式让生态系统上所有的企业、组织、群体或个体都生存、繁荣,匹配进化的社会公益、利他的思想方能成就更强大的企业。

(2)战略升维。

随着数字化变革不断深化,企业要想迅速实现战略式的飞跃,就必须进行战略升维。战略升维的目的是找到之前低维空间里"看不到的"和绝对隐身的战略选择,并找到"新的道路"或"破局点",实现飞跃式发展。很多能达到几何倍数发展的战略选择,在低维空间里是看不到、想象不到的。战略升维,就是试图找到那些绝对隐身的高维战略选择,在低维视角里看似的困境和博弈(如低价竞争),在高维视角里实现合作共赢。

在传统的商业环境里,企业与企业之间多数是竞争关系,属于零和博弈,而在更高维度去看待同样的关系，可以是大量合作、少量竞争的关系。同行业的企业不必为了争夺市场份额而搞得头破血流，可以合作开拓更大的增量市场，甚至协力实现跨行业协同。从高维视角来看，企业都是一个合作系统的一部分。在这个系统中，企业会思考自身的价值，也会思考与其他企业合作所能带来的更大价值。毫无疑问，这是更加丰富的模式。

（3）文化升维。

企业文化随着企业的规模、成长阶段和业务领域的不断变化而变化。企业需要根据当前及未来的战略目标设计、改进文化内容，进而提升战略效果。企业文化随着思维的升维而升级。纵观商业发展史便不难发现，在那些改变企业命运的伟大变革中，不乏福特、IBM、微软之类的商业标杆，均以文化为主要推动力实现变革或转型。企业文化具有流动性，能够将领导者的意图和管理者的执行力及一线员工的知识和经验结合起来，从而实现集体升维。

文化升维是为了让组织的目标与个体的目标和需求原本在低维空间里相冲突的方面，在高维度的空间实现融合。如果企业文化与战略不匹配，则会成为企业沉重的负担。传统企业的战略强调"收入"、"规模"和"成本管理"，追求利润最大化、规模最大化。高效和安全的企业文化大多以结果为导向，聚焦目标，强调秩序。传统企业的管理风格偏向自上而下的"权威"型，但在多变和不确定的环境下，企业必须变得敏捷。平台化企业文化升维更注重赋能、利他、共赢和成就。平台化企业更注重使命感，为员工、客户和社会创造价值，使得客户、员工、股东、政府、社会形成和谐共赢的关系。

2．微粒化

如果说升维是站在更高维度俯瞰全局的话，那么微粒化就是精准聚焦的过程。通过流程的数字化和管理的微观化，将个人和工作任务进行合理匹配。借助数字技术构建数字平台，将组织做微粒化的分解、聚合和裂变。组织的微粒化使得企业不再是一成不变的稳定形态，而是具有液态特性的柔性组织、网络性组织，企业内部和外部的边界变得模糊，内外部人员可以自由流动、自由组合。

（1）分子分解。

平台化组织是一种松散的组织结构，打破了传统组织自上而下的层级结构，将权力分散到各个小团队或小组织（分子）与单个个体（原子）。平台化管理的原则是每个人都是领导者，弱化等级权力结构。平台化管理的分子分解是将个体或小团队从组织中剥离出来，形成超级个体或自主经营的小团队。分子分解的核心目的是回归基本元素。组织最重要的使命是保护个体的自由，找到个体的自我驱动力，实现自我价值。同时，保证组织内个体的平等，从而达到组织整体利益的平衡。

海尔是第一个实现平台化转型，将平台化管理思维与自身商业模式结合起来的传统企业。把中层管理者（原子）剥离出来，把他们变成微型企业CEO。每个微型企业都直接与自己的客户打交道，开发自己的产品。平台化管理松散的组织架构是为了不断向市场发起尝试，试图寻找最合适的解决方案。平台化管理在企业管理结构中构建一种"化学反应式"方法来探索多种可能，组织可以随时分解成原子，原子聚合成分子，分子再形成物质。平台化管理模式更有利于可持续发展。

（2）原子聚合。

企业边界的模糊性促进了组织内外部的交流与融合，使得人员和资源能够自由流动、自由组合。从企业分解出去的个体（原子），可以与原组织内部分解出的其他原子及社会上的独立个体聚合，形成新的团队（分子），并共同承担特定的业务、功能或任务。如此一来，每个团队或小型组织都是一个独立经营、独立核算的利润中心。平台化企业通过采用这种原子聚合的方式将企业发展理念和方向传递给每位成员（内部、外部皆可），让每位成员具备经营者的责任感，协调平台化企业发展目标和分子组织目标及原子个体发展目标。

（3）原子裂变。

在平台化企业管理中，可以将"原子裂变"视为可迅速复制和大规模扩张的机制。"裂变"以一个（或几个）点为基础，成功突破了一个（或几个）点后，再进入严格复制阶段，由一个成功的点复制出另一个点，两个点再分解为四个，四个变八个。以此类推，先慢后快，逐步推进，最终步步为营，快速高效地实现全覆盖，快速迭代与不断创新。与之类似，自主性较强的职位，如各个行业的销售经理、医药代表也可以通过平台成为原子，建立和保持自我连接，自由组合成分子，自己创造出支持环境，实现工作目的及自我成长。这些与平台的连接让人们成为自由创造的个体，同时让他们与工作结合在一起，保持产出效率。工作的意义是原子的个人兴趣，动机则是他们与世界需求之间的桥梁。

原子裂变可通过数字技术进行大规模扩散，将个体智慧和思想融入数字技术中快速复制，通过平台的力量影响更多个体。例如，大学里的教授们在教授自己学生的同时，可以把课件和录像做成音频和视频发布在各大平台上，让更多人通过平台来学习。

▶▶ **真实案例**

海尔最初创立"开放创新中心"主要是为了满足海尔集团所有事业部的需求，在全世界范围内探寻外部的技术和解决方案。这种模式就是开放式创新倡导的"创新前端"，通过和外部的优秀人才合作，共同加速研究的进展。

2013年10月，海尔开放创新平台（Hair Open Partnership Ecosystem，HOPE）正式上线。通过不断地快速迭代，加入了新闻模块和创新社区，通过交流和思维碰撞，不仅可以帮助海尔的研发团队寻找到合适的技术提供者，同时也帮助技术提供者发现合适的合作伙伴，实现技术的商业化。原本单向的"发布"成为双向沟通的"平台"，这是海尔开放创新平台发展中的一个重要的转折点。

后来，海尔开放创新平台提出"创新合伙人"，把原本讨论和分享信息的创新社区，升级成为各领域专家进行知识分享和参与项目研发的交流平台。在这次升级过程中，参与方从机构拓展到个人，从单纯的需求发布，进化到社群交互和资源匹配。

经过不断成长发展起来的海尔开放创新平台，通过与公司内外各个维度的交互和沟通，逐渐演化为开放式创新平台，聚集起全球的优秀资源，不仅服务海尔集团内部，同时也成为创新服务的输出方。目前，海尔开放创新平台已经汇聚了超过2万名来自各行业的专家和创新实践者社群，通过连接关键节点，海尔开放创新平台可以触及全球一流的资源节点达到380万家，平均每年产生创意超过6000个，每年平均孵化项目超过200个。

12.4 服务数字化转型的新模式

12.4.1 服务自助化

自助服务，是指用户通过企业或第三方建立的网络平台或终端，实现对相关产品的自定义处理。数字技术实现了更多的自助服务新模式，具体如下。

（1）互动语音应答（IVR）系统，只需用电话即可进入服务中心，用户可以根据操作提示收听手机娱乐产品，系统也可以根据用户输入的内容播放有关的信息。

（2）建立"虚拟展示厅"，展示产品形象，包括产品信息和相关知识，培养消费需求、激发购买欲望。

（3）商品查询、导购咨询、商品订购、货款支付、货物配送等服务，保证商品交换活动顺利实现。

（4）建立"虚拟 DIY 室"，开展定制营销，满足个性化需求。

（5）常见问题解答，帮助用户直接从网上解决常见问题。

（6）网上虚拟社区或在线聊天室，提供用户之间实时交流的渠道，发表对产品的评论和建议，营造与企业的产品或服务相关的网上社区，同时吸引更多潜在用户的参与。

（7）答疑解惑空间，由专业售后人员进一步解决疑难问题等。

▶▶ 真实案例

目前，已在日本风靡的自助式美容沙龙品牌——丸茂正式进军中国市场，并在北京三里屯 SOHO 开设首家店面。丸茂美容沙龙采取全程自助的模式，无须美容师辅助美容，顾客只需自行操作其高端安全的美容仪器即可。无须雇用和培训美容师，该模式的美容沙龙操作便捷、价格实惠，也正因此，在日本赢得了时尚"白领"们的青睐。顾客可在沙龙内独立私密的空间里，应用美容仪器随意选择不同的服务项目，也不会遇到任何推销和打扰，轻松享受"自助美丽"的全新体验。目前，该沙龙已推出美白护肤、美胸、激光脱毛等项目。顾客每次只要花费 20～30 分钟即可，适合都市快节奏生活。一个疗程仅需千元左右，免去动辄数千元甚至过万元的预付卡花费，也为顾客降低了消费风险。

12.4.2　服务自动化

自动化是指机器设备、系统或过程（生产、管理过程）在没有人或较少人的直接参与下，按照人的要求，经过自动检测、信息处理、分析判断、操纵控制，实现预期目标的过程。采用自动化技术不仅可以把人从繁重的体力劳动、部分脑力劳动及恶劣、危险的工作环境中解放出来，而且能扩展人的其他功能，极大地提高劳动生产率，增强人类认识世界和改造世界的能力。

▶▶ 真实案例

嘉云数据消费端产品 Club Factory 用大数据 AI 服务平台重构出海电商供应链。现在，Club Factory 已经完善了以零售业务为主的供应链管理系统，基于人工智能算法向用户推荐产品。其应用程序采用人工智能技术，实时比较各个制造商的价格，为用户提供最低的产品价格。这有助于减少不必要的中间环节，降低成本。此外，Club Factory 的 SaaS 产品可以为供应商提供生产相关建议，比如爆款产品的详细信息及用户喜欢的设计方案等，降低滞留库存和成本。

在大数据分析方面，Club Factory 主要基于 AWS 云开展三方面工作：第一，个性化推荐。基于用户在平台上的所有行为做实时自主推荐；第二，商业智能报表，包括转化率、日活跃用户量、用户购买单价等信息按天计算呈现，高效辅助运营决策；第三，一些按不同时间间隔划分的异步任务，比如以小时计的单量转化率变化情况、流量变化等，监控整体线上业务运行。

通过大数据 AI 服务平台连接消费侧与供应侧，Club Factory 现已实现了"人工智能+产品""人工智能+消费者""人工智能+供应链"的全方位技术创新：基于产品知识图谱的产品管理系统，有效实现机器管理千万量级的前端产品，克服传统电商平台卖家需手动上/下架产品和更改产品价格的困难，实现实时的产品智能上/下架和价格动态展示。海量丰富的产品数据，为用户带来了多样的购物选择的同时，提供了更多的感官体验；基于海量用户行为数据，搭建多维度立体清晰的用户画像。用户浏览和购买的产品越多，系统对用户偏好就越了解。基于产品与用户画像建模，人工智能使得用户非常便捷地在平台上找到喜欢的、适合自己的产品；人工智能系统有效地集成了产品管理模块、仓储管理模块、供应商管理模块、用户管理模块、订单管理模块，通过匹配海外用户需求，指导出口厂家的生产，大幅优化行业效率，降低行业市场成本。

12.4.3　服务一体化

随着移动支付和物联网等技术的应用，线下场景的价值开始回归，线下场景化的体验与消费愈加流行。线上与线下融合，已经成为服务业新的风口，服务行业正向着线上与线下一体化的智慧服务方向发展。各大服务平台纷纷开始向线上与线下一体化的模式转型。双线融合的智慧服务模式优势尽显，在服务领域不断迎来新的突破。

▶▶ **真实案例**

苏宁率先在行业探索出了线上与线下融合发展的智慧零售模式，实现了对零售资源与能力的数字化再造。在新的零售格局中，苏宁线上与线下全面发力，采取双线并行的策略，苏宁易购线上平台的重要性不必多说，线下的互联网门店也打开了新的流量入口。线上，苏宁基于智慧零售的大数据引流，搭配各项优惠活动来吸引消费者；线下，苏宁全业态下的5000多家互联网门店集合，以各类新型场景为用户提供多元化的消费体验。

线下的购物体验、服务门类和效率，弥补了纯线上零售模式鞭长莫及的地方，其线下的庞大数据和消费场景，也为苏宁线上提供了源源不断的增长动力。在苏宁统一的数据后台下，线上的大数据、物流等服务能力，对线下的产业进行了大力加持，苏宁的科技、物流、金融产业也纷纷为其赋能。线上与线下联动促销在内的一系列融合活动，使得苏宁逐步实现会员、活动、渠道和服务的全部打通。目前，苏宁线上与线下已经真正实现了数据的一体化融合。

12.4.4　服务智慧化

利用大数据、云计算等新技术智能、便捷获取信息的一个表现是：人们在进行网络浏览、搜索和互动时都会留下相应的数据，这些数据加上网络媒体数据构成的多数据源，不仅能够实现对用户情绪的挖掘，还可以分析出不同网络行为之间的关联性，从而获取用户现实中的社会经济行为趋向。同时利用信息搜索和查询的智能化、记忆化，通过网络数据挖掘分析预测人们的社会经济行为，实现更为智能、便捷的信息获取和管理决策。

▶▶ **真实案例**

"看病难"一直是医疗卫生产业发展的一大痛点，而基于物联网、云计算和大数据技术的智慧医疗模式则提供了有效的问题解决方案。在移动互联网、云计算、大数据等新一代信息技术的推动下，智能可穿戴设备呈现出巨大的发展活力。比如，各种实时监测老人身体健康状况的可穿戴智能医疗设备不断涌现，不仅可以让家人随时随地了解老人的健康情况，在遇到突发问题时也能够快速进行救治。云医疗健康信息平台、云医疗远程诊断、会诊和监控系统、云医疗教育系统等的打造，可以提高医疗信息与资源的开放共享水平，实现医疗资源的更高效利用，降低医疗成本、提高医疗服务范围和水平。医疗卫生部门通过深度挖掘分析以前和现存的各类医疗数据信息，实现对一些传染病、流行病的有效监管与质控，对疾病的预先诊断治疗，以及对公共卫生健康更科学、合理的决策等。

12.5 服务数字化转型的管理实践

12.5.1 数字化转型的企业运营

在数字化的商业形态和生产运营方式下，数据成为企业的核心资产，这对企业的战略制定和运行决策机制提出了与从前截然不同的要求。对于正在寻求建设数字化商业形态和生产运营模式的企业，必须设计出与数字化技术相匹配的业务运营机制，才能保证数字化转型的成功。

企业需要定义一个完整的业务运营参考体系，使得企业价值链中的所有 IT 业务活动自动化、智能化，使得业务更加透明化，并具备可追溯性，确保来自不同技术供应商的业务运营解决方案的互操作性，本质上就是在整个价值链条打造一个以数据为中心的业务运营模式。

1．业务与能力全景可视化

基于中台是实现组织内部数据信息开放共享的重要形式，对于沉淀到中台的服务能力应该以公共、透明的方式开放给组织的其他业务部门，而且只有将这些信息做到足够的开放和细致，前台业务才能更容易地了解中台目前提供的服务能力，就能更清晰地知道满足当前业务需求需要得到中台哪些方面的支持，哪些需要自己去实现，哪些需求可以提出来与中台团队一起探讨最佳的实现方式。

为实现中台服务能力的精细化运营，首要任务是构建标准化的能力地图。这意味着以能力为基本颗粒度进行原子化管理，确切描述每个能力所支持的业务功能、接入方式、业务扩展点、输入/输出参数及其接入权限等。让使用这些能力的应用方通过能力地图对于中台的服务能力有一个清晰的了解，以便可以更加快捷地使用这些能力。

中台另一个非常重要的功能是业务全景图，通过清晰的图表展现企业所有基于中台构建的应用、能力域、能力依赖关系，让用户直观地了解当前平台整个体系的数字能力系统建设现状。在整个业务全景图中不仅显示静态的服务依赖、业务扩展关系，而且还会体现实时服务调用、业务扩展调用等运行数据。简单来说，就是构建起以能力为基本颗粒度的企业数字资产地图。

2．能力自服务接入

能力地图只是展示企业的数字能力，如果给服务使用者提供自服务接入，将比跟多个服务中心的团队进行线下沟通和讨论高效得多。采用服务接入流程，可以给服务使用者提供更好的服务体验，提升服务接入效率，同时也能将整个组织中各个服务中心、前台应用间所有的服务依赖关系进行系统的信息收集。服务依赖关系信息不仅对系统运行过程中出现问题的判断提供有价值的信息，也能使企业对整个组织的整体业务架构全景有更清晰的认知。总体来说，能力地图是对企业中台服务能力清晰、结构化的展现，基于能力地图给能力的使用方提供快捷的能力接入服务，是中台运营平台在业务支撑过程中效率提升的重要体现。

3．流程驱动的能力沉淀

中台不是通过一次项目的建设一蹴而就的，而是在企业业务不断发展的过程中持续演变和发展的，这意味着中台内各服务中心的服务能力随着业务需求的变化，新增业务系统等也会修改、增加甚至淘汰，这样将持续保持中台服务能力的不断沉淀。中台肩负着企业数字化创新能力引擎的重要使命，在保持中台内服务能力提供稳定服务的同时，还能进行专业的服务能力沉淀，不能仅仅依托于企业少数人的判断或只将服务能力的增加体现在代码中，而需要一套需求结构化分解方法和流程将服务进行沉淀。

4．服务分析

服务分析功能是中台运营平台中的一项核心功能，该功能不仅仅用于展示中台内提供的服务能力数量、服务调用次数、服务响应时间、服务不可用时间、需求响应等显性数据，同时也会融入架构师对于服务设计、领域设计的最佳实践经验，通过对中台架构内服务运行数据的分析，挖掘出有助于提升企业服务能力的信息，并针对这些信息提出改善的方案，将中台运营平台从一个围绕服务管控的平台提升为可帮助企业提高数字服务化运营能力的平台。

5．高效支持业务个性化需求

前台业务场景有很多个性化的业务需求，所以中台的共性业务能力的可扩展性决定了前台个性化的业务需求是否能够更快地得到支持和实现。在很多情况下，由于未来业务的不可预测性，中台原来设计的领域模型的扩展性不足以满足未来的业务场景，从而造成中台的业务能力的复用性降低。为了解决这个问题，可以引入能力扩展点机制，通过分离关注点，将未知的部分分离出来作为扩展点进行实现。引入能力扩展点机制后，应用层很多个性化的需求将会采用扩展的方式来实现。由于个性化业务不断增长，扩展的实现势必会越来越多。企业采用业务扩展点的方式能在很大程度上提升满足个性化需求的效率，同时保持中台具备较好的业务可扩展性。

▶▶ **真实案例**

顺丰云仓作为物流网络一体化的供应链综合服务提供商，是行业内屈指可数的标杆。云仓和传统的单仓的管理之所以差别巨大，主要是因为以下几点。

- 全网仓储共享，全面可视化。
- 全网订单驱动快速响应。
- 供应链计划全面协同。
- 扁平化的供应链渠道。

顺丰能做到多仓组合，仓配全国一口价，针对电商中小规模商家，充分发挥了顺丰传统配送网络优势和创新的仓网优势，让这类商家不必像大型电商平台一样投入巨资布局全国分仓，同时能够享用高品质的可以对接多平台电商的全国分仓服务；全网协同，灵活入仓支持多批次、小批量的云仓快速调拨。为中小规模商家提供少量多批、快进快出的最优分仓库存方案；云端库存策略大数据驱动全网调拨，顺丰云仓基于客户销售大数据支持，可为客户提供智能分仓方案，分仓成为商品快速流动的暂存仓、周转仓，助力商家实现"用今天的分仓物流捕捉明天的订单"，订单未到，货已先行，订单入仓，货即出仓。

12.5.2 数字化转型的企业组织

数字化转型一定要对现有的组织人才进行能力升级，并且需要引进专业人才，这样才能支撑起数字化转型的持续发展。

随着互联网的出现,产生了两个新"物种":一是社交媒体和协作平台,二是大量的自由职业者。作为新型的组织形态,个体不再依赖于一家企业就可以向成百上千名的客户提供服务。与此同时,企业组织形态也在发生某种变化。由于市场交易成本的降低,为了平衡管理成本和维持灵活性,企业不再需要巨大的规模,而是专注于自己的核心业务,将非核心业务外包出去。企业内部还出现了一些自组织,它们是在没有外部指令的条件下,系统内部各子系统自行按照某种规则形成的一定结构或功能的组织。无领导小组工作方式、鼓励企业内部创业等也都是自组织的运用。

在组织结构形态上,组织正在从传统的金字塔形组织向混合型组织,再向敏捷的网状组织演进。这种扁平的网状组织结构可以随着外部环境和内部任务的变化而变化,这样可以让大企业保持小企业的敏捷程度,适应外部环境的快速变化。

1. 数字化组织特征

(1)企业必须是一个整体。以前看组织主要通过"分"来看,比如说分为战略、人力资源、营销、财务等。但是数字化时代必须从"整体"来看,当能形成整体思维习惯的时候,才会比较了解市场对组织的要求。

(2)效率来源于协同而非分工。数字化组织更强调效率来源于协同,而不是来源于分工。很多优秀的企业之所以取得了非常大的成功,是源于它不是用分工,而是用协同的逻辑来获取效率的,所以它们响应市场的速度和变换组织内部的结构,以及变换组织本身的功能是非常柔性的,这种柔性的变化使得它们具有非常强的竞争力。

(3)共生是未来组织进化的基本逻辑。共生是未来组织进化的一种基本路径,也就是说共生的时候才能形成一个价值网络,才可以真正做好组织管理。

(4)价值网络成员彼此互为主体。在整个成长过程中需要解决的一个非常重要的挑战就是不存在主客体之分,都是互为主体的。

2. 数字化组织优势

(1)组织具有较大的适应性。在内部组织结构、规章制度等方面具有敏捷性。虚拟组织是一个以机会为基础的各种核心能力的统一体,这些核心能力分散在许多实际组织中,它被用来使各种类型的组织部分或全部结合起来以抓住机会。

(2)组织共享各成员的核心能力。组织是通过整合各成员的资源、技术、顾客、市场机会而形成的。它的价值在于能够整合各成员的核心能力和资源,从而降低时间、费用和风险,提高服务能力。

(3)组织中的成员相互信任。组织是每个成员为了获取一个共同的市场机会结合在一起的,他们在合作中彼此信任,当信任成为分享成功的必要条件时,就会在各成员中形成一种强烈的依赖关系。比如耐克公司凭借设计和营销方面的卓越能力,将负责生产的亚洲合作伙伴紧密地联系在一起,实施有效的控制和协调。

3. 数字化组织发展趋势

(1)组织扁平化。以任务为导向、以战略为中心,充分发挥个人能动性,组织边界不断扩大,组织要素与外部环境要素互动。所有目标都面向为顾客提供优质的产品或服务,都应直接或间接地通过团队来完成。

(2)结构松散化。组织结构根据需求变化及时做出调整,无边界连接,沟通便捷,资源配置力度大。

（3）知识型团队。成员互相合作，并拥有特定技术领域的知识；基层工作者执行工作任务，高层人员负责整合基层人员的工作，并负责与其他知识团队及管理者进行沟通。

（4）设计师居于组织中心位置。设计整个组织、做出决策，并获得其他组织成员的信任。管理群体是否会不断改变，取决于组织所做出的决策。

▶▶▶ 真实案例

数字化时代，百胜中国始终坚持以人为本，为员工打造"公平、关爱、自豪"的环境。通过培养员工的创新思维与能力，让他们拥有更好的工作体验和发展机会，在变革的时代提升雇用力，实现自我价值，驱动公司的数字化转型。

在员工方面，给予一线员工充分的授权。一线部门可以在授权并充分掌握信息的基础上，及时决策，边行动边调整，敏捷迭代，获得市场竞争的主动权。比如，采用按能力分等级授权的模式，循序渐进。通过培训和能力鉴定，证明能力胜任者，即可获得授权。

在领导者方面，不再被动响应，而是主动预判。领导者对未来业务趋势走向进行预判，在业务需求到来之时，快速响应，真正做到主动敏捷。

12.5.3　数字化转型的企业文化

文化是推动企业数字化转型的保障。企业要实现数字化转型，首先就要推动组织内部变革，建立鼓励协同的企业文化，数字技术、应用和文化相互影响。通过企业文化、组织架构和流程、人才和领导力，打造组织不可复制的核心战略能力，实现企业的战略意图。

1. 数字化组织文化特征

（1）利他。利他文化，实质上是为客户创造价值的文化。站在客户的视角来审视自身的商业逻辑，只有能够持续为客户创造价值的企业才能生存。利他文化得益于数字技术带来的信息对称，确保了利他行为可以得到准确的估值和利益保证。利他文化重构了利益分配的前提假设。通过声誉机制和文化筛选功能，利他文化可以更好地聚集志同道合者，共同在一个资源共享平台上实现自我的最大价值。

（2）赋能。在平台化企业中，个体的主要驱动力来源于实现自我价值的自主驱动力，以及创新带来的成就感。数字时代，文化让志同道合的人聚在一起干一番事业，而不是用传统利益驱动的方法去考核和激励。

（3）协作。协作体现于企业的每位成员，上至高层领导，下至基层员工，每一位个体的状态、能力、目标甚至是个人偏好都可与同事、领导及团队分享，不再互有保留，彼此间的互相熟悉能够实现更好的取长补短。

（4）共赢。共赢是指在多元关系中，在相互信任的基础上，换位思考，相互理解，相互支持，使得多方利益分配趋于合理化，使得各个利益群体的需求得到最大化的满足，使得各方满意，形成相互依存的伙伴关系。

2. 数字化组织文化的建立方式

（1）建立利他愿景。

建立利他愿景的关键就是要建立一种"认同感"，通常需要采用如下方式。

明确使命：要明确企业实现愿景目标必须承担的责任或意义。

认同使命：使命会影响人才的选聘方向，也直接决定了组织的特质。

增强使命感：让员工具有企业主人翁的责任感和使命感。其一是企业要给员工提供安全感、归属感及实现自身价值的平台；其二是提供员工参与长期回报的机会，让员工实实在在成为企业的主人。

（2）达成集体共识。

达成集体共识需要做到4件事情：共同的事物、共同的语言、共同的行为及共同的感觉。

共同的事物：企业要给员工明确的共同指示与规范。共同的事物让员工可以和组织完全保持一致。

共同的语言：语言具有特殊的作用。如果让员工有共同的语言，也就让员工之间达成了共识而不会产生距离。

共同的行为：部队是运用共同的行为达成共识的典型。因此在形成企业文化的时候，也需要员工具有共同的行为举止。

共同的感觉：企业给员工好的感觉有着非凡的意义。这种感觉一旦成为员工的共识，就会发挥出巨大的作用。当一家企业的员工评价企业说"企业对我们很好""我们喜欢这个地方""我们关心企业，因为企业关心我们"，那么这家企业就形成了员工共同的感觉。

▶▶ **真实案例**

在"全球最创新的餐饮先锋"愿景的指引下，百胜中国紧紧围绕数字化趋势，持续升级企业文化、激励员工重燃创始人精神，通过共同的愿景凝聚人心，实现共创共享共赢。

早在2012年，百胜中国已经开始为数字化转型做文化意识上的准备。为了使员工充分理解企业的变革，将价值观内化并体现在个人的日常行为中，企业根据每年的战略和市场变化，设立特定的文化主题，以引起全体员工对企业文化的关注。

百胜中国强大的文化体系包括为客疯狂、正直诚信、创业创新、互信支持、回馈社会等行为。正是对文化的认同，百胜中国才可以把整个团队凝聚在一起，在关键时刻，发挥出巨大的力量。

随着数字化发展，外卖和消费者行为的变化，餐饮行业面临巨大的变革。百胜中国将文化主题定为"新起点，新征程"，意在突出组织改变的决心，鼓励所有员工积极拥抱变革。随后，伴随着"敏捷创新，攻坚制胜"文化主题的推出，百胜中国面对挑战逆势而上，不断推动商业、产品、价值和数字创新。

2020年新冠疫情暴发，公司平日累积的文化和能力，得到了最大的展现。各个团队快速反应，互相支持，为公司保驾护航：口罩采购、物流保障、餐厅防疫措施升级、员工健康追踪和保险升级、为一线抗疫人员送餐、为消费者推出无接触配送和企业送，并快速培训员工直播带货等。

12.6 服务数字化转型所面临的挑战

数字化转型虽然取得了一定的成效，但多数企业的数字化转型仍停留在初级阶段，转型失败率高，企业的数字化转型面临着重重挑战，其主要集中于以下几个方面。

1. 隐私、知识产权保护等障碍

数字技术的大范围使用在提高效率和促进创新的同时，也带来了隐私保护、知识产权、网络安全、劳动保障等问题。法律法规又常常滞后于问题的大规模出现。传统企业的数字化转型需要提前考虑到这些问题并制定相应的策略。例如，制定严格的隐私保护条款和服务规则，采用高级别的安全策略和安全技术，制定商户信用审查、奖惩和用户保障措施来保护用户的利益，积极与监管者合作以规避监管风险。

▶▶ 真实案例

2021年11月1日，《中华人民共和国个人信息保护法》正式实施，这一话题在当日迅速登上热搜。与此同时，该法律也被视为中国未来互联网行业监管的重要依据。这部法律的意义不仅包括制度层面的完善，同时也释放出国家下决心整顿数据治理乱象的信号。

该法律颁布不久，微信发布更新IOS版本，在《微信隐私保护指引》中新增了个人化推荐管理管道，并更详细地披露了微信处理个人信息的方式等。为了更充分保障用户权利，微信新增了个人信息浏览和汇出机制，设定了系统权限和应用程序授权管理入口。进一步披露了为最佳化广告效果需求而与第三方共用经去标识化或匿名后处理的信息，增加披露为确保部分独立功能的实现所连接第三方SDK（Software Development Kit，即软件开发工具包，一般都是一些软件工程师为特定的软件包、软件框架、硬件平台、操作系统等建立应用软件时的开发工具的集合）的情况。

2. 决策过度依赖数据

数据驱动的决策过程可能带来对数据的过度依赖，导致管理者决策失误。哈佛商学院教授克莱顿·M. 克里斯坦森（Clayton M. Christensen）认为："上帝并没有创造数据，创造数据的是人。"他认为数据只能让人们看到过去的表象，从数据收集到分析和解读，每一步都在损失大量的信息，数据无法"看到"未来，并不适用于最重要的事情。相反，企业管理者对产品、服务、客户的经验和模糊知识，与客户（尤其是重要客户）的直接沟通、亲身体验产品和观察消费者场景及多年形成的常识和直觉，对于重大决策依然具有极为重要的作用。

▶▶ 真实案例

"拥抱"大数据但不能过度依赖。对于业务决策来说，数据分析只是辅助手段，而不是核心推动力。许多数据是无意义的，过度依赖数据于决策无益甚至会引导人们做出错误的决策。

《大数据时代》中提到了这样一种情况：

玛丽莎·迈尔（Marissa Mayer）在任谷歌高管期间，有时会要求员工测试41种蓝色的阴影效果，哪种被人们使用最频繁，从而决定网页工具栏的颜色。这是陷入"数据之上"的误区，这样的数据是毫无意义的，访客能不能看出细微的差别不说，几乎没有人会因为阴影效果的不同而决定访问或不访问这一网页。

3. 社会责任

数字时代企业的商业活动与个人的生活更加紧密地联系在了一起，企业在承担更多社会职能的同时，实际上也在货币化这些社会职能。在财富和社会权力的再分配过程中无论是原生数字企业还是处于转型中的传统企业，都需要承担起更多的社会责任。比如，对于网络社区内的人身攻击、言语暴力等言论的主动管理，利用大数据技术发现和下架仿冒产品，提醒用户某些网站的潜在危险性，建设和维护公共网络空间，研发和提供无障碍数字工具，以及利用自己的技术和数据优势从事其他社会公益事业。

▶▶ **真实案例**

2016年，支付宝推出蚂蚁森林项目，通过让支付宝用户进行低碳出行而获得能量，当能量达到一定数额的时候，可以免费在阿拉善沙漠地区种下一棵树。蚂蚁森林让支付宝用户通过小小的力量就能够在沙漠地区种上一棵真的树。它既改善了生态环境，同时又让支付宝用户有了对生态保护的参与感。

相关数据显示，4年时间蚂蚁森林已经种植2.23亿棵真的树，覆盖面积达306万亩。蚂蚁森林通过在阿拉善沙漠地区种植树，极大地改善了阿拉善沙漠地区的生态环境，为生态治理提供了非常有力的帮助。

本章小结

本章首先介绍了数字化转型的相关概念，并对数字化转型的特征与服务数字化转型的趋势进行了阐述，接下来对数字化转型的影响进行了分析，并重点介绍了数字化转型对产品和服务，以及服务管理造成的影响。其次，对数字化转型的新思维：敏捷思维和平台思维进行了阐述。在此基础上，对服务数字化转型的新模式进行了详细分析。最后，从企业运营、企业组织和企业文化3个方面对服务数字化转型的管理实践展开讨论，并提出了企业在实施服务数字化转型过程中所面临的挑战。

讨论题

1. 分析企业在数字化转型过程中所需的新思维。
2. 根据服务数字化转型的管理实践，设想并化解企业在数字化转型时可能面临的阻力。
3. 举例讨论企业在数字化转型过程中所面临的挑战。

▶▶ **案例分析**

案例12-1 奈飞的持续转型

奈飞是一家会员订阅制的流媒体播放平台，总部位于美国加利福尼亚州洛斯盖图。奈飞已经连续5次被评为顾客最满意的网站，它的创意内容本身并不重要，这家企业能够不断通过变革调整自我定位，这是它获得成功的最关键因素。

奈飞成立于1997年，曾经是一家在线DVD及蓝光租赁提供商，用户可以通过免费快递租赁及归还奈飞的大量影片光盘。迄今为止，奈飞经历了如下转型。

- 奈飞的第一次转型是用以网络和电子商务为基础的订阅方式替代实体电影零售商店。当奈飞于1998年开业时，网站上只有925部电影。2000年，奈飞明确地向百视达（Blockbuster）提出了建立合作伙伴关系的提议，但被拒绝了。具有讽刺意味的是，百视达在接下来的5年里生意越来越冷清，而这主要是奈飞造成的。
- 奈飞的第二次转型发生在2007年，其开始向流媒体内容转型。订阅者只需要支付极少的费用就可以根据自己的需求获得大量的网站内容访问权限。
- 奈飞的第三次转型以原创内容为特征，标志性事件是2013年网剧《纸牌屋》的发布。
- 随着国际化业务的推进，奈飞正在进行新的自我转型，也就是奈飞的第四次转型。

当大多数企业还在思考要不要进行一次商业模式转型时，奈飞是如何持续保持令人羡慕的连续转型的呢？显然，其中有一些重要因素推动其成功转型，例如强大的领导团队和能够形成广泛支持的企业文化。奈飞明确了自身转型的杠杆点，即察觉未来趋势、使用敏捷文化和采用前沿技术。

（1）尽早识别颠覆性技术并利用它。

第一个杠杆点是奈飞敏锐地察觉到了未来趋势。奈飞创建之初的发展目标是成为世界上最大的DVD邮寄销售企业。在创建伊始，奈飞就意识到未来5年宽带速度会呈指数级增长，以这个速度发展下去，可以创造一种新型的视频需求即时满足模式，这就意味着，奈飞现有的模式（客户下订单，几天之后收到邮寄来的DVD）需要被颠覆。奈飞从邮寄DVD转型到流媒体传输，这一举动在今天看起来很合逻辑，但是在当时宽带速度还很低，而奈飞的DVD邮寄业务正在蓬勃发展的形势下，这绝对是一个非常大胆的决定。今天奈飞的播放流量占美国所有带宽的1/3。在竞争模式出现之前就能够发现颠覆性力量并加以利用，正是这一能力使奈飞持续保持良好的运营状态。

（2）作为获胜要素的企业文化。

第二个杠杆点是奈飞传奇性的企业文化。奈飞给予员工真正的授权，并将在其他人看来已经非常正常的流程继续简化。奈飞以对待"完全能力人"的方式对待员工。其秉持的基本假设是，员工想为奈飞做正确的事情，如果企业能够给他们自由，他们就会创造出最好的结果，并承担相应的风险推进创新。所以，员工的预算报告不需要经过批准就可执行，他们可以无限期休假。奈飞没有年度绩效审查制度，并且薪酬还很丰厚。

（3）颠覆性技术。

第三个杠杆点是奈飞的技术优势。奈飞很早就选择了一个极具延展性和开放性的技术架构。无论是实体DVD销售优化系统还是流媒体视频系统，奈飞一直把技术基础作为一种竞争优势的来源。奈飞网站上的每一部电影都有超过50种不同的版本，能够适应不同的屏幕尺寸和影像质量要求，从而不需要进行格式转换以匹配客户的屏幕尺寸和分辨率。有趣的是，奈飞将它的视频流媒体存储在亚马逊云平台（这是它的竞争对手之一）。这种区分杠杆点和商品服务的能力是一种重要的战略手段。

总体来说，奈飞能够最大化利用其市场灵敏性、文化优势及技术超前性不断变革其商业模式。

分析题：

1. 在奈飞的4次转型当中，你认为哪一次转型对它的影响最大？为什么？
2. 在奈飞的转型过程中，其采用了哪些数字技术？这些数字技术分别发挥了怎样的作用？
3. 从转型思维、转型模式和管理实践谈一谈奈飞转型成功的原因。

案例12-2 药明康德的数字化转型

自2000年12月成立以来，药明康德一直致力于通过其领先的全球能力和技术平台，以更低的成本、更高的效率和更好的质量，加速药物和医疗器械的研发。作为一家以研究为首任和以客户为中心的公司，药明康德为全球合作伙伴和消费者提供从研发到临床试验和制造的各种综合实验服务。这些服务涵盖了从药物发现到商业化的所有阶段。

药明康德以小分子药物发现业务起家，拥有超过5000名化学家为全球消费者提供药学服务，超过50万种化合物通过药明康德先进的平台采购、合成和交付。

（1）采购的挑战

随着业务的快速增长，药明康德平台以其低成本采购、快速交货、高效率等直接竞争优势吸引了众多领先的供应商。然而，采购更多的构成要素和试剂成为采购部门面临的巨大挑战。

随着产量的增长，对来源更多样的化合物的持续需求带来了特别的挑战。

问题显而易见，但在业务不断增长的情况下，解决方案非常有限。整个采购团队都在努力手工维护供应商、报价和订单跟进。由于成本压力及员工和团队之间的交叉协作效率低，它已经越来越难以通过增加员工来解决问题。

药明康德决定借助数字技术创新实现一种全新模式。LabNetwork 是药明康德建立的数字化商业平台。LabNetwork 是一个基于研究的电子商务平台，从 2015 年开始连接复合买家和供应商，并取消了离线手工流程和经纪人，电子商务平台还提供了一种数字化的方式来简化药明康德的化学家与外部供应商之间的在线采购流程，以提高采购流程效率。

（2）全方位数字化采购

对于采购团队来说，大部分日常工作都被数字化平台简化并重新定义。90%的报价和跟踪直接在研发用户与供应商之间完成（包括在线审批和预算控制），团队只需要处理异常情况。他们可以将剩余时间用于更高价值的活动，如：

- 为内部用户使用 LabNetwork 提供技术支持；
- 听取并收集最终用户的反馈；
- 与技术团队合作，迭代地改进系统；
- 维持战略供应商；
- 与供应商/物流部门协调维持库存量（实物和虚拟）。

这个流程为药明康德乃至整个行业创造了更多的价值。随着平台在内部的使用和不断完善，逐步提升了线上/线下的数字化运营水平。它还通过连接制造商和供应商，为全球化学家和药物研究人员提供化合物。

多年来，消费者不得不花高价购买他们所需的化合物。由于渠道、语言、成本等方面的挑战，许多优秀的供应商（制造商）无法接触到世界各地的消费者，他们不得不依赖贸易商去出售他们的化合物，从而失去了发展自己品牌的机会。LabNetwork 的全球电子商务平台直接连接了消费者和供应商，因此解决了这些问题。

除了面向消费者的电子商务门户，LabNetwork 还提供了供应商门户、仪表盘中心和后端管理用户界面，这些前端应用程序调用中间层服务和周围的系统应用程序编程接口（Application Programming Interface），以支持业务的更改。

（3）未来发展。

LabNetwork 持续加强其平台和业务实践，从多个方面提高了整个组织的卓越运营水平，这对于帮助药明康德保持其领先地位和同比快速增长具有重要意义。通过 LabNetwork 的迭代，许多周边的系统也得到了发展，比如复合库存管理和 SaaS 应用，为供应链中的所有利益相关者提供了一个完美的行业解决方案。

未来除了加速商业的数字化，LabNetwork 还将从传统的企业或电子商务功能，如采购、物流、库存和运营等，拓展出新的商业模式，如社区、线上/线下和新的零售业务——从分子、构成要素和化合物，到抗体、生物试剂、基因组测序产品和临床试验等。该平台的发展为全球医疗行业的领导者提供了越来越多的机会。为了推动整个组织的数字化转型，IT 团队还制订了一个通过注入成功的业务价值来发展"中端共享服务"战略，并实现"快速响应市场"目标的长期计划。

分析题：

1. 结合案例分析药明康德在数字化转型方面做了哪些努力，对企业产生了哪些影响？
2. 药明康德的数字化转型采用了哪些新思维？其是如何体现的？
3. 谈谈药明康德的数字实践对其他行业数字化转型的启示。

第 13 章

服务全球化

▶▶ 学习目标

1. 了解服务全球化的发展趋势。
2. 掌握基本的服务全球化战略。
3. 理解数字技术驱动服务全球化的方式。
4. 了解成功实现数字全球化的企业管理实践。

▶▶ 导入案例

数字技术驱动李宁品牌全球化

2008 年，李宁成为继耐克、阿迪达斯和彪马之后的全球第四大体育品牌。在中国，李宁已经获得了很高的品牌认知度，其业务快速扩展，在一线至三线城市都建立了零售店。

2010 年年初，李宁尝试进入竞争激烈的美国体育用品市场，在俄勒冈州波特兰建立了设计中心，并在现场留出了展示空间，体现高端零售店的业务。然而，李宁却陷入美国市场对于中国制造的价廉质低的固有印象的困境。

为了摆脱困境，李宁在美国推出了与中国业务模式截然不同的电子商务模式。2011 年李宁成立了新的分公司，专为美国市场设计、销售运动服和运动鞋，而这个分公司仅专注于在线业务。事实证明这是李宁进入美国市场的最佳途径，既避免了开店成本，又不受地域限制而实现全覆盖。

数字李宁将社交网络作为最大的营销工具。脸谱上的数字李宁追随者从网站在 12 月中旬成立时的 1000 人增加到第二年 3 月初的 37 000 人，截至 2021 年，粉丝数量超过 117 892 人。数字李宁针对美国的年轻消费者对于异域的中国文字和形象感到新奇，体现了"专属、独特、高端"的设计特征。这样做的初衷是在美国市场有力地推广中国式形象。在新生产线中，李宁专为美国市场设计的篮球鞋含有瓷器元素、代表中国的黄色和龙。为了使产品更加独特，数字李宁对最特殊的产品推出了限量版。利用代表幸运的数字 8，数字李宁设计了具有"8"图案的篮球鞋，并且仅生产了 8 双在美国销售。李宁还与 NBA 篮球巨星德维恩·韦德（Dwyane Wade）签约让其作为品牌代言人，并推出了第一款签名战靴"韦德之道"。

通过将"国潮"推向世界，从中国式传奇到纽约时装周的中国刺绣，李宁在产品设计上不断地融合东方元素，充分展现东方魅力。2021 年，《BrandOS TOP 100 出海品牌社交平台表现力白皮书》发布，服饰行业李宁榜上有名，排名第 66，相较于 2019 年的第 90 名有了较大的提升。

13.1 服务全球化的发展趋势

1. 世界变得比以往任何时候更加错综复杂地彼此连接

1990 年,全球商品、服务和资金的流动总价值不过 5 万亿美元,占全球 GDP 的 24%。其中,国际旅客约 4.35 亿人,公共互联网才刚刚起步。到了 2014 年,全球商品、服务和资金的流动价值已超过 30 万亿美元,占全球 GDP 的 39%。各国之间交流密切,国际旅客人数超过 11 亿人。互联网早已成为连接全球数十亿人和无数公司的全球性网络。

万维网日益成为连接全球经济的纽带。全球约 50% 的交易服务已经数字化。全球商品贸易中约 12% 是通过国际电商完成的。跨国的 Skype 电话占传统国际电话业务量的 46%。eBay 分析了 18 个国家,发现 88%~100% 的中小型出口商都在用它们的平台。

更具数字形态的全球化改变了参与者的身份、企业跨境贸易的方式及经济利益的流向。数字全球化的新纪元已经开启。全球化进入了被诸如信息、创意和创新等数据流动所定义的新时代。数字平台创造了更加高效和透明的全球市场,这让买卖双方只需点击链接即可建立联系。数字通信和交易的低边际成本为大规模跨国业务的开拓提供了新的可能性。

2. 传统的商品、服务和资金流动已经减缓

20 年来,由于全球主要跨国公司延长了其供应链并在低劳动力成本国家建立了新的生产基地,全球商品贸易(包括大宗商品、制成品和中间品等)增速约为全球 GDP 增速的两倍。但最近几年全球商品贸易增速一直慢于全球 GDP 增速。而且,由于若干结构性因素,制成品与中间品贸易增速也出现下降。许多制成品的生产商开始越来越重视产品上市的速度与非劳动力成本,同时对劳动力成本的关注越来越少。因此,一些生产商正逐渐接近终端消费者。许多中间品(如化学品、纸张、纺织品和通信与电气设备等)的贸易额也在下滑。这表明,全球价值链可能在缩短,至少部分原因在于管理复杂、冗长价值链需要付出的成本较高。

未来 10 年,全球商品贸易额占全球 GDP 的比重可能会继续下降。至少,不太可能快速增长。不仅要素成本正在发生变化,3D 打印和其他技术也有可能改变商品(如电子产品、汽车零部件、其他运输设备、机械和电力设备、医疗器械及服装等)的生产方式与地点。

3. 数据和信息的加速流动正在改变全球化的驱动力

虽然全球贸易和资金的流动已经减缓,但跨境传播的数据量在大幅增加,这创造了一个连接国家、公司和个人的复杂网络。全球数据流主要包括信息、搜索、通信、交易、视频和公司间的流量。它们支撑并实现了其他所有的跨境流动。集装箱货船仍然会把货物运输到世界各地的市场,但现在客户在线订购,使用 RFID 代码追踪轨迹,并通过数字支付来进行交易。虽然视频占据了大部分的互联网带宽,但物联网和其他业务的应用越发重要。

数字化平台是全球化新时代的关键。在过去 20 年中,大型公司建立自己的数字平台来管理供应商、连接客户、实现全球员工的内部沟通和数据共享。但是随着各种公共互联网平台的发展,任何人在任何时候都能连接网络。这些平台包括操作系统、社交网络、数字媒体平台、电商网站和各种在线市场。他们使用自动化和算法让交互的边际成本趋近于零,最大的平台能服务数亿全球客户。客户能更容易地查看产品、服务、价格及其他选项的细节,这消除了某些信息不对称,让市场运行更为有效。

全球商品贸易中约有 12% 是通过阿里巴巴、亚马逊、eBay、Flipkart 和乐天等国际电商平台

进行的。除了电商业务，传统劳务和自由职业等劳动力市场也借由数字化平台变得更加全球化。

数字化还能实现虚拟商品的即时交换。电子书、手机应用程序、在线游戏、MP3音乐文件、流媒体服务、软件和云计算服务等都可以通过互联网传输给身处世界各地的客户。许多主要的媒体网站正从服务本国客户转向服务全球客户，包括卫报、时尚集团、BBC和BuzzFeed在内的出版集团的线上流量中有一半多来自国外。奈飞将商业模式从邮寄DVD转向出售在线流媒体订阅服务，奈飞现在服务于190多个国家。虽然在数字贸易的第一波浪潮中只有媒体、音乐、书籍和游戏，但3D打印最终可能把数字商业扩展到更多的品类。

最后，"数字包装器"将作为数字化插件提升其他种类要素流动的价值。比如，物流公司利用传感器、数据和软件跟踪实际出货量，减少运输中的损失，并让更有价值的商品得到运输和保障。无论是在亚马逊上购买消费品还是在Airbnb、Agoda或TripAdvisor上预订世界各地的酒店，在线客户提供的评论和评级可以让更多的个人在跨境交易中感到更满意。

4. 数字化使得全球化的流动更具包容性

全球化曾经几乎由政府、大型跨国公司和大型金融机构等所驱动。但在今天，工匠、企业家、应用开发人员、自由职业者、小商贩甚至普通个人都能直接参与具有全球影响力的数字平台。

全球的中小企业都在利用"即插即用"的基础设施让自己成为面向庞大全球客户的出口商。例如，亚马逊上有大约200万家第三方卖家。在全球范围内，eBay上中小企业的出口业务规模远远高于线下同类企业。PayPal为中小企业和客户之间的跨境交易提供了支持，其中68%的跨境支付通过PayPal完成。需要资金的微型企业和项目可以从Kickstarter等众筹平台融资，2014年有近330万全球客户支持了Kickstarter上的项目。

个人的参与对商业和经济会产生明显的影响。数字化平台提供了一个拥有大量潜在用户的基地并提供了有效的市场营销方式。当社交媒体能把产品展示给来自全世界的客户时，产品能以前所未有的规模实现"病毒化"推广。数字化平台为个人提供了学习、合作与获得新技能的新途径，并可以向他们的潜在雇主展示自己的才华。全球大约有4.4亿人从Freelancer、Upwork及其他数字化平台上找到了自由职业；将近4亿人在领英上发布了他们的专业简历。富有创造力和驱动力的人能在全球舞台上占据一席之地。

数字全球化的新纪元为企业实现全球化的规模和效率提供了前所未有的机遇，但这也需要公司重新评估现有的战略、业务模式和运营方式。企业要想实现数字全球化仍然会面临很多的挑战。

13.2 服务全球化战略的分类

随着数字技术的发展，世界越来越相互联结，企业仅仅想要在国内发展注定会被全球化的步伐所淘汰，企业和产业必须关注其服务的全球化战略。企业的全球化战略将在很大程度上影响企业全球化进程，决定企业全球化的未来发展态势。

全球化战略是指企业试图进入世界经济市场的战略计划。其目标是指在日趋复杂的环境下从全球范围考虑公司的市场与资源分布，提高竞争能力，增强竞争地位，最大限度地去实现总体利益。它能将其生产经营设施安排在最有利的国家内，对他们的战略行动统一协调，能将位于不同国家的活动连接起来，及时转移在技术开发、管理创新上的成果，更充分地利用公司的核心竞争力。综上，有以下5种基本的全球化战略。

（1）多国扩张。
（2）进口客户。
（3）跟随客户。
（4）分解服务。
（5）超越时空。

当然，这些战略并非相互独立，企业会根据自身的业务将这些战略进行组合。

13.2.1 多国扩张

多国扩张通常是指通过特许经营来吸引投资者和以"完全照搬"的方式快速在多个地点克隆服务来实现的。当需要客户亲临服务场所时，这种扩张战略是必要的。然而，不加任何改动而成功地向其他国家输出一项服务，要着力于推销"一个国家的文化经历"。

许多战略问题涉及将服务经营推向全世界，或者说多国扩张。若涉及的是日常的重复性服务，那么可以很好地在全球范围内复制，如肯德基。然而，客户接触或前台作业要求适应当地文化。最好的方法就是雇佣和培训当地人员处理服务过程中的这些部分，同时让了解这种方法的人提供指导。

▶▶ **真实案例**

肯德基从一进入中国市场开始，便一直在寻求本土化，通过将产品与中国传统文化相融合，在中国大获成功。从老北京鸡肉卷到烧饼米饭，再到豆浆油条，肯德基大张旗鼓地把中国最传统的美食饮品摆上餐桌。截至2021年第三季度，肯德基在中国的门店数量已经达到了接近7000家，远超其余的竞争对手。

13.2.2 进口客户

单场所、多种服务的战略要获得成功，客户必须愿意旅行很长距离并逗留较长时间，或者可以用远程代替亲自前往。很多服务机构，像有声望的大学、医疗中心和旅游胜地，都会碰到这些问题。如果某地有独特的旅游景点，那么，服务将围绕着它展开。

一项维持原地、吸引全世界客户前来的服务，需要开发接触客户的员工的外语技能和文化敏感性。场所的独特特征（如旅游景点或服务声望）将支配这个战略的选择。通过服务的定制化和复杂化，可以实现差别化；交通设施和后勤管理要适应来访的客户。

▶▶ **真实案例**

美国的环球影城作为一个主题公园，紧紧联结着IP和粉丝们。在游客眼中，环球影城让那些曾经出现在电影荧幕中的生动场景照进现实，解锁了藏匿在人们心中多年的梦想，成为人们的快乐天堂。置身于热爱的电影场景中，短暂忘掉现实的苦恼与忧愁，这就是环球影城最有魅力的地方。

13.2.3 跟随客户

很多服务公司在海外设立办事处，目的并不是服务于当地市场，而是跟随原来在国内的老客户，继续为他们提供服务。然而，如要吸引当地业务，则需要对服务包的许多方面进行调整。同时，还需要聘请熟悉当地业务的人员。

▶▶ **真实案例**

2017年6月13日，阿里巴巴集团通过旗下新闻发布平台Alizila宣布，推出"服务1亿海外华人"的Tmall World业务。阿里巴巴称，将会通过淘宝网、淘宝App及其他PC和移动程序向海外华人销售目前在售的1.2亿件产品。新加坡、马来西亚等华人聚集区将是Tmall World的优先市场，且阿里巴巴会提供物流、支付、本地化等端到端的服务。

13.2.4 分解服务

分解服务是指将价值链分解，然后集中于那些不需要面对面交互作用的部分。在建立全球化服务经营时，分解服务可以带来集中性战略实现的许多利益。

如果服务经理决定分解服务并集中于价值链的某一部分，那么，有关顾客细分市场将不得不接受新的服务概念。分解过后的业务必须比以前更适合那些目标客户。

▶▶ **真实案例**

苹果公司作为全球成功的企业之一，每发布一款新产品就会造成不小的社会影响。苹果产品的价值主要依赖于无形的设计与软件，而不仅停留在有形的硬件上。苹果公司在制定全球化战略时，选择外包的方式，将从不同的供应商处采购到的原材料发送到位于中国等国的组装工厂。在那里，组装者再将产成品直接发给那些从苹果在线商店购买的消费者，通过这种方式减少了供应链并且有效降低了产品的成本。而苹果自身则把重心放在产品设计和操作系统优化上。

13.2.5 超越时空

超越时空主要从以下事实中获得竞争优势：人们能避开时间和国内时区的限制，包括基本的国内工作时间规定和条例。有些项目可以充分利用协调的全球活动，而有效协调不同地点和时区之间的经营和获得更高的可靠性，可能要求在培训、作业方式和信息基础上增加额外的投资，这样才能让顾客清楚地了解地点的变化和实现时间优势的全部价值。基于时间的竞争战略在制造业得到广泛接受。在即时服务领域，人们希望出现新的创新，超越时空，获得竞争优势。

▶▶ **真实案例**

2020年受新冠疫情影响，全球大部分人开启了"云办公"模式。Zoom作为全球云视频通信行业的龙头，在同款产品中格外火爆，日均下载量达到34 000次之多。Zoom为了保证网络的低延时，进行了大量的研发投入。不同于传统专网的方案，Zoom自己研发了一套多媒体路由，企业可以从Zoom全球众多的数据中心，选择最优的网络路径来举办会议，确保全球服务质量。这也使得企业能超越地域与时间的限制，实现全球化办公。

13.3 数字技术驱动服务全球化

全球化描述了商品、服务、技术、投资、人员及信息等的跨境贸易带来的世界经济、文化和人口之间日益增长的相互依存关系，有形的商品和资金流动是全球化时代的显著标志。数字技术的发展为海量数据和信息的跨境流动提供了条件，推动全球化进入了新阶段。随着新技术重塑生产、贸易和横跨其间的全球价值链，世界正在步入一个数字全球化新时代。在这样的时代背景下，服务在贸易中发挥着越来越大的作用。虽然全球商品贸易相对于全球 GDP 的比例有所下降，但服务贸易在朝着相反的方向发展。在过去 10 年里，服务贸易的增长速度比全球商品贸易增长速度快 60%以上。特别是在某些领域，如 IT 服务、商业服务及知识产权费用，它们的增长速度是全球商品贸易增长率的两到三倍。

1. 区域化和新技术助推数字全球化时代开启

数字技术和数据流将逐步成为连接全球经济的纽带。数字平台、物联网和其他新技术继续降低交易成本，推动各种类型数据的流动。数字平台、物流技术和数据处理技术减少了摩擦。电子商务、社交媒体、支付、旅游、学习等数字平台直接连接买卖双方，创造新市场，降低买卖双方的搜索和协调成本。电子商务通过汇集大量选择，使定价和比较更透明，已实现大规模跨境流动，还减少了距离对贸易流动的影响。

物联网、自动化和区块链可以改善物流。物联网创造了监视和控制物理世界的能力。物联网可以根据当前的道路状况跟踪货物，并选择送货卡车的路线，从而加快货物的流动。自动文件处理可以加快货物通过海关的速度。人工智能可帮助减少海关处理中的错误率，克服语言障碍。自动驾驶汽车在物流领域有着巨大的潜力。区块链技术可以降低贸易成本，同时为国际交易提供透明度和信任。区块链还可用于创建智能合同，取代贸易融资中的基于纸张的文件系统。由于交易被永久地记录在分布式账本中，不太容易被篡改，增加了安全性。

自动化程度更高的制造业不再需要大量低技能劳动力，这对全球劳动力市场产生了重大影响。企业会决定将一些生产转移到更靠近发达经济体终端市场的地方。同时，自动化不一定会造成生产从发展中国家外流。因为它可以减少生产中的错误率，提高产品质量和产量，还可以帮助一些发展中经济体发展竞争优势。

增材制造，或 3D 打印可创造出性能更好、新功能或更轻的产品。因为对象可在使用点创建，所以生产更加分散和灵活。通用电气公司采用增材制造技术，为喷气发动机开发了一种复杂的燃料喷嘴，将 20 多个部件组合成一个单元，重量减少了 25%。随着靠近消费者的按需生产取代了大规模生产的全球分销，增材制造可能会抑制某些商品的贸易。在某些情况下，增材制造可促进定制，产生更多消费需求，从而刺激贸易。世界银行研究发现，自从 3D 打印技术问世以来，助听器贸易增长了 60%。

数字商品、电动汽车和 5G 无线网络等技术正在改变跨境贸易的商品和服务。一些数字创新用数据和服务流取代了货物贸易。随着一些商品数字化，它们变得更具可交易性，甚至可能转化为数据和服务流。这一趋势始于音乐、视频和游戏，现在正转向云计算、3D 打印，并逐渐成为一种服务商业模式。数字产品崛起会将价值从制造转移到服务和分销。价值创造正在转移到上游的研发和设计，以及下游的分销和营销，处于价值链中间的制造过程将可能消失。电动汽车和可再生资源的增长可能会减少汽车零部件和大宗商品的贸易。电动汽车的采用可能会破坏汽车价值链和贸易，还将减少对原油和石油的需求。但转向电动汽车也可能在汽车价值链中产生新的流动，镍、钴和铜等电池原材料的贸易可能增加。世界正在转向更多地使用可再生能源。麦肯锡曾在 2019 年预测，到 2030 年，太阳能和风能发电所占比重将分别增长 4 倍和 2.5 倍。5G 使远程医疗、虚拟现实和新的服务流成为可能。超快的速度和可靠性将为物联网、智能电网、自动驾驶汽车和虚拟现实等发挥更多潜力提供支撑。共享文档、先进可视化技术，甚至全息图都可即时传输，所有这些都减少了员工出差参加商务会议的次数。5G 可支持工厂基于增强和虚拟现实的远程维护。随着 5G 网络传输清晰图像没有任何延迟，机器人对精确的远程操作反应更加灵敏，远程医疗和远程手术将变得更加可行。新技术将加速从商品流动向服务流动的转变。

2. 数字技术让更多中小企业和个人直接"拥抱"全球化

全球化的模式正在发生变化。贸易一度以有形商品为主导，主要局限于发达经济体及其大型跨国公司。今天，全球数据流动激增，不断更新的数字平台允许更多国家的中小企业和个人参与其中，更多的服务逐渐成为全球贸易的主角。这种转变对双边、多边贸易关系有着深远的全球化影响。

数据流传递信息、思想和创新，加速的数据和信息流动正改变全球化动态，全球化进入了一个由数据流定义的新时代。更加数字化的全球化为任何规模的企业都敞开了大门，中小企业有了直接参与全球化的新机会，甚至可以与更大的参与者进行正面交锋。小型企业日益全球化的趋势开始在各国的统计数据中显现出来。这在美国表现得最为明显，大型跨国公司的出口份额从 1977 年的 84%下降到 2013 年的 50%。一项对 16 个经合组织国家出口数据的分析显示，其中 10 个国家的中小企业在出口总额中所占的份额都在增长。即使新成立的公司，也可以从一开始就建立全球联系，向国际客户推销产品。研究表明，如果商业模式建立在数字技术之上，即便最小最年轻的企业也可以实现全球愿景。

依托社交媒体和其他互联网平台，个人可直接参与全球化，形成自己的跨界联系。在脸书上，50%的用户现在至少都有一个国际朋友。在新兴经济体中，这一比例甚至更高，而且增长更快。个人参与对商业和经济的影响是重大的。数字平台为潜在客户提供了坚实的基础，以及直接向他们进行营销的有效途径，产品可能会以前所未有的规模传播。2015 年，阿黛尔·阿德金斯（Adele Adkins）的歌曲《Hello》在 YouTube 上发布后的 48 小时内就获得了 5000 万次的点击量，她的专辑《25》仅在第一周就创下了 338 万张的销量纪录，超过历史上任何一张专辑。2012 年，米歇尔·奥巴马（Michelle Obama）穿着一条来自英国在线时尚零售商 ASOS 销售的裙子，这张照片在推特上被转发 81.6 万次，在脸书上被分享了 400 多万次，这款裙子被一抢而空。

3. "隐私计算+区块链"的颠覆性技术保障数据安全、可信流通，服务全球化迎来新的发展机遇

数据交易能够驱动多维数据有序流通融合，为数字全球化提供强力支撑。然而，数据可复制、易传播等特性引发的数据安全、隐私保护、数据资产确权、算法泄露等问题，一直是数据交易产业发展的重要阻碍。"隐私计算+区块链"技术通过"让算法多跑腿"的模式，在保证输入数据可信的同时隐藏运算过程，赋能数据确权并实现数据"可用但不可见"，从根本上解决了数据安全和数据价值之间的矛盾，杜绝了数据泄漏的风险。未来，"隐私计算+区块链"技术的应用将促进数据供需双方、交易平台方及政府等主体的分工加速细化，各参与主体将实现互信高效的协作发展，并推进数据交易产业的市场化进程，促进全球各领域数据互联互通。

13.4 数字全球化的企业管理实践

全球化与数字化的趋同意味着世界正在快速变化，全球化企业应为其全球性经营重新制定战略规划。企业领导者有必要相应地重新评估其组织、战略、资产和业务。甚至 10 年前企业走向世界的有效方法可能不再重要。随着数字化的发展，企业正在重新评估对以下问题的看法：什么应该是全球的和什么应该是本地的，许多企业正在重新评估过去关于其足迹与国际市场战略的决策。未来成功的全球化企业将拥有完全不同于之前企业的视角。

1. 全球化企业需要为迎接数字化加速全球竞争做好准备

首先，新兴市场的大型公司正在走向全球化。其中许多公司富有进取心、资金雄厚并且能够在不同的时间区间与财务目标下开展运营。据麦肯锡全球研究院估计，到 2025 年，总部位于新兴市场的全球 500 强企业将占 45%。其次，技术公司正在向新兴产业扩展。一些真正的颠覆性市场主体正在吸纳产业外的价值并免费给消费者提供服务，以此确立其市场地位。企业曾经独享新产品与服务的情形已经被互联网与国际竞争所打破；甚至在原创者有时间扩大规模之前，"山寨"版本就已经在新市场推出。对新的竞争威胁保持警惕比以往任何时候都更加重要。

2. 全球化企业需要评估自身的业务足迹与组织架构

随着业务跨越国界，由于复杂性不断增加，许多公司都遭受了"全球化罚单"。数字技术使企业能够以更加简洁的方式实现全球化。远程协同与即时通信的数字工具意味着企业可以实现以下目标：将后台业务或研发等全球性职能集中在一起；创建跨越国界的全球虚拟团队；甚至放弃为全球总部设址。数字化也使资本密集度较低的商业模式成为可能。在许多国家，一些企业只设立关注销售与市场的当地办事处，而不是建立大型的业务实体。这些提供数字产品与服务的企业根本无须设立业务实体就可以开拓新的国际市场。

3. 全球化企业需要思考如何为全球范围内的消费者高效提供产品

产品上市提速事实上提高了企业对市场的反应速度，有助于瞄准消费者需求并减少因预测失误带来的资源浪费。想要提高产品上市的速度，缩短与消费者之间的距离。企业需建立标准化的产品模型和数据平台，脸书、优步和 Airbnb 已经轻松地在各国扩展了其数字平台，让全球化服务成为现实。

4. 全球化企业需要审视参与全球化竞争的合适资产

建立数字平台、线上客户关系及数据中心可能对越来越多的企业来说（其范围远远超出互联网巨头）至关重要。所有企业都需要以全新的眼光审视其资产，包括客户关系与市场数据，并思考是否有新的方法把上述资产变现。阿里巴巴拥有其平台上供应商的庞大交易数据，以此为基础进入了移动支付和小企业融资等新领域。保险业同样可以利用其关于不同类型风险的精细数据库，来创造新产品与服务。

本章小结

本章首先介绍了服务全球化的发展趋势，然后分析了基本的服务全球化战略：多国扩张、进口客户、跟随客户、分解服务和超越时空。其次，讨论了数字技术对服务全球化的驱动。最后，解析了如何成功实现数字全球化的企业管理实践。

讨论题

1. 简述企业实施服务全球化战略的必要性。
2. 分析数字服务全球化与传统全球化战略的区别与联系。
3. 列举实践案例，分析数字技术在其全球化过程中的驱动作用。

▶▶ 案例分析

案例 13-1　阿里云出海战略

云计算天生就是为全球化而存在的，在更广阔的全球市场上，未来如何发展，如何布局已经是所有云厂商必须思考的问题。阿里云作为行业标杆，交出了一份令人满意的成绩单。2021年是阿里云面向海外市场的第七年，阿里云的发展轨迹给所有云厂商起到了示范效应。从新加坡设立国际总部以来，业务已经覆盖至亚太、欧洲、北美和中东等24个地域，在最新的机构报告中，阿里云排名亚太第一，世界第三。

截至目前，阿里云在全球24个地域部署了上百个云数据中心，采用自研的云操作系统管理全球数百万台服务器，基础设施覆盖东南亚、日本、澳大利亚、美国、英国、欧洲、中东等主要海外市场。据阿里云透露，其海外市场增长迅速，市场规模3年增长了10倍以上。

如今，阿里云在海外服务超过百万名客户，其中许多大客户都来自亚太尤其是东南亚市场，如新加坡最大邮政集团——Singapore Post、马来西亚电商——PrestoMall、印度尼西亚——鹰航集团、印度尼西亚最大电商——Tokopedia 等。2021年6月，阿里云宣布推出"亚洲计划"，将在未来3年投入60亿元人民币，用于实现三大目标：第一，服务10万家科创企业；第二，提升10万个专业开发者的专业能力；第三，培养100万名数字化人才。

阿里云帮助鹰航集团在新冠疫情期间实现了非接触式的服务需求，仅用了两周时间，就将超过85个虚拟机和3个数据库迁移到了云上，使其成本效益降低60%以上。被称为"印度尼西亚版瑞幸咖啡"的Kopi Kenangan，借助阿里云使其线上订单提升50%，在疫情严重期还保持了每月30家的新店开店速度，2020年店庆期间订单翻20倍、峰值每秒订单数达1800笔。

阿里云为什么一定要出海？从自身基因来说，全球化一直以来都是阿里巴巴集团的核心战略，阿里云自然要成为一朵"世界云"。阿里云智能国际事业部总经理袁千曾明确表示，阿里云虽然经历了组织结构的重大升级，但是全球化始终是阿里云的战略。而且，阿里巴巴要想实现全球化，阿里云是当之无愧的排头兵。阿里云智能总裁张建锋认为，未来10年最大的确定性就是数字化技术的普及。云计算正是通往数字化的关键。

阿里云的业务以IaaS（基础设施即服务）为主。相比于亚马逊提供的标准化云计算服务，阿里云则做得更多，尤其是本地人才培养方面。本地员工更能理解当地的市场环境，也可以帮助阿里云更好地融入海外市场。据悉，在阿里云印度尼西亚团队中，本地员工超过了70%。

阿里云和印度尼西亚政府合作，以云原生技术、安全和网络能力支持790万人顺利、快速地访问政府数字人才培训在线平台。此外，阿里云和新加坡南洋理工大学携手推出高级数字人才项目，为科技公司和公共部门的高级专业人士提供大数据和人工智能的综合数字课程。

全球云计算市场竞争激烈，阿里云全球化策略虽然投入高、回报周期长，但不失为稳健和长远的战略。

分析题：

1. 阿里云在全球化过程中面临哪些挑战？
2. 阿里云在全球化过程中采取了哪些战略？
3. 为了实现全球化战略，阿里云采取了哪些措施以更好地融入海外市场？

案例 13-2　思科双总部战略

自 1984 年成立以来，思科一直将公司最高管理层的办公室设置在美国加州圣何塞，几乎所有的公司决策都来源于那里。2007 年，思科决定花 10 亿美元在印度班加罗尔设立"第二个全球总部"，计划将全球 20% 的高层领导移至那里，作为从一家以美国为中心的跨国公司演变成为全球整合企业的重要里程碑。

（1）第二总部的设立目标。

思科决定设立第二总部的目标是加速在新兴市场（特别是亚洲）的增长。当新兴市场的增长速度明显比发达市场快时，能够培育一些新的业务，而且通过为新兴市场设计产品，让整个公司迎来新的业务机会、开发新的业务模式，来推动更高层次的创新。当全球可雇用劳动力（尤其是技术工人）在新兴市场比发达市场增长更快时，更为重要的是要抓住这些世界上愈来愈稀缺的人才。

（2）第二总部的职能和人员构成。

全球东方中心目前有 5000 名员工，思科计划扩展到 10 000 名员工，全球化总裁常驻第二总部，而且越来越多的顶级管理人员移至那里。该中心不仅负责印度市场和所有新兴市场，而且被赋予更广泛的全球职责，例如负责智慧互联社区、互联房产及高级服务等全球举措。第二总部设有 4500 人的班加罗尔研发中心，其 40%~45% 的精力是为新兴市场设计或定制产品和服务的，40%~45% 的精力是为全球市场开发最尖端的产品的，只有 10% 的精力花在与印度有关的产品上。第二总部当地的高级领导几乎在席所有公司决策委员会和董事会，其决策包括收购美国本土的企业，有时只是顺便与印度或新兴市场相关。全球东方中心还有一项特殊的职能，就是为思科培养新一代的、真正的全球管理人才和领导人。

（3）应对双总部公司治理的挑战。

思科在推行双总部的治理模式时也面临一些棘手的难题。思科拥有高度矩阵化的组织架构及大量的决策委员会和董事会，跨整个公司的管理层都依赖高频率、随时的沟通和协作，当每个管理团队的核心成员都远隔半个地球且没有共同的工作时间时，如何适应这种传统的自由、实时沟通的方式？思科决定采用电话会议、网络会议、视频会议等技术手段，而且公司执行总裁约翰·钱伯斯（John Chambers）命令任何一个时区晚上 11 点以后都不能开会，将工作时间外的开会负担均匀分摊到各个地区，使得大家做出部分妥协。为了保证所有的员工都能接受和适应印度中心在公司全球组织中所承担的越来越总部化的角色，需要即刻从高层证明印度中心的重要性，并将常驻印度的管理人员和领导人员完全纳入所有公司决策流程。为此，思科领导决定宣布印度中心开业，作为公司所有设施中最绿色、技术最先进的办公大楼，作为思科面向客户和合作伙伴最重要的展示中心和教育中心，也作为思科未来第二大研发中心而且由公司非常关键的两个领导人来执行。另外，将全球副总裁威兰珂（Wim Elfrink）和 20 位其他高级领导移至班加罗尔，钱伯斯持续强调全球东方中心的重要性，并且将思科 2008 年的全球大会设在那里举行。

（4）实行双总部公司治理模式。

实行双总部公司治理模式为思科带来了显著的效益。首先，思科得以有基地来孵化亚洲业务生态体系，对赢得亚洲的大型战略客户至关重要。其次，思科得以加强与现有印度的集成服务商的关系，联手开展新的市场推广活动。第二总部还成为思科发展新一代具有全球意识的管理团队和领导人员的强大工具，它已经改变了原来西方化的公司文化，许多派驻印度的雇员表示愿意留在印度或被转派到其他新兴国家。印度已经变成思科员工将新技术和解决方案传播到其他新兴国家的培训基地。

分析题：

1. 思科在印度设立第二总部对公司全球化战略有何影响？
2. 除了材料中所提到的一些措施，你认为思科还可以采取哪些手段来应对双总部公司治理的挑战，从而保证有效沟通和协作？
3. 讨论思科的第二总部策略对我国企业实施全球化战略的启示。

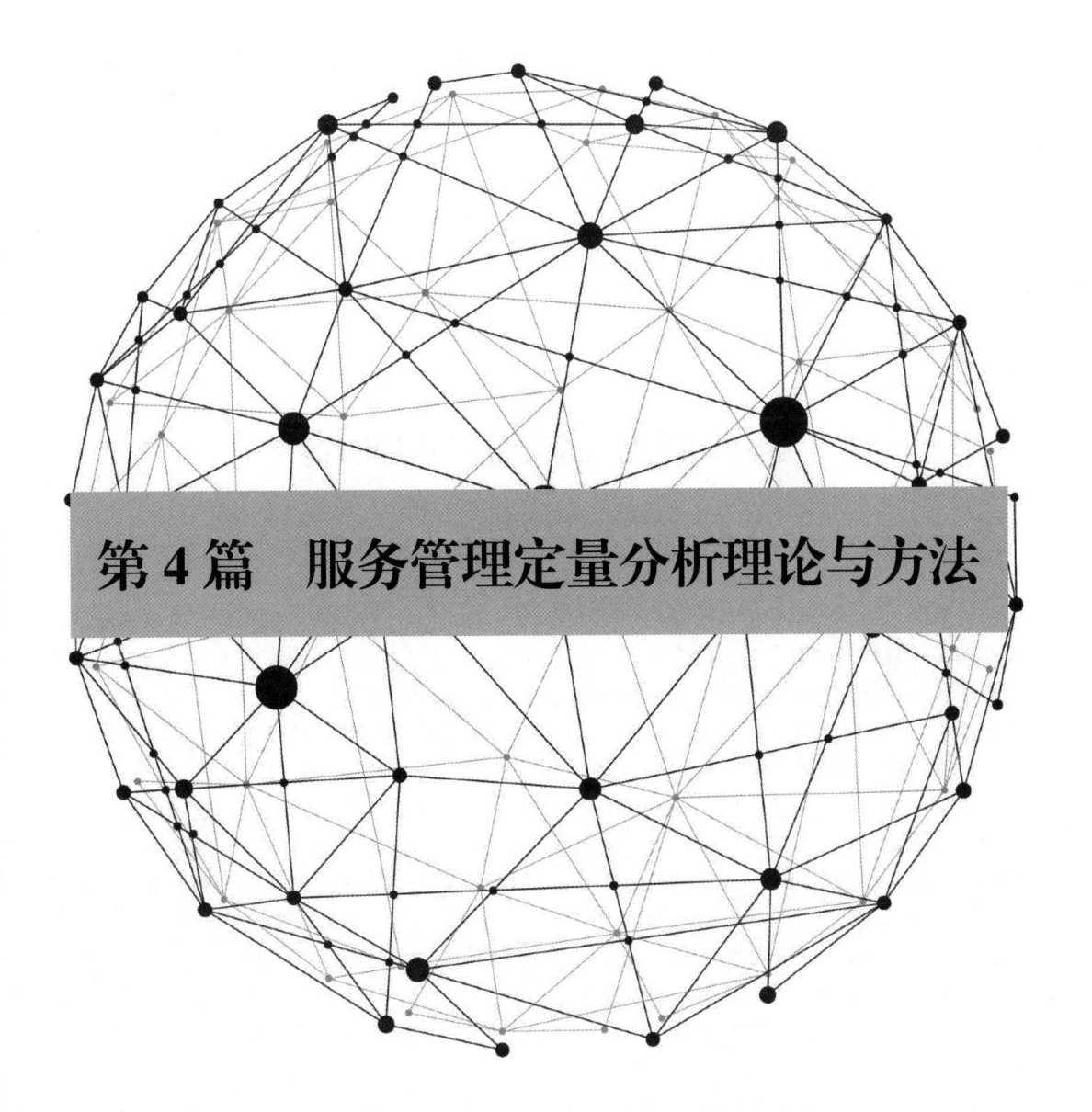

第 4 篇　服务管理定量分析理论与方法

第 14 章

服务需求与能力管理

▶▶ 学习目标

1. 理解平衡服务需求与能力管理的重要性。
2. 掌握需求管理的典型策略。
3. 掌握能力管理的典型策略。

14.1 服务需求与能力管理介绍

与存储在仓库中以备将来消费的产品不同,服务的供应和消费是同时进行的,因此企业无法把服务储存起来以待未来消费。例如,一架已起飞的航班上的空位将永久地失去搭载旅客以取得收益的机会;餐厅在下午 2:00—5:00 大量的闲置服务能力无法被用于晚 7:00 以后不得不为接受服务而等待的顾客。在运营管理中,定义服务能力是易逝商品。服务需求与能力管理的目标在于实现目标服务水平与提供该水平服务的成本之间取得平衡。

从直觉上来讲,服务能力越大,提供服务的成本越高,同时服务质量也会越高。例如,一家受欢迎的餐厅增加座位和人员配备会增加运营成本,与此同时,用餐高峰期的顾客等待会减少,这会提升顾客的服务体验。然而大多数服务企业在做出固定资产投资决策后,如航空公司购买的飞机数量和飞机型号、宾馆已有的床位、餐厅可容纳的餐台数等,企业的服务能力无法在短期内改变。与此同时,服务需求的可变性非常明显。例如,大多数人会选择在节假日期间旅行,这就产生了大量的交通、餐饮、住宿、娱乐需求;医院的呼吸道疾病、心脑血管疾病部门在夏季和秋季月份利用率低。这些服务需求的自然变化在一些时段造成服务设施空闲,而在另一些时段产生顾客等待。服务企业的运营经理们面临的挑战是如何在动态的环境下匹配公司的服务供给和顾客需求,例如如何尽可能地售出航空公司座位、填满酒店床位、提升餐厅入座率等,使企业日常运营盈利。

服务能力管理有两种通用策略:平衡服务能力(Level Capacity)和追逐需求(Chase Demand)。前者主要采取市场导向(Marketing-oriented)策略,例如价格激励策略,通过平衡顾客需求以更好地利用固定服务能力;后者主要采取运营导向(Operations-oriented)策略,例如利用轮班调度调整服务能力,以适应需求水平的变化。表 14-1 所示说明了这两种策略的匹配情况。对于水、电等公用设施,由于无法短时间内提升服务能力,并且顾客希望不间断的服务,这些公共服务部门通常采用平衡服务能力的形式来降低高峰期需求并提升空闲期服务使用率。呼叫中心则最能体现追逐需求形式:呼叫中心运营商会根据预期需求安排不同时段话务员数量以适应服务需求变化。在现实中，大多数服务企业都采用两者结合的混合策略。例如，酒店床位的设施容量是固定的，但人员配备会根据季节性需求而变化。

表 14-1　平衡服务能力和追逐需求匹配情况

战略维度	平衡服务能力	追逐需求
顾客等待	一般较低	中等
员工利用率	中等	高
员工技能水平	高	低
劳动力流动率	低	高
人均培训需求	高	低
工作条件	轻松的	忙碌的
需要监督	低	高
预测	长期	短期

接下来讨论图 14-1 所示的策略，即平衡服务能力下的服务需求管理，以及追逐需求时的服务能力管理。

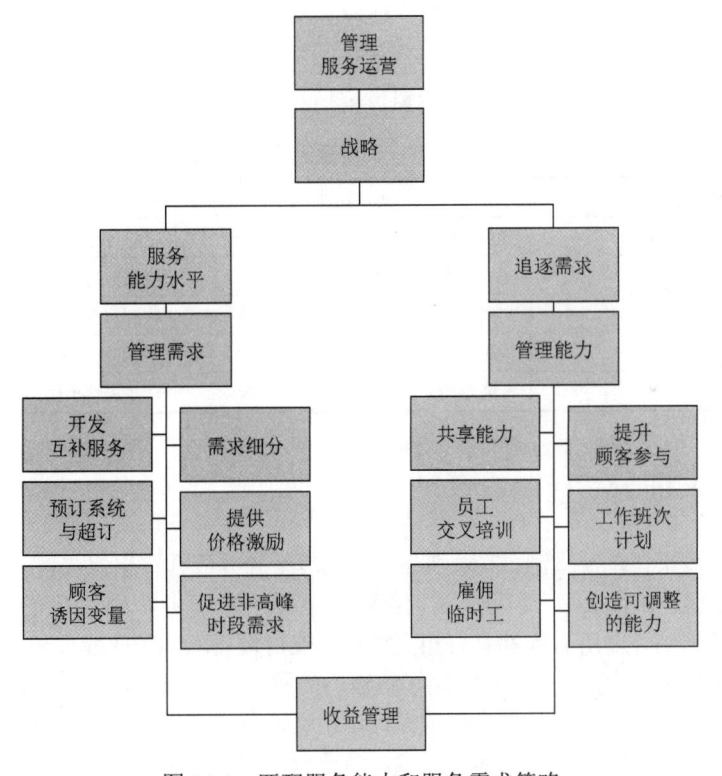

图 14-1　匹配服务能力和服务需求策略

14.2　需求管理策略

需求管理策略主要采取市场导向手段来平衡顾客需求的波动，即降低高峰期服务需求、提升设备空闲期使用率，以更好地利用固定服务能力。其主要措施包括管理顾客诱因变量细分需求、提供价格激励、促进非高峰期的需求、开发互补服务、预订系统和超额预订。

14.2.1 管理顾客诱因变量

由于顾客到达率（Arrival Rate）往往是随机的，匹配顾客需求与组织服务能力是服务经理面临的长期挑战。弗朗西斯·弗蕾（Frances Frei）识别出服务运营中 5 种由顾客引起的变量类型。

（1）到达可变性（Arrival Variability）：到达可变性产生的原因是顾客对服务的需求是独立的，在时间维度上是不均匀的；到达可变性会造成服务器闲置或顾客等待。

（2）能力可变性（Capability Variability）：能力可变性体现了顾客的知识水平、身体能力和技能的不同；由于能力的差异，一些顾客可以轻松完成任务，而另一些顾客则需要帮助。

（3）需求可变性（Request Variability）：顾客的独特需求造成不同顾客所需的服务时间不同。

（4）努力水平可变性（Effort Variability）：当顾客需要在服务过程中发挥作用时（例如，患者遵医嘱的程度），努力水平可变性会影响服务效果。

（5）主观偏好可变性（Subjective Preference Variability）：对良好服务的期望因人而异。例如，一些顾客可能会喜欢海底捞殷勤的服务员，而另一些顾客则可能对此感到不满。个人偏好有不可预测性，这使得服务行业无法统一地为广泛的顾客群提供服务。

管理由顾客引起的可变性有两种策略：适应和减少。适应策略有利于顾客体验，而减少策略有利于运营效率。为顾客提供选择的混合策略可以在不影响服务体验的情况下实现运营效率（例如，航空公司可以提供自助值机和路边值机选项）。表 14-2 概述了管理顾客诱因变量的策略。

表 14-2 管理顾客诱因变量的策略

变量类型	适应策略	减少策略
到达可变性	提供一般人员配置	需要预定
能力可变性	适应顾客技能水平	根据能力定位目标顾客
需求可变性	交叉培训员工	限制服务范围
努力水平可变性	为顾客完成工作	对额外工作进行奖励
主观偏好可变性	诊断预期并进行适应	劝说顾客调整预期

14.2.2 需求细分

服务需求很少来自单一来源。需求细分是将顾客来源分成具有相似或相关属性组群（例如，年龄、收入、性别、教育水平、职业、访问渠道或重要性等），并按顾客组群对他们加以区分对待。需求细分意识到并非所有人都具有相同购买力或消费需求，因此应聚焦重要顾客制订服务计划。需求细分可以帮助服务企业更好地了解他们的需求、增加销售机会并提高资源利用效率。对于大多数服务企业来说，服务需求通常都可以粗略地分为随机到达和计划到达。例如，航空公司区分工作日商务旅客和节假日休闲旅客，商业银行的顾客可以分为每天在特定时间定点访问的商业账户持有人，以及随机访问的私人账户持有人。

如何通过需求细分来平衡顾客需求的波动呢？爱德华·J. 莱辛（Edward J. Rising）、罗伯特·巴伦（Robert Baron）和巴里·艾弗里尔（Barry Averill）对马萨诸塞大学（University of Massachusetts）健康诊所的需求分析就是一个很好的例子。他们的处理方法分为两步。首先，他们分析了两个学期的诊所每日需求数据。这些数据显示，周一的非预约患者最多，而其他工作日则较少。其次，他们根据历史需求数据重新规划预约设计——虽然非预约需求无法控制，预约需求却是可控的；那么为什么不在一周的后半段进行预约以平衡需求呢？基于这种思路，研究人员根据前一年同一周的数据得出每个工作日的非预约患者数量，然后从医生的每日服务能力中减去非预约需求，最终得到每日可用的预约需求数来平衡需求。该诊所采用这种方法，经过两个月的调整后，平衡需求产生了以下效果。

（1）就诊人数增加 13.4%。
（2）尽管就诊人数增加了，但医生工作时间减少了 5.1%。
（3）由于预约患者人数的增加，医生花在看病上的总时间增加了 5.0%。
（4）患者平均等待时间不变。
（5）一组社会学家通过对实施新方案前后的医生访谈得出结论，医生人气提高了。

14.2.3 提供价格激励

提供价格激励是一种依靠打折等财务因素来诱使消费者在服务企业期待的时间段内获取服务以提升服务设施在需求低谷期的使用率的需求平衡策略。例如，电影院下午 6 点之前打折售票，度假村酒店的淡季折扣，水、电等公共服务部门在需求高峰期收费提高等。

纳提亚尔（J. C. Nautiyal）和乔德里（R. L. Chowdhary）[1]以周和天为基础将露营季划分成 4 类，并据此开发价格差异系统以确保安大略省立公园露营地的收益。表 14-3 展示了根据露营类型制定的每日收费表。

表 14-3 按类型分类的差异性价格计划表

体验类型	露营季的天数和周数	天数/天	日均费用/加元
1	第 10 到 15 周的周末，以及国庆日和市政假日	14	6.00
2	第 3 到 9 周的周末，第 16 到 19 周的周末，以及维多利亚日	23	2.50
3	第 3 到 15 周的周五，以及所有第 9 到 15 周且不在第 1、2 类中的其他日期	43	0.50
4	露营季的其他日期	78	免费

露营类型划分首先假设营地的入住率受节假日和天气状况的影响。研究者通过采访每种类型的露营者以确定他们的旅行成本，假设边际游客是旅行成本最高的露营者。然后根据旅行成本信息绘制每种露营类型的需求曲线，并根据需求曲线和营地数量确定营地费率。表 14-4 对比了现有系统与差异性收费系统的收益。请注意，该提案会吸引更多的露营者，但总收入会减少。然而，在 78 天的免费露营期间，由于不需要护林员在露营地收费，该提案可以节省人力成本。即便如此，为了使差异性收费系统有效地改变露营者的需求，露营地必须进行宣传并启用预订系统。

表 14-4 当前营业额和实施价格差异计划后的期望营业额对比

体验类型	现有 2.5 加元定价策略		差异性定价策略	
	露营地使用数/个	收益/加元	露营地使用数（估计）/个	收益/加元
1	5891	14727	5000	30000
2	8978	22445	8500	21250
3	6129	15322	15500	7750
4	4979	12447	—	—
合计	25977	64942	29000	59000

注：表中部分数据进行了取整处理。

---

[1] Nautiyal, J. C. and Chowdhary, R. L., 1975. A suggested basis for pricing campsites: Demand estimation in an Ontario Park. Journal of Leisure Research, 7(2), 95-107.

值得注意的是，由于费用大幅降低，第 3 类的露营者会增加。非高峰期定价的结果是发掘新需求，而不是将高峰期需求转移到非高峰期。也就是说，差异性定价填补了低谷（即需求低迷时期），而不是削低了高峰，其结果是更好地利用了稀缺资源。

对于私营部门的公司而言，当收费可以足够支付可变成本时，差异性定价可以提升公司盈利潜力。同时，某些公司也希望避免将高收入顾客引导至低利率计划。例如，航空公司通过诸如要求旅客周末停留在目的地等限制来阻止商务旅客使用折扣票。

14.2.4 促进非高峰期的需求

寻求不同来源的需求可以创造性地使用非高峰期的服务能力。例如，淡季期间的度假酒店可以作为商务人员或专业人员的休息场所，山地滑雪胜地在夏季变身成为背包客的集结地。美剧里许多与医院相关的场景其实来自洛杉矶的一家真实的医院，该医院在病人较少的夏、秋季将其设施出租给电影制作人员，为他们提供真实的医疗场景。会计师事务所的重点是年底的税务准备，而在一年中的其他时间，他们专注于审计和一般咨询活动。

在公共服务部门，促进非高峰期需求通常结合 14.2.3 节介绍的价格激励策略来共同实现，其典型例子是我国实施的分时电价机制——我国大部分省份的峰谷电价较平段上下浮动 50%，部分省份峰谷价差则高达 4.5∶1。电力供应具有典型的服务系统特点：电能无法大规模存储，不同时段电力需求波动很大，并且不同用电时段所耗用的电力资源不同，供电成本差异很大。在集中用电的高峰时段，电力供求紧张，为保障电力供应，在输配环节需要加强电网建设、保障输配电能力，在发电环节需要调动高成本发电机组顶峰发电，供电成本相对较高；反之，在用电较少的低谷时段，电力供求宽松，供电成本低的机组发电即可保障供应，供电成本相对较低。分时电价机制进一步细分为峰谷电价机制和季节性电价机制，其中峰谷电价机制是将一天划分为高峰、平段、低谷，季节性电价机制是将峰平谷时段划分进一步按夏季、非夏季等做差别化安排，对各时段分别制定不同的电价水平，引导电力用户尽量在高峰时段少用电、低谷时段多用电，从而保障电力系统安全稳定运行，提升系统整体利用效率、降低社会总体用电成本。

14.2.5 开发互补性服务

补充性服务是对顾客从核心服务中获得的效用有间接影响的服务。开发互补性服务的首要目的是帮助顾客使用核心服务。例如，停车设施是许多购物广场提供的重要互补性服务。对于宠物摄影机构来说，宠物美容、服装是最常见的互补性服务。电影院出售爆米花、软饮料，等候大厅的电子游戏机也是为了吸引顾客等待而提供的互补性服务。通常，互补性服务与核心服务结合使用会增加服务体验的整体价值。

开发互补性服务是扩大市场的自然方式。将传统医学、营养学和精神护理结合的整体医学是很好的开发互补性服务的例子。传统医学主要针对病人的症状提供解决方案，包括药物、手术等医学治疗手段。整体医学却深入挖掘疾病或症状的原因，除了采取传统医学的各种疗法外，还采取包括针灸、穴位按摩、物理治疗和营养咨询等方法辅助治疗，并针对病因鼓励病人改变生活方式和饮食习惯，防止同样的问题再次发生。

14.2.6 预订系统和超额预订

接受预订可以预售服务。当完成预订之后，额外的需求会转移到同一设施的其他时间段或同一组织内的其他设施上。拥有全国预订系统的连锁酒店在顾客首选的宾馆无可用房间时会选择附近同品牌的宾馆为该顾客提供服务。预订还通过减少等待和保证服务可用性使顾客受益。

不能履行预订的顾客被称为未出现者（No-shows）。如果未出现者不会因为未履行预订而承担经济后果，就会造成服务能力的浪费。例如，有时商务旅客不知道自己什么时候可以出发，他们可能会预订多个航班的座位；通过多重预订，他们可以确保一旦需要启程，就会有航班起飞。但是，除非他们提前通知航空公司取消预订，否则未使用的预订会造成空位。为了控制享受折扣的旅客不履行预订的状况，航空公司发行不可退款的机票；许多酒店对预订当日下午6点之前未取消的订单收取一晚住宿费用。

针对因旅客未履行预订而造成的空座情况，航空公司采取了超额预订的策略，即接受超过可用座位的预订。通过超额预订策略，航空公司可以防范因旅客未履行预订而造成的大量空座的风险。然而，如果超额预订了太多座位，航空公司就不得不拒绝预订的旅客。一个好的超额预订策略应该既能最小化由服务设施空闲造成的收入机会损失，又能最小化无法为预订且履约的旅客提供服务而带来的成本。

▶▶ 算例1

一家汽车租赁公司期望通过超额预订策略来提升汽车的使用率并提升公司利润。通过对以往的记录进行分析，得出不履约人数的概率分布如表14-5所示。该汽车租赁公司每租出一辆车可获得400元/天的净利润。当公司由于超额预订策略无法为一位已经预订的顾客提供可用汽车时，必须将顾客安排给竞争对手，但这会为公司带来额外的成本，包括对公司声誉造成伤害而影响未来的业务、为顾客支付汽车租金差额等。管理人员估计，每一位由于超额预订而被重新安排的顾客会为公司带来500元/天的损失。汽车租赁公司超额预订的最佳数量是多少？

表14-5 汽车租赁公司不履约人数概率分布表

不履约人数/人	概率
0	0.05
1	0.07
2	0.10
3	0.12
4	0.24
5	0.19
6	0.15
7	0.08
合计	1.00

为了确定汽车租赁公司最佳超额预订策略，可以根据不履约人数的概率分布表得出每种可能的预订方案的预期损失。当公司超额预订数为0时，由于顾客不履约而造成的期望利润损失为：

$0 \times 0.05 + 400 \times 0.07 + 800 \times 0.10 + 1200 \times 0.12 + 1600 \times 0.24 + 2000 \times 0.19 + 2400 \times 0.15 + 2800 \times 0.08$
$= 1600 (元/天)$

公司超额预订数为1时，由于顾客不履约而造成的期望利润损失为：

$500 \times 0.05 + 0 \times 0.07 + 400 \times 0.10 + 800 \times 0.12 + 1200 \times 0.24 + 1600 \times 0.19 + 2000 \times 0.15 + 2400 \times 0.08$
$= 1245(元/天)$

同理，可以算出其余可能的预订方案的预期损失。其结果如表 14-6 所示。

表 14-6 每种可能的预订方案的预期损失

不履约人数/人	概率	超额预订数/人							
		0	1	2	3	4	5	6	7
0	0.05	0	500	1000	1500	2000	2500	3000	3500
1	0.07	400	0	500	1000	1500	2000	2500	3000
2	0.10	800	400	0	500	1000	1500	2000	2500
3	0.12	1200	800	400	0	500	1000	1500	2000
4	0.24	1600	1200	800	400	0	500	1000	1500
5	0.19	2000	1600	1200	800	400	0	500	1000
6	0.15	2400	2000	1600	1200	800	400	0	500
7	0.08	2800	2400	2000	1600	1200	800	400	0
期望损失/元		1600	1245	953	751	657	779	1072	1500

可以从表 14-6 看出，多预订 4 辆车时汽车租赁公司的期望损失达到最小，因此最优的超额预订额度是 4。

前边提到企业的服务能力是一种易逝品，因此也可以采用库存管理的思路来解决超额预订问题。定义以下符号：

C_u——企业由于顾客不履约承受的利润损失

C_o——企业由于无法为履约顾客提供服务而招致的机会成本

d——未履约顾客的个数

x——超额预订的个数

最优的超额预订个数的临界分位点应满足以下条件：

$$P(d<x)C_o = P(d \geq x)C_u$$

也就是说，在临界条件下，由于超额预订策略而造成的无法为预订且履约的顾客提供服务而带来的成本应等于服务设施空闲的机会成本。因此可得超额预订个数的临界分位点为：

$$P(d<x) = \frac{C_u}{C_u + C_o}$$

在算例 1 中，$C_o = 500$，$C_u = 400$，可得临界分位点为 0.44（结果为保留两位小数所得）。对于离散分布来说，如果刚好有一个点的累计概率为 0.44，那么该点就是最优的超额预订个数；否则，最优的超额预订个数是累计概率应该在 0.44 两边的整数点之一。由表 14-6 可以算出：

$$P(d<4) = 0.34 < 0.44$$
$$P(d<5) = 0.58 > 0.44$$

接下来，需要用前边的期望法分别算出超额预订 4 辆车和超额预订 5 辆车的预期损失，找出最优的超额预订个数。

14.3 能力管理策略

14.3.1 服务能力界定

服务能力指单位时间的最大产出水平。服务能力基于忙碌的员工的业务量而不是系统输出量。有时,服务能力也可以根据配套设施来定义,例如酒店的床位数或航空公司的可用客运里程。航空公司的运力可能受多种因素的限制,例如各种技能的人力资源(飞行员、机组人员、地勤人员和维修人员等)、设备(飞机的数量和类型等)及可用登机口。航空公司的例子还体现了如何在不同位置适当地部署服务能力这一服务运营挑战。

对于许多服务企业而言,使需求变得平缓是非常困难的。埃尔伍德·S. 布法(Elwood S. Buffa)、迈克尔·T. 科斯格罗夫(Michael J. Cosgrove)和比尔·J. 卢斯(Bill J. Luce)关于呼叫中心的研究发现,呼叫中心的需求峰谷变化可高达 125:1,且没有办法从根本上改变这种需求模式。因此,服务中心必须调整服务能力来匹配需求,而调整服务能力可以通过多种方式来实现。

14.3.2 工作班次计划

合理的工作班次安排可以使服务需求与能力相匹配。对于像电话公司、医院、银行、警察局等面临周期性需求的服务机构来说,轮班安排是一个重要的人员安排问题。通常的做法是首先按小时预测需求,然后将需求转换为每小时所需的服务人员数。当然,需求预测的时间区间也可以少于一小时,例如,快餐店采用 15 分钟的时间区间来安排用餐期间的工作。接下来需要制定轮班时间表,以便尽可能地匹配人员安排需求。最后将特定人员分配到所需的工作班次中。下面通过一个例子阐述工作班次的安排方法。

▶▶ **算例 2**

某医院急诊室根据以往的经验发现病人到达服从泊松分布,并且预测每小时到达病人数如表 14-7 所示。急诊室服务时间服从均值为 45 分钟的指数分布。如果护士可以被安排在任意整点开始工作,并采用 8 小时工作制,那么请你帮该急诊室制定轮班时间表。

表 14-7 某医院急诊室每小时到达病人数

开始时间	结束时间	到达病人数/人	开始时间	结束时间	到达病人数/人	开始时间	结束时间	到达病人数/人
0:00	1:00	10	8:00	9:00	3.5	16:00	17:00	16.5
1:00	2:00	8.06	9:00	10:00	4.7	17:00	18:00	17.24
2:00	3:00	6.25	10:00	11:00	6.25	18:00	19:00	17.5
3:00	4:00	4.7	11:00	12:00	8.06	19:00	20:00	17.24
4:00	5:00	3.5	12:00	13:00	10	20:00	21:00	16.5
5:00	6:00	2.76	13:00	14:00	11.94	21:00	22:00	15.3
6:00	7:00	2.5	14:00	15:00	13.75	22:00	22:00	13.75
7:00	8:00	2.76	15:00	16:00	15.3	23:00	24:00	11.94

制订工作班次安排计划的第一步是预测需求。需求预测可以基于以往的数据,并根据信息进行调整。本例的需求预测结果如表 14-7 所示。

第二步，需要将病人（顾客）需求转化为人员要求。根据一般随机过程方法的基本理论，要想及时地为病人提供服务，需要保证每小时内的服务能力大于顾客需求率。由于服务时间服从均值为 45 分钟的指数分布，可以得出每个护士每小时可以服务 $\mu = 60/45 = 4/3$。要想满足 0:00—1:00 的服务需求，所需安排的护士数应满足 $n\mu > 10$，也就是说 0:00—1:00 对护士的最低需求为：

$$10/\mu = 8$$

按照相同的方法，可以得到其他任何时间段所需的最低护士数，结果如表 14-8 所示。

表 14-8 每小时所需的最低护士数

开始时间	结束时间	最低护士数/人	开始时间	结束时间	最低护士数/人	开始时间	结束时间	最低护士数/人
0:00	1:00	8	8:00	9:00	3	16:00	17:00	13
1:00	2:00	7	9:00	10:00	4	17:00	18:00	13
2:00	3:00	5	10:00	11:00	5	18:00	19:00	14
3:00	4:00	4	11:00	12:00	7	19:00	20:00	13
4:00	5:00	3	12:00	13:00	8	20:00	21:00	13
5:00	6:00	3	13:00	14:00	9	21:00	22:00	12
6:00	7:00	2	14:00	15:00	11	22:00	22:00	11
7:00	8:00	3	15:00	16:00	12	23:00	24:00	9

第三步，计划、安排工作班次。计划班次指不同工作开始时间（也是工作结束时间）的人数安排。如果一个在 j 点开始工作的护士在 i 点可以为病人提供服务，那么 $a_{i,j}=1$，否则 $a_{i,j}=0$。可以得到一个 A 矩阵：

$$A = \left[a_{i,j} \right]_{24 \times 24}$$

由于每一个工作班次由 8 个连续的工时组成，A 矩阵的每一列都由 8 个 1 和 16 个 0 组成。例如，A 矩阵的第 8 列代表 8:00 开始上班的护士可以被安排工作的情况，且

$$a_{i,8} = [0,0,0,0,0,0,0,1,1,1,1,1,1,1,1,0,0,0,0,0,0,0,0,0,0,0,0,0,0,0]'$$

需要注意的是，一个从 22:00 开始工作的护士在工作 2 小时后进入新的一天，然后在第二天的 0:00—6:00 继续工作直到工作满 8 小时，因此

$$a_{i,22} = [1,1,1,1,1,1,0,0,0,0,0,0,0,0,0,0,0,0,0,0,0,0,0,0,1,1]'$$

在实际的工作安排中，每一个工作班次都应包含一段休息或用餐时间。如果每一个护士连续工作 4 小时后有 1 小时的休息时间，只需重新规划 A 矩阵。依然以从 22:00 开始工作的护士为例，此时可被安排工作的情况应变为

$$a_{i,22} = [1,1,0,1,1,1,1,0,0,0,0,0,0,0,0,0,0,0,0,0,0,0,0,0,1,1]'$$

令：

x_i 表示 i 点开始工作的护士人数；

b_j 表示 j 点需要的最少护士人数，即表 14-8 所示的最小能力列。

可以使用整数线性规划（integer linear programming）模型来解决该工作班次计划问题：

$$\min \sum_{i=0}^{23} x_i$$

$$\text{s.t.} \quad \sum_{i=0}^{23} a_{i,j} x_i \geq b_j, \quad \forall j = 0, \cdots, 23;$$

$$x_i \in \mathbf{Z}^+, \quad \forall i = 0, \cdots, 23。$$

其中，$\mathbf{Z}^+$ 表示正整数集。

需要注意的是，除合理地进行员工工作班次的计划、安排以外，管理者需要注意工作安排的公平性、员工的满意程度等问题。诸如像警察、消防和医院急诊等公共服务部门必须提供 7×24 小时服务。这些部门的员工每周工作 5 天，连续休息 2 天，但休息日不一定是周六和周日。管理人员需要制定满足工作日和周末服务需求的员工工作班次表，并使用尽可能少的员工人数。此问题的解决方法与算例 2 类似，可以使用整数线性规划模型。为了避免歧义，规定每一周从星期日开始，记为一周的第 0 天，到星期六结束，记为一周的第 6 天。

首先，管理人员需要确定第 j 天所需的员工数 b_j，$j = 0, \cdots, 6$；

然后，给出保证每个班次包含连续 2 天休息的工作班次安排，即类似于算例 2 的 A 矩阵：

$$A = \begin{bmatrix} 0 & 1 & 1 & 1 & 1 & 1 & 0 \\ 0 & 0 & 1 & 1 & 1 & 1 & 1 \\ 1 & 0 & 0 & 1 & 1 & 1 & 1 \\ 1 & 1 & 0 & 0 & 1 & 1 & 1 \\ 1 & 1 & 1 & 0 & 0 & 1 & 1 \\ 1 & 1 & 1 & 1 & 0 & 0 & 1 \\ 1 & 1 & 1 & 1 & 1 & 0 & 0 \end{bmatrix}$$

令：

x_i 表示休息日开始于第 i 天的人数。此问题的整数线性规划模型如下：

$$\min \sum_{i=0}^{6} x_i$$

$$\text{s.t.} \quad \sum_{i=0}^{6} a_{i,j} x_i \geq b_j, \quad \forall j = 0, \cdots, 6;$$

$$x_i \in \mathbf{Z}^+, \quad \forall i = 0, \cdots, 6。$$

其中，$\mathbf{Z}^+$ 表示正整数集。

14.3.3 提高顾客参与程度

顾客参与是顾客通过物理方式或提供资源方式积极参与服务的生产和交付过程。生活中最广为人知的提升顾客参与程度的例子是快餐店。快餐店取消了提供食物和清理餐桌的人员，顾客不仅自己端上食物，而且在饭后清理桌子。这样一来，快餐店节省了人力成本，而且由于顾客变成了快餐店的合作生产者，他们在需要的时候提供劳动力，这使得快餐店的服务能力随需求的变化而变化。作为回报，顾客得到更快、更满意的服务。

提升顾客参与对顾客本身和服务组织都能产生有利的结果。对于服务组织来说：

（1）当顾客可以代替部分企业雇员时，它有助于提高生产率，降低人力成本；
（2）顾客积极参与服务过程有助于提高顾客的感知服务质量；
（3）造成更大的回购和推荐，尤其是通过口碑渠道；

（4）可以提高顾客忠诚度；

（5）可作为顾客细分的标准，使企业更有能力实施差异化服务战略。

对于顾客来说：

（1）积极参与服务过程使他们对结果有更高的控制权，提高了满意度；

（2）服务过程可以增加顾客的享受；

（3）可以使顾客获得如折扣和便利性等的好处。

要提升顾客在服务过程中的参与程度，服务提供者需要帮助顾客了解流程并理解他们在服务过程中的角色。例如，许多医院都会为患者准备各种小册子，帮助患者了解在到达医院之前应该做的准备工作，到达医院后会发生什么。为了提升顾客参与程度，服务提供者可以对积极参与的顾客加以奖励，这些奖励可以以节省时间、节省金钱及对心理或身体有益处的形式出现。例如，如果顾客在与会计师会面之前填写好表格，他们将获得更少的计费时间。

14.3.4 创造可调整的能力

创造可调整的能力的基本思想是调整、扩展容量以满足顾客需求。在高峰需求期间尽可能地扩展服务能力，而在需求低迷时期尽量缩减产能以免浪费资源。例如，酒店经常通过重新配置房间来适应需求波动，在套房中增加隔板，即可把套房改成标准客房，在旺季时租给更多的客人；而在需求低时，房间又可以轻松地被恢复成套房。调整现有服务能力以适应需求波动的方法在航空业也很常见。航空公司通常会根据市场需求波动，快速调整、调动合适机型来执行与其能力相匹配的飞行任务。此外，波音777飞机非常灵活，可以在数小时内重新配置，以改变分配给一级、二级或三级的座位数量，适应乘客组成的变化，也会常规性地调整头等舱和经济舱之间的隔板。

有效利用空闲时间也可以提升高峰期的服务能力。让员工在需求较少的时段完成辅助性的任务可以使员工在高峰期专注于基本任务。例如，餐厅经理可以让员工在下午2:00—5:00整理餐台、打扫卫生、预处理食材等。另外，临时延长服务时间也可以满足激增的需求。在流感季节，医院和诊所经常会延长营业时间，购物中心也会在大型节日前期延长营业时间。有些服务组织在需求高峰期间会要求员工承担额外的任务。例如，许多商业银行的保安被要求在繁忙时段帮银行柜员预处理顾客表格。

14.3.5 共享能力

服务系统通常需要对设备和设施进行大量投资，而供需不匹配是服务市场的常态。在需求低迷期间，为富余服务能力寻找其他用途可以增加企业收入。航空公司已经以这种方式运作多年了。在小型机场，航空公司共享相同的登机口、跑道、行李处理设备和地勤人员；也有航空公司在淡季将飞机出租给其他航空公司。另外，不同航空公司的共享航班也是共享服务能力的一种形式。通常，大型航空公司会采取高价策略，这就有可能造成其运力不能完全售出，而小型航空公司通常会采取低价策略来吸引乘客，并有可能造成其有限座位无法满足乘客需求。代码共享条款允许运力不足的航空公司借用其他航空公司的过剩运力，这种共享运力的做法很好地解决了供需不匹配的问题。类似的服务能力共享做法可以在汽车租赁、酒店、卡车运输和海运市场中看到。

14.3.6 雇用临时工

当活动高峰持续且可预测时，例如在餐厅用餐时间或银行发薪日，临时工可以补充正式员工。如果所需的技能和培训很少，那么高中和大学生及其他有兴趣补充其主要收入来源的人就可以成为现成的临时工。临时工的另一个来源是待命的下班人员。航空公司和医院通常会向其员工支付一些费用，以限制他们的活动并在需要时为工作做好准备。如下述算例 3 所示，与只雇用正式员工相比，雇用临时工可以有效地节约人力成本。

▶▶ 算例 3

一家位于写字楼内的餐厅的运营经理经过长时间的经验总结得出餐厅每天不同时间段所需的餐厅服务人员需求，具体情况如表 14-9 所示。为了满足用餐高峰期的人员需求，餐厅正式雇用大量服务人员，这也造成了低需求时段的服务人员时间空闲。因此运营经理考虑雇用临时工以降低人力成本。

表 14-9　餐厅所需服务员人数

序号	开始时间	结束时间	所需服务员人数（b_j）
1	5:00	6:00	3
2	6:00	7:00	6
3	7:00	8:00	8
4	8:00	9:00	8
5	9:00	10:00	7
6	10:00	11:00	8
7	11:00	12:00	9
8	12:00	13:00	13
9	13:00	14:00	11
10	14:00	15:00	9
11	15:00	16:00	9
12	16:00	17:00	8
13	17:00	18:00	9
14	18:00	19:00	7
15	19:00	20:00	7
16	20:00	21:00	4

已知餐厅实行 8 小时工作制，员工可以被安排在任意整点开始工作。如果一位被餐厅正式雇用的员工工作不满 8 小时即到餐厅停止营业时间，例如从下午 5:00 开始工作的员工工作 4 小时后即到餐厅打烊时间，餐厅需要为该员工支付全额轮班工资 240 元。对于临时工的管理，餐厅所在城市的通用做法是实施 3 小时轮班制，轮班工资为 126 元。如果一位临时工被安排轮班后不足 3 小时即到餐厅停止营业时间，临时工获得全额轮班工资。不难得出，正式员工的时薪是 30 元/时，临时工的时薪是 42 元/时。也就是说，临时工的每小时用工成本更高。但由于临时工每次轮班 3 小时，这为餐厅提供了更大的灵活性。

首先，考虑只使用正式员工的情况。令：

x_i 表示 i 点开始工作的正式员工的个数。

使用 14.3.2 节工作班次计划介绍的方法，得出正式员工的工作班次安排 A 矩阵。需要注意的是，本算例中并不是 A 矩阵的每一列都包含 8 个 1。例如，表示从下午 5:00 开始工作的员工所对应的列（即，第 13 列）为

$$a_{i,13} = [0,0,0,0,0,0,0,0,0,0,0,0,1,1,1,1]'$$

通过解决整数线性规划问题，可以得到要满足表 14-9 所示的人员需求，餐厅需要雇用 17 名正式员工，人力成本为 4080 元/天。

接下来，考虑使用正式员工+临时工的情况。令：

y_i 表示 i 点开始工作的临时工的个数。

写出临时工的工作班次安排 B 矩阵。注意，B 矩阵的每一列最多包含 3 个连续的 1。此时，运营经理面临的整数线性规划问题如下：

$$\min \sum_{i=1}^{16}(240 \times x_i + 126 \times y_i)$$

$$\text{s.t.} \quad \sum_{i=1}^{16}(a_{i,j}x_i + b_{i,j}y_i) \geq b_j, \quad \forall j = 1,\cdots,16;$$

$$x_i, y_i \in \mathbf{Z}^+, \quad \forall i = 1,\cdots,16.$$

其中，$\mathbf{Z}^+$ 表示正整数集。

可以得出在可以雇用临时工时，餐厅需要 15 名正式员工和 3 名临时工，人力成本总计 3978 元/天。这为餐厅节省了 2.5%的人力成本，并且该人力成本的节省并不以降低服务质量为代价。

14.3.7 交叉培训员工

服务系统通常由多个任务组成，当一部分任务繁忙时，另一部分任务可能会闲置。交叉培训员工的目的是帮助员工获得在多个任务之间转换的能力，创造灵活的服务能力来提升整个系统的效率。对员工进行交叉培训可以避免同一组织中某些员工有大量空闲时间，而另一部分员工负担过重。许多航空公司都对员工进行了交叉培训，使他们可以胜任从售票到登机口柜台工作，再到在需要时协助搬运行李。许多在全球范围内运作的公司，其呼叫中心（Call Center）往往需要会说多种语言的员工，因此许多呼叫中心会交叉培训员工说两种或更多种语言；也有些呼叫中心的员工须处理多项功能，包括订单处理、退货和一般客户服务等。在超市也会采取交叉培训员工策略，当收银台前排起长队时，经理会要求储货员操作收银台，而收银台空闲时期，收银员会被安排整理货架。交叉培训员工除了可以提升系统效率，还可以帮助企业建立团队精神，并增加工作的趣味性，将员工从单调的工作中解脱出来。

下面通过一个简单的例子来说明交叉培训员工的作用。

▶▶ **算例 4**

已知一家餐厅有两类工作，一类是在后厨工作的厨师，另一类是与顾客直接打交道的客户服务代表。餐厅运营经理根据以往经验给出各工种各个时段所需的人员数量最低要求，如表 14-10 所示。餐厅实行 8 小时工作制，员工可以被安排在任意整点开始工作，暂时不考虑使用临时工。如果员工工作不满 8 小时即到餐厅停止营业时间，餐厅需要为该员工支付全额轮班工资。已知厨师的轮班工资为 240 元，客户服务代表的轮班工资为 288 元。

运营经理决定对一部分员工进行交叉培训。完成交叉培训计划后，员工可以胜任餐厅所需两类工作，轮班工资也将升为 360 元。那么，对员工交叉培训对人力成本有何影响？应对多少

人进行交叉培训？

表 14-10 餐厅所需人数

序号	开始时间	结束时间	厨师（r_j）	客户服务代表（s_j）
1	5:00	6:00	3	1
2	6:00	7:00	4	2
3	7:00	8:00	4	4
4	8:00	9:00	4	5
5	9:00	10:00	3	3
6	10:00	11:00	4	3
7	11:00	12:00	5	4
8	12:00	13:00	8	6
9	13:00	14:00	8	5
10	14:00	15:00	5	5
11	15:00	16:00	3	5
12	16:00	17:00	5	6
13	17:00	18:00	7	4
14	18:00	19:00	2	3
15	19:00	20:00	2	3
16	20:00	21:00	2	4

令：

x_i 表示 i 点开始工作的厨师的个数；

y_i 表示 i 点开始工作的客户服务代表的个数。

采用算例 3 的方法给出工作班次安排 A 矩阵，并得出对员工进行交叉培训前的人力资源成本优化问题如下：

$$\min \sum_{i=1}^{16}(250 \times x_i + 150 \times y_i)$$

s.t. $\sum_{i=1}^{16} a_{i,j} x_i \geq r_j, \quad \forall j = 1,\cdots,16;$

$\sum_{i=1}^{16} a_{i,j} y_i \geq s_j, \quad \forall j = 1,\cdots,16;$

$x_i, y_i \in \mathbf{Z}^+, \quad \forall i = 1,\cdots,16.$

通过解决整数线性规划问题，可以得到要满足表 14-10 所示的人员需求，每天最少需要安排 11 名厨师，11 名客户服务代表，总人力成本为 5808 元/天。

接下来，考虑交叉培训员工后的情况。令：

z_i 表示 i 点开始工作的交叉培训员工的个数；

w_i 表示 i 点担任厨师工作的交叉培训员工的个数。

$$\min \sum_{i=1}^{16}(250 \times x_i + 150 \times y_i + 300 \times z_i)$$

$$\text{s.t.} \quad \sum_{i=1}^{16} a_{i,j} x_i + w_j \geq r_j, \qquad \forall j = 1, \cdots, 16;$$

$$\sum_{i=1}^{16} a_{i,j} x_i + \left(\sum_{i=1}^{16} a_{i,j} z_i - w_j \right) \geq s_j, \quad \forall j = 1, \cdots, 16;$$

$$\sum_{i=1}^{16} a_{i,j} z_i - w_j \geq 0, \qquad \forall j = 1, \cdots, 16;$$

$$x_i, y_i, z_i, w_i \in \mathbf{Z}^+, \qquad \forall i = 1, \cdots, 16.$$

其中，$\mathbf{Z}^+$ 表示正整数集。

可以得出在交叉培训员工后的最低人力成本总计为 5472 元/天。这为餐厅节省了 5.8% 的人力成本。

本章小结

本章从服务需求与能力管理匹配的视角出发，分别详细介绍了需求管理策略和能力管理策略。需求管理策略包括：管理顾客诱因变量、需求细分、提供价格激励、促进非高峰期的需求、开发互补性服务、预订系统和超额预订等策略；能力管理策略包括：服务能力界定、工作班次计划、提高顾客参与程度、创造可调整的能力、共享能力、雇用临时工及交叉培训员工等。

讨论题

1. A 社区诊所有 4 名医生，平均每名医生每天可以为 20 位病人提供服务。该诊所接诊的病人有大约一半是未经预约而直接应诊的。该诊所以周为周期，记录了过去一年中未经预约而直接来应诊的病人数量，其均值从周一到周五分别是 50、35、45、35、40 人。通常，约 70% 未经预约的病人会选择上午来应诊。如果你是诊所的运营主管，你应该如何安排预约病人，以消除每天的需求波动呢？

2. Town and Country 是一家拥有 60 辆紧凑型汽车和 30 辆中型汽车的小型汽车租赁公司，它在一个国际机场设有一个办事处。由于最近主要航空公司之间的票价战，Town and Country 的业务量大幅增加，管理层考虑调整公司的预订政策。表 14-11 所示给出了公司的有关租赁数据。

表 14-11　Town and Country 公司租赁数据

车　型	正常费率/%	折扣费率/%	日均需求/辆	标准差/辆
紧凑型汽车	300	200	50	15
中型汽车	400	300	30	10

每日需求服从正态分布。据观察，中型汽车客户在没有中型汽车可用的情况下，不会选择租用紧凑型汽车。对于愿意至少提前 14 天预订汽车，并在航班抵达 2 小时内取车的顾客，公司可提供折扣；与此同时，如果预订的顾客不履约，公司将不退还押金。公司目前的预订政策是为愿意支付全额费用的客户保留 40 辆紧凑型汽车和 25 辆中型汽车。为了实现收入最大化，Town and Country 应如何对公司预订政策进行调整？

3. 考虑算例 2 的某医院急诊室：统计以往就诊人数数据后发现病人到达服从泊松分布，每小时到达病人数如表 14-7 所示。急诊室服务时间服从均值为 45 分钟的指数分布。已经在算例 2 中得到，要想及时地为表 14-7 所示到达病人数的病人提供服务，各个时段内所需的最低护士数 $s_k^{\min}$ 如表 14-8 所示。需要注意的是，表 14-8 所示护士数 $s_k^{\min}$ 仅可以满足急诊室的最低人力要求。事实上，在满足最低要求的基础上，每增加一个护士就可以增加系统的服务能力，并因此减少病人等待接受服务的时间。

现已知护士的轮班工资为 400 元/班，病人在系统中等待接受服务的时间成本为 75 元/小时。该急诊室采用 8 小时工作制，并且每工作 4 小时有 1 小时的休息或用餐时间。急诊室的目标是使总成本（雇用护士的人力成本+患者等待成本）最小。如果护士轮班每 4 小时开始一次，即每天的 0，4，8，12，16，20 点开始轮班，那么雇用的最佳护士人数是多少？

提示：为了计算总成本，需要利用一般随机过程的 $M/M/s$ 队列计算患者的成本时间。

令：

$V_k^{\min}$——如果在第 k 时段安排满足最低要求的护士数 $s_k^{\min}$，那么所有患者在急诊室等待接受服务的总时间；

$\beta_{k,m}$——如果在第 k 时段安排 m 个护士，m 大于最低要求的护士数 $s_k^{\min}$，那么安排第 m 个护士为系统带来的好处，即第 m 个可减少的患者在急诊室等待接受服务的总时间。

4. 在过去几年里，Gateway 国际机场（GIA）在商业和一般航空运营业务（一次航空运营指一次着陆或起飞）都经历了大幅增长。机场计划在未来几个月推出新的商业业务。为了满足联邦航空管理局的空中交通管制人员要求，GIA 将需要重新制定空中交通管制人员工作日程以适应新增的航空运营和由此引起的每小时航班起降分布。由于目前的 5 名空中交通管制人员可能不足以满足调整后的人员需求，联邦航空管理局认为 GIA 需要额外雇用空中交通管制员。

在检查了各家商业航空公司接下来 6 个月的服务计划后，联邦航空管理局给出了总运营的平均每小时需求预测（见图 14-2）和每周的日均需求变化预测（见图 14-3）。一位运营经理助理被委以制定空中交通管制人员日程表的任务，新的日程表需要在维持足够的运营安全水平的同时尽量减少空中交通管制服务能力过剩。空中交通管制人员日程的限制条件包括以下几个方面。

（1）每位管制员将连续工作 8 小时（忽略午休时间），轮班必须从整点开始，管制员必须在恢复工作前至少休息 16 小时；

（2）每位管制员每周工作 5 天；

（3）每位管制员有权每周连续休假 2 天，可以是一周中任何连续的 2 天；

（4）联邦航空管理局指南要求，空中交通管制的人力供应需满足在任意时间段内，总运营数与在岗管制员数的比率不超过 16。

问题：

（1）假设你是联邦航空管理局的运营经理助理，请安排管制员的轮班日程表。初步假设：

① 管制员的人员安排需基于轮班时间内（8 小时）需求的变化情况；

② 每天有 3 班，每班无重叠；

③ 图 14-2 所示的每小时需求分布在一周中的每一天（如每个星期一）都不变，但在一周内会变化，如图 14-3 所示。

（2）在问题（1）初步分析的基础上，如果放宽假设①和②，换言之，每个管制员有各自的轮班开始时间,并可以与其他管制员的轮班时间重叠,这会对人力要求和轮班日程表有何影响？

（3）你有什么其他建议可以最大限度地降低劳动力需求水平和休假安排难度？

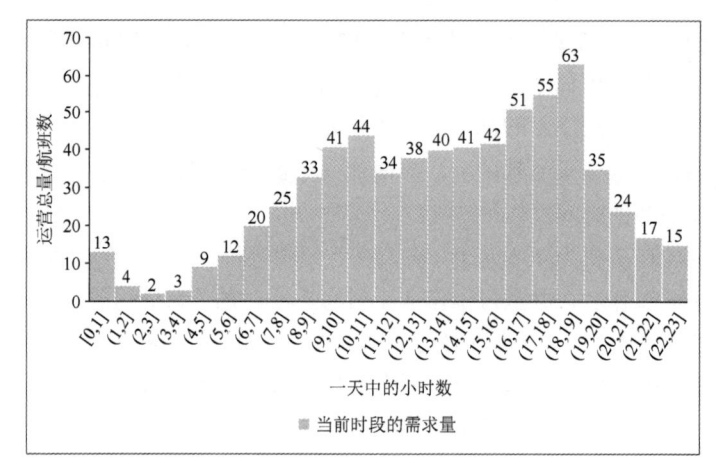

图 14-2　每小时的运营需求

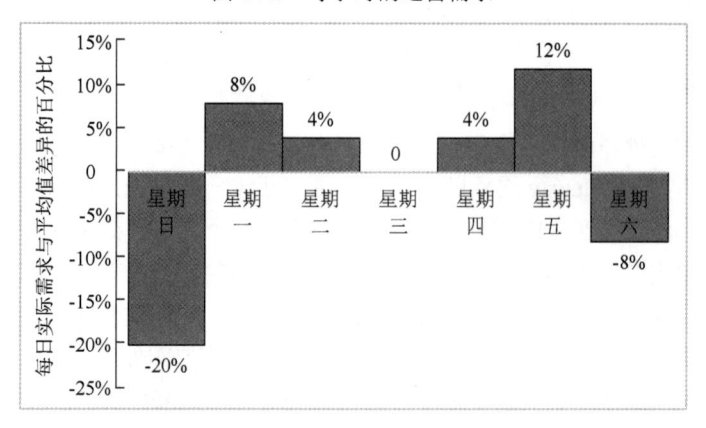

图 14-3　每日需求与平均水平的偏差

第 15 章

收益管理

▶ 学习目标

1. 了解收益管理的起源及其内涵。
2. 理解收益管理的理论和方法。
3. 掌握收益管理的算法逻辑。

15.1 收益管理的起源

1985 年，美国航空公司（American Airlines）在其主要航线上遭到了人民航空公司（People Express）低价的威胁。作为回应，美国航空公司开发了一个收益管理系统，针对闲暇旅客和商务旅客采用不同的票价。这就是著名的收益管理系统（Yield Management System）。该系统使用最优算法在接受早期折扣顾客预订的同时，确保预留合适的座位数给较晚预订的全价顾客。这个方法使美国航空公司获得了空前的成功，最终导致了人民航空公司破产。

美国航空公司能够战胜人民航空公司的部分原因是它开发了一个被称为 SABRESABRE（Semi-Automated Business Research Environment，半自动化商业研究环境）的计算机化预约系统，这使它能为晚期订票的商务旅客预留座位，而这个能力正是人民航空公司所缺乏的。SABRE 在当时是一个技术奇迹：它不仅取代了美国航空公司及其他航空公司自 20 世纪 30 年代起一直用于管理预约的彩色索引卡，而且让美国航空公司可以在全球范围发布它的产品和价格，并接受来自世界上任何一个地方的预订。

SABRE 融合了计算机化预约系统及全球分销系统的功能。预约系统的关键功能是充当知识库储存未来航班的所有预订信息。预约系统还包含着这样的控制机制，即指定未来任一航班应分别接受多少来自不同票价等级的预订。预约系统对于任何收益管理公司来说都是关键的能力。

美国航空公司的成功刺激了美国其他大型航空公司，它们纷纷开发自身的收益管理系统。从 80 年代末到 90 年代，联合航空公司（United Airlines）、达美航空公司（Delta Air Lines）和大陆航空公司（Continental Airlines）等投入了数百万美元，实施收益管理系统和建立收益管理机构。欧洲和亚洲的航空公司也开始采用收益管理系统以提升企业绩效。收益管理的使用范围也超出航空业。福特汽车公司受到收益管理在航空业的巨大成功启发，研发了自己的收益管理系统。随后采用收益管理的行业包括酒店业、汽车租赁业、游艇业、列车客运业等。万豪酒店（Marriott）是酒店业收益管理的先行者。赫兹和国家租赁（Hertz and National）是汽车租赁业收益管理的先驱。另外，销售收益管理软件的软件商和帮助公司建立自己收益管理项目的咨询公司也大量出现。PROS 和 Talus Solution 这样的软件商开发并销售商业的收益管理软件包。直至今日，上述许多行业仍在继续对收益管理进行开发和投入。

美国航空公司使用其高超的能力击败人民航空公司的案例，被收录到广受欢迎的商业书中。收益管理也作为管理科学的一个重要战略应用而广受青睐。因为对管理科学的良好应用，开发该收益管理系统的团队获得了 1991 年的埃德曼奖（Edelman Prize）。

15.2 收益管理界定

在严格定义下，收益管理指的是在许多行业里，尤其是航空业里使用的一些战略和战术。这些战略和战术被用于随时调整不同价格等级间能力的分配，以使收益最大化。特别地，当满足下列条件时，收益管理才可用。

（1）能力有限且易逝。很明显，即将离港的航班上的空座位或凌晨酒店的空房间都无法储存以满足未来的需求。

（2）顾客可以提前预订。提前预订在很多能力有限且易逝的行业中普遍存在，因为顾客需要一种方法以提前确保当他们需要消费时能够获得能力。这就为服务公司提供了机会，能够追踪未来的需求并基于供需平衡调整价格。

（3）通过开放和关闭预订等级来改变价格。这是计算机化分销系统设计的副产品，例如航空公司研发的 SABRE 和 Galileo。这些系统允许航空公司为每个航班建立一套价格（价格等级），然后根据意愿开放或关闭价格等级。这和多数行业的定价问题有所不同。其他行业不是"我们应该开放和关闭什么票价等级"，而是"我们现在应该以什么价格，将我们的产品通过每个销售渠道推向每个细分市场"，差别虽小，但它造成了系统设计和应用的很大不同。

许多公司在实施"收益管理"项目方面相当谨慎，声称"我们不是航空公司"。一般来说，这种观点是正确的——航空公司收益管理的算法不能直接应用于大多数其他行业。然而，航空公司的经历包含了一些重要经验。

（1）收益管理带来的不仅仅是短期盈利能力上的好处。收益管理能使美国航空公司成功应对人民航空公司的挑战。它也意味着国家汽车租赁公司（National Car Rental）幸存与破产的一线之差。1992 年，国家汽车租赁公司正面临每月损失 100 万美元，同时濒临被其当时的所有者（通用公司）清算的边缘。当时，国家汽车租赁公司已经进行了两轮裁员，而公司管理层感到在节约成本方面已无法取得更多成效了。最后，国家汽车租赁公司决定从收益方面着手。它们同 Aeronomics 收益管理公司合作开发了一套系统，用于预测 170 个租车点每一种类型/租期的汽车的供需情况，并调整了价格平衡供需，效果立竿见影。国家汽车租赁公司发起了一套综合收益管理项目，其核心是一套管理能力、定价和预约的分析模型。随着这些方面管理水平的提高，国家汽车租赁公司收益大幅度增加。1993 年 6 月的首次应用就产生了显著效果，并使公司开始盈利。

（2）电子商务既需要也能够实现收益优化。航空公司首创了电子分销——计算机化的分销系统，如 SABRE 和 Galileo。这些系统能够快速接受和处理顾客的预订请求。它们也能使航空公司快速调整价格和可获得性，同时将更新的信息瞬间传送到全球各地。实际上，在互联网到来之前，航空公司就已经在积极应对电子商务的复杂性了。随着像互联网这样的电子分销渠道变得更加普遍，越来越多的行业感觉到了持续观测需求和更新价格的必要性。

（3）有效的市场细分是关键。收益管理在航空业成功实施的关键在于，航空公司能够细分早期预订的闲暇旅客和晚期预订的商务旅客。这个细分并非通过直接的歧视（即根据人口特征、年龄或其他的顾客特征的差异）来差别定价，而是通过产品的差异性、创造满足不同细分市场的不同产品来制定不同的价格。基于支付意愿来细分顾客和对不同的细分市场收取不同价格，是收益管理的关键。

本质上，航空公司的收益管理系统是一套极度复杂的机会成本计算系统。它们预测未来售出一个座位的机会，并确保该座位不会以低于未来期望机会收益的价格售出。多数行业所面对的能力约束并不像航空公司所面对的那样苛刻。典型的制造商有机会调整产量水平或存储成品和半成品。零售商可以调整库存以适应需求的改变。但是，这并不意味着，计算机会成本就与这些行业无关。相反，在许多面临库存或能力约束的行业中，机会成本可能是连接供应链管理和收益管理的关键。

15.3 单资源服务收益管理

若公司销售的服务产品仅由一个最小的能力单位构成，则该产品称为单资源服务产品。如直达航班、固定航程的游艇等，这些产品只包含了一个能力单位，如一个航程的一个飞机或游艇座位。单资源服务收益管理从价格等级和需求相关程度可以分为：两价格等级收益管理和多价格等级收益管理、需求独立的收益管理和需求相关的收益管理等。

15.3.1 两价格等级收益管理

两价格等级收益管理主要针对有且只有两个价格等级（如全价和折扣价）的服务产品的能力分配和收益优化问题。例如，一架固定容量的航班（或其他产品）为两个价格等级的顾客服务：早预订的折扣顾客和晚预订的全价顾客。折扣顾客每人支付的票价 $p_d > 0$，全价顾客每人支付的票价 $p_f > p_d$。在基本的两等级模型里，假设所有的折扣预订请求都发生在全价顾客预订之前。航班只有有限的座位。两价格等级收益管理问题是：应当允许多少数量的折扣顾客预订？或者等价的，应当为全价顾客保留多少数量的座位？

两价格等级收益管理的目标是，确定折扣预订限额——允许折扣预订的最大数量。全价预订的保留水平等于容量减去预订限额。显然，在给定保留水平和容量的前提下，计算预订限额是很容易的，反之亦然。

两价格等级收益管理的核心是，在预订限额设置过高和过低之间进行权衡。一方面，如果把折扣预订限额设得过低，将拒绝一些折扣顾客，但同时没有足够的全价顾客需求。拒绝了一些预订，飞机却带着空座位起飞。这被称为浪费，因为航班起飞时那些空座位就被浪费了。另一方面，如果允许过多的折扣顾客预订，会冒拒绝利润更高的全价顾客的风险。这被称为稀释，因为"稀释"了本可以通过为高价预订多留座位得到的收益。两价格等级收益管理的挑战就是平衡浪费和稀释的风险，最大化期望收益。

1. Littlewood 法则

考虑某容量为 C 的航班的两价格等级收益管理问题。假设 $F_f(x)$ 是全价需求 $\leqslant x$ 的概率，

$F_d(x)$ 是折扣需求 $\leq x$ 的概率。如果设置预订限额为 b。则所面对的决策为，能否把预订限额增加一个座位（或等价地把保留水平减少一个座位）。如果把预订限额从 b 增加到 $b+1$，期望收益会发生什么变化？如果折扣需求 $d_d \leq b$，则期望收益不受影响。在这种情况下，把预订限额增加一个座位带来的期望收益净变化是 0。

只有当折扣需求 $>b$ 时，问题才变得有趣。在那种情况下[发生的概率为 $1-F_d(b)$]，把预订限额从 b 增加到 $b+1$ 会带来一位额外的折扣顾客。对收益的净影响取决于全价需求。如果全价需求 $>C-b$ [发生的概率为 $1-F_f(C-b)$]，新增的折扣预订会取代一位全价顾客。这是稀释，总收益的变化是 $p_d - p_f < 0$。另一种可能是，折扣需求 $>b$，而全价需求 $<$ 保留水平 $C-b$。在这种情况下，接受了一位额外的折扣顾客，却没有因此取代一位全价顾客。获利是 p_d：增加折扣预订限额减少了浪费。

因此，把预订限额从 b 增加到 $b+1$，造成收益的期望变化是所有可能结果的概率加权总和，如：

$$E\big[h(b)\big] = F_d(b)0 + \big[1-F_d(b)\big]\big\{\big[1-F_f(C-b)\big](p_d - p_f) + F_f(C-b)p_d\big\} \\ = \big[1-F_d(b)\big]\big\{p_d - \big[1-F_f(C-b)\big]p_f\big\} \tag{15.1}$$

如果式（15.1）的右边 >0，就可以通过把折扣预订限额从 b 增加到 $b+1$ 来提高期望收益。相反，如果式（15.1）的右边 <0，那么增加折扣预订限额将会减少期望收益。

式（15.1）中的关键部分是 $p_d - \big[1-F_f(C-b)\big]p_f$。只要这个部分 >0，就应当增加对折扣预订的配给。在预订限额为 b 的情况下，至少会有 $C-b$ 的座位留给全价顾客。如果折扣需求 $<b$，则会有更多的座位提供给全价顾客。$1-F_f(C-b)$ 是全价需求超过保留水平的概率。当保留水平高（即折扣预订限额小）时，$1-F_f(C-b)$ 部分小；当降低保留水平（即增加折扣预订限额）时，$1-F_f(C-b)$ 部分则变大。如果 $p_d < \big[1-F_f(C)\big]p_f$，那么就不应为折扣顾客分配任何座位——最好把所有座位都留给全价顾客。如果 $p_d > \big[1-F_f(C)\big]p_f$，那么最好给折扣顾客分配至少一个座位。

令式（15.1）等于 0，可以得出：

$$1-F_f(C-b^*) = p_d / p_f \tag{15.2}$$

或等价的：

$$1-F_f(y^*) = p_d / p_f \tag{15.3}$$

其中 y^* 是全价需求的最优保留水平。

式（15.2）给出了最优两等级折扣预订限额的条件，该条件最早于 1972 年由英国海外航空公司（英国航空公司的前身）的分析师 Kenneth Littlewood 提出，即著名的 Littlewood 法则。

式（15.2）左边的数值 $1-F_f(C-b^*)$ 是全价需求超过保留水平的概率。Littlewood 法则认为，全价需求超过保留水平的概率应当等于票价比率 p_d / p_f，为最大化期望收益。如果折扣票价为 0，Littlewood 法则认为，应当把保留水平设得足够高，以至于全价需求不可能超过它。换句话说，最优的折扣预订限额应当为 0。随着 p_d 的增加，最优保留水平将会减少，直到 $p_d = p_f$ 时将折扣预订限额设为 C 将是最优的。

函数 $F_f(y)$ 几乎总是保留水平 y 的严格递增函数。在这种情况下，F_f 将是可逆的，则可以把 Littlewood 法则写为：

$$y^* = \min\big[F_f^{-1}(1-p_d / p_f), C\big] \tag{15.4}$$

其中 F_f^{-1} 是全价需求的逆累积分布函数。在 $y^* = F_f^{-1}(1-p_d/p_f)$ 点上，为全价需求保留过多容量或过少容量的风险刚好平衡。

通过 Littlewood 法则可以发现：最优保留水平和最优折扣预订限额不以任何方式依赖于折扣需求的预测。折扣需求的分布 $F_d(D_d)$ 没在式（15.4）中出现。把折扣需求预测加倍或减半都不会影响最优折扣预订限额。另外，式（15.4）还显示，最优保留水平不依赖于容量，除非保留比飞机容量更多的座位，这种极端情况是没有意义的。Littlewood 法则中的经济权衡只依赖于两个票价和期望全价需求的分布。

对于任意给定全价需求分布，两等级的折扣预订限额算法都能找出最优的预订限额。

2. 需求服从正态分布的两价格等级收益管理

当全价需求服从正态分布时，有一个简单的方法计算最优折扣预订限额。即，

$$F_f(x) = \Phi(\frac{x-\mu_f}{\delta_f})$$

其中 $\Phi(x)$ 是标准累积正态分布，μ_f 和 δ_f 分别是全价需求的均值和标准差。Littlewood 法则指出，要找到一个 b 值，使得

$$\Phi(\frac{C-b-\mu_f}{\delta_f}) = 1 - \frac{p_d}{p_f}$$

可以看出，最优折扣预订限额和保留水平满足

$$b^* = [C - \delta_f \Phi^{-1}(1-\frac{p_d}{p_f}) - \mu_f]^+ \tag{15.5}$$

$$y^* = \min\left[\mu_f + \delta_f \Phi^{-1}(1-\frac{p_d}{p_f}), C\right] \tag{15.6}$$

其中 $\Phi^{-1}(x)$ 是逆累积正态分布。

$\Phi^{-1}(1-\frac{p_d}{p_f})$ 是票价比率的减函数。这意味着 b^* 是票价比率的增函数。其中，$\Phi^{-1}(1/2) = 0$，意味着 $p_d = p_f/2$，$b^* = C - \mu_f$。即当票价比率为 1/2 时，把保留水平设为刚好等于预期的全价需求将是最优的。当 $p_d/p_f < 1/2$ 时，保留比预期的全价需求更多的座位是最优的；当 $p_d/p_f > 1/2$ 时，保留比预期的全价需求更少的座位是最优的。换言之，票价比率决定了应当保留比预期的全价需求更多还是更少的座位。

式（15.6）指出最优保留水平等于全价票需求的期望 μ_f 加上标准差 δ_f 乘以某个项。注意 $\delta_f > 0$ 是对全价票需求不确定性的一个度量。一个更大的 δ_f 值，意味着一个更扁平的分布及更多的不确定性。$\delta_f = 0$ 意味着 $b^* = [C - \mu_f]^+$。即如果确切地知道全价票需求，就将为全价票需求保留恰好 μ_f 个座位。

当然，如果公司能确切知道未来的全价票需求，那么事情就太简单了，因此，需要考虑标准差>0 的情况。从式（15.6）可以看出，当全价票需求服从正态分布时，y^* 是标准差的线性函数。

表 15-1 所示总结了保留水平对全价需求的标准差和票价比率的依赖性。当票价比率恰好是 1/2 或全价票需求的标准差为零时，全价票需求的最优保留水平等于全价票需求的均值。如果票价比率<1/2，那么最优保留水平将> μ_f，且标准差的增大将会减少折扣预订限额。如果票价比率>1/2，那么最优保留水平将< μ_f，且会随着标准差的增大而降低。

表 15-1　保留水平 y^* 对全价票需求标准差和票价比率的依赖性

票价比率	保留水平的依赖性
$p_d/p_f > 0.5$	y^* 小于全价票需求均值，且随 δ_f 增加而减少
$p_d/p_f = 0.5$	y^* 等于全价票需求均值
$p_d/p_f < 0.5$	y^* 大于全价票需求均值，且随 δ_f 增加而增加

15.3.2　多价格等级收益管理

在两等级情况下，当低价格等级首先预订时，Littlewood 法则找到了最优的折扣配给。然而，航空公司常常在一个航班上提供数十个或上百个不同票价，除标准的折扣票和全价票以外，还有特殊折扣票价、公司票价、群体票价等。航空公司需要管理所有这些票价的可获得性，以最大化总利润。这对于任何销售多价格等级产品的收益管理公司来说，都是一样的。更具体地讲，需要在预订控制结构内设置嵌套的预订限额。这就是多等级收益管理问题。

为了分析多等级模型，做如下假设。

（1）一个产品有 n 个价格等级，每个等级有相应的票价。价格等级按票价下降的顺序编号，即 $p_1 > p_2 > \cdots > p_n$。如果一个等级比另一等级有更高的票价，那么它就被称为更高的等级——因此等级 1 是最高的等级，等级 n 是最低的等级。

（2）每个等级的需求都是独立的随机变量。用 d_i 代表价格等级 i 的需求。等级 i 的需求服从一个定义在整数 $x \geq 0$ 上的概率分布 $f_i(x)$，其中 $f_i(x)$ 是等级 i 的需求为 x 的概率。$F_i(x)$ 代表 $d_i \leq x$ 的概率。

（3）需求按照票价递增的顺序进行预订。即最低票价的顾客（支付 p_n）最先预订，随后是第二低票价的顾客，以此类推，因而最高票价的顾客（支付 p_1）最晚预订。

（4）没有顾客不到或退订。

（5）目标函数是最大化期望收益。

航空公司在每个预订周期 j 开始时的决策是：应该接受多少数量类型 j 的预订。它知道已经接受的预订数量，即 $\sum_{i=j+1}^{n} x_i$。因为没有顾客不到和退订，$C_j = \left[C - \sum_{i=j+1}^{n} x_i \right]$ 就是在周期 j 开始时剩余的未预订能力。航空公司也知道未来预订周期的需求分布。在给定这些信息的情况下，航空公司需要找到接受等级 j 预订的最大数量，以最大化期望收益。称这个数量为等级 j 的预订限额，并记为 b_j。在这个模型里，航空公司只需要在每个周期开始时计算一个预订限额，因为它在这个周期里只会收到一个价格等级的预订。航空公司在为下一更高价格等级设置预订限额之前，可以一直等待到看它在这个周期里接受了多少预订。

采用逆推的方式来解决多等级预订限额问题。在最后一个周期开始时，航空公司有 C_1 个剩余座位。由于没有不到和退订，显然，航空公司允许所有剩余座位都被预订是最优的。因此，$b_1 = C_1$。接下来考虑周期 2——起飞前的倒数第二个周期。在周期 2 开始时，航空公司有 C_2 个剩余座位。显然，航空公司在第二个周期开始时面对的问题，正是两价格等级问题。因此，航空公司可以应用 Littlewood 法则，即式（15.2）来最大化收益：最优的预订限额是满足 $F_1(C_2 - b_2) < 1 - p_2/p_1$ 的 b_2 的最小值，其中 $0 \leq b_2 \leq C_2$。

当逆推一个周期计算 b_3 的时候，情况变得更加复杂。从概念上来讲，这里的权衡类似于两等级的情况：如果增加周期 3 的预订限额，两件事情之一将会发生：要么收到一个额外的"类型 3"的顾客预订，要么没有收到。如果没有收到，那么增加预订限额对总收益的净影响将为零。如果在周期 3 收到了一个额外的顾客预订，那么将得到票价 p_3，但将冒着替代一个更晚预订并支付更高票价（p_1 或 p_2）的顾客的风险。基本的权衡与两等级情况一样——把预订限额设置得可以平衡浪费和稀释的风险。

尽管多等级问题中求解最优预订限额和保留水平的技术在数学上并不困难，但是往往计算量相当大，尤其是在有限时间里被应用于数千个航班。由于这个原因，航空公司、酒店、汽车租赁公司及其他收益管理公司，通常都不计算"最优的"多等级预订限额。它们通常使用启发式算法，来决策出一个好的但不一定是最优的预订限额。在这些启发式算法中，最流行的是"期望边际座位收益"（EMSR）算法。该算法非常快速，并且几乎总能找到使期望收益与理论最优值非常接近的预订限额。

期望边际座位收益（EMSR）启发式方法

"期望边际座位收益"有两个版本：EMSR-a 和 EMSR-b，是彼得·贝罗巴巴（Peter Belobaba）在其博士论文及后续论文中提出的。两者都基于把多等级问题近似为一系列两等级问题，并使用 Littlewood 法则求解。

EMSR-a。它是关于收益管理问题的最著名的启发式算法。基于这样一种思想，即使用 Littlewood 法则计算当前等级相对于每一个更高等级的保留水平。然后求出这些保留水平之和作为当前等级的保留水平。举例来说，如果在等级 3，那么 EMSR-a 会使用式（15.3）形式的 Littlewood 法则，来计算等级 3 对等级 1 的保留水平（用 y_{31} 表示）：

$$y_{31} = F_1^{-1}(\frac{p_1 - p_3}{p_1})$$

等级 3 对等级 2 的保留水平（用 y_{32} 表示）：

$$y_{32} = F_2^{-1}(\frac{p_2 - p_3}{p_2})$$

其中，C_3 是在预订周期 3 开始时拥有的未预订的能力。等级 3 的 EMSR-a 保留水平 y_3 为以上两个保留水平之和，即

$$y_3 = y_{31} + y_{32} = F_1^{-1}(\frac{p_1 - p_3}{p_1}) + F_2^{-1}(\frac{p_2 - p_3}{p_2})$$

或

$$b_3 = \left[C_3 - F_1^{-1}(\frac{p_1 - p_3}{p_1}) - F_2^{-1}(\frac{p_2 - p_3}{p_2}) \right]^+$$

EMSR-a 可被推广为任何数量的价格等级。对于 $j \geq 2$，EMSR-a 保留水平 y_j 为：

$$y_j = \sum_{i=1}^{j-1} F_i^{-1}(\frac{p_i - p_j}{p_i}) \tag{15.7}$$

如果每个价格等级的需求都服从正态分布，那么等级 j 的 EMSR-a 保留水平为：

$$y_j = \sum_{i=1}^{j-1} \mu_i + \delta_i \Phi^{-1}(\frac{p_i - p_j}{p_i}) \tag{15.8}$$

使用标准累积正态分布表就能很简单地计算出 y_j 的值。

EMSR-b。假设被一个额外预订所替代的顾客支付的票价，等于未来票价的加权平均值。EMSR-b 创造了一个"人造等级"，该等级的需求等于未来所有周期的需求之和，该等级的票价等于未来所有预订的平均期望票价。然后，使用 Littlewood 法则计算当前等级 j 相对该人造等

级的预订限额。EMSR-b 假设被替代的预订"期望票价"等于未来需求的期望票价。这是一个近似值,因为更高票价的预订也会被设置预订限额,所以被接受的需求并不总是等于其均值。

为用公式表示 EMSR-b,假设所有等级的需求都服从正态分布,等级 i 的需求均值为 μ_i,标准差为 δ_i。假设正处在周期 $j \geq 2$ 开始的时候,并且计算预订限额 b_j。EMSR-b 就像解决一个两等级问题一样。假设人造等级的需求服从正态分布,其需求均值 μ、平均票价 p、标准差 δ 由下式给出:

$$\mu = \sum_{i=1}^{j-1} \mu_i, \quad p = \sum_{i=1}^{j-1} p_i \mu_i / \mu, \quad \delta = \sqrt{\sum_{i=1}^{j-1} \delta_j^2}$$

可使用式(15.6)针对正态分布的 Littlewood 法则写出下式:

$$y_j = \min\left[\mu + \delta \Phi^{-1}\left(\frac{p - p_j}{p}\right), C\right] \tag{15.9}$$

这是当需求服从正态分布时的 EMSR-b 公式。

15.3.3 需求关联的收益管理

到目前为止,所考虑的模型都假设各个价格等级的需求,均独立于其他价格等级需求。标准的收益管理模型,比如 Littlewood 法则和 EMSR 启发式算法,均假设没有侵蚀,即开放折扣等级不会对全价票需求造成影响。全价顾客不愿或不能购买折扣票,并且没有一个折扣顾客会购买全价票。

价格等级独立性的假设并没有反映现实情况。在现实中,没有"全价顾客"和"折扣顾客",而只有潜在顾客,这些顾客寻找能最好满足他们需求的可选项目。实际上,独立性假设即便在航空业最基本的市场细分层次上都是不成立的。存在为享受折扣价而提早预订的商务顾客,也同样存在愿意支付全价进行旅游但同时又更乐意能买到折扣票的闲暇顾客。这意味着,如果关闭折扣票价,将会有一部分被拒的顾客转而购买全价票,因此,不能把这两个需求看成独立的。相反,全价需求依赖于折扣价格等级是开放还是关闭。当关闭折扣票价时,可以预期有更多的全价需求,因为有些折扣顾客会在无法获得折扣票时转而购买全价票。

随着收益管理系统的广泛使用,管理者注意到,关闭一个折扣价格等级常常会造成更高等级需求的增加。这个现象被称为向上购买或向上销售。由于同样的原因,开放一个折扣价格等级常常会造成更高等级需求的减少——侵蚀。收益管理者将比收益管理系统建议的时间更早关闭折扣等级,因为他们知道,公司将会从向上购买中受益。

向上购买和侵蚀不是相互独立的现象。顾客在寻找能够满足其需求的旅游选项与票价的最佳组合。对顾客而言,互联网提高了所有航空公司票价的透明度及可获得性。结果,全价和折扣价之间的差距已经变得巨大。这极大地激励了所有顾客都去寻找更低的票价。

价格等级独立性假设从一开始就被构建到了收益管理系统。其中的原因是双重的。第一个原因,航空公司面临的最迫切需求是,快速开发出一套系统,让它们能应对低成本竞争对手的挑战,以及管理市场上大量涌现的票价。快速应用相对简单的方法,比等待问题的所有方面都得到解决更加重要。第二个原因是,在许多情况下完全细分的假设并不太糟糕。折扣价和全价之间的预订屏障曾被认为是很有效的。此外,对于国际航空公司而言,区域定价是收益管理战略的主要组成部分。在 20 世纪 80 年代,同样一张机票在日本比在欧洲或美国往往高出 50%。在 20 世纪 90 年代,某欧洲航空公司估计,其利润 100% 来自公司在特定海外市场以高于本土市场的票价销售机票的能力。在互联网崛起之前，这种地理歧视非常有效，并且不会造成高等级的侵蚀。

1. 需求关联的两价格等级

假设折扣价为 p_d，全价为 p_f，且 $p_f > p_d$，d_d 为总的折扣票需求，d_f 为当所有折扣预订都接受时，总的全价票需求。另外，定义 α 为：当得不到折扣座位时，被拒绝的折扣票需求会转而预订全价票的比率，且 $0 \leq \alpha \leq 1$。航空公司看到的实际全价票需求将是折扣预订限额的函数，可写为：$\hat{d}_f = d_f + \alpha [d_d - b]^+$。这意味着，当折扣票需求超过预订限额时，增加预订限额将造成期望的全价票需求按比率 α 减少，反之，则对全价票需求没有影响。

显然，在这种情况下，把预订限额增加 1 的期望边际影响记为：

$$E[h(b)]$$
$$= F_d(b)0 + [1 - F_d(b)]\{[1 - F_f(C-b)](p_d - p_f) + F_f(C-b)(p_d - \alpha p_f)\} \quad (15.10)$$
$$= [1 - F_d(b)][p_d - \alpha p_f - (1 - F_f(C-b))(1-\alpha)p_f]$$

同样，期望利润的变化方向是由 $p_d - \alpha p_f - F_f(C-b)(1-\alpha)p_f$ 的符号决定的。如果这部分 >0，那么把预订限额增加 1 将会提高期望收益。如果这部分 <0，那么增加预订限额将会减少期望收益。

注意，如果 $\alpha \geq p_d/p_f$，对于任意的 b 值，右边部分都将 ≤ 0。这对应的是侵蚀现象远超过需求诱导的情况。在这种情况下，最优的预订限额应当是 $b^* = 0$。

假设 $p_d > \alpha p_f$。由式（15.10），可知最优的保留水平 y^* 应满足：

$$F_f(y^*) = \frac{p_d - \alpha p_f}{(1-\alpha)p_f} \quad (15.11)$$

式（15.11）在 $\alpha = 0$ 时简化成了 Littlewood 法则。

式（15.11）可写成：

$$F_f(y^*) = \frac{1}{1-\alpha}\left(\frac{p_d}{p_f} - \alpha\right) \quad (15.12)$$

称 $\left[\dfrac{1}{1-\alpha}\left(\dfrac{p_d}{p_f} - \alpha\right)\right]^+$ 为"修正的票价比率"。如果用 $\dfrac{1}{1-\alpha}\left(\dfrac{p_d}{p_f} - \alpha\right)$ 替代票价比率 p_d/p_f，式（15.12）与 Littlewood 法则是一样的。由于修正的票价比率小于实际的票价比率，所以与需求独立的情况相比，需求相关的影响是减少了折扣预订限额（等价于增加了全价票保留水平）。

当全价票需求服从正态分布时，最优的保留水平是：

$$y^* = \mu + \delta \Phi^{-1}\left[\frac{1}{1-\alpha}\left(1 - \frac{p_d}{p_f}\right)\right]$$

2. 需求关联的多价格等级

EMSR-a 和 EMSR-b 都可以被修正为符合不完全市场细分的情况。修正基于这样的假设，即当一个等级被关闭后，那个等级里被拒绝的需求将可能去相邻的较高等级购买，而不是其他更高的等级。例如，如果关闭了等级 3，那么一些等级 3 的需求会去等级 2，而不会去等级 1 购买。在这个简单假设下，可以轻松推导出 EMSR 启发式算法的修正版本。

定义 α_j （$j=2,3,\cdots,n$）为等级 j 的顾客在等级 j 关闭后购买相邻较高等级 j-1 的比率。因此，α_3 就是等级 3 的顾客在等级 3 关闭后向上购买等级 2 的比率。α_j 被称为等级 j 的向上购买因子。对于需求服从正态分布的情况，EMSR-a 和 EMSR-b 可以被扩展为带有向上购买因子的形式，如下所示。

带有向上购买因子的 EMSR-a：

$$y_j = \mu_{j-1} + \delta_{j-1}\Phi^{-1}\left[\frac{1}{1-\alpha}\left(1-\frac{p_j}{p_{j-1}}\right)\right] - \sum_{i=1}^{j-2}\left[\delta_i\Phi^{-1}\left(1-\frac{p_j}{p_i}\right)-\mu_i\right]$$

带有向上购买因子的 EMSR-b：

$$y_j = \mu + \delta\Phi^{-1}\left[\frac{1}{1-\alpha}\left(1-\frac{p_j}{p}\right)\right]$$

修正的 EMSR-b 算法中 μ、p 和 δ 的定义和式（15.9）一样。

修正的 EMSR-a 计算了等级 j 相对于每一更高等级的保留水平，它基于这样的假设：如果关闭等级 j，向上购买只会发生在相邻的较高等级 j-1 里。然后，从剩余能力中减去所有这些保留水平之和，得到等级 j 的预订限额。EMSR-b 假设向上购买发生在一个包含了所有更高等级的"集合等级"里，并使用式（15.6）的 Littlewood 法则计算出预订限额。

研究指出，当存在向上购买的情况时，修正的 EMSR 启发式算法能带来额外的收益。修正的 EMSR 启发式算法应用起来很容易，它们的各个版本已经被许多收益管理公司采用。它们要求为每个航班估算和储存 n-1 个向上购买因子，还要求重新定义每个价格等级的需求作为相邻较高等级开放时本等级会得到的需求。且不支持从等级 j 到比 j-1 更高等级的向上购买的可能性。

15.4 多资源服务收益管理

当企业提供的每种产品都只使用单一资源时，企业可以通过分别独立地最大化每种资源的利润，来最大化总利润。一旦有能力约束的销售者开始销售使用多资源的产品，比如航空公司销售联程机票，或酒店提供多日入住的服务，收益管理问题就变得更加复杂了。销售者不再能够通过独立最大化每种资源的利润，来最大化总利润。相反，他需要考虑所销售的不同产品之间的相互作用，以及这对他销售其他产品的能力的影响。这就是多资源服务收益管理问题，被称为网络管理。

网络管理适用于任何控制着有限且具有易逝性资源的公司，这些公司通过组合这些资源来销售产品。网络管理对于酒店和汽车租赁公司而言，甚至更加重要。因为酒店顾客可以入住超过一个晚上，租车的顾客也可以租赁一天以上。在这些行业里，按入住天数（或租赁天数）对预订的组合进行管理，要比单独按价格等级进行管理更为有效。对于酒店来说，比起关心单个时间长度预订的价格组合，更重要的是，不要接受短期入住的预订，以免拒绝未来更长期入住的预订。

酒店在同一时间可以提供的产品数量非常大，实际上远远大于酒店所拥有的房间数量。一家酒店如果接受顾客在接下来 365 天里到达并驻留 1 到 15 天的预约，那么它就能提供 15×365＝5475（个）不同的产品。实际上，产品的数量甚至会更多，因为每种房间类型都是一个全新的产品维度。一家典型的酒店可能会有 4 种不同类型的房间（例如，标准间、豪华间、豪华观景间、套房），每种房间都收取不同的价格。由于顾客可以预订任一房间类型，在任何时间到达并驻留任意天数，所以酒店提供的产品数量实际上是 4×15×365＝21 900（个）。换句话说，酒店所提供的产品的数量可能是其房间数量的 100 多倍。正是出于这个原因，第一个成功的酒店及汽车租赁收益管理系统里包括了网络管理功能，这与航空公司的情况是不同的。

15.4.1 虚拟嵌套

虚拟嵌套是最早的网络管理方法。它最先由美国航空公司所使用，今天的许多航空公司都使用着基于其基本思想的各种变体。虚拟嵌套允许航空公司在已有的，基于航段控制结构的预约系统上，做最小的改变来进行网络管理。正如其名称所暗示的，它允许ODF（Origin-Destination Fare）被嵌套。因为它极其灵活并且相对容易执行，虚拟嵌套的一些变体实际上被每个实施网络管理的公司所使用。

航空公司虚拟嵌套的第一步是在每个航段上定义一个"存储桶"（Bucket）。每个存储桶代表了一个价格值的范围。第二步是基于各ODF对于航空公司价值的估计，把ODF映射到其各航段的某个存储桶中（这个过程被称为索引）。在索引过程结束的时候，每个存储桶里都装着价值相似的ODF。按照惯例，各航段上数字最小的存储桶装着价值最高的ODF。存储桶被嵌套，以使存储桶1可获取航段上的全部能力，存储桶2可获取航段上除被保留给存储桶1以外的全部能力，最低的存储桶只能获取它自己的配额。每个存储桶都有一个预订限额和一个保留水平，每次接受预订或发生退订时都会更新。这意味着可以对存储桶使用基于航段收益管理的所有技巧。

预约系统现在有了一个额外的功能，即当预订请求到来时将它们映射到各个航段的存储桶里。一旦预订被映射到各个航段的存储桶里，预约系统就检查各个航段相应存储桶的可获得性，以决定是否接受预订。

虚拟嵌套系统的概念结构：首先，每个预订请求都按照某个索引表，被映射到其所含资源的存储桶里。然后，在每个存储桶里检查可获得性。如果每个存储桶都有足够的可获得性，则接受预订请求；否则，拒绝预订请求。收益管理系统的功能是保存和传输最新的索引，并且计算和更新每个航段上各个存储桶的预订限额。

1. 预订控制

虚拟嵌套下的预订管理方式与单航段预订控制非常相似，主要包括如下步骤。
（1）初始化。
建立一个索引，把每个ODF都映射到该ODF所含航段的存储桶内。
对于每个航段的每个存储桶，估算总预测需求的均值和标准差。
使用各个存储桶的需求均值和标准差、平均利润及航段容量，用EMSR或类似方法决定每个航段上每个存储桶的预订限额和保留水平。
（2）操作。
当收到某个ODF的预订请求时，检查该ODF的每个航段。如果每个航段的相应存储桶里都有足够容量，则接受请求。反之，则拒绝该请求。
如果预订被接受，则减少被预订的ODF在所有航段上存储桶的可获得性。
当退订发生时，则增加被退订的ODF的所有航段上存储桶的可获得性。
（3）重新优化。

定期重新预测每个 ODF 的需求,并按照航段更新存储桶的期望需求。

定期重新运行 EMSR 或其他算法,并基于新的预测及每个航段上的剩余容量,重新计算每个存储桶的嵌套预订限额。

虚拟嵌套可以描述为"基于航段的收益管理加索引"。它允许航空公司使用其预约系统里建立好的嵌套价格等级结构。

虚拟嵌套的另一个优点是灵活性好。举例来说,简单地把所有来自相同价格等级的 ODF 映射到每个航段上相同的存储桶里,将会得到与单独管理每个航段相同的结果。更有用的是,航空公司只需简单地把 ODF 映射到其所含航段上较高的存储桶里,就可以使用虚拟嵌套赋予此 ODF 优先权。

2. 索引

虚拟嵌套可以被描述为预订控制加索引。前面已经描述了预订控制是如何在虚拟嵌套里工作的,下面我们重点讨论 ODF 应当如何被映射到它们所含的航段上。所选用的索引表及其更新的频率,对所能取得的额外收益,以及收益管理系统的复杂性有强烈影响。接下来将主要讲述各种不同的索引方法及各自的含义。

一个直接的想法是,根据总价格把 ODF 映射到每个航段上的存储桶里。即,把总价格最高的 ODF 映射到最高的存储桶里,价格稍低的则映射到第二个存储桶里,以此类推。这等价于贪婪启发式算法。但当网络中有多个资源受到约束时,贪婪启发式算法就失灵了。它失灵的原因是,在决定 ODF 如何映射到航段上的存储桶里时,忽略了机会成本。具体地说,一个总价格高但在其他航段上机会成本也高的 ODF,与一个总价格较低但在其他航段上没有机会成本的 ODF 比起来,可能会排在较低的存储桶里。这种类型的索引是贪婪启发式算法不可能实现的。

贪婪启发式算法的失灵表明,需要一种索引包含了机会成本的 ODF 方法。建立索引时,衡量 ODF 价值的最好方法是,基于 ODF 的总价格减去它所用的其他资源的机会成本。这个值被称为"净航段价格"(Net Leg Fare),可定义为:

航段 k 上 ODF i 的净航段价格 = ODF i 的总价格 − ODF i 上除 k 以外所有资源的机会成本总和。

净航段价格是从总价格中减去其他资源的机会成本计算出的。它是 ODF 利润的局部度量。只有当 ODF 的相关价格超过了它所使用的所有资源的机会成本时,才应当被接受。由于这个原因,它是用来把产品映射到各个航段上的存储桶里的合适价值。

15.4.2 静态虚拟嵌套

基于 ODF 的总价格减去其他航段的机会成本,算出每个 ODF 在每一航段上的净局部价格。这提供了一个索引表,允许把 ODF 映射到每个航段的存储桶里。如果每个存储桶都有足够的可获得性,就接受预订,反之则拒绝预订。接下来的问题是:怎样计算和更新每个航段的机会成本。这个计算让各种虚拟嵌套方法相互区分了开来。

一个显然的方法是,根据过去的经验来估算产品的未来机会成本。在本质上,这等价于对机会成本进行预测。这种使用历史机会成本,把 ODF 映射到存储桶里的方法,称为静态虚拟嵌套。通过使用静态虚拟嵌套,航空公司(或其他收益管理公司)可以根据每种资源的历史数据来估算其机会成本 λ_k。如果某资源很少卖完,机会成本就较小。另外,如果资源总是卖完,机会成本则会高得多。预测未来机会成本的方法之一,是对过去的机会成本求平均值。预测未来机会成本的方法之二是计算资源卖完的时间比率,并使用它卖完时的平均机会成本。未卖完资源的机会成本是 0。

静态虚拟嵌套还有其他方法，它们都有一个共同之处：完全基于过去的经验进行索引。这意味着，某特定航段的索引不太可能在航班预订期间发生改变。在静态虚拟嵌套下，航空公司可能会按月或按季度重新计算索引。在此期间，ODF 总是会被映射到每个航段上同样的存储桶里。对于两航段航班，映射在一定周期内，会被用于航班 1 和航班 2 的所有起飞。然而，这个映射基于这样一个预期，即航班 2 很可能卖完，因此航班 2 被指定了一个较高的机会成本。尽管平均而言，这可能是正确的，但不可能对每一次航班起飞来说都是正确的。例如，几乎可以肯定，航班 2 在某次起飞时没卖完。这意味着，航班 2 那次起飞时的机会成本期望值接近 0。但是，航空公司把顾客映射到了对于这次起飞来说太低的存储桶里。静态虚拟嵌套的另一个缺点是：由于它是静态的，在预订过程中将不会对变化做出反应。航空公司对航段机会成本的初始预测，可能会在第一个预订到起飞这段时间里有巨大的改变。对于两个航班的例子，可以肯定，某个未预期的预订高峰（可能是一个大的群体预订），会导致航班 1 关闭未来的预订，而航班 2 仍在最高存储桶保持开放，而较低的存储桶则关闭。

显而易见，如果能够基于预订和退订及航班总需求期望值的变化，更频繁地更新机会成本，那么虚拟嵌套是可以改进的。这表明，如果能够足够频繁地更新机会成本，那么进行网络管理时只需使用机会成本作为控制就足够了。这正是竞标定价的思想。

15.4.3　网络竞标定价

对于包含了多种资源的产品，只有当多资源预订的价格超过了其所含资源的竞价总和时，才应当接受预订。这个条件可以写为：

只有当价格大于其所含资源的竞价总和时，才接受对 ODF 的预订。

网络竞标定价的思想是使用上述条件作为收益管理系统的基础。在航空竞标定价系统里，收益管理系统在每次起飞前计算出每个航段的竞价。当收到一个预订请求时，它的价格会与其所含航段的竞价总和相比较。如果此请求的价格大于等于竞价总和，则接受请求；反之，则拒绝请求。

极端地讲，这种方法不需要任何复杂的预订控制结构，而仅仅依靠竞价来管理预订。然而，并不是所有的预订请求都只要求一个座位。管理多座位预订的最简单方法是，追踪每个航段上剩余的未预订座位数量，并使用该数量作为总预订限额。在没有不到和退订的情况下，总的预订限额等于未预订的容量。管理预订的这种方法被称为网络竞价控制。

网络竞价控制算法

步骤 1，计算每个航段的初始竞价和总预订限额。

步骤 2，收到预订请求时计算出产品竞价和产品可获得数量。产品竞价是产品里所有航段的竞价总和；产品可获得数量是产品里所有航段总预订限额的最小值。

步骤 3，如果预订的价格超过了产品竞价，并且其请求的座位数少于产品可获取数量，则接受请求并转到步骤 4。否则拒绝请求并转到步骤 2。

步骤 4，将产品内的每种资源的总预订限额减去预订的座位数，转到步骤 2。

步骤 5，当某预订取消时，增加该预订里所有航班的总预订限额。

步骤 6，定期重新优化所有航班的预订限额及所有竞价。

网络竞价控制是收益管理的一种相当简单的方法，它在每个航段上只需要两个控制值——

竞价和总预订限额。网络竞价控制系统被称为"可获得性处理器"结构。它是单纯的竞标定价方法在网络管理上的实现。预订请求到达一个在线处理器，即所谓的可获得性处理器。可获得性处理器计算出每个请求相应的价格，并与所请求产品的当前竞价相比较。如果价格小于竞价，则拒绝请求。如果价格大于所请求产品的竞价，则接受请求并传送给预约系统。

1. 网络竞价

资源的竞价等于该资源的机会成本，它可以被计算出来作为最低开放价格等级的价格。网络竞价也与网络中资源的机会成本有关。计算竞价有两种常用的方法。

通过线性规划计算竞价。两次求解网络线性规划：第一次使用实际的容量大小，第二次则把该航段的实际容量减少一个座位。两次运行的总利润的差额就是该航段的替代成本，即该航段竞价的估计值。

与线性规划本身的局限性一样，该方法忽略了不确定性。另外，在每次需要更新竞价时，都需要求解大型线性规划，其计算量庞大且麻烦。理想情形是，找到一种方法，在计算竞价时既考虑了不确定性又更有效率。

通过序列估计计算竞价。序列估计方法的根据是：每个航段的竞价都应当等于它在虚拟嵌套里的闭桶边界值，这里的闭桶边界值被定义为开放的最低等级的存储桶与关闭的最高等级的存储桶之间的边界值。显然，闭桶边界值应当近似等于航段的竞价。毕竟，只有当对单个座位的局部预订的价格超过闭桶边界值时，才会接受预订，而这正是竞价的定义。另外，只有当单个座位的多航段预订的净航段价格超过此 ODF 里每个航段的闭桶边界值时，才会接受此预订请求。这等同于保证其总净价格超过闭桶边界值的总和。

这意味着，可以通过找到一套闭桶边界值，来求得网络竞价。其中的挑战在于，任何航段的闭桶边界值（竞价），都通过多航段 ODF 的净局部价格，而依赖于其他所有航段的闭桶边界值。如果改变某个航段的竞价，将会改变所有相连多航段 ODF 的净局部价格。这反过来又会改变这些 ODF 映射到的其他航段的存储桶。当重新优化这些航段的可获得座位数时，新映射可能会改变这些航段的竞价，而这又会改变原先那个航段的 ODF 映射。一套一致的竞价是：在其他所有航段的闭桶边界值都给定的情况下，所有航段的闭桶边界值都是局部最优的。

序列估计法计算竞价，是通过首先对所有的竞价做出初始估计，然后更新每个航段的竞价，直到各个存储桶的边界值在整个网络上协调一致。假设有一个包含两航段的网络。首先，假设每个航段的竞价都是 0，并把所有的 ODF 映射到各个存储桶里。在给定索引的情况下，可以通过每个航段的存储桶来估计总需求。然后，对于航段 1，在给定当前索引的情况下，使用 EMSR 计算出其存储桶的配额。一旦计算出了航段 1 的配额，就可以使用其闭桶边界值来重新估算它的竞价。在给定航段 1 的新的竞价估计值的情况下，可以重新计算航段 2 的净航段价格，并且相应地把各 ODF 重新映射到航段 2 的存储桶里。然后，对航段 2 使用 EMSR，计算出其闭桶边界值，把它作为航段 2 新的竞价。在给定航段 2 新的竞价情况下，可以把各 ODF 重新映射到航段 1 的存储桶里，并一直持续下去。在正常情况下，这个过程将会收敛到每个航段的映射和配额协调一致。

计算竞价的序列估计算法

步骤 1，在所有航段上建立一套存储桶，并计算所有存储桶的概率性需求预测。把所有航段的竞价设为 0。

步骤 2，在所有航段上循环，$k = 1, 2, \cdots, N$。

步骤3，对于当前航段 k 及包含航段 k 的每个 ODFi，用 ODFi 的净价格减去此 ODF 内所有航段的当前竞价之和，计算出净局部价格。

步骤4，基于 ODF 的净局部价格，把当前航段上所有的 ODF 都映射到存储桶里。然后使用 EMSR 来决定每个存储桶的配额。

步骤5，如果所有存储桶都是开放的，则把航段 k 的新的竞价设为 0。如果所有存储桶都是关闭的，则把航段 k 的新的竞价设为最高的存储桶边界值。否则，把新的竞价设为开放的最低存储桶与关闭的最高存储桶之间的边界值。

步骤6，对下一个航段做以上步骤，直到对所有航段都计算出一个新的竞价。

步骤7，当所有航段的竞价都被重新计算出来后，检查每个航段新竞价与原竞价之间的变化。如果在所有航段上，这两个竞价都足够接近，则停止——当前的这套竞价是最优的。否则转到步骤2。

序列估计算法通常都会收敛于一套在整个网络上相一致的闭桶边界值。当接受预订或预测改变时，序列估计算法会使用原先那套竞价，重新开始运行。这个方法已经被众多航空公司采用，一些连锁酒店也把它作为其网络收益管理系统的一部分。

2．竞价的优缺点

竞价不仅仅是一个管理预订的简单工具，本身也包含了很有用的信息。作为机会成本，它表明了网络中每种资源新增一单位的价值。如果某航段的竞价是 250 美元，那么就意味着，航空公司可以通过在航班上新增一个座位来实现 250 美元的额外收益。由于竞价提供的是边际信息，所以这个逻辑不能扩展到计算新增多个座位的影响：航段竞价是 250 美元，并不意味着航空公司通过新增 10 个座位就可以获得 2500 美元。然而，尽管有这个局限性，竞价可以为能力决策提供非常有用的输入信息。对于在起飞时一贯具有高机会成本的航段，最好考虑给它指派一架容量更大的飞机；而对于起飞时的竞价经常为 0 的航段，最好考虑减少其容量。一家能够把汽车在各营业点间调配的汽车租赁公司，应该考虑把汽车从竞价较低的地区调往竞价较高的地区。

对于网络管理来说，竞价是一个富有吸引力并且直观的方法。然而，以下问题也需要注意。产品竞价是在剩余容量及各价格等级预期的未来需求既定的情况下，所应当接受的最小价格。它并没有告诉企业应当怎样为产品定价。竞价控制是这样一种机制，它确保了不会接受任何收益低于机会成本的生意——但它无法告诉企业是否在市场上做出了正确的定价。

15.4.4 动态虚拟嵌套

动态虚拟嵌套是竞标定价与虚拟嵌套的结合。它结合了竞标定价的概念精确性和直观性及虚拟嵌套的实用性。在动态虚拟嵌套下，基于当前的预订和未来需求的预测，网络里所有航段新的竞价都被频繁地重新计算。这种竞价重算可以是完全定期进行的（例如每天或每周），也可以是事件驱动的（例如当有航班被关闭时进行重算），也可以在收益分析师的命令下进行。在大多数情况下，所有这些都可以触发一次重算。当每次算出新的资源竞价时，都要计算网络里每个航段的新的净航段价格。这些净航段价格被用于确定新的索引。在下次重算竞价以前，这个索引一直被使用。

动态虚拟嵌套的优点在于：它通过更新竞价来反映每个航段的当前状态（当前的预订和未来需求的预期），同时，又以虚拟嵌套来利用基于航段的控制结构。当然，对这个方法的效果最具决定性的是，竞价需要频繁地被重新计算。如果竞价的重算不太频繁，则动态虚拟嵌套与静态虚拟嵌套相比并没有多大提高。如果竞价被持续地更新（比如每秒更新），则动态虚拟嵌套会近似于对单个座位预订的网络竞价控制。

第一个动态虚拟嵌套收益管理系统，在1989年被赫兹汽车租赁公司和友通资讯（DFI）使用。第一个航空动态虚拟嵌套系统，1992年被友通资讯和斯堪的纳维亚航空公司（SAS）联合开发出来。从此以后，其他一些航空公司、酒店和汽车租赁公司也采用了动态虚拟嵌套。它一直是收益管理行业里网络管理的前沿方法。

15.5　超订管理

只要当有限能力的销售商销售的产品数量，多于他能提供的产品数量时，超订就会发生。销售商这种举动，是为了规避一些无法预料的损失，这些损失是由不到和退订带来的。航空公司如果没有超订，大部分的退订和不到都将造成飞机上出现空座。在这种情况下，超订就显得至关重要。考虑一趟100座的航班，需求远远大于100，假设顾客的不到率为13%。如果航班不采用超订，那么，该航班每次飞行平均将有13个空座，而与此同时，却拒绝了想乘坐该航班的其他顾客的预订。这是一种浪费。

超订与航空业有着紧密的联系。在美国商业航空的早期，航空公司采用的政策是，一位已预订的顾客可以在飞机离港前的任一时刻取消订票，而不需要支付罚金；一位已购买机票的顾客，如果他没来登机，也不需要支付罚金。对于航空公司来说，这就引发了一个问题：每次航班应该允许多少顾客预订？如果限制预订正好等于航班的运载能力，那么，很多满订的航班离港时将会有空座。据美国航空公司1990年估计，如果只按运载能力来接受预订，那么航班离港时将会有15%的空座。

到了20世纪50年代末期，不到已经成为一个重要问题。1961年，民用航空委员会（CAB）报告称：在12家最主要的航空公司中，每10位已预订的顾客将会有一人不来登机。民用航空委员会承认，这种情况将会对航空公司的经济产生影响。因此，航空公司被允许采用超订策略。这对于增加航班的承载率非常有效，但是，可以预见的是，这意味着部分持票顾客将被拒载。当某趟航班超售时，航空公司将会取消部分顾客的预订，也就是为这些顾客重新预订下一趟航班。如果距下一航班起飞还有相当长的时间，航空公司必须为他们提供午饭或晚饭；如果下一航班在第二天，那就必须提供住宿。另外，航空公司要对每位取消预订的顾客进行一定的经济补偿。这个经济补偿一度等于票面价格的100%。当一位顾客不愿意被取消预订时，这就是所谓的强制拒载。1966年，民用航空委员会估计，每10 000位登机顾客中有7.7位会被强制拒载。

为了经济上的保障，航空公司的超订策略变得很普遍。由于顾客可能被超售班机拒载，这种风险在顾客看来很令人恼火，而且还伴有航班延迟和行李丢失的情况。然而，航空公司都不愿意承认采用了超订。在20世纪60年代，美国航空公司的航班经理已经意识到，超订对于经济业绩至关重要。尽管常常需要向高级管理人员保证他们没有这么做。当发生拒载时，航班经理就把它归咎于"系统出错"。这种相对无限制的超订，一直持续到1972年，当拉尔夫·内德（Ralph Nader）被亚利根尼航空公司拒载时。内德控告亚利根尼航空公司，最后赢得一份25 000美元的判决，这判决是基于亚利根尼航空公司没有告知顾客他们可能面临被强制拒载这一事实。随后，民用航空委员会规定，航空公司必须告知顾客，公司采用了超订策略。

20世纪70年代后期，航空公司采用了经济学家朱利安·西蒙（Julian Simon）的一个建议，开始试验一种自愿拒载策略。在西蒙看来，航空公司应该实行密封竞标拍卖，找出足够多在不同补偿水平上自愿放弃登机的顾客。最终，航空公司对西蒙的方案稍加修改，根据这个方案，超订的航班寻求自愿放弃登机的顾客，同时对这些顾客提供一定补偿（通常是今后飞行的一个优惠凭证）。如果没有找出足够多的自愿者，那么航空公司就会再次提高补偿水平。如果仍然没有找出足够多的自愿者，那么航空公司就会另外再选择一些乘客拒绝他们登机。这种自愿者被称为自愿拒载者，而被挑选出来的顾客称作强制拒载者。无论是从顾客的角度，还是航空公司的角度来看，这种超订方法是很成功的。航空公司的调查显示，自愿拒载者不仅很高兴，而且常常希望被拒载以便得到经济补偿。自愿政策不仅让顾客很高兴，并且使得强制拒载比例由每10 000 位中的 7.7 位降到不足 1 位。自 1993 年起，美国国内航班的自愿拒载者比例就一直盘旋在每 10 000 位有 20 位自愿拒载者。

超订同样应用于酒店和汽车租赁业。酒店通常的做法是，为被拒的顾客在附近的酒店安排住宿，最好是同一连锁的酒店。在很多情况下，连锁酒店或集团酒店的政策并不一致，补偿政策都是由各个酒店管理者自己决定的。在汽车租赁业中，超订常使顾客等待，顾客来了以后发现没有可租的汽车，那么就需要等待，直到汽车被归还、清洁和重新补充燃料。有时，某个地点的超订非常严重，以至于不能给每位顾客提供汽车，不过这种情况很少发生。在这种情况下，管理者要不就是把预订的顾客介绍给竞争者，要不就是尽可能地从另一个地方调汽车过来满足这种额外需求。

15.5.1 超订适用对象

超订适用于有以下特征的行业。
（1）能力（或供应）有限且易逝，并且接受预订是为了将来使用。
（2）允许顾客退订或不到。
（3）拒绝为预订的顾客提供服务的成本比较低。

拒绝服务成本包括一些无形成本，如顾客的不满意和将来损失，当然还包括直接的经济补偿。如果拒绝服务的总成本非常高，那么销售商对超订就没有兴趣，因为拒绝服务成本将超过潜在收益。比如，如果航空公司必须支付 100 万美元给每位被拒载的顾客，那么航空公司根本不可能采用超订。

上述列出的 3 个特征，是应用超订的基本要求。在这些情况下，航空公司通过超订来弥补过多退订或不到可能带来的损失。然而，还有另外一种情况也可以采用超订。当可获得的能力数量不确定时，停留过久和停留过短的风险使得酒店和汽车租赁公司都面临这个问题：顾客可能会延长或提前结束他们的预订。如果有 10 位顾客提前离开，那么酒店第二天晚上将会有 10 个客房空出来。即使不存在顾客未到或取消预订的情况，如果酒店接受的预订数量与客房数量相等，那么这些提前退出的房间就将处于空闲状态。

电视广播公司同样面临能力不确定的问题。每位购买者获得一份节目单，且电视广播公司向他们保证一定数量的收视率。如果该广告播出后获得了约定（或更多）的收视率，那么事情就结束。如果没有获得约定的收视率，那么电视广播公司必须提供额外的广告时段，直到获得约定的收视率，这就是所谓的"补缺"。但是电视广播公司事先不知道实际有多少观众会看某个广告。一个新广告可能遭遇意想不到的失败，也可能取得意想不到的成功。

游艇和度假酒店一般都避免采用超订。在这些行业，拒绝服务的成本太高。一对夫妇带着他们的行李来到码头，打算乘坐游艇旅游两周，当他们发现由于超订而无法乘坐该游艇时，他们将很难安抚。为了回避退订和不到的风险，游艇和度假酒店没有采用超订，而是采用了不可退押金和提高价格的组合策略。所以，大部分不可退订（或不可退票）的行业都不进行超订。

例如，电影票和体育赛事门票。在这种情况下，这些行业的预订都是可以转移的，从而降低了顾客的购票风险。

15.5.2 超订管理策略

一旦公司决定要实行超订管理策略，那么它就要确定通过超订想要获得什么。换句话说，公司需要确定最大化的目标函数是什么。大部分公司遵循下面4种策略中的一种。

(1) 简单的确定性启发式方法，仅仅基于能力和预期不到率来计算预订限额。

(2) 基于风险策略，要求准确估计拒绝服务成本，权衡成本和潜在收益，从而确定预订水平，使得期望总收益减去期望超订成本后的值最大。

(3) 服务水平策略，设定一个管理目标，比如设定拒绝服务比例为每5000位不超过1位。

(4) 混合策略，预订限额通过基于风险的策略计算，但又考虑服务水平的约束。

就像零售商选择不同的存货策略一样，服务公司也选择不同的超订策略。例如，赫兹汽车租赁公司采用基于风险的策略来设定总的预订限额，而国家汽车租赁公司则采用服务水平策略来设定总的预订限额。

企业的问题是，确定总共接受多少预订，把这个数量称为预订限额 b。在基于风险的策略下，销售商设定 b 来平衡获得的总收益和拒绝服务成本。在服务水平策略下，设定 b 来保证拒绝服务次数不超过总预订的一个特定比例，或者使之满足其他标准。

基于下列模型计算出最优预订限额。

- 供应商计划以固定能力 C 接受预订。
- 供应商在接受预订之前设一个预订限额 b。
- 只要总预订数少于限额 b，供应商就一直接受预订。一旦达到预订限额，就停止接受预订。
- 在服务时刻（例如，飞机离港的时间），顾客到达。到达了的预订顾客称为出现者；而没有到达的顾客称为不到者。
- 每位出现者支付价格 p。
- 供应商能够为 C 位出现者提供服务。如果出现者 $\leqslant C$，那么他们都可以得到服务。如果出现者 $> C$，那么只有 C 位顾客能够得到服务，剩下的顾客就会被拒绝服务。每位被拒的出现者将获得经济补偿 D，且 $D > p$。

这个模型足以说明最基本的用来权衡和确定总预订限额的算法。

1. 确定性启发式方法

一家酒店通过长期观察，发现顾客平均出现率为85%。并且，这个比率一直保持不变。一个合理的策略是，酒店设定总预订限额为 b，如果酒店出售了 b 个房间，而此时的出现率为85%，最后酒店的 C 个房间刚好被住满。即，酒店设定 b 使得 $C = 0.85b$，或者 $b = C/0.85$。

这种计算总预订限额的方法可以写为：

$$b = C/\rho \tag{15.13}$$

其中，C 是供应能力，ρ 是出现率。在很多情况下，确定性启发式方法计算出的预订限额，是最优预订限额的合理近似值。有些公司采用这种方法来计算预订限额。

2. 基于风险策略

在基于风险的策略下，通过平衡拒绝服务的期望成本与多销售带来的额外潜在利润来设定预订限额。计算基于风险的预订限额的先决条件，是估计拒绝服务成本。

拒绝服务成本。拒绝服务成本取决于公司如何对待被拒绝服务的顾客。这因行业和公司的不同而不同。一个电视广播公司若没有做到它向广告商保证的收视率，那么就需要提供额外的播放时段，直到履行了承诺。当一个已预订的顾客出现时，汽车租赁公司正好没有可供租用的汽车，那么公司要么强迫顾客等待，直到有汽车可供租用，要么就从竞争者公司租车提供给该顾客。

在航空行业，拒绝服务成本又称为拒载成本。在美国，对超订顾客的处理由交通运输部管制。2004 年 7 月，交通运输部要求超订的航班首先寻求愿意乘坐下趟班机的顾客，当然还要对这些顾客进行补偿。如果在最初的补偿水平上找不出足够多的自愿者，那么就需要再次提高补偿水平。如果仍然找不出足够多的自愿者，那么就需要"强制拒载"一个或更多的顾客。

所有情况下的拒绝服务成本，包括下面 4 个部分的一个或多个。

- 对被拒载顾客进行补偿的直接成本——这可能是将来旅行或将来酒店住宿的折扣凭证。
- 为被拒载顾客提供食宿的供应成本。
- 为被拒载顾客重新安排服务的成本。对于航空公司而言，就是为顾客提供另外一趟航班的成本；对于酒店而言，就是为顾客提供另外住宿的成本。
- 被拒绝服务而造成的不满意成本。这项成本很难计算，但经常是被拒载顾客造成将来商业流失的一个估计值。

拒绝服务成本根据不同情形而变化。对航空公司而言，从一天中最晚一趟航班上拒载一位顾客，就会产生为这位顾客提供住宿的额外成本。重新安排成本取决于航空公司是把被拒载顾客重新安排在自己的航班上还是安排在竞争者的航班上。当然，自愿拒载者的不满意成本远小于强制拒载者（事实上，有很多自愿拒载者很高兴有机会搭乘晚些时候的航班，由此换来将来的飞行优惠），甚至可能造成"商誉受益"。

基于风险的目标函数。计算基于风险的预订限额，首先需要确定目标函数。用 s 代表出现的顾客数，是一个随机变量，依赖于预订限额和总的预订需求。因为每位出现者支付价格 p，所以总收益是 $p \times s$。如果出现者的数量超过了容量，那么就要拒绝 $s - C$ 位顾客。每位被拒载的顾客产生成本 D。如果 $s \leq C$，那么总拒载成本是 0。如果 $s > C$，那么总拒载成本是 $D(s-C)$。净收益为：

$$R = ps - D(s-C)^+ \qquad (15.14)$$

其中，$(s-C)^+$ 表示 $s-C$ 和 0 的最大值。

一个公司采用基于风险的策略，是想设定一个预定限额以最大化期望净收益，如式（15.14）所示，其中的出现人数是依赖于预订限额的随机变量。

总收益作为出现人数的函数，收益呈线性增长直到出现人数达到容量限制，从那点开始收益逐渐下降。第一，由于出现人数总会小于预订限额，那么预订限额小于容量的方案绝对不是最优的。因此，可知 $b \geq C$。第二，如果票价高于拒载成本（即 $p > D$），即使出现人数超过预订限额，净收益也将持续增长。在这种情况下，最优的方案就是接受尽可能多的预订，即把预订限额设为 $b = \infty$。

计算基于风险的最优预订限额比较复杂，主要是因为出现人数是下面 3 个因素的函数。

- 预订限额 b。
- 预订的总需求 d。
- 最终会出现的预订数 s。

用 n 来表示截止飞机离港时的预订数。离港预订数是预订限额和预订总需求的最小值，即

$n = \min(d,b)$。出现者总数等于离港时的预订数减去不到人数，即 $s = \min(d,b) - x$，其中 x 表示不到人数。定义出现率 ρ 为离港预订数中预计会出现的比例，即 $\rho = s/n$；而不到率就是离港预订数中预计不会出现的比例，即 $1 - \rho = x/n$。

基于风险的预订限额。在最简单的模型中，不到人数独立于总预订数。这是一个粗略的简化，因为接受的预订数越多，预期的不到人数也会越多。假设这种独立性，可以使最优预定限额的计算大大简化。此外，这个假设使得在计算预订限额时，能够突出增量价格与风险之间的基本权衡，其中增量价格是指一个额外预订带来的价格增量，而风险是指一个额外拒载的风险。

已知 C 代表容量，p 代表价格，D 代表拒载成本，且 $D > p$。在这个模型中，预订的总需求 d 和不到人数 x 都是不确定的，并且是相互独立的。定义 $F(d)$ 为预订请求总数 $\leq d$ 的概率，$G(x)$ 为不到人数 $\leq x$ 的概率。由于 $F(d)$ 和 $G(x)$ 是独立的，那么需求 $\leq d$ 且不到人数 $\leq x$ 的概率就是 $F(d)G(x)$。对任一 b 值，期望净收益可以通过计算式（15.15）的期望值得到，即 $E[R|b] = pE[s] - DE[(s-C)^+]$。代入 s 得，

$$E[R|b] = pE[\min(d,b) - x] - DE[(\min(d,b) - x - C)^+] \quad (15.15)$$

通过对式（15.15）应用数学枚举法，将得到最优预订限额。

假设已经设定预订限额 $b > C$。如果把预订限额从 b 增加到 $b+1$，将会有 3 种可能性。

（1）需求 $< b+1$。在这种情况下，提高预订限额不会改变出现人数，预订限额从 b 增加到 $b+1$ 的影响为 0。

（2）需求 $\geq b+1$，不到人数 $> b-C$。在这种情况下，航空公司将获得一个额外的顾客，且没有超订。净收益就是 p。

（3）需求 $\geq b+1$，不到人数 $\leq b-C$。在这种情况下，航空公司将获得一个额外的顾客，但是要拒载一位顾客。净收益为 $p-D$。由于 $D > p$，所以对航空公司来说，是净损失。

不到人数 $\leq b-C$ 的概率是 $G(b-C)$，不到人数 $> b-C$ 的概率就是 $1-G(b-C)$。那么，预订限额从 b 提高到 $b+1$ 的期望收益变化是：

$$\begin{aligned} E[R|b+1] - E[R|b] &= [1-F(b)]\{G(b-C)(p-D) + [1-G(b-C)]p\} \\ &= [1-F(b)][p - G(b-C)D] \end{aligned} \quad (15.16)$$

如果式（15.16）右边的数值大于 0，那么提高 1 单位的预订限额会带来更大的期望收益。由于 $1-F(b)$ 总是 ≥ 0，所以，只要 $p - G(b-C)D > 0$，即 $G(b-C) < p/D$，就可以一直提高预订限额，而不会减少期望收益。然而，如果 $G(b-C) > p/D$，就不应该再提高预订限额。

由于最优预订限额总是 $\geq$ 容量，那么可以把这个经验法则转化为，在简单的基于风险模型下求解最优预订限额的一种算法。

简单的基于风险的预订限额算法

步骤 1，初始化 $b = C$。
步骤 2，如果 $p/D \leq G(b-C)$，则停止。当前 b 值就是最优值。
步骤 3，如果 $p/D > G(b-C)$，则令 $b \leftarrow b+1$，并转到步骤 2。

这个算法可以找出满足 $p/D \leq G(b-C)$ 的最小 b 值，可以总结为：

简单的基于风险模型的最优预订限额，就是满足 $p/D \leq G(b-C)$ 的最小 b 值。

简单的基于风险的算法，可以用来确定不到人数服从任何分布时的最优预订限额。如果不到人数服从正态分布，可用累积正态分布标准表找出最优预订限额。

不到人数分布。不到人数的分布，是确定最优预订限额的一个关键因素。不到人数将服从

何种概率分布？求解不到人数分布最简便的方式，就是假设每个预订具有相同的出现概率，$0 < \rho \leqslant 1$，并且出现决策相互独立。那么 n 个预订的出现人数服从二项分布。令 $q(s|n)$ 为 n 个预订中出现人数为 s 的概率。则

$$q(s|n) = \binom{n}{s} \rho^s (1-\rho)^{n-s} \qquad s = 0, 1, \cdots, n \qquad (15.17)$$

其中均值 $E[(s|n)] = \rho n$，方差 $\text{var}[(s|n)] = \rho(1-\rho)n$。基于这些假设，不到人数 x 也服从二项分布，参数分别为 $1-\rho$ 和 n。

若任何一个预订出现的概率都独立于其他预订，就可以得到一个出现人数的二项分布。如果某顾客预订了一趟去芝加哥的航班，但是由于参加会议结束得太晚，因而错过了该航班，可以说该顾客的不到行为与其他预订是相互独立的。另外，也很容易想象不到人数不独立的情景。首先，航空公司的大多数预订都不只预订一个座位：家庭或商务伙伴为了到达同一个目的地而预订多个座位。美国航空公司的一项研究发现，只有45%的预订是预订一个座位，而29%的是预订3个或更多座位，平均的预订数量多于两个座位。由于这些预订是一个整体，它们要么就都出现，要么就都不出现，因此不到者相互独立的假设就不成立。如果对于不到者的行为存在一个系统的影响，那么独立性假设同样不成立，比如，一场暴风雪使很多顾客无法及时赶到机场，从而错过登机。

尽管很多情况下独立性假设不成立，但是多家航空公司的调查研究显示，只要不考虑更大的预订群体，二项分布确实非常适合这些数据。另外，酒店和汽车租赁的不到者之间比航空公司的更加独立，因为许多两人或多人的团体，仍可只订一个房间或租一辆汽车。因此，现实中出现者的二项分布被广泛使用。

一个更现实的基于风险的模型。 上述的简单的基于风险模型，是假设不到人数与预订总数相互独立。尽管这一假设简化了分析，但仍然存在不合理之处。毕竟，如果接受了120个预订，那么，预计不到人数比只接受100个预订的情况要多。事实上，如果不到率为15%，那么100个预订中预计会有15个不到者，120个预订中预计会有18个不到者。在理想情况下，要把这个影响结合到预订限额的计算中。本质上，最基本的权衡还是一样的，即对于每个额外预订，都要权衡拒载增加的可能性和起飞时空座减少的可能性。

同样，让随机变量 d 表示总需求。那么离港时的预订数 $n(b) = \min(d, b)$。给定离港时的预订数 $n(b)$，令离港时已预订顾客的出现人数为 $s[n(b)]$。注意随机变量 s 是总预订数 $n(b)$ 的函数，因此也是预订限额 b 的函数。不到人数 $x(b)$ 等于预订数减去出现人数，即 $x(b) = n(b) - s[n(b)]$。当然，必须满足 $s[n(b)] \leqslant n(b) \leqslant b$。给定 $s[n(b)]$，航班的净收益为：

$$R = ps[n(b)] - D[s[n(b)] - C]^+ \qquad (15.18)$$

其中第一项是获得的总收益，第二项是总拒载成本。式（15.19）除清楚地阐述了出现者与预订之间的依赖关系以外，类似于式（15.15）。如果设定预订限额为 b，那么航班的期望净收益就是式（15.18）的期望值，即

$$E[R|b] = pE\{s[n(b)]\} - DE\{[s[n(b)] - C]^+\} \qquad (15.19)$$

其中，$E[R|b]$ 是期望净收益。

最优条件。 航空公司的决策：是否将预订限额从 b 提高到 $b+1$。如果总需求≤当前预订限额，那么提高1单位的预订限额将没有任何影响，即预订数和出现人数都保持不变。这一情况的发生概率是 $F(b)$，相对影响为0。

当需求超过预订限额 b 时，情况变得较为复杂，这种情况发生的概率为 $1-F(b)$。在这种情况下，将预订限额提高到 $b+1$ 将造成增加一个额外预订。而这个额外预订会出现的概率是 ρ。如果这个额外预订没有出现（发生概率为 $1-\rho$），那么总出现人数和总净收益都保持不变。在这种情况下，与预订限额 b 相比，影响为 0。当这个额外预订真的出现时，有两种可能性。当预订限额为 b 时，如果出现人数小于容量，那么这个额外出现者会带来额外价格收益，没有任何拒载成本。这是提高预订限额的"好结果"，相对影响就是价格 p。然而，如果出现人数大于可提供的座位数，那么这个额外出现者将造成一个额外的顾客被拒载。这就是"坏结果"，相对影响是 $p-D<0$。

提高 1 单位预订限额的期望净收益变化，就是每个结果的概率加权总和。令 $h(b)$ 表示把预订限额从 b 提高到 $b+1$ 的净收益变化。那么，$E[h(b)]=E[R|b+1]-E[R|b]$，可以写出：

$$E[h(b)] = (1-F(b))\left[(1-\rho)0 + \rho\Pr\{(s|b)\geq C\}(p-D) + \rho\Pr\{(s|b)<C\}p\right] + F(b)0$$
$$= (1-F(b))\rho\left[\Pr\{(s|b)\geq C\}(p-D) + \Pr\{(s|b)<C\}p\right]$$
$$= (1-F(b))\rho\left[p - \Pr\{(s|b)\geq C\}D\right] \qquad (15.20)$$

其中，$\Pr\{(s|b)\geq C\}$ 是在给定预订限额 b 的情况下，出现人数 $s\geq$ 容量 C 的概率。已知 $\rho>0$ 且 $F(b)\leq 1$。如果 $F(b)=1$，那么提高预订限额不会带来收益的提高，因为没有获得任何额外预订。如果 $F(b)<1$，那么提高预订限额的影响取决于 $p-\Pr\{(s|b)\geq C\}D$ 的符号。如果这项 >0，那么提高预订限额可以提高期望净收益。如果这项 ≤ 0，就不应该提高预订限额，而且可能更低的预订限额将带来更高的期望净收益。

可以从 $b=C$ 开始，只要提高 b 能够带来额外期望净收益，那么就一直提高 b。只要式 15.21 中的 $E[h(b)]>0$，就可以通过提高预订限额来提高期望净利润。一旦到达一个使得 $E[h(b)]\leq 0$ 的 b，那么当前 b 值就是最优值。更正式地，假设 $F(b)<1$，最优预订限额就是满足下面等式的 b 值：

$$\Pr\{(s|b)\geq C\} = \frac{p}{D} \qquad (15.21)$$

计算出现人数超过容量的概率。剩下的问题就是计算 $\Pr\{(s|b)\geq C\}$：当预订限额为 b 时，出现人数超过容量的概率。如果 $b=C$，只允许预订达到航班容量。在这种情况下，出现人数 $\geq$ 容量的唯一可能，就是需求 $\geq C$，且每个预订都会出现，这种情况发生的概率是：

$$\Pr\{(s|C)\geq C\} = [1-F(C-1)]\rho^C$$

如果 $[1-F(C-1)]\rho^C \geq p/D$，那么根本不应该超订。然而，航班上每个顾客都会出现的可能性非常小。如果有 100 位顾客预订，出现率为 90%，那么这 100 位顾客都出现的概率就是 $0.9^{100}=0.0000266$。换句话说，一家航空公司的航班是 100 座的，每个航班的预订数正好等于容量，且不到率为 10%，那么该航空公司每 38 000 趟航班中才有 1 趟航班是满载的。如果每张机票价格为 200 美元，并且知道需求一定会超过 100，根据式（15.22），只要 $0.0000266D<200$ 美元或者 $D<200/0.0000266\approx 7\,500\,000$（美元），那么寻求期望利润最大化的航空公司就会选择超订一个座位。强大的经济利益促使航空公司选择超订。

已知 $\Pr\{(s|C)\geq C\}=[1-F(C-1)]\rho^C$，且：

$$\Pr\{(s|b+1)\geq C\} = \Pr\{(s|b)\geq C\} + [1-F(b+1)]\binom{b}{C-1}\rho^C(1-\rho)^{b-C+1} \qquad (15.22)$$

这意味着从 $b=C$ 开始，对于 b 每次增加 1 个座位。每一步都采用式（15.22）来更新 $\Pr\{(s|b)\geq C\}$ 直到 $\Pr\{(s|b)\geq C\}\geq \rho/D$。在这一点就达到了最优 b^*，因为再增加 b 只会减少期望净收益。

计算最优总预订限额的算法

步骤 1，如果 $p/D \geq 1-F(C)$，令 $b^* = \hat{b}$ 并停止。否则，转到步骤 2。

步骤 2，令 $b=C$，且 $\Pr\{(s|b)\geq C\} = [1-F(C)]\rho^C$。

步骤 3，如果 $\Pr\{(s|b)\geq C\}\geq \rho/D$，令 $b^* = b$ 并停止。否则，转到步骤 4。

步骤 4，令 $b \leftarrow b+1$，且 $\Pr\{(s|b)\geq C\} \leftarrow \Pr\{(s|b)\geq C\} + [1-F(b+1)]\binom{b}{C-1}\rho^C(1-\rho)^{b-C+1}$。

步骤 5，如果 $b = \hat{b}$，令 $b^* = \hat{b}$ 并停止。否则，转到步骤 3。

最大化期望净收益的预订限额可能比容量大得多。事实上，式（15.22）意味着在高需求的航班上，至少有一位顾客被拒载的比率为 p/D。如果拒载成本是价格的两倍，那么这就意味着50%的高需求航班至少有一位顾客被拒载。对于任一航班，给定总预订限额 b，那么至少存在一位拒载者的概率正好就是 $\Pr\{(s|b)\geq C+1\}$。因此，如果想设定预订限额，使航班至少存在一位拒载者的概率不大于某个因子，比方说 $\varepsilon(\varepsilon<1)$，然后寻求满足下式的最大 b 值：

$$\Pr\{(s|b)\geq C+1\}\leq \varepsilon$$

这个策略很容易设计为从 $b=C$ 开始，依次提高 b，从而找出最优预订限额。如之前的算法一样，需要提前设定一个最大预订限额，因为很可能对于给定的某趟航班，没有有限的 b 值能够满足这个标准。

3. 服务水平策略

不考虑其他方面，合理计算出的基于风险的预订限额，能够最大化短期期望利润。从这一点来看，基于风险的预订限额似乎会被广泛使用。然而，事实并非如此。很多航空公司和超订者并不直接通过权衡拒载成本和顾客收益来设定预订限额。而是尝试确定最高超订限额，这个限额使得拒绝服务事件不超过管理者设定的水平。

典型的服务水平策略，就是限制预订顾客被拒绝服务的比例。比如，一家航空公司采用服务水平策略，保证预订顾客被拒载的比率大约为 1:10 000。由上述分析可知，$(s|b)$ 是给定预订限额 b 情况下的出现人数，C 是指容量，这个策略就相当于设定一个 b 值使得下式成立：

$$\frac{E[((s|b)-C)^+]}{E[(s|b)]}=\frac{1}{10000} \tag{15.23}$$

或者，等价于 $E[((s|b)-C)^+]=0.0001E[(s|b)]$。

另一种服务水平策略是，规定被拒绝服务的顾客人数占接受服务的顾客人数的某个比率，而不是占总预订数的某个比率。在这个策略下，公司设定的 b 值要使得下式成立：

$$E[((s|b)-C)^+]=qE[\min((s|b),C)] \tag{15.24}$$

其中，q 是拒绝服务目标比率，$E[\min((s|b),C)]$ 是在给定预订限额 b 情况下的期望销量。

值得注意的是，依据逐个航班（或逐个租赁日）的原则，采用式（15.23）和式（15.24）的策略将得到一个比较保守的预订限额。也就是，实际拒绝服务比率几乎必然小于 q。这是因为由式（15.23）和式（15.24）计算出来的预订限额，将会得到一个高需求航班的平均拒绝服务比率 q，它与预订限额是相关的。一些航班由于需求太低以至于从来无法卖完所有座位。把这些航班的预订包括进去,将在系统水平上完善拒绝服务的统计资料。

4. 混合策略

很多航空公司、酒店、汽车租赁公司在面临超订时,都不会单纯使用一种策略。在很多情况下,他们使用混合策略:分别通过基于风险的策略和服务水平策略计算出预订限额,然后采用两者的最小值。这使得他们能够从权衡超订的成本和收益中得到一些经济上的好处,却仍然能保证一些指标,比如"在航空公司,每10 000位顾客中强制拒载"保持在一个可以接受的范围内。

5. 超订策略扩展

(1) 动态超订限额。

企业超订是为了弥补退订和不到带来的损失。但是,到目前为止,在计算预订限额时只考虑了不到。没有退订的话,企业就可以在开始预订时,算出一个最优预订限额,并一直保持不变,直到飞机离港。不需要更新预订限额或随时改变它。考虑退订之后,情况就变得复杂起来。特别是,当企业允许顾客在离港之前退订,最优预订限额就会随时改变。所以企业需要计算动态预订限额。

大多数情况下,企业将同时面临退订和不到。这对于航空公司、酒店和汽车租赁公司都是很普遍的情况。美国航空公司估计,大约35%的预订在离港之前会取消,另外15%的预订者可能在飞机离港时都没有出现。尽管退订率要高于不到率,但是退订给航空公司带来的损失比不到要低得多,因为退订使航空公司有机会能够接受后续预订,从而填补因退订而造成的空座。

退订的基本模型就是估计动态退订率 $r(t)$,其中 t 是距离航班离港的天数。假设航空公司在 t 时刻接受了 $m(t)$ 个预订。那么平均意义上,$r(t)m(t)$ 个预订将会取消,而 $[1-r(t)]m(t)$ 个预订将会转变为离港时的预订。当出现率为 ρ 时,航空公司预期平均有 $\rho[1-r(t)]m(t)$ 个当前预订将会出现。普遍的方法就是把 $\rho[1-r(t)]$ 作为"动态出现率",然后采用标准的基于风险的模型或基于服务水平模型来确定当前预订限额。

随着离港时间临近,预订趋于稳定,接受的预订中要取消的比率逐渐下降。这意味着,期望退订率 $r(t)$ 是 t 的增函数。然而,它可能不是连续函数。比如,很多航空公司规定,某些折扣旅游票和团体票,不能在离港前14天内在不支付罚金的情况下退订。这经常会造成"预订跳水",在所有的旅游票和团体票同时退订的这天,预订数会大幅度下降。离港前14天以内的预订比在这之前预订更有可能出现,为了反映这一事实,预订限额需要及时调整。

离港时预订限额与航班容量之间的差额,就是航空公司为应对不到而超订的座位数。这就是与期望收益顶点相对应的预订限额。在这个临界点,航空公司的预订量恰好与未到场旅客数量的预期相匹配。如果航空公司在实时管理预订方面做得很好并且运气较好,那么预订数将达到这点。当然,需求可能非常低以至于预订无法达到预订限额。或者可能在某点达到预订限额,但是比预期高或低的退订率可能造成离港时的预订数高于或低于理想状态。退订使得航空公司在最大化利润时面临的状况更加复杂。

动态预订限额很重要的一个方面是预订限额刚开始比较高,而此时的实际预订可能比较低。除了早期预订需求特别高的航班,一般情况下当距离航班离港还有很长一段时间时,总预订水平不太可能受到约束。这意味着没有必要在离港数月之前就计算出精准的总预订限额并频繁更新。然而,随着离港时间的临近,最优预订限额下降,预订数逐步上升。这意味着随着离港时间的临近，航空公司越来越需要计算出一个准确的预订限额。一般来说，当距离离港还有6个月或更长时间时，航空公司仅仅按月更新一次总预订限额。随着离港临近，航空公司就要提高更新频率。大部分航空公司（汽车租赁公司和酒店）在离港前最后一个星期，每天重新计算一次总预订限额。

(2) 多价格等级的超订限额。

上述模型都是基于单一等级票价的。然而，相同的产品经常可以销售给不同票价等级的顾客。如果顾客以从低等级到高等级的次序进行预订，并且预订可以取消或不到，那么航空公司就面临着超订和能力分配相结合的问题。假如有 n 个票价等级，$f_1 > f_2 > \cdots > f_n$，且顾客首先预订第 n 级票价，然后是 $n-1$，最后是第1级票价。航空公司面临的问题是需要为每个票价设定预订限额（或保留水平）。区别在于，现在计算预订限额需要考虑每个票价等级下的预订可能会取消，也可能会不到。

多票价等级下寻求最优预订限额的问题，即超订与能力分配相结合的问题，之所以复杂不仅仅是由于不同的预订等级有不同的票价，还在于每个等级都有不同的退订率和不到率。超订与能力分配相结合的问题非常难，以至于很多公司都采用下述方法或与其类似的方法。

超订与能力分配相结合的启发式方法

步骤1，使用确定性启发式方法、基于风险的方法或服务水平方法，计算出整个航班的总预订限额。把这个预订限额称为 B。不管采用哪种方法，B 都大于等于航班容量。

步骤2，采用收益管理方法，如 EMSR-a 或 EMSR-b 确定保留水平。

步骤3，在步骤2计算出的保留水平基础上，假定容量等于 B，确定每个票价等级的预订限额。

步骤4，当预订和退订发生时，更新 B 和保留水平。

关键问题是计算总预订限额 B。基于风险的方法，当多售出一个座位时，需要一个估计的票价。在单一票价下，这种计算很简单。当存在多个票价时，很难清楚地知道，多售出一个座位时，航空公司获得多少收益。普通的启发式方法，使用各个票价的加权平均作为一个估计票价，其中权重是每个票价等级对应的需求均值的比例。也就是说，平均票价是

$$\hat{p} = \sum_{i=1}^{n} \mu_i p_i$$

其中，μ_i 为第 i 个票价等级的需求均值比例。将 $\hat{p}$ 代入基于风险的算法中就可以计算出预订限额。

这种方法被广泛使用。它的好处在于，允许企业将超订和能力管理方法结合在一起；计算总预订限额的任意方法（如，基于风险的方法或服务水平方法），都可以与计算预订限额的任意方法结合。研究表明：只要不到率在各个票价等级中的变化不是很大，那么这种方法就可以提供一个不错的结果。

(3) 其他扩展。

上述研究假定拒载成本是常数。现实中，每位顾客的拒载成本，很可能是超售座位数的增函数。若一趟航班超售了15个座位，航空公司可能可以劝说5位顾客自愿搭乘另一航班，且每位顾客补偿200美元。如果每位顾客补偿250美元，可能又有7位顾客自愿搭乘另一航班。最后得选择3位强制拒载者，相关的费用为500美元（包括不满意成本）。在这种情况下，总拒载成本是超售座位数的分段线性函数。

航空公司事先并不确切知道，对于一趟特定航班，每种补偿水平下将会有多少自愿拒载者。这意味着，拒载成本不是常数，而是随机变量。提高预订限额 b 将造成期望拒载人数

$E[(s|b)-C]^+$ 增加,从而使得每位顾客的期望拒载成本上升。因此,航空公司需要计算作为预订限额函数的期望拒载成本,而不是把拒载成本设为常数 D。在这种情况下,预订限额很难计算,相比拒载成本为常数的情况,拒载成本的提高将会造成最优预订限额下降。

同样,假定票可全额退回,且不到者不需要支付任何罚金。然而,现在航空公司、酒店和汽车租赁公司逐渐出售可部分退款的预订,并且对退订者和不到者收取罚金。可部分退款机票和不到者罚金改变了潜在的经济平衡,因此也改变了最优预订限额。假设航空公司对每位不到者收取的罚金为 α ($\alpha < 1$) 倍票价。因此,如果 $\alpha = 0.25$,那么航空公司对于一位购买了 100 美元机票,但是不到的顾客就可以收取 25 美元的罚金。

最后,很多行业中不到和退订的风险,在一定程度上会被临时出现者(walk-ups)抵消。临时出现者是指没有预订而在飞机离港前出现,并想购票的顾客。只有当公司把所有已预订并出现的顾客都安排好以后,剩余的票才会卖给临时出现者。因为临时出现者没有预订,所以他们无权因为没有得到服务而要求赔偿。临时出现者不仅可以坐满空座,而且还可以对他们收取高额票价。因此,酒店对临时出现者经常收取挂牌价,即使还没有接近客满。这是因为临时出现者具有高支付意愿,因为他们再去寻找一个替代品的成本相当高。

我们很容易发现,临时出现者出现的可能性降低了最优总预订限额。如果一家酒店知道每天将会有 10 位高支付意愿的临时出现者,那么它在设定预订限额时就权当少了 10 个房间。当然,当企业设定预订限额时,临时出现人数往往是不确定的。然而,有时临时出现者会变得很重要,这时公司会预测临时出现者需求,并且在计算预订限额时把它的影响考虑进去。

所有这些都增加了计算总预订限额的复杂性。但不管在哪种情况下,基本的思想都是一致的:在增加预订限额得到的额外收益与承担的额外成本之间取得平衡。

本章小结

本章从收益管理的起源开始,分析了单资服务源收益管理、多资源服务收益管理和超订管理的决策理念和逻辑。在基本理念和逻辑的基础上,构造了优化模型,并设计了相应的最优或启发式算法。

讨论题

1. 一家餐馆有 25 张桌子,每张可坐 4 人。通常在下午 6:00 到晚上 10:00 平均每张桌子会坐 3 人。餐馆有相当可预测的需求模式,周五和周六晚上是最忙的,周日和周一则最闲。餐馆在周五和周六总是订满,周三、周四偶尔订满,周日和周一则从未订满过。餐馆实施了一个收益管理程序,如果它相信能够用三四个人的预订来坐满餐桌的话,有时就会在周五、周六拒绝一两个人的预订,它应当使用什么绩效衡量工具来评估其收益管理程序的效果呢?

2. 新罕布什尔州航空公司运营着纽约与朴次茅斯之间的航线,飞机有 100 个座位,每天单程飞行一次。单程机票的折扣价为 100 美元,全价为 150 美元。折扣机票需提前一个星期预订,所有的折扣顾客都比任何全价顾客更早预订。经过长期观察,航空公司估计全价票需求服从正态分布,均值是 56 名顾客,标准差是 23;折扣票需求服从正态分布,均值是 88 名顾客,标准差是 44。

(1) 顾问告诉航空公司可以通过优化预订限额来最大化期望收益。最优的预订限额是多少?

（2）航空公司目前给折扣票需求设置的预订限额是 44，给全价票需求保留了 56 个座位。在这个策略下，它们每次航班的期望收益是多少？

（3）与原来的预订限额相比，最优预订限额的期望获利是多少？

（4）某低价竞争者进入了市场，新罕布什尔州航空公司发现折扣票需求降到了每航班 44 名顾客，标准差是 30，全价票需求不变。新的最优预订限额是多少？

3．新罕布什尔州航空公司还运营着华盛顿与朴次茅斯之间的航线，每天一次航班。航空公司同时售卖折扣和全价机票。航空公司为那条航线安排了一架 100 座的飞机。使用 Littlewood 法则，航空公司确定两周后起飞的航班的最优折扣预订限额是 40。

（1）航班的保留水平是多少？

（2）航班管理者获悉，朴次茅斯两周后将举办约克郡犬爱好者年会。因此，他把对折扣票需求均值的预测比原来提高了 50%，全价票需求预测保持不变。该航班新的预订限额和保留水平是多少？

（3）获悉约克郡犬爱好者年会的消息后不久，航班管理者得知由于维护保养问题，航班所用的飞机将有调整。航班使用的飞机将是 120 座的，而非 100 座。此航班新的预订限额和保留水平又是多少？

（4）此次航班的机票全价是 200 美元，折扣价是 100 美元。假设折扣票需求和全价票需求都服从正态分布，则此航班期望的全价票需求是多少？

4．某 100 座的航班，机票价格为 130 美元。拒载成本为每位 390 美元，不到率为 16%。该航班的需求非常高。实际上，对于任意 $b < 200$ 的预订限额，预订数总会达到这一限额。在这种情况下，最优总预订限额是多少？相应的期望净收益是多少？航空公司从超订中获取的收益是多少？

5．低成本航空公司只销售不可退的机票。顾客在预订时全价支付机票款。如果他们因为某些原因取消或错过了航班，航空公司不会退回任何票款，并且在没有购买新机票的情况下，这些顾客不能搭乘另一航班。

尽管有这些政策，航空公司仍然会有 5% 的不到率。也就是说，如果 100 座的航班销售了 100 张机票，那么平均意义上，该航班离港时将会有 5 个空座位。该航空公司是否应该采用超订策略？如果是，它应该采取哪种超订策略？如果否，为什么？

6．某航空公司在东部和西部各有一个枢纽城市。每天有 10 趟航班从西部的其他城市到达枢纽城市，然后转运到飞往东部城市的 20 趟航班上。假设有两个价格等级（全价和折扣价），则该航空公司能提供多少种产品？

第 16 章

服务辅助物品库存管理

▶▶ **学习目标**

1. 了解库存在服务业中扮演的角色与特征。
2. 熟悉服务库存系统的相关成本构成。
3. 掌握各类订货模型和方法应用。

16.1 服务业中库存扮演的角色

库存是组织中待使用的物品或资源。库存在生产型企业中担任着诸多重任，如适应需求变化、增强生产柔性、防止订单交货提前期波动、获得经济订货规模效应等。好的库存管理不仅可以助力企业提供更好的质量、更快的响应和更具竞争力的定价，也直接影响企业利润和财务健康。

尽管有学者认为服务业与制造业的一个关键差别在于服务是无形的，因而无法被库存。但库存也可以指待销售的无形产品、提供服务所必需的供给，以及给定时期内可以提供的服务数量。例如，可以认为一家拥有 10 间客房的家庭旅馆每周有 70 晚的住宿库存。此外，有些服务业，如批发、零售、食品等通常也需要大量有形库存。

库存在服务组织中担当着诸多重任，其主要功能包括以下几个方面。

（1）保持运营的独立性。

实际的物品和资源通过分销渠道在库存站点停留、准备进入下一段旅程。各个库存站点都是一个缓冲区，允许相互依赖的不同部分在某种程度上独立运行，这也被称作库存系统的分离功能。零售商、分销商、批发商和工厂是这一系统的不同阶段，任何阶段的缺货都会对其他阶段产生直接而严重的后果，库存将这些阶段分离，避免服务中断，使系统稳定地运行。

（2）适应需求变化。

需求通常是不能准确把握的，必须持有库存以缓冲变化的影响。有些服务需求有强烈的季节性波动，如年终的玩具、暑假期间的野营用品、春季种植期的花园用品等，供应商需要在高需求季节来临之前准备大量库存。

（3）应对意外波动。

有效的服务可以维持满足预期需求的库存。然而，服务在动态环境中运行，这意味着补货提前期和需求的不确定性始终存在。例如，发出的订单可能由于种种原因发生延迟交付：运输时间的正常变动、卖方原材料不足造成无法完成订单、罢工、货物丢失、发送错误或不合格的产品等。许多企业保留多余的库存（安全库存）以应对供应的意外波动。

（4）获得经济订货规模效益。

订货需要成本，包括人工、电话、打印、包装等。因此，每次订货数量越大，订单数量就越少。此外，从运输成本方面考虑，企业也偏好较大的订单。货运量越大，单位运输成本就越低。

（5）其他特殊领域的原因。

根据情况，需要保持合适的库存。比如，在途库存是指从供应商转移到客户的物料，其取决于订购数量和订购提前期。再如若一种商品有涨价趋势，那么在涨价之前囤货可以节约成本，这被称为维持投机性库存的"预先购买"（Forward Buying）。

16.2 服务库存系统的特征

为了设计、实施和管理库存系统，必须考虑库存的特征，并了解各种库存系统的特征。

独立型与依赖型需求。当不同商品的需求不相关时，每一种商品都表现出独立型需求。独立型需求通常被描述为基于历史数据而预测的概率分布，例如在特定航班上的座位销售或商务酒店的客房销售。在另一些情况下，一种商品的需求与另一种商品的需求相关，这种类型的需求被称为依赖型需求。例如，麦当劳对番茄酱包的需求量取决于当日薯条的售出量。管理依赖型需求项目还必须考虑采购提前期，确保它们及时到达以支持最终产品。

顾客需求类型。在评估需求类型时，首先需要考虑需求的趋势、周期性、季节性变化：需求是否一直在稳步增长而没有显著下降？需求是否呈现出月度周期，如在月初需求增大，然后逐渐减少，并在月底达到最低？

计划期限。管理层必须考虑特定物品的库存是否具有长期性或暂时性。例如，医院总是需要氧气罐，但蛋糕店只在每年特定的时间需要月饼。

补货提前期。补货提前期对库存需求有明显影响。如果预计下订单和收到订单之间的时间较长，那么就应该在有较多库存时就下订单，尤其是在涉及关键物品的情况下。如果补货提前期具有随机性，可能还需要根据补货提前期的概率分布来确定补货提前期内所需的库存量。

约束和相关的库存成本。一些限制因素是显而易见的，例如可用存储空间决定了最大库存数，商品保质期会限制库存中易腐烂物品的数量。而有些限制则较为复杂，例如库存的维护成本、存储设施的资本支出、库存物品带来的资本消耗或资本机会成本，人员成本和管理库存所需的维护及诸如库存资产的保险和税费的附加费用等。

16.3 服务库存系统的相关成本

库存系统绩效通常用年平均成本来衡量。任何库存决策必须考虑以下成本。

（1）**持有（或保有）成本**。这个大类成本的范围相当广泛，包括仓储设施、管理、保险、失窃、破损、废弃、贬值、税金和资金占用的机会成本等。显然，高持有成本使企业倾向于低库存水平和频繁供给。

（2）**准备（或生产调整）成本**。为了生产不同的产品，企业需要获取必需的原材料、安排特定设备的生产调试、完成所需的文件、合理分配时间和原材料及清理先前的原材料库存等。

如果从一种产品转换到另一种产品不产生任何成本或时间损耗，企业将会进行许多小批量生产。这将降低库存水平，从而节省成本。目前的挑战就是要在较小批量生产情况下尽量降低这些准备成本。

（3）**订货成本**。这些成本是指准备采购或生产订单的管理及人工费用。订货成本包括所有的细节，例如盘点货物和计算订货数量等。为保持系统运营需要跟踪订单，与此相关的成本也包含在订货成本内。

（4）**缺货成本**。当一种产品的库存用尽时，针对该产品的订单要么等待库存补充，要么被取消。库存管理需要在持有库存以满足需求与缺货造成的成本之间做出权衡。有时候很难达到均衡，因为可能无法估计损失的利润、顾客流失的影响或是缺货惩罚等。

16.4 服务库存管理理论

库存管理的目标是通过确定最优的补货时机和补货批量，使库存系统的运行成本达到最小。库存管理理论主要解决以下 3 个基本问题。

（1）订购数量是多少？
（2）应该在何时下订单？
（3）应该维持多少安全库存？

订货量决策无疑是库存管理理论中最重要的决策，该决策主要处理大批量订购以减少运输费用和少量多次订购以避免大量库存持有成本之间的权衡。在关于不确定情形下的库存管理策略中，再订货点与安全库存水平息息相关，两者都受服务水平的影响，而服务水平衡量订货提前期（从发出订单到收到订货之间的时间）内所有需求被满足的概率（例如，如果缺货概率为 5%，则服务水平为 95%）。

16.4.1 订货量决策

应该订购多少呢？为了回答这一问题，库存管理者开发了许多不同的模型，这些模型基于不同的库存—时间关系，使用库存成本作为绩效衡量标准。随时间变化的库存行为通常被建模为固定时间段内持有和订购库存的总成本，然后通过对库存成本的函数进行优化，以得出订单数量的最优值 Q^*。

1. 经济订购批量

经济订购批量（Economic Order Quantity, EOQ）模型是最基础的库存模型，用于确定最小化库存成本的 Q^*。该模型的经典应用场景包括糖、面粉和其他主食在内的零售杂货产品：大量顾客定期、少量地购买该类产品，其需求近乎恒定且不允许缺货。图 16-1 展示了典型的 EOQ 库存水平变化图，该图中的库存水平以固定的速度 R 减少，即斜线的斜率恒定。竖直线代表每次订购货品到达。也就是说，每次订购库存量为 Q，库存的消耗速度为 R。因此，Q/R 时间后，上次订购的库存被用完，而新的库存量 Q 到达以待使用，如此反复。

具体来说，EOQ 模型有以下假设。
（1）产品需求是确定的且保持不变。

（2）订货提前期（从订货到收货之间的时间间隔）为0。
（3）只考虑一种产品。
（4）单位产品价格固定。
（5）不允许延迟交货。

定义以下符号：

R ——年需求量；

C ——单位库存成本；

h ——单位价值库存的年持有成本；

S ——每次订货的固定成本。

决策变量：

Q ——订货量。

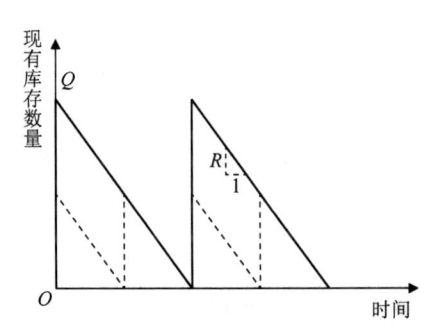

图 16-1　EOQ 模型的库存水平

年度总成本（TC）是订货量 Q 的函数：

$$\mathrm{TC}_{\mathrm{EOQ}}(Q) = CR + S\frac{R}{Q} + hC\frac{Q}{2}$$

上述式子右边的第一项是购买 R 件库存的成本，与订货量无关。第二项表示固定订货成本：每年要订货 R/Q 次，每次订单花费 S 元，因此每年的固定成本为 $S \times R/Q$。第三项表示年持有成本：持有1单位库存1年的成本为 hC 元。从图16-1可以看出，由于库存量从 Q 到零均匀变化，平均库存水平为 $Q/2$，因此年度库存持有成本为 $hC \times Q/2$。

如图16-2所示，持有成本和固定成本都随 Q 值变化，总成本曲线存在最低点。因此，存在唯一的最小化年度库存总成本的 Q 值，这个值就是 EOQ。可以将总成本对 Q 求导，将导数设为零求解 EOQ：

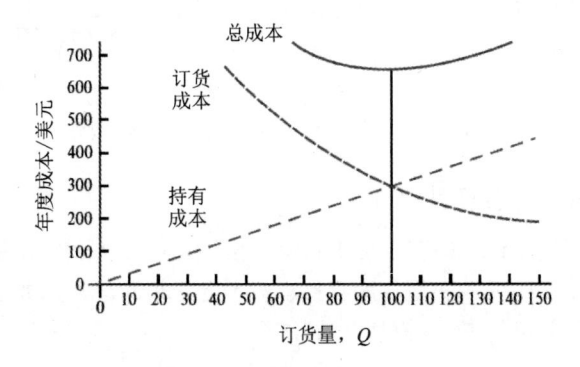

图 16-2　EOQ 模型相关成本

$$Q_{\text{EOQ}}^* = \sqrt{\frac{2RS}{hC}}$$

上述模型也可用于订货提前期为正值的情况，但此时不仅需要确定经济订货量，还需要确定再订货点（Re-Order Point, ROP）。假设知道某产品的每日需求为 3 单位且订货提前期固定为 4 天。那么在库存达到 12 单位时下订单则永远不会缺货，在库存用完时新的订单就会到达，并开始新的库存周期。在这个例子里，12 单位的剩余库存被称为再订货点。

2. 有计划的缺货库存模型

经典的 EOQ 模型假设不允许延迟交货。然而当客户可以容忍缺货时，有计划的缺货（Backorder）可以降低库存成本。例如，轮胎商店可能不会库存所有尺寸的高性能轮胎，因为他们知道如果特定轮胎缺货，顾客愿意等待一两天。但是要使这种策略为顾客所接受，交货日期必须在合理的时间内，否则顾客会认为零售商不可靠。图 16-3 刻画了有计划的缺货库存模型。该模型除放松假设 5 以外，其他假设与 EOQ 模型一致。

定义以下符号：

p——单位价值库存的年缺货成本；与单位价值库存的年持有成本 h 类似，pC 是缺货每单位货品一年的成本。

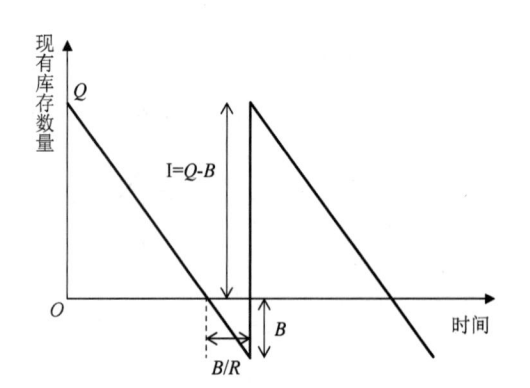

图 16-3 有计划的缺货库存模型

决策变量：

B——最大缺货量。

本模型中有两个变量，订货量 Q 和缺货量 B。由于新到达的订单要首先用于满足延迟交货的部分，本模型下最大库存水平是 $Q-B$ 而不是 Q。并且，真实库存只占库存周期的一部分。根据相似三角形的比例关系可以得出真实库存占整个库存周期的 $(Q-B)/Q$；同样可以得出缺货阶段在整个库存周期中所占比例。因此，

$$\text{TC}_{bo}(Q,B) = CR + S\frac{R}{Q} + hC\frac{(Q-B)^2}{2Q} + pC\frac{B^2}{2Q}$$

对它们分别求偏微分可以解出：

$$Q_{bo}^* = \sqrt{\frac{2RS}{hC}\frac{h+p}{p}} = Q_{\text{EOQ}}^*\sqrt{\frac{h+p}{p}}, \quad B^* = Q_{bo}^*\frac{h}{h+p} = Q_{\text{EOQ}}^*\sqrt{\frac{h^2}{p(h+p)}}$$

对比 EOQ 模型和有计划的缺货库存模型，不难发现后者的最优订货量比前者要大。事实上，缺货成本 p 趋于无穷时，EOQ 模型和有计划的缺货库存模型是等价的。

3. 考虑数量折扣的库存模型

供应商通常会向大批量订购的客户提供数量折扣。由于有数量折扣的订货量通常要比 EOQ 订货量大，需要在降低购买成本和增加库存持有成本之间权衡。考虑数量折扣的库存模型除了放松假设 4 以外，其他假设与 EOQ 模型一致。

$$\text{TC}_{qd}(Q) = CR + S\frac{R}{Q} + hC\frac{Q}{2}$$

与 EOQ 模型不同，数量折扣模型的 C 不是恒定不变的。下面举例说明数量折扣模型的解决方法。

▶▶ 算例 1

一家售卖文化衫的商店。根据以往的销售记录，该商店的文化衫销量基本维持稳定，每年平均销售 1000 件。某商店文化衫批发价和数量关系如表 16-1 所示。

表 16-1 某商店文化衫批发价和数量关系

订购量/件	单价/元
1~239	20.00
240~599	19.50
≥600	18.75

商店每次购入一定量的文化衫并存入库房，当库存水平达到再订货点时进行补充订货。每次订货的固定成本为 30 元，其中包括处理订单和接货的成本。此外，库存的维持成本（包括资金的机会成本和管理成本等）为库存价值的 30%。那么使商店总库存成本最小化的订购量应该是多少呢？

首先，由上文叙述可得以下条件：

R——年需求量 1000 件；

h——单位价值库存的年持有成本 30%；

S——每次订货的固定成本 30 元。

然后，从最低价 $C = 18.75$ 开始，使用经济订货量公式计算经济订货量：

$$Q_1 = \sqrt{\frac{2RS}{hC}} = \sqrt{\frac{2\times1000\times30}{30\%\times18.75}} = 103$$

然而，适用于 $C = 18.75$ 的最低订货量是 ≥600 件。接下来，使用 $C = 19.50$ 重新计算经济订货量：

$$Q_2 = \sqrt{\frac{2\times1000\times30}{30\%\times19.50}} = 101$$

由于适用于 $C = 19.50$ 的最低订货量是 ≥240 件，需要继续使用 $C = 20.00$ 计算经济订货量：

$$Q_3 = \sqrt{\frac{2\times1000\times30}{30\%\times20.00}} = 100$$

由于适用于 $C = 20.00$ 的订货量是 1~239 件，可以得到：

$$Q_{EOQ}^* = Q_3 = 100$$

最后，将 Q_{EOQ}^* 及可以获得较高价格折扣的最低订货量代入总成本 $TC_{qd}(Q)$ 公式，分别得出以下结果：

$$TC_{qd}(Q_{EOQ}^* = 100) = 20.00\times1000 + 30\times\frac{1000}{100} + 30\%\times20.00\times\frac{100}{2} = 20\ 600$$

$$TC_{qd}(Q = 240) = 19.50\times1000 + 30\times\frac{1000}{240} + 30\%\times19.50\times\frac{240}{2} = 20\ 327$$

$$TC_{qd}(Q = 600) = 18.75\times1000 + 30\times\frac{1000}{600} + 30\%\times18.75\times\frac{600}{2} = 20\ 487.5$$

可以看出，订货量为 240 件时总成本最低，因此 $Q^* = 240$。

16.4.2 不确定情形下的库存管理策略

16.4.1 节的订货量模型忽略了顾客需求和补货提前期的不确定性。事实上,顾客需求和补货提前期都可能是随机的,这些不确定性都会带来在补货订单到达之前发生缺货的风险。因此,需要针对不确定性进行库存规划。在需求或交货提前期随机的情况下,不仅需要确定每个周期订购多少数量,还需要确定每个周期内何时订购,即确定再订货点。再订货点决定了一个周期结束时剩余的安全库存量或平均库存量。

尽管有许多不同的方法可以解决不确定情况下的库存管理,但最简单的方法依然是 EOQ 模型:首先用 EOQ 模型确定订单规模,然后根据需求和交货时间的不确定性及库存系统目标来确定何时下订单。衡量库存系统的好坏通常用两个性能指标:订单完成率(Fill Rate)和服务水平(Service Level)。订单完成率衡量库存所能满足的在订货提前期内顾客需求的百分比。服务水平是库存周期中没有发生缺货的概率。

如果任意时段内(如,每天)的需求都比较大,那么需求通常可以很好地近似为正态分布。用 μ_d 表示单日需求,σ_d^2 表示需求方差,L 表示订货提前期,是一个随机变量,其均值和方差分布为 μ_L 和 σ_L^2。令 μ_{LT} 和 σ_{LT}^2 分别表示订货提前期的平均需求和需求方差。那么,

$$\mu_{LT} = \mu_d \mu_L;$$
$$\sigma_{LT}^2 = \mu_d^2 \sigma_L^2 + \mu_L \sigma_d^2$$

根据交货提前期内需求的均值和方差,可以确定满足给定服务水平的再订购点 ROP 。要确保在库存周期内缺货的概率不大于 α ,那么库存周期内提前期内的需求不高于再订货点的概率必须不低于 $1-\alpha$,即

$$\Phi\left(\frac{\text{ROP} - \mu_{LT}}{\sigma_{LT}}\right) \geqslant 1-\alpha,$$

其中,$\Phi(x)$ 表示 x 处的累积正态分布。可以解出再订购点 ROP 为
$$\text{ROP} = \mu_{LT} + \text{SS},$$
$$\text{SS} = z_{1-\alpha} \sigma_{LT},$$

其中,SS 表示安全库存水平,$z_{1-\alpha}$ 是标准正态随机变量 $\leqslant 1-\alpha$ 的临界点。

接下来,计算订单完成率。为了计算订单完成率,需要计算一个周期内延期交货或无法由库存满足的预期需求数量 $E[B]$。显然,这一部分需求在订货提前期内发生,其值为:

$$E[B] = \int_{\text{ROP}}^{\infty} (x - \text{ROP}) f(x) dx,$$

其中,$f(x)$ 表示订货提前期内的需求分布的概率密度。由于订货提前期内的需求服从均值为 μ_{LT}、方差为 σ_{LT}^2 的正态分布,可以得出:

$$E[B] = -\text{SS}\left[1 - \Phi\left(\frac{\text{SS}}{\sigma_{LT}}\right)\right] + \sigma_{LT} \Phi\left(\frac{\text{SS}}{\sigma_{LT}}\right).$$

订单完成率 FR 是:

$$\text{FR} = 1 - \frac{E[B]}{Q},$$

其中,Q 是订单量。从上述 $E[B]$ 表达式不难发现,安全库存水平 SS(也即,再订货点=

$\mu_{LT}+SS$)不仅出现在累积标准正态分布函数中,还出现在标准正态密度函数中。因此,即使在订货量 Q 已知的情况下,要得到满足特定水平的订单完成率 FR 的安全库存水平 SS(或再订货点)也是很难的。

此外,尽管存在许多分析方法可以帮助确定满足特定服务水平和订单完成率的库存管理策略,而实践中的服务水平选择是一个策略抉择。例如,对于一家便利店来说,考虑到竞争因素和顾客的耐心,冰镇啤酒可能需要99%的服务水平,而新鲜面包保持95%的服务水平更合适。

16.4.3 需求率随时间变化的库存管理策略

标准的经济订货量模型假设需求率随时间保持不变。对于许多产品和服务而言情况并非如此。事实上,许多零售业都呈现出明显的季节性特点。例如,珠宝零售业的重要月份是2月和4月、9月的婚礼预备季;由于冬季的家庭取暖需求,燃料经销商在每年1月的销售额是6月、7月和8月的两倍多。本节根据库存规划时间是有限还是无限的,通过算例2讲述两种不同的处理季节性需求的方法。

▶▶▶ **算例2**

考虑每月需求如表16-2所示的有限规划时间问题。

表16-2 月需求数据

月 份	需 求	月 份	需 求
1月	716	7月	1014
2月	706	8月	957
3月	795	9月	897
4月	876	10月	891
5月	945	11月	662
6月	939	12月	601

考虑两种库存管理成本:每一次订单的固定成本 S,以及每件商品的持有成本 $H=hC$。假设每单位库存的持有成本为10元/月,每笔订单的固定成本为10 000元;新订单只会在月初到达,每月内的需求率恒定。令 c_{ij} 表示在 i 月下一个可以维持 i 月到 j 月的需求的订单成本。c_{ij} 应包含两部分:①该订单的固定成本;②持有可满足 i 月到 j 月的需求量库存的持有成本。那么,

$$c_{11}=10000+10\times\frac{716}{2}=13580,$$

$$c_{12}=10000+10\times\left[\frac{716}{2}+\left(1+\frac{1}{2}\right)\times 706\right]=24170$$

以此类推,可以求出任意 $c_{ij}(i\leqslant j)$。然后,可以通过构建最短路径问题来求解最优的库存规划问题。图16-4 展示了1月到6月库存规划的最短路径问题。

如果表16-2所示的需求每一年都循环一次,那么该库存规划问题的规划范围则是无限期的。对于无限期的库存规划问题,应如何解决呢?

首先定义以下符号:

P——规划期集合(在图16-4所示的示例中,P 是一年中月份的集合);

c_{ij}——在 i 阶段到达并用于满足此后 j 个阶段需求的订单的库存成本(固定成本+持有成本)。

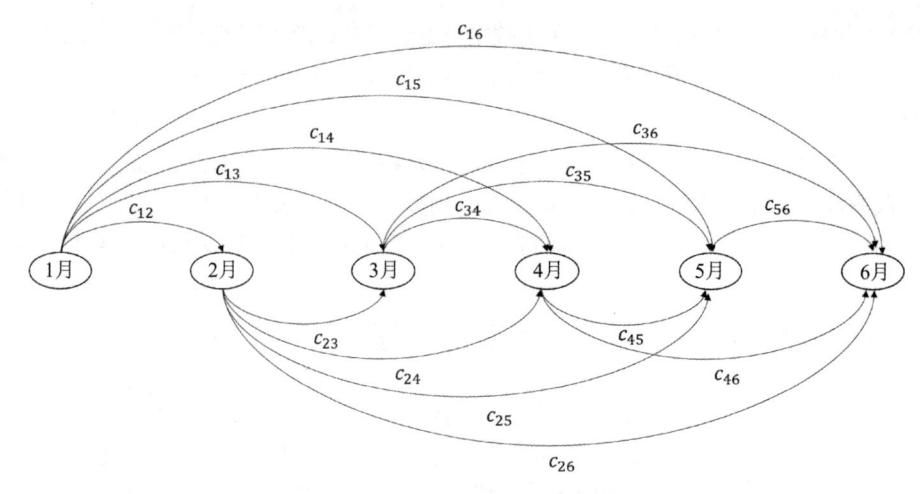

图 16-4 库存规划的最短路径问题

a_{ijk}——对于一个在 i 阶段到达并用于满足此后 j 个阶段需求的订单,如果该订单可以用于满足 k 阶段的需求,那么 $a_{ijk}=1$;否则 $a_{ijk}=0$。表 16-1 所示的示例中,对于一个在 11 月到达,用于今后 4 个月需求的订单,$a_{11,4,11}=1$,$a_{11,4,12}=1$,$a_{11,4,1}=1$,$a_{11,4,2}=1$,而其他 $a_{11,4,k}=0$。

决策变量:

X_{ij}——如果有一个订单在 i 阶段到达并用于满足此后 j 个阶段需求的订单,$X_{ij}=1$;否则,$X_{ij}=0$。

该无限期库存规划的最优化问题如下:

$$\min \sum_{i \in P} \sum_{j=1}^{|P|} c_{ij} X_{ij}$$

$$\text{s.t.} \quad \sum_{j=1}^{|P|} X_{ij} \leq 1 \qquad \forall i \in P$$

$$\sum_{i \in P} \sum_{j=1}^{|P|} a_{ijk} X_{ij} = 1 \qquad \forall k \in P$$

$$X_{ij} \in \{0,1\}, \qquad \forall i \in P, j=1,\cdots,|P|$$

该问题的目标函数是最小化总的库存成本。如果有一个订单在 i 阶段到达并用于满足此后 j 个阶段需求的订单($X_{ij}=1$),那么与该订单相对应的库存成本(固定成本+持有成本)则计入总成本;否则不计入。该优化问题的第一个约束要求,每一个阶段最多下一个订单;第二个约束要求,每一个阶段对应的需求都刚好有一个订单可以满足;第三个约束要求是标准的 0-1 约束。

表 16-3 有限期与无限期库存规划总成本对比

固定成本/元	有限期规划总成本/元	无限期规划起始月	无限期规划总成本/元	订单数/个	无限期规划节省成本/元
9000	152695	2月	152735	8	0.03%
10000	159695	1月	159695	6	0.00%
50000	347335	1月	347335	4	0.00%
80000	437795	1月	437795	3	0.00%
100000	494755	1月	494755	2	0.00%
500000	1062145	4月	1096075	1	3.19%

表 16-3 所示为针对表 16-2 所示需求、持有成本是 10 元/件/月条件,有限期与无限期库存

规划总成本对比。需要注意，表 16-3 中的固定成本分别取了 9000 元、10 000 元、50 000 元、80 000 元、100 000 元、500 000 元 6 个值。不难看出，在大多数情况下，两种库存规划方法的总库存成本完全一致。只有无限期模型在除 1 月以外的月份的订单开始的情况下，成本才不同。

需要注意，在算例 2 中，随着固定成本相对于持有成本的增加，这两种模型下的订购频率都降低了，这会造成每个订单量增加、每个时期持有更多的库存，这符合预期。

16.4.4 多期库存管理策略

有些产品一年需要多次订货，多期库存系统就是要给出准确的订货数量和订货时间。多期库存系统大体上有两种类型：连续检查系统和定期检查系统。其中，连续检查系统又被称作定量订货模型（Fixed-order Quantity Model）或 Q 模型，定期检查系统又被称作定期订货系统（Fixed-time Period Models）或 P 模型。两种模型的基本区别在于：连续检查系统是"事件驱动"的，当剩余库存降至某一预先确定的再订货点时连续检查系统就会提示发出订单；事件的发生时间取决于该产品的需求量。连续检查系统要求每次提取库存或增加库存都必须及时更新库存记录，以反映是否达到再订货点。定期检查系统是"时间驱动"的，该系统仅在某一预先确定的订货间隔期（Review Period）盘点库存并发出订单。

1. 连续检查系统

图 16-5 所示描述了连续检查系统的库存平衡。由于需求的不确定性，库存水平以不规则曲线的形式减少，直到达到预定的再订货点，销售商向其上游供应商发出补货订单。连续检查系统中的订货量 EOQ 是固定的。

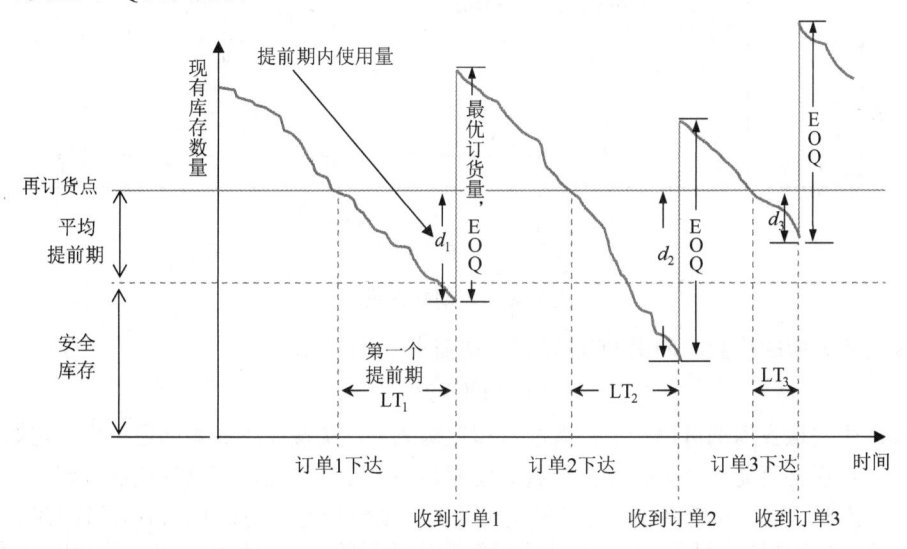

图 16-5 连续检查系统

从达到再订购点到收到补货期间，库存水平持续下降。通常，在收到补货之前会有一些库存余量。补货到达时的平均库存余量被称为安全库存水平。维持一定的库存余量是为了防止因异常高需求或超长补货提前期而造成的缺货，但是缺货现象无法完全避免。补货提前期内未满足的需求将延期交货；当延期交货发生时，补货订单首先用来满足延期交货需求，只有 EOQ 中剩余的部分被用于补充库存。对于连续检查系统，订单数量是固定的，但订单周期有所不同。

如果使用条形码来代表每个 SKU，那么计算机化信息系统可以连续跟踪库存水平以得知何时达到再订购点并发出订单。

事实上，本节所介绍的连续检查系统即是 16.4.2 节中所介绍的不确定情形下的库存管理策略在实践中的常见解决方案。可以根据 16.4.2 节中所介绍的方法来确定连续检查系统中最优订货量、再订货点及安全库存数量。

2．定期检查系统

定期检查系统只在特定的时间盘点库存并补货，例如每周或每月一次，这些盘点间隔被称为检查周期（Review Period，RP）。在定期检查系统下，订单之间的间隔时间是固定的，而每次订单数量加上现有库存应达到某个预定目标库存水平（Target Inventory Level，TIL）；由于顾客需求率是变化的，定期检查系统的每一期订货量也是变化的。定期检查系统通常用于多种不同货物的合并定期补货策略，如每周一次的便利店补货或买方想要拼单以节省运输费用。图 16-6 所示描述了定期检查系统的库存平衡。

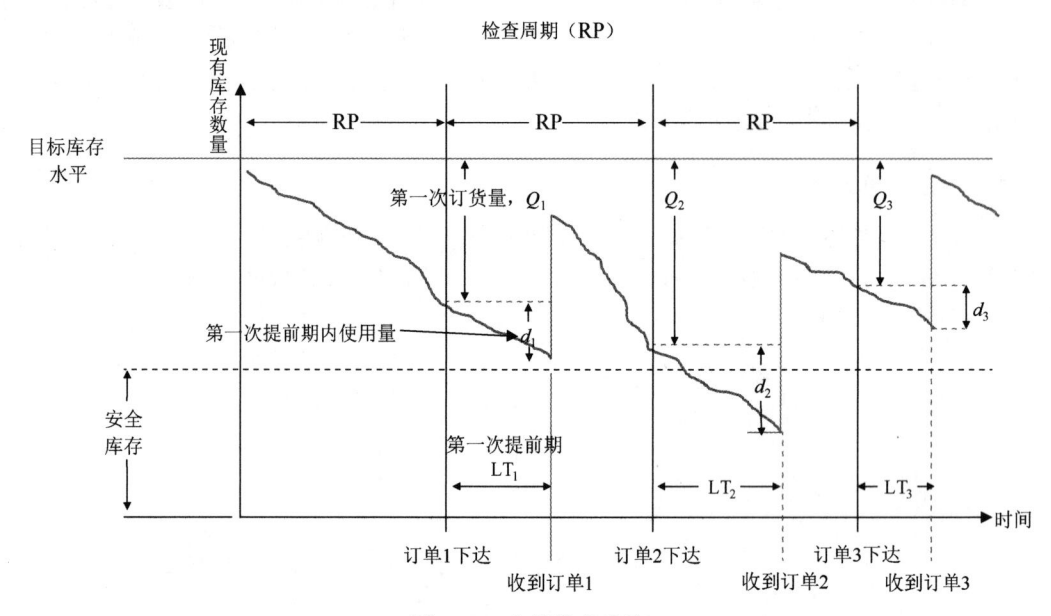

图 16-6 定期检查系统

定期检查系统的检查周期由 EOQ 除以日均需求 μ_d 以得出：

$$RP=EOQ/\mu_d.$$

这样产生的检查周期可以平衡持有成本和订购成本，实现库存成本的最小化。定期检查系统在发出订单后，可能一个大批量需求就会使库存马上降至零点，而缺货状况直到下次检查才会被发现。因此，定期检查系统中存在缺货风险的时期包括检查周期 RP 和提前期 LT，而不是连续检查系统中的提前期 LT。定期检查系统缺货风险期的需求均值和标准差分别用 μ_P 和 σ_P 表示，那么：

$$\mu_P = \mu_{RP} + \mu_{LT},$$
$$\sigma_P^2 = \sigma_{RP}^2 + \sigma_{LT}^2,$$

其中，μ_{RP} 和 σ_{RP} 分别表示检查周期 RP 内需求的均值和标准差，μ_{LT} 和 σ_{LT} 分别表示订货提前期 LT 内需求的均值和标准差。定期检查系统的安全库存和预定目标库存水平分别如下：

$$SS = z_{1-\alpha}\sigma_P,$$
$$TIL = SS + \mu_P,$$

其中，SS表示安全库存水平，$z_{1-\alpha}$是标准正态随机变量$\leq 1-\alpha$的临界点。

▶▶ 算例3

考虑算例1中售卖文化衫的商店，不考虑价格折扣。每日需求服从均值为3、标准差为1.5的正态分布，订货提前期LT固定为4天。已知商店需要保持95%的服务水平，那么连续检查系统和定期检查系统下的安全库存分别为多少？

（1）连续检查系统下采用16.4节介绍的库存管理方法。需要注意的是，本算例中的订货提前期LT为常数而非随机变量。

$$SS_Q = z_{1-\alpha}\sigma_{LT} = z_{1-\alpha}\sigma_d\sqrt{LT} = 1.645 \times 1.5 \times \sqrt{4} = 5$$

（2）例1已经得出经济订货量$Q^*_{EOQ} = 100$，可以由此得出检查周期$RP = Q^*_{EOQ}/\mu_d = 33$（天）。

$$SS_P = z_{1-\alpha}\sigma_P = z_{1-\alpha}\sigma_d\sqrt{LT+RP} = 1.645 \times 1.5 \times \sqrt{4+33} = 15$$

此外，可以得到定期检查系统的目标库存水平$TIL = SS_P + \mu_d(LT+RP) = 15 + 3 \times (4+33) = 126$。也就是说，每33天盘点库存，每次进货量是现有库存与目标库存126的差值（注：以上部分数据进行了取整处理）。

从算例3可以看出，与连续检查系统相比，定期检查系统的安全库存水平通常更高。这是由于定期检查系统只在固定时间盘点库存，该系统的安全库存不仅要防止检查期内、还要防止从发出订单到收到货物之间的提前期不断货。相比之下，连续检查系统需要时刻追踪现有库存以便达到再订货点就立即发出订单，因而所需安全库存水平较低。

16.4.5 ABC分类法

在19世纪，帕累托在一个关于米兰财富分配的研究中发现，20%的人控制着80%的财富。这种少数人占据最重要地位而多数人不重要的现象被称为帕累托法则，其逻辑已经延伸到包括库存系统在内的许多领域。

大多数公司需要多种产品库存，公司希望以经济的方式来管理这些库存。然而盘点库存、发出订单、接收货物等库存管理活动需要花费时间和金钱，对每个产品都精准控制是不经济的。事实上，如果根据资金占用量来排列各种库存产品，通常会发现少数产品占用了大部分资金，而其余多数的产品占用了少量资金。也就是说，少数产品决定大部分投资，必须密切关注控制大部分库存价值的少数产品。

ABC分类法就是基于帕累托法则逻辑的库存管理方法。该方法将库存项目分成三组，并根据库存项目的重要性选择合适的库存控制系统。

（1）高资金占用的A类，包含大约20%的库存项目，但资金占用量高达80%。这是最需要加以关注的一类。

（2）中等资金占用的B类，包含大约30%的库存项目和15%的资金占用量。

（3）低资金占用的C类，这类产品通常占库存物品的50%，但资金占用量仅5%左右。

表16-4所示为一家电器零售商应用ABC分类法按资金占用量降序排列的库存清单。该例中，电脑和家庭影院这两个产品占SKU的20%，却占总金额的74%，属于少数需要特别注意的A类项目，缺货意味着巨大的销售损失。库存管理中应对这些项目使用连续检测系统以实现对

库存水平的实时监控。占用库存空间 50%的物品只占库存价值的 10%，这些物品属于 C 类物品。C 类物品缺货通常不会带来严重的收入损失，因此可以用宽松的方式进行管理，可能会使用定期检测系统，且审核周期也相对较长，这意味着低频的大规模订单。B 类物品的成本不足以需要特别的管理注意，但也没有便宜到可以积压的程度，既可以使用连续检查系统，也可以用定期检查系统来管理这类物品。

表 16-4　按价值递减顺序的库存物品

库存物品	单位成本/元	月销售数量/（件/台）	销售总收入/元	销售收入占比	库存单位百分比	类别
家庭影院	5000	30	150000	74%	20%	A
电脑	2500	30	75000			
电视机	400	60	24000	16%	30%	B
冰箱	1000	15	15000			
显示器	250	40	10000			
音响	150	60	9000	10%	50%	C
相机	200	40	8000			
软件	50	100	5000			
内存卡	5	1000	5000			
光盘	10	400	4000			
合计	—	—	305000	100%	100%	

将产品分组的目的在于对每一类产品设置适当的控制程度。例如根据周期，A 类产品一周订一次可能更便于控制，B 类产品可能双周订一次，C 类产品可能一个月或两个月订一次。请注意，产品的单位成本与它们的分类无关。产品被归入高资金占用类可能有两种情况：低成本+高使用量，高成本+低使用量。同样，C 类产品资金占用量少，可能是因为其低需求或低成本。

有时某种产品可能对系统起到关键作用，如果缺少该产品，可能会导致重大的损失。在这种情况下，不管该产品是什么类别，都应该持有足够的该类产品以防缺货。

16.4.6　易逝品库存管理策略

前边的章节假设库存系统将无限期地继续，库存管理的目标是最小化长期平均成本。然而在许多情况下，必须在需求实现之前做出一次性的库存水平决策，需求实现之后未售出的库存将以远低于成本的价格出售。因此订购太多库存将招致损失，而订购太少库存则会因为缺货带来销售损失。这类问题通常被称为"报童问题"。

考虑一家小型精品服饰店的库存问题。精品服饰店需要确定订购多少件各种尺寸、颜色和款式的高级时装。每件衣服的批发价格为 100 美元，售价为 300 美元，因此商店每单销售赚 200 美元。然而，季末未售出的时装以 70 美元的价格被回收，也就是说季末每件额外库存都会带来 30 美元的损失。本节将介绍两种方法来解决这一问题——期望值分析法和边际分析法。

定义如下符号：

D——高级时装的需求量；

Q——高级时装的库存量；

P——一件时装的销售价格，本例中为 300 美元；

C——一件时装的成本价，本例中为 100 美元；

S——一件时装的残值，本例中为 70 美元。

在销售季到来之前，经理估计销售某一尺寸、颜色和款式的时装的概率在 0~6 件，其概率分布如表 16-5 所示。

表 16-5　高级时装需求概率分布

销售量/件	概　　率
0	0.05
1	0.10
2	0.15
3	0.20
4	0.25
5	0.15
6	0.10
合计	1.00

1．期望值分析法

期望值分析法利用需求概率分布表计算出不同库存水平下的期望收益，产生最大收益的库存水平更好地平衡了缺货带来销售损失和未经售出产品的投资成本。在上述例子中，假设精品服饰店进购了 3 件衣服。如果没有售出任何衣服，精品服饰店将损失 $30 \times 3 = 90$（美元）。如果售出一件，精品服饰店收益 200 美元，在两件未售出的衣服上损失 $30 \times 2 = 60$（美元），净利润为 140 美元。如果售出两件，精品服饰店收益 $200 \times 2 = 400$（美元），一件未售出的衣服损失 30 美元，净利润为 370 美元。最后，如果需求是 3 件或更多，精品服饰店赚 600 美元。因此，精品服饰店进购 3 件衣服的预期利润为 $-90 \times 0.05 + 140 \times 0.10 + 370 \times 0.15 + 600 \times (0.20 + 0.25 + 0.15 + 0.10) = 485$（美元）。

表 16-6 所示给出了期望利润与购买时装数量的关系。我们可以看出最优决策为 5 件时装，对应的期望利润为 597.5 美元。

表 16-6　净利润作为购买时装数量的函数关系表

销售量/件	概　率	进货数量/件						
		0	1	2	3	4	5	6
0	0.05	0	-30	-60	-90	-120	-150	-180
1	0.10	0	200	170	140	110	80	50
2	0.15	0	200	400	370	340	310	280
3	0.20	0	200	400	600	570	540	510
4	0.25	0	200	400	600	800	770	740
5	0.15	0	200	400	600	800	1000	970
6	0.10	0	200	400	600	800	1000	1200
净利润/元		0	188.5	354	485	570	597.5	590.5

2．边际分析法

易逝品库存管理的另一种解决方法是基于经济学原理的边际分析法：应增加库存水平，直到最后一单位库存的预期净利润为负。运用边际分析法，最优的库存水平应满足多持有一单位库存的期望收益小于期望成本，利用这一基本逻辑可以推导出一个非常有用的概率，称为临界分位数（Critical Fractile）。在上述精品店的例子中，令 $f(y)$ 表示表 16-6 中的第二列概率，令 $F(y)$ 表示需求不超过 y 单位的概率（累积分布函数）。购买 Q 单位库存的期望收益为：

$$E[\text{利润}|Q] = \sum_{y=0}^{Q}(P-C)yf(y) - \sum_{y=Q+1}^{D}(C-S)(X-y)f(y) + \sum_{y=Q+1}^{D}(P-C)Qf(y)$$

$$E[\text{额外利润}|Q+1] = E[\text{利润}|Q+1] - E[\text{利润}|Q]$$
$$= -(P-S)F(Q) + (P-C) \leq 0$$

$$F(Q) \geq \frac{P-C}{P-S}$$

也就是说，需要满足 $F(Q) \geq \dfrac{P-C}{P-S} = \dfrac{300-100}{300-70} = 0.87$ 的最小的 Q。从表 16-6 中可得，0 到 5 件时装需求总和为 $0.90 \geq 0.87$ 的累积概率。因此，$Q^* = 5$。

16.4.7 零售折扣模型

即使最完美的计划也无法完全预测顾客需求。积存货架会占据新品的展示空间，而打折意味着边际利润的损失。零售折扣模型用于寻找盈亏平衡的折扣价，从而将在短期内清除积压的库存，获得资金用于投资畅销品。在零售业中，利润是边际利润乘以营业额的函数。令，

S——当前售价；

D——折扣价；

P——基于成本的边际利润；

Y——以当前价格售完全部滞销产品所需的年限；

N——库存循环次数，即一年中产销产品的库存流转次数。

在盈亏平衡的折扣价下，一件滞销产品的损失等于投资畅销产品的收益，即

$$S - D = D(PNY)$$

因此，折扣价为

$$D = \frac{S}{1+PNY}$$

库存管理的目标是使得库存系统的运行成本最小，其决策的主要内容包括补货时机和补货量。本章介绍了几种常见的库存模型。在实际运行中，根据库存系统的具体情况，库存模型可能还面临若干约束，通过最优化库存模型，可以得出最优库存管理策略。

本章小结

本章首先从服务业中库存扮演的角色入手，详细介绍了库存在服务业中承担的主要功能。在阐述服务库存系统特征的基础上，分析了服务库存系统的相关成本。接着，围绕库存管理理论关注的基本问题，介绍了订货量决策模型、不确定性情形下的库存管理策略和需求率随时间变化的库存管理策略，并进一步介绍了多期库存管理策略、ABC 分类法、易逝品库存管理策略

及零售折扣模型等。

讨论题

1. A学校是一家仅在暑假期间运营、为大学生提供培训服务的机构。学校现有服务能力——包括师资、教室、住宿、就餐等,可以接受2000人。根据以往的经验得知,注册培训项目的学生只有40%会实际报到。如果实际报到人数不足2000人,学校就会失去6000元/人的学费收入。如果实际报到人数超过2000人,学校需要为超出的学生支出2000元/人的成本,该成本包括额外雇佣培训师资、为学生安置住宿并承担超额费用等。那么该学校应接受的最优注册人数是多少?假设学校可以向每位有意向参加培训服务的学生收取200元/人的注册费用。如果该学生最终来报到,注册时收取的200元可等额抵扣学费;如果学生不来报到,200元不再退回。那么,该学校应接受的最优注册人数是多少?

2. 为了减少对进口石油的依赖,某电力公司决定使用煤炭来满足区域内的部分电力需求。该电力公司预计煤炭年需求量为73万吨,全年需求率恒定。发电厂附近有露天煤矿专门为该电力公司供货。已知每次开采煤矿需要2天的准备时间和20 000元的生产准备成本,而发电厂存储煤炭的库存成本约为30.00元/年/吨。

(1) 假设发电厂全年无休,请决定电力公司的经济订货量。

(2) 假设煤炭日需求服从均值为2000吨、标准差为500吨的正态分布。为保证99%的服务水平,电力公司应设置的安全库存量为多少?

(3) 如果电力公司的每次订货量不小于50 000吨,煤炭开采方愿意每吨煤炭便宜0.1元。那么电力公司是否应该重新考虑最优订货量?

3. 目的地餐厅以其特有的奶油甜点闻名。这款甜点的主料包括多层糕点和奶油,里边有咖啡甜酒调味,顶部有精致的香草糖霜和黑巧克力屑。由于甜蜜复仇甜点采用新鲜乳制品为原料,这款甜点必须当天食用。这给目的地餐厅所有者Martin Quinn——甜蜜复仇甜点的创作者Thomas Quinn的曾孙——带来了一个问题:每天应准备多少份甜蜜复仇甜点呢?现已知一份甜蜜复仇甜点的售价是3.95美元,制作成本为1.00美元。

Martin Quinn认为,甜蜜复仇甜点的断货会损害餐厅的声誉。虽然难以证明,但他认为80%的顾客可以接受甜点缺货,而20%的顾客会对缺货感到失望。在失望的顾客中,有一半顾客在一段时间内不会再回到目的地餐厅,这部分顾客带来的业务损失约为20美元/人。另一半失望的顾客永远不再光顾目的地餐厅,这部分顾客带来的业务损失约为100美元/人。

Martin Quinn收集了一段时期内的周一至周五甜蜜复仇甜点的销售数据,如表16-7所示。他认为需求没有季节性或每日趋势。

表16-7 甜蜜复仇甜点的销售数据

单位:份

星期一	星期二	星期三	星期四	星期五
250	275	260	300	290
235	250	295	310	360
240	275	286	236	294
289	315	340	256	311

(1) 如果不考虑缺货成本,每天厨师应准备多少份甜蜜复仇甜点?

(2) 根据Martin Quinn对缺货成本的估计,每天厨师应准备多少份甜蜜复仇甜点?

(3) 根据已有的销售数据,如果准备的甜点可以满足95%(即达到95%的服务率)的需求,那么隐含的缺货成本是多少？

4. A. D. Small 是一家总部在波士顿，并在全世界 300 多个城市设有办事处的管理咨询公司。该公司从公认的 MBA 项目的顶尖毕业生中招聘员工。一旦加入 A. D. Small，新员工将参加为期两个月的培训，并在完成培训项目后被分配到各地办事处。

为确保培训项目涵盖新的管理理念和技术，A. D. Small 聘请了来自哈佛商学院和麻省理工学院斯隆管理学院的国际知名教授对员工进行培训。教授的服务费用固定，因此提供培训项目的费用（不包括支付给参加培训项目的新员工的工资）不取决于参加培训项目的新员工数。教授的服务费用和培训项目的其他费用总计约为 850 000 美元。

由于从事咨询工作的人员往往能力超群，并在工作过程中与许多公司建立了联系，因此 A. D. Small 的员工有许多在客户公司获得永久职位的机会。为了维持客户关系，A. D. Small 不能阻止其员工跳槽。因此，A. D. Small 每年必须招募大约 180 名新员工来填补空缺。近些年来，A. D. Small 员工的离职率保持稳定，约 3.5 人/周。

A. D. Small 的人力资源总监 Thornton McDougall 正在与总裁 Lou Carlson 讨论人事问题。"Lou，我一直在研究这些数字，我认为应该重新考虑培训项目安排了。如您所知，我们每年需要大约 180 名新员工，并且已经养成了每年 6 月份招募 180 名新员工并提供年度培训的习惯。然而，培训结束那天，我们支付工资的人数比我们实际需要的员工数多了 180 人，这些人每人每年的收入约为 90 000 美元。在这一年中，新员工将填补由于正常减员造成的空缺，但在职位空缺之前，我们持有非常昂贵的剩余的商品。每年开展多次但小规模的培训项目可能更好。这样一来，我们就可以缩短一个人被列入工资单的时间和实际需要这个人的时间之间的时间。"

Lou Carlson 回应说："Thornton，这是一个有趣的想法。在我看来，有两个基本问题必须解决。第一个问题是我们应该多久开展一次培训。第二个问题是每次培训应该招收多少人。此外，我们必须认识到对客户的责任，始终确保有足够的训练有素的人员为客户服务。我们无法承受缺乏合格员工这件事。"

请使用库存模型来解决 Lou Carlson 的问题，并以成本理由来支持你的建议。

第 17 章

服务设计理论与方法

▶▶ 学习目标

1. 了解服务设计的数据采集方法。
2. 熟悉服务设计的数据可视化方法。
3. 掌握服务原型设计的通用型方法。
4. 了解面向数字应用与软件的原型设计方法。

17.1 服务设计数据采集方法

17.1.1 参与式设计方法

参与式设计方法包括亲身民族志研究、参与式观察、情境访谈、深度访谈、焦点小组等。

亲身民族志研究指的是研究人员进行亲身体验式的一种探索,并且以现场笔记、录音、视频和照片等方式进行自我记录。团队成员在真实的场景中,亲身探索和体验一段特定经历,大多数时候是以客户或员工的身份出现的。

亲身民族志研究往往是一个服务设计项目中最先采用的研究方法之一,因为在"亲身经历"后,研究人员更容易解读观察到的研究对象的行为。并且,该方法也有助于研究人员更从容和全面地进行后续访谈,尤其是在研究人员已经对研究主题有了切身理解之后。

亲身民族志研究可以是显性的也可以是隐性的。当采用显性的方式时,意味着周围的研究对象知道你是研究人员,而隐性的方式则意味着他们不知道。当研究人员的身份对周围的人可见时,有一点很重要,即需要当心潜在的所谓"观察者效应",即研究人员的存在对其所在的研究环境和研究对象的行为产生了影响。

亲身民族志研究可以采用任何必要的渠道和媒介,线上或线下及借助任何必要的人或设备,当然也可以不依赖任何外界条件进行。因此,这种方法常常在开展快速的跨渠道体验研究中很有效。当然,该方法也可以专注于一个特定的渠道,比如某个线上渠道,以这个渠道的旅程地图为主,穷尽所有体验细节。

▶▶ 操作指引

1. 明确研究问题

明确研究问题或研究目标。同时需要考虑研究的性质(探索性还是验证性),以及接下来基于研究发现可能的工作内容（用户画像、旅程地图和服务生态地图等）。

2. 计划和准备

基于研究问题，确定进行研究的时间和地点。对于需要涉及一组研究人员的亲身民族志研究，比如"神秘购物/工作"或（探索性的）"服务猎奇"，计划需要的研究人员及如何招募他们，如何设定期望和如何给出指导，最后计划需要多少时间。对于必要的干预和引导，尤其是在采用服务猎奇法时，提前计划客户方参与人员或项目要涉及的其他部门的参与人员。确定采用显性还是隐性方式记录研究过程，如果现场记录需要录音、拍照或录视频，那么就要提前签订必要的法律协议。

3. 实施

在进行亲身民族志研究时，试着区分初级和次级信息。初级信息（"原始数据"）是指你的（客观地）所见和所闻，而次级信息（"解读"）是指你的感受或你对体验的解读。在做现场笔记时，最好分别记录：比如，在左侧页面上记录你的所见和所闻，在右侧页面上记录你的解读和感受。如果采用的是显性方式请注意潜在的"观察者效应"。亲身民族志研究的时长和深度取决于研究目标：从对旅程中的一个特定时刻的研究，比如非常短的5分钟的体验，到持续几天、几周甚至几个月的体验，都是可能的。

4. 总结提炼

从记录中整理出关键发现，如果其他研究人员也进行了同样的研究，和他们的发现进行比较。建立索引，保持对所有采集到的数据的跟踪管理，这些数据包括现场笔记、摘录、照片、音频、视频及收集到的物件。浏览所有的数据并标识自己认为重要的信息。最后写一个简要的总结，记录自己和同伴比对合并后的关键发现，并辅以原始数据作为例证，比如相关的引述、照片或视频。

参与式观察指的是研究人员将自己沉浸在研究对象的生活中进行观察。在参与式观察中，研究对象知晓研究人员在场，并且知晓他们处在一个研究的情景中，正在被观察。而相对应地，非参与式观察指的是研究对象不知道自己是被研究的对象。由于研究人员对研究对象是可见的，因此控制"观察者效应"就非常重要——即控制研究人员的存在对其研究所在的环境和研究对象的行为产生影响。参与式观察和情境访谈之间可以平滑过渡，而且它们通常是相辅相成的。研究人员可以同时尝试其他（如非参与式）研究方法，以进行交叉检验，进而平衡类似"观察者效应"带来的偏差。

情境访谈是在与研究问题相关的情境中，同客户、员工或任何其他利益相关者进行的访谈，也被称为情境调查。情境访谈可以面向内部员工（针对他们的工作场景等）或面向外部客户（针对一段客户体验的特定时刻等）。情境访谈用于对特定人群形成更深入的理解，了解他们的需求、情感、期望和所处环境（这将有助于建立用户画像），还可以揭示正式和非正式的关系网络及特定受访者的隐藏议程（这将有助于建立生态地图）。此外，这样的访谈有助于理解特定的体验。因为受访者可以根据情境详细展示对应的行为（这将有助于建立旅程地图）。

深度访谈是一种通过密集的个人访谈来进行定性研究的方法。研究人员可能会进行多场深度访谈，接触不同的利益相关者（比如前台和后台员工、客户、供应商等），或者外部专家，以便了解对于一个特定研究主题的不同观点。这些访谈可以帮助研究人员更深入地了解特定的期望、体验、产品、服务、运营、流程，以及一个人的态度、问题、需求或环境等。深度访谈可以是结构化的、半结构化的或非结构化的。严格的结构化访谈在设计上是不常见的，按照一个半结构化提纲往往可以帮助研究人员收集到有用的数据。访谈问题应以"漏斗"的方式组织，从一般性的和宽泛的问题开始，使受访者适应访谈并建立融洽的氛围，之后围绕主题逐渐将问题变得更加具体和详细。访谈提纲可以针对项目或一组受访者进行定制，也可以基于更通用的模板，比如遵循同理心地图的访谈框架："所想与所感"、"所闻"、"所见"、"所说与所做"、"痛点"和"发现"等，收集数据并形成用户画像。

焦点小组是研究人员邀请一组研究对象并对他们就特定产品、服务、概念和原型等进行采访。采用焦点小组的目的是研究人员设法理解小组中的研究对象对给定主题的看法、观点、想法或态度等。焦点小组讨论大多是在非正式的环境下进行的（如会议室）或一个特定的房间，研究人员可以通过单向镜或实时视频监控，在另一个房间进行非参与式观察。这样安排是为了让研究对象无约束地从自己的角度讨论给定的主题。研究人员通常只问一个开场问题，然后就开始观察研究对象的讨论和动态。有时，研究人员充当主持人，引导研究对象顺次讨论一系列问题。在双主持人焦点小组中，一名研究人员负责引导过程，而另一名研究人员则观察研究对象之间的互动。研究人员一般不作为讨论参与人员。尽管焦点小组在日常的工作场景中很常用，但它在服务设计中的适用性是有限的。当需要从情境中调研现有的体验时，这种方法作用不大，因为它是在没有实际场景的情况下封闭完成的。这可能造成整个过程成为一个"引导性"的讨论，从而无法产出有价值的信息。因此，主持人需要特别留心类似"观察者效应"、群体性思维、社会期望偏差等问题，以免结果产生偏差。

17.1.2 非参与式设计方法

与参与式设计方法不同，研究人员在非参与式设计方法中，处于一个"遥远"的位置，并且不与研究对象互动，他们的行为是隐形的。非参与式设计方法包括移动民族志研究、非参与式观察、文化探针等。

移动民族志研究是在有指导的研究环境中，集成多种亲身民族志研究方法，使用智能手机等移动设备进行数据收集。一个移动民族志研究项目可以包括 10 个、100 个甚至 1000 个研究对象，并记录他们在品牌、产品、服务、活动或类似过程中的体验。研究对象自己通常也是研究人员，他们用手机来记录自己的体验，类似日记研究的方式。其他研究对象所记录的体验，研究人员有权进行数据查看、整合和分析。在某些情况下，研究人员可以通过推送通知的方式，与研究对象保持联系，以进行持续的指导、任务分解或就某段体验收集更多细节。移动民族志研究主要的研究对象和场景是顾客或雇员，他们记录自己的日常活动，或者按照一些特定的研究任务要求，记录相关内容。专门用于移动民族志研究的手机应用，能够让研究对象记录自己整个客户旅程中线上/线下渠道的几乎所有体验。除了文档、照片、视频和定量评估，这些应用还收集相关的时间和位置信息，这些信息可以支持将数据可视化为旅程地图甚至地理图。移动民族志研究遵循自组织的原则，所以研究对象可以自由记录自己认为足够重要的任何内容。收集到的数据会在一个网页端的后台做汇总，供后台研究团队实时分析。移动民族志研究通常会持续数日，较长时间研究效果会更好，这种方法也适用于人们不愿公开表达的敏感话题的研究。而所收集到的时间和地理位置的相关数据，可以支持任何其他需要地理信息的项目（如观光或城市体验等）。

▶▶ 操作指引

1. 明确研究问题

明确研究问题或研究重点。同时需要考虑研究的性质（探索性还是验证性），以及接下来基于研究发现可能的工作内容（用户画像、旅程地图和服务生态地图等）。最后，考虑需要多大规模的样本量。

2. 计划和准备

根据研究问题和目标，借助一定的采样方法选择研究参与者，并考虑借助内部专家或外部机构来做招募。为研究参与者准备激励措施，同时考虑如何与参与者一起研究上下文：要设定哪些期望，以及为研究设定的主要任务是什么？提前确认对拍摄照片或视频是否有任何法律限制，以及是否需要与参与者签订许可或保密协议。另外，考虑是否需要客户侧或其他部门的相关同事作为研究人员参与项目。

3. 立项并邀请参与者

为移动民族志研究选择合适的项目管理软件并建立项目。注意为每位参与者设计的任务都要简短明了。首先就参与者的个人资料设计一份调查问卷，也可以基于问卷结果将他们分组或画像归类。接下来需要设计一份邀请，在其中向参与者明确项目目标和他们需要完成的任务。并向他们进行明确的说明：如何加入项目、如何记录他们的体验及他们将获得的激励。如果能够增加游戏化的组件，比如根据收集到数据的有用程度，给出不同的激励措施，激励措施将会更加有用。另外，如果可能，在研究开始之前安排一次与参与者的访谈，澄清研究过程及了解他们的个人背景和期望。从一个小规模的项目试点开始，仔细检查任务指标是否清晰及收集到的数据是否对研究目标起到实际的作用。

4. 数据采集

数据采集一旦开始，需要实时查看数据。可以立即开始整合和分析，对所记录的体验做标记，或整理出旅程地图作为接下来的研究墙或工作坊的输入。也可以选择使用引导性的研究方法：引导性研究是指在给定的时间点，比如活动结束后、每天早晨或希望的任何时间给特定参与者发送提醒，请他们对有价值的数据或不清晰的数据做更详细的说明。最后，设定一个明确的截止日期，让参与者了解研究的时间范围及将在什么时间停止收集数据。

5. 总结提炼

浏览收集到的数据，尝试在搭建的旅程地图上找到规律（正面的和负面的）。如果可能，再次与参与者进行简短的访谈以就关键问题进一步探讨。使用软件中的排序和筛选功能找出不同参与者分组中的不同问题。完成自己的分析后，写下关键发现并在团队中进行比较。复查所有数据并为其编制索引，高亮重要的信息。尝试在数据之间及所有研究人员的研究结果之间寻找规律。写一个简短的总结，涵盖主要发现，以及相关的原始数据，比如引用、照片或视频作为例证。或者，为每个参与者分组创建一个整合的旅程地图。

非参与式观察的研究对象通常是客户、雇员或其他利益相关者，并且观察过程发生在与研究问题相关的场景中，比如使用或提供一项数字服务或产品的过程。通常，非参与式观察可以用来作为对照，消除采用其他方法所产生的偏差及发现人们言语与行为之间的差异。

文化探针可以让研究对象依据研究人员设定的任务批量收集信息。研究人员准备好一个工作包，其中包括工作说明、一个笔记本和一部一次性相机，发送给研究对象。如今，文化探针还可以通过在线日记平台或移动民族志联合应用进行。研究对象需要遵循给定的说明，并用现场笔记和照片自我记录特定体验，或基于亲身民族志方法来收集相关的现场物件。

▶▶ 操作指引

1. 明确研究问题

明确研究问题或关注点。同时需要考虑研究的性质（是探索性的还是验证性的），以及接下来基于研究发现可能的工作内容（用户画像、旅程地图和服务生态地图等）。最后，考虑需要多大规模的样本量。

2. 识别参与者

根据研究问题，定义合适的参与者招募标准，不仅需要考虑到参与者的身份，也需要考虑观察进行的时间和地点。借助一定的采样方法选择参与者，还可以考虑借助内部专家或外部机构来进行参与者的招募。

3. 计划和准备

根据研究目标计划文化探针工作包中需要包含的工具，并撰写详细的工作说明。它包括如何进行日记记录、拍照，如何描述参与者使用产品、服务的情况，以及如何将体验或系统可视化等。对工作说明进行提前测试非常重要，需要确保说明的内容足够清晰，以避免在工作过程中研究人员和参与者之间存在不一致的理解。确定参与者应该如何记录其任务是另一个重要的事项：实物日记、在线博客、智能手机应用程序或不同媒介的组合。同步项目的上下文及确定参与者提交数据的期限。最后，考虑对参与者的激励措施。

4. 寄出文化探针工作包

寄出文化探针工作包，包括预先填写好回邮地址的信封和包装。另外，不要忘记提供联系人信息以便参与者有疑问或丢失工作中的物品时及时联系。文化探针的时长和深度随研究问题而异：从一天到几周不等。

5. 总结提炼

检查返回的工作包，收集数据并建立索引。高亮重要的信息，并尝试在数据中寻找公共的规律。可以按需安排与参与者的后续访谈。写下个人的主要发现，如果情况允许，使用三角互证与不同研究人员一起回顾和审视研究产出。之后，在研究团队中比较大家的主要发现。编写一个简要的总结，其中涵盖整合后的主要发现及相关原始数据作为例证，例如引述、照片或视频。

17.1.3 共创设计方法

（1）共创用户画像。

共创用户画像指的是利用受邀参与者的领域知识来创建一系列用户画像。任何共创工作坊的产出质量都取决于工作坊参与者的知识体系。这意味着，工作坊的产出，依赖于参与者对需要进行用户画像建模的人群的了解。例如，如果要创建客户的用户画像，则最好邀请每天与客户直接联系的一线员工。如果工作坊的参与者不具备相关领域知识，或对该领域仅有肤浅或抽象的认识，则可能出现问题。因为结果可能看似令人信服，但实际上通常会有很大偏差。比如，如果一个营销团队没有事先进行定性研究，也没有对客户的日常生活有深入的了解，那么他们在共创工作坊中产出的用户画像，很可能只代表他们理想中的客户。使用这样的用户画像作为设计过程的依据是有风险的，因为最终产出的设计概念可能会出现缺乏客户基础的问题。

除了工作坊参与者的领域知识，任何共创工作坊的第二重要因素是，在开始此类工作坊之前的定性研究。根据经验，给予工作坊的前期输入越有价值，工作坊所产出的用户画像就越具有代表性。

▶▶ 操作指引

1. 计划和准备

确定工作坊的参与对象，并准备邀请。阐述工作坊的目的及产出期望，并酌情考虑参加工作坊的激励。准备一个空间足够的工作场地，写下物料清单，以确保不忘记任何重要的物料（模板、便签、笔、用户画像和前期研究数据等）。编写工作坊议程和引导指南，计划一个热身方式来为参与者创建一个安全的空间。

2. 欢迎并分成小组

以一个欢迎仪式向所有参与者阐明工作坊的目标和议程。热身后，将参与者分成2至3人的小组。介绍用户画像的概念，解释所用到的模板，并向参与者提供清晰的工作过程说明，解释他们将如何工作。

3. 创建初始用户画像

让每个小组为其最常见的客户创建3~5个用户画像。此外，可以创建一些极端的用户画像（如让他们觉得压力最大的客户，他们理想中的客户等）。引导师应该检查所有团队是否具有共同的关注点及是否遵循相同的指引。

4. 陈述和聚类

让每个小组展示他们产出的用户画像，并将其粘贴在墙上。同步将相似的用户画像聚类在一起。你会从小组成员的笑声、点头和微笑中，观察出他们识别到的熟悉的客户影子。对于这类画像，请小组详细展开讨论，并尝试找出进一步丰富什么样的细节，能够帮助研究人员透彻理解每一个画像所代表的真实客户。

5. 讨论与合并

给参与者一些时间来反思，再分类、再聚合。让小组选出最有代表性的用户画像。这类用户画像通常是墙上聚合便签最多的画像或是参与者在讨论过程中频频点头或微笑的画像。之后和参与者确认，所选出的用户画像是否已经充分涵盖了客户在性别、年龄和其他定量因素下的多样性。如果不是，请修改某些用户画像以匹配这些因素。最终，用户画像的分布不必完全覆盖用户，基于初次聚类后的画像数据，再次创建新的画像。

6. 可视化和验证

通过前期的研究数据验证，或者向其他利益相关者展示并获取反馈，再丰富一轮用户画像。之后可视化并确定。此步骤可以在工作坊之后完成，或再开一个工作坊和不同参与者一起完成。

7. 迭代

和不同的参与者进行多次工作坊。注意寻找每一次产出中的规律，并可以考虑邀请重要的参与者返场做一次最终工作坊，将最终的用户画像合并到研究场景中。

8. 总结提炼

浏览工作坊过程笔记，并回顾工作坊中各位参与者的不同立场。制作索引链接画像与原始数据，并高亮重要信息。如果需要，将用户画像誊录为手绘稿或电子化。撰写一份简短的工作坊摘要，涵盖最终画像及主要的用户洞察，并辅以相关的原始数据，比如引述、照片或视频等。

（2）共创旅程地图。

共创旅程地图指的是利用受邀参与者的领域知识来创建一个或多个旅程地图、服务蓝图。在一个共创旅程地图工作坊中，邀请对所研究的场景有充分领域知识的参与者。如果要创建客户场景的旅程地图，则可能意味着需要邀请客户或一线员工。需要避免的情况是受邀的参与者对你所要研究的场景过程仅仅有肤浅或抽象的认识。这样的结果看似令人信服，但往往有很大的偏差。比如，如果一个没有事先做过定性研究且不了解客户日常的 IT 团队，就客户的线上场景进行旅程地图共创工作坊，结果往往只能代表他们理想化的客户旅程，而非来自真实的客户。

根据不同情况，确定参与者的来源，可以邀请具有相似观点和立场的一群人（如受邀者是来自同一个特定目标群体的客户），也可以邀请持不同观点和立场的参与者（如属于不同目标群体的客户，或者同时邀请客户和内部员工）。旅程地图的颗粒度非常重要，比如是产出高阶旅程地图，还是一个高阶旅程地图在一个特定场景中的细化。

▶▶ 操作指引

1. 明确主要角色及旅程范围

选择一个主要角色，比如最希望参与者们在工作坊中带入的那个用户画像。定义故事的时间线：是在聊一段持续多久的体验经历，10分钟、2小时、5天或10年？

2. 计划和准备

确定工作坊的参与对象，并准备邀请。阐述工作坊目的和对工作坊的产出期望，并酌情考虑一定的激励措施。准备一个合适的工作空间，比如具备大白板的房间或其他开阔空间，写下物料清单，以确保你不会忘记任何重要的物料（模板、便签、笔、用户画像和前期研究数据等）。编写工作坊议程和引导指南，设计一个热身方式以便创建一个安全的空间。

3. 欢迎并划分小组

以欢迎致辞的形式向所有参与者阐明工作坊的目标和议程。热身后，将参与者分成3至5人的小组，并向参与者清晰说明如何工作。

4. 划分阶段和步骤

让每个小组工作坊的参与者从旅程的颗粒度阶段开始，比如将一个假期划分为"灵感、计划、预订、体验、分享"等。接着，用故事充实每个阶段。有时从"中间阶段"开始，识别其中最关键的几个步骤，然后梳理之前的步骤发生了什么及之后发生了什么，也是一种不错的方法。所以，请使用便利贴以便能轻松添加或舍弃一些步骤和阶段而完善整个旅程。

5. 迭代和完善

从头到尾仔细检查整个旅程，以确定是否错过了某个步骤，或者在某些部分需要更多/更少的细节，从而完善整个旅程。永远可以将一个步骤拆分为两个或多个步骤，也可以将几个步骤合并为一个。一个好的实践是在整个旅程地图中先保持一致的颗粒度，再更详细地展开某个部分以突出重点。

6. 添加更多信息维度（可选）

添加更多信息维度，比如故事板、情感旅程、渠道、参与的利益相关者、戏剧性曲线、后台流程和"假设"场景等。

7. 讨论并合并

给参与者留出一些时间进行反思，讨论不同小组的旅程地图之间的异同，进而将小组间不同的地图合并到一个（或多个）地图中，但记下不同的观点和发现，在之后的步骤中可能会有价值。

8. 总结提炼

浏览工作坊过程笔记，并回顾各位参与者的不同立场。制作索引链接旅程地图与原始数据，并高亮重要信息。有时，安排面向部分或全部参与者的后续访谈会非常有帮助。如果需要，将旅程地图誊录为手绘稿或电子化。撰写一份简短的工作坊摘要，涵盖旅程地图及其中的主要洞察，并辅以相关的原始数据，比如引述、照片或视频等。

（3）共创生态地图。

共创生态地图指的是利用参与者的领域知识来创建生态地图。为每个工作坊定义一个确定的视角（如从客户或雇员的角度），并邀请对服务生态有扎实领域知识的参与者，他们可以和工作坊的视角一致，也可以和工作坊的视角不同。明确生态地图的范围（如针对一个旅程地图中的特定场景）及适用的场景设定，都会对研究有帮助，因为它们会帮助工作坊的参与者对工作坊建立一致的理解。

除了工作坊参与者的领域知识，任何共创工作坊的第二个重要因素是事先进行的定性研究。根据经验，给予工作坊越多有价值的输入（通过研究墙、简单的思维导图或研究报告等），共创工作坊的结果就可能越具有代表性。

17.2 服务设计数据可视化方法

17.2.1 创建研究墙

创建研究墙是在墙面上对研究数据进行可视化编排，以进行数据整合和分析的实用方法。研究墙能够让你识别出数据中的规律，同时还提供了一个在分析过程中与他人分享和共创的媒介。通常，建议大家通过容易上手的方式开始数据整合，比如根据特定类别对数据进行聚类，或者创建一个简易的思维导图。大家使用交互式的收敛方法（如八爪鱼分类等）常常会是一个不错的开始。

一方面，大家可以考虑识别出数据间的内在规律和联系作为中间产出。之后，使用诸如用户画像、旅程地图、生态地图、关键洞察、待办梳理、用户故事或研究报告等工具，基于这些规律和联系做进一步探索、可视化和提炼。另一方面，这些规律和联系也经常会带来新的假设或对原有假设进行修正，需要进一步研究。那么，基于与初始假设相矛盾的内容，并在用户的文字记录、照片及音频或视频记录的支持下，开始"搭建案子"。此类"案情"很多时候都可以使用简单的图表和草图来表达，这样的方式也会有助于将它们介绍给自己的团队及其他团队。

▶▶ **操作指引**

1. 计划并准备数据

需要墙面空间、宽大的纸板或泡沫板来挂起研究数据。研究数据的准备，包括打印重要照片、写出关键引述、将音频或视频可视化为引述或屏幕截图、展示收集到的各种现场物品和任何其他可能有用的数据。准备好必要的物料，比如纸、便签和笔等。另外，考虑应该邀请谁一起协作和共创。

2. 创建数据清单

为数据创建资产目录，比如"5个家庭的视频访谈，25个常见问题的客户引述，15个关键场景的照片"等，确保没有关键数据的丢失。这可能是一个简单的列表，也可能是一个基于数据索引的思维导图。

3. 建立研究墙

将所有的数据贴在墙上，然后以一个觉得有意义的方式开始聚类。可以从客户群体、访谈上下文或常见问题之类的主题开始，或者沿着旅程地图的步骤开始。为这些类命名并寻找类之间的联系，以及单个素材之间的联系。可以反复进行聚类，并使用不同的主题进行不同的连接尝试。

4. 总结提炼

用照片记录研究墙，并总结主要发现。还可以将相同的材料分配给不同的小组，以进行交叉检查和三角互证。可以在数据采集开始时就建立一面研究墙，并不断采用新的研究数据对这面墙上的数据进行更新迭代。

17.2.2　创建用户画像

创建一个特定的虚构人物，带有丰富的描述，以此作为一类人的原型，比如一群客户、用户或雇员等。用户画像通常代表具有共同利益、共同行为模式或人口、地理相似性的一群人。但是，诸如年龄、性别或居住地之类的人口统计信息常常会产生一些误导，因此，请注意避免刻板分类，可以使用现有的市场细分，也可以利用创建用户画像的机会，挑战当前的市场分类，并尝试更有意义的划分方式。

在开发一个用户画像时，应该致力于创建能够代表公司主要细分市场进而能够在公司广泛使用的，大约3~7个核心画像。如果创建画像的数量超过此数量，那么在实际使用中很可能因为过多而造成人们记不住所有角色，从而无法让这些画像真正派上用场。

经常看到这些核心画像在整个公司范围内被广泛使用。员工记得他们的背景故事，不同的期望和行为模式。遵循"普适设计——极限测试"的原则，可以有更多的"边缘"画像来测试那些来自用户图谱两端的用户的原型和想法。尽管在设计过程中，会主要使用核心画像，但也有必要尽早地测试这些极端情况。可以据此调整一个设计概念来涵盖这种情况，从而使得服务不仅适用于核心目标群体，同时在目标群体之外也具有一定的适用性。

在项目中，经常会混合使用不同的方法来创建用户画像，比如自己先从一些快速的、基于假设的用户画像开始，然后邀请一线员工和其他利益相关者一同参与共创工作坊，进而开发更多基于假设的用户画像。最后将这些基于假设的画像互相合并充实，并以研究数据作为背书。

▶▶ 操作指引

1. 计划并准备数据

利用研究墙，准备好研究数据，包括打印最重要的照片、写出关键的引述、将音频或视频可视化为引述或屏幕截图、展示出收集到的相关物件及任何其他可能包含在用户画像中的信息。在工作场地中准备创建用户画像所需的所有物料，比如用户画像模板、纸张、便签、笔及已有的用户画像，旅程地图或服务生态地图草稿等。另外，考虑谁应该加入一起来创建用户画像。

2. 定义角色分组

定义想用用户画像来表达的角色分组：客户、员工或利益相关者等。可以使用研究墙、研究数据或现有市场细分方式来进行分组。有时，基于对旅程地图的洞察制作用户画像会很有效，比如在旅程地图中，可以看到不同用户在渠道选择、步骤顺序或心情曲线上有显著差异。

3. 建立用户画像

我们把在步骤2中确定的分组作为建立用户画像的出发点。创建一个列表，涵盖所有分组，然后开始将研究数据和发现填入合适的分组中。时不时退后一步进行检查，以确认逐渐丰满的用户画像是否符合实际，或者过于人为、形式化和拼凑等。请记住，创建用户画像的主要目的之一，是能够对他们产生同理心，因此需要平衡用户画像的真实性与抽象性。有时，可视化不同角色之间的相互关系，比如建立一个简单的关系矩阵或关系图谱会很有帮助。

4. 迭代

不断验证初始假设，找到用户画像欠缺的空白部分，并进行以下迭代。

- 用户画像中还缺少哪方面的数据？提出问题，迭代研究并不断补充。
- 其他人是否同意你的用户画像？向一线员工展示你的核心用户画像，并请他们与客户进行匹配。检查哪些方面有误或有遗漏。
- 真的可以找到与用户画像匹配的人吗？使用现有的原始数据，或者进行更多研究来"验算"。根据"验算"结果，判断是否需要继续创建新的用户画像，或者修改现有的、丢弃无用的。

5. 总结提炼

用照片记录工作过程，并且为用户画像的图谱写一个总结。如果需要，可以将用户画像的保真度适当提高，以便能够向组织内部或客户进行清晰的讲解。

17.2.3　创建旅程地图

创建旅程地图是沿着时间轴可视化主要角色的特点体验经历，通常以某类用户画像作为"主角"。旅程地图可以可视化现有的体验过程（即当前状态的旅程地图）或已在计划中但尚未实现的新体验（即未来状态的旅程地图）。与服务蓝图或业务流程图不同，旅程地图着重于体验，以一系列步骤呈现某特定角色的故事。

旅程地图的基本结构，是由一系列可视化体验过程的阶段和步骤组成的。这些阶段和步骤可以有不同的颗粒度，从显示整个端到端体验的高阶旅程地图，到仅显示几分钟详细体验的旅程地图。你可以将旅程地图的不同颗粒度理解为地图的缩放：国家层面的地图，帮助你在更大范围内导航，而区域或城市层面的地图，则可以帮助你找到具体的目的地。如果从一个地方开车到另一个地方，两类地图都需要：更大比例的导航和必要时放大。随着旅程地图规模的增加（如更长的时间范围等），每个步骤的精度通常会降低。高阶旅程地图提供整个体验过程的宏观概览，而详细的旅程地图则着重于细节。除了阶段和步骤的基本结构，旅程地图还可以添加其他各种额外的"泳道"。

"基于研究的当前状态旅程地图"是在当前研究数据基础上对现有体验的可视化。另一种选择是创建"基于假设的当前状态旅程地图"，在这种情况下不需要研究数据。基于假设的旅程地图能够相对更容易且快速地创建，但仅根据假设去构建可能极具误导性。有时候，基于假设的旅程地图会是设计一个研究过程的有效方式：谁问什么样的问题，何时何地提出问题。如果从基于假设的旅程地图开始，不断挑战和验证，那么随着时间的推移，基于假设的旅程地图中会累积越来越多坚实的研究数据作为背书，也意味着它们会逐渐演进成为更可靠的基于研究的旅程地图。

▶▶ **操作指引**

1. 计划并准备数据

旅程地图的创建过程通常会是一个数据采集过程，通过迭代式的创建，快速收敛出一个概览。在工作场所准备创建旅程地图所需要的所有物料，比如旅程地图模板、纸张、便签和笔等，还有前期研究数据及现有的用户画像、旅程地图或服务生态地图草稿。决定谁要和自己一起来创建旅程地图。

2. 选择主要角色（用户画像）

挑选旅程地图的主要角色，或者也可以先不固定角色，直接开始使用旅程地图来进行数据整理，以发现不同客户体现出的不同体验。这些可能是非常有用的启示，帮助做客户分类进而建立用户画像。

3. 定义边界和范围

定义故事的时间范围。讲的是10分钟、2小时、5天还是10年的体验经历？写下这段旅程的各个阶段。阶段是旅程地图最高阶的划分，比如一次度假的各个体验阶段"灵感、计划、预订、体验和分享"等。然后，围绕这些阶段对研究数据进行归类，并同时寻找数据中的缺失。一旦发现，请立即返回前一步骤进行更多研究。这是一个迭代的过程。

4. 创建步骤

用步骤填充客户旅程的各个阶段。从研究数据中抽象出步骤，并建立数据索引。有时，从最关键的步骤开始创建，然后问自己这些步骤之前及之后发生了什么，这种方法很有效。为此，建议使用简易的便笺，这样可以轻松添加或减少步骤，同时使用研究墙上的材料：照片、手绘、屏幕截图和现场物件帮助可视化体验过程，并且可以作为重要情节添加进旅程地图中。

5. 迭代和优化

端到端的串联用户旅程，检查是否错过了某个步骤，或者在某些部分是否需要增加或减少细节。可以将步骤再进行拆分，也可以将多个步骤压缩合并。根据项目需要，也可以对贯穿整个体验地图的步骤颗粒度进行统一，仅保留一些特定步骤的细节展开。邀请真实客户或一线员工给出反馈，并针对反馈对内容进行迭代。

6. 增加"泳道"

根据旅程地图的用途，添加更多"泳道"以可视化体验过程的特定方面，比如故事板、情感旅程、渠道、利益相关者、戏剧性曲线、后台流程和假设的场景等。通常，每个步骤的可视化故事板是必不可少的，因为它可以帮助研究人员理解此步骤的上下文，进而更快地掌握旅程地图。此外，情感旅程通常也被认为是旅程地图的重要组成特征，因为它可以帮助研究人员更容易从用户的角度发现痛点在哪里。通常，手头有的研究数据决定着可以添加的其他"泳道"。

7. 总结提炼

用照片记录工作过程，并为旅程地图做总结。必要时把旅程地图尽量转化为更直观的形式，以便团队之外的人员更容易理解，比如誊录为手绘稿或电子化，辅以足够的上下文说明、细节和关键发现。

17.2.4 创建生态地图

创建生态地图将围绕着服务、实体产品或数字产品的整个生态系统可视化。"生态地图"是不同类型系统的可视化表达的统称，这里主要包括利益相关者地图、价值网络地图和生态系统地图。

根据使用目的的不同，生态地图又可以从不同的视角对大型组织的不同组成部分进行可视化及分析。比如对于客户所在的组织，生态地图可以从外部行业生态的视角，整理及可视化客户所在行业内的竞争对手及潜在合作伙伴。或者，生态地图可以聚焦于组织自身业务本身，可视化其支撑流程和利益相关者。再或者，用它来说明组织内部各类部门及业务单元之间的联系。

生态地图与服务设计中的其他工具（如用户画像和旅程地图等）也有着显著的关系。用户画像可以用在利益相关者地图中。当画像所代表的客户彼此联系，或不同客户组之间存在（潜在的）冲突时，这张地图尤其有用。

利益相关者地图是根据特定优先级来可视化系统中的利益相关者。排定优先级的一个简单有效的思路：从客户的角度出发，评估每位利益相关者的重要性：从必需的、重要的到有些价值的。在B2B业务场景中，可以考虑利益相关者和组织之间的业务联系级别：从直接业务衔接/第一级，到部分业务衔接/第二级，再到间接业务衔接/第三级及以上。

▶▶ **操作指引**

1. 计划并准备数据

生态地图的创建过程通常也是一个数据采集的过程，通过迭代的创建过程，收集数据并快速收敛出一个概览。使用研究墙及接下来这些工作准备研究数据：打印出关键图片、写出有价值的引述、将录音或视频可视化为引述或屏幕截图、展示出收集到的现场物品，以及可视化任何其他包含所有研究的生态体系或网络的原始数据。在工作场地中准备创建生态地图所需的所有物料，比如生态地图模板、纸张、便签、笔和研究数据及现有的用户画像、旅程地图或生态地图草稿等。决定谁应该加入和你一起来创建生态地图。

2. 列出主要角色/利益相关者

浏览数据，对想要可视化的主要角色或利益相关者进行分类。使用列表或便利贴写下或手绘出主要角色或利益相关者。

3. 对主要角色/利益相关者排序

根据研究数据，对主要角色/利益相关者进行排序。或者为团队提供排序标准，也可以让每个小组自行定义。

4. 在地图上排布主要角色/利益相关者

根据优先级在地图上排布主要角色/利益相关者。如果每个利益相关者使用一个便利贴，移动便利贴即可。

5. 说明利益相关者之间的关系（可选）

绘制主要角色/利益相关者之间的关系，可视化他们在生态中的相互依赖关系。也可以将生态地图演进为价值网络地图以说明它们之间交换的价值。可以考虑的价值类型包括：服务的提供和消费者双方的"信任"或"不信任"的合作关系，服务的信息流（以及通过什么样的渠道/媒介等）、物流和资金流、正式和非正式的组织层级结构（谁向谁提供支持和赋能）等。

6. 找到缺失数据进行迭代

利益相关者地图中是否还缺少某些数据？将这些数据缺失作为研究目标以进一步迭代。根据地图的聚焦点，在整个地图中对细节保持一致的颗粒度，也可以在特定部分做局部挖掘。邀请真正的客户或员工提供反馈，并基于他们的反馈进行完善。

7. 总结提炼

用照片记录工作过程并为生态地图做总结。如果需要，就把结果转化为一种可以在组织或客户中分享的形式（誊录为手绘稿或电子化）。

17.3 服务创意设计方法

17.3.1 创意分解与产生

（1）创意分解。

选取合适的方法，将一项庞大的创意挑战分解为一系列颗粒度较小的任务单元。通常，需要进行创意的主题往往因太大或太抽象，让人难以把握。可以利用各种技巧将该主题限制在或分解为更易于管理的单元，从不同层面去审视这个主题，以产出多种多样的创意。

有多种思路和技巧帮助人们将创意分解为更小的单元。几种常用的方法如下。

- "六项思考帽"（Six Thinking Hats）由爱德华·德·博诺（Edward de Bono）设计，不同帽子的颜色代表不同的思考角度（蓝色代表管理全局，白色代表信息和事实，红色代表情感，黑色代表鉴别力和逻辑，黄色代表乐观的反应，绿色代表创造力）。在练习中，参与者按顺序切换思考帽以激发不同视角的创意发散。
- "特性列举法"是指抽取问题或概念的不同特性（如物理特性、社会特性、流程特性或心理特性等）并独立围绕每个特性进行构思。
- "5W1H"分析法是指引导参与者自问 6 个问题（Who——何人、Where——何地、What——何事、Why——何故、When——何时和 How——何法），并探讨每个问题的不同答案。
- "5 个为什么"（Five Whys）分析法中自问 5 次或更多"为什么"以探究一个问题或现象。每个答案都可以成为创意的起点。

▶▶ 操作指引

1. 传递研究成果

审视起点：评估创意活动的起始点，决定如何将前期研究的成果有效传递给团队成员。

方法示例：使用研究成果墙或提供洞察总结报告。

2. 组建多元化团队

邀请参与者：确保团队成员具有多样性，包括了解项目背景的人员、新手、专家、实施团队代表、服务提供者、用户代表和管理人员。

3. 参与者准备

热身活动：通过热身活动帮助参与者放松，营造一个安全、有支持性的工作环境。

4. 执行所选方法

按计划行动：根据既定的创意方法进行操作，确保每个步骤都得到妥善执行。

5. 分析创意产出

审视创意：对拆解后的创意进行细致分析，理解其传递的信息，并决定是否需要进一步迭代或更换方法。

6. 创意方法迭代

方法交替使用：采用不同的创意方法，并将一种方法的结果作为另一种方法的起点，以此激发更多有价值的创意。

（2）用未来状态的旅程地图产生创意。

使用服务设计中最经典的体验可视化工具之一，围绕客户体验和流程产生创意。未来状态的旅程地图可以帮助团队以结构化的方式产生新点子。从当前状态的旅程地图开始，或是借助前期的研究和经验来完成新的旅程地图，或是借助其中一部分。在此过程中，也许能产生很多可以被多元扩展或制作成原型的点子。这个方法适合与擅于用旅程或体验框架思考问题的伙伴共同展开。运用旅程地图框架，可以帮助你从更早期的阶段开始思考如何编排预期中的体验。

▶▶ 操作指引

1. 组建专业团队

选择合适的参与者：邀请具有不同背景和专业知识的人员加入核心团队，包括了解项目背景的人员、新手、专家、实施团队代表、服务提供者、用户代表和管理人员。

2. 熟悉当前状态

旅程地图准备：如果已有当前状态的旅程地图，让团队成员熟悉它；如果没有，可以基于成员的经历来构建旅程故事，或者提供前期研究结果作为参考。

3. 绘制关键步骤

创建旅程地图：一次绘制一张地图，利用现有信息识别关键步骤。参考客户陈述或心情曲线，或者假设自己是用户画像中的角色，寻找痛点和机会点。

4. 识别关键问题

找出改进点：在旅程地图中找出需要改变的关键问题。

5. 构思解决方案

解决方案创意：围绕关键问题构思解决方案，可以跳出现有服务模型，从任务出发，尝试不同的创意方法，如脑力书写、10+10草图法或体力激荡法，并记录洞察、点子和新问题。

6. 筛选创意

快速投票：使用快速投票等方法选出最可能可行的创意。

7. 评估影响

考虑变化影响：通过快速绘制包含新点子的旅程地图，思考变化对客户旅程其他部分的影响，包括流程、技术和用户体验。可以通过桌面演练或表演来体会这些变化。

8. 整合与创新

整合与服务蓝图：在旅程地图中找到最有趣的点，将其合并到新地图中或构建成服务蓝图，探索前台和后台流程的交互。也可以直接进入新旅程的详细原型制作。

（3）用未来状态的系统地图获得创意。

使用服务设计中经典的关系可视化工具产生创意。系统地图是围绕新价值创造方式进行创意的理想的出发点，特别是通过增进或改善关键利益相关方的关系。

基于现有或快速制作的系统地图，团队可以想方设法通过增加、移除或替换某些元素并分析价值交换关系来为系统增加价值。

▶▶ 操作指引

1. 组建多元化团队

选择合适的参与者：确保团队成员具有多样性，包括了解背景的人员、新手、专家、实施团队代表、服务提供者、用户代表和管理人员。

2. 准备系统地图

熟悉或创建地图：如果已有利益相关者地图、价值网络地图或生态地图，让团队成员熟悉它们，并提供相关的前期研究产出。如果没有，基于团队成员的经历快速创建一个基于假设的版本，使用商业折纸或群组聚集法等轻量级方法。

3. 绘制与分析地图

一次画一张图：利用计数器、数字或商业折纸等工具清晰地展示信息，并在活动白板上记录所有洞察、点子和待解决问题。同时，针对不同类型的地图提出关键问题，如关系强化、价值交换、元素移除的影响等。

4. 创意方法应用

使用创意技巧：对于未解决的问题，应用头脑风暴和体力激荡等创意方法。对于已有的点子，使其更加丰富多样。

5. 创意筛选与收敛

决定深入的创意：使用聚类、排序或其他收敛方法来确定哪些创意值得深入探索。

6. 生态地图迭代

绘制新的生态地图：为最有趣的创意快速绘制新的生态地图，并思考系统运转的必要条件，如缺失元素、关系失衡等。

7. 实现与体验

探索实现方式：考虑如何实现这些变化，并预测它们将给利益相关者带来的体验。基于新地图构建旅程地图和服务蓝图，探索新系统关系下的前后台流程，或直接进行详细原型设计。

（4）用激发式提问获得创意。

将思路锁定在研究和现有知识基础上，是一种理想的系统性创意准备方法。基于研究洞察和用户故事创建激发式提问。当有扎实的研究或经验可供借鉴，或者当需要回到创意背后的用户需求和机会点思考时，都可以用这种方法。该方法分为多个阶段：首先，需要从大量研究阶段获得的原始数据中总结出关键洞察或用户故事，再基于这些创建激发式提问；接着，进行整理分组以识别最有效的问题；最后，根据这些问题产生多种答案。

▶▶ **操作指引**

1. 创建激发式问题

从研究中得到的洞察和用户故事开始。例如，某一关键洞察可以用如下形式表达：将每一部分洞察或用户故事转化成以提问形式描述的设计挑战。"我们可以怎样做？"特别有效。将激发式问题进行分组聚合。可以为这些问题组成"机会区域"命名，也可以选一些好问题来代表这个组。

2. 排优先级和筛选

邀请对组织的目标和战略比较了解的人及参与前期研究或具备相关经验的人共同参与。以一种有助于帮助参与者快速理解全局信息和内部逻辑关系的方式来呈现问题组。准备好重要的研究成果，以备有人想要了解问题组的来源。对问题组进行讨论、整理和优先级排序。哪些应该优先处理？哪些在战略或品牌之外？

3. 进行创意

审视所选问题组中的每一个问题，考虑需要哪些专家参与。例如，如果一组问题中包含行为改变类的话题，就可能需要邀请心理学家或心理学教练。另外，后续会参与概念落地实施的人也同样重要，比如IT专家或一线员工。当然还需要有前期研究团队的代表或有相关经验的人在场。

选取单独的一个问题，试着尽量给出更多答案。可以用10+10，脑力书写或其他任何合适的方法。从优先级最高的问题组开始。针对每一个激发式问题都尝试发散尽可能多的答案。不断重复，直到获得了足够多的创意。

4. 进入筛选步骤

评估生成的创意，综合考虑实施难度、市场可行性和潜在影响等因素，筛选出最有潜力的想法。

（5）头脑风暴。

头脑风暴是最广为人知的高效创意产出方法。头脑风暴是用简单的规则来帮助参与者保持富有成效的、非评判性的且高度发散的状态，进而产生大量点子，是一种特定小组工作实践。

参与者说出自己的想法，由引导师或记录员在白板上记录。这会很快产生一堆创意。头脑风暴法可以帮助我们找到工作的出发点（也可能是多个）或以小组形式深挖一个主题，或是拓展备选项，以及当思维受限时帮助我们打开思路。

▶▶ **操作指引**

1. 选择合适的方法

方法选择：根据团队需求选择头脑风暴或脑力书写等方法，以促进想法的快速交流和激发沉默成员的参与。

2. 传递前期研究

研究传递：决定如何将前期研究的成果有效地传递给团队，例如通过研究成果墙或洞察总结来传递。

3. 组建团队

邀请参与者：邀请具有不同背景和专业知识的人员加入核心团队，包括了解项目背景的人员、新手、专家、实施团队代表、服务提供者、用户代表和管理人员。

4. 准备与呈现信息

信息准备：确保所有必要的信息对团队成员清晰可见，并由记录员快速且清晰地记录。

5. 遵循奥斯本法则

创意原则：在创意过程中遵循奥斯本法则，包括避免批判、对非常规想法保持开放、高效产出点子及基于他人点子进行创新。

6. 安排休息活动

活动安排：在创意环节后安排一个有趣的游戏，让参与者分散注意力，进行短暂休息。

7. 鼓励大声分享

想法记录：在头脑风暴中鼓励团队成员大声分享想法，并确保这些想法被清晰地记录在白板上。

8. 分组与筛选

想法整理：在所有想法被展示后，使用小组倾向的维度或筛选方法对想法进行分组和整理。

（6）脑力书写。

脑力书写是一种能快速激发出多样化创意的理想方法，可以帮助不善言表的参与者大放异彩。在脑力书写活动中，参与者在安静的气氛下独立并行工作，将各自的想法或观察结果写在纸上放在旁边，或者再传递给下一位写手。相比头脑风暴，这个方法能产出更多且多样化的创意想法，但是由于大家都安静地思考，互动度较低。该方法适用于概念较复杂、对创意产出的多样性要求较高或是需要激发相对内向的参与者及团队人数过多无法使用头脑风暴的场景。

▶▶ **操作指引**

1. 方法选择

概念发散：根据活动目标选择合适的方法，如使用脑力书写进行概念发散，或采用头脑风暴快速了解团队成员的想法和情绪。

2. 研究传递

起点审视：考虑如何将前期研究的成果有效地传递给团队，例如通过研究成果墙或洞察总结来传递。

3. 团队组建

人员邀请：邀请合适的人员加入核心团队，包括了解背景的人员、新手、专家、实施团队代表、服务提供者、用户代表和管理人员。

4. 信息准备

整理与呈现：确保所有信息清晰整洁，便于团队成员查看，并提供统一的书写工具。

5. 主题可视化

问题展示：在白板或投影上明确展示主题或关键问题，并在适当的时候安排游戏活动，让参与者短暂休息。

6. 独立创意

个人工作：要求所有参与者独立且安静地在纸上或便利贴上记录或画出自己的想法，并选择是否立即分享或保留至活动最后。

7. 点子展示

集体讨论：将所有点子贴在墙上，展示给大家，并使用小组倾向的维度或筛选方法对点子进行分组和讨论。

头脑风暴和脑力书写可以随意组合。一个很有效的方式是，先以分组形式做脑力书写，分享各组成果。继而发动所有参与者共同进行头脑风暴，这样反复进行几轮。

17.3.2 创意拓展与聚合

（1）体力激荡。

体力激荡是一种肢体类创意方法，也被称为"身体头脑风暴"，是在产出概念的同时也帮助发现问题和假设。当设计挑战涉及线下活动或人际互动等特性时，或者当团队疲于交谈时，又或者当一个环节需要共情、能量或记忆点时，体力激荡特别有效。

首先，让参与者对设计挑战所处的环境有一次简短的沉浸式体验，接着请大家扮演不同的利益相关方、团体或平台等，把创意一个个演出来。比如，大家可以表演不同的推销方法。尝试用不同的方式为一个带着很多行李的客人端上一杯咖啡，或者在"登录页面"上与顾客互动，并引导他们进入网站的某一特定位置。大家边演边停下来记录和思考新的发现。

▶▶ **操作指引**

1. 研究起点与传递

审视与传递：评估创意活动的起始点，确定是否需要将前期研究的成果以某种形式（如研究成果墙或洞察总结）传递给团队。

2. 组建核心团队

邀请参与者：确保邀请到合适的人员加入核心团队，包括了解背景的人员、新手、专家、实施团队代表、服务提供者、用户代表和管理人员。

3. 环境沉浸与体验

沉浸式体验：让团队成员沉浸在设计挑战的环境中，通过参观、非正式访谈或亲身体验服务来了解环境。如果团队对环境熟悉，就可以用讲故事的方式来代替。

4. 创意激发环境

选择激发环境：决定在真实环境中进行体力激荡以激发灵感，或者在工作坊空间使用道具模拟服务环境。

5. 记录有趣情景

情景清单：以清单形式记录沉浸式体验中发现的有趣情景和创意。

6. 创意表演

场景演绎：选择一个场景进行创意表演，可以提前分配角色或在过程中切换，同时记录出现的其他创意。

7. 记录与记录方式

发现记录：使用白板记录团队的发现，对于自信的团队，可以考虑拍摄视频，但要注意这可能影响查找特定信息的效率。

8. 继续表演与探索

场景探索：继续使用同样的方法"表演"其他场景或创意。

9. 创意筛选

筛选与推进：回顾所有发现，使用筛选技巧选择哪些创意值得继续推进。

（2）使用卡片与清单。

卡片与清单有助于将创意过程聚焦于某一个（通常是随机选择的）问题或灵感上进而产生令人惊讶的结果。构思卡、创意卡、头脑风暴卡或方法论卡等，可以用创意环节的实物或数字卡片。不同类型的卡片套组可以用来启发讨论、提出新的探索思路、帮助结构化思考和激发创意。在团队遇到思考瓶颈或无法摆脱惯有想法时，卡片就特别有效。还可以通过引入"机会因素"这个随机、中立的仲裁者来解决僵局。

每套卡片都有自己的用法说明。一般来说，每张卡片都包含简短的文案，也许还配有图片。通过预先设计的问题、类比、模式等启发新的工作或思考方式。卡片通常会提出一种看待问题的新方法。布莱恩·伊诺（Brian Eno）和彼得·施密特（Peter Schmidt）于1979年为音乐和其他艺术家设计的"间接策略系列"（Oblique Strategies）是最值得关注的卡片系列之一。每张卡片都给出一个建议，有些是技术层面的、有些是概念层面的，甚至有些是富有人情味的。在创意环节中，任何一张卡片都是有用的，所以团队可以决定是只使用一张还是多张，或是直到不再需要卡片为止。

卡片套组也可以是清单类型的，覆盖所有需要考虑的因素，以防遗漏重要事项。这类卡片也可以用来做优先级排序，只需要简单地把最重要的事项挑出来即可，或者也可以用这类卡片来作为概念聚合和观察分析结果的标题列表。

▶▶ 操作指引

1. 确定研究起点

研究传递方式：评估如何将前期研究成果有效地介绍给团队，选择合适的方法，如建立研究成果墙或提供洞察总结。

2. 组建协作团队

团队成员选择：邀请合适的人加入核心团队，确保团队成员多样化，包括背景知识丰富的人、新手、专家、实施团队代表、服务提供者、用户代表和管理人员。

3. 创意热身活动

激发创意：选择能够促进团队成员相互启发的热身活动，以卡片为基础的工具或方法可以作为辅助创意的有效手段。

4. 深入挖掘创意

深化卡片内容：在实际操作中，鼓励团队成员在每张卡片上投入更多时间，以深入挖掘和探索创意，超越初步计划的讨论深度。

（3）联想与类比构思。

假设面对一个新的问题A，你意识到熟悉的问题B本质上与问题A是相似的。于是，先看问题B的现有或创新解决方案，然后把这些解决方案适配回问题A，而非直接针对问题A进行思考。类比法帮助适配已有想法，所以当思路遇到瓶颈时，特别适用于激发灵感。类比法也可以让一个困难问题更容易把握。准备合适的类比，可以充分发挥该方法的价值。

联想法与类比法原理类似，可以帮助重塑问题并采用新的方式思考。我们可以随机选取一个单词或图片来进行联想。比如，如果正在构思如何利用社交媒体，随机从卡片组中选了一张鸭子图片。接着就可以问自己诸如"是什么样的保护性'羽毛'让社交媒体无法触达消费者？就像水从鸭背上滑落？""我们怎么才能让用户'在水面上'看起来很好，'水下'却努力打造社交媒体？"等。

▶▶ **操作指引**

1. 研究起点与信息传递

审视起点：确定创意活动的起始点，并考虑如何将前期研究成果传递给团队，例如通过建立研究成果墙或提供洞察总结。

2. 组建多元化团队

邀请参与者：邀请具有不同背景和专业知识的人员加入核心团队，包括了解背景的人员、新手、专家、实施团队代表、服务提供者、用户代表和管理人员。

3. 创意热身活动

联想法准备：对于联想法，选择一些可能有用的单词、词组或图片，可以通过随机打开书籍或使用在线工具来获取。

4. 类比法准备

准备类比：提前准备合适的类比，将问题的本质特征与相关上下文分离，寻找相似的问题进行类比。

5. 选择最佳类比

类比相似度评估：思考类比与原始问题的相似程度，选择那些能够帮助产生创新想法的类比，尤其是那些不常被团队使用的。

6. 分组思考类比或联想

团队分组：将团队分组，让他们停止思考初始挑战，转而思考一个类比或联想，探讨类似的问题是如何得到解决的。

7. 完成其他类比和联想

继续探索：以同样的方法完成其他类比和联想，拓宽创意的来源。

8. 想法迁移思考

迁移适用性：结合原始设计挑战的上下文，思考这些类比和联想中的想法是否可以迁移到当前问题上。

9. 筛选适配想法

筛选环节：将适配后的想法带入筛选环节，以确定哪些想法值得进一步发展。

（4）八爪鱼分类。

所有人都在贴满便利贴的墙前分排站立。第一排的人主要负责对便利贴进行分类，后面各排的人做各类准备和支持工作。每隔一段时间各排之间就进行一轮循环，后一排向前承担前一排的工作。不断循环几轮后，一旦所有便利贴都完成分组，所有人也都同时熟悉了墙上的内容。

八爪鱼分类可以迅速将一堆随机的便利贴整理成一系列聚合。它可以用来对创意、洞察及数据等一切可以在便利贴上用简要文字或图片表达的信息做分类。利用这一方法，所有人都可以对手头的素材有全局的了解，同时在团队间培养起大家对所有创意的责任意识。新的聚合可以帮助团队理解素材的整体结构，或辅助团队从不同视角找到下一步的切入点。尽管从描述上来看很复杂，实践起来却非常简单、有趣。

▶▶ **操作指引**

1. 团队排列

八爪鱼排列：将团队成员分成 3~5 排，第一排成员面对墙壁，手臂伸展，形成类似八爪鱼舞动的视觉效果。

2. 第二排组织

保持队形：组织第二排成员，确保第一排和第二排之间保持独立，不发生混合。

3. 增加排数

持续扩展：继续增加排数直到所有成员都参与到队列中，即使最后一排人数较少也无须担心。

4. 定期切换指令

快速切换：每 20 或 30 秒发出一次指令，让第一排成员放下手中的工作并移动到下一排，后排成员向前移动一步，确保有足够的时间进行切换。

5. 角色转换指导

引导移动：为从第一排出来的成员提供指导，确保他们能够顺利移动到队伍的最后。

6. 持续分类

关注孤立项：每 30 秒进行一次切换，随着分类的进行，重点关注那些孤立的便利贴，可以选择暂停处理或继续循环直到所有信息归类完毕。

7. 结束提示

完成分类：经过大约 5~8 次的切换后，分类工作通常可以完成。在活动结束前，提醒下一排成员他们将是最后一组，并以掌声结束活动。

8. 观察与标注

全貌观察：站在后方观察信息的整体布局，为每个聚合的信息命名，并使用不同颜色的标签进行标注。

17.3.3 创意排序与筛选

（1）本尼·希尔分类。

用一个快速且充满能量的方法从诸多可能性中快速找到最引人注目的选择，这是对 Thiagi 的"35"游戏更有能量的诠释。这个工具可以将大量信息以你所决定的维度快速排序，可以在构思或讨论环节后用它来选择小组最感兴趣的点子，或者用它来在事前对优先级和合作规则等信息达成共识。

每人手举一张写有创意的稿纸，在团队中来回走动，互相随机反复交换。接着两两一组对比各自手中的内容，给对方打分。重复几轮之后，对每张纸上的多个评分进行汇总。

除排序以外，该方法还能通过充分融合来培养团队共同的归属意识。如果写有创意的纸张变得褶皱破旧，团队却不舍得把"创意"丢弃，则说明该方法是有效的。

▶▶ **操作指引**

1. 准备个人想法

信息准备：参与者需提前准备他们的观点、图表、想法和洞察，并确保这些信息能在 15 秒内被他人理解。进行至少两次的测试和内容迭代，以确保信息的清晰传达。

2. 活动空间与材料

空间与工具：选择一个紧凑且安全的空间，每位参与者携带一张表达观点或想法的稿纸和一支记号笔。

3. 活动流程讲解

流程介绍：向参与者详细讲解接下来的活动步骤，确保每个人都清楚接下来的操作。

4. 音乐与互动

音乐启动：播放欢快的音乐，如 Yakety Sax，让参与者在音乐中走动并交换稿纸。音乐停止时，交换结束。

5. 结对讨论

结对评分：每位参与者与最近的一个人结对，用一分钟时间对比两张纸上的想法，并根据"有趣"程度分配 7 分，确保总分为 7 分。

6. 循环评分

持续循环：再次播放音乐，参与者继续走动、交换稿纸、结对评分，重复此过程。

7. 活动结束

评分汇总：经过大约 5 轮循环后，停止活动。每位参与者手中的纸都带有想法和评分，通过分数汇总找出团队最感兴趣的想法。

8. 后续行动

组建工作小组：根据评分结果，围绕这些想法使用"地板画廊法"或"搭珊瑚法"组建工作小组，进一步探讨和发展这些想法。

（2）创意组合。

创意组合是一种快速可靠的创意概念筛选方法，且分析性较强。在创意组合中，将创意根据纵横两个维度进行排序，并用图表形式呈现。该方法通过引入两个评估维度来平衡不同需求，也对分析性思维模式高度友好，可以帮助决策者从战略角度来看待各种选择，从而做出更明智的决策。

▶▶ 操作指引

1. 传递研究成果

研究传递策略：确定是否需要将前期研究的成果传递给团队，并选择合适的方式，如建立研究成果墙或提供洞察总结。

2. 组建评估团队

团队成员选择：邀请合适的人员加入核心团队，确保团队成员具有多样性，包括了解背景的人员、新手、专家、实施团队代表、服务提供者、用户代表和管理人员。

3. 确定评估维度

评估标准：选择合适的评估维度，如"对客户体验的影响"和"可行性"，或其他合理的维度组合。

4. 搭建评估图表

图表准备：在墙面或地板上搭建评估图表，确保纵轴和横轴清晰可见，便于团队进行评估。

5. 创意评估

评分过程：让团队或小分队根据选定的两个维度依次评估每项创意，每个维度的评分范围为 0~10 分。可以在创意稿纸上记录分数，或直接将稿纸放置在评估表的相应位置。

6. 动态整理创意

创意位置调整：根据评估结果，不断整理和移动创意稿纸在评估图表中的位置。

7. 筛选与深入

筛选与深入：在所有创意都标识在评估表中后，决定哪些创意值得进一步深挖。通常，高影响力和高可行性的想法更值得关注，但也不要忽略其他区域的创意，它们可能带来长期收益。

（3）决策矩阵。

决策矩阵是需要考虑多因素时的分析性决策方法。如果决策要结合多种因素综合评断，那么单一或二维象限方法就无法支持了。决策矩阵能够在决策过程中引入多个加权后的评估因子，并逐一进行评估。

所有待决策项在表格中纵向排列，决策因子则横向排列，这些因子可以加权。对于每个决策项，团队根据横向因子逐一打分，可以通过权重来做调整。每个决策项的加权总分，决定了哪些项可以继续推进。

▶▶ 操作指引

1. 传递研究成果

研究成果传递：评估是否需要将前期研究的成果传递给团队，并决定传递方式，如创建研究成果墙或提供洞察总结。

2. 组建决策团队

团队成员选择：邀请合适的人员加入核心团队，确保团队成员具有多样性，包括了解背景的人员、新手、专家、实施团队代表、服务提供者、用户代表和管理人员。

3. 确定待决策项

识别决策内容：列出所有潜在的待决策项，例如在路线指引项目中可能包括新的标识牌、触摸屏系统、人工助手或数字应用程序等，并将这些名称写在表格的每一行开头。

4. 确定决策因素

决策因子选择：考虑可以辅助决策的因素，如实施成本、品牌契合度、实施周期、客户满意度影响和维护成本等，并将这些因子作为表格的列头。

5. 权重分配

权重赋值：根据每个决策因子的重要性给它们赋予权重，注意微小的权重差异可能对最终结果产生显著影响。

6. 评分与计算

评分执行：为每个决策因子设定一个分值区间（推荐0~5分），然后根据权重计算每个待决策项的得分，并填写在表格中。对所有待决策项执行这一计算过程，并将最终总分填写在最后一列。总分最高的创意可以优先考虑，但最终决策应综合多个创意。

（4）快速投票。

快速投票指的是在参与人数较多的情况下，用贴纸投票法、摸鼻子法和气压计法等方法快速征求意见。要想得知大多数人的想法，有很多技巧，除最简单的举手表决以外，还有很多复杂度更高和互动性更强的方法。有些方法只允许每次投一票，有些则可以投多票，对大多数人来说，投票还能呈现出人们对想法的反应。使用这些技巧，无须长时间讨论就可以了解哪些想法、见解或数据最有吸引力。

以下是快速投票的一些方法变体。

贴纸投票法是一种很常见的方法，参与者可以用圆点状的贴纸或笔来标记他们的选择。过程中所有素材都在房间里清晰呈现（可以钉在墙上或铺在桌面上），参与者在房间里来回走动，在那些更吸引人的想法上留下标记。通常情况下，每个人的总票数是固定的；有时也可以在同一选项上"花费"多张选票。最后，所得票数最多的想法就显而易见了。

通常，出于"共识"或"公平"的考虑，团队会在多个选项中进行讨论。这并不是坏事，除非大家没有意识到其实已经达成了共识。**摸鼻子法**是帮助小型团队快速判断是否达成一致意见的有效方法。投票时，每位成员把一根手指放在自己的鼻子上，齐声数到"3"后一起用这根手指指向他们倾向的选项上。任何有所迟疑的人，哪怕只是一瞬间，都将失去机会。如果出现平局，去掉平局以外的其他选项，针对平局先讨论，再进行一轮投票，如果还是平局，就抛硬币。

气压计法可以帮助快速获取所有人对每一个选项的看法。这种方法有两种方式，在方式一中，每个选项上贴或画一个简单的"气压计"，刻度可以从李克特度量表中选取数值。参与者用圆点贴纸或笔标记他们的投票。在方式二中，每个参与者手持一张显眼的便利贴来投票。高举过头顶代表"喜欢它"，放在膝盖处（或膝盖和头顶之间的部分）表示"讨厌它"（如果没有便利贴，拍手也可以）。用这种方式就每一个选项征求所有人的意见，算出平均数。与方式一不同的是，方式二计算的是平均数，而不是票数分布。

（5）肢体承诺。

肢体承诺适用于人数较多的团队中快速识别最受欢迎的创意，并让志同道合的人组队继续推进。在这种方法里，参与者用他们的身体投票，所以每个人的选择及任何变动都显而易见。

在"地板画廊"法中，参与者站在他们感兴趣的创意周围。如果待选创意太多而仔细阅读的时间较少，可以使用此方法，类似电梯演讲、概念草图和服务广告等。

在"搭珊瑚"法中，参与者连成一条线，就像珊瑚枝从墙上的某个选项里"长"出来一样。当墙上的便利贴已经分成组，或墙上的内容不方便移动时，都可以采用这种方法。

这种方法适用于每个成员需要选择他们希望继续深入工作的创意场景，同步完成新的工作组组建。用这种方法把团队拆分为负责下一步工作的临时工作组，而非组建长期团队。

▶▶ **操作指引**

1. "地板画廊"法与"搭珊瑚"法

"地板画廊"法：将所有创意铺开在地板上，鼓励参与者自由走动，熟悉每个选项。参与者可以在感兴趣的创意前停留，如果确定对某个创意感兴趣，可以用一只脚放在上面表示。

"搭珊瑚"法：将所有选项贴在墙上。参与者如果想对某个选项深入探讨，可以伸出手放在该选项上。随后感兴趣的人可以把手搭在前一个人的肩膀上，形成链条或"珊瑚枝干"。

2. 分组决策

分组等待：如果参与者犹豫不决，可以等待分组逐渐形成。在分组过程中，参与者可以选择站在后面等待引导师的分配。

3. 分组复盘

评估分组情况：让团队成员回顾投票分组的结果，讨论当前的分组是否合理。考虑是否有小组人数过多或过少的情况，是否需要调整人员分配，或者哪些小组需要拆解并合并到其他小组中。

17.4 服务原型设计方法

17.4.1 通用型方法

（1）草绘。

草绘是用可视化方法表达设计创意，快速灵活地支持设计概念探索。草绘是一种灵活、快速、低成本的可视化方法。它的探索性特质对开启原型设计流程天然友好。通常只需要用到纸和笔就可以在8分钟内将初步的想法可视化。但这也不是唯一的形式，只要是快速、低成本、支持迭代探索的任何媒介都可以使用。比如 Processing 是一款适合设计师和艺术家的编程工具，简单易上手，可被称为"编程草绘"。也有像 Arduino 这类开源硬件原型平台，让电子硬件组装变得平民化，可被称为"硬件草绘"。同样，体力激荡和演练技法是高效的低保真动作草绘或体力草绘。

▶▶ 操作指引

1. 准备阶段

① 澄清原型设计范围和要解决的关键问题：计划做哪些探索？希望得到哪些洞察？该以何种方式将前期研究所得传递给团队（比如用一面研究成果墙、能激发灵感的物件或是前期的洞察总结等）。

② 确定谁来参与：邀请合适的人与核心团队一起工作，这可能包括了解背景的人、没有先入之见的人、专家、实施团队的代表、将要提供服务的人、用户代表和管理人员等。

如果需要有某种特定的素材、代码或硬件来草绘，就请确保团队中有具备对应技能的成员。尽量让团队在技能组成上取得平衡，以保证所有人都充分参与。比如，用代码进行草绘时，无须所有人都做编程工作，大家还可以分工绘制视觉元素、撰写文案或策划场景和信息架构等。

③ 侧重广度还是深度：在开始前需要确定目标，是获得足够多的草绘还是对某一主题挖掘得足够深入？需要依据目前在整个设计流程中所处的阶段来做出判断，这也将影响你在该项工作上投入的时长。

④ 准备草绘工具：准备好草绘工具和工作环境。如果是纸和笔，那么放在桌上就行。但如果是编程草绘或硬件草绘，则需要先花时间仔细权衡比较，精选出合适的工具或平台以提升草绘速率。

⑤ 开始草绘：向团队明确设计挑战后，再请大家对概念进行草绘。如果以追求数量为目标，可以请大家在草绘过程中不要着急讨论，先聚焦在产出尽可能多的概念上（如果方法匹配，甚至可以请大家安静工作，将完成后的草图放在显眼的地方供他人参考或进一步延伸）。如果以追求深度为目标，可以在草绘过程中激发更多的讨论和协作。

2. 执行与研究阶段

① 展示成果并收集反馈：在设计团队内或向外部受众展示草绘成果并收集反馈。在这个过程中既可以基于现有草图修改（如在旁边增加标注或当场修改），也可以基于反馈直接草绘出新概念。另外，还有一种可行的方法是画图的人只负责展示，不做任何解释，由观众来描述他所看到的内容和可能的用处。

② 记录所有的设计缺陷、洞察和想法：每轮结束后都花几分钟时间做一次复盘：得到了哪些收获？需要做哪些修改？还能尝试什么别的办法？逐一快速讨论并对结果做好优先级排序。

③ 按需对草绘进行迭代：快速完成所需要的修改，然后回到步骤1继续收集反馈并迭代。

④ 记录成稿：做好整理和记录工作。可以使用照片和视频记录最后一版迭代，务必包含过程中的关键互动。快速审视这些记录，并识别下一个设计步骤需要处理的关键问题或设计机会点。

（2）情绪板。

情绪板是用拼贴方法将设计意图可视化，以辅助设计沟通。情绪板是用现场或特质的文案、插图、照片、视频或其他媒介来表达设想中设计方向的方法。通常用情绪板来完成（但不限于）与视觉风格相关的原型制作，它是一种通过利用已有概念的类比来传达目标体验、风格或上下文的方式。

▶▶ 操作指引

1. 准备阶段

① 澄清原型设计范围和要解决的关键问题：先在团队内就这些关键问题进行沟通。比如，设计的范围是什么？从这次活动中要得到哪些关键洞察？另外，也需要考虑哪些人需要参与到原型设计中来，是只包括目前的团队成员，还是计划再邀请些潜在用户或重要干系人？

② 收集灵感：可以开始从手头的所有素材中收集灵感。包括浏览相关的报纸或杂志，翻阅诸如在线照片库、照片或视频分享网站等网上资料库，从自己的媒体库中选择素材。

③ 整理优化：先整理全部素材，完成第一次拼贴。接着查漏补缺或不断重组素材直到满意为止。可以把所有素材都打印粘贴，做一幅实物形式的情绪板，也可以是对视频或互动媒体支持度更高的数字化情绪板。

2. 研究与执行阶段

① 展示成果并收集反馈：可以通过在设计团队内或向外部受众展示情绪板来收集反馈。

② 注释和优化：在展示过程中，可以根据反馈添加注释，或直接增加、重组或移除元素来立即修改，甚至是从现有素材库快速制作一个全新情绪板。接着再次收集反馈，迭代优化。

（3）绿野仙踪法。

绿野仙踪法用"看不见的木偶"来伪装产品或服务。在绿野仙踪法中，人、设备、应用程序或上下文/环境等，都是由不可见的操作员（"巫师"）在幕后手动创建的。让用户以为他们正在测试的产品是真实的可工作原型。绿野仙踪法可以帮助团队在投入时间和精力制作复杂模型前，先高效测试用户反馈。服务或系统的所有相关部分都是经过精心准备的，以便"巫师"能够当场给出逼真的反应。可以将操作员想象成"看不见的木偶"匠人，控制着所有的实物和服务元素，来模拟后台流程、设备和环境运作。通过这种方法，服务中最核心的功能和价值都可以得到探索和有效评估。

▶▶ 操作指引

1. 准备阶段

① 澄清原型设计范围和要解决的关键问题：希望做哪些探索？希望得到哪些洞察？该以何种方式将前期研究所得传递给团队（比如用一面研究成果墙还是前期的洞察总结等）？是测试整个服务还是其中的一部分？用户要完成哪些任务？细节颗粒度如何把握？用清单形式将测试任务罗列下来。

② 识别参与者：研究对象的要求和筛选都需要根据研究目标来定义。可以用样本技术来选择测试用户，过程中最好听取内部专家和外部用户招募机构的建议。

③ 准备好场景和界面元素：先采用数字服务法或研究式彩排法来准备一系列关键场景。接着再用适当的方法准备用户的互动对象及关键元素（类似纸板原型、纸面原型、线框图或编程草绘等）。

④ 有序组织、分配角色、不断练习：组织好服务和系统的所有部分，以便"巫师"可以对互动进行有效控制并向用户做出逼真的反馈。让团队分头负责控制其中一部分，还需要留出人手作为观察员。各个"巫师"需要勤加练习以顺畅打造出设想中的体验。

⑤ 布置现场：布置好测试现场至关重要。可以用视频直播或单向透视玻璃，让各个"巫师"在隐藏起来的同时又能观察测试现场。

2. 执行与研究阶段

① 测试原型：开始测试，先对项目和原型的背景信息做简要介绍，然后让用户完成特定场

景下的测试任务。当用户开始使用原型时,操作员则通过操控幕后的实物和环境来模拟后台流程、设备或环境。

② 记录所有的设计缺陷、洞察和想法,并做好复盘工作:观察员需要全程做好记录工作。每轮测试后都花几分钟时间做一次复盘:哪些方法是奏效的?哪些不太合适?哪些需要修改?还能尝试其他办法吗?逐一快速讨论并对结果做好优先级排序。

③ 迭代优化:复盘已完成测试的任务或场景,看看哪些需要进一步尝试。按需对"巫师"的调度和反馈做一些优化,必要时可以调整其中的元素。然后再来一遍。

17.4.2　面向服务流程与体验的原型设计

(1) 研究式彩排。

人们通过研究式彩排,深度理解和探索行为与流程的戏剧化方法。在服务设计领域,彩排是一种重要的戏剧化方法。在戏剧界,将这样的重复称为"练习",而把"彩排"这个词留给更有趣的探索和尝试更多的选择、实验不同的方法,以及研究不同类型的时间和节奏控制手段。类似的方法还有体力激荡、服务演练、服务模拟和角色扮演等。研究式彩排是一种结构化、建设性、全方位的方法,可以用来进行互动设计检验和策略构建。

(2) 潜台词。

潜台词是一种戏剧化方法,在彩排过程中聚焦未经言喻的想法,从而揭示出深层的动机和需求。潜台词是一种可以让彩排更丰富,获得更深入洞察和灵感的戏剧化概念。这个词在戏剧领域有多重含义,可以理解为是角色未经语言表露、由行为所暗示的思想。换句话说,潜台词是没有说出来的意图。

在研究式彩排中引入潜台词可以挖掘更深层次的动机,帮助理解需求和发现新的价值创造机会。

在戏剧彩排中,潜台词通常只作为演员"笔记"的一部分或在剧本的最初阅读中被提及。但有些彩排技术和游戏(甚至某些戏剧)可以使潜台词被听到,以促进理解和激发灵感,在服务设计领域,使用最多的是实时潜台词和潜台词链。

▶▶ **操作指引**

1. 实时潜台词

① 介绍潜台词:选择一个希望深入理解的场景进行彩排。确保在进入潜台词活动前所有人都对该场景有最基本的了解。再排练一遍,接着快速向团队阐述潜台词的概念。

② 在服务场景中增加潜台词演员:在彩排中额外增加演员,他们专门负责说出角色演员在过程中没有说出来的想法。最简单的办法是给每个角色都配一名潜台词演员,他们既可以坐在后台,也可以更有趣些,就在场景中把手放在对应角色演员的肩膀上。这种方法简单、直观地表示"我是隐形人",但又能让每对角色更好地协作。

③ 滚动式潜台词:角色演员正常进行表演,节奏可以稍慢一点,同时潜台词演员在表演过程中随时说出他们认为人物角色可能的想法,并尽量用第一人称"我"。例如,角色演员说:"你可以告诉我优先处理哪件事吗?"潜台词演员则生气地说:"再不帮忙我就要丢工作了!"为了跟上步调,刚开始可以只给1~2个角色安排潜台词演员,后续可以轮换至其他角色。建议角色演员和潜台词演员事先不要商量,直接表演往往能带来更有意思的结果。潜台词演员的表现时而会让角色演员非常惊讶,这也正好说明了问题。

④ 迭代：针对同一个场景用不同的潜台词反复进行几轮，看看有什么发现。把所有的洞察、想法、设计缺陷和问题都记录下来之后，就可以继续进行下一组彩排了。

2. 潜台词链

① 确定初始陈述：在彩排过程中的某个客户或雇员的关键话术处暂停，并询问团队"这句话的潜台词是什么？"

② 构建潜台词链：继续问"这句潜台词背后的意思又是什么？"不断重复下去，当问题逐渐深入时，不妨再问"大家为什么觉得这些潜台词重要？"

③ 记录文字版或搭建真人版潜台词：逐级将潜台词在白板上记录下来。如果人数足够，搭建一个真人版潜台词链也很有帮助。潜台词演员在角色演员后面站成一排，每个人代表潜台词链上的一个层级。

④ 探索情感化和现实版潜台词：以上步骤将帮助团队对人物的动机和情感挖掘越来越深入。

⑤ 迭代：针对同一个场景探索不同的潜台词链，看看有什么发现。把所有的洞察、想法、设计缺陷和问题都记录下来，之后就可以继续进行下一组彩排了。

（3）桌面演练。

桌面演练是用交互式迷你剧的方式模拟端到端的客户体验。在桌面演练中，团队在（通常由乐高积木或硬纸板制成）迷你舞台上用玩具塑像等简单道具来模拟服务体验、测试和探索常见场景与替代方案。该方法侧重于对服务体验的逐步演绎过程，而非模型搭建本身。

桌面演练是服务设计的标志性方法之一。服务体验的本质是一个随时间推移而逐步展开的故事，而桌面演练的故事性恰恰让这个过程变得易被感知。相比客户旅程地图等纸面工具，桌面演练法也可以让概念以更快的速度迭代。一旦有了新想法，就可以快速测试和改进。另外，桌面演练极具互动性，适合多人参与。

▶▶ **操作指引**

1. 准备阶段

① 澄清原型设计范围和要解决的关键问题：在团队内就关键问题先拉通后演练。例如，设计的范围是什么？从这次活动中要得到哪些关键洞察？是演练整个体验还是其中的一部分？哪些部分或细节可以稍后再进行？另外，也需要考虑哪些人需要参与到演练中来，是只包括目前的团队成员，还是计划再邀请潜在用户或重要干系人？

② 准备工作场地和物料：准备好桌面演练需要的素材物料及白纸等。把白纸铺在桌面上。桌子的大小需要适合所有人围成一圈共同参与。

③ 用头脑风暴法快速起草一份旅程草稿：选择一类客户或人物画像进行头脑风暴，基于新的服务设计概念草绘未来的客户旅程步骤可能是怎样的？接着，按时间顺序快速整理便利贴。现在还没有必要产出一个完整的客户旅程，只需要进行粗糙的描述。

④ 制作地图和舞台：旅程草稿中有哪些重要地点呢？先制作一个包含新服务体验中所有相关地点的总体规划地图。接着看看哪些特定地点需要被放大（比如，在商场中将某个特定门店的客户互动放大）。也可以按需制作每个地点的场景舞台。

⑤ 布置角色、布景和道具：地图和舞台中需要哪些人物角色？还需要构建哪些场景？可以用玩具塑像来代表每个角色或关键干系人，并且快速搭建必要的布景和道具。纸、硬纸板、橡皮泥和乐高积木都可以用来布置舞台。

⑥ 分配角色：确定谁来扮演哪个角色。不妨再设专人来负责跟进演练过程中发现的设计缺

陷、洞察和想法。

2. 执行与研究阶段

① 快速提前串场：这一步要解决的问题是每个步骤中都要移动哪些人物或道具？所有元素都能有序配合吗？可以大致根据旅程草稿将角色和道具从头到尾粗略走一遍。玩具人物在地图上移动的同时，表演出必要的对话、人际和人机互动。

② 记录所有的设计缺陷、洞察和想法：每轮演练后都花几分钟时间做一次复盘：在刚才的演练里哪些概念是奏效的？哪些不太合适？哪些需要修改？还能尝试其他办法吗？在一张白纸上将结果记录下来，并清晰地对洞察、缺点、新想法和问题进行分类和标注。

③ 确定下一轮的迭代方向：根据前一轮演练的复盘结果快速确定（可以举手投票，少数服从多数）下一轮迭代要尝试的概念。然后再做一轮演练。如果某一轮演练特别有趣，可以快速制作一个不到60秒的视频片段稍后做参考。如果工作坊预先设置的时间到了，或是团队遇到瓶颈而需要切换到其他活动（比如做更多的研究，或换一种原型设计方法等），就停止演练。

④ 记录成稿：做好整理和记录工作。可以采用客户旅程地图、影像故事板或视频来记录桌面演练的最终服务体验。结合白板上的笔记，识别出这段客户旅程中的关键步骤要素或在后续各设计步骤里需要澄清的问题。

⑤ 展示（可选）：用讲故事的方法向其他关键干系人展示最终版的原型并收集他们的反馈。不妨将展示过程和反馈用视频记录下来，收录到相关记录文件中。

17.4.3　面向数字应用与软件的原型设计

（1）数字服务彩排。

数字服务彩排是研究式彩排的变体，通过模拟人类对话或互动的方式，将数字服务原型化。将类似研究式彩排这样的戏剧化方法用于数字服务原型设计有着惊人的效果。这些方法可以让技术和用户界面设计专家打开视野，突破界面的限制，以进一步探索更多机会点和可能性。

彩排环节可以在线框图草绘之前，作为数字服务的第一个原型。App或网页可以由人来扮演。无须带入任何数字化思考，以此来推演服务设计方向。有了需要提供的服务体验后才需考虑如何将体验数字化。

将戏剧界的研究式彩排方法运用在数字服务设计领域可以帮助设计师通过迭代式彩排深入理解和探索交互模式、用户行为、用户动机和服务流程等。它通过结构化方法完整识别体验所在的上下文和情绪及物理空间语言、语音语调等元素的作用。接着，这些洞察会被转化为数字服务中更情感化、沉浸式的交互界面。

该方法对技术导向的团队也尤其适用。他们往往习惯用流程图或传统交互模式来思考，从而忽略了人本层面。数字服务彩排"逼着"团队先挑出线框图和技术元素，通过人文对话来表达App功能。彩排完成后往往能让大家意识到解决方案原来可以如此广阔，并能给下一个设计迭代带来更多的价值和思考。

▶▶ 操作指引

1. 准备阶段

① 确定或重申目标及原型设计要解决的问题：在开始前，务必确定或重申希望通过原型设计和研究所要达到的目标及待解决的问题。希望从中得到什么？希望测试整个体验还是其中一部分？对哪一部分最感兴趣？细节需要深入到什么程度？

② 营造有安全感的空间：研究式彩排法比较特殊，需要在一个安全的环境下开展。对于新团队，需要花时间为团队做一些情绪和环境上的准备。比如准备热身活动和制定彩排规则，就如何工作达成一致意见。

③ 寻找切入点：准备一个合适的切入点，并让团队快速熟悉上下文，切入点可以是原始创意或研究阶段所得的用户故事。同时，布置必要的环境和道具。

2. 执行与研究阶段

① 初步观察：快速彩排整个故事，App 或网页则由人来扮演。避免任何与数字化有关的思考。

② 深入理解：再彩排一遍，这一次团队可以在任何他们留意到的关键点上喊"停"。可以是实际互动层面的难点、一个别扭的流程、某一个特定的单词或某种肢体语言的意思。目的是把握那些源于人际互动的服务在物理、情感和动机层面的要义。把洞察记录下来，不要立即改变剧情。如果某个场景过长，不要每一个环节都一一深入，只详细挖掘重要的部分即可。

③ 改变和迭代：请该团队把刚才的场景再表演一遍，这一次观众在任何有新点子或认为服务应该做出改变的节点上都可以喊"停"。喊"停"的人需要参与其中将想法表达出来，而不是只停留在描述层面。如果情况允许，在每次只改变一个元素的情况下，让场景持续演一会儿再喊"停"，这样有助于评估每一个改变对服务带来的影响。需要说明具体带来了哪些影响，并在白板上做好记录。

④ 将体验进行数字化：几轮迭代之后就可以考虑如何将目前的体验进行数字化了。从先前白板上的记录中识别出关键概念，并针对其设计界面草图。草图设计完成后立刻与团队分享并收集反馈，持续迭代。

⑤ 全程用清单形式简明扼要地记录设计缺陷、洞察、想法和问题：在彩排的每个环节都持续记录发现的要点是非常重要的。每完成一个步骤都请大家花几分钟复盘一下：哪些是奏效的？哪些不太有用？哪些是想进一步调整或尝试的？将内容按洞察、设计缺陷、新概念和新问题等分门别类地记录在白板上。

⑥ 选择下一个场景，重复以上步骤：前一个场景完成后，从原始切入点中选择下一步要尝试的部分。接着按以上步骤继续彩排。如果工作坊预先设置的时间到了，或是团队遇到了瓶颈需要切换到其他活动上，则可以停止彩排。

⑦ 记录成稿：做好整理和记录工作。可以采用纸面原型、线框图、可点击模型、客户旅程地图、影像故事板或视频来记录彩排过的最终版服务体验，并结合白板上的笔记识别出关键洞察、想法、设计缺陷和问题。接着，团队可以基于这些新信息讨论下一步的推进计划。

（2）纸面原型。

纸面原型通过手绘数字界面，让用户快速测试。纸面原型是一种常见的低保真原型制作方法，软件界面模型用纸张制成，但也是交互式的，可以用于用户测试。设计师在纸上手绘出每一屏的用户界面。用户可以通过手指"点击"界面来表示他们的意图。研究人员通过轮换纸面屏幕来模拟电脑或设备操作，或者是用小纸片添加细节（比如弹窗）。

从 20 世纪 90 年代初开始，纸面原型就已经在软件和界面原型工具集中占据非常重要的位置了，主要原因是项目早期阶段在纸上草绘界面比使用数字化原型工具或编程要快得多，而且与编写代码相比更易于调整，在用户测试阶段可以做到即时响应。

研究显示，基于纸面草绘的低保真原型与计算机输出的高保真原型相比，在发现可用性问题方面的效果趋同。尽管纸面原型在界面外观上的保真度相当低，但对于某些早期就需要梳理清楚的模块，可以提高精确度，例如导航结构或功能点设置，因此可以在早期就对这些模块设计深入的洞察。

线框图草绘最适合快速上手，它能快速完成网站或应用的整体构图，但线框图通常不包含真实内容、图片和文案等，往往都用占位符来代替。这在测试环节对用户来说确实有些困难，大量缺失的内容需要用户自行想象。综合起来看，可以先用线框图打底，然后快速添加关键内容信息。

纸面原型在推进决策上表现良好。它投入较小，又是一次性的，用完就扔。这使得原型制作者更容易放手进行大刀阔斧的修改。参与测试的终端用户也可以随心提出修改建议。

▶▶ 操作指引

1. 准备阶段

① 选择合适的用户画像或类型：如果要回答"该邀请谁来测试原型？"就需要先确定一种用户画像或类型。

② 澄清原型设计范围和要解决的关键问题：设计的范围是什么？从这次活动中要得到哪些关键洞察？是测试整个应用还是其中的一部分界面？需要设置哪些测试任务？测试的细节颗粒度如何把握？列一张测试任务清单。另外，还需要考虑哪些人要参与到测试中来，是只包括目前的团队成员，还是再计划邀请一些潜在用户或重要干系人？

③ 手绘所有关键界面和元素：将用户在测试界面过程中需要使用的所有元素都画下来。不但要包括所有的视窗、菜单、对话框、页面和弹窗，还需要考虑关键内容和数据。

④ 分配角色、各自准备：将用户（系统）操控人员和观察人员的角色分配给团队。除了引导师，所有角色都可以由多个队员共同承担。给大家一些准备时间，尤其是对于扮演用户的队员需要多花上几分钟对用户需求、动机和所扮演的用户画像或类型产生强烈的同理心。

2. 执行与研究阶段

① 测试原型：先对项目和原型所在的背景及操作方法进行简要介绍，比如如何"点击"（可以用手指触摸按钮或文字链）和"输入文字"（可以用笔在相应位置将文字书写出来）等，然后请用户完成一系列测试任务。在用户使用界面的同时，操控人员通过替换或增加相应元素来模拟界面的变化。边测试边对原型不断迭代，直到用户顺利完成任务或彻底失败。

② 详细记录设计缺陷、洞察和想法，并做好复盘工作：确保观察员在整个测试过程中把观察到的现象完整记录下来，并用列表形式记录所发现的关键点。每轮测试后都花几分钟时间做一次复盘：哪些概念是奏效的？哪些不太合适？哪些需要修改？还能尝试其他办法吗？快速讨论并排列好优先级。

③ 修改原型（可选）：修改原型纸面又快又容易。所以，如有修改点，可以立即执行。

④ 确定下一轮的迭代任务：根据前一轮测试的复盘结果快速确定下一个迭代要尝试的任务。接着再做一轮测试。

（3）交互式可点击原型。

交互式可点击原型用颇受欢迎的方法创建第一个可工作的低保真原型。多年来，各类原型软件层出不穷，帮助设计师快速将纸面原型转化为交互式的数字化可点击原型。它与纸面原型高度类似，也是建立在纸质手绘稿的基础之上的。

首先，将用户需要使用的界面全部手绘下来。接着，使用原型应用将所有界面一屏一屏拍下来，并设置好按钮和相应的链接页面。所有跳转链接都设置完成后，一个可以用于用户测试或讲故事环节的交互式可点击模型就完成了。

很多原型制作应用都相当简单。即使没有技术背景的人也能在20~30分钟内快速学会。业务人员学会用原型制作应用后，和开发人员的沟通效果就会好很多。

▶▶ **操作指引**

1. 准备阶段

① 选择合适的用户画像或类型：如果要回答"该邀请谁来测试原型？"就要先确定一种用户画像或类型。

② 澄清原型设计范围和要解决的关键问题：设计的范围是什么？从这次活动中要得到哪些关键洞察？是测试整个应用还是其中的部分界面？需要设置哪些测试任务？测试的细节颗粒度如何把握？列一张测试任务清单。另外，也需要考虑哪些人需要参与到测试中来，是只包括目前的团队成员，还是计划邀请潜在用户或重要干系人？

③ 手绘所有关键界面和元素：将所有用户在测试界面过程中需要使用的元素都画下来。不但要包括所有的视窗、菜单、对话框、页面和弹窗，还需要考虑关键内容和数据等。

④ 导入界面原型：使用原型制作应用进行设置。对每张手绘稿进行拍照并导入应用中，接着设置点击区并链接至相应页面，这样即可快速完成一个可工作界面。

⑤ 分配角色、各自准备：将团队成员分为用户和观察员，并留出足够的准备时间让大家熟悉角色和流程。

2. 执行与研究阶段

① 测试原型：在对项目背景及操作方法进行简要介绍后，请用户完成一系列测试任务。边测试边对原型不断迭代，直到用户顺利完成任务或彻底失败。

② 详细记录设计缺陷、洞察和想法，并做好复盘工作：确保观察员在整个测试过程中把观察到的现象完整记录，并用列表形式记录所发现的关键点。每轮测试后都花几分钟时间做一次复盘：哪些概念是奏效的？哪些不太合适？哪些需要修改？还能尝试其他办法吗？快速讨论，并排列好优先级。

③ 修改原型（可选）：修改原型纸面又快又容易。所以，如有修改点，可以立即执行。

④ 确定下一轮的迭代任务：根据前一轮测试的复盘结果快速确定下一个迭代要尝试的任务。接着再做一轮测试。

（4）线框图。

线框图是一种非绘画式的示意图，用于整合数字界面元素和信息架构，并在团队内达成共识。它通过简单的线框图形来呈现网页和软件界面的信息架构，包括导航结构和内容元素。由于界面元素通常是简单抽象的，因此在早期设计阶段很容易制作，无须特别的技能和资源投入。

线框图常用于拉通团队内不同角色的输入。它作为产品概念结构层、功能和信息架构层与视觉设计层连接的桥梁，帮助团队理解和探索软件的不同部分是如何协同工作的，信息整合后又以何种方式呈现。线框图同样可以用来呈现用户旅程地图、绘制纸面原型或交互式可点击原型。作为多功能的数字界面设计工具，它在诸如定义用户交互说明、跳转效果、手势动作等界面特性上都能有效发挥作用。

▶▶ **操作指引**

1. 准备阶段

① 选择合适的用户画像或类型：如果要回答"该邀请谁来测试原型？"就要先确定一种用户画像或类型。

② 澄清原型设计范围和要解决的关键问题：先在团队内就这些关键问题进行沟通。比如，

设计的范围是什么？从这次活动中要得到哪些关键洞察？是测试整个体验还是其中一部分？哪一部分最为关键？是该针对某一种目标群体还是范围更广？整体信息架构清晰吗？是否需要额外的登录页面？只测试到信息架构层，还是扩展到整个用户流程？另外，还需要考虑哪些人需要参与到测试中来，是只包括目前的团队成员，还是再计划邀请一些潜在用户或重要干系人？

③ 准备制作线框图：在纸上、白板上或直接在线框图应用上粗略地画出每一屏界面。不要使用色彩和特殊字体，也不要在意是否美观。内容等可以用占位符来代替。

2. 执行与研究阶段

① 向目标受众介绍线框图：首先，需要告知目标受众正在设计的这款应用软件的背景信息。其次，在详细阐述关键交互元前，可以对线框图的视觉效果及缘由做简要说明。

② 征集反馈：与团队或所选受众进行探讨并收集反馈。

③ 注释说明：如果对任一界面元素有调整或新想法时，可以直接在线框图旁添加注释。对内容文案和交互上下文等细节信息，也要进行清晰备注。

本章小结

本章对整个服务设计过程进行了梳理，详细阐述了服务设计过程中各个节点可能涉及的相关方法。首先，从服务设计的数据采集开始，详细介绍了参与式、非参与式及共创的设计方法。其次，在数据采集的基础上，详细介绍了如何将服务设计数据进行可视化的相关方法，包括创建研究墙、用户画像、旅程地图及生态地图等方法。接着，为了产生服务设计的创意，从创意的分解与产生、拓展与聚合和排序与筛选3个方面详细介绍了如何产生服务创意。最后，在介绍通用型服务原型设计方法的基础上，引入了面向服务流程与体验和面向数字应用与软件的原型设计方法。

讨论题

1. 尝试使用本章介绍的一种服务设计数据采集方法采集服务数据，并描述在采集过程中遇到的困难和体会。

2. 尝试对采集到的数据进行可视化处理，说明自己使用了哪种处理方法。

3. 尝试使用两种本章介绍的服务创意设计方法进行服务创意设计，并对比分析两种方法的异同。

4. 根据所得创意进行一次服务原型设计。

第 18 章

服务质量管理方法

▶▶ 学习目标

1. 了解服务质量测量模型的演进过程。
2. 理解服务差距的产生及测量方法。
3. 熟悉服务质量控制方法及其应用。

18.1 服务质量测量模型

18.1.1 Gronroos 顾客感知服务质量模型（1982）

（1）模型提出。

1982 年，克里斯蒂安·格朗鲁斯（Christian Gronroos）认为感知服务共由 3 个要素构成，即技术质量、功能质量和企业形象。1984 年，他在《欧洲市场营销》杂志上发表了一篇题为"一个服务质量模型及其营销含义"的文章，对自己的观点进行了修正。格朗鲁斯将顾客感知服务质量分解为两个组成部分，即技术质量（What，服务结果）和功能质量（How，服务过程），在此基础上，提出了顾客感知服务质量模型，如图 18-1 所示。

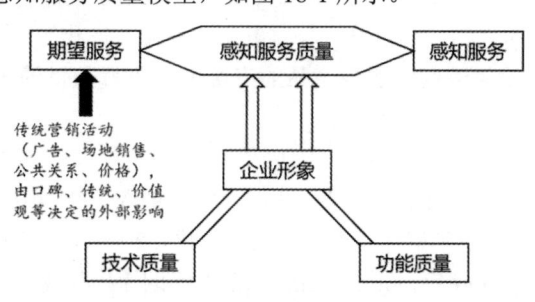

图 18-1 Gronroos 顾客感知服务质量模型结构图

根据格朗鲁斯的观点，在服务质量的形成过程中，技术质量是服务过程的产出，即顾客从服务过程所得到的东西，也被称为结果质量，顾客容易感知也便于评价。但是技术质量不能概括服务质量的全部，因为服务是无形的，在提供服务的过程中，顾客要与服务人员接触，服务人员的行为、态度、穿着等将直接影响顾客对服务质量的感知。顾客对服务质量的感知不仅包括他们在服务过程中得到的东西，而且还要考虑他们如何得到这些东西，这就是服务质量的功能层面即功能质量,也被称为过程质量。功能质量难以被顾客客观地评价,它更多地取决于顾客的主观感受。企业形象在感知服务质量的形成中起到过滤作用。格朗鲁斯的服务质量模型对服务最本质的特征——过程性进行了科学的解释。

(2)模型解释。

① 质量的双因素。

顾客感知服务质量包括两个基本方面,即技术质量(又被称为结果质量)和功能质量(又被称为过程质量)。技术质量是服务的结果,也就是顾客在服务过程结束后得到了什么(What)。由于技术质量涉及的是技术方面的有形内容,故顾客容易感知且评价比较客观。功能质量则指的是企业如何提供服务及顾客是如何得到服务的(How),涉及服务人员的仪表仪态、服务态度、服务方法、服务程序、服务行为方式等,相比之下更具有无形的特点,因此难以做出客观的评价。在功能质量评价中顾客的主观感受占据主导地位。

② 企业形象的过滤作用。

形象是影响人们对企业看法的过滤器。人们会利用这个过滤器来"过滤"企业的技术质量和功能质量。如果企业的形象良好,形象就成为企业的"保护伞"。由于有"保护伞"的作用,即使技术质量或功能质量上出现了小的问题,有时甚至是比较严重的问题,都有可能会被人们所忽略。但是,如果这种问题频频发生,则会破坏企业形象。而倘若企业形象不佳,则这种过滤器就会发挥负面作用,企业任何细微的失误都会给顾客造成很坏的印象,影响顾客对服务质量的感知。

③ 期望的构成。

期望是顾客感知服务质量的重要组成部分,影响顾客期望的 5 个主要因素有经验、个人的需要、口头传播、服务承诺和竞争状况。

- 经验:顾客过去的经验及与现在所提供服务相关的服务经历。
- 个人的需要:由于顾客特定的身体、心理、社会特征等而产生的个人要求。
- 口头传播:由于其他群体而不是公司所做的关于服务将会像什么样的陈述。这些陈述既可能来自个人(如亲戚、朋友等),也可能来自专家(如消费报告、专家推荐等)。
- 服务承诺:包括明确的服务承诺和暗示的服务承诺两种。明确的服务承诺指企业对提供给顾客的服务所做的陈述(如广告、人员推销等);暗示的服务承诺是指与服务有关的暗示,而不是明确的许诺(如价格、与服务相联系的有形物等)。
- 竞争状况:指所提供的同类服务产品的市场上竞争者数目的多少,以及竞争的激烈程度等。

(3)模型修正。

1988 年,格朗鲁斯对基本模型进行了修正,并将其纳入 1990 年出版的《服务管理与营销》一书中,但修正后的服务质量模型并没有实质性的变化。2000 年,格朗鲁斯对该模型再次进行了修正。从内容上来看,2000 年修正的模型与 1984 年的原模型相比有了一些新的变化,这主要体现为在新的模型中,对企业形象问题给予了特别的关注,如图 18-2 所示。

(4)模型启示。

Gronroos 顾客感知服务质量模型具有如下管理启示。

- 服务质量完全取决于顾客的感知,因此企业在制定有关标准时必须进行市场调查,按照顾客对质量的理解而不是根据管理者或标准制定者对质量的理解去制定标准。
- 服务质量是技术质量和功能质量的统一,但二者的作用并不相同,技术质量和功能质量类似于赫茨伯格双因素理论中的"保健因素"和"促进因素",技术质量对于特定的服务来说是必备的，但是有时候该质量的改进并无助于顾客感知服务质量的提高，因此企业可以将其视为"保健因素"进行管理，而由于功能质量的改进与顾客可感知服务质量存在着正相关的关系，因此可将其视为"促进因素"进行管理。

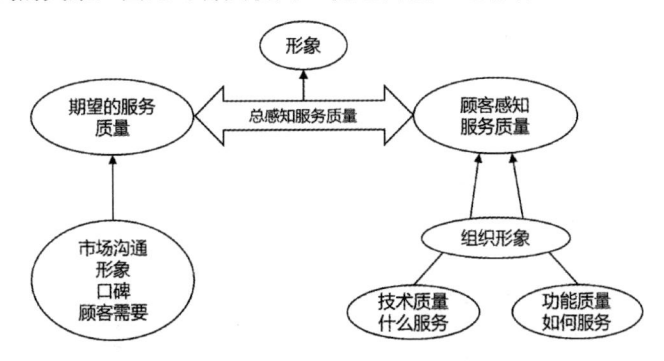

图 18-2　Gronroos 顾客感知服务质量修正模型结构图

- 技术质量是形成良好服务质量感知的入门资格，优异的过程质量才是企业创造差异和持久竞争优势的真正推动力。由于服务创新不能通过专利来保护，一种新的技术一旦问世，很快就会被模仿，因此在服务业建立技术优势比在制造业建立技术优势更难；而只要服务的技术质量达到了顾客可接受的水平，则顾客就不会对此给予过多的关注。因此，企业应把建立竞争优势定位于服务的功能质量而不是技术质量上。
- 鉴于形象对顾客感知服务质量的作用，企业管理者应该重视企业形象的管理。企业管理者需谨记形象提高应该建立在现实的基础上，与现实不符的广告活动只会产生不可能实现的预期，如果预期提高而现实却没有改变，则会对人们的感知服务质量产生负面影响，从而破坏企业形象。
- 由于顾客感知服务质量等于体验质量减去预期质量，因此企业既不能将顾客头脑中的预期质量培养得过高，也不能培养得过低。预期过高，企业难以满足顾客期望则会使顾客不满意；预期过低，又难以吸引顾客光顾企业。进一步推论，企业实施任何提高质量的方案，不仅要求直接参与这一方案的人员积极努力，还要求负责市场营销和信息传播的人员积极配合，才能有效地提高顾客将要形成的对企业产品或服务的感知服务质量。
- 通过管理期望来提高顾客感知服务质量。管理者不仅应当认真研究影响顾客期望的因素，还应当了解顾客期望的内生机制和期望的动态性。

18.1.2　PZB 服务质量差距模型（1985）

（1）模型提出。

PZB 服务质量差距模型，又称 5GAP 模型，在 Gronroos 顾客感知服务质量模型基础上，由 A. 帕拉苏拉曼（A. Parasuraman）、瓦拉里 • A. 赞瑟姆（Valarie A. Zeithamal）和莱纳德 • L. 贝利（Leonard L. Berry）于 1985 年设计并开发，用来分析服务质量的形成过程。如图 18-3 所示，PZB 服务质量差距模型从差距的角度来理解服务质量的形成，认为服务质量是服务期望和服务感知之间的差距，这个差距是由服务过程中的 4 个差距累积而成的。将顾客的服务感知与服务期望的差距定义为差距"5"，它取决于与服务传递过程相关的其他 4 个差距的大小和方向，企业应致力于消除这 4 个差距，以缩小差距"5"，提高服务质量。通过这个模型可以分析服务质量问题的起源，从而协助企业管理者采取措施来提高服务质量。

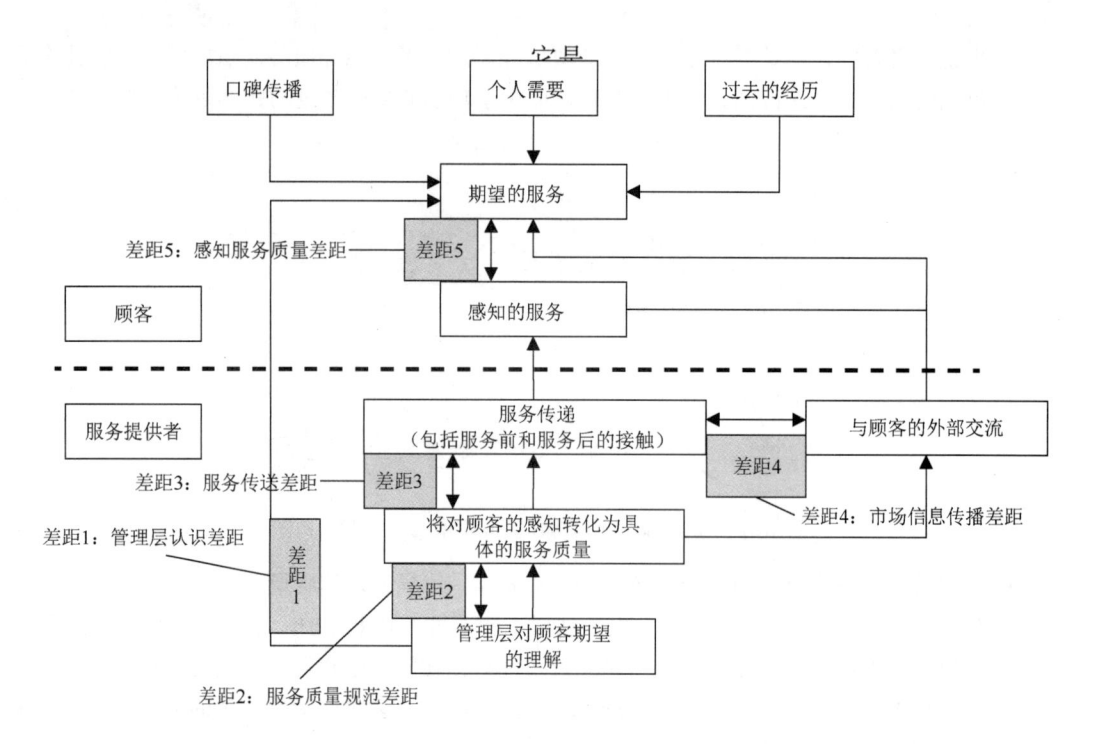

图 18-3 PZB 服务质量差距模型结构图

PZB 服务质量差距模型的五大差距含义如下。

差距 1：管理层认识差距。最直接也最明显的差距往往是顾客想要得到的服务和管理者认为顾客希望得到的服务两者之间的差异。造成这一差距的原因是管理者对顾客如何形成他们的期望缺乏了解。顾客期望的形成受到市场宣传、服务经历、个人需要和口碑等的影响。

差距 2：服务质量规范差距。它是指管理者对顾客期望的认知同企业制定的服务质量标准之间的差距。即使管理者已经准确理解了顾客的需求，有时也不能将其融入制定的服务质量标准中。

差距 3：服务传送差距。它是指服务质量标准同企业实际所提供的服务之间的差距。存在这一差距意味着企业向顾客提供的服务未能达到企业制定的服务标准。

差距 4：市场信息传播差距。它是指企业进行外部市场沟通时承诺的服务同企业所提供的实际服务之间的差距，即承诺兑现差距。

差距 5：感知服务质量差距即格朗鲁斯提出的顾客对服务的期望与顾客对服务的感知之间的差距，这一差距实质上是前 4 个质量差距之和。

该模型的上半部分与顾客有关，下半部分与服务提供者有关。顾客对服务质量的期望是口碑传播、个人需要和过去的经历等几方面因素共同作用的结果，同时还受到企业与顾客外部沟通时所做的营销宣传的影响。顾客实际感知的服务就是顾客对服务的体验，它是服务组织一系列内部决策和活动的结果。管理者对顾客预期服务的感知决定了企业所制定的服务质量标准；员工按照服务标准向顾客交付服务；顾客则根据自身的体验来感知服务的生产和传递过程。该模型还指出，营销传播对顾客的感知服务和预期服务都会产生影响。

该模型向希望改进服务质量的管理者传递了一个清晰的信息：弥合顾客差距的关键在于弥合差距 1~4，并使其持续处于弥合状态。由于差距 1~4 中一个或多个差距的存在，顾客感知的服务质量就会有缺失。PZB 服务质量差距模型，可以作为服务组织改进服务质量和服务营销的基础框架。

（2）模型解释。

顾客体验到服务的生产和提供过程，并感觉到服务的技术质量和功能质量，于是就会将这种体验和感觉与自己心目中的预期质量相比较，并在比较的过程中，受到企业形象的调节作用，最终形成自己对服务质量的整体感觉和认识，这就是顾客感觉到的服务质量。以下具体阐释服务质量的 5 种差距。

① 管理层认识差距（差距 1）。

管理层认识差距是指服务企业管理层错误地理解了顾客对服务质量的预期。这种差距主要由下列因素引起：

- 管理层从市场调研和需求分析中得到的信息不准确；
- 管理层从市场调研和需求中得到的信息准确，但理解不准确；
- 服务企业对顾客的需求缺乏正确分析；
- 企业与顾客接触的员工向上传递给管理层的信息不准确或没有信息传递；
- 服务企业内部机构重叠，组织层次过多，影响或歪曲了与顾客直接接触的员工向管理层的信息传递。

以上 5 种因素可以综合为市场调查、向上沟通和管理层次 3 个方面。服务企业要减少管理层认识差距，只有根据形成该差距的原因对症下药，才能彻底消除由于管理层认识差距而造成的服务质量低下。服务企业需要改进市场调查方法，在调查中侧重服务质量问题，并要求高层管理者克服客观上的限制，亲临服务现场，通过观察与交流，了解顾客需求，或通过电话、信函定期与顾客联系，就可以更好地理解顾客。服务组织还必须采取必要的措施，改进和完善管理层和员工之间的信息沟通渠道，减少管理层次，以缩小认识差距。

② 服务质量规范差距（差距 2）。

服务质量规范差距是指服务企业制定的服务质量规范与管理层对顾客的质量预期的认识不一致。产生这种差距的原因主要由以下因素引起：

- 企业对服务质量规划管理不善或规划过程不完善；
- 管理层对企业的规划管理不善；
- 服务企业缺乏清晰的目标；
- 最高管理层对服务质量的规划缺乏支持力度；
- 企业对员工承担的任务的标准化不够；
- 对顾客期望的可行性认识不足。

服务质量规范差距是由管理层的认识差距决定的。管理层的认识差距越大，按这种认识对服务质量进行规划的偏差也就越大。不过，即使服务企业对顾客的质量预期有充分而准确的认识，也会造成质量标准规划失误。这是由于企业的最高管理层对服务质量认识不够、重视不够，也就没有真正承担对服务质量的义务，没有把服务质量看成企业优于一切的目标。

确立服务目标，可以使提供服务的员工真正理解管理者希望传递的服务是什么。因此，服务目标必须具有可接受性、可衡量性、挑战性和全面性等，包含具体的各项服务质量的标准或规范，从而缩小服务质量规范的差距。服务企业的员工也应该认识到，自己有责任严格按照服务规范操作。同样，制定服务规范的人员应当清楚，没有充分听取员工的意见，制定的服务规范是不完善的。

还要注意，服务规范太具体、太细致，也会制约员工的主观能动性，从而影响服务质量。服务规范既要得到企业的管理者、规划者的认同，又要得到服务的生产者和提供者的认同，服务规范还必须有一定的柔性，不能制约员工的灵活性，这样制定的服务规范才可以尽可能地减少差距对服务质量的影响。

③ 服务传送差距（差距3）。

服务传送的差距是指服务在生产和供给过程中表现出的质量水平，未达到服务企业制定的服务规范。造成这种差距的主要原因如下：

- 质量规范或标准制定得过于复杂或太具体；
- 员工不认同这些具体的质量标准，或严格按照规范执行，员工可能会觉得改变了自己的习惯行为；
- 新的质量规范或标准与服务企业的现行企业文化（如企业的价值观、规章制度和习惯做法等）不一致；
- 服务的生产和供给过程管理不完善；
- 新的服务规范或标准在企业内部宣传、引导和讨论等不充分，使员工对规范的认识不一致；
- 企业的技术设备和管理体制不利于员工按服务规范或标准来操作；
- 员工的能力欠缺，无法胜任按服务质量规范提供服务；
- 企业的监督控制系统不科学，对员工依据其服务表现而非服务数量进行评价的程度不足；
- 员工与顾客和上级管理层之间缺乏协作。

引起服务传送差距的原因较多，纠正的方法也相应不同。综合以上各种因素大致可以归纳为3类：管理与监督的失误、技术和营运系统缺乏支持、员工对规范或标准的认识失误及对顾客的期望与需求的认识不足。

在诸多原因中，管理和监督方面的问题可能很多，如管理者的方法不能鼓励优质服务行为，或者企业的监督机制与重视服务质量的活动发生冲突，甚至与服务规范自相矛盾。在服务企业中，如果服务规范或标准的制定过程与企业职工的奖惩机制相互脱节，就可能会造成较大的服务传送差距。企业中的控制和奖惩机制一般具体体现了企业文化，表明了企业管理层的态度。如果对这些问题认识不足，企业的正常生产秩序将被打乱，也就不能贯彻执行质量规范或标准。当质量标准对服务的要求与现有的控制系统发生冲突时，作为服务提供者的企业员工可能会面临困境：尽管顾客提出的要求合情合理且员工也有能力予以满足，但由于违背了企业制定的服务质量规范或标准，他们可能感到非常为难。如果这种情况频繁发生，而服务企业又不能及时修正服务质量标准或规范，则不仅会赶跑顾客，还会伤害企业员工为顾客提供良好服务的动机。企业为解决这方面的问题，既要改变营运系统，使其与质量规范或标准一致；又要加强员工培训，使员工认识到他们的权限，即在企业允许的范围内提倡独立思考、自主判断，提供顾客服务的最大灵活性。

引起服务传送差距也可能是由于服务企业的技术设备和经营体制不支持企业提供优质服务。技术设备是指企业的硬件设施，即设施、设备；而经营体制是指企业的软件环境，即企业的营运系统，包括企业的内部机构设置、职责及职能的分工、规章制度等。企业的技术设备不支持企业提供优质服务，是指企业的设备达不到服务质量规范或标准的要求。企业的经营体制不能支持企业提供优质服务，可能是企业之间分工不明或各职能部门缺乏有效的衔接，以致发生矛盾和冲突，也可能是由于质量规范或标准难以执行。企业为解决这类问题，需要在技术上进行更新和对营运体系进行适当变革，支持质量标准的正确执行；或者加强对员工的培训和内部营销管理，达到缩小服务传送差距的目的。

造成服务传送差距还可能是由于员工无法胜任。一方面，可能是企业人事制度有一定的缺陷性，把不具备生产和提供优质服务的专业技能和工作态度的员工安排到服务企业的一线。这需要改革现有的人事制度，并对现有人员进行适当调整。另一方面，可能是员工没有正确对待服务工作，不把解决顾客的实际问题作为自己的工作职责。企业为解决这方面的问题，只有制定严格的操作规程和服务项目内容细则，同时加强对员工的培训，尽可能提高企业内部运作效率，使顾客得到满意的服务。

④ 市场信息传播差距（差距4）。

市场信息传播差距是指企业在市场传播中关于服务质量的信息与企业实际提供的服务质量不一致的程度。造成这种差距的主要原因如下：

- 企业的市场营销规划与营运系统之间未能有效地协调；
- 企业向市场和顾客传播信息与实际提供的服务活动之间缺乏协调；
- 企业向市场和顾客传播了自己的质量标准，但在实际提供服务时，企业未能按标准进行；
- 企业在宣传时夸大了服务质量，顾客实际体验的服务与宣传的质量有一定的距离。

归纳起来，造成市场信息传播差距的原因可能是由于服务提供者的信息传播和企业经营管理体系之间缺乏充分和有效的协调，也可能是由于企业在做广告和其他市场传播中过于夸大其词或过分承诺。为了解决第一种原因引起的差距，需要在服务企业内部建立一套有效的机制，加强服务企业内部的水平沟通，即在企业内部、部门内部和部门之间加强横向信息流动，使部门之间、人员之间相互协作，实现企业的既定目标。只有企业内部的水平沟通得以畅通，才能提供顾客满意的服务质量，也利于顾客形成合理的质量预期。针对第二种原因，应在市场信息传播中进行计划管理和实施严格监督，选择思维稳健的人来管理广告策划，不盲目向市场和顾客承诺。同时，企业的管理层要负责监督信息传播，发现不适当的信息传播要及时纠正，减少负面影响。

⑤ 感知服务质量差距（差距5）。

感知服务质量差距是指顾客体验和感觉到的服务质量与自己对服务质量的预期不一致，多数情况是顾客体验和感觉到的服务质量较预期的服务质量差。感知服务质量差距会造成以下结果：

- 顾客认为体验和感觉到的服务质量太差，比不上预期的服务质量，因此，对企业提供的服务持否定态度；
- 顾客将自身的体验和感受向亲朋好友等诉说，使服务产生较差的口碑；
- 顾客的负面口头传播破坏了企业形象并损害企业声誉；
- 服务企业将失去老顾客并对潜在的顾客失去吸引力。

当然，与此相反，顾客质量感知的差距也可能对企业有正面影响，使顾客感觉到他们享受了优质服务，不仅留住了老顾客，还吸引了潜在顾客来消费。

差距分析模型指导管理者发现引发质量问题的根源，并寻找适当措施消除这些差距。它使得管理者可以快速发现服务提供者与顾客对服务观念存在的差异，明确这些差距是制定战略和保证期望质量和现实质量一致的理论基础。另外，该模型还可用于分析市场上竞争者的服务，确定企业服务质量与竞争对手相比其优点和缺点分别在哪里。

（3）模型修正。

1993年，PZB学术团队对原始模型进行了修正，修正后的模型与1985年的原始模型相比有了很大的变化，如图18-4所示。修正集中体现在容忍区域被纳入模型中，而且期望的概念被分解和细化了。从图18-4中可以得出有关PZB服务质量差距模型的两个新结论。

① 顾客服务期望分解为理想服务（Desired Service）和适当服务（Adequate Service）两部分。理想服务和适当服务之间的差异就是顾客的容忍区域（Zone of Tolerance）。

② 在顾客期望影响要素中，有些是企业的可控因素，有些则是不可控因素。前者如服务承

诺，不管是明确的，还是隐性的，企业都可以在经营的过程中加以控制；而后者如随机因素、天气情况、自然灾害等，企业都无法控制。具体可分为以下 4 类要素。

第一类要素，与顾客个人相关的长期因素，即持久性服务质量强化因素（Enduring Service Intensifiers），包括引致期望（Derived Service）和个人服务理念（Personal Service Philosophies）等是不可控的。

第二类要素，与个人相关的短期因素，即临时性服务强化因素（Transitory Service Intensifiers）、感知服务选择（Perceived Service Alternatives）、服务角色自我认知（Self-perceived Service）和随机因素（Situational Factors）等也是不可控的。

第三类要素，即市场要素，有些是可控的（如承诺等），另一些则不可控（如口碑等）。

第四类要素，受到市场沟通要素和过去服务经历的影响，也是不可控要素。

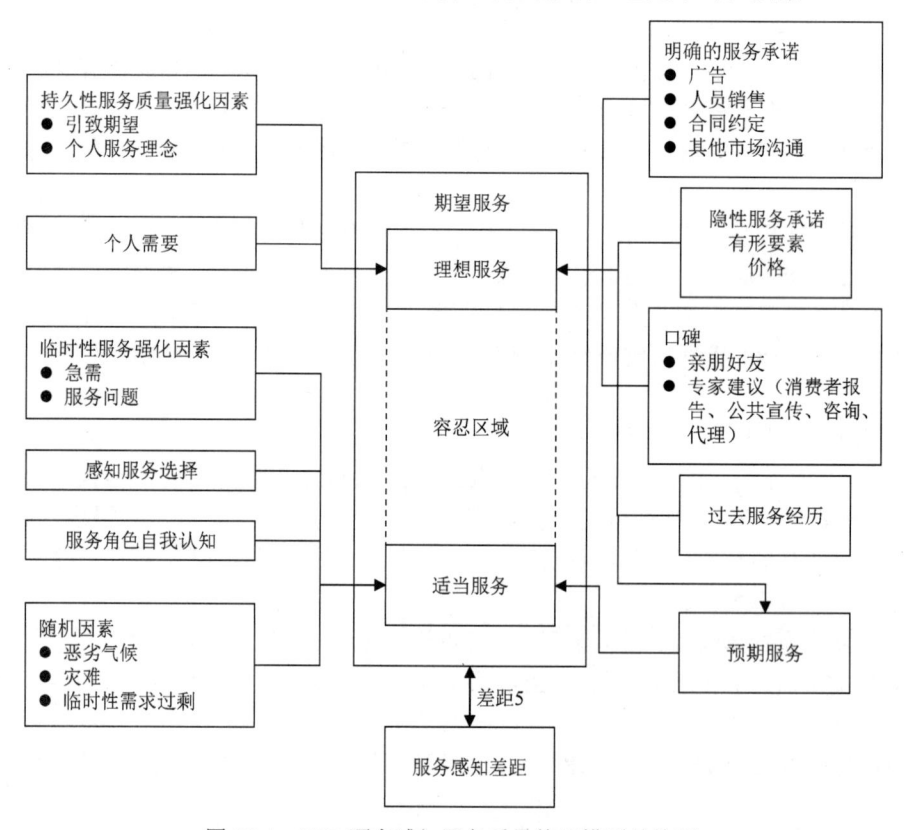

图 18-4 PZB 顾客感知服务质量修正模型结构图

PZB 学术团队还对差距模型进行了创新，将原差距模型中的差距 5 分解成两部分（见图 18-5）：理想服务与感知服务质量的比较，形成差距 5A，被称为感知服务质量优异差距（Perceived Service Superiority Gap）；适当服务与感知服务质量比较，形成差距 5B，被称为感知服务质量适当差距（Perceived Service Adequacy Gap）。差距 5A 越小，表明服务质量优异程度就越高；而差距 5B 越小，则表明服务质量适当程度就越高。由此，企业原来在管理中所面临的缩小差距 5 的工作也被分解成两部分，既要关注企业服务的优异程度，还要考虑顾客对最低服务水平的承受能力。

修正模型将感知服务质量与顾客满意的区别归结为不同比较方法而形成的结果，如感知服务质量与理想和适当服务质量相比，分别形成了顾客的理想感知服务质量和适当感知服务质量，而顾客满意则是感知服务质量与预期服务质量相比较的结果。顾客满意只是通过对预期服务的影响，进而间接地影响适当服务，从而对感知服务质量适当差距产生影响。

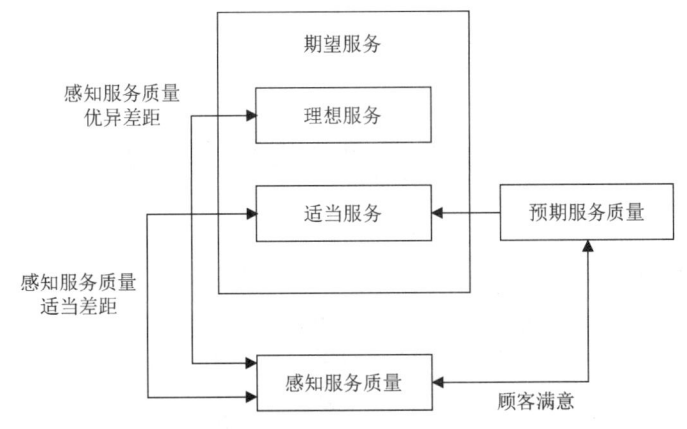

图 18-5　PZB 顾客感知服务质量与顾客满意关系模型结构图

1994 年，PZB 学术团队再次对差距模型进行了修正，以说明顾客感知服务质量与顾客满意之间的关系，而且从理论上阐述清楚这些概念之间的内在联系。肯尼思·狄斯（R. Kenneth Teas）认为"服务质量和顾客满意都可以从一次交易和总体满意两个角度来度量"。为了验证狄斯的观点，也为了进一步说明两者之间的关系，PZB 学术团队推出了新的顾客满意与顾客感知服务质量关系模型，如图 18-6 所示。

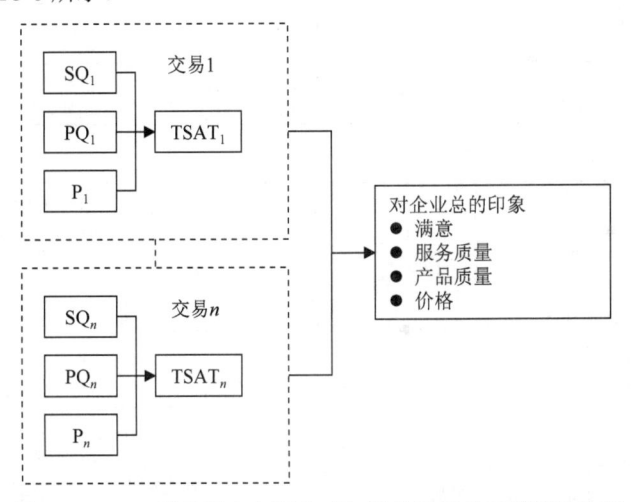

图 18-6　PZB 顾客满意与顾客感知服务质量关系模型结构图

在图 18-6 中，SQ 为感知服务质量（Perceived Service Quality）；PQ 为服务中有形部分，即产品质量（Product Quality）；P 为价格（Price）；TSAT 为交易满意（Transaction Satisfaction），是顾客所经历的一次完整的服务。

新模型与原始模型的主要区别在于：第一，新模型将价格包容了进来；第二，不管是感知服务质量还是顾客满意，新模型都可以利用一次性交易或从总体上进行衡量；第三，在新模型中感知服务质量、产品质量和价格对顾客满意形成影响。这 3 个要素决定了顾客满意程度。

（4）模型启示。

PZB 服务质量差距模型成为服务管理研究引用频率最高的研究成果之一，许多后来的服务管理基本理论都是建立在这个框架之上的。同时，差距模型也对企业管理实践提出了重要的管理启示。差距模型使得企业明晰了如何及从哪些方面对服务质量进行监控和管理。另外，"容忍区域"理论的提出，拓展了该模型的实际应用价值。对差距 5 的分解也有助于企业服务质量管理工作的开展，一方面将服务质量管理工作建立在服务优势的基础上，另一方面可以同时关注顾客对服务质量的容忍程度，首先保证顾客满意，然后努力使顾客愉悦，这是一个合乎逻辑的管理模式。

18.1.3　BDL 顾客感知服务质量综合模型（1990）

（1）模型产生。

安德鲁·A. 布洛格维茨（Andrew A. Brogowicz）、琳达·M. 迪里恩（Linda M. Delene）和大卫·M. 李斯（David M. Lyth）1990 年提出了 BDL 顾客感知服务质量综合模型（Synthesized Model of Perceived Service Quality），模型结构如图 18-7 所示。

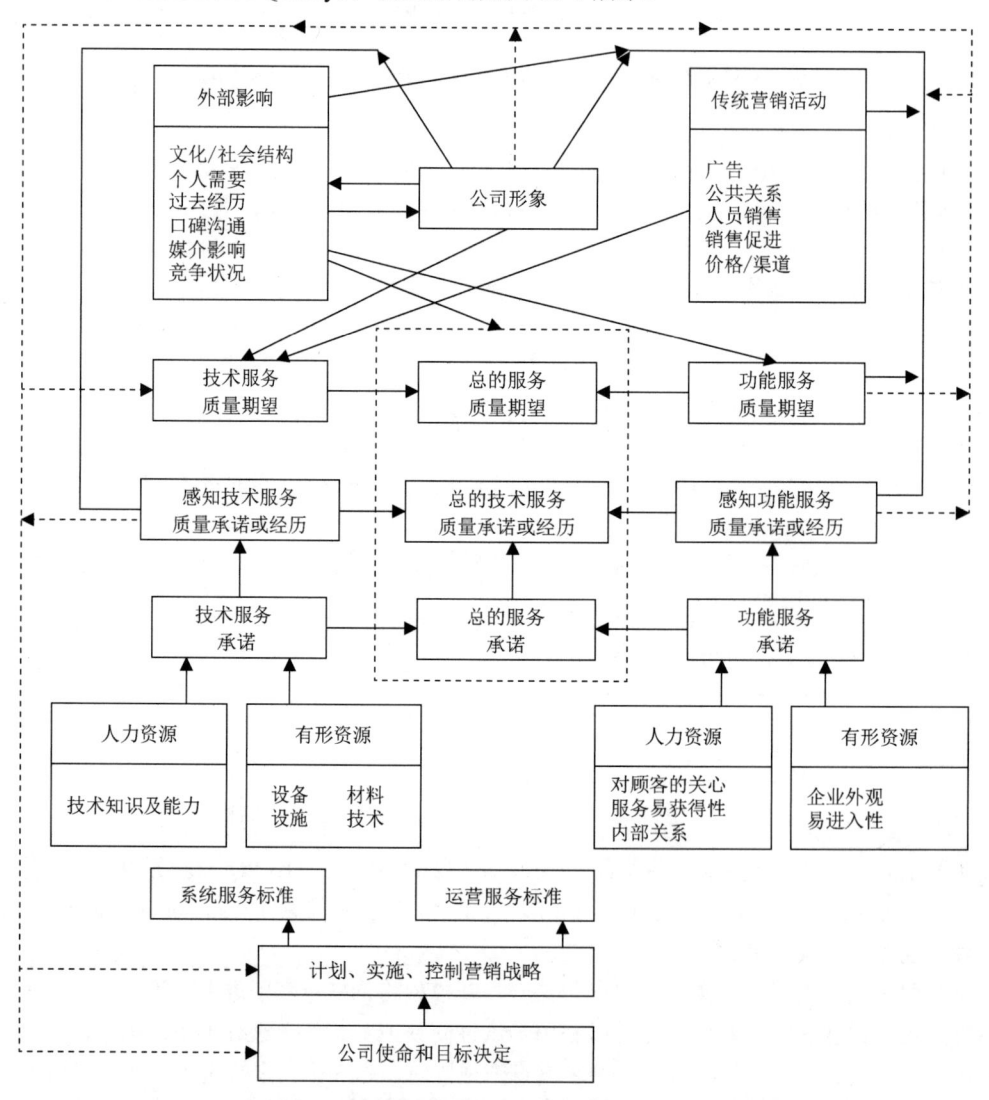

图 18-7　BDL 顾客感知服务质量综合模型结构图

在该模型中，顾客感知服务质量差距被分成了技术质量差距（Technical Quality Gap）和功能质量差距（Functional Quality Gap），两者融合，形成总的服务质量差距（Total Service Quality

Gap)。顾客影响这些差距的经历被分为技术服务组合经历（Experiences of a Technical Service Package）和功能服务组合经历（Experiences of a Functional Service Package）两部分。两者合二为一，形成总的服务组合（Total Service Package）。该模型中也列出了影响的要素，如人力资源、有形资源、企业形象和其他要素等。

（2）模型启示。

BDL 顾客感知服务质量模型将质量组合分解为两部分，可以促使营销人员和提供服务的员工在营销过程中详细地观察这两部分对于顾客感知服务质量形成的作用，从而避免过分强调某种质量和忽视另一种质量的现象出现。即在重视过程质量的同时，必须对技术质量（服务结果）给予足够的重视。同时，BDL 顾客感知服务质量模型将整个服务质量重新进行了有机整合，使其能够更为全面和客观地反映服务质量的决定要素。另外，BDL 顾客感知服务质量模型将服务标准划分为系统标准和运营标准，并将企业使命纳入模型，对服务质量的传递产生了极大的影响。

18.1.4 Bolton & Drew 服务质量模型（1991）

（1）模型提出。

Bolton & Drew 服务质量模型是鲁斯·N. 博尔顿（Ruth N. Bolton）和詹姆斯·H. 德鲁（James H. Drew）于 1991 年提出，该模型依然采用了格朗鲁斯的差异分析方法，但是增加了新的研究内容，探讨的角度也不相同（见图 18-8）。

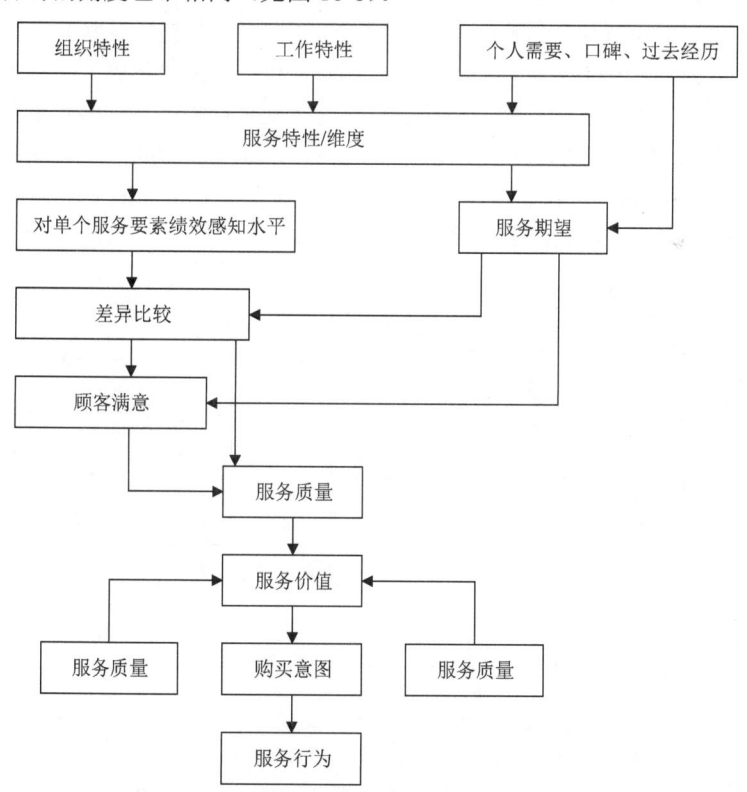

图 18-8 Bolton & Drew 服务质量模型结构图

（2）模型特点。

Bolton & Drew 服务质量模型加入了组织特性、工程特性等新的要素。更为重要的是，该模型对服务质量与顾客满意的关系、服务质量与顾客重购意愿的关系等进行了有益的探索。该模型一个最大的贡献是在服务质量模型中加入了服务价值的概念,并将其视为影响顾客重购意愿的一个非常重要的因素。在该模型中,影响服务价值的因素包括服务质量、顾客付出与获得利益的比较及顾客自身的特性。

该模型的另一个特点是,顾客满意和感知服务质量都受到期望与感知比较结果的影响,而且在处理顾客满意与顾客感知服务质量的关系问题上,该模型提出,顾客满意是感知服务质量的先行指标,而且顾客满意决定了顾客感知服务质量。该模型认为,按照顾客满意理论,期望与绩效比较的结果、期望和绩效本身都会对顾客满意产生影响,反过来又会成为顾客感知服务质量的决定要素。该模型与 PZB 服务质量差距模型的相同之处是,都认为顾客满意是某一次特定交易的结果,而感知服务质量则是对服务的一种总体性评价;但具体的评价标准与 PZB 服务质量差距模型不同,而且该模型认为对顾客实际服务效果的评价、对顾客满意的影响比期望与实际的比较影响更大。也就是说,由感知与期望所形成的"差异"对顾客满意的影响,远远没有顾客单纯对实际服务绩效评价而形成的影响大。

18.1.5　Oliver 感知服务质量模型(1993)

(1)模型提出。

理查德·奥利弗(Richard Oliver)1993 年提出了一个非常重要的观点,即使顾客没有接受企业的服务,也可以对服务质量做出评价,而顾客满意则必须是在接受服务之后(或过程中)才会产生,即 Oliver 感知服务质量模型。这与格朗鲁斯所阐述的"形象"问题非常接近,因为顾客可能仅仅通过对企业形象的感知,从而决定是否接受企业的服务。奥利弗利用约瑟夫·克罗宁(J. Joseph Cronin Jr.)和斯蒂芬·A. 泰勒(Steven A. Taylor)1992 年所做的一项研究结果,说明了服务质量是顾客满意的决定要素之一,但顾客满意又会反过来强化顾客的质量感知。Oliver 感知服务质量模型结构如图 18-9 所示。

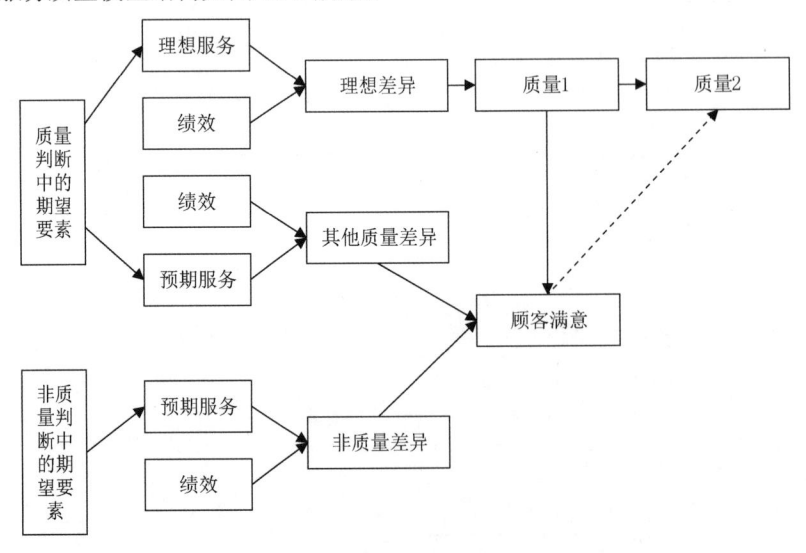

图 18-9　Oliver 感知服务质量模型结构图

(2)模型特点。

Oliver 感知服务质量模型中所包括的内容与 PZB 服务质量差距模型基本相同,但与 PZB 服务质量差距模型不同的是，Oliver 感知服务质量模型说明，对于顾客满意和感知服务质量，应当采取不同的评价标准。该模型认为，期望是建立在理想的或优异的服务质量感知基础之上的，而顾客对于满意与否的判断则牵涉许多非质量因素，如需要、权益公平性认知等。

该模型同时认为，在服务消费过程中，许多要素与感知服务质量无关，但可以用来度量顾客满意程度。比如，对于顾客来说，高质量的晚餐包括温和的侍者、美味的食物和各种各样的美酒。但是，停车问题、漫长的排队等候时间和付款系统出问题都可能造成顾客不满意，而这些都是企业无法控制的。

Oliver 感知服务质量模型的创新点在于，认为顾客将进行 3 种比较，形成 3 个差异。第一个差异是感知服务质量差异（理想期望与绩效比较的结果）；第二个差异是预期期望与绩效的比较结果；第三个差异是非质量因素的比较。顾客满意会影响顾客感知服务质量，从而形成新的感知服务质量。

18.1.6　Gummesson 4Q 产品/服务质量模型（1993）

（1）模型提出。

Gummesson 4Q 产品/服务质量模型是埃弗特·顾曼逊（Evert Gummesson）在对顾客感知服务质量模型和工业品质量概念加以综合的基础上于 1993 年提出的，模型结构如图 18-10 所示。

Gummesson 4Q 产品/服务质量模型的出发点是服务和有形产品都是服务不可分割的组成部分。所以，该模型将服务和有形产品的所有要素都包容进来，目的是"忽略"服务和有形产品的差异，探讨在抽象的情况下如何提高管理质量。

该模型包括预期服务和服务经历变量，另外，形象和品牌要素也被纳入模型中。形象与顾客对一个企业的看法相关，而品牌则是产品在顾客心目中的定位。品牌形象有时会用来表示一种事物。该模型认为，顾客对总的服务质量感知，一方面会影响企业的形象，另一方面也会对顾客心目中品牌的形象起到决定性的影响作用。

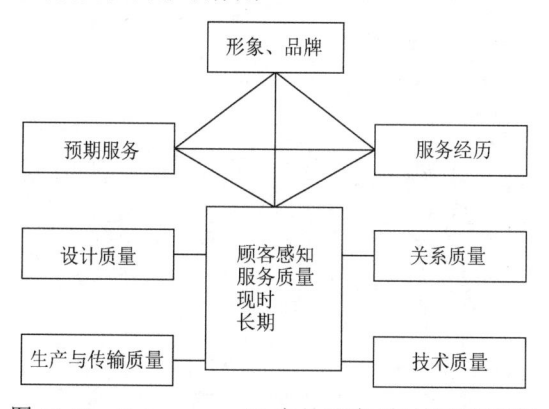

图 18-10　Gummesson 4Q 产品/服务质量模型框架图

在该模型中，设计质量说明的是服务和产品怎样整合成为功能质量组合。设计质量失误会造成低下的绩效和顾客糟糕的服务经历。生产和传输质量说明的是这种服务组合是如何生产和传输给顾客的。不管是服务生产还是服务传输过程中哪个环节没有达到顾客期望，都会出现质量问题。关系质量是指在服务过程中顾客如何感知服务质量。顾客导向、细心、关怀顾客的员工通常具有高超的服务能力和技巧，他们通常会提高与顾客的关系质量。有形产品的定制化也是影响这种质量的重要因素。关系质量与功能质量要素紧密相关。在该模型中，技术质量指的是一个服务组合既是短期的也是长期的利益。如果对生产设备的维护和保养能够使生产者减少由于设备故障而造成的顾客货币损失，那么对于生产者来说，这就是一种技术质量；如果一个顾客损失被保险公司补偿了，这对于顾客来说，技术质量是良好的；同样，如果一辆汽车能够按照质量标准行驶，技术质量也是良好的。

（2）模型特点。

Gummesson 4Q 产品/服务质量模型指出了质量最重要的构成要素，它将整个企业流程都纳入了考虑范围，服务质量优良或低下的原因可能源于工厂或后台（生产质量），甚至可以追溯到设计部门（设计质量）。该模型还将服务的特殊要素（传输和关系质量）引入模型中。

18.1.7　Lovelock 服务质量模型（1994）

（1）模型提出。

克里斯托弗·洛夫洛克（Christopher Lovelock）在 PZB 服务质量差距模型的基础上提出了服务质量模型，将 PZB 服务质量差距模型的差距 4 分成了两部分：广告与销售承诺（Advertising and Sales Promises）和顾客对服务承诺信息的理解（Customer Interpretation of Communications），由此产生了差距 6。因为即使服务企业的服务承诺信息是科学和合理的，但由于顾客理解力（如知识水平等）不同，从而也有可能产生差异。另外，PZB 服务质量差距模型中的感知与期望的比较被重新分解为顾客感知、顾客对市场沟通的理解这两者与顾客服务经历的比较（差距 7）。因此，在该模型中，最终的差距不再是感知与期望的比较，而是感知与顾客对市场沟通的理解与服务经历的比较，模型结构如图 18-11 所示。

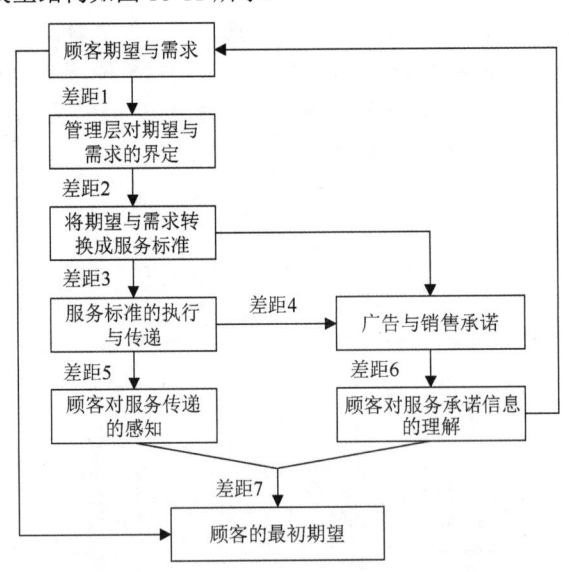

图 18-11　Lovelock 服务质量模型结构图

模型各个差距的具体含义如下。

差距 1 是指企业不了解顾客的期望与需求，产生的原因主要是市场调查工作不科学或不完善造成的。解决的方法是进一步完善市场调查工作，以获取顾客期望和需要的精确资料。

差距 2 是企业在制定服务标准时，未能根据顾客的期望与需求来进行。产生的原因是企业标准的制定片面地从企业服务流程或是现有的资源入手，而对顾客的期望与需求未能予以充分的重视。解决方法是真正建立顾客导向的服务标准。

差距 3 是一线员工服务传递过程与服务质量标准之间的偏差。即使非常好的服务标准，也有可能由于一线员工的原因，如技能、态度等，造成服务标准执行与原来设定的标准产生偏差。解决的方法是提高内部营销水平，强化员工培训等。

差距 4 指企业由于错误地理解了顾客的期望与需求，从而在市场沟通过程中向顾客传达了错误的信息或不恰当的承诺。消除策略是正确地理解顾客期望，避免为了讨好顾客而做出过高或不切实际的承诺。

差距 5 源于顾客对服务质量绩效的错误理解。在有些情况下，顾客并不能真正理解企业向其提供的服务质量。解决方法是强化外部顾客培训工作，让顾客了解服务的内涵及其质量特性。

差距 6 是顾客对企业市场宣传与推广的错误理解。解决方法是企业在进行市场宣传或承诺时必须明确，避免向顾客发出含混或带有误导性质的市场信息。

差距 7 是顾客感知与最初期望比较后产生的差距。无论是顾客的感知还是期望，都是"调整"后的感知或期望，感知的调整要素是顾客的实际服务经历，而期望的调整要素则是市场信息。

（2）模型特点。

Lovelock 服务质量模型沿袭了 PZB 服务质量差距模型对服务质量研究的基本思路，对服务质量的研究始终结合顾客满意来进行。例如，PZB 服务质量差距模型将 SQ（服务质量）=P（感知）-E（期望）定义为顾客感知服务质量，而 Lovelock 服务质量模型则直接从顾客满意入手，将顾客满意 S（Satisfaction）界定为 P-E（P 为顾客感知，E 为顾客期望），这实际上是对 PZB 服务质量差距模型的继承。但 Lovelock 服务质量模型相较 PZB 服务质量差距模型有重大的发展，这突出地体现在对服务质量差距的重新分解上，从而使得这一模型对服务质量管理工作更具指导意义。对差距的重新定义，也提供了一种新的思路，这对于深化差距模型的研究具有积极的意义。

18.1.8　Liljander & Strandvik 关系质量模型（1995）

（1）模型提出。

维罗妮卡·李亚德尔（Veronica Liljander）和托雷·斯特拉迪维克（Tore Strandvik）1995 年提出关系质量模型（Relationship Quality Model），将顾客服务质量感知分成了两部分，情节感知（Customers' Perceptions Episode）和关系感知（Perceptions of a Service Relationship），这种分类无疑使得顾客感知服务质量研究向前迈了一大步（见图 18-12）。该模型进行的是标准和绩效的比较。实际上，这和 PZB 服务质量差距模型、Gronroos 顾客感知服务质量模型中比较的方式一样，不过采用了不同的名词。比较标准相当于顾客的期望，而绩效则是顾客质量感知，但该模型中加入了新的变量——顾客感知价值，它是顾客感知服务质量与顾客感知付出比较后得到的结果。如果感知服务质量超过感知付出，顾客认为服务的感知价值较大，反之则较小，决定顾客满意的要素不再是顾客感知服务质量，而是顾客感知价值。情节价值通过形象的过滤作用，对关系价值产生影响，并最终与约束一起决定顾客行为意向，即忠诚现在的企业或是转换服务提供者。

需要说明的是，这里"关系"的概念与通常所说的概念并不完全相同，过去人们认为，只有当双方相互需要或是企业的质量非常好、顾客非常满意时，关系才会存在，而事实并非如此。在有些情况下，顾客可能并不满意，即经过质量与付出之间的比较后，顾客认为付出与所获并不成正比时，关系仍有可能建立起来。

（2）模型特点。

Liljander & Strandvik 关系质量模型具有如下特点。

① 对服务质量构成重新分解。

模型将服务质量分为两层：情节层和关系层。在这两层都存在着顾客感知服务质量和顾客满意，因此，对顾客感知服务质量的度量不能仅仅从情节层次进行。而且，顾客感知服务质量先于顾客满意。

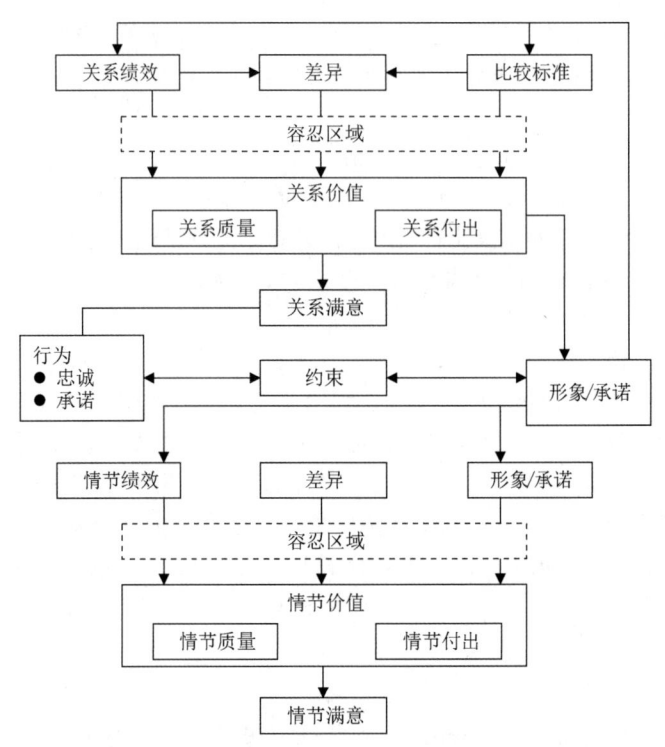

图 18-12　Liljander & Strandvik 关系质量模型结构图

② 比较标准重新设定。

该模型认为，感知服务质量是顾客对服务的一种主观性评价，可以用不同的标准来加以比较，也可以直接用服务绩效来度量。虽然质量的评价一般是建立在顾客服务经历的基础上的，但顾客也可以在没有服务经历的情况下，对服务质量做出评价，如通过广告、口碑等所得到的信息加以判断；而顾客满意，却永远与特定的服务经历相关联。顾客满意取决于感知服务质量和感知付出的比较结果，这意味着在有些情况下，顾客可能认为某个服务提供者所提供的服务质量非常好，但他不一定对服务质量感到满意。所以，顾客满意比感知服务质量对顾客未来的消费行为影响更大。

③ 顾客行为受到服务提供者约束的限制。

从该模型中可以看到，尽管顾客满意度并不受约束的影响，但是，顾客的行为受到约束的直接影响。这说明了"顾客满意必然造成顾客忠诚"的观点是站不住脚的，也间接地回答了"为什么满意顾客不一定必然是忠诚顾客"的问题。

④ 在服务接触层面和关系层面都存在容忍区域。

说明企业对容忍区域的管理绝对不能仅仅局限在服务接触层面，而应将视野放到两个层面上，以更好地提高顾客感知服务质量。

18.2 服务质量控制方法

服务质量控制就是根据顾客的期望与需求，规定服务提供者需要做什么和应该怎么做，包括制定一系列服务规范和质量控制规范等文件的过程。服务质量控制的目的在于实现所实施的服务能成功满足顾客的需求。本节主要介绍服务质量控制过程中涉及的一些方法和工具，企业通过对这些方法和工具的应用，能够有效提升企业所提供的服务质量。

18.2.1 质量功能展开（QFD）

（1）QFD 概述。

质量功能展开也叫作质量屋（Quality Function Deployment，QFD），是由赤尾洋二（Yoji Akao）和水野滋（Shigeru Mizuno）两位日本教授于 20 世纪 60 年代研究提出的一套质量管理体系，目的是设计和生产出充分满足顾客需求的产品和服务。QFD 的基本内涵如下。

① QFD 是一种顾客驱动的产品开发方法。它能使企业不断地倾听顾客的意见和需求，然后通过合适的方法和措施在开发的产品中体现这些需求。

② QFD 是在实现顾客需求的过程中，帮助产品开发的各个职能部门制定出各自的相关技术要求和措施，并使各职能部门能协调地工作的方法。

③ QFD 是一种在产品设计阶段进行质量保证的方法。它能使企业设计和制造出来的产品真正满足顾客的需求。

（2）QFD 的特点。

QFD 是一套高效的质量管理体系，在产品的研发阶段能准确把握顾客的需求，将顾客需求准确转换为产品的一系列技术要求，这些技术要求在生产阶段严格控制着产品的品质和成本，保证顾客对生产出的产品完全满意。服务的目的就在于满足顾客的需要，服务的内容就是提供方与顾客接触的活动、提供方的内部活动和它产生的结果，而 QFD 以顾客需求为驱动，两者的特点和实现机制上存在着内在的逻辑联系，QFD 的原理与方法对服务业有很大的适应性。

服务的同时性强调顾客参与，这样就能够更好地做到以顾客为驱动，体现了 QFD 的本质；服务的无形性要求提供服务的各个部门都必须围绕顾客需求并相互协调，这正好是 QFD 的特点；服务的非贮存性使得在产品设计阶段进行质量保证显得尤为重要，这恰恰是 QFD 带来的好处。

QFD 在服务业应用的基本逻辑如下：首先，通过问卷调查或分析意见簿等方式采集信息，并把一些模糊的需求及意见转化为容易衡量与评价的顾客要求质量；然后利用相关价值公式等工具获得需要改进的要求质量，并确定其权重。其次，通过四象限等方法进一步精简获得要求质量；接下来经过两个质量屋，要求质量先转化为服务标准，再转化为服务措施。最后，建立补充质量屋，并与前面的质量屋进行比较、修正，由此获得质量改进方案。

18.2.2 神秘顾客方法

（1）神秘顾客方法概述。

神秘顾客方法（Mystery Customer Method）是一种检查现场服务质量的调查方法，20 世纪 70 年代由美国零售行业"模拟购物"（Mystery Shopping）的调查方法发展而来。该方法起源可追溯到文化人类学（Anthropology）对原始部落居民生活和文化的观察。20 世纪 80、90 年代神秘顾客方法在欧洲得到快速应用。据英国一家机构抽样调查统计，在被调查的商业性公司中，88%的公司应用神秘顾客方法对自己公司、竞争对手或两者同时进行调查。欧洲两大权威行业机构市场研究协会（Marketing Research Society）、欧洲民意和市场调查协会（European Society for Opinion and Marketing Research）均建立了神秘顾客方法的行业操作规则。与其他市场调查方法纯粹作为多适用性的调查技术不同，神秘顾客方法不但作为一种独立和专门的方法，更作为一种服务诊断和评估的有效工具，这是它得到快速发展的重要原因。

顾名思义，神秘顾客调查由神秘顾客（通常通过聘请独立的第三方人员，如市场研究公司的研究人员或经验丰富的神秘顾客）通过参与观察（Participant Observation）的方式，到服务现场进行真实的服务体验活动。神秘顾客针对事前拟好的所要检查和评价的服务问题，对服务现场进行观察、申办服务活动，提出测试性问题，获取现场服务的有关信息，包括服务环境、服务人员仪态、服务表现、服务人员业务素质、应急能力等。

（2）神秘顾客方法的特点。

神秘顾客方法主要采用观察的方法进行现场服务质量的检查，它的优点在于：第一，观察到的是真实发生的行为，避免了访问调查中被访者自述行为与真实行为不一致的情况；第二，由于采用参与观察，能获得传统访问方式不能获得的许多信息，如避免事后访问中的顾客对服务过程的失忆情况；第三，参与观察避免了访问者受制于口头语言能力在采集信息方面的数量和质量产生的限制，能观察详尽的服务细节而不仅是服务结果。

在服务质量管理中，服务现场是企业与顾客接触的界面。企业在此将自己的产品、服务、形象等向顾客传递，完成服务活动。同时，服务现场又是顾客向企业反馈自己信息的渠道。因此，现场服务质量的检查和管理对服务企业十分重要。神秘顾客方法可对服务现场的服务质量进行有效的检测和控制，对企业的服务质量管理具有重要意义。

① 调查结果是服务质量考评的重要依据。

神秘顾客方法获得顾客在服务现场服务体验的整个或部分过程的真实详细信息，通过分析整体或某个场景顾客服务的优势和劣势，并进行综合或具体的比较评价。同时由于神秘顾客方法往往聘请独立的第三方进行，避免了考评结果的争议性，提高了管理工作的效率。

② 调查获得的信息是服务改进的重要依据。

一是对于服务改进提供了丰富的一手资料。由于服务环境、服务人员、服务设施及它们的实时互动状况构成了复杂的服务产品本身，神秘顾客方法采用现场实时观察而不是事后调查的方法，解决了收集服务过程信息的复杂性问题，特别是对服务"关键时刻"（Moment of Truth）的有效调查是其他调查方法所不及的，同时也弥补了顾客评价服务困难的问题。二是神秘顾客方法是企业发现服务问题的重要渠道。研究发现在服务现场，如果没有给予顾客满意的答复，会造成89%的顾客离去，如果服务不好，会造成94%的顾客离去。而在不满意的顾客中，仅4%的顾客会提出投诉，96%的顾客选择不投诉，不投诉的顾客会传播不满意的口碑，但企业无从得知造成顾客不满意的服务问题。神秘顾客方法通过服务体验，提供了企业了解这群顾客意见的替代性渠道。三是对顾客服务中的顽固性问题、重点问题，企业可安排作为重点调查，有针对性地发现问题的真相。四是神秘顾客方法往往采用连续调查的方式，监测一段时间内不同场景顾客服务的表现，可追踪评价改进的效果。因此神秘顾客调查结果是企业服务质量信息的重要组成部分。

③ 神秘顾客方法可为企业完善服务标准提供相关信息。

通过调查可发现原来标准在实施流程中是否存在不完整、不合理等问题，并依此进行改进。

④ 神秘顾客方法可追踪服务人员培训、规范实施的效果。

以往对业务培训的效果采用考试、竞赛等方式进行，但这是在非真实环境中进行的，结果的可靠性难以评估。神秘顾客方法通过现场检查，发现服务流程、服务标准、服务水平等是否达到培训的要求，是直接的现场评估，结果直观可靠，改进针对性强。

⑤ 神秘顾客方法可瞄准服务标杆。

企业可通过神秘顾客方法对竞争对手尤其是行业中服务最好的竞争企业开展调查，分析服务中的企业自身优势，以及与竞争对手的差异，以调整企业的服务定位、服务标准，或不断改进企业的服务质量。

神秘顾客方法的缺点在于，首先由于它采用隐蔽的参与观察方式，虽然能很好地发现服务现场的各种现象和问题，但不能发现现象和问题发生的原因；其次要求神秘顾客对调查行业的业务和服务流程有很好的了解，因此对于神秘顾客的素质及其培训，比传统调查方法要求更高；再次，由于神秘顾客不能在现场直接记录观察结果，通过回忆填写问卷可能对调查的信度和效度产生影响，神秘顾客方法的实施过程本身需要严格的质量控制。

18.2.3　田口方法

（1）田口方法概述。

田口方法是20世纪70年代初期由日本田口玄一创立的质量管理方法，是一种低成本、高效益的稳健性优化设计方法，一直被广泛用于制造过程的优化设计。它强调产品质量的提高不是通过检验，而是通过设计来实现的。基本思想是把产品的稳健性设计到产品和制造过程中，通过控制源头质量来抵御大量的下游生产或顾客使用中的噪声或不可控因素的干扰。随着服务质量得到越来越多的关注和重视，田口方法也逐渐被运用到服务业中，用于服务质量的管理和提升。

田口方法标志着品质改善的重点从生产过程控制向前提升至产品设计阶段。田口方法认为开发设计阶段是保证产品质量的源头属于上游，制造和检验阶段属于下游。在质量管理中，"抓好上游管理，下游管理就容易了"，若设计质量水平上不去，生产制造中就很难造出高质量的产品。田口方法的源头理论同样也可以用于指导服务质量设计，在设计服务之初，管理者就应该预先设想到服务过程中可能会发生的各种问题，并做好应对的措施来有效提升服务质量。

（2）田口方法的特点。

田口方法的目的在于使所设计的产品质量稳定、波动性小，在生产过程中对于各种噪声不敏感，其基本原理就是通过选择可控因子的最优水平组合来降低优化目标对噪声因子变化的敏感程度，从而提高目标质量特性的稳健性。

对优化目标产生影响的有两类因子，一类是可以控制的，即其值一旦选定就保持不变的因子，被称为可控因子（Control Factor）；另一类是比较复杂、随机的，难以控制的因子，被称为噪声因子（Noise Factor）。对目标进行稳健性设计的过程，就是将可控因子的不同水平组合作为主要的实验条件，把噪声因子的不同水平组合用来表示外部条件的正常变化，根据设定的实验条件依次实施各组实验，再根据各组实验的结果数据，按照目标质量特性选出可控因子的最优水平组合，即将噪声因子对实验结果的影响随机化，根据实验结果确定出的可控因子最佳水平组合就表示在此实验条件下生产的产品对噪声因子的变化不敏感，受噪声因子的影响较低，产品稳健性较高。

对于优化服务质量的目标来说，也可以利用田口方法拆解出影响服务质量的可控因子和噪声因子，在服务质量设计过程中将噪声因子随机化，确定出可控因子的最佳组合水平，使得该组合下的服务质量在出现一定量的随机情况下仍然维持较高水平。

18.2.4 波卡纠偏（Poka-Yoke）

（1）波卡纠偏概述。

波卡纠偏（Poka-Yoke）是一种自动纠偏的方法和改进工具，可以在错误变成缺陷前预防或检测它，在生产中用以防止人为失误发展成为最终产品缺陷。在作业过程中，作业者不时会因疏漏或遗忘而发生作业失误，由此所致的质量缺陷所占的比例很大，如果能够用防错法防止此类失误的发生，则质量水平和作业效率必会大幅提高。

（2）波卡纠偏的特点。

波卡纠偏主要以制造业为对象，涉及对实物的调控，但这些技术也适用于服务业的行为纠偏，不过在使用之前要先明确制造业和服务业之间的不同之处。在制造业，只要控制生产者行为就可以了，而服务业的纠偏不仅要考虑服务提供者的行为，还必须考虑顾客的行为，顾客的行为会直接影响服务结果，因此要完全避免服务缺陷，就必须对顾客的错误也做纠偏。另外，服务涉及服务提供者与顾客之间的多种接触过程，而这些接触还往往发生在不同的地点。因此，必须建立适应不同接触方式的纠偏手段，包括直接接触、电话、信件接触，或者通过自动提款机之类"技术站"的接触。

服务业的错误既可能来自服务者，也可能来自顾客。服务提供者的错误发生在服务的3个方面，任务、处理和感知；顾客的错误发生在接触的准备、接触和收尾3个阶段。因此，可以将服务业的波卡纠偏，按所纠偏的错误类型进行分类。这种分类方法很重要，因为它将纠偏措施同服务的具体方面联系在一起。

① 服务提供者的错误。

任务性错误发生在工作做错、干得太慢或顺序颠倒时。为发现这些错误而设计的波卡纠偏包括确保顾客和服务提供者能相互听清的扩音器、具有颜色代码的收银机按键。

处理性错误发生在服务提供者和顾客接触的过程中。处理性波卡纠偏，如在饭店，用目光接触向顾客表明注意到他们的到访；飞机起飞分发糖果。一家大连锁酒店用一种新颖的波卡纠偏欢迎再次光顾的顾客，门童迎接新到的顾客时，会问顾客是否是第一次来酒店，如果顾客回答他以前来过，门童就会悄悄拉一下耳朵，这样前台人员就会热情地向顾客打招呼："欢迎您回来。"

感知性错误是因未清扫设施，未控制噪声、气味、灯光、温度，或者因文件未校对等引起的。为防止人们利用公用设施睡觉，机场候机厅、汽车站候车室、火车站候车室安装的椅子其两侧都有固定的扶手，使人无法躺下；酒店用纸条包扎毛巾，以便清洁人员区分干净毛巾与使用过的毛巾；软件程序也含有检查拼写和计算错误的功能。

② 顾客的错误。

准备阶段的顾客错误在服务场所内外都可能发生。错误可以分为如下几类：首先是服务准备不足，比如顾客未携带足够在服务过程中所需的饮料；其次是沟通理解上的失误，比如顾客未能准确理解自己在服务接触过程中应扮演的角色或应承担的责任；最后是服务选择错误，比如顾客选择了不适合自己的服务类型等。从事市场营销的人员可以利用波卡纠偏预先塑造顾客的期望，并且告诉顾客应该如何得到所期望的服务。

接触阶段的顾客错误经常是由于注意力不集中和理解错误造成的，包括没有说清楚自己所要求的服务或没有按照指令办事。控制顾客行为的波卡纠偏，如在火车站排队时用于规范队列的路径带、自动柜员机上提醒顾客拿走银行卡的蜂鸣器等。

服务收尾阶段的顾客错误也常常是不可避免的。与服务提供者的接触结束后，顾客往往会对这次经历做一番评价，修正自己对今后服务的期望，并向服务提供者表达反馈意见。这时候也可能发生各种错误,包括没有指出具体服务失败,或未能从中吸取经验等。为鼓励积极的评价信息,订购外卖后店家通常会将好评返现卡随外卖一起送达顾客的手中,鼓励顾客对订餐服务做出评价。

18.2.5 其他质量控制方法

(1) 产品质量先期策划(Advanced Product Quality Planning,APQP)。

产品质量先期策划是一种结构化的方法,用来确定和制定确保某产品使顾客满意所需的步骤。产品质量策划的目标是促进与所涉及的每一个人的联系,以确保所要求的步骤按时完成。有效的产品质量策划依赖于公司高层管理者对努力达到使顾客满意这一宗旨的承诺。

产品质量先期策划的步骤如下:

① 计划和确定项目;
② 产品设计和开发;
③ 过程设计和开发;
④ 产品和过程确认;
⑤ 反馈、评定和纠正措施。

产品质量先期策划的好处:

- 引导资源,使顾客满意;
- 促进对所需更改的早期识别;
- 避免晚期更改;
- 以最低的成本及时提供优质产品。

(2) 潜在失效模式及影响分析(Potentail Failure Mode and Effects Analysis,PFMEA)。

潜在失效模式及影响分析是在产品/服务等的策划设计阶段,对构成产品的各子系统、零部件,以及对构成服务的各个程序逐一进行分析,找出潜在的失效模式,分析可能的后果,评估其风险,从而预先采取措施,减少失效模式的严重程度,降低其可能发生的概率,以有效地提高质量与可靠性,确保顾客满意的系统化活动,是故障模式分析(Failure Mode Analysis,FMA)和故障影响分析(Failure Effects Analysis,FEA)的组合。细分为设计 FMEA(Failure Mode and Effects Analysis)、过程 FMEA、使用 FMEA、服务 FMEA,该方法侧重于技术、经验层面的提前预判。

(3) 统计过程控制(Statistical Process Control,SPC)。

统计过程控制主要是指应用统计分析技术对生产过程进行实时监控,科学区分出生产过程中产品质量的随机波动与异常波动,从而对生产过程的异常趋势提出预警,以便生产管理人员及时采取措施,消除异常,恢复过程的稳定,从而达到提高和控制质量的目的。

统计过程控制适用于重复性的生产过程,它能够帮助组织对过程做出可靠的评估,确定过程的统计控制界限,判断过程是否失控,为过程提供一个早期报警系统,及时监控过程的情况,以防止废品的产生,减少对常规检验的依赖性,定时以观察及系统的测量方法替代大量检测和验证工作。

统计过程控制实施分为分析和监控两个阶段。分析阶段是指运用控制图、直方图、过程能力分析等使过程处于统计稳态;监控阶段则是运用控制图等监控过程。

统计过程控制的作用在于:

- 确保产品生产过程持续稳定、可预测;

- 降低不良率，减少返工和浪费；
- 提高产品质量、生产能力、降低成本；
- 为产品生产过程分析提供依据；
- 区分变差的特殊原因和普通原因，作为采取局部措施或对系统采取措施的指南；
- 提高核心竞争力。

（4）测量系统分析（Measurement System Analysis，MSA）。

测量系统分析是使用数理统计和图表的方法对测量系统的误差进行分析，以评估测量系统对于被测量的参数来说是否合适，并确定测量系统误差的主要成分。测量系统分析的5个统计属性为：偏倚（Bias）、线性（Linearity）、稳定性（Stability）、重复性（Repeatability）和再现性（Reproducibility）。

测量系统分析的作用在于：

- 分析测量系统偏差；
- 评价测量系统的适用性和有效性；
- 使测量系统受控，过程输出的测量数据有效且可靠；
- 改善评估。

（5）关联图。

关联图是指用连线图来表示事物相互关系的一种方法，也叫关系图法。如图 18-13 所示，图中各种因素 A、B、C、D、E、F、G 之间有一定的因果关系。其中因素 B 受到因素 A、C、E 的影响，它本身又影响到因素 F，而因素 F 又影响着因素 C 和 G，等等。这样，找出因素之间的因果关系，便于统观全局、分析研究及拟订解决问题的措施和计划。

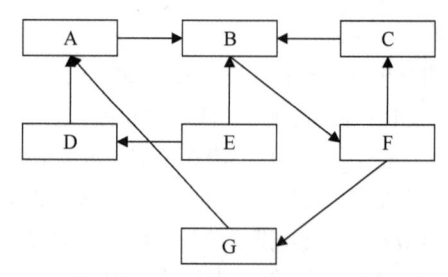

图 18-13　关联示意图

关联图的绘制步骤如下：

① 提出认为与问题有关的各种因素；

② 用简明而确切的文字或语言加以表示；

③ 把因素之间的因果关系，用箭头符号做出逻辑上的连接（不表示顺序关系，而表示一种相互制约的逻辑关系）；

④ 根据图形进行分析讨论，检查有无不够确切或遗漏之处，复核和认可上述各种因素之间的逻辑关系；

⑤ 指出重点，确定从何处入手来解决问题，并拟订措施和计划。

（6）KJ 法。

KJ 法是由日本川喜二郎提出的，这一方法是从错综复杂的现象中，用一定的方式来整理思路、抓住思想实质、找出解决问题新途径的方法。

KJ 法不同于统计方法，统计方法强调一切用数据说话，而 KJ 法则主要靠用事实说话、靠"灵感"发现新思想、解决新问题。KJ 法认为许多新思想、新理论，往往是灵机一动、突然发现的。

KJ 法的工作步骤如下：

① 确定对象或用途。KJ 法适用于解决非解决不可，且又允许用一定时间去解决的问题，对于要求迅速解决、"急于求成"的问题，不宜用 KJ 法。

② 收集语言、文字资料。收集时要尊重事实，找出原始思想。收集资料的方法有 3 种：第一种，直接观察法，即到现场去看、听、摸等，汲取感性认识，从中得到某种启发；第二种，面谈阅览法，即通过组织与有关人谈话、开会、查阅文献、集体"头脑风暴"法来收集资料；第三种，个人思考法，通过个人自我回忆，总结经验来获得资料。通常，应根据不同的使用目的对以上收集资料的方法进行恰当的选择。

③ 把所有收集到的资料都写成卡片。

④ 整理卡片。对于这些杂乱无章的卡片，不是按照已有的理论和分类方法来整理的，而是把自己感到相似的归并在一起，逐步整理出新的思路来。

⑤ 把同类的卡片集中起来，并写出分类卡片。

⑥ 根据不同的目的，选用上述资料片段，整理出思路，写出方案。

（7）系统图。

系统图是用于系统地分析、探求实现目标的最好手段的方法。在质量管理中，为了达到某种目的，就需要选择和考虑某一种手段，而为了采取这一手段，又需考虑它下一级的相应手段。这样，上一级手段就成为下一级手段的行动目的。如此把要达到的目的和所需要的手段，按照系统来展开，并按照顺序来分解并做出图形，就能对问题有一个全面的认识。然后，从图形中找出问题的重点，提出实现预定目的最理想的途径（见图 18-14）。

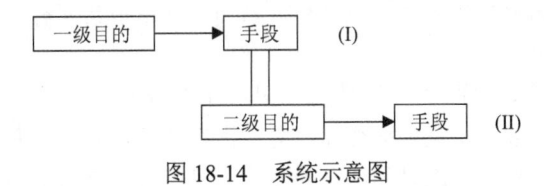

图 18-14 系统示意图

（8）矩阵图。

矩阵图是指借助数学矩阵的形式，把与问题有对应关系的各个因素，列成一个矩阵图，然后根据矩阵图的特点进行分析，从中确定关键点（或着眼点）的方法。这种方法，先把要分析问题的因素，分为两大群（如 R 群和 L 群），把属于因素群 R 的因素（R1,R2,…,Rm）和属于因素群 L 的因素（L1,L2,…,Ln）分别排列成行和列。在行和列的交点上表示 R 和 L 的各因素之间的关系，这种关系可用不同的记号予以表示（如用"○"表示有关系等）（见图 18-15）。

这种方法在用于多因素分析时，可做到条理清楚、重点突出。在质量管理中，可用于寻找新产品研制和老产品改进的着眼点，寻找产品质量问题产生的原因等方面。

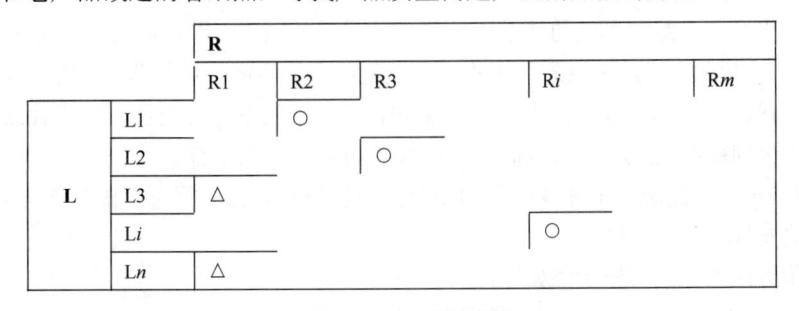

图 18-15 矩阵示意图

(9) 矩阵数据分析图 (Matrix Data Analysis Chart, MDAC)。

矩阵数据分析图法是指通过运用主成分分析等计算方法，准确地整理和分析在矩阵图上用数据定量化表示各元素间关系的一种方法。它区别于矩阵图法，不是在矩阵图上填符号，而是填数据，形成一个分析数据的矩阵，是一种定量分析问题的方法。矩阵数据分析图法，与矩阵图法类似，在矩阵图的基础上，把各个因素分别放在行和列，然后在行和列的交叉点中用数量来描述这些因素之间的对比，再进行数量计算和定量分析，确定哪些因素相对比较重要。

矩阵数据分析图法的具体分析步骤如下：
① 确定对研究对象进行品质评价所需的指标；
② 获得研究对象数据；
③ 进行各项指标的相关性分析与初步评价；
④ 对指标变量进行主成分分析；
⑤ 通过主成分累计贡献率和崖底碎石图 (Scree Plot) 选取合适的主成分个数，实现分析数据的降维；
⑥ 将检测数据代入各主成分表达式中求得主成分得分，再以各主成分贡献率为权重值求得其综合得分，从而进行所研究问题最终量化的评价。

(10) 过程决策程序图 (Process Decision Program Chart, PDPC)。

过程决策程序图法是为了完成某个任务或达到某个目标，在制订行动计划或进行方案设计时，预测可能出现的障碍和结果，并相应地提出多种应变计划的一种方法。这样在计划执行过程中遇到不利情况时，仍能按第二、第三或其他计划方案进行，以便达到预定的计划目标。

具体地讲，过程决策程序图法是在事件初始状态，如制订计划阶段或开始进行系统设计时，事先预测可能发生的障碍并进行先期预测分析，从而设计出一系列对策措施，以最大的可能达到理想状态的一种分析方法。

过程决策程序图法是动态的方法，首先要找出所有可能存在的质量问题，并一一罗列出来，分析其产生的原因。其次要分析问题的变化状态，潜在的质量问题和变化的新情况，会影响到发展的最终结果，因此要随时跟踪时间状态的变化，以使问题得到解决并达到理想的结果。

过程决策程序图法有如下特点。

① 掌握全局动态。利用过程决策程序图法，能用图形显示达到目标的全过程，不是从局部看问题，可从整体上监测全局状态，做出系统性判断，并依此掌控全局，进而提高目标的达成概率。过程决策程序图法可按时间顺序掌握系统的进展情况，信息和数据获得及时，计划实施可被不断补充和修订。

② 能够动态管理。过程决策程序图法具有动态管理的特征，可以按时间先后顺序掌握系统状态的变化，可以密切注意系统进程的动向，掌握系统输入与输出之间的关系。

③ 具有可追溯性。该方法可以系统地追踪事物的起因和最终结果。过程决策程序图法很灵活，既可以从出发点追踪到最后的结果，也可以从最后的结果追踪中间发生的原因。

④ 预测重大事故。该方法能预测那些很少发生的重大事故，并在设计阶段预先制定出应对事故的一系列措施和办法。过程决策程序图法兼具预见性与临时应变性，对事件或问题的预测性，可避免重大问题的发生，并可提高产品的质量可靠性与安全性。

⑤ 过程决策程序图法以事件或问题为中心，可以进行自由式探讨，能使参与人员的构想、创意得以尽情发挥。

过程决策程序图法的实施步骤如下：
① 召集有关人员，讨论所要解决的问题或目标；

② 自由讨论，提出达到理想状态的方案和措施；
③ 对提出的措施，列出预测的结果及遇到困难时应采取的措施和方案；
④ 将各研究措施按紧迫程度、所需工时、实施的可能性及难易程度予以分类；
⑤ 决定各项措施实施的先后顺序，并用箭头按理想状态方向连接起来，若对某一事项有影响可用虚线把它们连接起来；
⑥ 确定实施负责人及实施期限，并把相应部门和事项关联起来；
⑦ 按计划实施并定期检查，当出现新情况时，及时修订过程决策程序图。

（11）箭条图。

箭条图又称网络计划技术，是安排和编制最佳日程计划，有效地实施进度管理的一种科学方法。一项任务或工程，可以分解为许多作业，这些作业在生产工艺和生产组织上相互依赖、相互制约，用箭条图可以把各项作业之间的关系清晰地表示出来，通过箭条图，能找出影响工程进度的关键和非关键因素，统筹协调，合理利用资源，提高效率。

箭条图法的适用范围如下：
- 用于新品开发计划和管理；
- 用于产品改进计划的制订和管理；
- 试生产阶段计划制订和管理；
- 量产阶段计划制订和管理；
- 工厂迁移计划及管理；
- 工程安装、修缮计划和管理；
- 各种事务的统筹。

本章小结

本章主要介绍服务质量管理中所用到的理论测量模型和质量控制方法。首先根据时间线梳理了 20 世纪 80 年代以来开创的各种重要的服务质量测量模型，对每种模型的提出和特点进行了详细的介绍。接着对服务质量控制的相关方法进行了分析，其中重点分析了质量功能展开、神秘顾客方法、田口方法和波卡纠偏等方法，并拓展列举了其他质量控制方法以供借鉴学习。

讨论题

1. 结合生活实例，谈一谈服务质量差距产生的原因。
2. 举例常见的服务内容，并尝试使用 PZB 服务质量差距模型找出具体可能出现服务质量问题的环节。
3. 针对上述实例，尝试采用一种服务质量控制方法对可能出现的服务质量问题进行控制和改进。

第 19 章

服务供应链管理方法

▶▶ 学习目标

1. 了解 SCOR 模型对服务供应链性能的评估过程。
2. 了解平衡计分卡对服务供应链绩效的评估过程。
3. 了解 DDVN 模型对服务供应链成熟度的评估过程。
4. 了解标杆管理方法对服务供应链水平的评估过程。

19.1 传统供应链评价方法

供应链的评价问题实质上是对供应链整体运行情况、供应链成员和供应链企业之间的合作关系的度量,一般涉及供应链上各企业内部绩效度量、供应链上企业外部合作绩效度量和供应链整体绩效度量3个方面。

19.1.1 供应链企业内部绩效评价

供应链企业内部绩效评价主要是对供应链上的企业内部绩效进行衡量,它着重将活动和过程同以前的作业和目标比较。内部绩效评价通常有如下指标:客户服务、成本管理、质量、生产率、资产管理等。

1. 客户服务

客户服务包括服务的可得性、运作绩效和服务可靠性。在一般情况下,服务的可得性可以通过一个组织的操作的完成比率得到反映,完成比率的衡量方法有多种。如从订单和价值角度衡量。

订单完成比率=完全交付给客户的订单数量/客户订单数量

价值完成比率=完全交付给客户的总价值/客户订单的总价值

使用订单完成比率来衡量与产品可得性有关的绩效,是一种比较严格的方法,根据这种评价标准,如果在某个产品线上哪怕仅仅遗漏了一件货物订单也被看作没有完成。因此,管理中也常常以某个时期内出现的缺货数目和延迟交货的数量作为服务可靠性的评价指标。运作绩效解决与时间有关的问题,一般可以通过平均订货周期时间或准时交货来衡量。

2．成本管理

最直接反映内部绩效的是完成特定的运作目标而发生的实际成本。由于成本绩效经常是以每一项职能所花费的总额作为评价指标的。因此常常需要对具体的物流职能，如仓储、运输和订单的处理等的成本数据进行监控，企业也常常要对成本占销售额的百分比或每个单位产品的成本消耗进行监控。

3．质量

较典型的评估质量绩效的指标包括损坏比率，即计算损坏的货物数量占全部货物数量的比率。还有一些重要的质量绩效指标与信息有关。许多公司特别注重评估自身提供信息的能力，即当公司出现没有客户所需的信息的情况时，公司自身是否具有提供相关信息的能力。另外，如果出现信息不准确的情况，企业也常会对这些情况进行跟踪。

4．生产率

生产率通常会用一个比率或指数来表示，即货物产量、完成的工作或创造的服务，与用于生产该产品的投入或资源的数量之间的比率，在很多情况下，生产率的评估会有很多困难，比如在一定的时间段内，产量难以衡量，同时所用的投入与产量难以匹配，投入与产出类型不断变化，数据难以得到。

5．资产管理

资产管理的重点是投资在设备和设施上的资本的利用，同时还有投资在库存上的营运资本的利用。设施与设备经常是以容量的利用，即总容量的利用比率来进行评估的，这种评估方法表明了资本投资的有效或无效利用，库存周转率是最常见的绩效评估方式。

库存周转率=销售成本/平均存货

19.1.2 供应链企业外部合作绩效评价

外部绩效评价主要是对供应链上的企业之间运行状况的评估，外部绩效评价指标主要有客户满意度指标和基准评估等。

1．客户满意度

客户作为供应链市场导向和利润来源，成为供应绩效的主要驱动，客户不断变化的、加强的要求和消费的偏好增加了供应链在运作成本上的压力。同时，产品的质量、计划的柔性不能有丝毫的下降。客户对产品为自身带来的价值增值或成本节约愈发注重，因此供应链要在链中的每个环节都高度重视客户服务理念。

企业内部生成的关于基础服务的所有统计数据，都可以作为衡量客户满意度的内部指标，但是，要量化满意度就要对来自客户的信息进行监控评估。典型的满意度评估方法要求对客户的期望、需求和客户对企业各方面运作绩效的印象和理解进行仔细的调查。客户的期望和绩效印象包括可用性、信息有效性、订单准确性、问题处理情况等方面，只有通过收集来自客户的数据信息，才能够真实有效地评估客户满意度。更进一步说，必须从客户的角度去衡量那些为提升客户成功而付出的努力。

2．基准评估

基准是绩效评估的关键方面，它使管理者了解了一流的经营运作。关于基准的一个关键问题是选择基准评估的对象。许多公司对企业内部相似运作单元的绩效或出于不同地区的运作单元的绩效进行比较。由于从事多种经营的大公司的运作单元经常不知道其他单元中所发生的事情，因此内部基准提供了共享信息和改进绩效的渠道。此外，关于竞争者的绩效信息也可以用来判定哪些地方是最需要加以改进的。

19.1.3 供应链整体绩效评价

供应链的绩效包括企业内部、外部绩效，但最终体现供应链综合竞争实力的还是供应链的整体绩效，这就要求供应链的绩效评价能够从总体上度量供应链运作效率。在一般情况下，可以通过以下3个方面来体现：供应链总运营成本指标、供应链响应时间、闲置时间等。

1．供应链总运营成本

供应链总运营成本是供应链上所有企业成本的聚合，而不仅是单个企业的成本，具体计算方式如下：

供应链总运营成本=原材料来源成本+基本产量的初始生产成本+制造商成本+分销商成本+零售商成本

供应链总运营成本越低，反映在供应链产品中的成本也就越低，供应链产品的利润率就越高，说明供应链的运营越有效率，从而在供应链之间的竞争中越具有竞争力。

2．供应链响应时间

供应链响应时间可以通过响应需求的时间来计算，即一家企业认识到市场需求的根本性变化，将这一发现内在化，然后重新计划和调整产量来满足该需求所需要的时间。例如，在汽车制造业中，当发现市场上对运动型汽车的需求较高时，汽车公司往往要花好几年的时间来开发充足的生产量和能力，重新安排供应商关系，并满足客户的需求。当考虑到整个供应（包括从原材料来源到最终分销）需要多长时间才能准备好以面对产品需求波动比预期大很多的情况时，供应链响应时间就显得极其有用，而供应链的响应时间标志着供应链的反应速度和响应能力，是决定供应链竞争力的关键因素之一。

3．闲置时间

闲置时间是另一个用来衡量整体供应链在资产管理方面绩效的指标，库存闲置时间是在供应链中库存闲置不用的天数与库存被有效地利用或配置的天数的比率。闲置时间同时也可以用于其他资产的计算，比如运输设备的闲置时间等。

19.1.4 供应链评价指标体系

供应链评价指标是基于业务流程的绩效评价指标，应能够恰当地反映供应链整体运营状况及上下节点企业之间的运营关系。

1．供应链流程指标

供应链流程指标主要反映了供应商的流程响应能力，确定如何能够在合理的成本下，以高效的方式进行生产。因为产品、服务和市场的分布在业务流程上是分散采购、集中制造，还是集中采购、分散制造，都由所提供的产品或服务决定，而不同的市场层面也会使业务流程在设置上有相当的差异。供应链绩效所关注的方面也因为流程的差异而有所不同。

供应链流程指标主要包括以下 4 种。

（1）产销率指标。供应链产销率是指一定时期内供应链各节点已销售出去的产品和已生产的产品数量的比值。

该指标可反映供应链各节点在一定时期内的产销经营状况，供应链资源（包括人、财、物、信息等）的有效利用程度，供应链库存水平等，该指标值越接近 1，说明供应链节点的资源利用程度和成品库存越小。

（2）产需率指标。产需率是指在一定时期内，供应链各节点已生产的产品数（或提供服务）与其下游节点（或用户）对该产品（或服务）的需求量的比值。其具体分为以下两个指标。

① 供应链节点企业产需率。该指标反映供应链上下游节点企业之间的供求关系。产需率越接近 1，说明上下游节点间的供需关系越协调，准时交货率越高，反之则说明上下游节点间的准时交货率越低或综合管理水平越低。

供应链节点企业产需率=一定时间内节点企业已生产的产品数量/一定时间内上下游节点企业对该产品的需求量

② 供应链核心企业产需率。该指标反映供应链整体生产能力和快速响应市场的能力。若该指标数据大于或等于 1，说明供应链整体生产能力较强，能快速响应市场需求，有较强的市场竞争能力。

供应链核心企业产需率=一定时间内核心企业生产的产品数量/一定时间内客户对该产品的需求量

（3）产品出产（或服务）循环期指标。供应链产品出产（或服务）循环期是指供应各节点产品出产（或服务）的出产节拍或出产间隔时间。该指标可反映各节点对其下游节点需求的响应程度。循环期越短，说明该节点对其下游节点的快速响应性越好。

在实际评价中，可以将各节点的循环期总值或循环期最长的节点指标值作为整个供应链的产品出产（或服务）循环期。

（4）供应链总运营成本指标。供应链总运营成本包括供应链各物料在制品、成品库存费用、各节点内外部运输总费用等，反映的是供应链的运营效率。

2. 供应链经济效益指标

供应链经济效益评价可采用传统关键性的财务评价指标，当供应链伙伴目标得以实现之后，供应链应该取得财务上的成功，经营目标的实现使得成本大为降低，提高了边际收益率；现金流得以更好地优化，获得更高的收益和资本回报率。以上几个方面绩效的提高保证财务上有长期收益。

供应链经济效益指标主要包括以下 4 种。

（1）供应链成本收益率。该指标由客户的利润除以在此期间使用的供应链平均资产，它反映了使用其资产的增值性绩效的大小。

（2）营运资金周转率：该指标是联系供应链整个流程的关键，评估营运资金在原材料、劳动力、在制品、完工产品直至最终现金回流整个过程中的周转速度。通过先进的信息技术和产品流集成，供应链系统能够更好地协调合作伙伴之间的运作，从而实现更快的营运资金周转。

(3) 供应链库存天数。该指标反映了资本在供应链运作中以库存形式的占用天数，其等于某个时期的物料在制品、产品库存等形式占用的时间。

(4) 客户销售增长及利润。客户销售增长及利润表现为主要客户在供应链产品上的年销售收入和利润率增长。这类指标反映了供应链下游在 3 个主要方面的绩效：客户的销售量按年增长的情况、对于特定客户服务所获的收益随着合作关系的增进而进一步提高的情况、接受服务的基数增加的情况。扩大销售量，增加新的客户都将是新的利润增长点。

3．供应链运行能力指标

优秀的客户绩效来自组织的流程决策和运作。供应链运作就是回答如何经营才能满足或超越客户需求的问题。由于供应流程牵涉到供应链成员的生产运作，这样的指标将不同成员的绩效联系成为供应链的整体绩效。这一联系使得供应链成员企业对于各自的运作有了明确的目标，其所做的改进也将有利于整个供应的改进。就供应链运作角度而言，实现此目标主要有 4 个目的：减少提前期、提高响应性、减少单位成本、构建敏捷性供应链。为此，有以下 6 个指标。

(1) 供应链有效提前期率。该指标反映了供应链在完成客户订单过程中有效的增值活动时间在运作总时间中的比率。其中包括供应链响应时间和供应链增值活动总时间两个指标。

供应链响应时间=客户需求及预测时间+预测需求信息传递到内部制造部门时间+采购、制造时间+制造节点运输到最终客户的平均提前期（或订单完成提前期）

供应链增值活动总时间=供应链运作的相关部门增值活动的时间加和

(2) 供应链有效循环期率。该指标体现了减少供应链内运作的非增值时间和流程浪费的空间大小。

供应链有效循环期率=供应链增值活动总时间/供应响应时间

在通常情况下，企业之间的传递空间和时间很大部分为非增值活动所占用，很多资源被大大地浪费了。达到精益的供应链必须保证合作企业之间的信息共享及合作机制的完备，以实现流程的无缝连接，减少无谓的时间和空间的浪费。

(3) 库存闲置率。库存闲置率即供应链中库存闲置的时间和库存移动时间的比率。其中，闲置时间包含物料、在制品、产品库存等在供应链运作中的总停滞和缓冲时间。库存移动时间则是指库存在加工、运输、发运中的总时间。该指标表现了库存在整体运作中的时间占用，提供了库存经营效率的提高空间。

(4) 供应链生产时间柔性。该指标定义为由市场需求变动造成非计划产量增加一定比例后供应链内部重新组织、计划、生产的时间。

(5) 供应链持有成本。供应链持有成本是对物流系统运作的有效性的考察。它包括采购、库存、质量，以及交货失误等方面的内容，供应链采购成本的评价包括订货、发运、进货质量控制的总和。供应链库存成本包括供应链过程中发生的原材料、在制品、完工产品库存成本及滞销和在途库存成本等。供应链质量成本是指在运作过程中由于质量问题而造成的成本，包括产品残缺成本、维修成本和质量保证成本等。

(6) 供应链目标成本达到比率。该指标从单一产品和流程的角度分析其在质量、时间和柔性上的流程改进是否达到预定的目标成本。

4．供应链创新与学习能力指标

供应链未来的发展直接关系到供应链的价值。平衡计分法从客户角度和内部运作角度的评价分析了供应链成功的竞争力，但是成功的目标是不断变化的。严峻的市场竞争要求供应链必须不断改进和创新，整合供应链内部和外部资源，提高现有流程、产品/服务质量和开发新产品的能力。

常用的供应链创新与学习能力指标包含以下四种。

（1）专有技术拥有比例。该指标反映供应链的核心竞争力。供应链企业核心竞争力的一个重要组成部分是核心产品。指标值越大，说明供应链整体技术水准越高，核心竞争力越强，其产品越不能被竞争对手模仿。

专有技术拥有比例=供应链企业群体专利技术拥有数量/全行业专利技术拥有数量

（2）新产品（服务）收入比率指标。新产品（服务）收入比率是指企业（供应链）在一定时期内由于提供新型产品或服务所获得的收入占总收入的百分比。该指标反映的是企业的产品（服务）研发能力和对新产品（服务）的综合营销能力，新产品（服务）收入比率指标值越大，说明企业（供应链）的新产品（服务）设计、开发能力越强，对新产品（服务）的综合营销能力也越强。

（3）员工建议增长率指标。员工建议增长率是指一定时期内企业（供应链）员工向公司提交的合理化建议数量与上一评价期提交的合理化建议数量相比的增长率。该指标值与企业内民主管理意识、员工的参与意识成正比。从一定程度上而言，员工建议增长率指标也是企业（供应链）管理活力强弱的具体体现之一。

（4）组织之间的共享数据占总数据量的比重。供应链的特点之一就是信息共享，这是维持供应链伙伴关系成功的关键。否则，供应链很难降低重复劳动、减少浪费和成本。信息共享的内容包括需求预测、销售点数据、生产计划、战略方向、客户目标等，以实现组织之间的集成。由此可见，重要信息的共享程度体现了企业实施供应链管理的程度。

19.2 供应链性能评估——SCOR 模型

长期以来产业界缺乏一种标准的方法去评测供应链的性能。1996 年，两家位于美国波士顿的咨询公司 Pittiglio Rabin Todd & MeGrath（PRTM）和 AMR Research 为了帮助企业更好地实施有效的供应链，实现从基于职能管理到基于流程管理的转变，牵头成立了供应链协会，并于当年年底发布了供应链运作参考模型（SCOR）。

SCOR 模型是第一个标准的供应链动作参考模型，是供应链的诊断工具，涵盖所有行业。SCOR 使企业之间能够准确地交流供应链问题，客观地评测其性能，确定性能改进的目标。SCOR 模型主要由 4 个部分组成：供应链管理流程的一般定义、对应于这些流程的性能指标基准、供应链"最佳实践"（Best Practices）的描述及选择供应链软件产品的信息。

基于 SCOR 模型的绩效评价方法是将业务流程重组、标杆管理及最佳业务分析等领域组合集成为一个多功能一体化的模型结构，为企业供应链管理提供一个跨行业的普遍适用的共同标准。

SCOR 模型能够把握业务流程的现状（As-is），进而求得未来的期望状态（To-be）；量化同类企业的运作性能，进而建立基于最佳性能（Best-in-class）的内部目标；描述获得最佳性能的管理措施和软件解决方案。

SCOR 模型覆盖的范围包括所有与客户之间的相互往来，从订单输入到货款支付；所有产品（实体和服务）的传送，从供应商的供应商到客户的客户，包括设备原材料、配件、大批产品、软件等及所有与市场之间的相互影响，从对累计总需求的理解到每项订单的完成和退货管理等。

19.2.1　SCOR 模型结构

SCOR 模型按流程可分为 3 个层次，每一层都可用于分析企业供应链的运作，在第三层以下还可以有第四、五、六等更详细的属于各企业所特有的流程描述层次，这些层次中的流程定义不包括在 SCOR 模型中。

第一层：定义层。

SCOR 模型的第一层为定义层，它将供应分为了 5 个基本流程（见图 19-1），计划（Plan）、采购（Source）、生产（Make）、配送（Deliver）和退货（Return）。每个流程及其按层次分解后的子流程都有一个标准化的规范代号，以便于描述、交流和分析。

（1）计划。

计划就是需求供给计划与管理，均衡需求与资源，为整个供应链建立一整套完整的计划，包括资源、制造、交付和返回的执行过程，包括管理业务规则、供应链绩效、数据采集、存货、资产、运输、计划集成、规则性要求和执行过程。同时将供应链计划单位与财务指标协调一致，包括评估企业整体生产能力，总体需求计划及针对产品分销渠道进行库存计划、分销计划、生产计划、物料及生产能力的计划，还涵盖了制造或采购决策的制定、供应链结构设计、长期生产能力与资源规划、企业计划、产品生命周期的决定、生产正常运营的过渡期管理、产品期的管理与产品线的管理等。

（2）采购。

当面临采购储存、订货生产、专项生产等问题时，组织可以通过调整采购活动、管理原材料和服务来实现计划和预期目标。采购主要包括：①寻找供应商物料收取，即获得、接收、检验、收与发送物料、供应商评估、采购运输管理、采购品质管理、采购合约管理、进货运费条件管理、采购零部件的规格管理等；②原材料仓库管理；③原材料运送和安装管理，包括运输管理、付款条件管理及安装进度管理等；④采购支持业务，包括采购业务规则管理、原材料存货管理等。

（3）生产。

生产是指企业按库存生产、按订单生产、按订单设计等生产执行过程，确定库存生产、订货生产和专项生产产品是解决执行管理生产过程、测试、包装和产品发放的问题，它也解决规划调整和完成的产品要满足预期要求的问题，在这个过程中，企业所关心的是基础设施的管理、生产的状态、质量和短期能力问题。其具体包括：①生产运作，如申请及领取物料、产品制造和测试、产品质量管理、现场生产进度制定、短期生产能力计划与现场设备管理、在制品运输等；②生产支持业务，即制造业务规格管理、在制品库存管理等。

（4）配送。

配送是指产品由工厂到客户手中的过程。配送包括订货、库存和运输用以储存、订货生产、专项生产（订单和信用）的管理，储存和运输的管理，分配管理和库存质量管理。配送也包括发展和维持关于客户、产品和价格的数据库，这一过程主要关注运输完成产品，以及满足计划预期要求的服务。其具体包括：①订单管理，即订单输入、报价、客户资料维护、订单分配、产品价格资料维护、应收账款管理、授信、收款与开立发票等；②产品库存管理，包括存储、验货、按包装明细将产品装入箱、制作客户特殊要求的包装与标签、整理确认订单、运送货物等；③产品运输安装管理，包括运输方式安排、出货运费管理、货品安装进度安排、进行安装与产品试运行；④配送支持业务，指配送渠道的决策制定、配送存货管理、配送品质的掌握和产品的进出口业务。

（5）退货。

退货包括供应商对原材料回收和客户退货（如缺陷货物、过期货物、多余货物等）两个方面。成品回收是指管理退货的全部过程：确认退货、制订退货计划、接受退货、验货、储存退货、换货或退款处理。其具体包括管理退货规则绩效、搜集数据、存货管理、资产管理、运输网络整合、退货规则的执行等环节。

第二层：配置层。

配置层是配置资源的过程，在这一层上需要分析原料在整个供应链的流动过程。以组织的计划为基础，通过组织基础设施来不断完善和调整这一过程。例如，生产的产品类型，它们是如何运输的将会影响到它们在供应链中是如何配置的。

在第二层中，由若干种核心流程类型组成，企业可选用该层中定义的标准流程单元构建它们的供应链，每一种产品或产品型号都可以有它自己的供应链，大多数都是从 SCOR 模型的第二层开始构建它们的供应链的，此时常常会暴露出现有流程的低效或无效，因此需要花时间对现有的供应链进行重组，如减少供应商、工厂和配送中心的数量等。

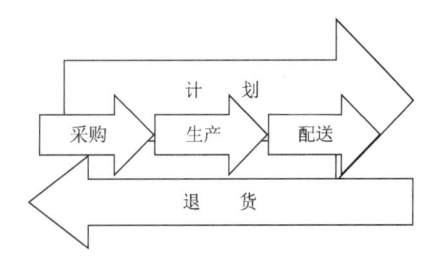

图 19-1 供应链定义层流程示意图

例如，计划的第二层流程包括计划供应链 P1、计划采购 P2、计划生产 P3、计划配送 P4、计划退货 P5 等几类；采购的第二层流程分为采购库存产品 S1、采购按订单制造的产品 S2、采购按订单定制的产品 S3；生产的第二层流程分为按库存生产 M1、按订单生产 M2、按订单定制 M3；配送的第二层流程包括配送库存产品 D1、配送按订单制造的产品 D2、配送按订单定制的产品 D3；退货的第二层流程分为有缺陷产品退货 R1、保修品退回 R2、多余产品退货 R3 等。SCOR 模型流程定义示意图如图 19-2 所示。

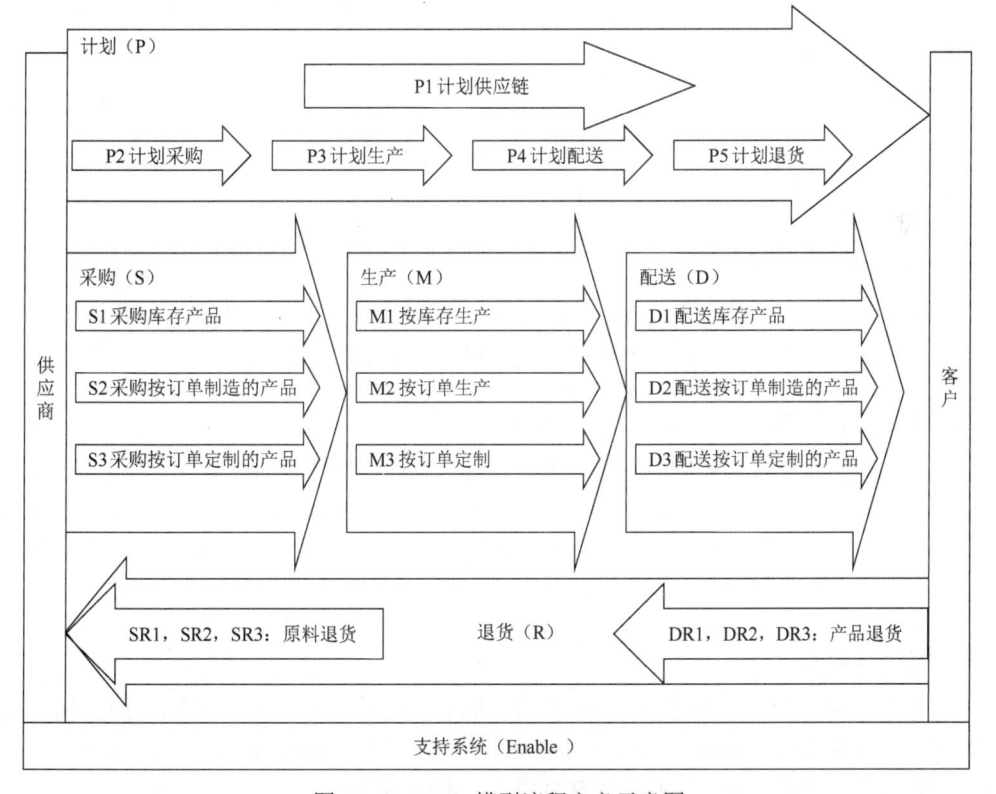

图 19-2 SCOR 模型流程定义示意图

SCOR 模型把供应链管理的基础工作定义为支持系统（Enable），包括计划支持、采购支持、生产支持、配送支持、退货支持几种类型,具体内容有规则的建立和管理、业绩表现评估、信息系统与数据管理、库存管理、资产管理、运输管理、供应链配置管理、遵守法规管理等,支持系统的标准模块代号是"E"加上相应的流程代号组成,如 ES 表示采购支持模块。

第三层:流程元素层。

流程元素层是对过程影响因素进行分析,这一层将更深入地对组织进行研究,细化工作和信息在供应链中是怎样流动的。这一层关注一些重要环节,包括投入和产出,以及一些目标、性能和衡量指标,还有一些保障的基础设施。这一层上,组织可以确认这些改进对供应链的影响,第三层和第二层是息息相关的,是对第二层的性能衡量标准的回应和系统的反映。

SCOR 模型的第三层继续用定义的标准流程对第二层模块进行细化,描述第二层中每个流程分类中流程元素的细节,并定义各流程元素所需要的输入和可能的输出。具体包括流程流、输入和输出、输入的采购、输出目的地。

19.2.2　SCOR 模型评价指标

SCOR 模型在 5 个流程的基础上对供应链及节点上的企业进行绩效考核,确定了 5 个性能特征,并建立了相应的绩效指标体系。其中前 3 个特征是可靠性、反应能力和柔性,是面向用户的,剩下两个特征是总成本和资产管理。基于 SCOR 模型的评价体系,通过计分卡的形式分别给出当前的指标与目标水平、行业一般水平、同行业最高水平,从而帮助企业找出供应链及节点企业急需改进的方面和途径。企业选用 SCOR 模型的供应链管理绩效指标进行绩效衡量,掌握供应链运行的实际情况,通过对指标的实时分析与评价,来反映供应链的实时运营。

1. 供应链的可靠性

供应链的可靠性是衡量供应链整体配送的性能特征,指供应链在正确的时间、正确的地点,以正确的条件,将正确包装的产品准确无误地送达正确客户手中的能力。评价这一性能特征的指标包括配送性能、订单完成率及订单履行的完好率等。

2. 供应链的反应能力

供应链的反应能力是测评企业将产品送达客户的速度,具体的衡量指标为订单完成提前期,即企业在接受客户订单到将产品生产出来送达客户手中所需要的时间。

3. 供应链的柔性

供应链的柔性是衡量供应链面对市场变化获得和维持竞争优势的灵活性。在市场经济条件下,顾客需求瞬息万变,技术发展迅速,要求企业能够跟上顾客的需求变化速度,加快对顾客需求的响应,不断提高生产的柔性。具体的衡量指标有供应链的需求响应时间、生产的柔性(包括产品的柔性、时间的柔性、数量的柔性等)及平均运输时间。

4. 供应链的总成本

供应链的总成本是指供应链运营所耗费的总成本,可以用来测评供应链运营的效率。供应链在运营中所损耗的成本越低,获利空间越大,盈利的可能性就越大。具体的指标有产品销售成本、运输成本、存货成本、供应链管理总成本、增值生产率。

5. 供应链的资产管理

供应链的资产管理是指一个组织为满足需求而对资产——包括固定资产和流动资产，进行有效管理的能力，可衡量供应链内各企业利用资本的有效性，提高资本的利用率，可以提高企业的总体盈利水平，降低不良资产率，增强供应链整体资产运营的灵活性，具体的衡量指标为现金周转时间、存货周转天数。

19.3 供应链绩效评估——平衡计分卡

从1991年到1996年间，罗伯特·S.卡普兰（Robert S. Kaplan）和戴维·P.诺顿（David P. Norton）在《哈佛商业评论》上发表了一系列关于平衡计分卡（Balanced Scone card，BSC）的文章，他们认为传统的财务指标只提供了业务绩效较为狭窄而不完备的信息，业务绩效的评价依赖于历史数据，而这些数据可能阻碍未来商业价值的实现。因此，财务指标不能单独用于绩效评价，应补充反映客户满意度、内部业务流程及学习成长性的评价内容。平衡计分卡将过去绩效的财务评价和未来绩效的驱动力设计紧密结合了起来。

平衡供应链计分卡是我国学者马士华教授等人在平衡计分卡基础上提出来的供应链绩效评价的方法。这种方法将平衡计分卡四个方面的特征与供应链的运作融合在一起，为供应链绩效评价提供了新的思路和方法。

19.3.1 平衡计分卡体系

平衡计分卡的核心思想反映了在一系列指标之间形成平衡，即短期目标和长期目标、财务指标和非财务指标，滞后型指标和领先型指标，内部绩效和外部绩效之间的平衡，管理者的注意力从短期目标的实现转移到兼顾战略目标的实现，从对结果的反馈思考转向到对问题原因的实时分析。

该体系分别从客户角度、流程角度、改进角度、财务角度建立评价体系。其中，客户角度指标显示顾客的需求和满意程度；流程角度指标显示企业的内部效率；改进角度指标显示企业未来成功的基础；财务角度指标显示企业的战略及其实施和执行是否正在为供应链的改善做出贡献。

1. 客户角度

企业为了获得长远的财务业绩，就必须创造出客户满意的产品和服务。平衡计分卡给出了两套绩效评价方法：一是企业为客户服务达到所期望的绩效而采用的评价指标，主要包括市场份额、客户保有率、客户获得率、客户满意度等；二是针对第一套各项指标进行逐层细分，制定出评分表。

2. 流程角度

这是平衡计分卡突破传统绩效评价的显著特征之一。传统绩效评价虽然加入了生产提前期、产品质量回报率等评价，但是往往停留在单一部门绩效上，仅靠改造这些指标，只能有助于组织生存，而不能形成组织独特的竞争优势。平衡计分卡从满足投资者和客户需要的角度出发，从价值链上针对内部的业务流程进行分析，提出了4种绩效属性：质量导向的评价、基于时间的评价、柔性导向评价和成本指标评价。

3．改进角度

这个方面的观点为其他领域的绩效突破提供手段。平衡计分卡实施的目的和特点之一就是避免短期行为强调未来投资的重要性，同时并不局限于传统的设备改造升级，而是更注重员工系统和业务流程的投资。注重分析满足需求的能力和现有能力的差距，将注意力集中在内部技能和能力上，这些差距将通过员工培训、技术改造、产品服务得以弥补。相关指标包括新产品开发循环期、新产品销售比率、流程改进效率等。

4．财务角度

企业各个方面的改善只是实现目标的手段，而非目标本身。所有的改善措施应当指向财务目标，平衡计分卡则将财务方面作为所有目标评价的核心。如果将每项评价方法视为绩效评价体系的一部分，那么在因果链上的最终结果仍然归结于"提升财务绩效"。

19.3.2　平衡计分卡评价指标

大多数平衡计分卡中的指标并不常用，只有诊断级的指标具有更强的操作性，这些指标难以广泛应用的原因在于绩效评价的思路过多地集中于内部运作，而忽视了与合作伙伴的绩效集成。平衡供应链计分卡将平衡计分卡4个方面的特征与供应链相结合，从4个角度提出了一系列评价指标，以反映平衡计分卡在各角度的目标与任务。

1．下游客户角度

供应链构建的最初驱动力和最终服务对象都是客户。供应链要为最终客户提供满意的产品或服务，满足客户的需求，因此客户管理是供应管理的核心之一，既要充分了解客户的需求又要了解对于客户需求满足的程度，并据此制定和调整供应链的经营决策。客户关注的是时间、质量、性能与服务、成本四项内容，关于供应链满足客户需求所需的时间，可以用供应链订单完成循环期（生产周期）来衡量，除此之外，供应链订单完成循环周期还就完成订单的各个阶段在实现客户需求中的作用进行评估。产品的质量不单是必要的战略竞争优势，而是作为一项硬指标存在。产品的性能和服务是客户关注的重中之重，因此也是企业维系老客户、赢得新客户的重要因素，而成本也是客户关注的敏感因素之一。在这里，成本不仅包括产品自身的成本，而且还包括客户与供应商之间的交易成本，比如订货、货物接收、检验处理、废品次品的处理和返厂等方面的成本，从中节约的成本可以为客户提供较多的价值增值。这些评价指标的选择集中体现了客户意志，反映了客户需求，为客户价值的评价提供了相关的测评。

（1）供应链订单完成循环期。

供应链订单完成的总循环期是评价整条供应链对于客户订单的总体反应时间，由订单的接单时间、从投料到生产的时间、从生产到发运的时间、从发运到客户签单的时间、从客户签单到客户收到的时间组成。其中订单的接单时间、从发运到客户签单的时间、从客户签单到客户收到的时间更体现了客户服务的层面。

总循环期缩短意味着供应链响应时间的缩短和反应能力的提升，这是供应链竞争优势的重要源泉。尽可能缩短循环期，有助于发现和剔除供应链中的冗余环节，提高对客户的响应速度，降低客户成本。提高客户价值循环期运作的稳定性和一致性也同样重要，同样影响客户满意度。

对于供应链订单完成循环期的评价可以部分体现客户满意程度，还反映了供应链内部运作流程的有效衔接。

（2）客户保有率。

客户保有率是指从绝对或相对的意义上来说，留住客户与客户保持现有关系的比例。客户是供应链上所有企业利润的最终来源，因此保有现有客户是稳定市场份额最便利的途径。保持和稳定与客户的关系，可以通过最大限度地满足客户需求，邀请客户参与产品开发和设计过程等方式实现，从而保证客户成为企业的长久利润来源。企业除了管理现有客户供应链，还要通过对与现有客户交易量的分析衡量客户的忠诚度，并提升客户的重要程度。

（3）客户对供应链柔性响应的认同。

客户对供应链柔性响应的认同可用于评价客户在供应链提供的运营服务中对客户化及响应速度的认同。客户对供应链柔性响应的认同反映了两个目标：一是调查数据将反映客户能否自由地就订单包装、产品性能等提出客户化的要求；二是评价客户感到客户化的要求能否及时得以表现，也就说这类指标反映了客户对客户化要求的自由度及服务及时性的要求。

（4）客户价值。

客户价值反映在为客户提供产品或服务上，是对客户节约增值方面做出的贡献，以提高客户对供应链的依赖度。客户价值率等于客户对供应链所提供服务的满意度与服务过程中发生的成本进行比较所获得的价值比。不同于以往在时间、质量、柔性方面所进行的评价，客户价值的评价主要侧重造成客户发生的成本指标。

（5）客户销售增长及利润。

客户销售增长及利润表现为供应链产品的年销售量增长和利润率，这类指标反映了供应链下游在 3 个方面的绩效：一是销售量年增长的情况；二是对于特定客户服务所获得的收益是否随着合作关系的增进而进一步提高；三是接受服务的技术是否增加，扩大销售量、增加新客户都将获得新的利润点。

2. 供应链内部流程运作角度

供应链内部流程运作情况决定了对于客户服务的绩效。供应链内部运作的评价指标应当衡量出对客户利益和财物价值影响最大的业务流程，同时确定自己的核心能力及保证供应链持久、保持市场领先的关键技术。为了把内部方面和财务价值及客户目标结合起来，供应链应把握两种全新的内部运作流程：一是理顺现有流程中各参与方的关系，缩短经营过程的周期，同时降低成本；二是应预测并影响客户的需求。

尽管供应链的流程不尽相同，但基本可以划分为 3 部分，即改良创新、供应经营过程、客户服务过程（售前、售后）。客户服务过程由于和客户满意度直接挂钩，因此将其归入客户角度进行评价。

（1）产品改良、创新过程测评。

产品的改良和创新对于供应链的竞争力有着非常重要的作用。测评内容包括：新产品在销售额中所占的比例；比原计划提前推出新产品的时间差；开发下一代新产品的时间；第一次设计出的全面满足客户要求的产品百分比。这类衡量指标综合了产品开发过程的 3 个至关重要的因素，即企业开发过程中开发成果、开发成本的回收、利润和实效。

（2）经营过程测评。

经营过程包括从企业收到客户订单到向客户发售产品和提供服务的全部内容。供应链运作主要有 4 个方面的目标：缩短提前期、弹性响应、减少单位成本、敏捷结构。主要的非财务指标集中在以下 4 类：运作质量指标、时间指标、弹性指标、目标成本指标。具体体现如下。

① 供应链有效提前期率。供应链有效提前期率反映了供应链在完成订单过程中有效的增值活动时间在运作总时间中的比率，其中包括两个指标：供应链响应时间和供应链增值活动总时间。其计算公式如下：

供应链响应时间=客户需求及预测时间+预测需求信息传递到内部制造部门的时间+采购、制造时间+制造节点运输到最终客户的平均提前期（或者订单完成提前期）

供应链增值活动总时间=Σ（供应链运作的相关部门增值活动的时间）

供应链有效提前期率=供应链增值活动总时间/供应链响应时间

该指标体现了供应链内部运作的增值时间在整个流程时间中所占的比例。同种性质的指标还有库存闲置率，即供应链中库存闲置的时间和库存移动时间的比率。闲置时间包含库存物料、在制品、产品在供应链运作中的总停止、库存、缓冲时间，库存移动时间则是指库存在加工、运输、发运中的总时间。库存闲置率指标体现了库存在整体运作中的时间占用，提供了库存经营效率提高的空间。

② 供应链生产时间柔性。生产柔性是指系统对于外部、内部干扰造成的变化所能做的调整范围。该指标反映出由市场需求变动造成事前计划产量增加 20%后，供应链内部重新组织、计划、生产所消耗的时间，柔性制造系统（FMS）、成组技术（GT）及计算机集成制造（CMI）等先进生产技术的应用，为提高供应链整体柔性创造了条件。

③ 供应链目标成本达成比率。目标成本法是一种全过程、全方位、全人员的成本管理方法。全过程是指供应链从生产到售后服务的一切活动，包括供应商、制造商、分销商在内的各个环节；全方位是指从生产过程管理到后勤保障、质量控制、企业战略、员工培训、财务监督等企业内部各职能部门各方面的工作及企业竞争环境的评估、内外部价值链、供应管理、知识管理等；全人员是指从高层经理人员到中层管理人员、基层服务人员、一线生产员工。目标成本法在作业成本法的基础上考察作业的效率、人员的业绩和产品的成本。弄清楚每一项资源的来龙去脉，每一项作业对整体目标的贡献，该指标从单一产品和流程的角度，分析其在质量、时间、柔性上的流程改进是否达到预定的目标成本。目标成本从产品开发开始就进入整个流程，和供应链的战略紧密联系，目标成本合理化而非最小化是供应链运作所要达到的主要成本目标。

④ 供应链运作质量。供应链质量更注重供应链基础上的全面质量管理，保证供应链运作的有效性和客户服务的真实能力。供应链运作质量综合反映在其运作对象——原材料、在制品、完工产品的产品/服务质量上。

⑤ 完美的订单完成水平。完美的订单是供应链运作质量的最终测量标准。完美的订单衡量一份订单是否顺利通过了订单管理程序的全过程，而且每一步都没有差错，快速而准确。完美订单的完成一般应符合以下标准：一是完成所需的各项配送；二是根据客户提出的日期交货，配送偏差为 1 天；三是精确无误地完成订货所需的文件，包括包装标签、提单和发票；四是货品状态良好。

3．供应链未来发展性角度

供应链未来发展性直接关系到供应链的价值。激烈的全球竞争要求供应链必须不断改进和创新，发展整合供应链内部和外部的资源，提高现有流程、产品服务和开发新产品的能力。供应链的改进是一个动态的过程，持续改进主要通过以下 4 个方面进行。

（1）重新设计产品及其流程；

（2）通过企业集成在组织间进行有效的调节和整合；

（3）持续改进供应链的信息流管理，使得供应链合作伙伴能够共享决策支持所需的准确信息；
（4）每个供应链需要随时注意外部市场的潜在威胁和机遇，重新定位核心价值。
指标包括新产品开发循环期、新产品销售比例、流程改进效率等。

4．财务价值角度

在平衡计分卡中，财务目标是所有目标的中心，供应链绩效良好时应实现财务目标。平衡计分卡中财务指标的意义在于：其他几个维度的指标都是基于企业对竞争环境和关键成功要素的认识，但这种认识可能是错误的；只有当这些指标的改善能够转化为销售额和市场份额的上升、经营费用的降低或资产周转率的提高时，对企业才是有益的。所以对于企业而言，弄清楚其他各指标与财务指标间（即经营活动与业务间）的联系很关键。平衡计分卡的财务价值在于边际收益率提高，现金流得以更好地优化，收益和资本回收率更高。供应链资本包括应收账款、厂房设备资本及库存、资金流动性的降低或增大都会影响供应链财务价值的效率。

（1）供应链资本收益率。其是指客户的利润除以在此期间使用的供应链的平均资产。该指标反映了使用其资本的增值性。

（2）现金周转率。其是联系供应链整个流程的关键指标之一，可以评价供应链运作过程中现金投入原材料、劳动力、在制品、完工产品直至收回现金的全过程。

现金周转期=应收账款周转期-应付账款周转期+存货周转期

现金周转率=计划期天数/现金周转期

（3）供应链总库存成本。在供应链中，库存包括原材料，生产装配中的在制品、成品及在途的库存。

将供应链总库存成本进行分类，可以分为采购成本、库存成本、质量成本及交货时间等方面。其中供应链采购成本包括订货、发运、进货质量控制的总和。供应链库存成本包括供应链过程中发生的库存成本，具体包括：①物料仓储资本化的机会成本；②存储状态及在制品的库存成本；③管理库存的管理成本；④完工产品的在途成本；⑤老化、残缺、损坏所造成的风险成本；⑥修理返工成本；⑦订单丢失造成的损失成本。供应链质量成本是指在运作过程中由于质量问题造成的沉没成本，包括产品残缺成本、维修成本和质量保证成本，而交货失误成本包括缺货成本、误投成本等。

（4）供应链的库存天数。供应链的库存天数反映了资本在供应链运营中以库存形式占用的天数，其等于某个时期的物料、在制品、产品以库存形式占用的时间。

平衡计分卡的绩效评价框架可参见表 19-1。

表 19-1　平衡计分卡的绩效评价框架

客户服务角度		供应链内部运作角度	
目标	测评指标	目标	测评指标
订单时间	订单总提前期/循环期	减少提前期	有效提前期率
客户留存	客户保有率	弹性响应	时间柔性
服务及时	客户响应时间认同	成本运作	目标成本
客户价值	客户价值率	设计革新	新产品销售率
未来发展性角度		财务价值角度	
目标	测评指标	目标	测评指标
流程化信息集成性	产品最后组装点信息共享率	收益	供应链资本收益率
组织协调	团队参与程度	成本	供应链总库存成本
		效率	现金周转率

19.4 供应链成熟度评估——DDVN 模型

DDVN 是高德纳咨询公司（Gartner Group）关于供应链管理的一个术语，即 Demand-Driven Value Network，需求驱动的价值网络。它是一种经过全面设计的商业环境，旨在通过一套扩展的供应链流程和技术，来实现价值的最大化和风险的最小化。该流程和技术能够在企业的利益相关者及贸易伙伴的多个网络中，基于近乎零延迟的需求信号来感知和协调需求。

DDVN 模型提出的背景是：由于只追求自身的资产利用率、成本优化、部门流程效率和对客户前景的看法不一，许多企业的内部和外部变得十分割裂。一些组织（如销售部门）为了满足客户需求不惜一切代价，而另外一些组织（如生产部门）则更看重自身部门的效率。DDVN 模型提供的是一个供应链战略的全面框架。它是建立在企业自身及上下游网络的流程之上来提升整合能力，使得供应链的规划和执行得以优化的商业支持策略。对于那些已经具备了供应链专业职能部门（计划、采购、生产、物流）的企业来说，DDVN 模型给管理者提供了一个用以制定和贯彻供应链战略的参考框架。

19.4.1 DDVN 模型构建

DDVN 模型是一个全面设计的商业网络模型，旨在通过一系列供应链流程和技术来最大化价值并最小化风险。该模型通过整合企业的利益相关者及贸易伙伴的复杂供应链网络，捕捉和整合近乎零延迟的需求信息。该模型通过一系列延伸的供应链流程和技术来捕捉和整合近乎零延迟的需求信息。这些信息是通过整合企业的利益相关者及贸易伙伴错综复杂的供应链网络来实现的。

DDVN 模型给出了如下五阶段来告诉参与其中的供应链管理者如何评估企业当前的现状，下一阶段的目标和状态是怎样的。五阶段模型详细地描述了每个阶段成熟度的一些特征。它强调在打造需求驱动的能力前应该先建设和优化内部供应链。

研究显示，五阶段模型的演变路径始终都没有变过，无论是产品的提供、客户群或区域市场。在各种各样的困难和阻碍面前，也许每家企业提升的速度不一样，但是从来没有一家企业可以走捷径，即跳过一个或多个成熟度阶段。需求驱动模型描述的是一个服务、体验和关注结果的商业模型。这个商业模型需要供应链组织学会如何推广标准化，同时整合客户价值，需要协同内部各部门和外部的合作伙伴。五阶段需求驱动模型的演变路径（见图 19-3）遵循 C 型轨迹。

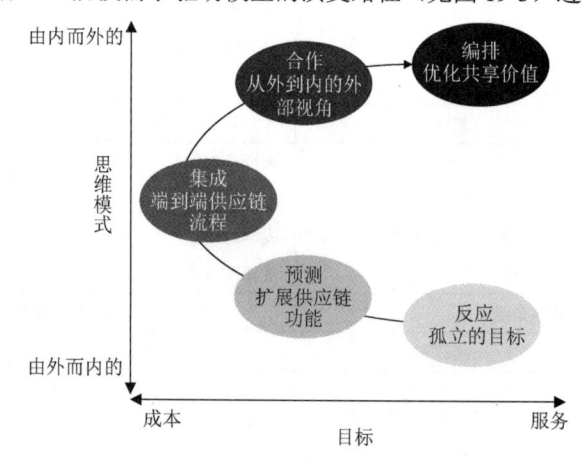

图 19-3　五阶段需求驱动模型的演变路径

1. 从阶段 1（反应）到阶段 2（预测）：建立标准化，消除混乱

各组织受成本影响因素的复杂性和反映问题的轻重等影响，作为战略管理者，可以通过服务共享的架构来强化供应链的各个职能。通过一些主要的机会包括消除过多的浪费，建立绩效评估标准和共享最佳实践等来降低成本和增加绩效。这个结果十分强调通过建立标准化来简化事务。

标准化方面的改善结果可以用成本的降低数据来评估。可视化的提高可以减少过剩的库存。这个阶段各业务部门或许还是以各自为政为主，但是一些统一的认知已经建立。

2. 从阶段 2（预测）到阶段 3（集成）：标准化的得与失

随着成本降低工作的逐渐深入，各部门的管理者们开始在诸如库存、及时交付和需求准确率上建立一些跨部门的标准来协作达成目标。各部门协作开始在提升流程的顺畅，统一的标准和各部门利益兼顾的决策机制上付出努力。各供应链部门的整合从设计和规划供应网络开始。

随着管理者们全力关注整个工作流，那些曾经分割各部门的行为开始逐渐减少，而团结各部门的行为开始变多。最终，对于成本和库存改善的各自为政，变成了供应链和合作伙伴的联合行动。在这个阶段，供应链各部门开始意识到标准化带来的规模效应，但是标准化也在某种程度上降低了满足所有客户要求的能力。

3. 从阶段 3（集成）到阶段 4（合作）：思维的转变

建立关键的端到端流程可以为建立需求驱动的原则打下基础。在这个阶段，重回对量化指标的重视，能够改善被收入增长的目标、客户满意度的提升和边际利润的追求割裂的供应链战略。如果客户说"你们反应太慢了"，第三阶段的企业可以有效地将客户的感性语言转化为理性的供应链量化指标，诸如周转时间、前置时间、有效性和柔性。"烦琐的""缓慢的""僵化的"等词汇现在可以被量化成供应链部门能够理解的数据从而知道如何提升绩效。端到端供应链的建立使得思维模式发生了质变。采购、生产和物流部门为了完成同一个目标相互合作，使得各单位和供应网络整个过程顺畅有序。

这种合作还将供应链延伸到销售部门、市场部门和产品部门，通过建立端到端的供应链体系来支持不同客户的细分需求，使得其可以满足差异化需求。长期计划会议开始关注供应链战略及如何将供应链完成的一些工作转换为数据信息来支撑做出更优化的决策。同样地，供应链和产品部门之间的合作开始逐步建立，诸如产品组合管理和新产品上市计划等。

4. 从阶段 4（合作）到阶段 5（编排）：把好的东西教授给你的合作伙伴（主要是上下游）

投资建立全面的合作能力体系。建设这种能力是一个战略性的选择，需要额外投资专业的技能和技术来打造世界级的流程才能实现将需求、产品开发和供应能力完美整合。

19.4.2 DDVN 模型评价指标

供应链战略是通过将执行团队的目标拆解成运营模型驱动业务来实现价值。对于那些已经在部门间达成一些基本认知，即对至少达到第二阶段成熟度的供应链组织来说，研究提供了七维度能力模型（见图 19-4）来配合 DDVN 框架的实施。七维度即产品生命周期管理、供应网络设计、供应链治理、供应运营、客户满足、需求管理、战略及组织。它旨在提供系统性的、通用的方法来评估供应链当前的能力水平。同时也为战略性的方法改善提供了基础。

这个模型，一方面基于这样的观点：达到需求驱动的成熟水平需要一个用来转型的工具以实现实质性的改变。另一方面，必须在完美的规划下谨慎实施。这个模型提供了科学的方法，将需要改变的地方细分成几个模块，这能帮助企业更好地诊断和减少缺陷以达成目标。

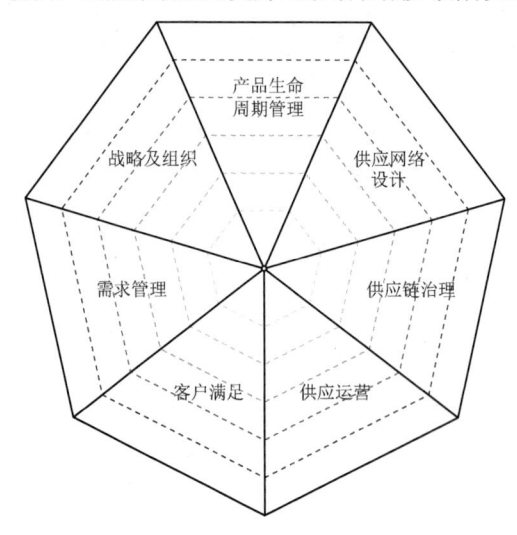

图 19-4　DDVN 框架的七维度能力模型

19.5　供应链水平评估——标杆管理

标杆管理是指企业在本行业或其他行业寻找最佳管理实践，学习其优秀的管理经验，来提升自身竞争力的管理方式。简单来说，就是通过和标杆榜样的比较，找出自身在经营管理方面的不足，学习他人的优势，增强自身应对市场风险的能力。

供应链的标杆管理是一种新型的标杆管理方法，旨在将标杆管理的思想、工作方法贯穿于从供应商、制造商、分销商到第三方物流及最终用户的整个供应链过程。本节主要介绍高德纳（Gartner）的供应链标杆管理方法。

19.5.1　标杆管理体系建立

供应链的标杆管理实施步骤如下。

① 明确标杆的内容关键是要深刻理解、正确把握影响企业成功的问题和症结所在，这些问题和症结才是主要内容。

② 选择标杆企业（或部门）。选择标杆企业应遵循两个原则：一是应具有卓越的业绩与经济效益，应是行业中具有最佳实践的领先企业；二是标杆企业与本企业或部门有相似的特点。

③ 收集资料和数据。作为基准线的资料数据可以来自单个的标杆（企业或部门），也可以来自行业、全国乃至全球的某些样本。通过与这类数据比较，可以了解企业在行业及国内外同行中所处的相对位置，明确努力方向。

④ 分析差距。对收集的数据进行分析比较，即可找出本企业与目标企业在绩效水平上的差距，以及在管理措施和方法上的差异。

⑤ 制定绩效目标。在分析的基础上，可确定追赶绩效目标，明确应该学习的标杆企业的最

佳实践。

⑥ 综合与交流。将上述①～⑤项活动中取得的各项进展同全体员工反复交流、征询意见，并将标杆管理所要达到的目标前景向全体员工通报。根据全体员工的意见，修正已制定的绩效目标，改进计划方案。全体员工的目标一致，行动一致。这是标杆管理活动能否取得成功的关键。

⑦ 标杆管理的成熟运用。标杆管理活动成功开展以后，应被作为企业经营的一项职能活动融入日常工作中去。

19.5.2 标杆管理评价指标

高德纳主要使用如表 19-2 所示的指标体系。

表 19-2 高德纳指标体系构成

指标层	名 称	包含指标
第一层指标	评估层	需求预测准确率 完美订单履行率 供应链成本（运输和仓储）
第二层指标	诊断层	总库存占比销售额 呆滞库存比例
第三层指标	基础层/运营层	交付时长 各种库存周转天数 供应商质量和交付绩效 工厂利用率 原材料成本等

从表 19-2 中可以看到，高德纳指标体系囊括了从宏观到微观 3 层指标，其细分层共包含 10 个具体指标。整体而言，这一指标体系基本上包含了成本、交付、质量所有的指标，具有较高的完备性。同时，这一指标体系和 SCOR 模型所包含的供应链指标相似。高德纳具体的细分层指标体系如图 19-5 所示。

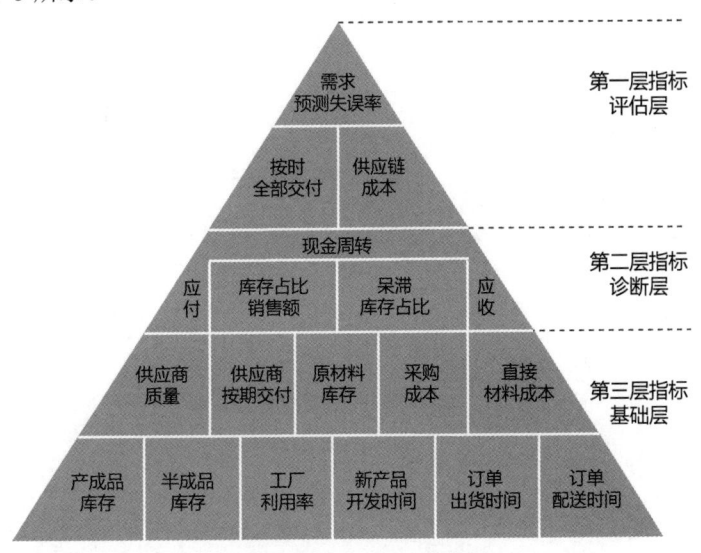

图 19-5 高德纳细分层指标

本章小结

本章系统地介绍了服务供应链管理的相关评价方法。首先，从传统供应链评价方法入手，详细介绍了供应链企业内、外部绩效和整体绩效评价方法与指标体系。其次，从服务供应链的性能评估入手，阐述了供应链运作参考模型（SCOR）的指标体系；从服务供应链的绩效评估入手，阐述了平衡计分卡的指标体系；从服务供应链的成熟度评估入手，阐述了需求驱动的价值网络（DDVN）模型及其构建；从服务供应链的水平评估入手，阐述了高德纳的标杆管理指标体系。

讨论题

1. 列举实际中的服务企业，尝试画出其 SCOR 模型流程定义示意图。
2. 举例实际中的服务企业，尝试使用平衡计分卡对其进行绩效评估。
3. 尝试比较初创型企业和成熟型企业在五阶段需求驱动模型演变路径上所处的位置，并分析各自的七维度能力模型。
4. 尝试比较处在同一服务行业内的两家公司的高德纳标杆管理详细指标。

反侵权盗版声明

电子工业出版社依法对本作品享有专有出版权。任何未经权利人书面许可，复制、销售或通过信息网络传播本作品的行为；歪曲、篡改、剽窃本作品的行为，均违反《中华人民共和国著作权法》，其行为人应承担相应的民事责任和行政责任，构成犯罪的，将被依法追究刑事责任。

为了维护市场秩序，保护权利人的合法权益，我社将依法查处和打击侵权盗版的单位和个人。欢迎社会各界人士积极举报侵权盗版行为，本社将奖励举报有功人员，并保证举报人的信息不被泄露。

举报电话：（010）88254396；（010）88258888
传　　真：（010）88254397
E-mail：dbqq@phei.com.cn
通信地址：北京市万寿路173信箱
　　　　　电子工业出版社总编办公室
邮　　编：100036